上海政法学院学术文库

大清律例法译全本校注

王春荣◎编译

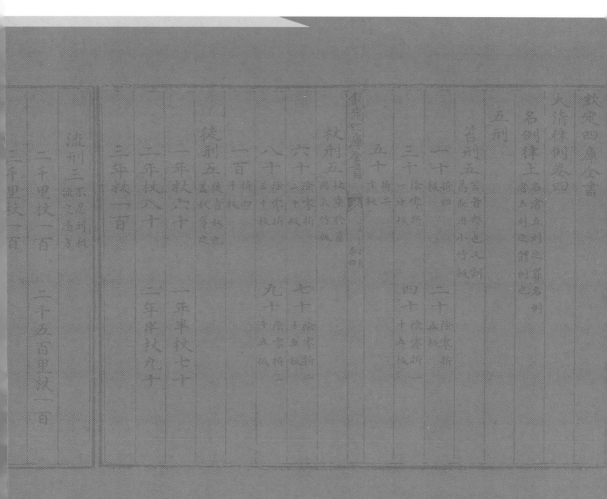

中国政法大学出版社

2022·北京

图书在版编目（ＣＩＰ）数据

大清律例法译全本校注/王春荣编译. —北京：中国政法大学出版社，2022.6
ISBN 978-7-5764-0465-4

Ⅰ. ①大… Ⅱ. ①王… Ⅲ. ①清律－研究 Ⅳ. ①D929.49

中国版本图书馆 CIP 数据核字 (2022) 第 099896 号

出 版 者　中国政法大学出版社

地　　址　北京市海淀区西土城路 25 号

邮寄地址　北京 100088 信箱 8034 分箱　邮编 100088

网　　址　http://www.cuplpress.com (网络实名：中国政法大学出版社)

电　　话　010-58908285(总编室) 58908433 (编辑部) 58908334(邮购部)

承　　印　固安华明印业有限公司

开　　本　720mm×960mm　1/16

印　　张　44.25

字　　数　700 千字

版　　次　2022 年 6 月第 1 版

印　　次　2022 年 6 月第 1 次印刷

定　　价　169.00 元

序 PREFACE

　　大学者，大学问也。唯有博大学问之追求，才不负大学之谓；唯有学问之厚实精深，方不负大师之名。学术研究作为大学与生俱来的功能，也是衡量大学办学成效的重要标准之一。上海政法学院自建校以来，以培养人才、服务社会为己任，坚持教学与科研并重，专业与学科并举，不断推进学术创新和学科发展，逐渐形成了自身的办学特色。

　　学科为学术之基。我校学科门类经历了一个从单一性向多科性发展的过程。法学作为我校优势学科，上海市一流学科、高原学科，积数十年之功，枝繁叶茂，先后建立了法学理论、行政法学、刑法学、监狱学、民商法学、国际法学、经济法学、环境与资源保护法学、诉讼法学等一批二级学科。2016年获批法学一级学科硕士点，为法学学科建设的又一标志性成果，法学学科群日渐完备，学科特色日益彰显。以法学学科发端，历经数轮布局调整，又生政治学、社会学、经济学、管理学、文学、哲学，再生教育学、艺术学等诸学科，目前已形成以法学为主干，多学科协调发展的学科体系，学科布局日臻完善，学科交叉日趋活跃。正是学科的不断拓展与提升，为学术科研提供了重要的基础和支撑，促进了学术研究的兴旺与繁荣。

　　学术为学科之核。学校支持和鼓励教师特别是青年教师钻研学术，从事研究。如建立科研激励机制，资助学术著作出版，设立青年教师科研基金，创建创新性学科团队，等等。再者，学校积极服务国家战略和地方建设，先后获批建立了中国-上海合作组织国际司法交流合作培训基地、最高人民法院民四庭"一带一路"司法研究基地、司法部中国-上海合作组织法律服务委员会合作交流基地、上海市"一带一路"安全合作与中国海外利益保护协同创新中心、上海教育立法咨询与服务研究基地等，为学术研究提供了一系列重要平台。以这些平台为依托，以问题为导向，以学术资源优化整合为举措，涌现了一批学术骨干，取得了一批研究成果，亦促进了学科的不断发展与深化。在巩固传统学科优势的基础上，在国家安全、国际政治、国际司法、国际贸易、海洋法、人工智能法、教育法、体育法等领域开疆辟土，崭露头角，获得了一定的学术影响力和知名度。

学校坚持改革创新、开放包容、追求卓越之上政精神，形成了百舸争流、百花齐放之学术氛围，产生了一批又一批科研成果和学术精品，为人才培养、社会服务和文化传承与创新提供了有力的支撑。上者，高也。学术之高，在于挺立学术前沿，引领学术方向。"论天下之精微，理万物之是非"。潜心学术，孜孜以求，探索不止，才能产出精品力作，流传于世，惠及于民。政者，正也。学术之正，在于有正气，守正道。从事学术研究，需坚守大学使命，锤炼学术品格，胸怀天下，崇真向美，耐得住寂寞，守得住清贫，久久为功，方能有所成就。

好花还须绿叶扶。为了更好地推动学术创新和学术繁荣，展示上政学者的学术风采，促进上政学者的学术成长，我们特设立上海政法学院学术文库，旨在资助有学术价值、学术创新和学术积淀的学术著作公开出版，以褒作者，以飨读者。我们期望借助上海政法学院学术文库这一学术平台，引领上政学者在人类灿烂的知识宝库里探索奥秘、追求真理和实现梦想。

3000 年前有哲人说：头脑不是被填充的容器，而是需要被点燃的火把。那么，就让上海政法学院学术文库成为点燃上政人学术智慧的火种，让上政学术传统薪火相传，让上政精神通过一代一代学人从佘山脚下启程，走向中国，走向世界！

愿上海政法学院学术文库的光辉照亮上政人的学术之路！

上海政法学院校长　刘晓红

中国古代封建法典的外译是中国典籍翻译史研究中不可或缺的一个领域，而最早进入欧洲人视野的中国封建法典是《大清律例》[1]。这部法律典籍于 1810 年被身为英国旅行家、汉学家及政客的斯当东爵士[2]译成英文在欧洲出版，引起轰动。国内学界对 19 世纪《大清律例》的翻译史及译者研究主要就是围绕斯当东及其英译本[3]。然而，自斯当东译本出版不久后，《大清律

---

[1]　《大清律例》之前的中国封建法典的外译是相对较现代的翻译活动。如 1979 年美国汉学家庄为斯（Wallace Johnson）将《唐律疏议》译成英文（普林斯顿大学出版社）；2005 年华裔学者姜永琳将《大明律》译成英文（华盛顿大学出版社）。在法文译本方面，雷蒙·德卢斯塔尔（Raymond Deloustal）翻译了越南《黎朝法典》，该法典几乎完全效仿中国唐律。该译著名为《古代安南的正义》（La justice dans l'ancien Annam），分多期载于《法兰西远东学院学刊》（Bulletin d'École Française d'Extrême-Orient）第 8~13 期，第 19 期和第 22 期（1908 年~1913 年、1919 年、1922 年）。德卢斯塔尔也在译著中指出了《安南法典》与中国唐律的差异。该译本虽然存在部分翻译错误，但在 20 世纪初叶是欧洲唯一的有关中国唐律的译本，其价值是不容置疑的（See Cyrus Peake, Recent Studies on Chinese Law, *Political Science Quarterly*, Vol. 52, No. 1, 1937, p. 123）。

[2]　英译《大清律例》的斯当东爵士，全名是乔治·托马斯·斯当东（Sir George Thomas Staunton）。其父亲是早期英国著名外交家和汉学家乔治·伦纳德·斯当东准男爵（George Leonard Staunton）。学界惯称前者为小斯当东，后者为老斯当东。由于本文不谈及其父亲，故译名中不加"小"字。

[3]　第一，有关斯当东及其译本研究的代表成果有：侯毅："欧洲人第一次完整翻译中国法律典籍的尝试——斯当东与《大清律例》的翻译"，载《历史档案》2009 年第 4 期；张振明："晚清英美对《大清律例》的认识与研究"，载《北京理工大学学报（社会科学版）》2011 年第 3 期；赵长江："《大清律例》英译：中英文化交流史上的首次直接对话"，载《西安外国语大学学报》2012 年第 3 期；赵长江："法律文本翻译的双重性：文化交流与信息泄漏——以 1810 年《大清律例》英译为例"，载《民族翻译》2012 年第 3 期；[英] 乔治·托马斯·斯当东：《小斯当东回忆录》，屈文生译，上海人民出版社 2015 年版；屈文生、靳璐茜："小斯当东论中国与中国法——小斯当东《大清律例》译者序（1810 年）"，载《南京大学法律评论》2015 年第 1 期；熊德米："《大清律例》法律术语特征探析"，载《西南政法大学学报》2016 年第 4 期；等等。第二，有关《大清律例》第二个英译本及其译者威廉·琼斯（William C. Jones），又名钟威廉的代表成果有：苏亦工："当代美国的中国法研究"，载

例》便被几位法国人在 19 世纪内陆续译成法文出版。对此，目前国内学界——就编译者有限的阅读范围内——还无一篇论文或一部著作对法译本及法译者群体作详细研究。因此，这方面的研究空白亟待填补。为此，首要任务就是对法译本的整理以及与原著的对照、校对。于是，就有了眼前这本编译书。

一、1812 年法文本及译者

（1）译者生平

自 1810 年斯当东英文译本出版两年后，第一本《大清律例》法译本便问世了。译者是圣克鲁瓦侯爵菲利克斯·勒努阿尔（Félix Renouard De Sainte-Croix）〔1〕。勒努阿尔于 1773 年 2 月 12 日，出生于贝藏松（Besançon），于 1840 年在巴黎逝世，享年 67 岁。作为骑兵军官，自 1791 年起侨居外国，直至 1797 年才返回法国。1802 年英、法两国签署了《亚眠条约》后，勒努阿尔被任命为印度本地治里市的商行行长。于是，他随海军上将利努瓦〔2〕的舰队，于 1802 年抵达印度的本地治里后，被英国人囚禁。1804 年被释放后，他前往菲律宾，在返程途中于 1807 年到达中国东南沿海。他先在澳门呆了一段时间，然后去了广州。回到法国后，他于 1810 年出版了他在东南亚的游记《东印度、菲律宾、中国的商业政治之旅》（*Voyage commercial et politique aux Indes Orientales, aux Îles Philippines, à la Chine*，以下简称《东印度之旅》），该书是以书信或日志的方式记录了他在 1803 年至 1807 年的旅游经历。他在中国的旅行记录在第 3 卷内，详细描述当地贸易、习俗、法律、地理等方面。

从勒努阿尔的《东印度之旅》第 3 卷相关日志中，我们得知他于 1807 年 11 月左右到达广州，不久便旁听了当时清朝官员与英国人的谈判，并在谈判席

（接上页）《中外法学》1996 年第 5 期；苏亦工："追念钟威廉教授及其对中国法研究的贡献"，载中国法律史学会编：《法史学刊》（第 1 卷），社会科学文献出版社 2007 年版；苏亦工（译）："大清律例研究"，载高道蕴、高鸿钧、贺卫方编：《美国学者论中国法律传统》，清华大学出版社 2004 年版；屈文生、万立："中国封建法典的英译与英译动机研究"，载《中国翻译》2019 年第 1 期。

〔1〕 圣克鲁瓦（Sainte-Croix）是法国东部安省（Ain）的一个市镇，勒努阿尔应该是当时那个地方比较有影响力的贵族，故名曰圣克鲁瓦侯爵。

〔2〕 查理-亚历山大·莱昂·杜朗，利努瓦伯爵（Charles-Alexandre Léon Durand, comte de Linois），生于 1761 年 1 月 27 日，卒于 1848 年 12 月 2 日。在拿破仑·波拿巴时期曾经是法国海军上将。他在 1801 年的阿尔赫西拉斯（Algeciras）战役中击败了英国人，并在 1803 年领导了一次抗击英国在中国南海的海贸之战，但不幸战役失败。

上目睹了斯当东的风采。在为《大清律例》法译本所作的序言中，他谈及有幸与斯当东爵士邂逅，并目睹他对《大清律例》的翻译工作所投入的极大精力。斯当东向勒努阿尔分享了一些自己收集的中文书籍，并和他交流了有关中国人的国民与政治状况的信息，使勒努阿尔获益匪浅。[1]或许是出于法国对中国殖民的意图，又或是受斯当东的鼓舞，勒努阿尔决定把斯当东的英译本转译成法文。该序言仅短短 300 余词，但字里行间无处不洋溢着法译者对斯当东的敬意与感激之情。

（2）译本简介

勒努阿尔的法译本是完全以斯当东的英译本为蓝本，直接转译自英文的。

就扉页内容而言，几乎完全与英译本保持一致。第一，法译本书名是 *TA-TSING-LEU-LÉE ou Les Lois Fondamentales du Code Pénal de la Chine*，Avec le Choix des Statuts Supplémentaires，originairement imprimé et publié à Pékin，dans les différentes éditions successives，sous la sanction et par l'autorité de tous les empereurs TA-Tsing，composant la Dynastie actuelle，是直接转译自斯当东的英译本书名 *TA TSING LEU LEE*；*being The Fundamental Laws*，*and a selection from the supplementary statutes of the Penal Code of China*；original printed and published in Pekin，in various successive editions，under the sanction，and by the authority，of the several emperors of the Ta Tsing，or present dynasty，即《大清律例；中国基本法律及中国刑法典的补充条例选编；原版于北京印刷，有多个后续版本，由当今大清朝的数位皇帝批准》。第二，英译本出版时，斯当东在扉页上引了西塞罗（Cicero Pro Cluentio）的一句名言：民众群体的心思、精神、思考及决定均存在于法律中（Mens，et animus，et consilium，et sententia civitatis，posita est in LEGIBUS）。法译本也同样援引该句。第三，斯当东的姓名、头衔及英译本附录信息也一概保留：Traduit du chinois，et accompagné d'un appendix contenant des documents authentiques et quelques notes qui éclaircissent le texte de cet ouvrage；Par Georges Thomas Staunton，Baronet，Membre de la Société royale de Londre，即由从男爵、英国皇家学会院士托马斯·斯当东爵士译自中文，并制作了由真实可靠的文件及若干注释组成的附录。第四，最后注明法译者

---

[1] Félix Renouard, *TA-TSING-LEU-LÉE ou Les Lois Fondamentales du Code Pénale de la Chine*, Paris：De l'imprimerie de Crapelet，avant-propos du traducteur français.

姓名 M. Félix RENOUARD DE SAINTE – CROIX，其下有三行小字：ancien Officier de Cavalerie au Service de France；de l'Académie de Besançon，de la Société Philotechnique de Paris；Auteur du Voyage politique et commercial aux Indes Orientales，aux Philippines et à la Chine，即前法国骑兵军官、贝藏松科学院官员、巴黎理工协会官员、著有《东方印度、菲律宾、中国的政治经济之旅》。

译本内容上也与斯当东的英文译本完全一致，包含斯当东序言、前文（3位皇帝谕旨与6张图例）、436条律目译文、所有注释以及附录（32篇相关译文及译者注释）。有关斯当东译本的内容，在此不再赘述。值得一提的是，法文译本比英文译本增加了两方面内容：第一，在斯当东序言前增加法文译者序言（参阅本书"法文译者序言"）；第二，增加了不少勒努阿尔自己作的注释，以"Note du Traducteur"（译者注释）或"Note du Trad. Franç"（法译者注释）的字样加注，以区分斯当东的注释。这些增添的注释给该译本增色不少，以下将详细介绍。

（3）译者注释

1812 年法译本的特别之处是勒努阿尔除了翻译了斯当东的注释外，还添加了不少自己的注释，主要分为三类：一、对英文注释的解释，便于法文读者理解；二、添加必要的有关中国法律、社会、政治、文化等方面的背景信息，供读者参阅；三、指正斯当东注释中的错误或不足之处。

第一类注释是对英文注释的解释、说明及补充，便于法文读者理解。例如，在前文（préliminaire）中，斯当东在翻译完世宗宪皇帝上谕后附上两段注释，其中提及"Authentic Account of the British Embassy"（《英使谒见乾隆纪实》）一书。此书作者对英国人来说可谓家喻户晓，但对法国读者未必如此。勒努阿尔在此作了注释 celle de lord Macartney（马戛尔尼勋爵之作）[1]。此外，斯当东注释里是用各种英国单位——英镑、英里、英尺等——来换算中国单位。勒努阿尔在注释里添加入当时的法国单位与英国单位之间的换算。

第二类注释是译者认为有必要向读者介绍当时中国法律、社会、政治、文化信息，供读者参阅。例如，斯当东在其序言中谈到翻译《大清律例》时遇到的中文理解上的困难：

---

〔1〕 Félix Renouard，*TA–TSING–LEU–LÉE ou Les Lois Fondamentales du Code Pénale de la Chine*，Paris：De l'imprimerie de Crapelet，avant–propos du traducteur français，p. xx.

在进行上述探索的过程中，唯一的巨大障碍就是语言。中国文学由中文写就，而中文到目前为止是外国人最难以掌握的语言。好几种欧洲语言在很大程度上是相通的，甚至措辞也类似。所有的欧洲语言也因各种相似点而存在联系。亚洲国家的语言和欧洲大相径庭，所以学习亚洲语言对欧洲人而言相对困难。[1]

此处，斯当东并未作任何注释，但勒努阿尔在该段译文中作了一个注释，谈及自己对中国文字的了解：

事实上，中文的书面语和口语是大相径庭的，这必然使文本解读更加隐晦。我们一位博学的汉学家——小德吉涅斯先生，在深入观察中国人之时，他坦诚地承认了这一点。他谈及官腔文体，又称雅言。小德吉涅斯先生认为中文的书面语和口语都具模糊性，他的观念完全符合我在中国所学到的东西，在此我举一个明显的例子。雅言文体里用来表示皇帝去世的字和用来表示一座山分裂崩塌的字是一摸一样的。我猜想从前某个中国学者想找一个形似的字，能更具表现力地表示皇帝的过世。于是，在接下来的几个世纪里，人们便把皇帝的去世与山脉崩裂融合在一起，何况在口语中人们通常会说一位宾客上天了。这无疑是一个更有意义的想法，更符合中国人对君王的尊重。[2]

由此可见，勒努阿尔对中国文字还是比较了解的。虽然这位法国骑兵军官或许并不懂中国文字，但他从各种途径知悉了不少当时中国社会、文化信息，是一位远东文化爱好者。

又如，斯当东在翻译"兵律"篇"军政"门之"私藏应禁军器"律条的第一句"凡民间私有人马甲、傍牌、火筒、火炮……"时，对火筒、火炮并无任何注释说明，勒努阿尔却作了一个较长篇幅的注释：

在此有必要提醒读者，火药自最遥远的时代起就为中国人所知，故他们

---

〔1〕［英］乔治·托马斯·斯当东：《小斯当东回忆录》，屈文生译，上海人民出版社2015年版，第206页。

〔2〕 Félix Renouard, *TA-TSING-LEU-LÉE ou Les Lois Fondamentales du Code Pénale de la Chine*, Paris：De l'imprimerie de Crapelet, avant-propos du traducteur français, p. xix.

应该被视为火药的发明者。最初火药被用于火器和宗教仪式，特别是在每个农历月初一举行。此外，当房屋被邪灵入侵时，火药被用于将邪灵驱逐出户。这些仪式可以追溯到远古时代。第一批登陆中国的欧洲人发现这些仪式在中国业已成立，从而以最无可争议的方式佐证了与火药发明有关的事实。但中国人长期以来不知道如何将他们的发明应用到作战方法中，而且还没有一个旅行者谈到他们制造大炮的方式。中国盛产竹子，在古代中国人取最粗的竹筒并把它们系牢，在每个竹节前挖一个洞用做火门，装入火药和小石块。当第一个竹筒震裂，就把它切掉，并在第二个竹筒中另找炮筒。如今只有帝国叛军使用这些竹制炮筒，因为他们无法获得铁制炮筒。我在中国目睹了一支由三百多艘战舰组成的舰队，称之为"舢板"（champan）。战舰都装备了各种口径的大炮，但它们的炮架充分证明了中国人在使用火炮方面几乎没有什么进步。火炮作为一门科学的最初概念还是欧洲人传入中国的。如今中国军队装备了火枪，据说是鞑靼人的发明。[1]

第三类注释是指正斯当东注释中的错误或不足之处。例如，斯当东在翻译"礼律"篇之"毁大祀邱坛"律条的第一句"凡大祀邱坛而毁损者［不论故误］，杖一百、流两千里。墙门减二等。［杖九十、徒两年半。］"时，把"徒两年半"误译作"two years banishment"（徒两年），这一误译被勒努阿尔注意到，并附注释加以说明：

读者之前已读到有关减刑等级，每十天杖减一等，即杖十下。根据法典前文的诸图中的第一副图（即"六赃图"——编译者注），杖八十对应徒两年。因此，我们认为这里存在一个错误，要么是杖刑数字出错，要么是徒刑宣判出错。根据所述"六赃图"，徒刑两年半对应杖刑九十。但我们倾向于认为，此处错误更与徒刑有关，主要鉴于中国人相信迷信，关心一切与宗教信仰有关的事情，这一点从礼律上可以证明。同样，我们应读一下中文原文，徒两年半的刑罚要重于徒两年。[2]

---

〔1〕 Félix Renouard, *TA-TSING-LEU-LÉE ou Les Lois Fondamentales du Code Pénale de la Chine*, Paris: De l'imprimerie de Crapelet, avant-propos du traducteur français, pp. 363-364.

〔2〕 Félix Renouard, *TA-TSING-LEU-LÉE ou Les Lois Fondamentales du Code Pénale de la Chine*, Paris: De l'imprimerie de Crapelet, avant-propos du traducteur français, p. 284.

由此，我们可见法译者的严谨仔细，但他应该并不识中文，所以才对斯当东误译之处作出了两种推测，并作注解。

又如，斯当东在翻译"六赃图"时，在"徒流距离"处有一行小字"dist. lee"（距离单位：里）。对这一中国长度单位，斯当东并未作任何注释。而勒努阿尔在此作注解说明，足见其细心严谨：

> Lee（里）是长度单位，1 里约 3 英里的十分之一，或 444 米 4 分米 4 厘米 4 毫米。Lee（厘）也是基础货币，1 厘是 1 两的百分之一，法典第 24 条律文提及该货币单位。另外两个货币单位是分和毫，1 分是 1 两的十分之一，1 毫是 1 两的千分之一。[1]

再如，第 11 条律条——"名例律"篇之"犯罪得累减"——中提及的"吏典"和"首领官"两个清朝官名。斯当东把前者译为 law officer 或 clerk of the court 并作注解，而把后者译作 deputy of the court，却没作任何注释。在法译本中，法译者遵循英译文，把"首领官"译为 député de la cour，并附上一条注释：

> 首领官是一个官衔，是授予负责监督书记员的官员。参见第 67 条律文（即"吏律"篇"公式"门之"官文书稽程"——编译者注）[2]

二、1865 年与 1876 年法译本及译者群

（1）译者奥巴雷中校生平

加布里埃尔·奥巴雷（Gabriel Aubaret），1825 年 5 月 27 日出生于法国蒙彼利埃（Montpellier），1894 年 8 月 19 日在普瓦提埃（Poitiers）去世，是一名会多种语言的海军士兵、外交家。他于 1841~1843 年就读海军学校，之后于 1859~1863 年随法国海军上将及政治家亨利·里厄尼尔（Henri Rieunier）出战克里米亚、中国和南圻。作为海军中校，奥巴雷于 1858 年率舰驶往远

---

〔1〕 Félix Renouard, *TA-TSING-LEU-LÉE ou Les Lois Fondamentales du Code Pénale de la Chine*, Paris: De l'imprimerie de Crapelet, avant-propos du traducteur français, pp. 11-12.

〔2〕 Félix Renouard, *TA-TSING-LEU-LÉE ou Les Lois Fondamentales du Code Pénale de la Chine*, Paris: De l'imprimerie de Crapelet, avant-propos du traducteur français, pp. 36-37.

东。1862 年 6 月 5 日，在法国与安南的和平谈判中任翻译员，参与《西贡条约》的签订。1863 年，陪同越南阮朝政治家潘清简[1]出使法国巴黎谈判。在巴黎期间，他极力支持顺化朝廷以一千三百万银元赎回南圻三省的提议。在外交职业生涯中，奥巴雷 1863 年以土著事务监督员身份进入交趾支那（Cochinchine）管理层；1864~1867 年任曼谷领事；1878 年任塞尔维亚边境委员会主任；1881 年任全权大使；1881~1884 年任小奥斯曼国部长会议主席[2]。

奥巴雷对安南[3]历史、语言与文化深感兴趣。在殖民时期，翻译活动主要聚焦政府、历史和文学领域。在安南历史与语言方面，他于 1861 年编撰了《法越越法词汇》（*Vocabulare Français-Annamite et Annamite-Français*）（曼谷天主教会印书馆）；于 1864 年出版《嘉定通志—南圻的历史与描述》（*Gia-Dinh-Thung-Chi：Histoire et Description de la Basse Cochinchine*）（巴黎帝国出版社）；于 1867 年出版《安南语语法》（*Grammaire Annamite*）（巴黎帝国出版社）。此外，在法国殖民政策早期阶段的任务之一是把越南法典译成法文作为执法依据。因此，奥巴雷把汉字版的《皇越律例》首次译成法文，定名为《皇越律例/安南法典：安南王朝的法律与条例》（*Code Annamite：Lois et règlements du royaume d'Annam*），于 1865 年由巴黎帝国出版社出版。

（2）译者霍道生上尉生平

保罗-路易-菲利克斯·菲拉斯特（Paul-Louis-Félix Philastre），在越南史料中被称为"霍道生"（Hoắc Đạo Sinh），是一位法国行政官、外交官、越南语和越南法律专家。1837 年 2 月 7 日，出生于比利时布鲁塞尔。1857 年毕业于法国海军学校，签约登上了驶往中国的"雪崩"号（Avalanche）。他于 1861 年抵达交趾支那，1863 年被任命为湄公河三角洲美荻（My Tho）土著事务督察。1868 年，他被任命为土著法首领。生病后，他回到法国，在普法战

---

[1] 潘清简（Phan Thanh Giàn，1796-1867），越南阮朝时期政治家、外交家、学者。1863 年出使法国，试图收回被割占的南圻三省。

[2] Antoine Cabaton, *Dictionnaire de Bio-bibliographie générale, ancienne et moderne de l'Indochine française*, Paris：Société d'Edition géographiques, maritimes et coloniales, 1935, p. 13.

[3] 安南是越南的古称。"安南"一词最早出现于中国唐初。公元 679 年，唐廷改交州都督府为安南都护府，其治所是后世的河内，即今天越南首都。1802 年，阮氏王朝建立，为除旧布新，次年就把国名由安南改为越南。但泰西各国对此并不熟悉甚至不知。西方在 19 世纪的各种出版物中，凡提及该国，都称之为安南（Annam）。

争和巴黎公社期间（1870~1871）中指挥一个炮兵团保卫巴黎。1873年，他回到西贡。出于巴黎政府就解决东京〔1〕"安邺-涂普义"（Garnier-Dupuis）事件〔2〕的压力，交趾支那总督杜白蕾上将〔3〕任命霍道生为大使出使顺华法庭谈判。在与越南嗣德帝交涉中，霍道生否认安邺（Francis Garnier）在东京的所作所为，并下令撤退驻扎顺化的所有法军。霍道生为1874年3月15日在顺化签署的保护国条约作了初步安排，该条约亦称《菲拉特斯条约》〔4〕。在柬埔寨服役1年后（1876年任柬埔寨保护国代表），霍道生返回顺化，任法国代理大臣（1877~1879）。1880年回到法国，从1882年至1894年在戛纳和尼斯教数学，于1902年9月11日去世。

霍道生撰写了一系列关于中国和越南研究的著作，其中最重要的是《易经》的第一个法译本和《皇越律例》的完整法文译本。

（3）《皇越律例》与《大清律例》的文本内容对比

《皇越律例》是越南末代封建王朝的一部法典。它是阮朝世祖高皇帝嘉隆皇帝以儒家思想为准绳颁布的一部法典，在世界法律史上具有一定的地位。然而，这部法典是探讨《大清律例》外译史绕不开的议题。1812年颁布的《皇越律例》是用中国繁体汉字纂写，在体例结构、律目名称、律文内容、律例编纂以及各类注释等方面可谓是几乎全盘抄袭中国的《大清律例》。因此，就法典文本内容而言，《皇越律例》可谓是《大清律例》的"孪生姐妹"。因此，19世纪的两个不可忽视的《大清律例》法译本就这么在越南"诞生"了。虽然两位法译者并非直接以《大清律例》为蓝本，且《皇越律例》删减

---

〔1〕 在法属印度支那时代，"东京"（Tonkin）常被西方人用来指代以河内为中心的越南北部地区。越南人则称之为"北圻"。

〔2〕 1873年，杜白蕾得知法国商人涂普义在北圻与越南阮朝朝廷发生贸易纠纷，便向法国政府请求攻打北圻。杜白蕾派安邺大尉率领170人前往北圻，声称要处理纠纷。然而，安邺突袭并占领河内，将阮朝大臣阮知方扣押，又攻占了周边数座城池，是为北圻变故。消息传至南圻，为避免受法国政府追究责任，杜白蕾派霍道生去顺化谈判。1874年3月，越南大臣黎峻、阮文祥来到南圻，与杜白蕾签订《第二次西贡条约》。越南割让南圻六省给法国，法国则承认越南的独立主权，不必向任何国家臣服。

〔3〕 马里·儒勒·杜白蕾（Marie Jules Dupré，1813年11月25日~1881年2月8日），越南史料称之为游悲黎，是位法国殖民官员。

〔4〕 See Spencer Tucker, ed., *Encyclopedia of the Vietnam War: A Political, Social, and Military History*, New York: Oxford University Press, 2000, p. 906.

了《大清律例》的部分内容，但西方学界[1]仍公认这两位法译者——尤其是霍道生的译本是《大清律例》的优秀外译本。国内学界中，专门研究《皇越律例》和《大清律例》文本异同的学者主要是曾在武汉大学历史系攻读博士的越南籍博士生阮氏秋水，她已经作了不少基础性研究[2]，但她的研究中不涉及翻译问题。

两部法典最大的不同之处就是律条和条例数目的差异。《大清律例》436条律条，《皇越律例》398条（删去40条，自纂2条）；《大清律例》多达1765个条例，而《皇越律例》只有593条，其中有50条左右是阮朝自身的，几十个条例略有不同，其他条例都抄袭清律。[3]鉴于本书仅限作律文的双语对照，故条例的多少并不在考虑范围内。再者，目前英美学者翻译中国古代封建法典均只译律文而不译条例，[4]霍道生几乎译出全部590余个条例，实属难能可贵。诚然，霍道生译本中漏失了40条律条，但这并非是译者的过错，此乃译者所译蓝本之故。

除了律与例的数目存在差异外，在相同的396条（除去阮朝立法者自纂的2条）律条中，《皇越律例》少许删减或修改了《大清律例》部分内容，主要有以下几方面：[5]

1、通假字、异体字之别。如律目中改"箇"为"个"，改"逃"为"迯"，改"回"为"囬"，等等。

2、律名中删除几字，但律文内容基本相同。如《大清律例》的"徒流迁徙地方"，该律名在《皇越律例》中变为"徒流地方"；"宗室觉罗以上亲被殴"变成"宗室亲被殴"；"盗耕种官民田"变成"盗耕稼官民田"，等等。

---

〔1〕 比如，塞勒斯·皮克（CyrusH. Peake）的论文"中国法律研究近况"（Recent studies on Chinese law）（1934）、德克·卜德（Derk Bodde）与克拉伦斯·莫里斯（Clarence Morris）的合著《中华帝国的法律》（Law in Imperial China）（1967）、威廉·琼斯（William C. Jones）的英译本《大清律例》序言均提及两位法译者，尤其是霍道生。

〔2〕 阮氏秋水主要研究成果有："论《大清律例》与《皇越律例》的关系"，载《中国经济与社会史评论》2012年第0期；"越南阮朝《皇越律例》与《大清律例》的异同"，载《江汉论坛》2012年第4期；"越南阮朝《皇越律例》与《大清律例》比较研究"，武汉大学2012年博士学位论文。

〔3〕 参见阮氏秋水："越南阮朝《皇越律例》与《大清律例》的异同"，载《江汉论坛》2012年第4期。

〔4〕 斯当东的《大清律例》、庄为斯的《唐律疏议》、姜永琳的《大明律》均只译出律文。

〔5〕 参见阮氏秋水："越南阮朝《皇越律例》与《大清律例》的异同"，载《江汉论坛》2012年第4期。

3、律文中删除阮朝没有的事物名词，代之以当时越南相应的名词。如改五刑中的"竹板"为"藤"；改"省"为"镇""营"；改清代官职"里长"为"社长"；删去"宰杀马牛""私借官畜产""给没赃物"等律文里当时越南没有的"驼、骡、驴"，等等。

4、律文中删减不符合当时阮朝国情的部分文字，但这样的例子并不多。如"制书有违"中删去"皇太子令旨"几字；"出使不复命"中删去了律文后半部有关延期或回避不缴纳圣旨的文字。但律文大部分内容被完整保留，法律所规范的事宜均全貌展现。

（4）1865 年法译本

奥巴雷译本的书名是《安南法典：安南王朝的律文和条例》（Code Annamite：lois et règlements du Royaume d'Annam），扉页里注明是"译自原版中文"。正文前包含：译者序言（1862 年 8 月 1 日于西贡）、御制皇越律例序及上言。正文的体例方面，译者采用卷（livre）、篇（partie）、条（section）把法典正文分为 8 卷，共 398 条律目。除了第 1 卷"名例律"外，其他卷内分若干篇，每篇内有若干条律条。但译者为所有律条所编序号每卷、每篇均重新计算，并非像斯当东英译本那样是连续编号的。这种不连续的编号方式对读者在查阅律条时会带来少许不便。此外，该译本第 2 卷"名例律"共计 45 条律条，而《皇越律例》"名例律"也是 45 条。但经仔细校对后，编译者发现奥巴雷其实漏译了"名例律"中的"流犯在道会赦"，而把"五刑"律文中的"赎刑"部分另设 1 条，构成了律目中的第 2 条"赎刑"（du rachat des peines）。但在汉字版《皇越律例》中是没有这条的。因此，该法译本漏译 1 条律条，自添 1 条，律目总数仍 398 条。现将该法译本体例结构归纳如下，以供参阅：

第 1 卷：前文（préliminaires du code），内含"六赃图""收赎、纳赎诸例图""过失杀伤收赎图""徒限内老疾收赎图"。

第 2 卷：名例律（lois générales），共计 45 条。

第 3 卷：刑律（lois criminelles），共分 10 篇，共计 166 条。第 1 篇：贼盗（des rebelles et des voleurs）（28 条）；第 2 篇：人命与斗殴（de l'homicide, des blessures et des querelles）（42 条）；第 3 篇：骂詈（des insultes）（8 条）；第 4 篇：诉讼（des plaintes en justice）（11 条）；第 5 篇：受赃（de la prévarication）（9 条）；第 6 篇：诈卫（du faux et de la supercherie）（11 条）；

第7篇：犯奸（de l'adultère）（9条）；第8篇：杂犯（délits divers）（11条）；第9篇：捕亡（des arrestations et des évasions）（8条）；第10篇：断狱（des coupables et des prisonniers）（29条）。

第4卷：吏律（lois relatives aux mandarins），共分2篇，共27条。第1篇：职制（des madarins）（13条）；第2篇：公式（des affaires publiques）（14条）。

第5卷：户律（lois fiscales），共分7篇，计66条。第1篇：户役（de l'enregistrement du peuple）（11条）；第2篇：田宅（des champs et des maisons）（10条）；第3篇：婚姻（du mariage en général）（16条）；第4篇：仓库（des greniers et des caisses de l'état）（22条）；第5篇：课程（des droits）（2条）；第6篇：钱债（des créanciers et des débiteurs）（3条）；第7篇：市廛（des marchés）（2条）。

第6卷：礼律（Lois rituelles），共分2篇，计26条。第1篇：祭祀（des sacrifices）（6条）；第2篇：仪制（des rites）（20条）。

第7卷：兵律（Lois militaires），共分5篇，计58条。第1篇：宫卫（des demeures impériales）（16条）；第2篇：军政（des militaires）（20条）；第3篇：关津（des postes de surveillance et de douane）（5条）；第4篇：厩牧（du soin des chevaux et autres animaux domestiques）（5条）；第5篇：邮驿（de la poste）（12条）。

第8卷：工律（Lois relatives aux travaux publics），共分2篇，计10条。第1篇：营造（des constructions）（6条）；第2篇：河防（des digues et des routes）（4条）。

附录：比引律条（Exemples de quelques cas particuliers），共计30条。

从上述体例结构中，我们发现奥巴雷把"刑律"置于了"名例律"之后，以凸显刑法的重要地位。这种编排顺序显然是受到了儒家法律体系的影响，即由一个基本的刑事法及附带一些相当于民事法和行政法的法规共同组成。这种把法典刑法化的印象会不可挽回地影响西方受众对法典性质的判断。

另外，值得一提的是，奥巴雷既翻译了律文也翻译了条例。在这方面，该法译本比斯当东英译本更显完整。正如奥巴雷在其序言中所述"在这些附加条例中，可以找到更适合安南族的特定法规。同样，就刑法和民法部分，译者力求不忽视其中任何一款条例，尽管它们篇幅冗长，并且常常重复得令人乏味。正是在这一点上，现版译本比乔治·斯当东爵士的《大清律例》英译本更加完整，后者仅局限于基本法。"〔1〕尽管与之后霍道生的译本相比，奥巴雷的译文质量及译作完整性（如图例、条例等）是远不及后者〔2〕，且他也没有翻译原著中的任何注释，但奥巴雷无疑是把《皇越律例》从中文译成法文的第一人。

（5）1876 年法译本

霍道生的译本书名很长：《安南法典，全新完整译本，包含：法典官方注解，首次翻译；摘抄自中国法典注释的众多注解；法律史资料，摘自多本中国书籍；解释与附注》（*Le code annamite，nouvelle traduction complète，comprenant：les commentaires officiels du code，traduits pour la première fois；de nombreuses annotations extraites des commentaires du Code chinois；des renseignements relatifs à l'histoire du Droit，tirées de plusieurs ouvrages chinois；des explications et des renvois*），该书共 2 卷，多达 1500 页，出版社是欧内斯特·勒鲁（Ernest Leroux）。从书名中，我们可知这本译著可谓包罗万象：不仅首次完整译出所有律文和条例，还翻译了法典中的各类注释，援引并翻译了《大清律例》中的相关注解，又从多本中国书籍中摘录并翻译了与中国传统法律相关的资料供读者参阅。霍道生能在不到四年（1871 年 6 月—1875 年 3 月）〔3〕的时间里完成这么一部巨著，若没有深厚的中文功底、坚韧的毅力及强烈的使命感，是不可能完成这么一部内容详实的鸿篇巨制的，不得不令人敬佩这位法国军官。

霍道生译本给人的印象是完整、忠实、高质。首先，译本的体例结构完全遵循原著，共分 22 卷（Tome）。译者沿用了斯当东的做法，给 398 条律条作了连续编号，使读者方便查找与援引（该译本体例结构可详见本书附录三）。此外，霍道生的译本的完整性与忠实性主要体现在以下几个方面：

第一，正文前的前文（即卷一）完整译出。《大清律例》的前文是独立于"名例律"和"六律"而置于律典之首的，是律典中的技术性、工具性成

---

〔1〕 Gabriel Aubaret，*Code Annamite：lois et règlements du Royaume d'Annam*，Paris：Imprimerie Impériale，notice du traducteur，p. II.

〔2〕 笔者手头奥巴雷 1865 年的译本，有字的正文部分共计 723 页左右，每页以印满字的最多字数（约 300 字）计算，全部内容共计约 21.7 万字。霍道生 1876 年译本，共 2 册，有字部分共计 1540 页左右，每页以印满字的最多字数（约 600 字）——该书每页印刷字更多更密——计算，全部内容共计约 92 万字。由于当时的书内没有字数统计，以上只是笔者统计数字只是一个估计值。但霍道生版本的内容比奥巴雷的更完整，译文质量更高，这一点是显而易见、毋庸置疑的。

〔3〕 参见 [法] 霍道生：《安南法典》（第 1 册），欧内斯特·勒鲁出版社 1876 年版，第 4 页。

分，具有法律效力。但 19 世纪的《大清律例》的几部外译本中，前文的翻译均是不完整的。无论是斯当东，还是奥巴雷或鲍来思，对前文的内容都是采取节译的方式。但霍道生把前文完整译出，其内容包括御制《皇越律例》序、上言、律目、诸图、服制、例分八字之意及律眼释义。诸图中的六赃图、纳赎诸例图、过失杀伤收赎图、徒限内老疾收赎图、诬轻为重收赎图、五刑之图、狱具图、丧服总图、本宗九族五服正服之图、妻为夫族服图、妾为家长族服之图、出嫁女为本宗降服之图、外亲服图、妻亲服图、三父八母服以及诸图后的辑注均完整翻译。

第二，译出了各类注释，并区分字体大小。原著中的注释共 3 种——官注、辑注和总注。官注和辑注都用较小的字体，而总注则用与律文一样大的字体。由于原著中的汉字是竖列书写，官注和辑注是以小字每列写两列，总注是以大字每列写一列。首先，官注既会夹在律文中间，也会附在律文后。霍道生把夹在律文中的官注译文以小字斜体放在括号内，把附在律文后的整段官注也以小字斜体译出，并冠以 commentaire offciel 或 C. O. （官注）二词。其次，原著律文后有时附有"辑注"，类似沈之奇的注文[1]，也以小字书写。辑注大多放在律文后的官注之后，偶尔也会出现在律文上方。霍道生把辑注译文以小字斜体放在官注之后，并冠以 explication coordonnée （协助解释）二词。再者，原著中的总注大多位于在卷一里的诸图后，律条正文后很少出现[2]。总注是用与律文一样的大字书写，霍道生以与律文一样的大字译出这些注解并冠以 recueil complet （全集）二词。

第三，添加原著之外的大量补充材料。在律、例、注解译文后，译者会再补充一些材料，这些内容主要有以下几方面：首先，译者在每个律、例后都会添加冠以 origin du texte （文本来源）的一段文字，说明律文及条例在《皇越律例》与《大清律例》的异同。若律、例完全相同，译者也会告知读者。若有不同之处，译者会进一步说明删减的部分，并附上《大清律例》中

---

[1]　沈之奇是《大清律辑注》的纂辑者，该书成书约在 1715 年左右。沈氏一般将自注附在每条律文后的官注之后，有时也会置于正文律条上方的空白处。后来很多种清律版本都将沈氏注文收进，多以红字冠以"辑注"两字。阮朝立法者参阅的《大清律例》是带有辑注的版本。

[2]　清代法典先前还有另外一种官纂注释，置于若干律文的每一项之后，系针对这些律文一般含义的总体说明，故名之为"总注"。总注作成于 1695 年前后，直到 1727 年才被纳入到合编刊行的法典中，1740 年的清律定本又删除了总注。

被删减的相应文字，并对此加以评述。由此可见，霍道生在翻译《皇越律例》时，案头肯定至少有一本《大清律例》，在两部法典之间游刃有余、甄别异同。其次，在 origin du texte 后基本都有若干段评述，有时此类评述还长达数页。这些评述没有被冠以任何标题，译者只是用罗马数字（I、II、III 之类）加以标注。这些评述是霍道生自己所写，主要是对律文或相关现象的看法。

（6）霍道生与奥巴雷译文对比

霍道生译文的"信"体现在他是逐个翻译原著中的汉字，而且意思也"达"。以"名例律"篇的"以理去官"律条为例，我们先看看两位译者是如何翻译该律名的。

例1：以理去官［以理，谓以正道理而去，非有别项事故者。］

霍道生译文：De la cessation naturelle des fonctions（«Naturelle», veut dire que la cessation est causée par une raison naturelle et prévue et sans autre espèce de cause ou de motifs.)

奥巴雷译文：Mandarins qui ne sont plus en exercice

两个译文的最大区别之处就是霍道生译出了律名后的注释，此类注释亦是官注，是对律名的解释，但并非所有律名都有这类注释。此类注释在奥巴雷译本中是均不译出的。其次，就律名翻译质量而言，霍道生用了形容词"naturelle"（正常的、合乎情理的）以对应"理"字。直译的话，该律名即是"官职的合情终止"，而奥巴雷译文中没有体现出"理"的含义，他的译文字面意思是"不再在任的官员"。

例2："其妇人犯夫及义绝［不改嫁］者，［亲子有官，一体封赠。］得与其子之官品同"。

霍道生译文：l'épouse coupable envers son époux, ainsi que celle pour qui le devoir est éteint, (mais qui n'est pas remariée,) sera, (si son propre fils est fonctionnaire d'un rang quelconque donnant, à la mère, droit à un titre honorifique,) assimilée aux fonctionnaires du rang de son fils.

奥巴雷译文：l'épouse légitime d'un mandarin répudiée par lui ne pouvant pas, d'après la loi, se remarier si elle a un fils mandarin, peut aller vivre avec lui avec le bénéfice d'une dignité égale à celle de son fils.

该律文提及两类犯人：妇人犯夫以及义绝者，义绝是中国封建法律规定的一种强制离婚的条件。可以看出，霍道生译出了两者并用连词"ainsi que"

（且、及）连接它们，句式和语义均忠实原文。而奥巴雷只译了其中一类犯人，即义绝者（l'épouse légitime d'un mandarin répudiée par lui）。此外，"不改嫁"是文间小注，奥巴雷对此类官注均不单独译出，而是融入译文中。但此处他的译文似乎并不正确："一位官员的合法妻子若被夫休，她依法不能再婚"（l'épouse légitime d'un mandarin répudiée par lui ne pouvant pas, d'après la loi, se remarier）。但原文并无此意。霍道生把该文间注译置于括号内，且位置也与原文相同，不随意添加语义，译文非常忠实原文。随后的文间注"亲子有官，一体封赠"，奥巴雷也是不译的，而霍道生完整译出，且语义忠实原文。后半句"得与其子之官品同"言下之意是：该妇人虽与其当官的丈夫断绝关系，但她的儿子若当官，她还是享有她亲生儿子官品的待遇。奥巴雷译作"能和他（儿子）一起生活，享有和她儿子一样的尊严"（peut aller vivre avec lui avec le bénéfice d'une dignité égale à celle de son fils），霍道生译作"（她）将得到等同于她的儿子官职品级的相似（待遇）"（sera assimilée aux fonctionnaires du rang de son fils）。两位译者的译文各有特色，霍道生译文遵循原文的句式"得……同"，故他用 sera assimilée à（与……相同对待）这一句式结构；奥巴雷则不拘泥于原文句式结构，但增译了"和他（儿子）一起生活"，其余部分基本意思是正确的。

有兴趣的读者还可以找出斯当东对该句律文的翻译，做英文、法文跨语种译本之间的对比，品鉴不同译者的翻译风格与译文质量[1]。

三、1891 年/1924 年法译本及译者[2]

（1）译者生平

1891 年译本的译者是耶稣会士，名叫鲍来思。相比之前三位法译者，编译者目前手头获得的有关鲍来思的资料非常匮乏。或许因为前面三位是海军军官，法国在越南殖民史的相关论著中或多或少会提及他们。而鲍来思是一位耶稣会士，鉴于目前编译者还未系统查阅到相关教会档案文献，故对这位

---

〔1〕 此律条虽然在鲍来思译文中也有，但鲍来思随意删减律文太多，该律条在《大清律例便览》中只保留了第一句话"凡任满、得代、改除、致仕等官，与见任同"。故此处也无法拿鲍来思译文进行对比。有兴趣的读者可以自行找三位法国译者翻译了相同中文原文的译文作对比，应该会颇有意思的。

〔2〕 该书手稿完成于 1891 年，出版于作者逝世 30 余年（1924 年）后。在此，以该书完稿之日为准，把该译本归为 19 世纪之作。

神父的背景资料的了解非常有限，现暂整理如下，期待今后进一步考证。

鲍来思的原名叫居伊·布莱（Guy Boulais），字惟都，是一位耶稣会士，生于 1843 年 2 月 28 日，于 1894 年 10 月 31 日在崇明去世。1869 年 2 月 3 日来华，1881 年 8 月 15 日发末愿。他曾在上海、崇明和海门地区传教，时间长达 25 年。晚年疾病缠身，这位神父于 1891 年完成《大清律例便览》手稿并为之作序，3 年后便与世长辞，享年 51 岁〔1〕。至于鲍来思花了多少时间完成这部译著，译者在序言中并未提及。不过要完成一本 700 多页的编译著作，加之译者身体健康欠佳，应该要花上数年时间吧。

鲍来思的这部遗作一直以来都只是以手稿的形式作为震旦大学（l'université l'aurore）的中国法律基础课程的教材被使用。1923 年，该书被选入《汉学论丛》〔2〕（Variété sinologiques）第 55 期，并于 1924 年由上海的土山湾印书馆（法文名是 Imprimerie de la mission catholique，即天主教会印书馆）出版。纵观这部作品，我们可以发现，鲍来思除了传教士的身份外，也可谓是一名汉学家，其深厚的汉语功底和对中国文化的熟知从该书中可见一斑。1925 年，鲍来思被授予"儒莲奖"（Prix Stanislas Julien）。该奖项被称为"汉学界的诺贝尔奖"，是由法兰西文学院颁发的汉学奖项，以法国汉学家儒莲的名字命名。于 1872 年创立，自 1875 年起每年颁发一次。我们所熟知的著名汉学家理雅各（James Legge）便是"儒莲奖"的第一个获得者。鲍来思能在逝世 31 年后获此殊荣，足见他在世界汉学界的崇高地位及深厚造诣。

（2）译本特点

首先，这部译作与之前 3 个译本相比，可以说是一本汇集多部法律典籍的编译手册。该书法文名是 Manuel du code chinois（中国法典指南/教科书），因 manuel 有手册、教科书之意〔3〕。该书的出版前言中谈到：

---

〔1〕 Guy Boulais, *Manuel du code chinois*, Shanghai：Imprimerie de la mission catholique, 1924, Introduction.

〔2〕《汉学论丛》由法国耶稣会士夏鸣雷（Henri Havret）创办，是近代来华法国耶稣会传教士汉学研究的主要成果，自 1892 年至 1938 年间共出了 66 期。

〔3〕 另一个谈不上是考证但或许有所提示的信息是：土山湾印书馆业务特色之一就是印行中西文教科书，提供给中外学生学习中西文化的教材读本。出版的西方科学教材包括《形性要学》《几何探要》《代数问答》《五州括地歌》《物理推原》等。土山湾印书馆编印的教材大多为震旦大学院的课本。（参见邹振环："土山湾印书馆与上海印刷出版文化的发展"，载《安徽大学学报（哲学社会科学版）》2010 年第 3 期）。

……译者撰写这部作品是为了便于同僚们处理与中国官员的棘手事务。这部译著作为手稿，多年来被用于震旦大学中国法律基础课程的教材。那里的老师和学生们早就要求出版一本比起斯当东译本更有助于他们学习的书……[1]

由此可见，这本书当时是作为当时震旦大学的学生的中国法律的教科书之用，其内容不但包含《大清律例》中的律文译文，还有译者从其他几本中国法律书籍中选取并翻译的内容，如《大清会典》、《大清律例汇辑便览》、《律例便览》及《刑案汇览》。[2]此外，译者把译成法文的每一条律和例的中文原文都摘录在每页最下方，以资参照。[3]这种双语对照模式无疑会便于学生的双语对照阅读。这也是为何该手稿在作者逝世后的很长一段时间内一直被当教材使用。当然，鲍来思在其序言开篇就谈到编译该书最初是便于传教工作："这本著作旨在向来华传教士提供一些他们传教所需的、有关中华帝国的民法、刑法、习俗及判例的基本概念。"[4]

其次，该编译教材的体例结构也反映出其作为手册或教科书的用途。该书虽然整体上效仿《大清律例》的体例，但鲍来思作了较大的调整，主要把若干条律条按内容或主题所需，归入同一章中。现译介如下：

该书共7卷（livre），分别是卷一"名例律"（Lois générales）、卷二"吏部"（Tribunal suprême des fonctions publiques）、卷三"户部"（Tribunal suprême des familles et des revenus）、卷四"礼部"（Tribunal suprême des rites）、卷五"兵部"（Tribunal suprême des armes）、卷六"刑部"（Tribunal suprême des peines）、卷七"工部"（Tribunal suprême des travaux publics）。译名遵循了清朝中央六部的名称，用Tribunal suprême（最高法院）对应中文的"部"字。

在卷一前，鲍来思编译了4幅图，分别是图一"刑"（châtiments）、图二

---

[1] Guy Boulais, *Manuel du code chinois*, Shanghai：Imprimerie de la mission catholique, 1924, Introduction, p. I.

[2] Guy Boulais, *Manuel du code chinois*, Shanghai：Imprimerie de la mission catholique, 1924, preface, p. VI.

[3] 参见［美］卜德、克拉伦斯·莫里斯：《中华帝国的法律》，朱勇译，中信出版社2016年版，第82页。

[4] Guy Boulais, *Manuel du code chinois*, Shanghai：Imprimerie de la mission catholique, 1924, preface, p. IV.

"赃"（Biens mal acquis）、图三"赎罪"（Rachat des peines）、图四"丧服图"
（Du deuil）。这 4 幅图实际上相当于是 4 章，每章中还分若干节，每节内编译
原著中的相关图。

图	内容
图一	第一节"刑的分类"：笞、杖、徒、流、死
	第二节"狱具与刑具"：板、枷、杻、铁索、镣、夹棍、拶指、天平、镣索
图二	第一节"监守盗"
	第二节"常人盗"
	第三节"窃盗"
	第四节"枉法赃"
	第五节"不枉法赃"
	第六节"坐赃"
图三	第一节"老幼废疾天文生妇人折杖"
	第二节"妇人收赎"
	第三节"官员正妻及有力妇人赎罪图"
	第四节"过失杀伤收赎之图"
	第五节"诬轻为重收赎图"
	第六节"捐赎图"
图四	第一节"斩衰"
	第二节"齐衰"
	第三节"大功"
	第四节"小功"
	第五节"缌麻"

形式上，这 4 幅图均以文字形式译介，并没效仿《大清律例》原著中的
以表格形式展现诸图。内容上，编译本中的图一是汇集了原著的"五刑图"
和"狱具图"的内容；图二是原著的"六赃图"的内容；图三是原著的"收

赎诸例图"、"过失杀伤收赎图"和"诬轻为重收赎图"的部分内容的编译，其中第六节"捐赎图"译自"收赎诸例图"后附的"捐赎条例"（斯当东亦选译了此图，参见其译本中诸图的图三）；图四是原著的卷三"服制"的所有内容。由此可见，鲍来思有选择性地翻译原著诸图的部分内容。他所摘译的内容基本上能向读者大致勾勒出中国封建社会的法律文化。鲍来思与斯当东、奥巴雷一样，他们都没完整地译出原著中所有诸图。在这一点上，1876年霍道生的译本无疑是最完整的。

（3）译本简介

卷一至卷七是法典正文部分。有的卷内分若干章（chapitre），如卷一"名例律"有14章，卷二"吏部"有8章。有的卷内还先分"篇"（section），篇内再分若干章，如卷三"户部"分4篇：篇一"户役"（含8章）、篇二"田宅"（含4章）、篇三"婚姻"（含15章）、篇四"仓库、课程、钱债、市廛"（含8章）。就章而言，有的章仅含1条律条，但大多章内都按主题汇集多条。例如，卷三篇三中，第14、15章都仅含1条："男女婚姻"和"典雇妻女"，而第16章含3条："妻妾失序"、"逐婚嫁女"和"父母囚禁嫁娶"。又如卷三篇四中的第25章含多达9条。此外，在某些篇章中还会插入"附录"（appendice），这些内容大多援引自《大清律例》或《大清会典》中的注释，鲍来思选译其中相关内容，向读者介绍当时中国各类政治、社会、文化背景信息。这样的附录共有11个，在此附上法文标题，归纳如下：

附录	法文	中文译文
1	Tribunal de sous-préfet	地方行政部门
2	Assises impériales	朝审
3	Système administratif de l'empire chinois	中华帝国的行政体系
4	Exhérédation et testament	剥夺继承权与遗嘱
5	Orphelinats	育婴堂
6	Terre d'alluvions	冲击土
7	Antichrèse, mise en gage et hypothèque	典当与抵押
8	Contrat de société	会簿

续表

附录	法文	中文译文
9	Récompenses accordées à la vertu	贞操旌表
10	Liberté accordée aux missionnaires chrétiens de prêcher la religion	给予基督教传教士的传教自由
11	Solution de plusieurs cas par voie d'assimilation avec d'autres cas du code	比引律条

该书的内容主要摘录自《大清律例》与《大清会典》。就前者而已，鲍来思删减了至少 60 余条律目。[1]这些被删去的律条中，有些不太重要，但也有一些重要的律条。特别是"捕亡"和"断狱"两篇中所删去的 20 条是研究清朝司法机关的具体功能的必读条目。[2]即使那些译出的律与例也时常有部分甚至大段的文字删减，如"以理去官"律条只保留了原文的第一句话"凡任满、得代、改除、致仕等官，与见任同"，其余的律文均未摘录、翻译。这种摘译的原因，鲍来思在序言里已经阐述：

这些律文或条例中有很大一部分是含糊其辞且文辞冗长；另一些则对传教士和欧洲人而言毫无用处。不少律文或条例内容重复，主要涉及对官员及其雇员的指示、某些政府机关的详情以及有关满族、蒙古族和苗族的法令。为了不使这本书过于冗长乏味，我们省略或删减了这些律例的翻译。汇编一本中文教材促使我们作出这种甄选，为我们提供所需的可靠概要。本书中凡是带星号的律文均表明该律文在摘抄时作了删减处理。[3]

此外，鲍来思将《大清律例》中的律与例编为 1738 条，其中还包括一些他本人所作的评注，这种编号方式自然会给读者查找具体某个律目带来不便。

---

[1] 具体删减的律条可参见 [美] 卜德、克拉伦斯·莫里斯：《中华帝国的法律》，朱勇译，中信出版社 2016 年版，第 82 页脚注②。

[2] 参见 [美] 卜德、克拉伦斯·莫里斯：《中华帝国的法律》，朱勇译，中信出版社 2016 年版，第 82 页脚注②。

[3] Guy Boulais, *Manuel du code chinois*, Shanghai：Imprimerie de la mission catholique, 1924, preface, p. V.

（4）译介方式

有关该书中律条的译介及编排方式，鲍来思在其序言中谈道：

有时我们会在每个章节开头设计一个谓之"观察"的部分，律文之后通常总是设有"案例"的部分。观察援引自《大清会典》，旨在使读者了解中国的主要习惯、重要立法动机和精神。援引案例是为了解释这些晦涩的律文；案例往往会提供理想的解决办法。由于这些办法总是由皇帝和最高法院给出的，因而它们是依法有效的。

也就是说，《大清律例便览》中的律条通常在开头会有一段称之为"观察"（observation）的部分，随后译介相关的律文或条例，最后通常会再加几段称之为"案例"（cas）的部分。

首先，"观察"部分并非每条律条都有。这部分内容，按鲍来思序言所述，是摘录自《大清会典》，但因其并未标注援引出处，故给编译者查找原文欲以校对译文的工作带来诸多不便。在此，笔者挑选"刑律"篇"贼盗"门之"造妖书妖言"律条前的一段"观察"，译成中文，仅供参阅：

中国人天生就喜欢魔术和巫术。在他们的主要王朝革命中，人们通常会发现巫师能够改变风向，激发风暴，将纸兵转变为活人，并使他们的信徒刀枪不入。那些想挑起事端的人用魔法或者更确切地说是江湖骗术，来蛊惑人们的思想。因此，我们很容易理解为什么该律条在"谋反大逆"和"谋叛"律目之后立即被写入法典，因两者之间有着密切的联系。[1]

其次，"案例"大多摘录自《刑案汇览》。例如，在"户律"篇之"任所置买田宅"律文后，鲍来思节译了《刑案汇览》卷九之"盗卖田宅"之"代人经管煤窑诱立字据图占"一案，译文如下：

案例：李升有时患有痴呆症，他曾委托张泳存管理自己拥有的一座煤矿。一天，后者借机主人犯病，使前者签了一份煤矿捐赠契据，并强迫几名工人一并签字。李升神智回复后，指控其不忠的管理者。被告将被判什么刑呢？

---

[1] Guy Boulais, *Manuel du code chinois*, Shanghai：Imprimerie de la mission catholique, 1924, pp. 469–470.

回复[1]：张某的犯罪行为比其若借助武力的行为罪行要轻。根据强占他人财产罪，张某被判有罪，罪刑降低一等至杖一百、徒三年。嘉庆二十二年（1817年）。[2]

现将《刑案汇览》中该案例的原文摘录如下，以供参阅：

> 张泳存因开煤窑之李升素有疯病，托伊经管煤窑。该犯以在窑办事并无凭据，诓令李升立给送窑字据，复私改合同，诱令窑伙张天锡等画押，以作霸窑凭据，殊属习诈。惟该犯经管煤窑原系李升嘱托，且李升实有写给送窑字据，似与倚恃势力强占者有间。张泳存应照强占山场，拟流律量减一等，杖一百、徒三年。嘉庆二十二年安徽司现审案。

最后，鲍来思在书中还节译了不少注释，主要摘自原著中的小注、总注和上注。在此就不再举例赘述。

综上所述，鲍来思编译律条内容的方式大致是按"观察—律文—条例—案例"的顺序。这种译介方式符合它作为一本手册或教科书的性质。阅读此书的读者不仅能知悉大清律例及案例审判，还能了解相关的政治、社会、文化信息。这本书可谓是理论结合实践。理论部分由律文和条例的译文组成，实践部分由案例译文、观察和附录组成。

四、4部法译本翻译质量对比研究

（1）学界的评述

与国内学界的研究空白相比，国外早有不少学者对《大清律例》的法译本及译者群给予不同程度的关注。

《中华帝国的法律》的作者卜德和莫里斯对霍道生译本的评价是：

> 菲拉斯特（即霍道生）详细述及了《皇越律例》中与《大清律例》的不相

---

［1］鲍来思在翻译《刑案汇览》中的案例时，会分成两部分：案例（cas）和回复（réponse）。前者是案件的内容，后者是判决内容。《刑案汇览》原文里并没有特地区分两者。鲍来思在翻译案例时，采取摘译的方式，通常会自添一句问句，以便引出下文的回复。

［2］Gug Boulais, *Manuel du code chinois*, Shanghai: Imprimerie de la mission catholique, 1924, p. 244. 该段译文为笔者自译，遣词造句上尽量遵循原法文的语言风格。

同之处。菲拉斯特的译本不仅翻译准确，而且内容页非常完整。它既包括《皇越律例》的全部398条律文及其大部分附例，也包括关于律文的注释。[1]

他们对鲍来思译本的评价是：

布莱（即鲍来思）的《大清律例》法译本质量颇高，使用起来也非常方便，因为他把译成法文的每一条律和例的中文原文都录在页下，以资参照……然而，布莱远不如菲拉斯特来得彻底。在他的译本中，各种注文均被省略，同时，他删去了大量的例；另外有许多例则是用一种很简略的方式译成法文……在律文方面，布莱译本至少删去64条。更有甚者，我们非常偶然地也能发现他笔下严重的误译。但尽管如此，与斯道顿（即斯当东）及菲拉斯特（即霍道生）译本相比，布莱译本仍然是最优秀的。[2]

卜德和莫里斯的评价基本是符合译本事实的。在此，编译者想稍作几点补充：1、霍道生只译了398条律目并非是漏译。如前所述，《皇越律例》本身就只有398条，但多数人对此并不了解，故在此澄清；2、卜德和莫里斯说霍道生翻译了大部分附例及注释，但经编译者初步双语校对后发现，霍道生把原著中的条例和注释几乎全部翻译，因此并非"大部分"而是"几乎（若不是全部）"。这几个字可谓至关重要，直接关乎译本的完整性的评判准则；3、有关鲍来思删减律文和条例的意图应阐述清楚，否则会给读者质疑该译本的完整性和译文的质量。至于律、例的删减原因，因该书最初创作目的是便于传教士同僚们处理与中国官员的棘手事务，故这样一本以实用为目的的手册不可避免要删减一些不太重要的律文；4、卜德和莫里斯高度评价鲍来思的译文质量，但却没有举例说明优秀在哪些方面。是译文忠实原文？还是用词贴切？或是相关法律概念解释得更清楚？卜德和莫里斯对此都没给予确切解答，故他们的评论似乎缺乏实证性。同时，他们又指出鲍来思笔下的严重误译，这又与对其高度评价相驳。

20世纪30年代初至40年代末，以塞勒斯·皮克（Cyrus H. Peake）、欧文·

---

〔1〕［美］卜德、克拉伦斯·莫里斯：《中华帝国的法律》，朱勇译，中信出版社2016年版，第81页。

〔2〕［美］卜德、克拉伦斯·莫里斯：《中华帝国的法律》，朱勇译，中信出版社2016年版，第82页。

拉铁摩尔（Owen Lattimore）、费正清（John King Fairbank）等人的研究为代表，美国学界开始正式出现中国民族主义问题研究的论著。皮克在其1934年的论文"中国法律研究近况"中评论了霍道生和鲍来思译文：

> 19世纪后半叶，法国占领勒安南。出于行政目的，研究当地法典成了当务之急。这些法典几乎一字不差地效仿中国唐朝和清朝的法典。因此，在法国占领安南期间，奥巴雷和菲拉斯特两位翻译了当时的基于清律的现行法典……耶稣会士鲍来思在其临终前完成了法典的全文翻译（a full translation）。然而，该译稿直至1923年才被付梓……除了翻译律文与条例外，他还翻译了解释法典条款适用情况的案例材料。[1]

皮克提及了第一位翻译《皇越律例》的法译者奥巴雷，这位译者并不太为人所知，卜德和莫里斯在《中华帝国的法律》一书中根本没有提及此人。此外，皮克简单提及了《皇越律例》与《大清律例》的关系，但对此不了解的读者或许并不清楚两者在文本上的异同。对鲍来思译本的论述是基于译者序言和该书出版前言，但谈及译者在临终前完成了法典的全文翻译，这一点不符事实。如前所述，《大清律例便览》无论是律文还是条例都存在不少删减。总的来讲，对法译本的介绍仅寥寥数行，未免会使感兴趣的读者不够尽兴。

《大清律例》第二个英译本的作者钟威廉（William Jones）在其1994年出版的《大清律例》（*The Great Qing Code*）的序言中谈及了霍道生和鲍来思的译本：

> 斯当东的英文译本几无用处，译文不受约束，语义不够精准。鲍来思神父的法文译本几乎同样糟糕，尽管原因不同：它省略了大量律文，却没有加以注明。菲拉斯特中尉的《皇越律例》法文译本质量虽属一流，但法典没有包含所有中文文本，且菲拉斯特倾向于用法文法律术语作翻译。例如，地方法官（district magistrate）在他笔下被译成"调查法官"（juge d'instruction），

---

〔1〕 Cyrus Peake, Recent studies on Chinese law, *Political Science Quarterly*, Vol. 52, No. 1, 1937, pp. 122-124.

指在案件中负责司法调查的法官。[1]

钟威廉的评论显得颇为苛刻，认为鲍来思与斯当东的译文都不够准确。这一点与之前卜德和莫里斯对鲍来思译文的评价截然不同。

（2）文本对比研究

上述学界的评述都缺乏给予具体的文本翻译实例。在此，编译者随意挑选"兵律"篇"关津"门之"私越冒度关津"的前两句律文，把斯当东、霍道生、鲍来思3人的译文作如下对比，以供参阅：

原文：凡无文引［文印者，即今之通行文凭］私度关津者，杖八十。若关不由门、津不由渡，［别从间道］而越度者，杖九十。

斯当东译文：Whoever, without being provided with a regular license or passport, proceeds either by land or water carriage, clandestinely through any barrier station, shall be punished with 80 blows; whoever, in order to avoid examination at the barrier, passes it by any other than the customary road, channel, or ford, shall be punished with 90 blows.

霍道生译文：Ceux qui, sans sauf-conduit（sauf-conduit, c'est-à-dire, actuellement, une attestation écrite de laisser-passer）, passeront privément un poste de surveillance établi sur une route de terre ou d'eau, seront punis de quatre-vingts coups de truong; Ceux qui auront franchi un poste de surveillance établi sur une roule de terre, autrement que par la porte, ou qui auront franchi un poste de surveillance établi sur un cours d'eau, autrement que par le bac（qui auront suivi une autre route）, et passé par escalade ou effraction, seront punis de quatre-vingt-dix coups de truong.

鲍来思译文：Quiconque, non muni d'un permis, passe une barrière ou un gué, recevera 80 coups de bâton. Quiconque passe la barrière par une autre porte que la porte ordinaire, ou le gué par un autre passage que le passage ordinaire, recevera 90 coups.

上述律文中涉及几个词（划线部分）的翻译：文引、关津和越度，3位译者的译文总结如下：

---

[1] William Jones, *The Great Qing Code*, New York: Oxford University Press, 1994, p. v.

文引			
译者	斯当东	霍道生	鲍来思
译文	a regular license or passport	sauf-conduit	permis
字面意思	一张正规许可证或护照	安全通行证	许可证、执照

所谓"文印",在其之后的小注里已明确解释清楚,即通行文凭。所谓"关津",是指中国古时的关卡和津渡。是历代封建统治者出于政治、军事、经济等方面的利害关系而加以设置的水陆要道。陆路关卡或设于道路要隘之处,或设于国境交界之处。换言之,并非所有关津都位于出入境之处。

斯当东把它译成 license(许可证,即对做某事给予官方批准的合法文件)或 passport(护照,即口岸通行证,能证明一国公民在出入境和国外旅居时的合法证件)。编译者认为,license 在语义上并不凸显"通行"之意,而 passport 授予对象是一国公民,供其出入境时用。这两个词并非完全贴近通行关津时所需的文印之意。霍道生的 sauf-conduit 指允许进出某地的凭证,授予对象相对宽泛:既可是本国人也可是战时敌人。法文中也有 passeport(护照)一词,但霍道生并未使用,可见他在选词上是兼顾中西文化差异,细致甄别语义异同的。而鲍来思的 permis 语义过于笼统,即官方授予的许可证,与斯当东的 license 差不多。在法文中,一般该词都与其他词组合使用,如 permis de conduire(驾驶许可证,即驾照)、permis de chasse(狩猎许可证)、permis d'exploitation(经营许可证,即营业执照)等。不难看出,霍道生在选词上细致甄别,兼顾文化差异,语义更贴近原文。

关津			
译者	斯当东	霍道生	鲍来思
译文	a barrier station	un poste de surveillance établi sur une route de terre ou d'eau	une barrière ou un gué
字面意思	一个关卡站	一个建在陆上或水上的监视哨	一个路障或浅滩

"关津"一词,上文已有解释。纵观 3 位译者的译文,霍道生的翻译明显更贴近原文语义。斯当东的 barrier station 显然不包括水上的关卡,即津渡。虽然他在译文里提及"乘陆运或水运工具行进"(proceeds either by land or water carriage），但这并非对关津的直接翻译。鲍来思的 barrière 和 gué 两词虽然区分了陆路和水路，但前者指"阻止通行的栅栏"或"古代的城门"，后者指"可涉水而过的地方"，即浅滩。两词都无法体现出关津作为一种军事要塞的特性。霍道生的译文既区分了陆路和水路，又用 poste 一词强调了其作为军事岗哨的属性，而 surveillance 一词又补充说明了岗哨的职责。

最后，我们再来看下"若关不由门、津不由渡，［别从间道］而越度者"这句话的译文。只有霍道生是遵循原文把"越度"译出了。他译成 passé par escalade ou effraction（通过翻越或破坏围墙进入），基本贴近"越度"之意。而斯当东和鲍来思并未译出此意，但他们二人都译出了"关不由门、津不由渡"这句。

关不由门、津不由渡			
译者	斯当东	霍道生	鲍来思
译文	passes it by any other than the customary road, channel, or ford	franchi un poste de surveillance établi sur une roule de terre, autrement que par la porte, ou franchi unposte de surveillance établi sur un cours d'eau, autrement que par le bac	passe la barrière par une autre porte que la porte ordinaire, ou le gué par un autre passage que le passage ordinaire
字面意思	以任何非常规道路、航道或浅滩经过	不经关门而以其他方式越过陆上监视哨或不乘船而以其他方式渡过水上监视哨	不经正规关门而经其他门经过路障，或不经正规航道而经其他航道渡过浅滩

由此可见，霍道生的译文虽然很长，但最忠实原文，把原文的意思准确译出。"关不由门"指不通过关门越过关卡，"津不由渡"指不乘渡船而越过渡口。这些意思在霍道生的译文中均完整体现。而另外两位译者的译文虽不至错误，但绝对谈不上准确。

另外，钟威廉在评论中还谈及霍道生译本没有包含中文原文，且倾向于用法文法律术语作翻译。对此，编译者认为，霍道生的译本不同于鲍来思的译本，它并不是一本手册或教科书。译本的阅读对象是当时驻越南的法国殖民官，这些人不懂中文，他们只需知道越南法典的内容以便处理与当地人的法律事务而已。至于评论霍道生用法文法律术语作翻译，笔者想说，任何译者都是致力于在自己语言系统与原文语言系统中寻求词义的对等。但语言承载着文化，要作到百分之百地语义对等是不可能的。当初斯当东的英译本又未尝不是以英文法律术语来翻译中国法的呢？浏览霍道生的译文，编译者觉得他的译文选词已达到最贴切的语义对等，已属不易。钟威廉还谈及霍道生把地方法官（district magistrate）译成"调查法官"（juge d'instruction）。就编译者在双语校对《皇越律例》的398条律文时，并未发现该术语。此外，通过计算机的搜索功能检索霍道生译本的电子文本，也未见该术语的出现。鉴于钟威廉也未标注具体出处，故目前也无从查起。在无援引的情况下，钟威廉的评论未免显得缺乏依据性和学术严谨性。

王春荣

2021 年 5 月

于上海广富林

TA-TSING-LEU-LÉE,

OU

LES LOIS FONDAMENTALES

DU

CODE PÉNAL DE LA CHINE,

AVEC LE CHOIX DES STATUTS SUPPLÉMENTAIRES,

originairement imprimé et publié à Pékin, dans les différentes
Éditions successives, sous la sanction et par l'autorité de tous les
Empereurs Ta-Tsing, composant la Dynastie actuelle :

TRADUIT DU CHINOIS,

ET ACCOMPAGNÉ D'UN APPENDIX CONTENANT DES DOCUMENS AUTHENTIQUES
ET QUELQUES NOTES QUI ÉCLAIRCISSENT LE TEXTE DE CET OUVRAGE;

PAR GEORGES THOMAS STAUNTON,

Baronet, Membre de la Société royale de Londres.

> Mens et animus et consilium et sententia
> civitatis posita est in legibus.
> Cicero *pro Cluentio.*

MIS EN FRANÇAIS, AVEC DES NOTES,

PAR M. FÉLIX RENOUARD DE SAINTE-CROIX,

ancien Officier de Cavalerie au Service de France ; de l'Académie de Besançon ,
de la Société Philotechnique de Paris ; Auteur du Voyage politique et commercial
aux Indes Orientales, aux Philippines et à la Chine.

TOME PREMIER.

A PARIS,

Chez {
LENORMANT, Libraire, Rue de Seine, n° 8.
GAGLIANI, Libraire, Rue Vivienne, n° 17.
LALOY, Libraire, Rue de Richelieu, n° 95.
}

1812.

图 1. 以 1810 年出版的由斯当东爵士翻译的《大清律例》英文译本为蓝本，法国骑兵军官勒努阿尔侯爵直接把英文译本转译成法文，于 1812 年出版。这是《大清律例》第一次传入西方的法语世界里。

例律越皇

(HOANG-VIÊT-LUÀT-LE)

CODE ANNAMITE.

LOIS

ET RÈGLEMENTS DU ROYAUME D'ANNAM

TRADUITS

DU TEXTE CHINOIS ORIGINAL

PAR G. AUBARET,

CAPITAINE DE FRÉGATE.

PUBLIÉS PAR ORDRE

DE S. EXC. LE Mⁱˢ DE CHASSELOUP-LAUBAT,

MINISTRE DE LA MARINE ET DES COLONIES.

TOME PREMIER.

PARIS.

IMPRIMERIE IMPÉRIALE.

图 2. 因 19 世纪中叶法国在越南的殖民所需，翻译越南封建王朝的法律成为当时殖民官处理与当地人法律事务之急需。《皇越律例》——这部基本效仿中国《大清律例》的越南法典，被奥巴雷中校首次译成法文。相比斯当东译本，该法译本不仅翻译了律文，还译出了条例。该书由巴黎帝国出版社于 1865 年出版。

ÉTUDES SUR LE DROIT ANNAMITE ET CHINOIS

LE
CODE ANNAMITE

NOUVELLE TRADUCTION COMPLÈTE

COMPRENANT :

Les Commentaires officiels du Code, traduits pour la première fois ;
de nombreuses Annotations
extraites des Commentaires du Code chinois ;
des Renseignements relatifs à l'histoire du Droit, tirés de plusieurs Ouvrages
chinois ; des Explications et des Renvois,

PAR

P.-L.-F. PHILASTRE

LIEUTENANT DE VAISSEAU
INSPECTEUR DES AFFAIRES INDIGÈNES, CHEF DU SERVICE DE LA JUSTICE INDIGÈNE
EN COCHINCHINE, OFFICIER DE L'ORDRE DE LA LÉGION D'HONNEUR, ETC.

Imprimé par ordre du gouvernement de la Cochinchine française.

SECONDE ÉDITION

TOME PREMIER

CH'ENG-WEN PUBLISHING COMPANY
TAIPEI
1967

图 3. 继奥巴雷 1865 年首次翻译《皇越律例》10 年后，霍道生上尉重译该法典。该译本也以中文原著为蓝本，内容比首版更丰富、更完善：律文、条例、注释、图例等均译出。此外，译者还增加了很多评论、分析及资料援引。该书由欧内斯特·勒鲁出版社于 1876 年出版，台湾成文出版社 1967 年再版。

VARIÉTÉS SINOLOGIQUES Nº 55

MANUEL

DU

CODE CHINOIS

大清律例便覽

PAR

LE P. GUY BOULAIS, S.J. (鮑 来 思).

CH'ENG-WEN PUBLISHING CO. · TAIPEI · 1966

图 4.19 世纪末，法国耶稣会士鲍来思出于为同僚们传教之需，编译了这本《大清律例便览》，供传教士了解中国政治、法律及社会文化。书稿于 1891 年完成，3 年后鲍来思便病逝。书稿直到 1924 年作为《汉学论丛》第 55 期由上海土山湾印书馆出版。1966 年台湾成文出版社再版。

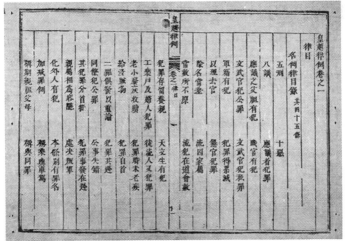

　　图5. 1876年的法译本的翻译底本《皇越律例》（西方人称之为《安南法典》），从律目中可见，该《安南法典》几乎全盘抄袭中国的《大清律例》，在内容和体例上极其相似。国外学界公认该法典的法译本是研究《大清律例》不可回避的西译本之一。

凡例 NOTICE

　　因《大清律例》存在 4 个法译本，选择哪个版本作双语校注是摆在编译者面前的首要问题。经过细致文本比对和研读，编译者最终决定选择霍道生1876 年的译本为双语对照的主体，辅以勒努阿尔 1812 年及鲍来思 1891 年译本。双语校注首先力求达到严复在《天演论》的"译例言"中提及的译事三难之"信"的准则：求其信，已大难矣！而法典翻译的首要标准无疑是"信"。

　　霍道生 1876 年的译本无疑是最忠实原文的。他不但完整翻译律文，而且译出夹注在律文间的官注，几乎可做到逐字逐句还原原文。当然，霍氏译本美中不足之处是未包含《大清律例》所有的 436 条律文。由于霍氏是以越南阮朝嘉隆皇帝于 1812 年颁布的《皇越律例》为蓝本，该法典虽几乎效仿《大清律例》，但删减了《大清律例》40 条律文，另自纂 2 条，共计 398 条。此外，效仿的 396 条律文存在与《大清律例》律文内容上的细微差别。尽管如此，霍氏译文忠实原文，是双语校注的最佳版本。

　　不得不承认，就法典律文的完整性而言，勒努阿尔 1812 年的译本是最完整的，因勒氏是直接转译自斯当东 1810 年的英译本。而斯氏选择实现"喻说上的对等"而不寻求"看似不可通约的语言或文化体系的对等"，即在体例和遣词上会一定程度上牺牲"信"的准则，故勒氏译文实际上是 1810 年英译本的法文翻版，并非直接译自中文原著，因而就没有很大的价值可言。

　　鲍来思的 1891 年的译本是一本汇编了好几本中国法律典籍的教科书。书中不但漏译《大清律例》共计 64 条律条，而且所译律文中大多有删减，或以一种非常粗略的方式译成法文。

　　奥巴雷 1865 年译本虽也是以《皇越律例》为蓝本，但其译文比霍氏简略，且漏译 1 条律文，故也达不到"信"准则。

综上所述，霍氏译本无疑是所有译本中最合适做双语校注的版本。霍氏译本中缺失的 40 条律文，编译者在勒氏和鲍氏译本中择优选取。鲍氏是直接译自中文，故首选之。但若鲍氏译本中漏译或译文删减过多或过于简略时，则退而求其次，选勒氏译文。但鲍氏和勒氏都没有译出夹注在律文中的官注，编译者为保留原文风格不作增译，这点读者在阅读时便可查悉。因此，本书其实是汇集了霍氏、勒氏和鲍氏 3 人译文的合集，但主要以霍氏译本为主。

有关原始文本，一律经过了编译者必要的编辑技术处理，主要有以下的几个方面：

1、繁体字改为简体字，异体字均按现今标准加以统一。

2、原始律文的竖排版改为横排版。为了便于读者双语对照阅读，对原始律文中的段落作更小的分段，以便与译文平行对照。这样做是为了避免出现篇幅过长的译文段落，造成阅读不便。

3、夹注在原始汉字律文中的小字官注均置于方括号［］内，字体不再缩小。霍氏译文对官注的处理是以小字斜体置于括号内，本书则处理为与律文译文一样大的字体并置于括号内，不再缩小字体和设置斜体。

4、原始汉字律文不带标点符号，编者参阅田涛、郑秦点校的《大清律例》（法律出版社 1999 年版），并作了适当的简化或优化处理。

5、本书的脚注若无特别标注"原注"字样，均为编译者出校，在每页底部依序标注。这部分脚注一方面是解释越南文字与汉字的对应关系，因霍氏译本中存在用越南语音译中文专有名词的现象；另一方面是标注《皇越律例》和《大清律例》在相应律文用字上的细微差别。为了方便读者阅读译文，故加注说明。

6、对法译本中译者所作脚注采取汉译方式呈现给读者，不再附上法文原文。此外原始法译本中脚注很多，其中不少是向法文读者介绍有关中国法律、社会、文化、习俗等方面的概念词。鉴于本书篇幅有限，这部分脚注省略不译，仅保留并翻译了部分编译者认为有助于读者理解译文的脚注。

7、《皇越律例》中缺少的律条及部分律条中缺少的比较重要的短句及长句，以 1812 年勒氏和 1891 年鲍氏译本中相关译文择优摘录对照校注。但若涉及某些无关紧要且不影响对霍氏译文评阅的专有名词——如阮朝立法者依据越南国情，把《大清律例》部分律文中的"太常寺"改作"礼部堂"、把"马、牛、驼、骡者"中的"驼、骡"删去、把"不得用纻丝、绫罗"改作

"不得用绫罗、彩缎"等——为保证译文行文的通畅性，不再选取上述 2 个译本中的相关译名作补充，但会在脚注中注明。

8、《皇越律例》自添或自纂的律文——这部分数量极少且多为若干词组或小句——也一并摘录对照，并在脚注中注明与《大清律例》的异同。

9、径改文字上的讹误脱漏之处，不再一一注明。

全书除编译者前言和校对说明外，体例编排由前引文、律文正文和附录构成。

前引文包含勒氏翻译的 3 篇御制序文与上谕（世祖章皇帝御制《大清律》原序、圣祖仁皇帝上谕、世宗宪皇帝上谕）、霍氏翻译的嘉隆皇帝御制序言及上言、4 位译者的序言以及若干图例。勒氏所译 3 篇御制序文与上谕均出自斯氏译本，是斯当东译本的独特贡献。故本书也一并摘录并双语对照与校注。之所以摘录越南阮朝嘉隆皇帝的御制序言，一方面是由于它是作为主要对照校注的蓝本的一部分，另一方面是考虑到读者可在阅读中对比中越两国皇帝对法典所作寄语，感受其中异同。

4 位译者的序言均由编译者翻译，不再提供法文原文。序言中的脚注若无特别注明皆为编译者注，以向读者解释或介绍相关信息。虽然本书未摘录任何 1865 年奥巴里译本中的律文译文，但该译者序言也经翻译一并收录于本书之中。

至于图例部分，虽然霍氏完整翻译了几乎全盘效仿《大清律例》的《皇越律例》中的所有图例，但限于篇幅有限，编译者仅选若干图例作双语对照校注，其中特别选录若干和服制相关的图，如"本宗九族五服正服之图""出嫁女为本宗降服之图""三父八母服图"等。服制图是中国古代法律传统的特色，其重要性是不言而喻的，但斯当东的英译本以及其他 3 个法译本均仅翻译了极小部分，唯独霍道生完整精准地翻译了所有 26 张图，故颇具参考价值。

正文部分仅双语对照律文，不再对照或选录任何条例，因后者数量极其庞大。斯当东译本的独特贡献之一就是给《大清律例》436 条律文加上了序号，方便读者查阅。本书亦采用这种做法。436 条律文译文中，396 条援引自霍氏译本，其余 40 条选自勒氏或鲍氏译本，并作脚注说明缘由。由此向读者较完整地呈现 19 世纪 3 位法国人笔下的《大清律例》所有律文译文。

附录部分包含《皇越律例》与《大清律例》律文删增表及《皇越律例》自撰的 2 条律文，以供参阅。

目录　TABLE DES MATIERES

法译者序言

《大清律例》译者序言（1812 年）

［法］菲利克斯·勒努阿尔侯爵［1］

　　我在此向读者奉上《大清律例》或《中国刑法典的基本法》的法译本。这是一部值得引起学者和法学家们关注的重要著作。自从中国被欧洲人发现以来，我们对这片有趣的国土仅有模糊的、常常被夸大的概念。传教士的著作中所论及的事物存在众多不确定性。乔治·托马斯·斯当东爵士［2］在其（译著）序言中已谈及他们作品的缺陷。对此我没有什么需要补充的。斯当东爵士的序言使我们能很快地了解到那些热忱拥护以及批判中国的人士所撰写的有关这个非凡帝国的一切内容。

　　然而，我觉得有必要补充的是：乔治·斯当东爵士这一值得推重的作品

---

　　〔1〕 菲利克斯·勒努阿尔侯爵（Félix Renouard, 1767~1840）是位法国骑兵军官。1802 年，英、法签署《亚眠条约》后，他被任命为印度本地治里市的商行行长。但抵达本地治里市后，即被英国人囚禁。1804 年被释放，他前往菲律宾。于 1807 年抵达中国广州，与斯当东爵士结识。他于 1810 年出版《东印度、菲律宾、中国的商业政治之旅》（Voyage commercial et politique aux Indes Orientales, aux Îles Philippines, à la Chine）一书，在欧洲引起广泛关注。他在该书的第 3 卷中详细描述了自己当时在广州的所闻所见，涉及 19 世纪初中国的贸易、习俗、法律等问题。于 1812 年出版译著《大清律例：中国刑法典的基本法》（TA-TSING-LEU-LÉE ou Les Lois Fondamentales du Code Pénale de la Chine），共 2 册，由巴黎克拉佩莱特印书馆（Imprimerie de Crapelet）出版。该译本在书名、内容、体例结构上完全转译自小斯当东 1810 年的英译本。

　　〔2〕 乔治·托马斯·斯当东即国内学界惯称的"小斯当东"，因其父亲名叫乔治·伦纳德·斯当东（George Leonard Staunton, 1737~1801），后者惯称为"老斯当东"。本译文尽量忠实原文，不作增译，凡提及斯当东处，均指小斯当东。

给予了我极大的信心。在此，我向他致以其应得的尊重和赞扬。我对旅行的热爱引领我踏上中国大地，并让我与他相遇。我亲眼目睹了他对翻译《大清律例》所花费的心思。他很乐于和我分享他所获得的一些中文原著书籍，我非常满意能在这方面对他有所回馈。对我而言，能在与他的交流中了解到中国人的国民与政治状况是如此令人愉悦，我不能不在此向他表达我无尽的感激之情。

作为译者，我将不再详述这部作品的价值。我想说的是，我觉得可适当地给这位博学的汉学家的作品附上一些解释性的注释[1]。如果读者认为这些注释有任何可取之处，我仍然要感谢斯当东爵士，因为是他给予了我做这些工作的动力。[2]

《皇越律例》译者序言（1865 年）

［法］ 加布里埃尔·奥巴雷[3]

《安南刑法典》[4]的译本特别适用于那些关心交趾支那[5]未来的人，它

---

〔1〕 在 1812 年法译本中，勒努阿尔还增加了百余条自己的注释，内容主要是修订小斯当东原注中的讹误，或向法文读者介绍相关中国社会文化信息。这些"法文译者注"（冠以"Note du Trad. Franç"字样）在一定程度上使欧洲人能更全面地了解中国法律传统。随后 1812 年的意大利文译本（*Ta-Tsing-Leu-Lee, o Sia Leggi Fondamentali Del Codice Penale Della China, Stampato E Promulgato a Pekin Coll'autorità Di Tutti Gl'imperatori Ta-Tsing, Della Presente Dinastia*，Milano：Silvestri Giovanni，1812.）和 1884 年的西班牙文译本（*Ta-Tsing-Leu-Lee, ó Las Leyes Fundamentales Del Código Penal de la China* ［Puesto en francés con notas por Mr. Felix Renouard de Sainte Croix］，trans. Juan de Dios Vico y Brado. Madrid：Imp. de la Revista de Legislación，1884）均参酌或转译自 1812 年的法译本。

〔2〕 勒努阿尔在其法文译者序言末没有落款何时何地。

〔3〕 加布里埃尔·奥巴雷（Gabriel Aubaret，1825～1894）是一名懂多种语言的法国海军士兵、外交家。作为海军中校，奥巴雷于 1858 年帅舰驶往远东。1862 年 6 月 5 日，在法国与安南的和平谈判中任翻译员，参与《西贡条约》的签订。1863 年，陪同越南阮朝政治家潘清简出使法国巴黎谈判。奥巴雷对安南历史、语言与文化深感兴趣。著有《法越越法词汇》（*Vocabulare Français-Annamite et Annamite-Français*）（1861 年）、《嘉定通志—南圻的历史与描述》（*Gia-Dinh-Thung-Chi：Histoire et Description de la Basse Cochinchine*）（1864 年）、《安南语语法》（*Grammaire Annamite*）（1867 年）及《皇越律例/安南法典：安南王朝的法律与条例》（*Code Annamite：Lois et règlements du royaume d'Annam*）（1865 年）。

〔4〕 全名叫《安南法典：安南王朝的法律与条例》，译自越南阮朝的法典《皇越律例》。《皇越律例》几乎效仿《大清律例》，用繁体汉字书写。在体例结构、律目名称、律例编撰方式及内容以及各类注释等方面可谓几乎全盘抄袭《大清律例》，文本层面的差异可谓很小。参见阮氏秋水："论《大清律例》与《皇越律例》的关系"，载《中国经济与社会史评论》2012 年卷；"越南阮朝《皇越律例》与《大清律例》的异同"，载《江汉论坛》2012 年第 4 期。国外学界共认《安南法典》是《大清

完全是基于当今统治着中国的鞑靼清王朝的法典模式。和所有的官方文件以及交趾支那大部分的文字记载一样，这部法典是用中文写的。它由两个不同的部分组成：一部分叫作"律"，安南语是 Luât，中文里 Lu，代表着基本法。它们自古以来几乎永恒不变，是中国人几乎完全采用的法律；另一部分叫作"例"，安南语是 Lê，中文是 Li，可被译作"附加条例"这样的表达。这些条例可被改变及修订。严格地说，它们不是对法律的评论，而更像是法律的一种延续与扩展。中国的书面语极其简洁，以至于在许多情况下，如果法官除了法律条文本身之外没有任何其他指引的话，他肯定会感到非常困惑为难。

因此，尤其是在这些附加条例中，我们才可以找到更适合安南族[1]的特定法规。同样，就刑法和民法部分，译者力求不忽视其中任何一款条例，尽管它们篇幅冗长，并且常常重复得令人乏味。正是在这一点上，现版译本比乔治·斯当东爵士的《大清律例》英译本[2]更加完整，后者仅局限于基本法。

"律"，可被看作是一块永恒不变的画布。不同朝代甚至同一朝代的不同统治者，为一己之便，用柔色或深色在这块画布上绣出自己对如何领导和审判民众的感受。同样，当今统治中国的鞑靼清王朝起初纯粹是军事征服者，他们必须尽可能地使法律服从于其必要的统治思想。

嘉隆皇帝[3]是交趾支那当今王朝的开国皇帝，《安南法典》是在他的统

（接上页）律例》的法译本，详见：CyrusH. Peake, Recent studies on Chinese law, *Political Science Quarterly*, 1937, Vol. 52, No. 1; pp. 122-123; Derk Bodde, Clarence Morris, *Law in Imperial China*, Havard University Press, 1967, pp. 73-75; William C. Jones, *The Great Qing Code*, Clarendon Press, 1994, preface; Chen Li, *Chinese Law in Imperial Eyes*. New York：Columbia University Press, 2015, p. 103.

〔5〕 交趾支那（法文 Cochinchine），越南人把它称作南圻（越南文 Nam Kỳ），一般是指越南广平省境内的净江（英文 Gianh River，越南文 sông Gianh）以南的区域。

〔1〕 安南是越南的古称。1802 年，阮氏王朝建立，为除旧布新，次年就把国名由安南改为越南。但泰西各国对此并不熟悉甚至不知。西方在那个时候的各种出版物中，凡提及该国，都称之为安南。

〔2〕 小斯当东的《大清律例》英译本完整译出了 436 条律文，但只零星翻译了若干条例收录于该译本的附录中。

〔3〕 嘉隆皇帝，即指越南末代王朝阮朝的开国皇帝阮福映（1762～1820），1802 年至 1820 年在位，死后庙号阮世祖。

治和谕令下编撰的。他的儿子及皇位继承人明命皇帝〔1〕对"例"或附加条例的修订并没作什么本质上的改动。但是他在条例中向世人传递了这位君王所特有的极其严厉的作风，故年长的安南人今天仍带着一种恐惧的神情谈论这位皇帝。正是这些相同的条例以及在最近两个王朝时期所作的部分修改，构成了现行的法律。读者会很容易发觉，这些条例有时会超越法律本身。此外，当法庭判决有疑问时，不可实施除基本法规定之外的其他刑罚。

可悲的是，在交趾支那的罪犯们一直对惩罚他们的法律或法规一无所知。人们只是通过道听途说才得知若犯了某项罪行会受到怎样的惩罚。

这种不公正、未开化的行径绝非中国特色，也不符合嘉隆皇帝的本意。事实上，嘉隆皇帝在其御制序言中明确地表达了大相径庭的意思〔2〕。

（安南人）这种猜疑和嫉妒的弱点是始于何时，译者对此无从准确获知。这种弱点在于使得在交趾支那处理法律就像埃及祭司们曾经处理法律一样。

任何人都不能因不知法而免责，这一公理在此必须予以相反表述。在这个议题上，很少能遇到一个对此稍有清晰想法的安南人。这个国家的人民似乎以达观的态度忍受其官吏至高无上的权威。也许正是这种即使在亚洲也很罕见的专制主义导致了安南族的劣势。安南族起源自中华民族，但与后者相比，这种劣势是如此惊人。当所有人被问及可能致使官吏独占法律知识的原因时，人们天真且不带讥刺地回答道这是为了防止争议。因此，我们不应对一个不上诉就作出审判的由少数人组成的阶层的非凡支配地位感到惊讶。此外，这部法典极为稀有，这或许表现为官吏对独占这部典籍的极大兴趣。这些人早在人口和赋税登记之前，甚至在有损他们名誉的文件出现之前，就带着这部法典逃亡了。

因此，就像中国人的做法那样，只有把自己置身于与安南人平等的地位上才能了解他们的法律；同时，只有遵循法典的正式指示才能把它颁布天下并使其臣民知法懂法。

---

〔1〕 明命（越南文 Minh Mang）是阮福晈的年号。阮福晈是嘉隆皇帝阮福的儿子，又名阮福胆，是越南阮朝的第二个皇帝，1820年至1841年在位。明命帝由于对天主教实施最为严厉的禁教政策，在西方世界常被冠以暴君之名，被称为"东方的尼禄"。

〔2〕 嘉隆皇帝在《皇越律例》御制序言中写道"朕亲自裁正，颁行天下，使知禁防大典，灼然如日月之无所隐；惩诘严条，凛然如雷霆之不可犯"。

为了回应法国有权对安南人的期望，安南人首先需要摆脱这种道德困境的拘束。这种道德困境固然使得安南人易于管理，但也存在极大的弊端：正因为（安南人这种道德困境所导致的）过度被动的地位才被卷入那些因对国家造成巨大伤害而予以严惩的重大叛乱之中。然而，安南人也因此太固守他们的习俗，不会屈从于我们的法律——一方面，这些法律既不适用于安南人的身体构造，也不适用于他们的道德状况。另一方面，《安南法典》是如此简单明了，法典中的特定案情非常适合这个民族的特性，且预设周密，无与伦比。

一个在殖民（事业）上似乎已解决的问题就是要尽可能根据被征服的民族自己的法律和古老习俗来管理他们。虽然时间可以缩小尤其存在于欧洲人和亚洲人之间的极其明显的差异，但是，起初的重点是（殖民事业）取得成功；因此，若能遇到一个组织严密的民族，而该民族的政府几乎预见到了它所应该预见的一切，这对于我们来说是多么庆幸啊。

因此，当负责管理安南人的法国官员今后掌握了安南人的法律法规后，就司法权而言，他们就已经能够取代那些独占司法权的安南老官吏了。但是，尤其当这部作品从现在的法译本转译成以传教士们巧妙地改编并使用的拉丁字母的形式的安南本地语〔1〕之后，那些先前极其难懂的汉语方面的障碍〔2〕就会消失殆尽。这些相同的（法国）行政官员将能够在很短的时间内探讨法律文本，而安南人将第一次发现自己真正掌握了一种与欧洲语言完全相似的书面语言。

这些（拉丁）字母的普及，就如同它们存在于天主教传教会中的那样，对我们（工商业）机构的未来是大有帮助的。随着同这本著作一样的其他作品的问世，这种拉丁字母的普及将能够培养出对政府极为有用的年轻人，因为他们将对法律知识了如指掌，而迄今为止对法律的研究无疑是非常艰

---

〔1〕 安南本地语，即指越南国语，又称越南语拉丁字，是基于拉丁字母演变而来的，是越南语的现代书写方式。1651 年，法国传教士亚历山大·德罗（Alexandre de Rhodes）编撰了《越南语—拉丁语—葡萄牙语词典》，是越南语用拉丁文字表记的起源。17、18 世纪，用拉丁文字拼写的越南语遭到了越南文人的排斥。但自 19 世纪越南沦为法国殖民地后，公文大多使用以这种拉丁文字为基础的国语字，并逐渐普及起来，一直沿用至今。

〔2〕 早在公元 1 世纪，汉字就传入了越南。从此以后直至 20 世纪，越南的书面语完全是用汉字书写。在唐宋时期，越南人根据越南语的特定，参照汉字字形，创造了字喃，但在官方及民间均未普及，甚至遭到越南文人的排斥。1919 年，越南正式废除汉字及科举制。1945 年，越南全面停止汉字教育。

难的。

然而，如果认为我们完全用不着中文本，那将是一个错误。中文本或许将在很长一段时间内依旧是唯一的官方本。但是，若我们可以同时用法文本和安南本地语本来检验中文本的话，那么中文本会在多大程度上更通俗易懂呢？

这种由我们的拉丁字母固定而成的安南本地语为我们的文明思想传入（安南）打开了一条便捷的途径。而谁又知道不正是通过这种途径，因无法克服的术语困难而在远东如此无人知晓的欧洲科学有朝一日能（在安南）开辟出一条道路呢？

希望这部分安南人——他们的未来掌握在我们手中——将以这种方式获得比起交趾支那其他地区而言一种无可争辩的道德优势，因为通过文字固定一种语言是一场革命，几乎可以与印刷术的发现相提并论。

因此，目前这部法译本的首要目的是有朝一日能转译成安南本地语本。如果这部译作有助于使安南人更贴近欧洲文明和基督教文明的话，那么译者将丝毫不后悔自己（所付出）的艰辛。

但是，当前最实际的目标是设法填补土著（人民）司法中存在的空白。译者除了帮助他的那些肩负着在中国边境建立法国殖民地这一艰巨而光荣使命的聪明同僚外，并不总是报有其他别的愿望。这部作品主要是写给他们的。这就是为什么译者有时会使用一些他们非常熟悉的术语，因法文改述只会消弱这些术语的语义，使之更加晦涩难懂。

译者希望他的同僚们考虑到他的善意，会原谅他在译文风格上的许多不完善之处，并接受他有幸呈现给他们的这部作品。

G. 奥巴雷

西贡，1862 年 8 月 1 日

《皇越律例》译者序言（1876 年）

［法］霍道生[1]

　　安南族是一个历史不太为人所知的民族，从其语言来看，它似乎是与中国人同源的一个分支。根据其编年史，安南族是自高山上迁移至海边，从北方迁移至南方，它穿越了构成中国今天的广西省和广东省的区域。在经历了连续的战争和入侵之后，安南族迁移至东京和南圻中部[2]。最后，大约是在三个半世纪前，安南族才开始一个省接着一个省地从柬埔寨人手中夺取南圻南部。

　　虽然这最近一次征伐相对来说是很近代的，但在最初三个被征服的省中已经没有一个柬埔寨人的踪迹了。只有在第四个省的西部和南部，自北向南，才能觅到被征服的人民的足迹[3]。

　　从上述这个例子中，人们可以得出这样的结论：安南族在其征战过程中本质上是破坏性的，它极少或很难同化其征服的种族。因此，安南族能够将自身保持在一种相对纯正的状态中。

---

　　〔1〕 保罗-路易-菲利克斯·菲拉斯特（Paul-Louis-Félix Philastre, 1837～1902），越南史料称之为"霍道生"，是一位法国行政官、外交官、越南语和汉语专家。1863 年被任命为湄公河三角州美萩（My Tho）土著事务督察。1868 年，被任命为土著法首领。曾出使顺化法庭处理"安邺-涂普义"（Garnier-Dupuis）事件。他为 1874 年 3 月 15 日在顺化签署的保护国条约作了初步安排，该条约亦称《菲拉特斯条约》。霍道生撰写了一系列关于中国和越南研究的著作，其中最重要的译著是《易经》的第一个法译本和《安南法典》的完整法译本。后者的书名很长：《安南法典：全新完整译本，包含首次翻译的法典官方注解；众多摘抄自中国法典注释的注解；摘自多本中国书籍的法律史资料；解释与参引》（Le Code Annamite, Nouvelle Traduction Complète, comprenant: Les Commentaire officiels du Code, traduits pour la première fois; de nombreuses Annotations extraites des Commentaires du Code chinois; des Renseignements relatifs à l'histoire du Droit, tirées de plusieurs Ouvrages chinois; des Explications et des Renvois），共 2 册，欧内斯特·勒鲁（Ernest Leroux）出版社于 1876 年出版。

　　〔2〕 东京（法文 Tonquin）是越南城市河内的旧名。法国人控制越南北方以后，便用这个名字称呼整个越南北方地区（越南人称之为"北圻"）。南圻又称为"交趾支那"。

　　〔3〕 原文提及自 15 世纪起安南的对外领土扩张，文中谈及 4 个最初被征服的省/府，却未注明它们的名字。经查阅相关越南史资料发现：安南自 1471 年开始攻占占城国及周边地区，至 17 世纪末占城国被安南彻底兼并。随后，安南又于 1698 年继续攻占水真腊王国（柬埔寨前身）并设定嘉定府（该府后改名为西贡，即现胡志明市的前身），至 18 世纪中叶吞并湄公河三角洲地区。因此，译者认为霍道生所指的 4 个省/府中，最后一个应该是嘉定府，起初的 3 个或许是富安府、泰康府、延宁府。此处待考。

在安南族往南延伸的过程中，自身也常受到来自北方的中华帝国的侵略、驱逐与压迫。在不同时期，它曾长期是中华帝国的附庸国。

安南人和中国人的基本意识和观念之所以相似，也许更多地来自上述第一个原因，而非第二个。无论如何，事实就摆在那儿。两国的风俗习惯和政治组织中可能呈现的差异，并没有由于两国政府的完全分离而逐渐加剧。相反，自最近四个安南王朝〔1〕以来，正以越来越快的速度消失。

以嘉隆为年号统治的安南皇帝是当今统治王朝的始祖高皇帝。为了取代很大程度上与中国明朝法典相似的旧律文，嘉隆皇帝颁布了现行法典，从而开辟了一条新道路，促使安南族与中华民族的同化日趋彻底。

虽然在上述同化过程中犯了点错误，《安南法典》作为一部包含律文、附属于律条的解释和条例的文本，只不过是中国清王朝法典的翻版，只有极少数的律条被删除，以及同样稀少的律条被作了轻微修订。

安南立法者们对清王朝法典做的最大改动就是摈弃了中国法典中大量附在律条之后的条例。

这部法典在欧洲早就通过两个译本而闻名：乔治·托马斯·斯当东爵士的《大清律例》英译本和G·奥巴雷先生的《安南法典》法译本。前者只译出了法典的律文，后者在律文的基础上加入了大量的条例。

无论法典的标题叫什么，它在这两个国家事实上只是一部刑法典，是两国立法的一部分，由以下几方面组成：

1、民法。这部分法律未被编纂，体现于五经中的训戒，尤其是《礼记》，即礼仪之书；

2、帝国法令。这部分法律类似于政府（而非国家）的宪法。最古老的典范就是名为《周礼》的书，或者我们更通常称之为《周朝的礼仪》；

3、六部则例。这部分法律是大量隶属于六个中央部门〔2〕的各类公共事务的规例守则；

4、律和例。正如刚才所说，它们实际上构成了刑法典的主体内容。

在中国，法学研究是极其复杂的，其原由将在后文中讨论。再者，虽然

---

〔1〕 本序言写于 1875 年，故所指的最近四个王朝应该是莫朝（1527~1592）、后黎朝（1531~1789）、西山朝（1778~1802）和阮朝（1802~1945）。

〔2〕 在官僚制度上，阮朝沿用了后黎朝的六部制度，各部以尚书为长官，下设参知、侍郎、郎中、员外郎、主事等官，与清朝官僚制度很相似。

论述法律的中国书籍并不总是容易获得，但它们数量是相当众多的。

直到明朝，刑法典才受政府之命对其作官方评注，它们被补充于每条律文之后。律文本身也通过一些加插的解释性注释变得更明晰，这些注解被用小字夹在文本中，但它们并不是律文的一部分。

法国对南圻的征服自然引发了对研究中国法律——亦是南圻国的法律——新的浓厚兴趣。

尽管从一开始就必须废除某些刑罚或改变其性质，但律文的内容仍被保留了下来。为完善这些律文的不足之处，我们有必要先对它们有所认识，这是进行这些法律研究的基本思想。

在中国和南圻，所有的公共事务都分为六类，归属中央六部，这就是刑法典分为六类法的由来。每类法以所涉事务归属的部门名称命名，而这种命名方式并不妨碍所有这些法律的刑法属性。

从每个门〔1〕所附的注释中可以看出，该法典的大多数基本条款都非常古老。其中许多条款是最初在审判中作出的判决，此后这些判决被写入法典作为日后审判时的标准。这就解释了法典整体上缺乏统一性的原因。或许那些公认的基本准则几乎是被一直遵守的，但这些内容分类混乱，不以常规方法而是以一种狭隘的形式陈述。这样所造成的后果有两个：首先，法典中存在大量本可避免的重复内容，从而使得文本篇幅过长；其次，对法典的研究会非常困难——若不能把几乎整本法典牢记在心，就永远无法肯定不会遗忘某些会影响判决的条款，或对它们作出修改。

不过，中国刑法主要基于以下两个原则：第一，法官只能确认违法行为的性质并按法律规定施加刑罚，决不允许因情况特殊而改变刑罚；第二，惩罚必须与罪行完全相称。因此，为了能够严格地适用这些原则，法典必须预先设计所有可能出现的犯罪情况。因此，法典中的条款数量相当大；也因此，每次碰巧出现新的案例——有别于法典中预设的犯罪情形，哪怕这种差别有多么地细微——并形成新的判决时，会需要不断添加新的条例从而增加条款的数量。法典在某种形式上可以说是一部近4000年来或多或少被明确归类的

---

〔1〕 门（法文 titre）是法典篇目与律目之间的单位。例如"户律"篇之"户役"门、"田宅"门、"婚姻"门等。霍道生在每门下援引中国《大清律例》中相关的注释作为背景知识供读者参考，而这些注释在《皇越律例》原著并不存在。

司法判决的集合，它随着王朝的每一次更迭，会作轻微的精简和清理。

为了让大家对这一立法的复杂性有所了解，我们可以回顾一下：中国法典编撰者援引历代王朝的法律中有多达 610 项能判死刑的罪行，和大约 6000 项导致各种惩罚的犯罪行为。

凡事皆有规定，无一在预料之外。每项公共事务都有其规定的期限，任何错误或遗漏都被视为过失。《六部则例》需要详细预设这些违法行为，立法因而也变得更加复杂。

在大量的条例中，我们也注意到：在预设了某种犯罪行为并确定了罪犯的刑罚之后，立法者又预设了相关官吏串通、失察或错讹的情况；立法者对此并未全部作出判决，而是在律文中称这些官员将交由各部部长[1]审议和裁决。这种方式正是执行了《六部则例》的特定立法程序。

在南圻，法律研究事实上是受到绝对禁止的，尽管在权利上，研究是被法典本身所推崇的。法典只有政府印制的版本，且只向各种公共事务机构提供副本。这一著作正是我们当前翻译的对象。

相反，在中国，法律研究是被允许的。许多出版商出版带有注释和解说的法典，并在其中及时更新立法活动中的突发变化。这些注释包括判决、法令和其他援引，它们都具有切实可靠的官方性质；而解说只表达作者的个人观点。

至少据我所知，上述这些汇编中没有一本对中国法律作出总体分析，也没有试图从中推断出任何理论。每个解说者都逐句严格审查律文，试图作些对比，找出某个未被预设的犯罪情形，而最重要的是解释法律条文。除了一些极为精准的评论外，大多都是一些陈词滥调和拙劣的空话。但是，如果考虑到当时法学家们在讨论上仅有极其有限的自由度，那我们应该承认中国人是具备法律研究所必要的资质的。我们甚至可大胆地承认，一缕自由之光或许就能在中国人中培养出一批名副其实的、毫不逊色于他国的法学家。

如我所说，本译作的目的是使中国、安南法律能为人所知，为负责执行这些法律的司法官员的工作提供便利，并使人们能够逐步对它们加以改善。

这项翻译工作始于 1871 年 6 月，直到 1875 年 3 月才完成。毫无疑问，要是我只有这项事要做，翻译工作本不会拖那么久；然而现在我对当时急于出

---

[1] 即指各部尚书。

版该作深感遗憾。将它与前人的译作相比，这件事显然不应当由我来做；而这样一部鸿篇巨著，其内容又如此鲜为人知，若声称其中没有错误，那将是武断骄矜之谈，但我本人已尽我所能，避免犯错。

在这个问题上，有人或许会提出异议：在这一领域出错可能会导致不幸的后果，因此犯错是不被允许的。如果法国南圻殖民地政府颁布这部译作或其他任何译本作为殖民地法典——我听说有人希望政府这么做——那么上述的质疑将会成真。不过，据我所知，这样做将是一个严重的错误。法典是用中文写的，而审判应该使用被审判人的语言进行。倘若不这样的话，那就是侵犯一个民族的基本权利。

管理人民的人有其应尽的责任。不应让300万居民学一门外语以寻求公道，而是那些手握武器的人理应不辞辛苦地肩负起这项由他们的军事征服所带来的重任。

因此，《安南法典》译本只能是一本指导手册、一本指南、一种使用法典的辅助方式。为了实现这个目的，在忠实原文的基础上，首要条件是尽可能尊重原文的形式。为此，我完全舍弃了文笔。我之前谈到，法典律文由附加在词或句子之间的解说性注释的文本构成。这些注释可能具有法律效力，因为它们是由立法者自己夹注的，但它们并不总是与律文的确切含义相一致。在中文里，在行文中添加随文阅读的注释是很容易的，即使这样做会改变句子的意义或形式，却不会引起任何词形变化。但在法文里，要这么做就困难得多。然而，我感到有必要恢复律文原貌。因此，尽管我把解释性注释都翻译了，但我将其与律文分开〔1〕，以便让它们保留作为其解说和注释的本质特征。

中文里的句子有时会相当冗长——实际上，这种情况经常出现，尤其是在条例中。议题通常出现在律文的开头部分，之后是两句、三句、四句事件性的话，来对最终判决加以修正。这一结束律文的最终判决在让人经过长久的等待和期盼之后才最终出现。我经常不得不改变次序，调整句子的各个部分。我或许本不用如此频繁地为法文读者的阅读习惯考虑而做这些改变，但即便如此，想要用译文逐字对照相应的中文原文也是很容易的。

---

〔1〕 霍道生把原著律文中夹注于律文之间的注解全部译出，用斜体置于括号内，以区分律文的其余部分。这种做法与中文原著保持高度一致。

在每条律文后有一些用小字写的注解，这些文字没有标题，我把它们称之为"官方注释"，以区分那些我从中国法典里摘录的或我添加的注释。

每条律文后，人们会看到几句话，它注明了这些《安南法典》文本的出处，这是与中国法律作的一个简要对比。然后，我从中国法典注释本中摘录了一些在我看来最有用的注释。或许有人会注意到某些注释与另外一些注释是相抵触的，但我的意图并不是让某种解释占据上风，而是让每个人能根据需要作出自己的诠释，为此我有必要提及各种不同的见解。此外，这些注释是核对译文的一个好方法，有时还可以补救译文中的缺陷。最后，尤其重要的是，这些注释让人们知道中国人的智慧是如何理解法律、法律的效用及其实际应用的。因此，它们对任何有关安南或中国法律研究都是必不可缺的补充材料。

我还自己作了点补充分析和评论，它们可能对当地人没有什么用处，但对于那些对这个国家的风俗、组织和理念知之甚少或一无所知的人会很有用。最后，我有时也会对那些未被安南立法者们效仿并纳入他们法典之中的中国条例做一个概述。这些概述会使对安南法律的研究更加完整，因为在法律文本之间进行挑选或剔除亦属立法工作范畴。

当我开始这项翻译工作时，我最初的计划要庞大得多。我本想在概述之后，对《安南法典》作一个简明的综述将是非常有用的。此外，我本还想准备一个逐步修改法典的计划，使之达到南圻目前的文明水平，并满足南圻人民的需求。但我没有足够的时间，而且为了一己之便，我急于交付这第一部分。不管这项翻译工作的价值如何，这些研究都是不带任何偏见的，其唯一的目的就是了解事实真相。因此，上述研究理应得到一些宽容对待。

在这本译著出版之时，我谨向南圻最近新任总督、海军准将杜白蕾〔1〕先生表达我的感谢和感激之情，感谢他对我的工作给予的热情欢迎，感谢他鼓励我继续从事这项或许很有趣但又漫长且累人的任务，尤其是在这个国家进

---

〔1〕 马里-儒勒·杜白蕾（Marie-Jules Dupré），法国军人，殖民官员。1871 年至 1874 年，任法属交趾支那总督。在越南史料中，他被称作"游悲黎"。1874 年 3 月，越南大臣黎峻、阮文祥来到南圻，与杜白蕾签订《第二次西贡条约》。条约正式签订后，杜白蕾去职返回法国，其职务由儒勒·弗朗索瓦·埃米尔·克朗茨海军少将（Jules François Émile Krantz）取代。

行这项任务。我还要感激海军部长蒙塔尼亚克侯爵路易斯·雷蒙德少将[1]，是他使我有机会能完成这项工作，也完成殖民地政府委托给我的任务。

霍道生

科隆日-欧蒙多尔，1875 年 3 月 5 日

《大清律例便览》译者序言（1891 年）

[法] 鲍来思[2]

这本著作旨在向来华传教士提供一些他们职责所必需的、有关中华帝国的民法、刑法、习俗及判例的一些概念。这些概念出于《清朝法典》（即《大清律例》），偶尔也出自《清朝法规汇编》（即《大清会典》）。也就是说，出自两部有关中华帝国法律与判决的主要文集。

中国法典的各个大类是按不同的最高法庭[3]自身的次序来排列的，这种划分如此自然，让我们无法不采用。至于律文，当某些律条篇幅过短或论述的问题相似时，我们就经常将多条律文汇编进同一章节。这样做的好处是能避免本书中的成案或执法实例的数量无谓地增多。

我们也保留了法典中严格意义上的律文和补充条例之间的区别。

---

〔1〕 海军少将路易斯·雷蒙德，蒙塔尼亚克侯爵（Louis Raymond de MONTAIGNAC），生于 1811 年 3 月 14 日，卒于 1891 年 6 月 9 日，享年 80 岁。1874 年 5 月 22 日至 1876 年 3 月 9 日，先后任欧内斯特·库尔托·德西塞（Ernest Courtot de Cissey）、路易·布菲（Louis Buffet）及朱尔·阿曼德·斯坦尼斯拉斯·杜弗尔（Jules Armand Stanislas Dufaure）政府内阁的海军部长。

〔2〕 鲍来思（1843~1894），字惟都，原名居伊·布莱（Guy Boulais），是一位来华耶稣会士，曾在上海、崇明和海门地区传教长达 25 年。完成这部译著 3 年后，便因疾病于 1894 年 10 月 31 日在上海崇明去世。鲍来思的这部遗作一直以来都只是以手稿的形式作为震旦大学（l'Université l'Aurore）的中国法律基础课程的教材被使用。1923 年，该书被选入《汉学论丛》（*Variétes Sinologiques*）第 55 期，并于 1924 年由上海的土山湾印书馆出版，共 1 册，书名是《大清律例便览》（*Manuel du code chinois*）。本文以该作品的完成年份把其归入 19 世纪的作品。1925 年，鲍来思被授予"儒莲奖"（Prix Stanislas Julien），足见他在西方汉学界的崇高地位。

〔3〕 鲍来思笔下的"最高法庭"（tribunal suprême）指清朝的中央六部——吏、户、礼、兵、刑、工。那时的英文及法文文献中"衙门"译作 tribunal。

所谓律文（即"律"），是指唐朝、元朝、明朝等历代王朝所制定、并被当今的清王朝夺取政权后所接纳的古老的条文和法令。

补充的条例（即"例"）是清王朝的皇帝所颁布的决议和政令，用于修订律文的不足之处，补充律文解释得不够详尽的地方，惩罚新的罪行，等等。这些条例享有与律文一样的法律效力。不过，条例可被废止，而律文是永恒不变的。

这些律文或条例中有许多是含糊其辞且文辞冗长；另一些对传教士和欧洲人而言毫无实际用处，包括重复的话、对官员和胥吏的指示、关于若干官职的专门细节以及有关满族、蒙古族和苗族的法令。为了不使这本书过于冗长乏味，我们对这些律例的翻译做了省略或删节。

一本中文指南帮助我们进行了这种甄选，并提供了我们所需要的可靠摘要。本书中凡是带星号的律文均表明对该律文做了删节，且摘引自这部文集。

我们特别详述了有关户部和刑部的内容。事实上，这些是人们最常用到的法律，可以从中了解到中国有关买卖、订亲、婚姻、收养子女、继承遗产、纠纷、谋杀、盗窃的习俗和法律，以及法庭诉讼的方式。

有时我们会在章节开头设计一个谓之"事实"的部分，律文之后通常总是跟有"案例"[1]。"事实"援引自《大清会典》，旨在使读者了解中国的主要习俗以及那些最重要律文的立法动机和精神。援引案例是为了使那些晦涩的律文变得明朗；案例往往会提供理想的解决办法。由于这些办法总是由皇帝和最高法院给出的，因而它们是官方认证的。

以下是我们所参阅的书籍的单子：

1、《大清律例》。官方版本，光绪十六年（1890年）出版于杭州，共42卷、24本。

我们在此书中区分出三种注解：（1）官方注解——以小字夹注于律文之间，与律文享有同等的法律效力；（2）解释性注解——用一种更简单明晰的文体来对隐晦精炼的律文加以解说；（3）上栏注解——摘自著名法学家，为

---

〔1〕 在《大清律例遍览》中，鲍来思在译介每条律文时，通常在开头会有一段称之为"事实"（observations）的部分，主要涉及那些被遵奉的习俗和法规。随后译介相关的律文或条例，最后通常会再加几段称之为"案例"（cas）的部分，这部分摘译自《刑案汇览》。

我们的实践提供了作为基石的判决[1]。

2、《大清会典》。我们手头的缩略版本可追溯至乾隆朝（1736～1796），共100卷20本。

3、《大清律例备览》。此书比《大清律例》的官方版本包含了更多的皇家判决，于同治十二年（1874年）出版于杭州。

4、《律例便览》，5册，同治四年（1866年）。

5、《刑案汇览》，60卷，道光十四年（1834年）。

6、在欧洲书籍方面，我们目前只知悉斯当东1812年以《中国刑法典的基本法》在巴黎出版的译本，全书共2册。

鲍来思，耶稣会士

海门，1891年5月29日

---

[1] 法典中注释的位置可分为文间注和文后注。文间注用较小的字体，故又称"小注"，夹注在律文中间，是官方注释。文后注通常比文间注字数更多，是将法典中特定一项所包括的所有律文作为整体加以评注，故又称"总注"。文后注既为官注本所采纳，也为私注本所采纳。若律文附有条例，那么文后注一般置于条例之前。此外，清代法典在版面安排上，通常分为上、下两部分。下半部内容按排顺序依次是律、总注、条例。上半部的内容较为复杂，包括皇帝的诏令以及知名司法官吏的注解（如沈之奇）、涉及重要案例的司法报告及附加评述。此类注释被称为"上注"。上注作为辅助性材料，并没有获得官方的首肯，故其重要性远不及下半部官纂的文内小注（参见［美］卜德、克拉伦斯·莫里斯：《中华帝国的法律》，朱勇译，中信出版社2016年版，第70～80页）。此处，三种注解的原法文用词分别是"commentaire officiel"、"commentaire explicatif"和"commentaire supérieur"，应当分别指"小注"、"总注"和"上注"。但译者仍采取直译，以保留原文风格。

世祖章皇帝御制《大清律》原序［顺治三年］

PRÉFACE ORIGINALE DU CODE PÉNAL CHINOIS, PAR SHUN-CHÉE, PREMIER EMPEREUR DE LA DYNASTIE ACTUELLE

［法］菲利克斯·勒努阿尔侯爵译

朕惟太祖、太宗创业东方，民淳法简，大辟之外，惟有鞭笞。

Quand nous considérons les établissements progressifs, que nos royaux ancêtres et nos prédécesseurs ont faits dans nos Etats de l'Ést, nous remarquons que la simplicité du peuple n'exigea primitivement que peu de lois, et qu'on n'infligea de châtiments que ceux du fouet et du bambou, excepté pour les crimes d'une énormité extraordinaire.

朕仰荷天休，抚临中夏，人民既众，情伪多端。每遇奏谳，轻重出入，颇烦拟议。律例未定，有司无所禀承。

Mais depuis que la volonté divine nous a fait la grâce de nous confier l'administration de l'Empire de Chine, une multitude d'affaires juridiques, au civil et au criminel, nées des diverses inclinations et des affections irrégulières des hommes dans un pays vaste et populeux, a successivement occupé notre attention royale. Il est résulté, de là, beaucoup d'inconvéniens, par la nécessité où nous nous sommes trouvés d'aggraver ou mitiger les sentences des magistrats, qui, avant le rétablissement d'un code fixe de lois pénales, ne pouvaient rendre de jugements justes et équitables d'après des règles certaines.

爰敕法司官，广集廷议，详译明律，参以国制，增损剂量，期于平允。

Dans ces circonstances, nous avons ordonné, à un corps nombreux de magistrats, de s'assembler, dans la capitale, pour revoir le code des lois pénales, qui
étaient en vigueur sous la dernière dynastie de Ming, et pour en faire une nouvelle
révision, en retranchant autant de parties qu'il y en aurait de susceptibles d'objections,
et y en ajoutant d'autres qui paraîtraient devoir contribuer à l'obtention de la justice
et à la perfection générale de l'ouvrage.

书成奏进，朕再三复阅。

Le résultat de ces travaux ayant été soumis à notre examen, nous en avons
considéré et pesé mûrement les différentes matières, et ensuite donné des instructions
à un nombre choisi des grands officiers de notre État, pour reviser soigneusement le
tout, dans le dessein qu'ils y fissent autant de changements et de corrections que cela
serait jugé encore nécessaire.

仍命内院诸臣校订妥确，乃允刊布，名曰《大清律集解附例》。

Aussitôt que cet objet a été terminé, nous avons, de notre autorité royale, fait
imprimer et publier cet ouvrage sous le titre de: «Ta-Tsing-leu-chée-kiay-foo-lée»,
ou Lois générales de la dynastie impériale de Tsing, recueillies et expliquées, et
accompagnées de modifications supplémentaires.

尔内外有司官吏，敬此成宪，勿得任意低昂，务使百官万民畏名义而重
犯法，冀几刑措之风，以昭我祖宗好生之德。

En conséquence, officiers et magistrats des départements intérieurs et extérieurs
de notre Empire, vous observerez ces lois avec la plus grande exactitude; vous vous
abstiendrez, à l'avenir de donner aucune décision, ou de rendre aucun jugement,
selon vos propres sentiments, ni d'après une autorité qui ne serait pas appuyée sur
leurs dispositions. Ainsi, les magistrats et le peuple considéreront avec respect et soumission, la justice de ces institutions, en ce qui les concerne respectivement: celui
qui les transgressera sera puni sévèrement, et servira d'exemple pour détourner
d'autres de l'imiter.

子孙臣民，其世世守之。

Enfin, le gouvernement et le peuple seront, par là, également et à jamais
assurés dejouir des heureux effets des grandes et nobles vertus de nos illustres aïeux.

顺治三年五月

Daté de la 5ᵉ lune de la troisième année, de Shun-Chée (l'an du Seigneur 1647)

圣祖仁皇帝上谕 ［康熙十八年九月十四日］

ÉDIT, EN FORME DE PRÉFACE, DE l'EMPEREUR KAUNG-HÉE

(autrement mais très improprement, nommé CAMHI)

Le second de la présente dynastie

［法］菲利克斯·勒努阿尔侯爵译

国家设立法制，原以禁暴止奸，安全良善。

Les fins principales, qu'on s'est proposées par l'institution des punitions dans l'Empire, ont été de préserver tous nos sujets contre la violence et l'injustice, de réprimer les desirs désordonnés, et d'assurer la paix et la tranquillité des hommes honnêtes.

故律例繁简，因时制宜，总期合于古帝王钦恤民命之意。

Suivant ce principe, on a porté des lois nombreuses relatives à leur application, et subséquemment elles ont été changées et augmentées en différents temps, quand les circonstances paraissaient l'exiger, mais sans jamais perdre de vue les principes d'affection et de bienveillance, qu'ont invariablement suivis ceux de nos illustres prédécesseurs, qui ont jeté les fondements de ces institutions.

向因人心滋伪，轻视法网，及强暴之徒陵虐小民，故于定律之外复设条例，俾其畏而知警，免罹刑辟。

Le peuple, quoi qu'il en soit, ayant été porté peu à peu à mépriser les peines auxquelles il s'expose par l'infraction des lois, à commettre la violence et l'iniquité, et à opprimer ceux qui sont faibles et sans défense; il est devenu nécessaire de faire de nouveaux réglements, et de renforcer ceux qui existent déjà par la menace de peines plus sévères.

乃近来犯法者多，而奸伪未见衰止，人命关系重大，朕心深用恻然。

Malgré la sévérité de ces menaces, les délits contre les lois sont encore fréquents, et les propensions aux déréglements et aux crimes paraissent n'avoir pas été réprimées assez fortement. Les crimes attentatoires à la vie de nos sujets, ou qui tendent à les en priver, ont été les objets de notre plus sérieuse considération, et leur grand nombre est, pour nous, la source de beaucoup de sollicitude.

其定律之外所有条例，如罪不至死而新例议死，或情罪原轻而新例过严者，应去应存，著九卿、詹事、科道，会同详加酌定，确议具奏。

Telle est donc notre volonté, que les statuts additionnels promulgués récemment, par lesquels ont été rendus capitaux, ces crimes qu'on ne punissait pas de mort autrefois; ainsi que les peines ordonnées pour la transgression de ces statuts, de quelque manière qu'ils aient été changés ou augmentés, soient pris en considération et revus par les ministres d'État, par les inspecteurs-généraux et par les présidents des six tribunaux suprêmes, afin que ces magistrats puissent nous faire un rapport convenable sur leur justesse et leur efficacité.

特谕。

Daté du 14e de la 9e lune de la dix-huitième année de Kaung-Hée (l'an du Seigneur 1679).

世宗宪皇帝上谕
ÉDIT, EN FORME DE PRÉFACE, DE l'EMPEREUR YONG-TCHING
Le troisième de la dynastie présente

[法] 菲利克斯·勒努阿尔侯爵 译

朕自临御以来，钦恤刑狱。

Depuis l'époque de notre avénement au trône impérial de nos ancêtres, les criminels, qui attendaient en prison leur sentence, n'ont jamais cessé d'avoir part à notre attention particulière ainsi qu'à notre commisération royale.

每遇法司奏谳，必再三复核，惟恐稍有未协。

Un rapport nous ayant été fait sur tous les cas jugés par les magistrats des provinces, et qui requièrent notre sanction; nous les avons examinés avec la plus scrupuleuse attention, dans la crainte qu'ils ne continssent quelque erreur ou inconvenance, capables d'en annuler les effets.

又念律例一书为用刑之本，其中条例繁多，若不校订画一，有司援引断狱，得以意为轻重，贻误非小。

Nous avons considéré aussi que nos diverses institutions ont rendu le code des lois pénales trop compliqué, et qu'ainsi, à moins que les règles ne soient claires et précises, les magistrats, étant contraints à prendre sur eux d'aggraver ou de mitiger les châtiments à infliger aux criminels, sont dans le cas de commettre de grandes erreurs et des injustices criantes.

特命纂修馆刻期告竣。今据将所纂全稿进呈朕逐一详览，其有应行驳正者，已一一批示。

Dans la vue de prévenir de tels abus, autant qu'il est en notre pouvoir, nous avons soumis le code pénal à la révision des membres de notre collége impérial, examiné et pesé mûrement leurs observations, et, à mesure qu'elles étaient convenables à nos intentions, approuvé ou rejeté chaque article.

但明刑所以弼教，关系甚大，著九卿会同细看，务期斟酌尽善，以副朕慎重刑名之意。

Cependant, à raison de la grande importance d'un ouvrage qui doit instruire et guider les magistrats dans tous les jugements qu'ils ont à rendre, notre volonté est, que neuf des principaux officiers de l'État revoient, examinent et corrigent les résultats de toutes ces opérations, de manière à accomplir notre dessein d'adapter, en juste proportion, les peines aux crimes.

特谕

Daté du 27ᵉ de la 5ᵉ lune de la troisième année d'Yong-Tching (l'an du Seigneur 1725)

御制皇越律例序

Préface du Souverain

[法] 霍道生译

朕惟圣人治天下，刑罚之与德化，未尝偏废。

Nous observons que, pour gouverner le monde, les hommes saints ont employé la régénération par la vertu et le châtiment par les peines, sans jamais s'appuyer exclusivement sur l'un des moyens et sans en abandonner aucun.

盖民生有欲，世故无涯。非刑以防之，无以使之入教而知德，故曰：刑者，辅治之具，岂虚乎哉。

En effet, l'homme qui jouit de la vie aspire à vivre un siècle ; aussi, s'il n'existe aucune digue, s'il n'y a pas de peines pour le contenir, il n'y a aucun moyen de le diriger de telle sorte qu'il écoute l'enseignement et qu'il connaisse la vertu. c'est pour cela qu'il est dit : «Les peines sont un instrument auxiliaire de gouvernement» ; il est impossible de nier la réalité du sens de cet axiome.

律令者，刑罚之断例也。古者议事以制，不为刑辟。岂刑辟不可为哉？民醇事简，容可略也。

Les lois et ordonnances sont les règles qui déterminent les châtiments ; dans l'antiquité, on jugeait le fait d'après les lois constitutionnelles de la société, sans faire des lois pénales ; cela était ainsi, non pas parce que les lois pénales n'avaient pas leur raison d'être, mais parce que le peuple était respectueux des lois, que les affaires étaient simples, et qu'on pouvait encore facilement prononcer selon l'équité et d'une façon générale.

风会既降，民伪日滋。刑罚不足以胜奸，科条不足以应用，故律例令式，递有增加。

Les moeurs s'étant corrompues, et la malice de l'homme augmentant journellement, les châtiments ne furent plus suffisants pour dominer le vice ; les dispositions et la gradation, admises jusque−là, ne répondirent plus à l'usage qu'on en devait faire ; c'est pour cela que les lois et les décrets, les ordonnances et les règlements augmentèrent progressivement.

岂非古后异宜，而律之必不可阙欤？

Ce n'est nullement qu'au fond, les nécessités de l'antiquité et celles des temps postérieurs fussent différentes et que jamais l'usage des lois ait été superflu.

我国历朝以来，具有令典。

Les dynasties précédentes, qui jusqu'ici ont régi notre empire, ont toutes eu leurs ordonnances et leurs statuts.

自经西山之变，纲沦法斁，巧诈横多。约则事或有阙，简则理或未明。

Depuis les troubles des Tày Son, les liens fondamentaux de la société avaient disparu, comme entraînés dans un tourbillon; les règles étaient détruites; l'artifice, la fraude, la violence étaient devenues la loi commune, de sorte que tantôt le fait était imprévu, tantôt l'esprit des règlements était peu clair:

愚者懵于趋避，顽者易于玩弄。

les gens simples, plongés dans la confusion, ne savaient ce qu'ils devaient faire ou éviter; les esprits retors et les gens mal intentionnés se jouaient facilement au milieu des méandres de la législation,

而审狱之下，比附出入，无所稽据，冤滥靡告。

et, dans les jugements, l'assimilation des faits nouveaux aux faits prévus, l'acquittement ou l'atténuation et l'incrimination n'étaient plus basés sur des données certaines: l'oppression débordait partout, et l'innocence persécutée invoquait la justice vengeresse.

岂非仁者之所隐哉？

Ne serait-ce pas manquer de toute humanité que de tolérer un tel état de choses?

朕赖列圣之灵，削平偕乱，混一区宇，经纬节礼，每以教化为先务，而于刑狱之间，尤致意焉。

Nous appuyant sur la morale des préceptes des anciens saints, nous avons diminué et aplani les doutes et le désordre, établi un abri contre l'envahissement de la confusion, et tracé un cadre général d'institutions dans chacune desquelles l'enseignement et la transformation sont les premiers agents, mais nous avons porté une attention toute special dans ce qui touche aux peines et aux châtiments.

披阅历代刑书，我越李、陈、黎之兴，一代有一代之制，而备于洪德。

Ouvrant et examinant les livres des peines des anciennes dynasties, nous avons vuque, dans notre Viêt-nâm, chacune des dynasties des Ly, des Trân, des Lê[1], a établi, à son avènement, une constitution particulière pour son gouvernement et

---

〔1〕 *此处三个越南语对应 "李、陈、黎" 三字。在该序言以及法典正文中，霍道生在遇到汉字时，大多采用音译法，但使用的是当时的越南喃字发音，而非 19 世纪西方人在译介中国典籍时采用的罗马拼音。

quel'ensemble des institutions fut complet dans les lois de Hong Duc;

北朝汉、唐、宋、明之兴，律令之书，代有修改，而备于大清。

dans la Cour du Nord, les livres des lois et ordonnances données à l'avènement de chacune des dynasties des Hân, des Duong, des Tông et des Minh ont été revus et corrigéspar chaque dynastie et complétés par la grande dynastie des Thânh.

爰命廷臣，准历朝令典，参以洪德、清朝条律，取舍秤停，务止于当，汇集成编。

Nous avons été conduits à ordonner à de hauts fonctionnaires de notre cour de prendre pour base les ordonnances et les statuts des anciennes dynasties, d'examiner les lois de Hong Duc et de la dynastie chinoise des Thânh, de prendre ou de rejeter, de peser, d'ajuster, et spécialement de se borner à un assemblage codifié et mis dans un ordre convenable.

朕亲自裁正，颁行天下，使知禁防大典，灼然如日月之无所隐；惩诘严条，凛然如雷霆之不可犯。

Nous avons, personnellement, fait les dernières éliminations et corrections, et promulguons ce travail dans l'empire, afin que chacun connaisse ce code général des défenses et des prohibitions, qu'il soit visible comme la lumière du soleil et de la lune, dont la lueur n'est jamais obscurcie, et que ses dispositions prohibitives et pénales soient frappantes comme la lumière de la foudre qui ne peut jamais être impunément bravée.

守职之吏，得奉以为明法，而愚顽之民，易避难犯。

Les employés dans les diverses fonctions publiques le recevront et l'observeront comme une règle claire et précise et, parmi le peuple, les esprits simples, comme les esprits enclins au mal et à la duplicité, pourront facilement éviter les actions qui entraînentun châtiment;

于以迁善而远罚，出刑而入教，不犯有司，罔干予正。庶几刑措之隆，宁不于斯是赖哉？

il leur sera impossible de se rendre coupables en s'écartant de la route qui conduit au bien et qui éloigne du châtiment; ils cesseront de tomber sous le coup des punitions et suivront l'enseignement des saines doctrines; ils ne seront pas coupables vis-à-vis de ceux qui, dépositaires du pouvoir, régissent le peuple; ils ne pécheront pas contre ce qui doit être, c'est-à-dire que l'État heureux et florissant où les châtiments sont mis en leur propre place sera presque obtenu: comment ne chercherait-on pas à s'appuyer sur un tel résultat?

逐命书以为序。

Nous avons donné ceci pour servir de préface.

嘉隆十一年六月十二日

Gîa Lông, 11ᵉ année 6ᵉ mois 12ᵉjour

上 言
Rapport au Souverain [1]

［法］霍道生译

臣窃惟，刑以惩恶而禁奸，辅治之具也。

Nous, sujet du Souverain, observons que les peines, dont le but est de chattier le vice et de prohiber la licence, sont un instrument auxiliaire de gouvernement.

隆古盛时，民朴俗美。

Dans l'antiquité florissante et dans les temps de perfection, les hommes étaient d'une nature ingénue et les moeurs étaient pures;

而富教之后，不敢废刑。

cependant, en outre de l'enseignement moral, on n'osait pas abandonner l'usage des peines;

良以人性之有善恶，犹天道之有阴阳。虽圣世不能无恶人，故防范之具不敢阙也。

de toute antiquité, l'esprit humain comportant le bien et le mal, comme la nature comporte les principes de la lumière et de l'obscurité, même dans les siècles des saints, il ne pouvait pas ne pas y avoir des hommes vicieux, aussi l'instrument de

---

〔1〕 在我们获得的《皇越律例》版本里，上言者的姓名和官衔由于受明命皇帝（阮福晈）圣旨均被删去。根据奥巴里（Aubaret）译本，原始版本中上言的开头是："高级官员，中央军队总司令，西山之变的平定者，授予称号：公爵阮文珍。"——原注。

répression ne pouvait pas ne pas être prêt.

我国历朝以来，具有令典。参用洪德条律，以其事约而易究，文简而不烦也。

Dans notre pays, toutes les dynasties qui ont régné jusqu'au temps présent ont eu leurs codes d'ordonnances et de statuts : à l'examen et à l'usage des articles de loi de Hong Duc, on voit que la classification est faite par catégories de faits et facilite le recherches, que le style est simple et n'est pas surchargé.

顷以西山之变，法斁纲沦，风俗颓败，宵邪恣横，奸宄不胜。简则理或未明，愚者昏冥而触禁；约则事或有阙，顽者玩弄以逃刑。

Pendant la période des troubles des Tây Son, les règles ont été détruites, les principes fondamentaux emportés et dispersés comme dans un tourbillon ; les moeurs se sont corrompues, la perversité, la licence, le crime n'étaient plus diminués ni restreints, de sorte que l'esprit des lois n'était pas toujours clair et que les esprits simples étaient dans l'incertitude et enfreignaient involontairement les défenses, ou bien les faits n'étaient pas tous prévus, et les esprits subtils et vicieux se jouaient au milieu des textes et évitaient des châtiments mérités.

而稽考比附之间，奸吏亦得，以科条为上下游移之囊橐。

Enfin, dans l'assimilation des faits aux cas prévus par les lois et dans l'examen des cas, les employés corrompus pouvaient aussi se servir de la gradation des peines comme d'un moyen d'augmenter ou de diminuer selon leur bon plaisir et leur intérêt personnel.

天启，圣明易乱为治，宠绥四海，振刷百为，承乱之后，芟除稂莠，法在必行，而义杀义刑。

Par l'inspiration du ciel, Votre Majesté a changé le trouble en ordre, elle a pacifié les quatre mers [1], réparé les mille suites de la rébellion et arraché les racines du mal ; les règles existent et doivent être observées, et selon qu'il est juste de pardoner ou de punir, elle attache à chaque cas une idée de clémence et d'humanité.

每寓哀矜之意，披览清朝律书，见其集历代之成，为一代之制，较为详

---

〔1〕 指国家的边境——原注。

密，特命朝臣与臣参阅，取其适於用者，著为国朝律例。

En examinant le livre des lois de la cour des Thânh [1], Votre Majesté a vu que ces lois sont le recueil complet des lois des dynasties précédentes, réunies en un tout complet formant le code de cette dynastie, mais qu'elles présentent des passages clairs comme d'autres plus subtils. Votre Majesté a spécialement ordonné aux fonctionnaires de sa cour de l'examiner avec nous, son sujet, et de prendre ce qu'il convient d'employer pour enformer un code de lois et décrets pour l'empire.

仰视圣天子好生之至德，寓教於刑。

Levant les yeux vers Votre Majesté, nous voyons qu'elle possède au plus haut degré la vertu du respect de la vie humaine et qu'elle porte l'enseignement jusque dans les peines.

《书》云："辟以止辟，刑期无刑"。其兹之谓欤？

Le livre dit [2] : «Châtier afin de n'avoir plus à châtier; établir des peines dans lebut d'arriver à n'avoir plus besoin de peines»; ces axiomes ne résument−ils pas les intentions de Votre Majesté?

臣奉命删修，为卷二十有二，见识浅陋，为止当否。

Agissant conformément aux ordres de Votre Majesté, nous, son sujet, avons éliminé ou modifié et formé un recueil de vingt−deux livres; mais nous sentons notre peu de capacité et nous ne savons si ce travail est convenable ou non.

伏候圣聪裁正。臣诚惶诚恐，不胜战栗之至。谨上言。

Nous attendons, prosterné, que Votre Majesté l'ait corrigé définitivement dans sa sagesse; nous, son sujet, sommes plongé dans la plus grande crainte, et nous ne pouvons dominer le sentiment de trouble qui résulte du plus profond respect avec lequel nous adressons ce rapport à Votre Majesté.

嘉隆十一年六月初日

Gîa Lông, 11e année 6e mois e jour

---

〔1〕 指中国清朝——原注。
〔2〕 指《诗经》——原注。

诸 图

六赃图

图1

	答二十	三十	四十	五十	杖六十	七十	八十	九十	一百	徒一年杖六十	一年半杖七十
监守盗							一两以下	一两至二两五钱	五两	七两五钱	一十两
常人盗						一两以下	一两至五两	一十两	一十五两	二十两	二十五两
坐赃	一两以下	一两至一十两	二十两	三十两	四十两	五十两	六十两	七十两	八十两	一百两	二百两

TABLEAU pourles six produits d'actions illicites（1）

	rotin 20	30	40	50	truong 60	70	80	90	100	travail pénible 1 ans truong 60	1 ans et demie truong 70
surveillants etgardiens qui volent eux-même							<1	1~2.5	5	7.5	10

	rotin 20	30	40	50	truong 60	70	80	90	100	travail pénible 1 ans truong 60	1 ans et demie truong 70
vol commis par les personnes ordinaires						<1	1~5	10	15	20	25
vol furtif	<1	1~10	20	30	40	50	60	70	80	100	200

(unité monétaire：once d'argent)

图2

	二年杖八十	二年半杖九十	三年杖一百	流二千里杖一百	二千五百里杖一百	三千里杖一百	杂犯绞	杂犯斩
监守盗	一十二两五钱	一十五两	一十七两五钱	二十两	二十五两	三十两		四十两
常人盗	三十两	三十五两	四十两	四十五两	五十两	五十五两	八十两	
坐赃	三百两	四百两	五百两					

TABLEAU pourles six produits d'actions illicites（2）

	2 ans truong 80	2ans et demie truong90	3ans truong 100	exil 2000 lis truong 100	2500 lis truong 100	3000 lis truong 100	culpabilité relative strangulation	culpabilité relative décapitation
surveillants et gardiens qui volent eux−même	12.5	15	17.5	20	25	30		40

	2 ans truong 80	2ans et demie truong90	3ans truong 100	exil 2000 lis truong 100	2500 lis truong 100	3000 lis truong 100	culpabilité relative strangulation	culpabilité relative décapitation
vol commis par les personnes ordinaires	30	35	40	45	50	55	80	
vol furtif	300	400	500					

(unité monétaire：once d'argent)

图 3

	笞二十	三十	四十	五十	杖六十	七十	八十	九十	一百	徒一年 杖六十	一年半 杖七十
枉法 无禄人 减一等						一两 以下	一两 至 五两	一十 两	一十 五两	二十 两	二十 五两
不枉法 无禄人 减一等					一两 以下	一十 两	二十 两	三十 两	四十 两	五十 两	六十 两
窃 盗					一两 以下	一十 两	二十 两	三十 两	四十 两	五十 两	六十 两

TABLEAU pourles six produits d'actions illicites（3）

	rotin 20	30	40	50	truong 60	70	80	90	100	travail pénible 1 ans truong 60	1 ans et demie truong 70
violation des règles pour les personnes qui ne reçoivent pas de solde de l'Etat diminué d'un degré						<1	1~5	10	15	20	25
non-violation des règles pour les personnes qui ne reçoivent pas de solde de l'Etat diminué d'un degré					<1	10	20	30	40	50	60
vol furtif					<1	10	20	30	40	50	60

（ unité monétaire：once d'argent）

图 4

	二年 杖八十	二年半 杖九十	三年 杖一百	流二千里 杖一百	二千五百里 杖一百	三千里 杖一百	贯犯绞
枉法 无禄人 减一等	三十两	三十五两	四十两	四十五两	五十两	五十五两	有禄人 八十两 无禄人 一百二十两
不枉法 无禄人 减一等	七十两	八十两	九十两	一百两	一百一十两	一百二 十两无 禄人罪止	一百二十 两以上
窃盗	七十两	八十两	九十两	一百两	一百一十两	一百二 十两	一百二 十两以上

TABLEAU pourles six produits d'actions illicites（4）

	2 ans truong 80	2 ans et demie truong90	3ans truong 100	exil 2000 lis truong 100	2500 lis truong 100	3000 lis truong 100	culpabilité absolue strangulation
violation des règles pour les personnes qui ne reçoivent pas de solde de l'Etat diminué d'un degré	30	35	40	45	50	55	80 pour les personnes qui reçoivent une solde de l'Etat120 pour les per-sonnes qui ne reçoivent pas de solde de l'Etat

	2 ans truong 80	2 ans et demie truong90	3ans truong 100	exil 2000 lis truong 100	2500 lis truong 100	3000 lis truong 100	culpabilité absolue strangulation
non-violation des règles pour les personnes qui ne reçoivent pas de solde de l'Etat diminué d'un degré	70	80	90	100	110	120 maximum de la peine des coupables qui ne reçoivent pas de solde de l'Etat	>120
vol furtif	70	80	90	100	110	120	>120

(unité monétaire：once d'argent)

过失杀伤收赎图

过失杀
绞，依律收赎，折银十二两四钱二分。给被杀之家营葬。

废疾笃疾
杖一百、徒三年，七两九分七厘。 折跌人肢体及瞎人一目者，皆成废疾。[1]
杖一百、流三千里，十两六钱四分五厘。 瞎人两目，折人二指；损人二事以上；因旧患令至笃疾；斩人舌，毁败人阴阳。

折伤以上
杖一百，一两七钱七分四里。 折一齿一指；眇一目，缺败耳鼻；破骨及汤、火、钢烫。

---

[1] 此处的小体字是《皇越律例》增添部分，《大清律例》官方版中并无此文字。本页下同。

折伤以上
杖六十，徒一年。三两五钱四分八厘。 折二齿二指，以及鬓发者。
杖八十，徒二年。五两三钱二分二厘。 折人肋；眇人两目；堕人胎及刃伤人者。

折伤以下
笞二十，三钱五分四厘。手足殴人不成伤。
笞三十，五钱三分二厘。 手足殴人成伤，及他物不成伤。
笞四十，七钱九厘。 他物成伤。
笞五十，八钱八分七厘。 拔发方寸以上。
杖八十，一两四钱一分九厘。 血从耳目中出；内损，吐血；污人头面。

TABLEAU pour recevoir le prix de rachat dans les cas de meutre ou de blessures commis ou faites par mégarde.

Homicide commis par mégarde
Strangulation; recevoir le prix du rachat, selon la loi, au prix de 12,42 onces d'argent qui sont payées à la famille de la personne tuée, pour frais de sépulture

Infirmité; impotence
Cent coups de truong et trois ans de travail pénible; 7,097 onces d'argent. Fracture irrémédiable d'un membre ou d'une partie du corps, ou bien perte d'un oeil; toutes infirmités définitives
Cent coups de truong et l'exil à trois mille lis; 10,645 onces d'argent. Perte des deux yeux, de deux doigts de la main; pertes de deux organes ou parties du corps et blessures au-dessus. Rendre quelqu'un impotent par l'aggravation du mal antérieur; couper la langue ou enlever les parties sexuelles

Blessures dites fractures et au-dessus
Cent coups de truong; 1, 774 onces d'argent. Casser une dent, un doigt de la main; léser un oeil; lésions aux oreilles, au nez; endommager un os; brûlures faites avec un liquide chaud, du feu ou un métal chauffé.
Soixante coups de truong et un an de travail pénible; 3, 548 onces d'argent. Casser deux dents, deux doigts et au-dessus; arrachement de la chevelure.
80 coups de truong et deux ans de travail pénible; 5, 322 onces d'argent. Casser une côte; léser les deux yeux; causer un avortement; faire des blessures avec un instrument aigu.

Blessures au-dessous des fractures
20 coups de rotin; 0, 354 d'once d'argent. Frapper avec la main, ou le pied, sans faire de blessures.
30 coups de rotin; 0, 532 d'once d'argent. Blessures faites avec la main ou le pied; ou bien, frapper avec quelque autre objet, sans faire de blessures.
40 coups de rotin; 0, 709 d'once d'argent. Blessures faites avec quelque autre objet.
50 coups de rotin; 0, 887 d'once d'argent. Arrachement d'un pouce carré de la chevelure
80 coups de truong; 1, 419 once d'argent. Le sang sortant d'une oreille ou d'un oeil; lésion interne suivie de crachement de sang; salir la tête ou la face avec des ordures.

徒限内老疾收赎图

徒一年、杖六十
凡犯杖六十，徒一年，老疾合计全赎银一钱五分。除已受杖六十，准去四分五厘，剩徒一年，该赎银一钱零五厘计算，每徒一月赎银八毫七毫五丝。如已役一月，准赎徒银八厘七毫五丝外，未役十一个月，该收赎银九分六厘二毫五丝。

一年半、杖七十

凡犯杖七十，徒一年半，老疾合计全赎银一钱八分七厘五毫。除已受杖七十，准去五分二厘五毫，剩徒一年半，该赎银一钱三分五厘计算，每徒一月赎银七厘五毫。如已役一月，准赎徒银七厘五毫外，未役一十七个月，该收赎银一钱二分七厘五毫。

二年、杖八十

凡犯杖八十，徒二年，老疾合计全赎银二钱二分五厘。除已受杖八十，准去六分，剩徒二年，该赎银一钱六分五厘计算，每徒一月赎银六厘八毫七丝五忽。如已役一月，准赎徒银六厘八毫七丝五忽外，未役二十三个月，该收赎银一钱五分八厘一毫二丝五忽。

二年半、杖九十

凡犯杖九十，徒二年半，老疾合计全赎银二钱六分二厘五毫。除已受杖九十，准去六分七厘五毫，剩徒二年半，该赎银一钱九分五厘计算，每徒一月赎银六厘五毫。如已役一月，准赎徒银六厘五毫外，未役二十九个月，该收赎银一钱八分八厘五毫。

三年、杖一百

凡犯杖一百，徒三年，老疾合计全赎银三钱。除已受杖一百，准去七分五厘，剩徒三年，该赎银二钱二分五厘计算，每徒一月赎银六厘二毫五丝。如已役一月，准赎徒银六厘二毫五丝外，未役三十五个月，该收赎银二钱一分八厘七毫五丝。

TABLEAU pour recevoir le prix de rachat de la peine du travail

pénible des condamnés devenus vieux ou infirmes

pendant la durée de la peine

UN AN DE TRAVAIL PÉNIBLE
60 coups de truong

Pour tout condamné à 60 coups de truong et un an de travail pénible, devenu âgé ou infirme, on compte le prix total du rachat qui est de 0, 15 d'once d'argent; on en retranche 0, 045 d'once d'argent pour les 60 coups de truong déjà subis; le prix de rachat de l'année de travail pénible est l'excédant ou 0, 105 d'once, ce qui donne pour prix de rachat de chaque mois de travail pénible 0, 00875 d'once d'argent. Si le coupable a déjà subi un mois de sa peine, en retranchant cette somme on aura le prix de rachat des onze autres mois et on recevra pour prix de ce rachat 0, 09625 d'once d'argent.

UN AN ET DEMI
70 coups de truong

Pour tout condamné à 70 coups de truong et un an et demi de travail pénible, devenu âgé ou infirme, on compte le prix total du rachat qui est de 0, 1875 d'once d'argent ; on en retranche 0, 0525 d'once d'argent pour les 70 coups de truong déjà subis ; le prix de rachat de la peine d'un an et demi de travail pénible est l'excédant de 0, 135 d'once, ce qui donne pour prix de rachat de chaque mois de travail pénible 0, 0075 d'once d'argent. Si le coupable a déjà subi un mois de sa peine, en retranchant cette somme on aura le prix de rachat des dix-sept mois qui restent à subir, qui est de 0, 1275 d'once d'argent.

DEUX ANS
80 coups de truong

Pour tout condamné à 80 coups de truong et deux ans de travail pénible, devenu âgé ou infirme, on compte le prix total du rachat qui est de 0, 225 d'once d'argent ; on en retranche 0, 06 d'once d'argent pour la peine de 80 coups de truong déjà subis ; l'excédant qui est de 0, 165 d'once est le prix de rachat de deux ans de travail pénible, ce qui donne 0, 006875 d'once pour prix de rachat de chaque mois de travail pénible. Si le coupable a déjà subi un mois de sa peine, en retranchant cette somme, on aura le prix de rachat des vingt-trois mois qui lui restent à subir, prix qui est de 0, 158125 d'once d'argent.

DEUX ANS ET DEMI
90 coups de truong

Pour tout condamné à 90 coups de truong et deux ans et demi de travail pénible, devenu âgé ou infirme, on compte le prix total du rachat, soit 0, 2625 d'once d'argent ; on en retranche 0, 0675 d'once pour les 90 coups de truong déjà subis et l'excédant, qui est de 0, 195 d'once est le prix de rachat de deux ans et demi de travail pénible, ce qui donne 0, 0065 d'once pour prix d'un mois de travail pénible. Si le coupable a déjà subi un mois de sa peine, en retranchant cette somme, on aura le prix de rachat des vingt-neuf mois qui lui restent à subir, prix qui est de 0, 1885 d'once d'argent.

TROIS ANS
100 coups de truong

Pour tout condamné à 100 coups de truong et trois ans de travail pénible, devenu âgé ou infirme, on compte le prix total du rachat, soit 0, 3 d'once d'argent; on en retranche 0, 075 d'once pour les 100 coups déjà subis et l'excédant de 0, 225 d'once est le prix de rachat de trois ans de travail pénible, ce qui donne 0, 00625 d'once pour prix de rachat d'un mois de travail pénible. Si le coupable a déjà subi un mois de sa peine, en retranchant cette somme, on aura le prix du rachat des trente-cinq mois qui lui restent à subir, prix qui est de 0, 21875 d'once d'argent.

五刑之图

笞刑五	一十二十三十四十五十	笞者，谓人有轻罪，用小杖决打，自一十至五十为五等，每一十为一等加减。〔1〕
杖刑五	六十七十八十九十一百	杖者，谓人犯罪，用大杖决打，自六十至一百为五等，亦每一十为一等加减。〔2〕
徒刑五	一年杖六十一年半杖七十二年杖八十二年半杖九十三年杖一百	徒者，谓人犯罪稍重，发本镇驿递，应一切用力辛苦之役。自一年起加至三年止为五等，每杖一十及徒半年为一等加减。〔3〕
流刑三	二千里杖一百二千五百里杖一百三千里杖一百	流者，谓人犯重罪，不忍刑杀，流去远方，终身不得回乡。自二千里加至三千里为三等，每五百里为一等加罪，减概从徒。
死刑二	绞全其肢体斩身首异处	刑之极者。

---

〔1〕　在《大清律例》中，"小杖"之间还有"荆"，即"小荆杖"。句末还另有一句：今以竹板折责。

〔2〕　在《大清律例》中，"大杖"之间还有"荆"，即"大荆杖"。句末还另有一句：今以竹板折责。

〔3〕　此句中的"本镇"在《大清律例》中是"本省"。

TABLEAU des cinq peines

		Peine du Rotin Cinq degrés			
10 coups	20 coups	30 coups	40 coups	50 coups	Le nom de cette peine indique qu'on emploie une petite baguette pour battre les coupables de fautes légères, depuis dix jusqu'à cinquante coups, ce qui fait cinq degrés. Chaque dizaine de coups forme un degré pour l'augmentation ou la diminution.

		Peine du Truong Cinq degrés			
60 coups	70 coups	80 coups	90 coups	100 coups	Le nom de cette peine indique qu'on emploie une grosse baguette pour battre les coupables, depuis soixante coups jusqu'à cent coups, ce qui fait cinq degrés, de même encore, chaque dizaine de coups forme un degré pour l'augmentation ou la diminution de la peine.

		Peine du Travail pénible Cinq degrés			
Un an et 60 coups de truong	Un an et demi et 70 coups	Deux ans et 80 coups	Deux ans et demi et 90 coups	Trois Ans et 100 coups	Dô [1], nom de cette peine, signifie que les coupables de fautes assez graves sont envoyés dans les relais de courriers de leur province pour y être employés à tous les travaux pénibles et fatigants. Cette peine s'élève depuis un an jusqu'au maximum de trois ans et est formée de cinq degrés. 10 coups de truong et une demi – année forment le degré pour l'augmetation et pour la diminution de la peine.

----

〔1〕 越南语 dô 对应汉字"徒"。

Peine de l'Exil Trois degrés			
2, 000 lis et 100 coups de truong	2, 500 lis et 100 coups de truong	3, 000 lis et 100 coups de truong	Exil, veut dire que les coupable, dont la faute quoique grave ne mérite cependant pas la mort, sont envoyés, à perpétuité, dans des lieux éloignés sans pouvoir jamais revenir à leur lieu d'origine. La peine est composée de trois degrés s'élèvant depuis 2, 000 jusqu'au 3, 000 lis. 500 lis forment un degré pour l'élévation de la peine; pour la diminution de n'importe quel degré on emploie la peine du travail pénible.

Peine de Mort Deux supplices		
STRANGULATION Le corps et les membres restent entiers	DÉCAPITATION La tête complétement séparée du tronc	Dernier degré de la sévérité des peines

丧服总图

斩衰（三年）			
用至粗麻布为之，不缝下边。			
齐衰			
三月	不杖期	杖期	五月
用稍粗麻布为之，缝下边。			
大功（九月）			
用粗熟布为之。			
小功（五月）			
用稍粗熟布为之。			
缌麻（三月）			
用稍细熟布为之。			

TABLEAU général des vêtements de deuil〔1〕

Robe coupée Trois ans			
On emploie la toile de chanvre la plus grossière et le bas du vêtement n'est pas ourlé.			
Robe ourlée			
Trois mois	Période complète sans bâton	Période complète avec bâton	Cinq mois
On emploie une toile de chanvre un peu grosse et le bord inférieur est ourlé.			
Gros ouvrage Neuf mois			
On emploie une toile grossière blanchie.			
Ouvrage fin Cinq mois			
On emploie une toile un peu grosse blanchie.			
Chanvre soyeux Trois mois			
On emploie une toile un peu fine blanchie.			

---

〔1〕 此表内的译文，按译者的说法，是为了便于法文读者阅读，了解丧服制度。但在法典正文中，为了方便起见，译者称将用一等、二等、三等、四等、五等来代替表格中的五服。如三等代表大功，五等代表缌麻。在法典正文译文中，译者称他将使用如"三等亲属""五等亲属"此类的表达。

本宗九族五服正服之图

九 族 五 服 图

世代	1	2	3	4	5 (中)	6	7	8	9
高祖					高祖父母 齐衰三月				
曾祖				曾祖姑 在室缌麻 出嫁无服	曾祖父母 齐衰五月	曾伯叔祖 缌麻			
祖			族祖姑 在室缌麻 出嫁无服	祖姑 在室小功	祖父母 齐衰不杖期	伯叔祖父 小功	族伯叔祖 缌麻		
父		族姑 在室缌麻 出嫁无服	堂姑 在室缌麻 出嫁缌麻	姑 在室大功 出嫁小功	父母 斩衰 杖期三年	伯叔父母 期年	堂伯叔父 小功	族伯叔父 缌麻	
己	从堂姊妹 在室缌麻 出嫁无服	堂姊妹 在室小功 出嫁缌麻	叔伯姊妹 在室大功 出嫁小功	姊妹 在室期年 出嫁大功	自己	兄弟 期年 其妻缌麻	叔伯兄弟 大功 其妻小功	堂兄弟 小功 其妻无服	从堂兄弟 缌麻 其妻无服
子		从侄女 在室缌麻 出嫁无服	堂侄女 在室小功 出嫁缌麻	侄女 在室大功 出嫁小功	长子期年 长子妇期年 众子期年 众子妇大功	侄 期年 其妻小功	堂侄 小功 其妻无服		
孙			堂侄孙女 在室缌麻 出嫁无服	侄孙女 在室小功 出嫁缌麻	嫡孙期年 嫡孙妇期年 众孙大功 众孙妇缌麻	侄孙 小功 其妻缌麻	堂侄孙 缌麻 其妻无服		
曾孙				侄曾孙女 在室缌麻 出嫁无服	曾孙 缌麻 曾孙妇无服	侄曾孙 缌麻 其妻无服			
玄孙					玄孙 缌麻 玄孙妇无服				

TABLEAU des cinq vêtements de deuil dans la cas dit de

				Trisaïle, Robe ourlée,
			Arr.-grand'tantes ou tantes bisaïeules soeurs du bisaïeul. Sorties de la famille par ma- riage, pas de vête- ment / Dans la famille, chanvre soyeux	Bisaïeule, Robe Cinq
		Tantes-aïeules de relation. Sorties de la famille par ma- riage, pas de vête- ment / Dans la famille chanvre soyeux.	Grand'tantes ou tantes aïeules soeurs de l'aïeul. Sorties de la famille par mariage, chanvre soyeux / Dans la famille ouvrage fin.	Aïeule, Robe ourlée complète
	Tantes de relation. Sorties de la famille par ma- riage, pas de vête- ment / Dans la famille chanvre soyeux.	Tantes de degré. Sorties de la famille par mariage chanvre soyeux. / Dans la famille ouvrage fin.	Tantes, soeurs du père. Sorties de la famille par mariage, gros ouvrage. / Dans la famille période d'un an.	Mère, Trois ans
Soeurs aînées et ca- dettes de relation. Sorties de la famille par ma- riage, pas de vête- ment. / Dans la famille chanvre soyeux.	Soeurs aînées et cadettes éloignées. Sorties de la famille par ouvrage mariage, chanvre soyeux. / Dans la famille fin.	Soeurs aînées et ca- dettes de degré. Sorties de la famille par ma- riage, ou- ouvrage. / Dans la famille, gros vrage fin.	Soeurs aînées et cadettes. Sorties de la famille par mariage, gros ouvrage. / Dans la famille période d'un an.	Soi-
	Nièces éloignée. Sorties de la famille par ma- riage, pas soyeux. de vête- ment. / Dans la famille chanvre	Nièces de degré. Sorties de la famille par mariage, chanvre soyeux. / Dans la famille ouvrage fin.	Nièces. Sorties de la famille par mariage, gros ouvrage. / Dans la famille période d'un an.	Épouse detous les fils. Gros ouvrage. / Tous les enfants. Période d'un an.
		Petites-filles-nièces de degré. Sorties de la famille, par ma- riage, pas de vête- ment. / Dans la famille, chanvre soyeux.	Petites-filles-nièces. Sorties de la famille par mariage, chanvre soyeux. / Dans la famille, ouvrage fin.	Épouses de tous les petits- fils. Chanvre soyeux. / Tous les petits- enfants. Gros ouvrage.
			Arr.-petites-filles nièces. Sorties de la famille par ma- riage, pas de vête- ment. / Dans la famille, chanvre soyeux	Épouses des arrière-petits-fils. Pas de vêtement.
				Épouses des 2es arr.-petits-fils. Pas de vêtement.

«véritable vêtement» pour les neuf classes de parents de la souche.[1]

trisaïeul. trois mois.				
Bisaïeul. ourlée, mois.	Arr.-grands-oncles ou oncles bisaïeuls (frères aînés et cadets du bisaïeul) et leur épouse. Chanvre soyeux..			
aïeul. période sans bâton.	Grands-oncles ou oncles aïeuls (frères aînés et cadets de l'aïeul) et leur épouse. Ouvrage fin.	Oncles de relation et leur épouse (c'est-à-dire cousins du 7e degré, fils des arr.-grands-oncles). Chanvre soyeux.		
père. robe coupée.	Oncles frères aînés et cadets du père et leur épouse. Période d'un an.	Oncles de degré et leur épouse (c'est-à-dire cousins du 5e degré; fils des grands-oncles). Ouvrage fin.	Oncles de relation et leur épouse (c'est-à-dire fils des oncles aïeuls de relation). Chanvre soyeux.	
même	Épouses des frères aînés et cadets. Ouvrage fins. — Frères aînés et cadets. Période d'un an.	Épouses des cousins-germains. Chanvre soyeux. — Frères aînés et cadets de degré(c.-à-d. cousins-germains). Gros ouvrage.	Épouses des frères aînés et cadets éloignés. Pas de vêtement. — Frères aînés et cadets éloignés. Ouvrage fin.	Épouses des aînés et cadets de relation. Pas de vêtement. — Frères aînés et cadets de relation. Chanvre soyeux
Épouse du fils aîné. Période d'un an. — Fils aîne. Période d'un an.	Épouses des neveux. Gros ouvrage. — Neveux. Période d'un an.	Épouses des neveux de degré. Chanvre soyeux. — Neveux de degré (c.-à-d. cousins du 5e degré) Ouvrage fin.	Épouses des neveux éloignés. Pas de vêtement. — Neveux éloignés. Chanvre soyeux.	
Épouses des petits-fils de droite lignée. Ouvrage fin. — Petits-fils de droite lignée. Période d'un an.	Épouses des petits neveux. Chanvre soyeux. — Petits-neveux ou petits-fils neveux. Ouvrage fin.	Épouses des petits-fils neveux de degré. Pas de vêtement. — Petits-fils neveux de degré (c.-à-d. cousin du 6e degré). Chanvre soyeux.		
Arr.-petits-enfants. Chanvre soyeux.	Épouses des arrière-petits-neveux. Pas de vêtement. — Arrière-petits-neveux ou arrière-petits-fils neveux. Chanvre soyeux.			
2es arrière-petits-enfants. Chanvre soyeux.				

〔1〕　由于法文译文内容长，考虑到排版，故将"本宗九族五服正服之图"沿正中一拆为二。实际上，《皇越律例》以及霍道生的译本中均是采取折半分页的处理方式。

出嫁女为本宗降服之图

		三月 高祖父母 齐衰		
		五月 曾祖父母 齐衰		
	祖姐妹 出嫁无服 在室缌麻	祖父母 年	祖兄弟 期 缌麻	
父堂姐妹 在室缌麻 出嫁无服	父姐妹 在室大功 出嫁小功	父母 年 期	伯叔父母 大功	父堂兄弟 缌麻
堂姐妹 在室小功 出嫁无服	姐妹 在室大功 出嫁小功	己身	兄弟 大功	堂兄弟 小功
堂侄女 在室缌麻 出嫁无服	兄弟女 在室大功 出嫁小功	兄弟子 大功	堂侄 缌麻	

TABLEAU des vêtements diminué de deuil de la fille sortie de la famille par mariage pour les parents de sa souche

		Vêtement ourlée	Trisaïeul et trisaïeule	trois moi		
		Vêtement ourlée	Bisaïeul et bisaïeule	cinq mois		
	Soeurs aînées et cadettes de l'aïeul. Sortie de la famille par mariage pas de vêtement. Dans la famille chanvre soyeux.	Période	Aïeul et aïeule	d'un an	Frères aînés et cadets de l'aïeul chanvre soyeux	
Soeurs aînées et cadettes de degré du père. Sortie de la famille par mariage pas de vêtement. Dans la famille chanvre soyeux.	Soeurs aînées et cadettes du père. Sortie de la famille par mariage ouvrage fin. Dans la famille gros	Période	Père et mère	d'un an	Oncles, frères aînés et cadets du père et leur épouse. Gros ouvrage.	Frères aînés et cadets de degré du père. Chanvre soyeux
Soeurs aînées et cadettes de degré. Sortie de la famille par mariage chanvre soyeux. Dans la famille	Soeurs aînées et cadettes. Sortie de la famille par mariage ouvrage fin. Dans la famille gros		soi-même		Frères aînés et cadets. Gros ouvrage.	Frères aînés et cadets de degré. Ouvrage fin.
Nièces de degré. Sortie de la famille par mariage pas de vêtement. Dans la famille chanvre soyeux.	Filles des frères aînés et cadets. Sortie de la famille par mariage ouvrage fin. Dans la famille gros ouvrage.		Fils des frères aînés et cadets. Gros ouvrage.			Neveux de degré. Chanvre soyeux.

外亲服图

妻为夫外亲服降一等

		母祖父母 无服		
	母之姐妹 小功	外祖父母 小功	母之兄弟 小功	
堂姨之子 无服	两姨之子 缌麻	己身	母舅之子 缌麻	堂舅之子 无服
	姨之孙 无服	姑之子 缌麻	舅之孙 无服	
		姑之孙 无服		

TABLEAU des vêtements de deuil pour les parents de la ligne extérieure

l'épouse en deuil des parents de la ligne extérieure de l'époux porte un vêtement diminué d'un degré.

		Aïeul et aïeule de la mère. Pas de vêtement.		
	Soeurs aînées et cadettes de la mère. Ouvrage fin.	Aïeul et aïeule de la ligne extérieure (maternels). Ouvrage fin.	Frères aînés et cadets de la mère. Ouvrage fin.	
Enfants des soeurs de degré (cousines germaines) de la mère. Pas de vêtement.	Enfants des deux soeurs de la mère. Chanvre soyeux.	Soi-même.	Enfants des frères de la mère. Chanvre soyeux	Enfants des frères de degré (cousins germains) de la mère. Pas de vêtement.
	Petits-enfants des soeurs de la mère. Pas de vêtement.	Fils des tantes (paternelles). Chanvre soyeux.	Petits-enfants des frères de la mère. Pas de vêtement.	
		Petits-enfants des tantes (paternelles). Pas de vêtement		

妻亲服图

	妻祖父母 无服		
妻之姑 无服	妻父母 缌麻	妻伯叔 无服	
妻之姐妹 无服	己身 为婿缌麻	妻兄弟及妇 无服	妻外祖父母 无服
妻姐妹子 无服	女之子 缌麻	妻兄弟子 无服	
	女之孙 无服		

TABLEAU des vêtements de deuil pour les parents de l'épouse

	Aïeul et aïeule de l'épouse. Pas de vêtement.		
Tantes paternelles de l'épouse. Pas de vêtement.	Père et mère de l'épouse. Chanvre soyeux.	Oncles paternels de l'épouse. Pas de vêtement.	
Soeurs aînés et cadettes de l'épouse. Pas de vêtement.	Soi-même pour un gendre. Chanvre soyeux.	Frère aînés et cadets de l'épouse et leur épouse. Pas de vêtement.	Aïeul et aïeule maternels de l'épouse. Pas de vêtement.
Enfants des soeurs de l'épouse. Pas de vêtement.	Enfants d'une fille. Chanvre soyeux.	Enfants des frères aînés et cadets de l'épouse. Pas de vêtement.	
	Petits-enfants d'une fille. Pas de vêtement.		

三父八母服图

两有大功亲，谓继父有子孙，自己亦有伯叔兄弟之类。 齐衰三月	同居 继父	两无大功亲，谓继父无子孙，己身亦无伯叔兄弟之类。 期年

从继母嫁 谓父死继母再嫁他人随去者 齐衰杖期	不同居继父 先曾与继父同居，今不同居 齐衰三月 自夹不曾随母与继父同居者 无服

慈母 谓所生母死，父今别妾抚育者 斩衰三年	继母 谓父娶之后妻 斩衰三年	嫡母 谓妾生子女称父之正妻 斩衰三年	养母 谓自幼过房与人 斩衰三年

出母 谓亲母被父出者 齐衰杖期	嫁母 谓亲母因父死再嫁他人 齐衰杖期

乳母 谓父妾乳、哺者，即奶母 缌麻	庶母 谓父有子女，妾，嫡子、众子齐衰杖期

TABLEAU des vêtements de deuil pour les trois pères et les huits mères.

Lorsque tous les deux ont des parents pour lesquels on porte le vêtement dit gros ouvrage, c'est-à-dire lorsque le nouvel époux de la mère a des enfants ou des petits-enfants et que soi-même on a aussi des parents tels que les oncles frères aînés ou cadets du père, ou des frères aînés ou cadets. Vêtement ourlé, trois mois.	Le père, nouvel époux de la mère, lorsqu'on demeure avec lui.	Lorsque tous les deux n'ont pas de parents pour lesquels on porte le vêtement dit gros ouvrage, c'est-à-dire lorsque le père, nouvel époux de la mère n'a pas d'enfants ni de petits-enfants et qu'on a, soi-même, pas de parents tels que les oncles frères aînés ou cadets du père, ou des frères aînés ou cadets. Période d'un an.
La nouvelle mère de droite lignée remariée et qu'on a suivie. C'est-à-dire que le père étant mort, la nouvelle mère de droite lignée s'est remariée avec un autre homme, et qu'on l'a suivie. Vêtement coupé, trois ans.	Le père, nouvel époux de la mère, lorsqu'on ne demeure pas avec lui. Losque précédemment on a habité avec le nouvel époux de la mère, et qu'actuellement on n'habite plus avec lui. Vêtement ourlé, trois moi. Lorsqu'on n'a jusque-là jamais suivi la mère pour aller habiter avec le nouvel époux de la mère. Pas de vêtement.	

Mère de tendresse.	Nouvelle mère de droite lignée.	Mère de droite lignée.	Mère adoptive.
Ce nom indique que la mère dont il est né étant morte, le père a ordonné à une autre concubine d'élever l'enfant.	C'est-à-dire l'épouse prise en secondes noces par le père. Vêtement coupé, trois ans.	C'est le nom que les enfants nés des concubines donnent à la véritable épouse du père. Vêtement coupé,	C'est lorsque dès l'enfance on est passé dans une autre branche pour y être élevé comme enfant. Vêtement coupé, trois ans.

名例律

一、五刑

Art I. Les cinq peines [1]

笞刑五：［笞者，击也，又训为耻。用小竹板。］

La peine du rotin [2] a cinq degrés (le sens du mot *xuy*, nom chinois de cette peine, est le même que celui du mot «frapper»; de plus, il signifie corriger en faisant naître la honte du mal commis. On emploie une petite baguette.)

一十、二十、三十、四十、五十。

Dix coups, Vingt coups, Trente coups, Quarante coups, Cinquante coups.

杖刑五：［杖，重于笞，用大竹板。］

La peine du truong [3] a cinq degrés; (la peine du truong est plus grave que celle qui est appelée «*xuy*» ou «rotin»; on emploie une baguette de moyenne grosseur.)

六十、七十、八十、九十、一百。

Soixante coups, Soixante-dix coups, Quatre-vingts coups, Quatre-vingt-dix

---

〔1〕 据勒努阿尔的版本，斯当东只译出了该条律文的第一部分；奥巴里翻译了小斯当东译文的两部分。——原注。

〔2〕 该刑名是“笞”（越南语是 xuy），意为“击打”。虽然我们使用 rotin 一词，但原文中该词指各种柔性小棍。——原注。

〔3〕 此处沿袭该刑的中文名是为了避免迂回说法，或使用另一个可能曲解原义的词，如 bâton。——原注。（truong 是越南语，对应“杖”字。）

coups, Cent coups.

徒刑五：［徒者，奴也，盖奴辱之。］

La peine du travail pénible a cinq degrés (le sens du mot *dô*[1], nom de cette peine, est le même que celui du mot esclavage; en effet, cette peine dégrade le coupable et le rend esclave.)

一年，杖六十；

Un an et soixante coups de truong;

一年半，杖七十；

Un an et demi et soixante-dix coups de truong;

二年，杖八十；

Deux ans et quatre-vingts coups de truong;

二年半，杖九十；

Deux ans et demi et quatre-vingt-dix coups de truong;

三年，杖一百。

Trois ans et cent coups de truong.

流刑三：［不忍刑杀，流之远方。］

La peine de l'exil a trois degrés (la pitié faisant reculer devant l'application de la peine de mort, le coupable est exilé dans un territoire éloigné.)

二千里，杖一百；

A deux mille lis et cent coups de truong;

二千五百里，杖一百；

A deux mille cinq cents lis et cent coups de truong;

三千里，杖一百。

A trois mille lis et cent coups de truong.

死刑二：绞；斩。［内外死罪人犯，除应决不待时外，余具监固，候秋审、朝审分别情实、缓决、矜疑，奏请定夺。］

Les deux peines de mort sont: la strangulation, la décapitation; (les condamnés à mort par les tribunaux de la capitale et des provinces doivent, à l'exception des cas ou l'exécution immédiate est prescrite, être, dans tous les autres

---

〔1〕 此处该越南语对应汉语"徒"。

cas, maintenus en prison pour attendre les assises d'automne ou les assises de la cour, afin qu'il soit alors distingué entre ceux dont l'exécution doit être ajournée ou ceux qui doivent subir leur peine, et ceux en faveur desquels il y a lieu d'implorer la miséricorde du Souverain en lui demandant une décision particulière).

二、十恶

Art II. Les dix crimes atroces

一曰谋反。[谓谋危社稷。]

Le premier est appelé : le complot de rébellion. (Ce nom désigne le complot qui a pour but de renverser les esprits protecteurs de l'empire.)

二曰谋大逆。[谓谋毁宗庙、山陵及宫阙。]

Le second est appelé : le complot de grande rébellion. (Ce nom désigne le complot qui a pour but de détruire les temples et les tombeaux des ancêtres du Souverain ainsi que les palais Impériaux.)

三曰谋叛。[谓谋背本国，潜从他国。]

Le troisième est appelé : le complot de trahison. (Ce nom désigne le complot qui a pour but de se retourner contre son propre pays, et de servir un autre pays, au mépris de tout sentiment naturel.)

四曰恶逆。[谓殴及谋杀祖父母、父母、夫之祖父母、父母；杀伯叔父母、姑、兄、姐、外祖父母及夫者。]

Le quatrième est appelé : la rébellion odieuse. (Ce nom désigne les crimes suivants : frapper ou comploter de tuer son aïeul, son aïeule, son père ou sa mère, ou l'aïeul, l'aïeule, le père ou la mère de l'époux ; tuer un oncle, frère aîné ou cadet du père ou l'épouse de l'un d'eux, une tante paternelle, un frère aîné, une soeur aînée, l'aïeul ou l'aïeule en ligne extérieure, ou, enfin, l'époux.)

五曰不道。[谓杀一家非死罪三人，及支解人，若采生折割，造畜蛊毒、魇魅。]

Le cinquième est appelé : l'absence de raison. (Ce nom désigne le crime qui consiste à tuer trois personnes d'une même famille, alors qu'elles ne sont pas coupables d'une faute qui mérite la mort, ainsi que celui qui consiste à pratiquer des mutilations sur une personne vivante pour préparer des poisons ou des maléfices. Ceux qui les commettent sont des scélérats, malfaiteurs exécrables, qui agissent contre toute raison morale, aussi ce crime est-il appelé : l'absence de raison.)

六曰大不敬。[谓盗大祀神御之物、乘舆服御物；盗及伪造御宝；合和御药误不依本方，及封题错误，若造御膳误犯食禁，御幸舟船误不坚固。]

Le sixième est appelé : le grand manque de respect. (Ce nom désigne le vol des objets servant aux grandes cérémonies du culte rendu par le Souverain aux esprits, ou le vol de quelque objet des voitures du bagage impérial ; la contrefaçon du sceau du Souverain ; la faute qui consiste à préparer une médecine pour le Souverain en se trompant et sans agir conformément au formulaire ; l'erreur dans la suscription d'un pli adressé au Souverain ; le fait d'introduire, par erreur, dans la préparation des aliments du Souverain des matières dont il a prohibé l'usage ; enfin le fait de préparer, par erreur, pour le Souverain, des barques ou des navires mal construits.)

七曰不孝。[谓告言咒骂祖父母、父母，夫之祖父母、父母；及祖父母、父母在，别籍异财；若奉养有缺，居父母丧身自嫁、娶，若作乐、释服从吉；闻祖父母、父母丧，匿不举哀；诈称祖父母、父母死。]

Le septième est appelé : le manque de piété filiale. (Ce nom désigne le fait qui consiste à porter une accusation, ou à proférer dés injures, contre son aïeul, son aïeule, son père ou sa mère ; contre l'aïeul, l'aïeule, le père ou la mère de l'époux ; ou bien, du vivant de l'aïeul, de l'aïeule, du père ou de la mère, à se séparer de la famille et à en partager les biens ; ou bien encore, le fait de ne pas subvenir convenablement aux besoins de ces mêmes parents ; le fait de se marier pendant le temps de deuil du père ou de là mère, se réjouir, porter d'autres vêtements que ceux du deuil, et se livrer aux plaisirs ; apprendre la mort de son aïeul ou de son aïeule, de son père ou de sa mère et la cacher, sans prendre le deuil ; ou, encore, déclarer faussement qu'on se trouve en deuil de l'aïeul, de l'aïeule, du père ou de la mère.)

八曰不睦。[谓谋杀及卖缌麻以上亲，殴、告夫及大功以上尊长、小功尊属。]

Le huitième est appelé : le manque de concorde. (Ce nom désigne les crimes qui consistent dans le complot de meurtre, ou dans le fait de vendre des parents du cinquième degré〔1〕et au-dessus; dans le fait de frapper ou d'accuser son époux, ou, enfin, des parents de rang prééminent ou plus âgés du troisième degré et au-dessus, ou des parents de rang prééminent du quatrième degré de parenté.)

九曰不义。[谓部民杀本属知府、知州、知县，军士杀本管官，吏卒杀本部五品以上长官，若杀见受业师，及闻夫丧匿不举哀，若作乐、释服、从吉及改嫁。]

Le neuvième est appelé：le manquement au devoir. (Ce nom désigne le fait commis par des gens du peuple d'un certain district qui tuent le magistrat chargé du gouvernement de leur propre district, que ce soit un fonctionnaire portant le titre de *Tri-phu*, de *Tri-châu* ou de *Tri-huyén*〔2〕; ou bien le fait commis par des militaires ou soldats qui tuent les employés ou les fonctionnaires sous les ordres desquels ils sont placés; le fait commis par des employés ou des agents subalternes qui tuent le fonctionnaire chargé en chef du service auquel ils appartiennent quand ce fonctionnaire est du cinquième rang et au-dessus; le fait de tuer son propre professeur, ou maître, pendant le temps qu'il continue renseignement du coupable; enfin, le fait d'apprendre la mort de son époux et de la cacher, de ne pas prendre le deuil, se réjouir, porter d'autres vêtements que ceux du deuil, se livrer à la gaieté, et, enfin, se remarier.)

十曰内乱。[谓奸小功以上亲、父祖妾及与和者。]

Le dixième est appelé：le désordre intérieur. (Ce nom désigne la fornication avec des parentes du quatrième degré et au-dessus et avec les concubines du père ou de l'aïeul.)

三、八议
Art. III. Les huit délibérations

一曰议亲。[谓皇家袒免以上亲，及太皇太后、皇太后缌麻以上亲，皇后

---

〔1〕 此处指丧服者称"缌麻"（chanvre soyeux）；译文中均使用degré（等级）一词指代，而不使用具体丧服名称。——原注。

〔2〕 此处三个越南语对应汉语词"知府""知州""知县"。

小功以上亲，皇太子妃大功以上亲。]

La première s'appelle: délibération pour les parents. (Ce nom désigne les parents du Souverain, depuis ceux pour lesquels le vêtement de deuil ne consiste que dans le port de la coiffure de deuil, et ceux des degrés plus rapprochés; les parents du cinquième degré, et au-dessus, de l'aïeule et de la mère du Souverain; les parents du quatrième degré, et au-dessus, de l'épouse du Souverain; les parents du troisième degré, et au-dessus, de l'épouse de l'héritier présomptif de la couronne.)

二曰议故。[谓皇家故旧之人，素得侍见，特蒙恩待日久者。]

La deuxième s'appelle: délibération pour les anciens. (Ce nom désigne les personnes anciennement, et pendant longtemps, attachées à la personne du Souverain; personnes qui l'ont servi longtemps et vu, et qui ont reçu de lui des récompenses spéciales pour leurs longs services.)

三曰议功。[谓能斩将夺旗，摧锋万里，或率众来归，宁济一时；或开拓疆宇，有大勋劳，铭功太常者。]

La troisième s'appelle: délibération pour les méritants. (Ce nom désigne ceux qui ont pu tuer un chef militaire ou enlever un étendard ennemi et briser les armes des ennemis à dix mille lis de distance; ceux qui se sont mis à la tête d'une multitude pour la ramener à la soumission, et qui ont consacré leur vie à ramener la paix; ceux, enfin, qui ont étendu les frontières de l'État et qui ont mérité par leurs efforts et leurs travaux que leurs actes soient inscrits sur l'étendard appelé thai tuong.)

四曰议贤。[谓有大德行之贤人君子，其言行可以为法则者。]

La quatrième s'appelle: délibération pour les sages. (Ce nom désigne les sages qui ont fait preuve d'une grande vertu et dont les actions et les paroles sont toutes conformes aux règles du devoir et des convenances.)

五曰议能。[谓有大才业能，整军旅、治政事，为帝王之良辅佐者。]

La cinquième s'appelle: délibération pour les habiles. (Ce nom désigne ceux qui ont une grande habileté et qui ont su conduire à bien et diriger les affaires militaires ou le gouvernement de l'État; ceux qui ont été les dignes aides et conseillers du Souverain.)

六曰议勤。[谓有大将吏谨守官职，早夜奉公；或出使远方，经涉艰难，有大勤劳者。]

La sixième s'appelle: délibération pour les actifs. (Ce nom désigne ceux qui se distinguent par une grande activité, ou assiduité à leurs devoirs; qui dans un haut emploi, civil ou militaire, ont su remplir les devoirs de leur charge et qui, nuit et jour, consacrent toutes leurs forces au bien public; ceux enfin qui, envoyés en ambassade dans les pays lointains, ont traversé et surmonté les dangers et les difficultés.)

七曰议贵。[谓爵一品，及文武职事官三品以上，散官二品以上者。]

La septième s'appelle: délibération pour les nobles. (Ce nom désigne les dignitaires du premier rang, ou les fonctionnaires civils ou militaires, en activité, du troisième rang et au-dessus, et les fonctionnaires sans emploi du second rang et au-dessus.)

八曰议宾。[谓承先代之后，为国宾者。]

La huitième s'appelle: délibération pour les hôtes. (Ce nom désigne les descendants des dynasties précédentes, qui sont les hôtes de l'État.)

四、应议者犯罪
Art. IV. Personnes qui ont droit à une délibération qui commettent des fautes

1、凡八议者犯罪，[开具所犯事情。]实封奏闻取旨，不许擅自勾问。

Toutes les fois qu'une personne ayant droit à une des huit délibérations aura commis une faute (on exposera et on présentera les circonstances et la nature du fait commis), on en rendra compte au Souverain par dépêche scellé, et on prendra ses ordres sans qu'il soit permis de la mettre en jugement d'autorité privée.

若奉旨推问者，开具所犯 [罪名] 及应议之状，先奏请议，议定 [将议过缘由] 奏闻，取自上裁。

Si on reçoit du Souverain l'ordre d'instruire, on exposera et on présentera (le nom de) la faute commise ainsi que la nature de la considération qui donne droit à une délibération; avant toute suite, on rendra compte au Souverain en lui demandant l'autorisation de délibérer. La délibération terminée (on prendra les motifs de la délibération), on en rendra compte au Souverain, et on recevra de lui la décision définitive.

2、其犯十恶者，［实封奏闻，依律议拟。］不用此律。

Si elle a commis un des dix crimes atroces（on en rendra compte au Souverain par une dépêche fermée et on jugera selon la loi），on ne suivra pas cette loi.

［十恶，或专主谋反、叛逆言，非也。

（Quelques personnes soutiennent que l'expression：«dix crimes atroces,» se rapporte spécialement aux complots de rébellion，de grande rébellion et de trahison；cela n'est pas exact.

盖十恶之人，悖伦逆天，蔑理贼义，乃王法所必诛。故特表之，以严其禁。］

Les coupables de l'un des dix crimes atroces détruisent les liens qui unissent les hommes；ils sont rebelles aux lois divines；ils renversent la raison et violent les devoirs，tous crimes contre lesquels la loi Souveraine doit prononcer la destruction；voilà pourquoi ces crimes sont mentionnés à part，pour renforcer la défense.）

五、应议者之父祖有犯

Art. V. Aïeuls des personnes qui ont droit à une délibération, qui commettent des fautes

1、凡应八议者之祖父母、父母、妻及子孙犯罪，实封奏闻取旨。不许擅自勾问。

Toutes les fois que l'aïeul，l'aïeule，le père ou la mère，l'épouse，ainsi que les enfants ou petits-enfants d'une personne qui a droit à une délibération auront commis une faute，on en rendra compte au Souverain par une dépêche fermée，et on recevra l'expression de sa volonté sans qu'il soit permis de les mettre en jugement d'autorité privée.

若奉旨推问者，开具所犯及应议之状，先奏请议，议定奏闻，取自上裁。

Si on reçoit du Souverain l'ordre d'instruire，on exposera la faute commise et la nature de la considération qui donne droit à une délibération；avant toute suite，on rendra compte au Souverain et on lui demandera l'autorisation de délibérer；la délibération terminée，on rendra compte au Souverain et on recevra de lui la décision définitive.

2、若皇亲国戚及功臣［八议之中，亲与功为最重。］之外祖父母、伯叔父母、姑、兄弟、姐妹、女婿、兄弟之子，若四品、五品［文武］官之父母、妻［未受封者］及应合袭荫子孙犯罪，从有司依律追问，议拟奏闻，取自上裁。［其始虽不必参提，其终亦不许擅决，犹有体恤之意焉。］

Si l'aïeul ou l'aïeule en ligne extérieure[1], les oncles frères aînés ou cadets du père et leur épouse, les tantes paternelles, les frères aînés ou cadets, les soeurs aînés ou cadettes, les gendres, et les enfants des frères aînés et cadets des parents du Souverain, de ses alliés et des fonctionnaires méritants (parmi les huit classes de personnes qui ont droit à une délibération spéciale, les parents et les méritants sont les plus importants), ou, si le père ou la mère, l'épouse (n'ayant pas encore reçu un titré), ou les fils ou petits-fils, qui doivent hériter d'une certaine dignité à cause du rang de leur ascendant, d'un fonctionnaire (civil ou militaire), du quatrième ou du cinquième rang commettent une faute, ils seront poursuivis et jugés, selon les lois, par les tribunaux qui adresseront au Souverain un rapport et recevront de lui la décision définitive. (Bien qu'il n'y ait pas lieu de faire d'abord une enquête pour exposer le fait au Souverain, en résumé, il n'est pas non plus permis de prononcer définitivement d'autorité privée; il y a encore là une idée d'adoucissement et de commisération.)

3、其犯十恶、反逆缘坐，及奸、盗、杀人、受财枉法者，［许径断决。］不用此［取旨及奏裁之］律。

Pour celles de ces personnes qui seront inculpées de l'un des dix crimes atroces, de rébellion ou grande rébellion par responsabilité des actes d'autrui, ainsi que de vol, de fornication, de meurtre, d'acceptation de valeurs avec violation de règles (il sera permis de les mettre directement en jugement sans aucune autorisation et) on n'emploiera pas la présente loi; (qui ordonne de rendre compte au Souverain et d'attendre sa décision définitive).

4、其余亲属、奴仆、管庄、佃甲倚势虐害良民，陵犯官府者，［事发听所在官司径追提问。］加常人罪一等。

---

［1］ 指母亲方。——原注。

Pour tous autres parents, esclaves, intendants, fermiers, qui, se confiant dans la puissance des personnes de ces classes privilégiées seront arrogants et nuiront à des personnes honorables, bravant et transgressant l'autorité des fonctionnaires, (le fait révélé, le tribunal du lieu procédera directement à leur jugement), leur peine sera celle d'une personne ordinaire augmentée d'un degré.

［非倚势而犯，不得概行加等。］止坐犯人，［不必追究其本主。］不在上请之律。

(Si, sans s'appuyer sur la puissance de leur protecteur, ils ont cependant commis ces fautes, on ne pourra jamais leur faire application de cette augmentation de degré). Les coupables seuls seront incriminés, (on ne doit pas exercer de poursuites, ni informer contre leurs maîtres,) et ils ne seront pas compris dans la loi ci-dessus, qui prescrit de demander l'autorisation du Souverain.

5、若各衙门追问之际，占恡不发者，并听当该官司实封奏闻区处。

Si au temps où un tribunal poursuit et informe, ces personnes privilégiées refusent de livrer les coupables, le magistrat saisi sera également autorisé à rendre compte au Souverain par une dépêche scellée, afin qu'il prononce.

［谓有人于本管衙门告发，差人勾问。其皇亲国戚及功臣，占恡不发出官者，并听当该官司实封奏闻区处。］

(Cela indique le cas où, quelqu'un ayant dénoncé le fait au tribunal dont il relève, celui-ci envoie quelqu'un pour faire comparaître le délinquant et où les parents et alliés du Souverain et les fonctionnaires méritants dont il est question dans l'article s'opposent à l'exécution du mandat, et refusent de le livrer à l'autorité; dans ce cas, le magistrat saisi, chargé du gouvernement du lieu, doit rendre compte au Souverain par une dépêche scellée, pour que le Souverain prononce et décide.)

六、职官有犯
Art. VI. Fonctionnaires coupables

1、凡在京、在外大小官员，有犯公、私罪名，所司开具事由，实封奏闻请旨，不许擅自勾问。

Toutes les fois qu'un fonctionnaire quelconque de la capitale ou des provinces d'un rang élevé ou inférieur, aura commis une faute publique ou privée, le tribunal compétent, exposera le fait par une dépêche scellée adressée au Souverain, lui rendant compte, et lui demandant ses ordres, sans qu'il lui soit permis d'instruire de sa propre autorité.

［指所犯事重者言，若事轻传问，不在此限。］

(Cela se rapporte au cas où la faute commise est grave; s'il s'agit d'une faute légère, les demandes de renseignements ne sont pas comprises dans cette disposition).

若许准推问，依律议拟，奏闻区处，仍候覆准，方许判决。

Si le tribunal est autorisé à poursuivre, il jugera selon les lois, et rendra compte au Souverain qui décidera; il attendra d'ailleurs qu'il ait reçu une réponse conforme, et, alors seulement, il pourra qualifier le fait et fixer la peine.

2、若所属官被本管上司非礼陵虐，亦听开具［陵虐］实迹，实封径自奏陈。［其被参后，将原参上司列款首告者，不准行，仍治罪。］

Si un fonctionnaire en sous-ordre est maltraité sans raison par le fonctionnaire supérieur dont il relève, il est, de même, autorisé à exposer les preuves certaines (des mauvais traitements), dans une dépêche scellée qu'il adressera, lui-même et directement, au Souverain pour porter ces faits à sa connaissance (si celui qui a été l'objet d'un rapport au Souverain porte une accusation contre le supérieur qui a fait ce rapport, au sujet d'une faute quelconque, de ce supérieur, qu'il révèle, il ne sera pas donné suite à cette accusation et, d'ailleurs, l'auteur en sera puni).

七、文武官犯公罪

Art. VII. Fonctionnaires civils ou militaires coupables de fautes publiques

［凡一应不系私己而因公事得罪者，曰公罪。］

(Toutes les fois que ce n'est pas dans un but d'intérêt privé ou personnel, mais que c'est au sujet d'une affaire publique que la faute est commise, elle est dite faute publique.)

凡内外大小文武官犯公罪，该笞者，一十，罚俸一个月；

Tout fonctionnaire civil ou militaire, de la capitale ou des provinces, d'un rang, élevé ou inférieur, qui se sera rendu coupable d'une faute publique entraînant la peine de dix coups de rotin sera puni d'une retenue d'un mois de solde；

二十、三十，各递加一月；［二十，罚两月；三十，罚三月。］

Si la peine encourue est de vingt ou de trente coups de rotin, dans chaque cas la retenue augmentera proportionnellement d'un mois. (pour vingt coups la retenue sera de deux mois de solde；pour trente coups, elle sera de trois mois).

四十、五十，各递加三月。［四十，罚六月；五十，罚九月。］

Si la peine est de quarante, ou de cinquante coups de rotin, dans chaque cas, la retenue augmentera proportionnellement de trois mois (pour quarante coups, la retenue de solde sera de six mois；pour cinquante coups, elle sera de neuf mois).

该杖者，六十，罚俸一年；七十，降一级；八十，降二级；九十，降三级，俱留任；一百，降四级，调用。

Si la peine encourue est celle du truong, pour soixante coups, le coupable sera puni de la retenue d'une année de solde；pour soixante-dix coups, le coupable perdra un degré de mérite；pour quatre-vingts coups, il perdra deux degrés de mérite；pour quatre-vingt-dix coups, il perdra trois degrés de mérite : dans tous les cas ci-dessus, il conservera sa fonction. Pour cent coups il perdra quatre degrés de mérite et sera changé de résidence.

吏典犯者，笞、杖决讫，仍留役。

Les employés coupables subiront les peines du rotin et du truong, et conserveront ensuite leur emploi.

八、文武官犯私罪

Art. VIII. Fonctionnaires civils ou militaires
coupables de fautes privées

［凡不因公事、己所自犯，皆为私罪。］

(Toutes les fautes qui ne sont pas commises au sujet d'une affaire publique, et qui sont commises dans un but personnel, sont dites fautes privées.)

凡内外大小文官犯私罪，该笞者，一十，罚俸两个月；二十，罚俸三个月；三十、四十、五十，各递加三月。

Tout fonctionnaire civil ou militaire, de la capitale ou des provinces, d'un rang élevé ou inférieur, qui se sera rendu coupable d'une faute privée entraînant la peine de dix coups de rotin, sera puni d'une retenue de deux mois de solde; si la peine est de vingt coups de rotin, la retenue sera de trois mois de solde ; si la peine est de trente, ou de quarante coups, ou de cinquante coups, dans chaque cas la retenue augmentera proportionnellement de trois mois.

［三十，罚六月；四十，罚九月；五十，罚一年。］

(Pour trente coups, la retenue sera de six mois de solde; pour quarante coups, elle sera de neuf mois; pour cinquante coups, elle sera d'un an de solde).

该杖者，六十，降一级；七十，降二级；八十，降三级；九十，降四级；俱调用；一百，革职离任。［犯赃者，不在此限。］

Si la peine est celle du truong, pour soixante coups, le coupable perdra un degré de mérite; pour soixante-dix coups, il perdra deux degrés de mérite; pour quatre-vingts coups, il perdra trois degrés de mérite; pour quatre-vingt-dix coups, il perdra quatre degrés de mérite et sera toujours changé de résidence. Pour cent coups il sera dégradé et privé de fonctions (les coupables au sujet de produits d'actions illicites ne sont pas compris dans cette disposition).

吏典犯者，杖六十以上，罢役。

Les employés coupables, passibles de soixante coups de truong et au-dessus, perdront leur emploi.

九、犯罪免发遣

Art. IX. Des coupables qui ne sont pas sujets au bannissement[1]

凡旗人犯罪，笞、杖各照数鞭责。军、流、徒免发遣，分别枷号。徒一年者，枷号二十日，每等递加五日。总徒、准徒，亦递加五日。流二千里者，

---

［1］ 该律文选自勒努阿尔译本，第1卷，第33~34页。霍道生译本中没有此条律文。

枷号五十日，每等亦递加五日。充军附近者，枷号七十日；近边者，七十五日；边远、沿海、边外者，八十日；极边、烟瘴者，九十日。

Tous les sujets de l'Empire, servant sous les drapeaux Tartares, et qui seront trouvés coupables de quelque délit que les lois générales punissent d'une peine corporelle, recevront le nombre de coups qu'elles ordonnent ; mais au lieu du bambou on emploiera le fouet. Quand ils auront commis un délit, qui, dans les cas ordinaires, est punissable du bannissement, au lieu de le leur faire subir, on leur appliquera le cangue, ou pilori mobile, pour un nombre de jours proportionné au temps que dure le bannissement dans les cas ordinaires, conformément au Tableau suivant.

Condamnés à porter le cangue pendant	jours		pour
	20 jours,	au lieu du bannissement,	pour 1 an.
	25		1 an et demi.
	30		2 ans.
	35		2 ans et demi
	40		3 ans.
	45		4 ans.
	50	au lieu du bannissement perpétuel,	à la distance de 2000 lées.
	55		.... 2500.
	60		.... 3000.
	70	au lieu du bannissement perpétuel militaire,	à un poste éloigné.
	75		à un poste plus éloigné.
	80		à un poste encore plus éloigné.
	90		au poste le plus éloigné.

十、军籍有犯

Art. X. Personnes inscrites sur les rôles militaires qui se rendent coupables

凡军籍人犯罪，该徒、流者，各依所犯杖数决讫。

Toute personne inscrite sur les rôles militaires qui se sera rendue coupable d'un fait puni de l'une des peines du travail pénible ou de l'exil subira, dans chaque cas, le nombre de coups de truong édicté ;

徒五等，依律发配。徒限满日，仍发回原卫所。[并所隶州、县。]

Elle subira ensuite, selon la loi, celui des cinq degrés de la peine du travail pénible auquel elle aura été condamnée et, après l'expiration de la durée de cette peine, elle sera renvoyée au lieu de cantonnement des troupes dont elle fait partie (ou, de même, à la milice du *châu* ou du *huyên* dont elle fait partie).

流三等，照依地里远近，发直省卫所［并所隶州、县。］附籍。

Pour les trois degrés de la peine de l'exil, elle sera envoyée au lieu de cantonnement d'un corps militaire (ou à la milice d'un *châu* ou d'un *huyên*), déterminé selon la distance plus ou moins grande, en lis, à laquelle elle doit être exilée et elle y sera inscrite sur les rôles.

犯该充军者，依律发遣。

Si elle s'est rendue coupable d'un fait qui entraîne la peine de la servitude militaire, elle subira cette peine selon la loi.

十一、犯罪得累减

Art. XI. Les coupables profitent du cumul des diminutions

凡一人犯罪应减者，若为从减、［谓共犯罪，以造意者为首，随从者减一等。］自首减、［谓犯法，知人欲告而自首者，听减二等。］

Toutes les fois qu'un homme a commis une faute et qu'il a droit à des diminutions telles que la diminution de peine des co-auteurs (cela se rapporte au cas d'une faute commise en commun, ou l'auteur de l'idée est le principal coupable et où ceux qui l'ont suivi ont leur peine diminuée d'un degré), la diminution de peine de ceux qui se livrent eux-mêmes à la justice (cela se rapporte à celui qui a transgressé les règles et qui, sachant que quelqu'un a l'intention de l'accuser, va de lui-même se livrer à la justice, il lui est accordé une diminution de peine de deux degrés).

故失减、［谓吏典故出人罪，放而还获，止减一等。首领官不知情，以失论，失出减五等，比吏典又减一等，还获又减一等，通减七等。］

La diminution de ceux qui ont volontairement commis une omission (cela se rapporte au cas de l'employé qui a volontairement innocenté un accusé, qui l'a soustrait à la peine qu'il mérite et l'a remis en liberté; lorsque cet employé peut ensuite reprendre cette personne ainsi relaxée, sa peine est diminuée d'un seul degré; le fonctionnaire chargé du contrôle des employés qui, ignorant les circonstances du fait, se trompe dans l'avis qu'il émet et innocente l'accusé par erreur, a droit à une diminution de peine de cinq degrés par rapport à celle de l'employé qui est déjà diminuée d'un degré; si le coupable innocenté à tort est repris, la peine de ce fonctionnaire est encore diminuée d'un degré, ce qui, en tout, fait une diminution totale de sept degrés);

公罪递减之类，［谓同僚犯公罪，失于入者，吏典减三等。若未决放，又减一等，通减四等。首领官减五等，佐贰官减六等，长官减七等之类。］并得累［减而复］减。［如此之类，俱得累减科罪。］

La diminution proportionnelle relative aux fautes publiques (ceci se rapporte au cas où, tous les fonctionnaires et employés d'un même service commettent ensemble une faute publique, telle par exemple qu'une erreur dans une déclaration de culpabilité, la peine de l'employé est diminuée de trois degrés et si la personne au sujet de qui l'erreur a été commise n'est pas encore exécutée ou remise en liberté, la peine de l'employé est encore diminuée d'un degré, ce qui fait en tout quatre degrés de diminution; le fonctionnaire chargé du contrôle des employés est puni de la peine diminuée de cinq degrés; la peine du premier fonctionnaire en sous-ordre, second du fonctionnaire en chef, est diminuée de six degrés, et, enfin, celle du fonctionnaire en chef est diminuée de sept degrés) ［art. 28］, il a également droit au cumul (répétition) des diminutions (toutes les diminutions, telles que celles qui sont citées, se cumulent pour la graduation de la peine).

十二、以理去官

Art. XII. De la cessation naturelle des fonctions

［以理，谓以正道理而去，非有别项事故者。］

(«Naturelle», veut dire que la cessation est causée par une raison naturelle et prévue et sans autre espèce de cause ou de motifs.)

凡任满得代、改除、致仕等官，与见任同。

Tout fonctionnaire remplacé à l'expiration de la durée de son mandat, changé ou relevé de ses fonctions, retiré du service, ou dans toute autre condition analogue, sera traité comme lorsqu'il était en fonctions.

［谓不因犯罪而解任者，若沙汰冗长员、裁革衙门之类，虽为事解任、降等，不追诰命者，并与见任同。］

（Cela se rapporte à ceux qui n'ont pas été relevés de leurs fonctions à cause d'une faute：à ceux, par exemple, qui ont été relevés par suite de suppression de sinécures, par diminution du personnel, suppression d'emploi et autres causes analogues. Quoique relevés de leurs fonctions, par l'une de ces causes, ou ramenés à un rang inférieur, leur brevet impérial ne leur est pas retiré et tous sont traités également, selon leur position, telle qu'elle était au moment de la cessation de leurs fonctions.）

封赠官，与［其子孙］正官同。

Les dignitaires revêtus d'un titre honorifique, conséquence de la position occupée par leurs enfants, sont assimilés aux véritables fonctionnaires；（leurs fils ou petits-fils.）

其妇人犯夫及义绝［不改嫁］者，［亲子有官，一体封赠。］得与其子之官品同。

L'épouse coupable envers son époux, ainsi que celle pour qui le devoir est éteint, （mais qui n'est pas remariée,）sera, （si son propre fils est fonctionnaire d'un rang quelconque donnant, à la mère, droit à un titre honorifique,）assimilée aux fonctionnaires du rang de son fils；

［谓妇人虽与夫家义绝，及夫在被出；其子有官者，得与子之官品同。为母子无绝道，故也。此等之人］犯罪者，并依职官犯罪律拟断。

（Cela indique que, bien que ses devoirs vis-à-vis de la famille de l'époux soient éteints ou bien qu'elle ait été répudiée du vivant de l'époux, si son fils est fonctionnaire, elle est assimilée aux fonctionnaires du rang de son fils；cela est ainsi parce que le lien qui unit la mère à l'enfant ne peut être rompu pour aucune raison.）Ceux qui, （dans ces différentes classes de personnes,）seront coupables seront, également, jugés selon la loi des fonctionnaires coupables［art. 6］.

［应请旨者请旨，应径问者，径问，一如职官之法。］

(S'il y a lieu de demander les ordres du Souverain, on les demandera; s'il y a lieu de poursuivre directement, on poursuivra directement, absolument comme la règle relative aux fonctionnaires coupables le prescrit.)

十三、无官犯罪

Art. XIII. Fautes commises avant d'être fonctionnaire

1、凡无官犯罪，有官事发，［所犯］公罪笞、杖以上，俱依律纳赎。

Celui qui aura commis une faute avant d'être fonctionnaire, et dont la faute sera révélée pendant qu'il est fonctionnaire, lorsque la faute (commise) sera une faute publique entraînant une des peines du rotin, du truong et au-dessus, versera toujours le prix de rachat selon la loi.

2、卑官犯罪，迁官事发；在任犯罪，去任［考满、丁忧、致仕之类］事发，公罪，笞、杖以下，依律降罚，杖一百以上，依律科断。

S'il s'agit d'une faute commise par un fonctionnaire d'un rang inférieur, et révélée après que son auteur a été promu à un rang supérieur, ou d'une faute commise par un fonctionnaire en exercice et révélée après que son auteur a quitté ses fonctions (pour une cause telle que la cessation de fonctions à l'expiration de la durée du mandat, pour deuil ou pour retraite), lorsque la faute est une faute publique entraînant la peine du rotin ou du truong au dessous du maximum, le coupable sera puni, selon la loi, d'un abaissement de degrés de mérite ou d'une retenue de solde［art. 8］; si la peine est celle de cent coups de truong et au-dessus, il sera condamné selon la loi.

本案黜革，笞、杖以上，折赎俱免。

Si le jugement prononce la dégradation, le coupable sera toujours dispensé du rachat des peines du rotin, du truong et au-dessus［art. 1, 2］.

若事干埋没钱粮，遗失官物，虽系公罪，事须追究明白。

Si la faute est relative à une disparition de fonds ou de grains ou à la perte d'objets appartenant à l'État, quoique ce soit une faute publique, on devra poursuivre le remboursement après une enquête précise;

［应赔偿者，赔偿，应还官者，还官。］但犯一应私罪，并论如律。其吏典有犯公私罪名，各依本律科断。

(S'il y a lieu à remboursement de dommages, on exigera ce remboursement; s'il y a lieu à restitution, on exigera la restitution envers l'État). Mais si, de quelque façon que ce soit, il s'agit d'une faute privée quelconque, le coupable sera également jugé selon les lois. Les employés qui auront commis une faute quelconque, publique ou privée, seront jugés selon la loi relative à leur faute.

十四、除名当差
Art. XIV. De la perte du titre et de l'assujettissement
aux charges ordinaires

凡职［兼文武］官犯［私］罪，罢职不叙，［应］追夺［诰敕］除名［削去仕籍］者，官［阶、勋］爵皆除。

Tout fonctionnaire (civil ou militaire, indistinctement), coupable d'une faute (privée) et dégradé définitivement, auquel on devra (obligatoirement) enlever (son brevet impérial) et faire perdre son titre (éffacer son nom du contrôle des fonctionnaires publics,) perdra aussi bien son rang de fonctionnaire que tous ses titres honorifiques.

［不该追夺诰、敕者，不在此限。］

(Ceux pour qui l'enlèvement du brevet impérial n'est pas préscrit ne sont pas compris dans la portée de cette disposition.)

僧、道犯罪，曾经决罚者，［追收度牒。］并令还俗。［职官、僧道之原籍。］军、民、灶户各从本色，发还原籍当差。

Les religieux Bouddhistes ou de Dao, qui auront commis des fautes, seront, après avoir subi leur peine, (privés de leur diplôme et) également remis à la condition ordinaire (et réinscrits sur le rôle primitif de ces fonctionnaires ou religieux) comme militaires, hommes du peuple ou membres des corporations d'artisans; chacun, suivant sa propre condition, sera réinscrit sur son rôle primitif et astreint aux charges ordinaires correspondantes.

十五、流囚家属

Art. XV. Familles des condamnés à l'exil

凡犯流者，妻妾从之，父、祖、子、孙欲随者，听。

Toutes les fois qu'un homme aura été condamné à l'exil, son épouse et ses concubines le suivront; si son aïeul, son père, ses enfants et petits-enfants veulent le suivre, on fera droit à leur demande.

迁徙安置人［随行］家口，［妻妾、父祖、子孙］亦准此。

Les membres de la famille (épouse, concubines, père, aïeul, enfants et petits-enfants) des condamnés à la transportation (qui les suivent et vont avec eux,) seront encore dans le même cas.

若流徙人［正犯］身死，家口虽经附［入配所之］籍，愿还乡者，放还。

Si ces condamnés à l'exil ou à la transportation, (les vrais coupables,) viennent à mourir, les membres de leur famille, quoiqu'ils soient déjà annexés (inscrits), sur les rôles de population (du lieu où les condamnés subissaient leur peine), seront, s'ils le désirent, autorisés à retourner à leur lieu d'origine;

［军犯亦准此。］

(On se conformera à ceci pour les condamnés à la servitude militaire.)

其谋反、叛、逆、及造畜蛊毒，若采生折割人，杀一家三人，会赦犹流者，家口不在听还之律。

S'il s'agit de ceux qui sont exilés nonobstant une amnistie pour complot de rébellion, grande rébellion ou trahison, ainsi que pour fabrication et possession de poisons, pour mutilations sur une personne vivante, ou pour meurtre de trois personnes d'une même famille, les membres de leur famille ne sont pas compris dans la loi qui autorise le retour.

十六、常赦所不原

Art. XVI. Des crimes qui ne peuvent être pardonnés
par une amnistie ordinaire

凡犯十恶，杀人，盗系官财物，及强盗，窃盗，放火，发冢，受枉法、不枉法赃，诈伪，犯奸，略人，略卖、和诱人口；若奸党，及谗言左使杀人，故出入人罪；若知情故纵听行，藏匿，引送，说事过钱之类一应实犯，［皆有心故犯。］虽会赦并不原宥。

Les coupables des dix crimes atroces ［art. 2］, de meurtre, de vol des biens de l'État ［art. 264, 265］, ainsi que de vol à force ouverte ［art. 266］, de vol furtif ［art. 269］, d'incendie volontaire ［art. 383］, de violation de sépulture ［art. 267］, d'acceptation de produit d'action illicite avec ou sans violation de règles ［art. 344］, de faux ［lois crim. Titre VII.］, de fornication ［lois crim. Titre VIII.］, d'enlèvement de personnes, de vente de personnes enlevées, de séduction et détournement de personnes ［art. 275］, comme aussi de liaisons criminelles ［art. 58］, ainsi que de paroles décevantes et d'enseignement de fausses doctrines ［art. 162, 178］, d'avoir innocenté ou incriminé volontairement quelqu'un ［art. 409］, comme aussi, connaissant la nature du fait, d'avoir volontairement facilité l'exécution, d'avoir consenti à agir ［art. 393］, d'avoir caché les coupables et de leur avoir indiqué les moyens de fuir ［art. 393］, d'avoir servi d'intermédiaire pour les propositions ou le paiement de la somme ［art. 344］, et autres fautes du même genre, toutes fautes pour lesquelles la culpabilité est absolue, (toutes ces fautes sont commises volontairement et avec intention,) ne seront également pas pardonnés bien qu'il survienne une amnistie.

其过误犯罪［谓过失杀伤人、失火及误毁、遗失官物之类。］及因人连累致罪［谓因别人犯罪连累以得罪者，如人犯罪失觉察、关防、钤束，及干连、听使之类。］

Ceux qui auront encouru une peine involontairement et par erreur, (par exemple dans les cas de meurtre ou de blessures commis par mégarde, d'incendie involontaire, de perte ou de destruction par erreur des objets appartenant à l'État,) ainsi que ceux qui sont incriminés par extension des conséquences de la faute d'autrui, (cela veut dire qui ont encouru une peine parce qu'une autre personne a commis une faute dans laquelle ils sont indirectement impliqués, comme, par exemple, ceux qui ont manqué de surveillance dans leurs attributions et ne se sont pas aperçus de la faute d'autrui ou ceux qui ont écouté les insinuations de quelque coupable ;)

若官吏有犯公罪，［谓官吏人等因公事得罪，及失出入人罪，若丈书迟错之罪，皆无心误犯。］并从赦宥。［谓会赦皆得免罪。］

Comme aussi les fonctionnaires et employés coupables de fautes publiques, (ceci désigne les fonctionnaires, employés et personnes de cette catégorie qui ont encouru une peine au sujet d'une affaire publique comme la peine du fait de retard ou d'erreur dans l'expédition des dépêches publiques, toutes fautes commises par erreur et sans intention,) profiteront également de l'amnistie et seront graciés, (cela indique, que s'il survient une amnistie, tous seront dispensés de leur peine.)

其赦书临时［钦］定［实犯等］置名特［赐宥］免，［谓赦书不言常赦所不原，临时定立罪名宽宥者，特从赦原。］及［虽不全免］减降从轻者，［谓降死从流，流从徒，徒从杖之类。］不在此限。［谓皆不在常赦所不原之限。］

Si, dans un cas particulier, l'édit d'amnistie (du Souverain) détermine, (même dans les cas où la culpabilité est absolue,) les fautes qui spécialement (sont comprises dans la mesure de pardon et) seront graciées, (on dit «édit d'amnistie» et non «qui ne peuvent être pardonnés par une amnistie ordinaire ;» lorsque dans un cas donné un édit énumère le nom des fautes qui seront pardonnées, on suit les indications de cet édit et les coupables sont graciés ;) ou, qui, (bien que la grâce ne soit pas complète,) seront l'objet de diminutions ou commutations de peine, (c'est-à-dire commutation de la peine de mort en celle de l'exil, de la peine de l'exil en celle du travail pénible ; de la peine du travail pénible en celle du truong et autres commutations analogues,) ces fautes ne seront pas comprises dans la limite de cette loi ; (c'est-à-dire qu'elles ne sont plus comprises dans les fautes qui ne peuvent être pardonnées par les amnisties ordinaires.)

十七、流犯在道会赦

Art. XVII. [1] De l'effet des amnisties promulguées pendant que
des condamnés à l'exil sont en route pour le lieu de leur exil

1、凡流犯在道会赦，[赦以奉旨之日为期，必于程限内未至配所会赦者，方准赦回。若虽未至配所，] 计行程过限者，不得以赦放。

Toutes les fois que des condamnés à l'exil seront en route pour le lieu où ils
doivent subir leur peine au moment où sera promulguée une amnistie, (la date de
l'amnistie est le jour où l'expression de la volonté du Souverain a été reçue, il faut
que ce soit dans le délai accorde pour faire le trajet et que les coupables ne soient
pas encore parvenus au lieu d'exil au moment où l'amnistie a lieu; alors seulement,
en vertu de cette amnistie, ils sont renvoyés. Bien qu'ils ne soient pas encore parvenus au lieu d'exil,) on comptera le délai de route, et s'il est dépassé, les condamnés
ne pourront pas jouir du bénéfice de l'amnistie;

[恐奸徒有意迁延，谓如流三千里，日行五十里，合该六十日程，未满六
十日会赦，不问已行远近，并从赦放。若从起程日至奉旨日，总计有违限者，
不在赦限，若在道] 有故者，不用此律。

(De crainte que les coupables ne s'attardent volontairement. Cela veut dire, par
exemple, s'il s'agit de l'exil à trois mille lis, que les condamnés devant parcourir
cinquante lis par jour, le délai de route est, en tout, de soixante jours; si ce délai
de soixante jours n'est pas complètement écoulé et qu'une amnistie soit promulguée,
on ne s'occupe pas de savoir si les coupables sont allés plus ou moins loin et, dans
tous les cas également, ils profitent de l amnistie. Si, depuis le jour où ce délai de
route a commencé jusqu'au jour où la volonté du Souverain a été reçue, on compte
qu'il s'est écoulé plus que le délai régulier de route, les condamnés ne sont pas compris dans l'amnistie.) Si, (en route,) les condamnés ont subi des causes de retard,
on n'emploiera pas cette loi;

[有故谓如沿途患病，或阻风，被盗，有所在官司保勘文凭者，皆听除去

---

〔1〕 该律文在奥巴里的译文中未译。奥巴里译本由帝国出版社出版，1862 年，西贡；1865 年，
巴黎。——原注。

事故日数，不入程限，故云不用此律。]

（Subir des causes de retard, signifie, par exemple, tomber malade en route ou être malade par suite d'une épidémie, être attaqué par des brigands ou voleurs, tous faits attestés par écrit, après enquête, par le fonctionnaire du lieu. Dans tous ces cas on retranche le temps qu'a duré l'empêchement, et ce temps n'est pas compté dans le délai de route; voilà pourquoi il est dit qu'on n'emploiera pas cette loi.)

若 ［于途中］ 曾在逃，虽在程限内，［遇赦］ 亦不放免。

Si, (pendant la route,) un coupable s'est enfui, bien qu'elle survienne dans les limites du délai de route, (l'amnistie,) le coupable n'en bénéficiera encore point et ne sera pas gracié.

其逃者身死，所随家口愿还者，听。迁徙安置人，准此。［军罪亦同。]

Si le condamné en fuite est mort, les membres de sa famille qui le suivaient seront, selon leur désir, autorisés à retourner chez eux. On se conformera à cette règle pour les condamnés à la transportation et à l'internement; (il en sera encore de même pour les condamnés à la peine de la servitude militaire.)

2、其流犯及迁徙安置人已至配所，及犯谋反、叛、逆、缘坐应流，若造畜蛊毒、采生折割人、杀一家三人会赦犹流者，并不在赦放之限。

Les condamnés à l'exil, ainsi que les condamnés à la transportation et à l'internement, déjà parvenus au lieu où ils doivent subir leur peine, et les personnes qui doivent être exilées comme responsables des actes d'autrui coupable de complot de rébellion, de grande rébellion, ou de trahison, ainsi que celles qui doivent être exilées nonobstant toute amnistie dans les cas de préparation de poisons, mutilations sur des personnes vivantes, et meurtre de trois personnes d'une même famille, ne seront également pas compris parmi ceux qui profitent de l'amnistie.

3、其徒犯在道会赦，及已至配所遇赦者，俱行放免。［流犯加徒者，亦免加徒。]

Les condamnés à la peine du travail pénible qui seront en route pour le lieu, où ils doivent subir leur peine au moment où l'amnistie sera promulguée, ainsi que ceux qui seront déjà rendus dans ce lieu lorsque l'amnistie sera promulguée, en profiteront également toujours, et seront graciés. (Les condamnés à l'exil aggravé du travail pénible seront encore graciés de l'aggravation du travail pénible.)

十八、犯罪存留养亲

Art. XVIII. Des condamnés auxquels il est accordé de demeurer chez eux pour soigner leurs parents

凡犯死罪非常赦不原者，而祖父母、［高、曾同。］父母老、［七十以上］疾、［笃废］应侍，［或老、或疾］家无以次成丁［十六以上］者，［即与独子无异，有司推问明白。］开具所犯罪名，［并应侍缘由。］

Lorsqu'un coupable aura commis une faute qui entraîne la peine de mort et qui n'est pas de celles qui ne peuvent être pardonnées par une amnistie ordinaire ［art. 16］, que son aïeul ou son aïeule (il en est de même des bisaïeuls et des trisaïeuls), son père ou sa mère seront vieux (âgés de soixante-dix ans et au-dessus), ou infirmes (gravement impotents), auront besoin de soins (à cause de leur vieillesse ou de leur infirmité), et n'auront pas, dans leur famille, d'autre descendant adulte (âgé de seize ans et au-dessus; cést-à-dire qui, par le fait, seront dans le cas de ceux qui n'ont qu'un fils unique), (il sera établi par le tribunal compétent une enquête minutieuse et claire), le nom et la nature de la faute seront exposés (ainsi que la cause pour laquelle les ascendants ont besoin d'un appui);

奏闻，取自上裁。若犯徒、流［而祖父母、父母老疾无人侍养。］者，止杖一百，余罪收赎，存留养亲。［军犯准此。］

Il en sera rendu compte au Souverain et on attendra sa décision définitive. s'il s'agit d'un condamné aux peines de l'exil ou du travail pénible (dont l'aïeul, l'aïeule, le père ou la mère sont vieux, infirmes, et sans personne pour les nourrir), il ne subira que la peine de cent coups de truong, on recevra le prix de rachat du surplus de la peine, et il demeurera pour soigner ses parents; (pour les condamnés à la servitude militaire on se conformera à cette loi).

十九、天文生有犯

Art. XIX. Des astronomes coupables

凡钦天监天文生，习业已成，［明于测验推步之法。］能专其事者，犯军、流及徒，各决杖一百，余罪收赎。

Tout astronome attaché au service impérial de l'astronomie, déjà complètement versé dans cette science (versé dans les règles de calcul et d'observation des mouvements astronomiques), capable de diriger les travaux, qui sera passible des peines de la servitude militaire, de l'exil, ou du travail pénible, subira, dans chaque cas, la peine de cent coups de truong et on recevra le prix de rachat du surplus de sa peine.

［仍令在监习业。犯谋反、叛逆缘坐应流，及造畜蛊毒、采生折割人、杀一家三人，家口会赦犹流，及犯斗殴伤人，监守、常人盗、窃盗、掏摸、抢夺，编配刺字，与常人一体科断，不在留监习业之限。］

(Il lui sera d'ailleurs ordonné de rester au bureau de l'astronomie pour y exercer son art. Ceux qui doivent être exilés comme incriminés par responsabilité des actes de coupables de rébellion, de grande rébellion, ou de trahison, ainsi que les membres de la famille des coupables de préparation de poisons, de mutilations sur des personnes vivantes, ou de meurtre de trois personnes de la même famille, lesquels doivent être exilés bien qu'il survienne une amnistie, enfin, ceux qui sont coupables de blessures faites dans une rixe, de vol comme surveillants ou gardiens, de vol furtif, de larcins et d'enlèvements par violence, sont déportés et marques comme personnes ordinaires, sans aucune différence, et ne sont pas compris dans la portée de la disposition qui prescrit de laisser les astronomes à leurs travaux).

二十、工乐户及妇人犯罪

Art. XX. Des artisans ou musiciens des corporations et des femmes coupables

凡工匠、乐户犯罪者，五徒并依仗数决讫，留住［衙门］照徒年限拘役。

Tout artisan ou musicien des corporations, condamné à l'un des cinq degrés de la peine du travail pénible, indifféremment, après avoir subi le nombre de coups de truong qui fait partie de cette peine, demeurera (dans l'établissement public où il est employé) attaché à son service pendant la durée de la peine du travail pénible à laquelle il aura été condamné.

［住支月粮，其斗殴伤人，及监守、常人盗，窃盗、掏摸、抢夺，发配、刺字，与常人一体科断，不在留住拘役之限。］

（Le paiement de sa solde mensuelle sera suspendu；celui qui aura été condamné pour coups et blessures［art. 302］，pour vol de biens de l'État comme surveillant ou gardien ou comme personne ordinaire［art. 264，265］，pour vol furtif, larcins ou enlèvement par violence［art. 268，269］，sera déporté et marqué absolument comme les personnes ordinaires et sans aucune distinction dans le jugement；il ne sera pas compris dans la catégorie de ceux qui demeurent attachés à leur service）.

其妇人犯罪应决杖者，奸罪去衣［留裤］受刑，余罪单衣决罚，皆免刺字。

Pour les femmes condamnées qui devront subir la peine du truong, si elles sont punies pour fornication, on leur enlèvera leur robe（leur laissant leur pantalon）et elles recevront leur châtiment；si elles sont punies pour toute autre faute, elles subiront leur peine vêtues d'une robe simple；toutes seront dispensées de la marque.

若犯徒、流者，决杖一百，余罪收赎。

Celles qui seront condamnées au travail pénible ou à l'exil subiront cent coups de truong, et on recevra le prix du rachat pour le surplus de leur peine.

二十一、徒流人又犯罪

Art. XXI. Des condamnés aux peines du travail pénible ou de l'exil qui commettent de nouveau des fautes

凡犯罪已发［未论决］又犯罪者，从重科断。

Si quelqu'un, ayant déjà encouru une peine pour un fait qui est déjà révélé（mais n'étant pas encore condamné），commet une nouvelle faute pour laquelle il encourt une autre peine, on lui appliquera la loi la plus sévère.

已徒、已流而又犯罪者，依律再科后犯之罪。［不在从重科断之限。］

Celui qui étant déjà condamné à la peine du travail pénible ou à celle de l'exil commettra une nouvelle faute, sera, selon la loi, condamné de nouveau à la peine qu'il aura encourue pour sa dernière faute（il ne sera plus compris dans la disposition qui ordonne d'appliquer la loi la plus sévère）.

其重犯流者，三流并决杖一百，于配所拘役四年。

Le condamné à l'exil, qui aura de nouveau encouru la peine de l'exil, subira, indistinctement, pour les trois degrés de la peine de l'exil, cent coups de truong et sera tenu en servitude pendant quatre ans au lieu même où il est exilé.

若［徒而又］犯徒者，依后所犯杖数，该徒年限，［议拟明白，照数］决讫，［仍令］应役。［通前］亦总不得过四年。

Si celui qui est déjà condamné (au travail pénible, de nouveau), a encouru la peine du travail pénible, il subira le nombre de coups de truong (déterminé, et exactement fixé), qui correspond à la durée du degré de la peine du travail pénible, auquel il est condamné pour sa dernière faute; (d'ailleurs), la servitude qu'il devra subir (ajoutée à la durée de sa première peine), ne pourra encore pas excéder une durée totale de quatre ans.

［谓先犯徒三年，已役一年，又犯徒三年者，止加杖一百，徒一年之类，则总徒不得过四年。三流虽并杖一百，俱役四年，若先犯徒年未满者，亦止总役四年。］

(Cela signifie que si, précédemment, il était condamné à trois ans de travail pénible, et qu'ayant déjà subi une année de servitude, il soit de nouveau condamné à trois ans de travail pénible, on ne lui fera subir que cent coups de truong et un an de travail pénible: de cette façon, la durée totale du travail pénible ne pourra pas excéder quatre ans. Pour les trois degrés de la peine de l'exil, quoique l'on fasse également subir cent coups de truong, la durée de la servitude est toujours de quatre ans; si le nombre d'années de la première condamnation à là peine du travail pénible n'est pas encore complètement écoulé, dans ce cas encore, la durée totale de la servitude est de quatre ans).

其［徒、流人又犯］杖罪以下［者］，亦各依［后犯笞、杖。］数决之，［充军又犯罪，亦准此。］其应加杖者，亦如之。［谓天文生及妇人犯者，亦依律科之。］

Le condamné (à la peine du travail pénible ou à celle de l'exil) qui, (de nouveau), aura encouru la peine du truong ou au-dessous subira encore, dans chaque cas, le nombre de coups auquel il est condamné (pour sa dernière faute, et soit rotin, soit truong). (Pour les condamnés à la peine de la servitude militaire qui auront encouru une nouvelle peine, on se conformera encore à ceci). Il en sera encore de même pour les «personnes qui doivent subir la peine du truong». （cela signifie que les astronomes et les femmes coupables sont encore traités selon la loi）.

二十二、老小废疾收赎
Art. XXII. Recevoir le prix du rachat pour les vieillards, les enfants et les infirmes

凡年七十以上、十五以下，及废疾，［瞎一目，折一肢之类。］犯流罪以下，收赎。

Les coupables âgés de soixante-dix ans et au-dessus, ou de quinze ans et au-dessous, ainsi que les infirmes（tels que borgnes d'un oeil ou privés d'un membre）, condamnés à l'exil ou à une peine inférieure, seront admis à se racheter et on recevra le prix du rachat de leur peine.

［其犯死罪，及犯谋反、叛逆缘坐应流，若造畜蛊毒、采生折割人、杀一家三人、家口会赦犹流者，不用此律。其余侵损于人，一应罪名，并听收赎。犯该充军者，亦照流罪收赎。］

（Pour ceux qui seront passibles de la peine de mort, ainsi que pour ceux qui doivent être exilés comme incriminés par responsabilité des actes d'autrui dans les cas de complots de rébellion, grande rébellion ou trahison［art. 254, 255］, enfin pour les personnes de la famille d'un condamné pour préparation de maléfices et de poisons［art. 289, 282］, pour mutilations pratiquées sur une personne vivante［art. 287, 288］, ou meurtre de trois personnes d'une même famille, qui sont exilés bien qu'il survienne des amnisties, on n'emploiera pas cette loi. Pour les autres coupables d'une faute quelconque consistant en un préjudice ou mal causé aux biens ou à la personne d'autrui, on recevra, indistinctement, le prix du rachat ; s'ils sont condamnés à la servitude militaire on recevra encore le prix du rachat, comme pour les exilés）.

八十以上、十岁以下，及笃疾，［瞎两目，折两肢之类。］犯杀人［谋、故、斗殴］应死［一应斩、绞］者，议拟奏闻，［犯反、逆者，不用此律。］取自上裁；

Les personnes âgées de quatre-vingts ans et au-dessus ou de dix ans et au-dessous, ainsi que les impotents (tels qu'aveugles des deux yeux ou privés de deux membres), coupables de meurtre (prémédité, volontaire ou commis dans une rixe), et passibles de la peine de mort (décapitation ou strangulation indifféremment), seront l'objet d'une délibération et d'un rapport adressé au Souverain (pour les coupables de rébellion ou de trahison on n'emploiera pas cette loi), et on attendra sa décision définitive;

盗及伤人［罪不至死］者，亦收赎；［谓既侵损于人，故不许全免，亦令其收赎。］余皆勿论。

S'ils sont coupables de vol ou de blessures (dans les cas où la peine ne va pas jusqu'à la mort), on recevra encore le prix du rachat de leur peine (c'est-à-dire qu'ayant causé un préjudice ou un mal aux biens ou à la personne d'autrui on ne les dispense pas entièrement du châtiment et il est encore ordonné de recevoir le prix du rachat de leur peine.) Pour toutes les autres fautes, ces personnes ne seront pas punies.

［谓除杀人应死者上请；盗及伤人者收赎之外，其余有犯，皆不坐罪。］

(Cela indique qu'en dehors des cas où elles sont coupables de meurtre entraînant la peine de mort, cas auquel on demande la décision du Souverain; des cas où elles sont coupables de vol ou de blessures, cas auxquels on reçoit le prix du rachat de leur peine, lorsqu'elles sont coupables de toute autre faute, elles ne sont jamais passibles de la peine de cette faute).

九十以上、七岁以下，虽有死罪，不加刑；

Les coupables âgés de quatre-vingt-dix ans et au-dessus, ou de sept ans et au-dessous, quoique passibles de la peine de mort, ne subiront aucune peine.

［九十以上犯反、逆者，不用此律。］

(Pour les coupables de rébellion ou de trahison âgés de quatre-vingt-dix ans et au dessus on n'emploiera pas cette loi).

其有人教令，坐其教令者；若有赃应偿，受赃者偿之。

Si quelqu'un leur a ordonné de commettre cette faute, ou les a poussés à la commettre, la personne qui aura ordonné ou conseillé la faute sera passible de la peine de l'acte commis. S'il y a eu quelque produit d'acte illicite et qu'il y ait lieu de restituer, ce sera la personne qui aura profité de ce produit qui sera tenue d'en faire la restitution；

　　［谓九十以上、七岁以下之人，皆少智力。若有教令之者，罪坐教令之人。或盗财物，旁人受而将用，受用者偿之。若老小自用，还着老小之人追征。］

　　（Cela veut dire que les personnes âgées de quatre-vingt-dix ans et au-dessus ou de sept ans et au-dessous ont, toutes, peu de force et de jugement；si quelqu'un les a poussées à commettre la faute, c'est cette personne qui a conseillé le fait qui est passible de la peine de ce fait. Il peut arriver que, dans le cas d'un vol, une autre personne prenne le produit de l'acte officiel et en profite：celle qui l'a pris pour son usage, doit le restituer；si le vieillard ou l'enfant ont eux-mêmes bénéficié du produit du vol, c'est alors d'eux-mêmes qu'on doit exiger la restitution）.

二十三、犯罪时未老疾

Art. XXIII. Des fautes commises avant que les coupables fussent déjà âgés ou infirmes

　　凡犯罪时虽未老疾，而事发时老疾者，依老疾论。

　　Bien qu'au temps où il a commis la faute le coupable ne fût encore ni vieillard, ni infirme, si cependant, au moment où la faute est révélée, il est devenu vieillard ou infirme, il sera considéré comme vieillard ou comme infirme.

　　［谓如六十九以下犯罪，年七十事发；或无疾时犯罪，有废疾后事发，得依老疾收赎。或七十九以下犯死罪，八十事发；或废疾时犯罪，笃疾时事发，得入上请。八十九犯死罪，九十事发，得入勿论之类。］

　　（Cela signifie que si quelqu'un a commis une faute alors qu'il n'était âgé que de soixante-neuf ans et au-dessous et qu'il soit âgé de soixante-dix ans quand sa faute vient à être révélée, ou que si quelqu'un a commis une faute avant d'être infirme et que sa faute soit révélée après qu'il est devenu infirme, on recevra le prix du rachat de leur peine comme vieillard ou comme infirme. Ou encore, si quelqu'un a commis une faute entraînant la peine de mort alors qu'il n'était âgé que de soixante-dix-neuf ans ou au-dessous et que le fait ne soit révélé qu'après que le coupable est âgé de quatre-vingts ans, ou s'il a commis la faute alors qu'il n'était qu'infirme et qu'elle ne soit révélée qu'après qu'il est devenu impotent, il rentre dans la catégorie des personnes pour lesquelles on implore la clémence du Souverain. Enfin si une personne âgée de quatre-vingt-neuf ans commet une faute entraînant la peine de mort et que le fait ne soit révélé que lorsque le coupable est âgé de quatre-vingt-dix ans, il rentre dans la catégorie des personnes qui ne subissent aucune peine).

若在徒年限内老疾，亦如之。

Si, pendant la durée de la peine du travail pénible, à laquelle il a été condamné, le coupable devient vieillard ou infirme, il en sera encore de même.

［谓如六十九以下，徒役三年，役限未满，年入七十；或入徒时无病，徒役年限内成废疾，并听准老疾收赎。以徒一年三百六十日为率，验该杖、徒若干，应赎银若干，俱照例折役收赎。］

（Cela signifie que si un coupable âgé de soixante-neuf ans et au-dessous condamné à trois ans de servitude au travail pénible atteint l'âge de soixante-dix ans avant que la durée de sa peine soit accomplie, ou bien, que si un coupable qui n'avait aucune infirmité lorsqu'il a commencé à subir la peine du travail pénible devient infirme pendant la durée de cette peine, on consentira également à recevoir le prix du rachat de leur peine comme vieillard ou comme infirme. Une année de travail pénible se compose de trois cent soixante jours; on vérifiera le nombre de coups de truong et la durée du travail pénible, la quotité, en argent, du prix de rachat, et on recevra toujours le prix du rachat en convertissant le tout en servitude selon le décret).

犯罪时幼小，事发时长大，依幼小论。

Si le coupable était enfant quand il a commis sa faute et qu'il soit devenu adulte à l'époque où elle est révélée, il sera traité selon la règle relative aux enfants.

［谓如七岁犯死罪，八岁事发，勿论。十岁杀人，十一岁事发，仍得上请。十五岁时作贼，十六岁事发，仍以赎论。］

（Cela signifie que s'il était âgé de sept ans quand il est devenu passible de la peine de mort et que le fait soit révélé quand il a huit ans, il ne sera pas puni; si, âgé de dix ans, il a commis un meurtre et que le fait soit révélé quand il est âgé de onze ans, il aura droit à un recours en sa faveur auprès du Souverain; si à quinze ans il a commis quelque acte de brigandage et que le fait soit révélé lorsqu'il a seize ans, il est d'ailleurs considéré comme ayant droit au rachat).

二十四、给没赃物

Art. XXIV. De la restitution et de la confiscation du produit des actions illicites

1、凡彼此具罪之赃，［谓犯受财枉法、不枉法，计赃，与受同罪者。］及犯禁之物，［谓如应禁兵器及禁书之类。］则入官。

Le produit de l'action illicite commise par deux personnes, celle-là et celle-ci étant toutes deux coupables (par exemple dans un cas d'acceptation de valeurs avec ou sans violation de règles, on compte le produit de l'action illicite et celui qui a donné, comme celui qui a reçu sont punis de la même peine), ainsi que les objets dont la possession constitue une infraction à une défense (cela veut dire les objets tels qu'armes de guerre prohibées et livres défendus), seront confisqués à l'État.

若取与不和，用强生事，逼取求索之赃，并还主。

Si celai qui prend et celui qui donne ne sont pas d'accord, le produit de l'action illicite obtenu à l'aide de la force, en faisant naître un motif, créant une obligation, ou par extorsion, fera indistinctement retour au propriétaire.

［谓恐吓、诈欺、强买卖有余利、科敛及求索之类。］

(Cela désigne les cas tels que l'extorsion commise par fraude ou par intimidation, les achats et ventes forcées avec prélèvement d'un bénéfice exagéré, les collectes ou contributions imposées, ainsi que les faits de sollicitation et autres du même genre).

2、其犯罪应合籍没财产，赦书到后，罪［人］虽［在赦前］决讫，［而家产］未曾抄札入官者，并从赦免。

Lorsqu'un coupable a été condamné à une peine qui doit être accompagnée de la confiscation de ses biens et richesses, et qu'ensuite survient une amnistie, quoique la peine (du condamné), soit déjà (avant l'amnistie), exécutée et subie, si cependant l'État n'a pas encore pris possession (des biens), on suivra également l'amnistie, et la confiscation n'aura pas lieu.

其已抄札入官守掌，及犯谋反、叛逆者，［财产与缘坐家口，不分已未入官。] 并不放免。

Si l'État a déjà pris possession et mis les biens sous séquestre, ainsi que lorsqu'il s'agit de condamnation pour complots de rébellion, grande rébellion ou trahison (pour les biens, comme pour les personnes de la famille incriminées par responsabilité, on ne distinguera pas si la prise de possession par l'État a déjà, ou n'a pas encore, eu lieu), indistinctement, l'amnistie n'aura pas d'effet.

若 [除谋反、谋叛外。] 罪未处决, [籍没之] 物虽 [已] 送官, [但] 未经分配 [与人守掌] 者, 犹为未入。

Si (en dehors des cas de complots de rébellion ou grande rébellion), la peine n'est pas encore exécutée et subie et que les choses (inventoriées pour la confiscation), quoique (déjà) remise à l'autorité, n'aient (de quelque façon que ce soit), pas encore reçu de destination (données à quelqu'un ou séquestrées), on les considérera comme pas encore confisquées.

其缘坐 [应流] 人 [及本犯] 家口虽已入官, [若] 罪人 [遇赦] 得免 [罪] 者, 亦从免放。

Les personnes (qui doivent être exilées), incriminées par responsabilité (ainsi que) les personnes de la famille (du coupable), quoique déjà saisies et confisquées par l'État, si le coupable (par suite d'une amnistie qui survient), se trouve gracié (de sa peine), jouiront de même de l'amnistie et seront graciées.

3、若以赃入罪, 正赃见在者, 还官、主。

Si une personne a été punie à cause d'un produit d'action illicite, et que ce produit même existe encore, il fera retour à l'État ou au propriétaire.

[谓官物还官, 私物还主。又若本赃是驴, 转易得马, 及马生驹, 羊生 羔, 畜产蕃息, 皆为见在。其赃] 已费用者, 若犯人身死, 勿征,

(Cela veut dire que le bien de l'État revient à l'État et le bien des particuliers à son propriétaire; de plus, si le produit primitif de l'action illicite était un âne ou un mulet et qu'il ait été échangé contre un cheval, ce cheval ainsi que le poulain né de la jument volée, l'agneau né de la brebis, le produit du troupeau, sont tous le produit de l'action illicite «existant encore») . Si ce produit a déjà été dépensé ou consommé, comme lorsque le coupable sera mort, la restitution n'en sera pas poursuivie;

［别犯身死者，亦同；若不因赃罪，而犯别罪，亦有应追财物，如埋葬银两之类。］余皆征之。

(Si le coupable, puni pour un autre genre de faute, est mort, il en sera de même: comme, par exemple, lorsque ce n'est pas à cause d'un produit d'acte illicite que le coupable est condamné, mais qu'il a commis une autre faute et qu'il doit, cependant, y avoir restitution de valeurs ou d'objets, telle que paiement pour frais de funérailles). Dans tous les autres cas la restitution sera poursuivie.

若计雇工赁钱［私役弓兵，私借官车船之类。］为赃者，［死］亦勿征。

Si on compte des salaires ou des loyers (par exemple dans le cas d'emprunt privé des voitures ou des barques de l'Etat) comme constituant un produit d'acte illicite (le coupable étant mort), la restitution n'en sera encore pas poursuivie.

4、其估赃者，皆据犯处［地方。］当时［犯时。］中等物价估计定罪。

Dans l'estimation de la valeur du produit d'une action illicite, on tiendra toujours compte du lieu (le territoire où la faute a été commise), du temps (le temps où la faute a été commise), et du prix moyen de l'objet, pour déterminer la peine.

若计雇工钱者，一人一日为银八分五厘五毫，其牛、马畜产，车、船、店舍〔1〕之类，照依犯时雇工赁值。［计算，定罪，追还。］

Si on décompte des salaires, la journée d'un homme sera de 0, 0855 d'once d'argent; s'il s'agit de loyers de bêtes à cornes, chevaux, troupeaux, voitures, barques, boutiques, maisons et autres choses analogues, on se basera sur le prix de location à l'époque où la faute a été commise (tant pour le décompte qui sert à fixer la peine que pour la restitution).

赁钱虽多，各不得过其本价。［谓船价值银钱一十两，却不得追赁值一十一两之类。］

Quel que soit le prix de location, il ne peut jamais dépasser le prix de la chose; (cela veut dire que, si le prix d'une barque est de dix onces d'argent, on ne peut pas exiger onze onces d'argent pour prix de loyer, par exemple).

---

〔1〕 此处在《大清律例》中是"牛、马、驼、骡、驴、车、船、碾、磨、店舍"，《皇越律例》作了部分删减。

5、其赃罚金银，并照犯人原供成色从实追征，入官给主。

Lorsque le produit de l'action illicite ou la chose à rendre est une matière d'or ou d'argent, indistinctement, on en poursuivra la rentrée pour être confisqué à l'État ou restitué au propriétaire selon le titre qui aura été reconnu par le coupable et par les intéressés dans leurs déclarations primitives et suivant la réalité.

若已费用不存者，追征足色。[谓人原盗或取受正赃，金银使用不存者，并追足色。]

Si ce produit a été dépensé ou employé et n'existe plus, on exigera la restitution en métal fin; (cela veut dire que si quelqu'un a primitivement volé, ou reçu, ou accepté un produit d'action illicite consistant en or ou en argent et qu'il l'ait employé ou dissipé de telle sorte qu'il n'existe plus, on exigera également la restitution en métal fin).

二十五、犯罪自首
Art. XXV. Des coupables qui se livrent eux-mêmes à la justice

1、凡犯罪未发而自首者，免其罪。[若有赃者，其罪虽免，]犹征正赃。

Tout coupable d'une faute qui n'est pas encore révélée, qui se livrera lui-même à la justice évitera la peine de cette faute (s'il y a un produit de l'acte illicite, bien qu'il évite la peine), cependant, il sera obligé à la restitution du produit de l'acte illicite;

[谓如枉法，不枉法赃，征入官。用强生事、逼取、诈欺、科敛、求索之类及强、窃盗赃，征给主。]

(Cela signifie, par exemple, que le produit de l'action illicite qui consiste en un cas de violation ou de non-violation de règles sera confisqué à l'état, et que, s'il s'agit d'un produit d'action illicite obtenu à l'aide de violence, en faisant naître une obligation et par oppression, par fraude, par collecte, par extorsion, ou par tout autre moyen analogue, ou du produit d'un vol commis à force ouverte ou furtivement, ces différents produits d'actions illicites seront restitués au propriétaire).

其轻罪虽发，因首重罪者，免其重罪。

Quoiqu'une faute plus légère soit révélée, si, à cause de cette faute, le coupable est amené à se déclarer coupable d'une faute plus grave, il ne sera pas puni pour cette faute plus grave.

［谓如窃盗事发，自首又曾私铸铜钱，得免铸钱之罪，止科窃盗罪。］

(Cela veut dire, par exemple, que si le vol furtif commis par le coupable est révélé, et que ce coupable avoue et révèle de lui-même qu'il a, de plus, illicitement fondu de la monnaie de cuivre, il évitera la peine de la fabrication illicite de monnaie et ne sera puni que de la peine encourue pour le vol furtif qu'il a commis ［art. 409］.)

若因问被告之事，而别言余罪者，亦如［上科］之。［止科见问罪名，免其余罪，谓因犯私盐事发被问，不加拷讯，又自别言曾窃盗牛，又曾诈欺人财物，止科私盐之罪，余罪具得免之类。］

Si à cause de l'interrogatoire qu'il subit pour le fait dont il est accusé, le coupable parle d'autres fautes qu'il a commises, il en sera encore de même (que dans le cas ci-dessus; la peine du coupable ne sera graduée et fixée que d'après la faute pour laquelle il est interrogé, et il évitera la peine des autres fautes; par exemple, si un coupable est interrogé, au sujet d'un fait de fabrication clandestine de sel, qui est révélé, et que sans avoir été soumis à la question, il avoue encore de lui-même avoir commis un vol furtif de bêtes à cornes et une escroquerie aux dépens de quelqu'un, il ne sera puni que de la peine relative au fait de fabrication illicite de sel et il évitera les peines de toutes les autres fautes).

2、其［犯人虽不自首，］遣人代首，若于法得相容隐者［之亲属］为［之］首及［彼此诘发，互］相告言，各听如罪人身自首法。

Si le coupable (bien qu'il ne vienne pas lui-même), envoie quelqu'un faire cette révélation en son nom, comme si ceux (de ses parents) qui d'après la règle peuvent sans être coupables le cacher et lui donner asile ［art. 32］, font la révélation (qui le concerne), ou bien s'ils s'accusent entre eux (celui-là et ceux-ci s'accusant réciproquement ［art. 337］, dans chaque cas on leur accordera le bénéfice de la règle relative aux coupables qui se livrent eux-mêmes, personnellement, à la justice.

［皆得免罪，其遣人代首者，谓如甲犯罪，遣乙代首，不限亲疏，亦同自首免罪。若于法得相容隐者为首，谓同居及大功以上亲，若奴婢、雇工人为

家长首及相告言者，皆与罪人自首同得免罪。卑幼告言尊长，尊长依自首律免罪，卑幼依干犯名义律科断。]

(Tous éviteront la peine de leur faute. Envoyer quelqu'un en son nom, c'est, par exemple, lorsque *giáp* est coupable d'une faute et qu'il envoie *ất* la révéler à sa place [1]; qu'ils soient parents entre eux, ou étrangers, le coupable évite encore la peine qu'il a encourue comme s'il s'était livré lui-même à la justice. l'expression : «Comme si ceux qui, d'après la règle, peuvent sans être coupables le cacher et lui donner asile font la révélation,» indique les parents du coupable qui demeurent avec lui, ainsi que ceux du troisième degré et au-dessus, comme aussi les esclaves ou serviteurs et gens à gages qui révèlent la faute du chef de la famille; de même aussi, si ces personnes s'accusent entre elles, tous évitent la peine de leur faute comme les coupables qui se livrent eux-mêmes à la justice. Si des parents de rang inférieur ou plus jeunes accusent et dénoncent des parents prééminents ou plus âgés, ces derniers évitent la peine de leur faute, selon la loi relative à ceux qui se livrent eux-mêmes à la justice, tandis que les parents de rang inférieur ou plus jeunes sont punis selon la loi relative à l'atteinte à l'appellation et à la transgression du devoir [art. 337]).

若自首不实及不尽者，[重情首作轻情，多赃首作少赃。] 以不实不尽之罪罪之；

Si le coupable qui se livre lui-même à la justice ne déclare pas la vérité, ou ne la déclare pas tout entière (en déclarant légère la nature de la faute, lorsqu'elle est grave, ou en ne déclarant qu'un produit d'action illicite minime, lorsque ce produit est considérable), il sera puni de la peine correspondant à la partie de la faute inexactement ou incomplètement déclarée.

[自首赃数不尽者，止计不尽之数科之。]

(S'il ne déclare pas complètement toute la valeur du produit de l'acte illicite dont il se reconnaît coupable, on comptera seulement la quantité qu'il n'aura pas déclarée pour graduer sa peine).

至死者，听减一等。其知人欲告及逃 [如逃避山泽之类。] 叛 [是叛去本国之类。] 而自首者，减罪二等坐之。

---

[1] 此处两个越南语分别对应汉语"甲"与"乙"。

Si la faute entraîne la peine de mort, on lui accordera une diminution d'un degré. Celui qui sait que quelqu'un veut le dénoncer, ainsi que les coupables en fuite (tels que ceux qui sont en fuite dans les montagnes et les forêts marécageuses), et les coupables de trahison (ce sont ceux qui ont abandonné leur propre pays), seront, s'ils se livrent eux-mêmes à la justice, punis pour le fait dont ils sont coupables avec diminution de deux degrés.

其逃叛者，虽不自首，能还归本所者，减罪二等。

Les coupables en fuite et les coupables de trahison qui, bien qu'ils ne se soient pas livrés à la justice, seront cependant revenus à leur domicile, jouiront d'une diminution de peine de deux degrés.

3、其损伤于人［因犯杀伤于人而自首者，得免所因之罪，仍从本杀伤法。本过失者，听从本法，损伤］于物不可赔偿，［谓如弃毁印信、官文书、应禁兵器及禁书之类，私家既不合有，是不可偿之物，不准首。若本物见在，首者，听同首法免罪。］

S'il y a eu préjudice ou mal causé à la personne d'autrui (ceux qui, à cause de la faute qu'ils ont commise, ont tué ou blessé quelqu'un et qui se livrent à la justice, sont dispensés de la peine de la faute cause du mal qui atteint cette personne, mais, cependant on leur applique la règle particulière au genre de meurtre qu'ils ont commis, ou au genre de blessures qu'ils ont faites; si le meurtre ou les blessures sont le résultat d'un accident ou d'un manque d'attention, on suit la règle particulière relative à ce cas), ou si le mal a atteint des choses qui ne peuvent être remplacées, (cela veut dire, par exemple, jeter ou détruire un sceau ou des dépêches officielles, des armes ou objets d'équipement militaire prohibés, ainsi que des livres défendus et autres choses analogues; du moment où on ne peut avoir de tels objets en sa possession, ou ne peut les remplacer, et, dans ce cas on n'accorde plus au coupable la faculté de se livrer lui-même; si l'objet en question existe encore et que le coupable s'accuse lui-même, on lui accorde d'éviter la peine qu'il a encourue, selon la règle relative à ceux qui se livrent eux-mêmes à la justice);

事发在逃，［已被囚禁越狱在逃者，虽不得首所犯之罪，但既出首，得减逃走之罪二等，正罪不减。若逃在未经到官之先者，本无加罪，仍得减本罪二等。］

Si le fait étant révélé le coupable a pris la fuite（le coupable étant déjà arrêté et détenu, s'il s'évade par effraction ou escalade et prend la fuite, quoiqu'il ne soit plus admis à se livrer à la justice pour la faute qu'il avait commise, cependant, si, de quelque façon que ce soit, il vient se livrer, il a droit au bénéfice d'une diminution de deux degrés de la peine qu'il a encourue pour son évasion et la peine de la faute primitive n'est pas diminuée. S'il a pris la fuite avant d'être déjà au pouvoir de l'autorité, il n'a, en fait, encouru aucune nouvelle peine et la peine de sa faute primitive est elle-même diminuée de deux degrés）；

若私越度关及奸者，并不在自首之律。

Comme aussi, si, soit clandestinement, soit par effraction ou escalade, le coupable a passé un poste de surveillance d'une frontière［art. 220］；si enfin il a commis un acte de fornication, tous ces cas ne sont pas compris dans la loi sur les coupables qui se livrent eux-mêmes à la justice.

4、若强、窃盗，诈欺取人财物，而于事主处首服，及受人枉法、不枉法赃，悔过回付还主者，与经官司自首同，皆得免罪。

Si une personne est coupable de vol à force ouverte ou de vol furtif, ou bien d'avoir pris le bien d'autrui par ruse ou escroquerie［art. 266, 269, 274］, et qu'elle aille se déclarer et se mettre à la disposition du propriétaire du bien volé; ou encore, si elle a reçu d'autrui un produit d'acte illicite, qu'il y ait ou non violation de règles, et que, regrettant sa faute, elle restitue cette valeur à son propriétaire, comme dans le cas précédent où il s'agit de la déclaration de la faute à l'autorité légale, elle sera toujours dispensée de la peine de sa faute.

若知人欲告，而于财主处首还者，亦得减罪二等。其强、窃盗若能捕获同伴解官者，亦得免罪，又依常人一体给赏。［强、窃盗自首免罪后再犯者，不准首。］

Si sachant que quelqu'un veut la dénoncer elle va se déclarer auprès du propriétaire et lui faire restitution, elle jouira encore du bénéfice d'une diminution de peine de deux degrés. Les coupables de vol à force ouverte ou de vol furtif s'ils peuvent poursuivre et arrêter leurs compagnons de vol et les livrer à l'autorité éviteront encore la peine de leur faute et, de plus, ils recevront une récompense, absolument comme les personnes ordinaires（les coupables de vol à force ouverte ou de vol furtif qui, après s'être livrés eux-mêmes à la justice et avoir été dispensés de leur peine, se rendront de nouveau coupables de ces faits ne seront plus admis à se livrer eux-mêmes).

二十六、二罪俱发以重论

Art. XXVI. Deux fautes étant toutes révélées, prononcer pour la plus grave

凡二罪以上俱发，以重者论。

Toutes les fois que deux ou plusieurs fautes seront toutes révélées, on prononcera la peine d'après la plus grave;

罪各等者，从一科断。若一罪先发，已经论决，余罪后发，其轻若等，勿论。

Si ces fautes sont du même degré, la peine sera graduée suivant l'une d'elles. Si une faute a d'abord été révélée et punie et que les autres fautes soient révélées ensuite, si ces dernières sont plus légères ou du même degré, elles ne seront pas punies;

重者，更论之，通计前［所论决之］罪，以充后［发之］数。［谓如二次犯窃盗，一次先发，计赃一十两，已杖七十；一次后发，计赃四十两，该杖一百，合贴杖三十。如有禄人，节，次受人枉法赃四十两，内二十两先发，已杖六十，徒一年；二十两后发，合并取前赃，通计四十两，更科全罪徒三年。不枉法赃及坐赃，不通计全科。］

Si elles sont plus graves, le condamné sera rejugé; on comptera la peine précédente, (celle qui a déjà été prononcée), et elle sera comprise dans la peine de la dernière faute (révélée; cela veut dire que si une personne a commis deux vols furtifs, qu'un des vols ait été révélé d'abord, la valeur du produit de l'acte illicite reconnue de dix onces d'argent et le coupable puni de soixante-dix coups de truong; que le second vol soit révélé ensuite, la valeur du produit de l'acte illicite reconnue de quarante onces d'argent, valeur qui entraîne la peine de cent coups de truong, on complète la peine déjà subie par celle de trente coups de truong; ou, encore, que si une personne recevant une solde de l'État a reçu en plusieurs fois, de quelqu'un, un produit d'acte illicite de quarante onces d'argent dans un cas de violation de règles, qu'un premier fait ait d'abord été révélé, dont le produit illicite était de vingt onces d'argent, et que le coupable ait déjà été puni de soixante coups de truong et d'un an de travail pénible, que d'autres faits soient révélés en suite, dont le produit illicite soit de vingt onces d'argent, on prend et on réunit ce produit et le précédent, on les compte ensemble pour quarante onces d'argent, on prononce à nouveau la peine correspondant à la totalité du produit, peine qui est de trois ans de travail pénible. S'il s'agit d'un produit d'une action illicite sans violation de règles, ainsi que d'une incrimination au sujet d'un produit d'action illicite, on ne doit pas faire la somme et graduer pour toute la quantité).

其应［赃］入官、［物］赔偿、［盗］刺字、［官］罢职，罪止者，［罪虽勿论，或重科，或从一，仍］各尽本法。

S'il y a lieu à confiscation (du produit de l'action illicite), à indemnité (pour quelque objet), ou de marquer (des coupables de vol), de dégrader (des fonctionnaires), ou si la peine s'arrête à un maximum (quoique la faute ne soit pas punie, ou qu'on prononce d'après la faute la plus grave, ou que le coupable soit puni pour une de ses fautes), dans chaque cas, on complétera l'exécution des prescriptions de la règle applicable;

［谓一人犯数罪，如枉法、不枉法赃、合入官；毁伤器物，合赔偿；窃盗，合刺字；职官私罪杖一百以上，合罢职；无禄人不枉法赃一百二十两以上，罪止杖一百，流三千里之类，各尽本法拟断。］

(Cela signifie que si un homme a commis plusieurs fautes, par exemple, s'il est coupable avec ou sans violation de règles, le produit de l'action illicite doit être confisqué à l'État; s'il a commis des dégradations matérielles, il doit indemniser et remplacer; s'il a commis un vol furtif, il doit être marqué; s'il est fonctionnaire et qu'il ait commis une faute entraînant la peine de cent coups de truong et au-dessus, il doit être privé de son grade; s'il ne reçoit pas de solde de l'État, qu'il ait commis une faute sans violation des règles et que le produit de l'acte illicite soit de cent vingt onces d'argent et au-dessus, la peine s'arrête au maximum de cent coups de truong et de l'exil à trois mille lis; dans chaque cas on prononce en exécutant complètement les prescriptions de la règle spéciale applicable).

二十七、犯罪共逃

Art. XXVII. Des coupables évadés ensemble

凡犯罪共逃亡，其轻罪囚，能捕获重罪囚而首告，及轻重罪相等，但获一半以上首告者，皆免其罪。

Toutes les fois que des coupables se sont évadés ensemble, si ceux qui étaient détenus pour des fautes plus légères peuvent saisir et arrêter ceux qui étaient détenus pour des fautes plus graves et les livrer à la justice; ou bien, si les fautes des coupables, légères ou graves, sont du même degré mais que, de quelque façon que ce soit, l'un d'eux arrête et livre à la justice la moitié des évadés et au-dessus, tous seront dispensés de leur peine.

[以上指自犯者言，谓同犯罪事发，或各犯罪事发，而共逃者，若流罪囚能捕死罪囚，徒罪囚能捕流罪囚首告。又如五人共犯罪在逃，内一人能捕二人而首告之类，皆得免罪。若损伤人及奸者不免，仍依常法。]

(Tout ce qui précède désigne des personnes qui sont elles-mêmes coupables; cela veut dire qu'elles ont commis une faute ensemble et que cette faute est révélée; ou qu'elles ont séparément commis des fautes qui sont révélées et qu'elles ont pris la fuite ensemble; si les évadés qui étaient détenus pour une faute punie de l'exil peuvent arrêter les évadés qui étaient détenus pour une faute punie de la mort, si les détenus pour une faute punie de la peine du travail pénible peuvent arrêter les détenus pour une faute punie de la peine de l'exil et les livrer à la justice; ou encore, si cinq personnes ont commis une faute ensemble et sont en fuite et que l'une d'elles puisse en arrêter deux, par exemple, et les livrer à la justice, tous jouiront du bénéfice d'être dispensés de leur peine. Ceux qui seront coupables de blessures ou de fornication ne seront pas graciés et ils seront jugés d'ailleurs selon la règle ordinaire.)

其因 [他] 人 [犯罪] 连累致罪，而 [正犯] 罪人自死者，[连累人] 听减本罪二等。

A ceux qui seront indirectement coupables jusqu'à encourir une peine à cause (de la faute) d'autrui, (d'un autre homme), il sera accordé une réduction de deux degrés de la peine encourue si celui qui est (directement) coupable meurt autrement que par exécution.

[以下指因人连累而言，谓因别人犯罪，连累以得罪者，如藏匿、引送、资给罪人，及保勘供证不实，或失觉察关防、钤束听使之类，其罪人非被刑杀而自死者，又听减罪二等。]

(Ceci et ce qui suit se rapporte à ceux qui sont impliqués dans les conséquences de la faute d'autrui; cela veut dire ceux qui encourent une peine par extension des conséquences de la faute commise par un autre homme, tels que ceux qui cachent ou conduisent un coupable, qui lui fournissent des secours, ceux qui sont cautions, ceux qui sont chargés d'une enquête et les témoins qui ne se conforment pas à la vérité, ou bien ceux qui manquent de surveillance dans l'exercice de leurs fonctions et ceux qui ont exécuté des ordres erronés. Si le coupable n'est pas exécuté judiciairement, mais qu'il meure de «lui-même», il sera encore accordé une diminution de deux degrés).

若罪人自首告[得免]，及遇赦原免，或蒙特恩减罪收赎者，[连累人]亦准罪人原免减等赎罪法。

Si le coupable se livre de lui-même à la justice (et est gracié), ou s'il survient une amnistie et qu'il soit gracié, ou encore s'il est l'objet d'une faveur spéciale et que sa peine soit diminuée, ou si on reçoit le prix de rachat de sa peine, ils (ceux qui sont indirectement coupables) seront traités conformément à la règle de grâce, de diminution de degrés, ou de rachat appliquée au coupable.

[谓因罪人连累以得罪，若罪人在后自首告，或遇恩赦全免，或蒙特恩减一等、二等，或罚赎之类，被累人本罪亦各依法全免、减等、收赎。]

(Cela veut dire que quelqu'un a mérité une peine à cause des conséquences de la faute d'autrui et que l'auteur de cette faute étant allé se livrer lui-même à la justice, ou étant complètement gracié par une amnistie, ou ayant obtenu une diminution d'un ou de deux degrés par une faveur spéciale, ou n'étant puni que pécuniairement par rachat, celui qui est indirectement coupable est puni, lui aussi, d'une peine fixée selon la règle appliquée au premier; c'est-à-dire qu'il est complètement gracié, qu'il jouit d'une diminution de degrés, ou qu'on reçoit le prix de rachat de la peine).

二十八、同僚犯公罪

Art. XXVIII. Fonctionnaires [1] et employés d'un même service, coupables ensemble de fautes publiques

1、凡同僚犯公罪者，［谓同僚官吏连署文案、判断公事差错，而无私曲者。］并以吏典为首，首领官减吏典一等，佐贰官减首领官一等，长官减佐贰官一等。

Toutes les fois que les fonctionnaires et les employés d'un même service auront commis ensemble une faute publique (cela désigne les fonctionnaires et les employés d'un même service public qui signent les uns après les autres une pièce écrite ou une décision dans une affaire publique, et qui commettent une erreur sans qu'il y ait de leur part manque de droiture ou sentiment d'intérêt privé), et dans tous les cas également, l'employé, ou écrivain, sera considéré comme principal coupable ; le fonctionnaire chargé du contrôle des détails du service sera puni de la peine de l'employé diminuée d'un degré ; le fonctionnaire adjoint comme second au chef du service sera puni de la peine du fonctionnaire chargé du contrôle des détails diminuée d'un degré ; le fonctionnaire chef du service sera puni de la peine du fonctionnaire adjoint en second diminuée d'un degré.

［官内如有缺员，亦依四等递减科罪。本衙门所设官吏无四等者，止准见设员数递减。］

(Si parmi ces fonctionnaires il y a des emplois vacants, la peine sera encore graduée en diminuant proportionnellement et en tenant compte de ces quatre degrés ; si dans un service il n'a pas été institué quatre degrés de fonctionnaires et d'employés on diminuera seulement proportionnellement d'après le nombre des degrés institués).

若同僚官一人有私，自依故出入人罪［私罪］论，其余不知情者，止依失出入人罪［公罪］论。

Lorsque parmi les fonctionnaires d'un même service une seule personne aura été guidée par un sentiment d'intérêt privé, celle-ci sera personnellement jugée selon les

---

［1］　在整部法典中，"官"字均被译为 fonctionnaire，而很少被译为 magistrat。该汉字所指称的对象，欧洲人称之为 mandarin。我们认为，这个源自葡萄牙语的 mandarin 应该被舍弃。——原注。

dispositions relatives au fait d'incriminer ou d'innocenter volontairement quelqu'un (faute privée) ; les autres qui n'auront pas eu connaissance de la nature du fait seront seulement jugés selon les dispositions relatives au fait d'incriminer ou d'innocenter quelqu'un par erreur (faute publique) . [art. 409]

[谓如同僚连署文案官吏五人，若一人有私，自依故出入人罪论，其余四人虽连署文案，不知有私者，止依失出入人罪论，仍依四等递减科罪。]

(Cela veut dire, par exemple, que si les fonctionnaires et employés d'un même service qui signent les uns après les autres dans les pièces publiques sont au nombre de cinq personnes, si une seule de ces personnes a agi dans un but privé, celle-ci sera personnellement jugée pour le fait d'innocenter ou d'incriminer volontairement quelqu'un ; les quatre autres, bien qu'elles aient successivement signé la même pièce sans savoir qu'elle était erronée dans un but privé, seront seulement jugées selon les dispositions relatives au fait qui consiste à innocenter ou à incriminer quelqu'un par erreur ; et leurs peines seront d'ailleurs graduées en diminuant proportionnellement aux quatre degrés.

2、若［下司］申上司，［事有差误，上司］不觉失错准行者，各递减下司官吏罪二等。[谓如辖属州县申府，府申营之类。〔1〕]

Si dans une affaire portée devant l'autorité supérieure ; (par l'autorité inférieure et une erreur ayant été commise) , celle-ci ne s'aperçoit pas d'une erreur et donne suite à l'affaire, chacun sera puni en diminuant proportionnellement de deux degrés la peine des fonctionnaires et employés de l'autorité supérieure (c'est-à-dire, par exemple, lorsqu'un *châu* ou un *huyén* du territoire d'un *phu* portent une affaire devant ce *phu*, ou lorsque le *phu* porte une affaire devant l'autorité provinciale).

若上司行下，［事有差误］，而所属依错施行者，各递减上司官吏罪三等。[谓如营镇官行府，府行辖属州县之类〔2〕。]

Si une autorité supérieure donne un ordre à exécuter (s'il y a quelque erreur commise dans cet ordre) ; que l'autorité en sous-ordre exécute l'ordre erroné et consomme l'erreur, chacun sera puni en diminuant proportionnellement la peine des

---

〔1〕 该句在《大清律例》中是 "谓如县申州、州申府、府申布政司之类"。部分文字存在改动。
〔2〕 该句在《大清律例》中是 "谓如布政司行府、府行州、州行县之类"。部分文字存在改动。

fonctionnaires et employés de l'autorité supérieure des trois degrés (par exemple, lorsque l'autorité provinciale envoie des ordres à l'autorité du *phu*, ou que l'autorité du *phu* envoie des ordres aux autorités du *châu* ou du *huyén* qui relèvent de ce *phu*);

亦各以吏典为首。［首领、佐贰、长官、依上减之。］

De même encore, dans chaque cas l'employé sera considéré comme principal coupable (et les peines du fonctionnaire chargé du contrôle, du fonctionnaire adjoint en second et du fonctionnaire chef du service, seront diminuées comme ci-dessus).

二十九、公事失错

Art. XXIX. Erreurs dans les affaires publiques

1、凡［官吏］公事失错，自觉举者，免罪；

Quiconque (fonctionnaire ou employé), ayant commis une erreur dans une affaire publique, s'en apercevra soi-même et en rendra compte, sera dispensé de la peine de cette erreur.

其同僚官吏［同署文案，法］应连坐者，一人自觉举，余人皆免罪。

S'il s'agit de tous les fonctionnaires et employés d'un même service (qui ont signé les uns après les autres et selon la règle), qui doivent être collectivement incriminés et qu'une de ces personnes s'aperçoive de l'erreur et la révèle, les autres personnes éviteront, toutes, la peine de l'erreur commise.

［谓缘公事致罪，而无私曲者，事若未发露，但同僚判署文案官吏一人能检举改正者，彼此具无罪责。］

(Cela se rapporte à ceux qui ont commis une faute publique sans qu'on puisse leur reprocher aucune irrégularité volontaire ou aucun sentiment privé. Si la chose n'est pas encore devenue évidente et que, de quelque façon que ce soit, une personne, entre les fonctionnaires et employés du même service qui ont signé les uns après les autres, puisse découvrir l'erreur, la faire connaître et la faire rectifier, celle-ci et celles-là ri encourent également aucune peine).

2、其断罪失错［于入］已行论决者，［仍从失入人罪论。］不用此律。

Si l'erreur commise en prononçant une peine (en incriminant à tort), a été consommée par l'exécution du jugement (on suivra d'ailleurs les dispositions relatives au fait d'incriminer quelqu'un par erreur et) on n'emploiera pas cette loi.

　　［谓死罪及笞、杖已决讫，流罪已至配所，徒罪已应役，此等并为已行论决。官司虽自检举，皆不免罪，各依失入人罪律减三等，及官吏等级递减科之，故云不用此律。其失出人罪，虽已决放，若未发露能自检举贴断者，皆得免其失错之罪。］

　　(Cela veut dire que si la peine de mort, ainsi que les peines du rotin ou du truong ont déjà été subies, si les condamnés à l'exil sont déjà parvenus au lieu où ils doivent subir leur peine, si les condamnés à la peine du travail sont déjà en servitude, dans tous ces cas également le jugement est déjà exécuté; bien que les fonctionnaires du tribunal s'aperçoivent de l'erreur et la révèlent, ils sont, chacun, punis selon la loi relative au fait d'incriminer quelqu'un par erreur, d'une peine moindre de trois degrés, et, entre lesdits fonctionnaires et employés, on gradue la peine en la diminuant proportionnellement au rang de chacun : c'est pour cela que ce texte dit qu'on n'emploiera pas cette loi. S'il s'agit du fait d'innocenter par erreur, quoique le jugement ait été exécuté ou que le prévenu ait été élargi, si avant que l'erreur ait été révélée, les coupables de l'erreur peuvent la découvrir et la rectifier en modifiant la peine qu'ils avaient prononcée, tous peuvent éviter la peine de l'erreur qu'ils ont commise).

　　其官文书稽程，［官］应连坐者，一人自觉举，余人亦免罪。

　　Si le délai pour l'expédition des affaires est dépassé et que, parmi ceux (des fonctionnaires) qui doivent être collectivement incriminés, une personne s'en aperçoive et le déclare, les autres personnes éviteront encore la peine de cette faute.

　　［承行］主典［之吏］不免。［谓文案，小事，五日程；中事，十日程；大事，二十日程；此外不了是名稽程。官人自检举者，并得全免。惟当该吏典不免。］

　　Celui qui est chargé (de l'exécution) de ce détail du service (l'employé), ne sera pas dispensé de la peine qu'il a encourue (explication : le délai pour les pièces relatives aux petites affaires est de cinq jours; pour les affaires de moyenne importance, il est de dix jours; pour les affaires importantes il est de vingt jours; si en dehors de ces délais l'affaire n'est pas encore terminée, on dit que les délais sont dépassés. Si un des fonctionnaires s'en aperçoit et le déclare, tous seront entièrement dispensés de la peine de l'erreur, et il n'y aura que l'employé qui aurait dû s'occuper de cette affaire qui n'en sera pas dispensé).

若主典自举者，并减二等。［谓当该吏典自检举者，皆得减罪二等，官全免。］

Si celui qui est chargé de ce détail du service s'en aperçoit lui même et révèle l'erreur, sa peine sera également diminuée de deux degrés (cela veut dire que si c'est l'employé chargé de cette affaire qui s'aperçoit lui-même de l'erreur et qui la déclare, il profitera toujours d'une diminution de peine de deux degrés et les fonctionnaires du service seront complètement dispensés de cette peine).

三十、共犯罪分首从

Art. XXX. De la distinction du principal coupable et des co-auteurs entre ceux qui commettent une faute ensemble.

1、凡共犯罪者，以［先］造意［一人］为首，［依律断拟。］随从者，减一等。

Toutes les fois qu'une faute aura été commise par plusieurs coupables ensemble, celui qui (le premier) aura été l'auteur de l'idée (une seule personne), sera considéré comme principal coupable (et puni selon la loi); ceux qui l'auront suivi et accompagné seront punis d'une peine moindre d'un degré.

2、若一家人共犯，止坐尊长。

Si des personnes de la même famille commettent une faute ensemble, la personne de rang prééminent ou plus âgée sera seule incriminée;

若尊长年八十以上及笃疾，归罪于共犯罪以次尊长。

Si la personne de rang prééminent ou plus âgée est âgée de quatre-vingts ans et au-dessus, ou si elle est impotente, la culpabilité retombera sur celle des personnes qui ont commis la faute ensemble qui suit la première par ordre de prééminence ou par rang d'âge.

［如无以次尊长，方坐卑幼。谓如尊长与卑幼共犯罪，不论造意，独坐尊长，卑幼无罪，以尊长有专制之义也。如尊长年八十以上及笃疾，于例不坐罪，即以共犯罪次长者当罪。又如妇人尊长与男夫卑幼同犯，虽妇人为首，

仍独坐男夫。〕

(S'il n'y pas d'autre personne de rang prééminent ou plus âgée, alors seulement les personnes de rang inférieur ou plus jeunes seront incriminées. Cela veut dire que si des personnes de rang prééminent ou plus âgées et des personnes de rang inférieur ou plus jeunes commettent une faute ensemble, on ne discerne pas quel est l'auteur de l'idée, et la personne de rang prééminent ou la plus âgée, seule, est passible de la peine, les personnes de rang inférieur ou plus jeunes ne sont pas punies, parce que la personne de rang prééminent ou plus âgée a le devoir spécial de diriger les autres. Si la personne de rang prééminent ou plus âgée est âgée de quatre-vingts ans et au-dessus ainsi que dans le cas où elle est impotente, d'après les règles 〔 art. 22〕, elle ne peut être punie; c'est alors celle des personnes qui ont commis la faute ensemble qui suit par rang d'âge, qui doit être punie. Si c'est une femme qui est la personne de rang prééminent ou plus âgée et qu'elle ait commis une faute ensemble avec des mâles de rang inférieur ou plus jeunes, bien que cette femme soit le principal coupable, ce sera d'ailleurs seulement un coupable mâle qui sera incriminé).

侵损于人者，以凡人首从论。〔造意为首，随从为从。侵谓窃盗财物，损谓斗殴杀伤之类，如父子合家同犯，并依凡人首从之法，为其侵损于人是以不独坐尊长。〕

S'il s'agit d'un tort causé à la fortune ou à la personne d'autrui on distinguera entre le principal coupable et les co-auteurs d'après ce qui a lieu pour des personnes quelconques (l'auteur de l'idée sera considéré comme principal coupable; ceux qui l'auront suivi seront considérés comme co-auteurs. Usurper un bien ou causer un tort à la fortune c'est, par exemple, commettre un vol furtif. Causer un mal ou un tort à la personne de quelqu'un, c'est, par exemple, commettre un meurtre ou faire des blessures dans une rixe. Si le père et le fils, la famille réunie, commettent ces fautes ensemble, on suit également la règle de distinction entre le principal coupable et les co-auteurs, selon ce qui est applicable aux personnes quelconques; à cause de l'usurpation du bien d'autrui ou du mal causé à la personne d'autrui ce n'est plus la personne de rang prééminent ou plus âgée qui est seule passible de la peine).

若共犯罪而首从本罪各别者，各依本律首从论。〔仍以一人坐以首罪，余人坐以从罪，谓如甲引他人共殴亲兄，甲依弟殴兄，杖九十，徒二年半，他人依凡人斗殴论，笞二十。又如卑幼引外人盗己家财物一十两，卑幼以私擅用财加二等，笞四十，外人依凡盗从论，杖六十之类。]

Si plusieurs personnes ont commis une faute ensemble, mais que les peines particulières édictées contre le principal coupable et contre les co-auteurs soient différentes pour chacun d'eux, chacun sera jugé selon la loi spéciale qui lui sera applicable et en distinguant un principal coupable et des co-auteurs (une seule personne d'ailleurs sera passible de la peine du principal coupable, les autres seront passibles de la peine des co-auteurs. Cela veut dire que *Giáp*[1] conduit et emmène avec lui d'autres personnes pour frapper ensemble son propre frère aîné, *Giáp* sera puni, comme frère cadet qui frappe son frère aîné, de la peine de quatre-vingt-dix coups de truong et de deux ans et demi de travail pénible, les autres personnes seront jugées selon les dispositions relatives aux personnes quelconques et punies de vingt coups de rotin. Autre exemple: si un parent de rang inférieur ou plus jeune conduit des étrangers pour voler les biens de sa famille, pour des onces d'argent, le parent de rang inférieur ou plus jeune est puni de quarante coups de rotin, d'après la loi sur l'usage illicite des valeurs de la famille et avec augmentation de deux degrés [art. 88, 272], les étrangers seront jugés selon la loi relative aux personnes quelconques coupables de vol, comme co-auteurs, et punis de soixante coups de truong).

3、若本条言"皆"者，罪无首从，不言"皆"者，依首从法。

Si l'article spécial applicable emploie l'expression: «tous», on ne distingue pas, pour la faute enquestion, un principal coupable et des co-auteurs: si l'expression: «tous», n'est pas employée, on suit la règle de distinction entre un principal coupable et des co-auteurs.

4、其［同］犯擅入皇城、宫殿等门，及［同］私越度关，若［同］避役在逃，及［同］犯奸者，［律虽不言皆，］亦无首从。［谓各自身犯，是以亦无首从，皆以正犯科罪。]

Parmi ceux qui (ensemble) sont coupables d'être entrés sans autorisation dans les diverses portes de la ville impériale ou des palais des Souverains [lois militaires]; ou d'avoir (ensemble) passé un poste de surveillance privément ou par

---

［1］ 此处该越南词对应汉字"甲"。

escalade；ou de s'être（ensemble）dérobés à une servitude ou charge publique et d'avoir pris la fuite：ou enfin d'avoir（ensemble）commis un fait de fornication［lois criminelles，titre VIII］，bien que la loi n'emploie pas l'expression：«tous», on ne distinguera pas non plus de principal coupable et de co-auteurs．（c'est-à-dire que chacun est personnellement coupable de ladite faute，et c'est pourquoi on ne distingue encore pas entre un principal coupable et des co-auteurs；tous sont punis de la peine telle qu'elle est édictée contre le fait commis）．

三十一、犯罪事发在逃

Art. XXXI. Des coupables en fuite au moment où leur faute est révélée

1、凡二人共犯罪，而有一人在逃，现获者称逃者为首，更无［人］证佐，则［但据其所称］决其从罪。

Toutes les fois que deux personnes auront commis une faute ensemble，et qu'un des deux coupables sera en fuite，si celui qui est actuellement arrêté déclare que celui qui est en fuite est le principal coupable，et s'il n'y a aucun autre témoignage（d'une autre personne），on（se basera uniquement sur sa déclaration et on）prononcera la peine des co-auteurs．

后获逃者称前获［之人］为首，鞫问是实，还［将前人］依首论，通计前［决之］罪以充后［问之］数。

Si le coupable en fuite est arrêté plus tard，et s'il déclare que le premier（arrêté），est le principal coupable on les interrogera en les soumettant à la question et，si c'est la vérité，on prononcera de nouveau contre lui（le premier coupable arrêté），la peine du principal coupable en tenant compte de la peine précédente，（déjà prononcée），et en complétant la peine définitive（du fait）．

2、若犯罪事发而在逃者，众证明白，［或系为首，或系为从。］即同狱成，［将来照提到官，止以原招决之。］不须对问。

Si un coupable prend la fuite après que sa faute est révélée et que sa culpabilité personnelle soit clairement établie par tous les témoignages，（qu'il soit principal coupable ou qu'il soit co-auteur），on prononcera immédiatement et définitivement sur tous dans le jugement，（plus tard，quand il sera amené devant les magistrats， selon le jugement, il subira simplement la condamnation prononcée telle qu'elle aura résulté des déclarations ou aveux), sans qu'il soit nécessaire de procéder à une in-struction contradictoire;

［仍加逃罪二等，逃在未经到官之先者，不坐。］

(D'ailleurs, la peine du coupable qui a pris la fuite sera augmentée de deux degrés; si le coupable a pris la fuite avant d'être amené devant les magistrats, il n'est pas passible de cette augmentation).

三十二、亲属相为容隐
Art. XXXII. Des parents qui se cachent et se recèlent mutuellement

1、凡同居，［同，谓同财共居亲属，不限籍之同异，虽无服者，亦是。］

Les parents qui habitent ensemble («ensemble», indique que leurs biens sont en commun et qu'ils demeurent ensemble, sans qu'il soit question de leur inscription sur le même rôle ou sur des rôles différents: cela comprend même les parents pour lesquels il n'y a aucun vêtement de deuil)

若大功以上亲，［谓另居大功以上亲属，系服重。］及外祖父母、外孙、妻之父母、女婿，若孙之妇、夫之兄弟，及兄弟妻，［系恩重。］有罪，［彼此得］相为容隐。

Comme aussi ceux du troisième degré et au-dessus (ceci désigne les parents du troisième degré et au-dessus qui habitent séparément et c'est à cause de l'importance du vêtement de deuil), ainsi que l'aïeul et l'aïeule en ligne extérieure ou maternels, les petits-enfants en ligne extérieure, le père et la mère de l'épouse, les gendres, les épouses des petits-fils, les frères aînés et cadets de l'époux et les épouses des frères aînés et cadets (parce qu'entre ces parents la reconnaissance et l'affection sont considérables) qui, coupables, se cacheront et se recèleront mutuellement (l'un l'autre);

奴婢、雇工人，［义重。］为家长隐者，皆勿论。［家长不得为奴婢、雇工人隐者，义当治其罪也。］

Les esclaves [1] et les gens de service ou travailleurs à gages (pour qui le devoir est très grand), qui cacheront le chef de la famille, ne seront, tous, pas punis; (le chef de la famille ne peut pas cacher ses esclaves, serviteurs et travailleurs à gages, il a le devoir de punir leurs fautes).

2、若漏泄其事及通报消息，致令罪人隐匿逃避者，［以其于法得相容隐，］亦不坐。

Ceux qui auront divulgé les poursuites dirigées par la justice, prévenu et averti le coupable, et qui lui auront ainsi procuré le moyen de se cacher et d'éviter la peine de sa faute (parce que ce sont des personnes qui, d'après la règle, peuvent se cacher et se recéler mutuellement), ne seront pas non plus incriminés;

［谓有得相容隐之亲属犯罪，官司追捕，因而漏泄其事，及暗地通报消息与罪人，使令隐避逃走，故亦不坐。］

(Cela veut dire que si des parents qui peuvent se cacher et se recéler mutuellement ont commis une faute et si le magistrat compétent les fait pour suivre pour les arrêter, ceux qui divulguent ce fait, en donnent avis aux coupables, les conduisent dans des lieux secrets ou par des chemins détournés et mettent ces coupables à même de se cacher, de fuir et d'éviter la peine de leur faute, ne sont pas non plus incriminés.)

3、其小功以下相容隐，及漏泄其事者，减凡人三等，无服之亲，减一等。［谓另居小功以下亲属。］

Les parents du quatrième degré et au-dessous qui se seront cachés ou recèles mutuellement, ainsi que ceux qui auront divulgué des poursuites, seront punis de la peine des personnes quelconques diminuée de trois degrés. Pour les parents qui ne portent aucun vêtement de deuil la diminution sera d'un degré (ceci désigne les parents du quatrième degré et au-dessous qui habitent séparément).

4、若犯谋叛以上者，不用此律。［谓虽有服亲属，犯谋反、谋大逆、谋叛，但容隐不首者，依律科罪。故云不用此律。］

---

［1］ 本法典中，nô bôc（奴仆）一词通常不加区分地指奴隶以及男、女家仆；此处如同第三十条律文及其他律文，使用 nô ti（奴婢）一词，专指 esclaves femelles，即地位卑贱的女性；该词也指那些花钱买来的妾。很明显，该词的实际含义更广泛，法典中也用该词来指那些雇佣工，其职责要小于奴隶。——原注。

S'ils sont coupables de complot de trahison et autres crimes plus graves, on n'emploiera pas cette loi; (cela veut dire que bien que les parents qui sont coupables de complot de rébellion, de complot de grande rébellion, ou de complot de trahison, soient des parents pour le deuil desquels il existe un vêtement de deuil, ceux qui, de quelque façon que ce soit, les auront cachés et recélés sans révéler le fait seront punis selon la loi. Voilà pourquoi il est dit qu'on n'emploiera pas cette loi).

三十三、处决叛军
Art. XXXIII. Exécution des militaires coupables de trahison

凡边境［重地］城池，若有军人谋叛，守御官捕获到官，显迹证佐明白，鞫问招承，申报督抚、提镇审问无冤，随即依律处治，具由奏闻。

Dans toute forteresse des frontières extérieures (lieux très importants), si des militaires complotent une trahison, le fonctionnaire chargé de la conservation et de la garde de la place les ayant saisis et amenés devant l'autorité, si les preuves et les témoignages sont évidents et si les coupables interrogés et soumis à la question ont avoué leur faute, il sera rendu compte à l'autorité supérieure compétente et si elle reconnaît que les prévenus n'ont été victimes d'aucune injustice ou oppression, les coupables seront immédiatement exécutés selon les lois. Il sera toujours rendu compte au Souverain.

如在军前［有谋叛，能］临阵擒杀者，［事既显明，机系呼吸］不在此［委审、公审之］限。［事后亦须奏闻。］

Si c'est devant l'ennemi (qu'il y a complot de trahison) l'emploi de la force armée pour prendre les coupables morts ou vifs (quand le fait est manifeste et le cas urgent), n'est plus limitée par ce qui précède (relativement au jugement par l'autorité supérieure ou par son délégué; après le fait, il doit encore être rendu compte au Souverain).

三十四、化外人有犯

Art. XXXIV. Des étrangers coupables

凡化外〔来降〕人犯罪者，并依律拟断〔1〕。

Tout étranger (venu se soumettre), qui se rendra coupable, sera également jugé selon les lois.

隶理藩院者，仍照原定蒙古例。

Cependant les decisions particulières du tribunal *lee-fan-yuan* seront conformes aux réglements faits pour les tribus Mongoles.〔2〕

三十五、本条别有罪名

Art. XXXV. Du cas où l'article applicable contient quelque disposition différente des règles de définition

1、凡本条自有罪名与名例罪不同者，依本条科断。

Toutes les fois que l'article applicable à un cas spécial édicte une pénalité différente des peines des règles de définitions, on prononcera selon cet article spécial.

2、若本条虽有罪名，其〔心〕有所规避罪重者，〔又不泥于本条。〕自从〔所规避之〕重〔罪〕论。

Si, bien qu'une faute soit punie par un article spécial, le coupable en la commettant a eu (en lui-même), l'intention de se soustraire aux conséquences d'une faute plus grave (on ne s'en tiendra plus à l'application de cet article spécial), on suivra naturellement la loi (qui prononce la peine) la plus sévère (et qui est relative à la faute dont le coupable a cherché à éviter la punition).

3、其本应罪重而犯时不知者，依凡人论。

Si la nature de la faute elle-même entraîne une peine plus grave, mais qu'à

---

〔1〕 该律文在《大清律例》中是"凡化外〔来降〕人犯罪者，并依律拟断。隶理藩院者，仍照原定蒙古例"。部分文字被删减。

〔2〕 该段译文选自勒努阿尔译本，第1卷，第72页。因鲍来思译本中缺失该律条。

l'époque où il l'a commise, le coupable n'ait pas eu connaissance des conditions qui rendent cette faute plus grave, il sera jugé comme une personne quelconque;

［谓如叔侄别处生长素不相识，侄打叔伤，官司推问，始知是叔，止依凡人斗法。又如别处窃盗，偷得大祀神御之物。如此之类，并是犯时不知，止依凡论，同常盗之律。］

(Cela veut dire, par exemple, que si un oncle frère cadet du père et un neveu ont vécu et grandi dans des lieux différents et ne se sont jamais connus, que le neveu frappe et blesse son oncle, et que ce ne soit qu'au moment du jugement qu'il apprenne que la personne qu'il a frappée est son oncle, on ne lui appliquera que la règle relative aux rixes entre personnes quelconques. Autre exemple, si en volant furtivement dans un lieu quelconque, un voleur a dérobé des objets consacrés aux esprits honorés dans les grands sacrifices, et dans tout autre cas analogue, c'est également une occasion où le coupable, au moment où il a commis la faute, ignorait les conditions et les motifs qui font la gravité de cette faute; on prononce seulement contre lui selon les règles relatives au cas ordinaire et on lui applique la loi relative aux personnes ordinaires qui commettent un vol.

本应轻者听从本法。［谓如父不识子，殴打之后方始得知，止依打子之法，不可以凡殴论。］

Si la nature de la faute elle-même entraîne une peine plus légère, on suivra, par faveur, la règle particulière relative à cette faute (cela veut dire que si le père ne connaissant pas son fils frappe celui-ci et que ce soit seulement après avoir frappé qu'il apprenne que la personne frappée est son fils, on appliquera seulement la règle relative au père qui frappe son fils et on ne pourra pas appliquer au père les dispositions relatives aux personnes quelconques qui frappent quelqu'un).

三十六、加减罪例

Art. XXXVI. Règles d'augmentation et de diminution des peines

凡称"加"者，就本罪上加重。

Toutes les fois que l'expression «augmenter» est employée, elle indique qu'à la peine primitive on doit faire une augmentation pour la rendre plus sévère;

[谓如人犯笞四十，加一等，即坐笞五十。或犯杖一百，加一等，则加徒减杖，即坐杖六十，徒一年。或犯杖六十，徒一年，加一等，即坐杖七十，徒一年半。或犯杖一百，徒三年，加一等。即坐杖一百，流二千里。或犯杖一百，流二千里，加一等，即坐杖一百，流二千五百里之类。]

（Cela veut dire que si un homme a encouru la peine de quarante coups de rotin augmentée d'un degré, il est, par le fait, passible de la peine de cinquante coups de rotin, ou s'il a encouru la peine de cent coups de truong augmentée d'un degré, alors on ajoute le travail pénible et on diminue la peine du truong et il est, par le fait, passible de la peine de soixante coups de truong et d'un an de travail pénible ; s'il a commis une faute punie de soixante coups de truong et d'un an de travail pénible avec augmentation d'un degré, il est passible de la peine de soixante-dix coups de truong et d'un an et demi de travail pénible ; s'il a commis une faute punie de cent coups de truong et de trois ans de travail pénible augmentée d'un degré, il est passible de cent coups de truong et de l'exil à deux mille lis ; s'il a commis une faute punie de cent coups de truong et de l'exil à deux mille lis, l'augmentation d'un degré le rend passible de cent coups de truong et de l'exil à deux mille cinq cents lis, et ainsi de suite).

称"减"者，就本罪上减轻。

Si l'expression «diminuer» est employée, elle indique qu'à la peine primitive on doit faire une diminution pour la rendre plus légère ;

[谓如人犯笞五十，减一等，即坐笞四十。或犯杖六十，徒一年，减一等，即坐杖一百。或犯杖一百，徒三年，减一等，即坐杖九十，徒二年半之类。]

（Cela veut dire que si un homme a commis une faute punie de cinquante coups de rotin, la diminution d'un degré le rend passible de la peine de quarante coups de rotin ; s'il a commis une faute punie de soixante coups de truong et d'un an de travail pénible, la diminution d'un degré le rend passible de cent coups de truong ; s'il a commis une faute punie de cent coups de truong et de trois ans de travail pénible, la diminution d'un degré le rend passible de quatre-vingt-dix coups de truong et de deux ans et demi de travail pénible et ainsi de suite).

惟"二死""三流"，各同为一减。["二死"谓绞、斩，"三流"谓流二千里、二千五百里、三千里。各同为一减，如犯死罪，减一等，即坐流三千里；减二等，即坐徒三年。犯流三千里，减一等，亦坐徒三年。］

Mais les deux peines de mort et les trois exils ne font, dans chaque cas ensemble, qu'une seule diminution (les deux morts sont la décapitation et la strangulation; les trois exils sont l'exil à deux mille lis, à deux mille cinq cent lis, l'exil à trois mille lis; dans chaque cas, ces peines prises ensemble ne font qu'une diminution. Si un homme a commis une faute punie de mort, la diminution d'un degré le rend passible de la peine de l'exil à trois mille lis, la diminution de deux degrés le rend passible de la peine de trois ans de travail pénible. S'il a commis une faute punie de l'exil à trois mille lis, la diminution d'un degré le rend, de même, passible de la peine du travail pénible pendant trois ans).

加者数满乃坐。［谓如赃加至四十两，纵至三十九两九钱九分，虽少一分，亦不得科四十两罪之类。］

Il faut que la quantité soit complète pour que le coupable soit passible de l'augmentation (cela veut dire que si le produit de l'action illicite augmente jusqu'à quarante onces d'argent, encore que dans le cas qui se présente le produit atteigne le chiffre de trente-neuf onces quatre-vingt-dix-neuf centièmes, quoiqu'il ne manque qu'un centième, on ne peut cependant pas appliquer la peine qui correspond au chiffre de quarante onces; ainsi de même dans tous les cas analogues).

又加罪止于杖一百，流三千里，不得加至于死；本条加入死者，依本条。［加入绞者，不加至斩。］

De plus, l'augmentation de la peine s'arrête à cent coups de truong et à l'exil à trois mille lis et on ne peut augmenter jusqu'à la peine de mort; si l'article spécial relatif à un cas particulier porte que l'augmentation entraîne la mort, on doit se conformer à l'article spécial [art. 34] (l'augmentation entraîne la strangulation, elle ne va pas jusqu'à entraîner la décapitation).

三十七、称乘舆车驾

Art. XXXVII. De l'expression «voitures du Souverain»

凡［律中所］称"乘舆"、"车驾"及"御"者，［如御物、御膳所、御在所之类，自天子言之，而] 太皇太后、皇太后、皇后并同。

Toutes les fois que (dans les lois) on emploie l'expression: «voitures du Souverain» ou l'expression: «à l'usage du Souverain» (comme: «objets à l'usage du Souverain»; «lieu où on prépare les aliments à l'usage du Souverain»; «lieu où se trouve le Souverain»; et autres expressions analogues, il est question de l'empereur et) ce qui a rapport à l'aïeule, à la mère et à l'épouse du Souverain est également dans le même cas.

称"制"者，[自圣旨言之，而] 太皇太后、皇太后、皇太子"令"并同。[有犯毁失制书、盗及诈为制书、擅入宫殿门之类，皆当一体科罪。]

Lorsqu'on emploie l'expression: «volonté Souveraine» (cela se rapporte à l'expression de la volonté du Souverain et) les ordres émanés de l'aïeule, de la mère, et du fils qui doit succéder au trône, sont également compris dans la même disposition (comme par exemple, dans les cas de perte ou destruction de dépêches du Souverain; du vol ou de la falsification des dépêches du Souverain; de l'introduction sans autorisation à l'intérieur des portes des demeures du Souverain, et autres cas analogues, il faut toujours graduer la peine de la même manière).

三十八、称期亲祖父母

Art. XXXVIII. Des expressions: parents du second degré, aïeul et aïeule

凡 [律] 称"期亲"及称"祖父母"者，曾、高同。

Toutes les fois que (dans les lois) on emploie l'expression: «parents du second degré[1]», ou l'expression: «aïeul et aïeule», les bisaïeuls et les trisaïeuls sont compris dans la même disposition.

称"孙"者，曾、元同。

Si on emploie l'expression: «petits – enfants», les arrière – petits – enfants et deuxième–arrière–petits–enfants sont compris dans la même disposition.

嫡孙承祖，与父母同。[缘坐者，各从祖孙本法。]

Le petit – fils de droite lignée chargé de son aïeul ou de son aïeule les

---

〔1〕 此处原文"期亲"，译文参照第 1 卷里的丧服图。——原注。

considérera comme son père et sa mère (s'il s'agit d'incrimination par responsabilité, dans chaque cas on suivra la règle spéciale aux aïeuls et aux petits-enfants).

其嫡母、继母、慈母、养母，［皆服三年丧，有犯］与亲母［律］同。［改嫁义绝，及殴杀子孙，不与亲母同。］

La mère de droite lignée, la nouvelle mère de droite lignée, la mère de tendresse et la mère adoptive (pour toutes on porte le vêtement de deuil de trois ans, et si on est coupable envers elles, elles) seront considérées (par la loi) comme la mère dont on est né (si elles sont remariées, le devoir est éteint, et, si elles ont frappé un enfant ou petit – enfant jusqu'à mort, elles ne seront plus considérées comme la véritable mère par la naissance).

称"子"者，男女同。［缘坐者，女不同。］

Toutes les fois que l'on emploie l'expression: «enfants,» les garçons et les filles sont compris dans la même disposition (s'il s'agit d'incrimination par responsabilité, les filles ne seront pas comprises dans le sens de ce mot).

三十九、称与同罪

Art. XXXIX. De l'expression «punir de la même peine»

1、凡［律］称"与同罪"者，［谓被累人与正犯同罪，其情轻。］止坐其罪。

Tous ceux qui (dans les lois) seront désignés par l'expression: «punis de la même peine» (c'est-à-dire ceux qui sont indirectement impliqués et qui sont punis de la même peine que celui qui est directement coupable ; la nature de la culpabilité est moins grave), seront seulement passibles de la peine ;

［正犯］至死者，［同罪者］减一等，罪止杖一百，流三千里。

Si la peine (de celui qui est directement coupable) est la mort (pour les personnes«punies de la même peine»), elle sera diminuée d'un degré et s'arrêtera à cent coups de truong et l'exil à trois mille lis.

［正犯应刺，同罪者免刺，故曰］不在刺字、绞、斩之律。

(Si celui qui est directement coupable doit être marqué, ceux qui sont punis de «la même peine» éviteront la marque, et c'est pour cela qu'il est dit) : ils ne seront pas soumis aux dispositions de la loi qui ordonnent la marque, la strangulation et la décapitation.

若受财故纵"与同罪"者，[其情重]全科。[至死者，绞。]

Ceux qui pour acceptation de valeurs et protection volontaire seront punis de la même peine (dans ce cas la nature de la culpabilité est grave), subiront toute la graduation de la loi (si la peine va jusqu'à entraîner la mort, ils seront condamnés à la strangulation).

其故纵、谋反、叛逆者，皆依本律[斩、绞。]

Ceux qui seront coupables de protection volontaire accordée à des coupables de rébellion, trahison, ou grande rébellion, seront tous punis selon la loi spéciale qui leur sera applicable (condamnés à la décapitation ou à la strangulation)

[凡称"同罪"者，至死减一等；称"罪同"者，至死不减等。]

(Toutes les fois que l'expression : «punir de la même peine», aura été employée, si la peine va jusqu'à entraîner la mort, elle sera diminuée d'un degré : si l'expression employée est : «punir pour la même faute,» bien que la peine aille jusqu'à la mort, elle ne sera pas diminuée).

2、称"准枉法论"、"准盗论"之类，[事相类而情轻。]但准其罪，亦罪止杖一百，流三千里，并免刺字。

Lorsque des expressions telles que : «prononcer conformément aux dispositions relatives à la violation de règles», «prononcer conformément aux lois sur le vol», seront employées (le fait est de même genre, mais sa nature est moins grave), la peine seule sera conforme, et elle s'arrêtera encore à cent coups de truong et l'exil à trois mille lis; les coupables seront également dispensés de la marque.

3、称"以枉法论"及"以盗论"之类，[事相等而情并重。]皆与正犯同，刺字、绞、斩皆依本律科断。

Lorsque des expressions telles que : «prononcer d'après les dispositions relatives à la violation de règles», ainsi que : «d'après les dispositions relatives au vol,» auront été employées (les faits sont du même degré et la nature en est également gravé), tous seront considérés comme celui qui est directement coupable, marqués, et condamnés à la strangulation ou à la décapitation, et on prononcera toujours en graduant la peine selon la loi spéciale dont il sera question;

［然所得同者律耳，若律外引例充军为民等项，则又不得而同焉。］

（Mais, ce qui peut être：«la même peine», c'est la peine prévue par la loi；
s'il s'agit de l'application d'un décret en dehors de la loi et édictant des peines telles
que la servitude militaire, ou le renvoi à la condition d'hommes du peuple, alors, on
ne peut encore pas les prononcer comme étant：«la même peine»）.

四十、称监临主守

Art. XL. De l'expression «surveillants directeurs et gardiens chargés. »

1、凡［律］称"监临"者，内外诸司统摄所属，有文案相关涉，及
［别处驻答衙门带管兵粮、水利之类，］

Toutes les fois que l'expression：«surveillants», est employée（dans les lois），
tous ceux qui, soit dans la capitale, soit dans les provinces, sont investis d'une
autorité de direction générale sur ceux qui relèvent d'eux, et qui ont le contrôle de
tous les actes administratifs ou judiciaires des derniers；ainsi que ceux qui（sont
chargés de services spéciaux établis à demeure ou temporairement dans un lieu pour
y veiller à la gestion des approvisionnements des troupes ou des revenus sur les produits particuliers, tels que celui des eaux），

虽非所管百姓，但有事在手者，即为"监临"。

bien que n'ayant pas dans leurs attributions le gouvernement du peuple, ont
cependant entre leurs mains la direction d'un genre quelconque d'affaires, sont
considérés comme surveillants et directeurs.

称"主守"者，［内外各衙门］该管文案典吏专主掌其事，及守掌仓库、
狱囚、杂物之类官吏、库子、斗级、攒拦、禁子，并为主守。

Toutes les fois que l'expression：«gardiens chargés», est employée, tous ceux
qui（dans les divers services ou tribunaux de la capitale ou des provinces），ont la
charge de l'expédition et de la trituration des affaires, documents et jugements, tels
que les employés et écrivains；ainsi que ceux qui ont la charge de la garde et de la
conservation de toutes choses dans les greniers et magasins, les prisons, et autres
lieux analogues, tels que les fonctionnaires, les employés, les garçons de magasins,
les préposés au mesurage, les gardiens chargés d'une surveillance et les geôliers,

sont également des gardiens chargés.

2、其职虽非统属，但临时差遣管领提调者，亦是监临主守。

Bien que son rang ou son grade ne comporte pas une autorité de direction générale, celui qui cependant, de quelque façon que ce soit et dans une circonstance donnée, a été envoyé pour diriger ou faire exécuter quelque chose, est encore considéré comme surveillant directeur ou gardien chargé.

四十一、称日者以百刻

Art. XLI. Le jour est composé de cent moments

［今时宪书每日计九十六刻。］

(Actuellement l'almanach ne compte que quatre-vingts seize moments ou *khach* par jour.)

凡［律］称一日者，以百刻。

Toutes les fois que (dans la loi), on emploie l'expression：«jour», elle exprime la durée de cent moments appelés *khach*；

［犯罪违律计数满，乃坐。］计工者，从朝至暮。［不以百刻为限。］

(Lorsqu'il s'agit d'une faute commise et de la durée d'une peine encourue, ou d'une infraction à une prescription de la loi, il faut que la quantité soit complète pour que la disposition soit applicable.) S'il s'agit d'un décompte de travail, elle désigne depuis le lever jusqu'au coucher du soleil (ce n'est plus la durée de cent *khach*).

称"一年"者，以三百六十日。［如秋粮违限，虽三百五十九日，亦不得为一年。］

L'expression：«un an» désigne la durée de trois cent soixante jours (ainsi, lorsqu'il s'agit du versement de l'impôt d'automne après l'expiration des délais légaux, bien que le délai ait été dépassé de trois cent cinquante-neuf jours, on ne peut encore pas dire qu'il y a un an).

称"人年"者，以籍为定。［谓称人年纪，以附籍年甲为准。］

Lorsqu'il s'agit de l'âge des personnes, cet âge est déterminé par les rôles d'inscription (cela veut dire que si on parle de l'âge d'un homme, on se base sur le nom de l'année où il a été porté sur les rôles d'inscription).

称"众"者，三人以上。称"谋"者，二人以上。［谋状显迹明白者，虽一人同二人之法。］

Lorsque l'expression «plusieurs» est employée, elle désigne trois personnes et au-dessus; lorsqu'il s'agit de l'expression: «complot», elle indique deux personnes et au-dessus (lorsque les traces et les indices de la préméditation sont parfaitement clairs et évidents, bien qu'il n'y ait qu'un coupable, on applique les mêmes règles que s'il y avait deux personnes).

四十二、称道士女冠

Art. XLII. De l'expression «religieux et religieuses de la secte de Dao»

凡［律］称"道士"、"女冠"者，僧、尼同。［如道士、女冠犯奸，加凡人罪二等，僧、尼亦然。］

Toutes les fois que (dans la loi) l'on emploie l'expression: «religieux et religieuses de la secte de Dao», les religieux et religieuses Bouddhistes sont compris dans la disposition (si des religieuxou religieuses de la secte de Dao commettent un acte de fornication, ils sont punis de la peine des personnes quelconques augmentée de deux degrés; s'il s'agit de religieux ou de religieuses bouddhistes, il en est encore de même).

若于其受业师，与伯叔父母同。［如俗人骂伯叔父母，杖六十，徒一年；道、冠、僧、尼骂师，罪同。受业师谓于寺观之内，亲承经教，合为师主者。］

Dans leurs actes envers le maître dont ils ont reçu l'enseignement de leur doctrine, ils sont considérés comme ayant agi vis-à-vis de leurs oncles, frères aînés et cadets du père ou vis-à-vis de l'épouse de chacun de ceux-ci (ainsi une personne quelconque qui profère des injures contre un oncle, frère aîné ou cadet de son père, ou contre l'épouse de l'un de ceux-ci, est puni de soixante coups de truong et d'un an de travail pénible; les religieux ou religieuses de la secte de Dao, ou Bouddhistes, qui injurient leur maître en religion sont punis pour la même faute. Le maître dont ils ont reçu l'enseignement, c'est-à-dire le maître qui, dans le couvent, leur a enseigné les dogmes de la religion).

其于弟子，与兄弟之子同。［如俗人殴杀兄弟之子，杖一百，徒三年；道、冠、僧、尼殴杀弟子，同罪。］

Dans leurs actes envers leurs disciples, ils sont considérés comme ayant agi vis-à-vis des enfants de leurs frères aînés et cadets (si une personne quelconque frappe et tue un enfant d'un de ses frères aînés ou cadets, elle est punie de cent coups de truong et de trois ans de travail pénible; les religieux et religieuses de la secte de Dao ou Buddhistes qui frappent et tuent un disciple sont punis de la même peine).

四十三、断罪依新颁律
Art. XLIII. Prononcer les peines selon les nouvelles lois promulguées

凡律自颁降日为始，若犯在已前者，并依新律拟断。［如事犯在未经定例之先，仍依律及已行之例定拟。其定例内有限以年月者，俱以限定年月为断。若例应轻者，照新例遵行。］

A partir du jour où les lois auront été promulguées, les fautes commises avant cette promulgation seront également jugées selon les nouvelles lois (si une faute a été commise avant qu'un décret ait été établi, on la jugera d'ailleurs selon la loi ou les décrets déjà établis : si la date de la mise en vigueur est fixée dans le décret, on se basera sur cette date ; si le nouveau décret est moins sévère, on suivra le nouveau décret).

四十四、断罪无正条
Art. XLIV. Détermination de la peine dans les cas imprévus

凡律令该载不尽事理，若断罪无正条者，［援］引［他］律比附，应加、应减，定拟罪名，［申该上司］议定奏闻。

Les lois et ordonnances ne contiennent pas la solution de tous les cas à juger lorsqu'il faudra déterminer la peine dans un cas qui ne sera pas exactement prévu

par une disposition particulière, on citera（par extension）une（autre）loi, en assimilant ou en comparant le fait nouveau au fait prévu, en décidant quelle est la peine
et s'il y a lieu de l'augmenter ou de la diminuer（la solution sera soumise à l'autorité
supérieure）; après délibération, un rapport sera adressé au Souverain pour l'informer.

若辄断决，致罪有出入，以故失论。

Si la décision prise, et sans autorisation, le jugement est mis à exécution et
qu'il en résulte une faute dite d'incrimination ou d'acquittement, on prononcera
d'après les dispositions relatives au cas d'erreurs volontaires［art. 409］

四十五、徒流地方〔1〕
Art. XLV. Des lieux d'exécution, des peines de
l'exil et du travail pénible

凡徒役，各照应徒年限，并以到配所之日为始，限满释放。

Pour les condamnés à la servitude du travail pénible, la peine commence dans
chaque cas également, à compter du jour où ils sont parvenus au lieu où ils doivent
la subir, et le nombre d'années fixé complètement écoulé, ils sont remis en liberté.

流犯，照依本营镇地方〔2〕，计所犯应流道里，定发各处荒芜及濒海州、
县安置〔3〕。

Pour les condamnés à l'exil, on compte le nombre de lis de la peine à laquelle
ils sont condamnés à partir de leur propre résidence, ou province, et ils sont envoyés
dans les lieux déserts et incultes, ou dans le *chaû* et *huyén* du littoral ou des îles,
pour y être internés.

徒五等，

CINQ DEGRÉS DU TRAVAIL PÉNIBLE,

发本营镇役所〔4〕；

---

〔1〕 该律文在《大清律例》中叫"徒流迁徙地方"。

〔2〕 该句在《大清律例》中是"照依本省地方"。部分文字存在改动。

〔3〕 该句在《大清律例》中的原文是"流犯，照依本省地方，计所犯应流道里，定发各处荒芜
及濒海州、县安置。应迁徙者，迁离乡土一千里外。"部分文字有删减。

〔4〕 该句在《大清律例》中的原文是"发本省驿递"。部分文字有删减。

Les condamnés sont envoyés dans les lieux de servitude de leur propre province (art. 384).

流三等,

TROIS DEGRÉS DE LA PEINE DE l'EXIL

三流道里表〔1〕。

TABLEAU indicatif des lieux d'exil pour les trois degrés de cette peine calculés d'après la distance en lis.

四十六、充军地方
Art. XLVI. Des lieux d'exécution de la peine de la servitude militaire

凡问该充军者,附近,发二千里;近边,发二千五百里;边远,发三千里;悉照三流道表内定地发遣〔2〕。

Toutes les fois que la peine de la servitude militaire aura été prononcée, cette peine, «dans un lieu très rapproché», sera subie à deux mille lis; prononcée à une «frontière rapprochée», elle sera subie à deux mille cinq cents lis; prononcée à une «frontière éloignée», elle sera subie à trois mille lis; dans tous les cas, le lieu où la peine sera subie est déterminé d'après le tableau indicatif des lieux d'exil calculés d'après la distance en lis.

充军人犯,在京,兵部定地;在外,营镇官定地〔3〕,仍抄招知会兵部。

Pour les coupables condamnés à la peine de la servitude militaire par les tribunaux de la capitale, ce sera le ministère de la guerre qui déterminera le lieu où la peine sera subie; pour ceux qui auront été condamnés à cette peine dans les provinces, ce sera le gouverneur de ces provinces qui déterminera ce lieu et qui en informera le ministère de la guerre.

---

〔1〕 该表内地点是越南当时的地方名,与《大清律例》对应的三流道里表内容不同。鉴于都是音译地名,故此处省略不校。

〔2〕 该句在《大清律例》中的原文是 "……边远,发三千里;极边、烟瘴,俱发四千里。如无烟瘴地方,即以极边为烟瘴,定地发遣"。部分文字存在改动。

〔3〕 该句在《大清律例》中是 "在外,巡抚定地"。部分文字有删减。

吏　律

职　制
Règle sur les Titres

四十七、官员袭荫
Art. XLVII. Des dignités héréditaires des parents des fonctionnaires

1、凡文武官员应合袭荫者，并令嫡长子孙袭荫。

Toutes les fois qu'un fonctionnaire civil ou militaire sera dans les conditions nécessaires pour transmettre un reflet de sa dignité, ce sera toujours le fils ou petit-fils aîné de droite lignée qui sera investi de cette dignité héréditaire.

如嫡长子孙有故，［或有亡殁、疾病、奸盗之类。］嫡次子孙袭荫。

Si le fils et le petit-fils aîné de droite lignée sont empêchés (qu'ils soient morts, infirmes, atteints de maladies incurables, coupables de fornication, ou de vol, ou dans tous autres cas analogues), ce sera le fils ou le petit-fils suivant, par rang d'âge, dans la droite lignée qui devra être investi de la dignité héréditaire;

若无嫡次子孙，方许庶长子孙袭荫。

S'il n'y a pas d'autre fils ou petits-fils de droite lignée, alors seulement il sera permis de désigner le fils ou le petits-fils aîné de commune lignée pour être investi de cette dignité.

如无庶出子孙，许令弟侄应合承继者袭荫。

S'il n'y a ni fils ni petit-fils de commune lignée, il sera permis de désigner un frère cadet ou un neveu apte à continuer la postérité de l'auteur du titre et qui sera investi de la dignité héréditaire.

若庶出子孙及弟侄，不依次序搀越袭荫者，杖一百，徒三年。［仍依次袭荫。］

Si le fils ou le petit-fils de commune lignée, ou bien si le frère cadet ou le neveu est investi de la dignité héréditaire en violant l'ordre naturel d'accession, la peine sera de cent coups de truong et de trois ans de travail pénible (d'ailleurs la dignité héréditaire sera conférée à celui à qui elle revient en suivant l'ordre naturel d'accession).

2、其子孙应承袭者，［本宗及本部各官保勘明白。］移文［该部］奏请承袭支俸。

Le fils ou le petit-fils qui devra être investi d'une dignité héréditaire (les parents de la souche, ainsi que les fonctionnaires sous le gouvernement duquel elle est placée vérifieront clairement et enverront), enverra une dépêche (à ce ministère)[1], exposant les faits au Souverain et lui demandant l'investiture de cette dignité et la mise en solde.

如所袭子孙年幼，候年一十八岁，方预朝参公役。如委绝嗣无可承袭者，准令本人妻小，依例关请俸给，养赡终身。

Si le fils ou le petit-fils qui doit être investi de cette dignité est encore enfant, on attendra qu'il soit âgé de dix-huit ans, et alors, il pourra être attaché à une charge publique et avoir un rang à la cour. Si la postérité est éteinte et que personne ne soit apte à être investi de cette dignité, il sera permis à l'épouse de la personne de qui vient cette dignité de demander au Souverain à être, selon les règlements, pourvue d'une solde à titre d'aliments, et pour la durée de sa vie.

若将异姓外人乞养为子，瞒昧官府，诈冒承袭者，乞养子，杖一百，发边远充军。

Si des personnes étrangères, d'un autre nom de famille, demandées, prises et élevées comme enfants adoptifs, trompent les fonctionnaires et se font faussement passer pour ceux qui doivent être investis d'une dignité héréditaire, ces enfants adop-

---

［1］ 此处指吏部（le minister de l'administration）。

tifs seront punis de cent coups de truong et envoyés en servitude militaire à une frontière éloignée.

本家所关俸给，［事发］截日住罢。他人教令［搀越诈冒］者，并与犯人同罪。

La solde, accordée et payée à la famille, cessera d'être payée à compter de ce jour (où le fait sera révélé); les personnes qui les auront incitées à commettre ces actes (de violation de l'ordre naturel d'accession et d'usurpation de qualité), seront également punies de la même peine que les coupables.

3、若当该官司知［其搀越诈冒］而听行，与同罪。

Si les fonctionnaires concernés ont connaissance de ces faits (de violation de l'ordre naturel d'accession et d'usurpation de qualité), et consentent à les laisser commettre, ils seront punis pour la même faute;

不知者，不坐。［若受财扶同保勘，以枉法从重论。］

Ceux qui n'en auront pas eu connaissance ne seront pas incriminés (s'il y a eu acceptation de valeurs pour aider, pour garantir ou pour ne pas vérifier, on prononcera en suivant la loi la plus sévère, et d'après les dispositions relatives à la violation des règles).

四十八、大臣专擅选官

Art. XLVIII. Des hauts dignitaires qui, de leur autorité privée, choisissent des fonctionnaires.

1、凡除授官员，［兼文武应选者。］须从朝廷选用，若大臣专擅选用者斩。［监候。］

La nomination des fonctionnaires (comprenant indifféremment celle des personnes aptes à être choisies pour les emplois civils ou militaires), appartient absolument au gouvernement qui les choisit et les emploie; si de hauts dignitaires s'arrogent, de leur autorité privée, le droit de les choisir et de les employer ils seront punis de la décapitation (avec sursis).

2、若大臣亲戚，［非科贡应选等项，系不应选者。］非奉特旨，不许除授官职，违者，罪亦如之。［受选除者，俱免坐。］

S'il s'agit de parents ou alliés de ces hauts dignitaires (qui n'ont pas obtenu les grades universitaires nécessaires pour être apte s à être choisis et qui ne sont pas dans les conditions nécessaires pour être choisis), sans une décision expresse du Souverain, il n'est pas permis de leur conférer des titres de fonctionnaires : ceux qui contreviendront à cette disposition seront encore coupables de la même faute (ceux qui auront été choisis et qui auront été nommés, seront toujours dispensés de toute peine).

3、其见任在朝官员，面谕差遣，及改除，[外职。] 不问远近，托故不行者，并杖一百，罢职不叙。

Les fonctionnaires actuellement pourvus d'un poste à la cour qui, présents devant le Souverain, auront reçu de lui soit une mission, soit une nouvelle destination (un emploi dans les provinces), quel que soit le lieu où ils seront envoyés, et qui invoqueront des prétextes pour ne pas exécuter l'ordre reçu, seront également punis de cent coups de truong et dégradés sans pouvoir être réintégrés.

四十九、文官不许封公侯

Art. XLIX. Les fonctionnaires civils ne peuvent être revêtus des titres honorifiques de cong et de hau

凡文官非有大功勋于国家，而所司朦胧奏请，辄封公侯爵者，当该官吏及受封之人皆斩。[监候。]

Si un fonctionnaire civil ne s'est pas illustré par un mérite extraordinaire dans les services qu'il a rendus à l'État, et que ceux sous le contrôle de qui il est placé aient adressé mal à propos au Souverain une demande tendant à lui faire conférer les titres honorifiques de *công* ou de *hâu*[1], les fonctionnaires et employés qui auront fait la demande et celui qui aura reçu le titre seront tous punis de la décapitation (avec sursis).

其生前出将入相，能除大患，尽忠报国者，同开国功勋一体封侯谥公，不用此律。[生受爵禄曰"封"，死赐褒赠曰"谥"。]

Ceux qui, de leur vivant, auront pu conjurer quelque grand danger et qui

---

〔1〕 此处两个越南词对应汉语"公"与"候"。

auront servi l'État avec une fidélité invariable, pourront, absolument comme ceux qui auront eu le mérite de contribuer à la formation de la dynastie, être gratifiés du titre de *hâu*, ou honorés du titre posthume de *công*, sans que, dans ce cas, on emploie la présente loi (recevoir de son vivant une dignité et un traitement se dit : «être gratifié», recevoir une récompense posthume se dit : «être honoré».

五十、滥设官吏

Art. L. Nommer mal à propos des fonctionnaires ou des employés

1、凡内外各衙门，官有额定员数，而多添设者，当该官吏，［指典选者。］一人，杖一百，每三人加一等，罪止杖一百，徒三年。［若受赃，计赃，以枉法从重论。］

Le nombre des fonctionnaires attachés aux divers services ou tribunaux de la capitale ou des provinces est déterminé par des rôles, et, s'il en est établi en plus de ce nombre, les fonctionnaires et employés concernés (ceci désigne ceux qui sont chargés de faire les propositions), seront punis, pour une personne, de la peine de cent coups de truong ; la peine augmentera d'un degré pour chaque fois trois personnes en sus, et elle s'arrêtera à cent coups de truong et trois ans de travail pénible (s'il y a eu acceptation de valeurs, on prononcera en suivant la loi la plus sévère ; en tenant compte de la valeur du produit de l'acte illicite d'après les dispositions relatives à la violation de règles).

2、若吏典、知印及承差、祗候、禁子、弓兵人等，额外滥充者，杖一百，迁徙。［比流减半，准徒二年。］

Ceux qui nommeront mal à propos, et en dépassant les cadres, des employés ou écrivains commis à la garde des sceaux d'une fonction, ou bien des agents et autres personnes telles que des employés, des gens du service près d'un fonctionnaire, des gardiens de prison et autres, seront punis de cent coups de truong et de la transportation (cette peine comparée à celle de l'exil est moindre de moitié et remplacée par deux ans de travail pénible).

容留一人，正官笞二十，首领笞三十，吏笞四十，每三人各加一等，并罪止杖一百，罪坐所由。［容留之人，不坐。］

Si une personne nommée mal à propos est conservée et tolérée, le fonctionnaire chef du service sera puni de vingt coups de rotin ; le fonctionnaire chargé du contrôle des détails du service sera puni de trente coups, et l'employé sera puni de quarante coups de rotin ; pour chaque fois trois personnes en sus, la peine de chacun augmentera d'un degré, et elle s'arrêtera également à cent coups de truong. La faute est imputable à ceux de qui provient le fait (les personnes tolérées et conservées ne sont pas incriminées).

3、其罢闲官吏，在外干预官事，结揽写发文案，把持官府，蠹政害民者，并杖八十。于犯人名不追银二十两，付告人充赏。有所规避者，从重论。

Les fonctionnaires ou employés congédiés ou cassés qui, mis hors de l'administration, s'immisceront dans les affaires publiques, s'attribueront un rôle dans l'expédition des affaires, écriront et enverront des dépêches, dominant les fonctionnaires, corrompant l'administration et nuisant au peuple, seront également punis de quatre-vingts coups de truong, et contraints, en outre, à verser vingt onces d'argent qui seront attribués comme récompense à la personne qui les aura dénoncés. Ceux qui auront eu pour but de se soustraire aux conséquences d'un autre fait seront punis en suivant la loi la plus sévère.

4、若官府税粮由帖，户口籍册，雇募攒写者，勿论。

Si des fonctionnaires ont appelé et réuni des copistes salariés pour faire les écritures des ordres de recette de l'impôt ou des rôles de population, le fait ne sera pas puni.

五十一、信牌
Art. LI. De l'indice officiel d'une mission

1、凡府州县置立信牌，［拘提人犯，催督公事。］量地远近，定立程限，随事销缴。

Dans chaque *phu*, *châu*, ou *huyên*, il sera prêparé des planchettes appelées *tin bài* [1], ou indices officiels d'une mission ; (lorsqu'il y aura lieu d'arrêter ou de faire

---

〔1〕 此处该越南词对应汉语"信牌"。

comparaître des coupables, d'exiger ou de diriger quelque service public）, on tiendra compte de la distance du lieu; on fixera le délai donné pour accomplir la mission selon la nature de cette mission; et quand elle sera accomplie, la planchette sera rendue;

违者，［指差人违牌限。］一日，笞一十，每一日加一等，罪止笞四十。

Ceux（ce mot désigne les personnes envoyées en mission qui auront contrevenu à l'indication du délai portée sur la planchette）qui l'auront dépassé seront punis de dix coups de rotin pour un jour de retard, la peine augmentera d'un degré pour chaque jour en plus et elle s'arrêtera à quarante coups de rotin.

2、若府、州、县官遇有催办事务，不行依律发遣信牌，辄［亲］下所属［坐］守［催］并者，杖一百；［所属，指州、县，乡村言。］

S'il arrive que le magistrat d'un *phu*, d'un *châu*, ou d'un *huyên*, ayant à exiger ou à régler quelque chose au sujet du service public, n'agissent pas selon la loi en envoyant quelqu'un porteur d'un tel indice de mission et qu'il aille directement（en personne）dans un lieu soumis à son autorité（s'y installent）pour y surveiller ou（y exiger et）en régler l'exéculion, il sera puni de cent coups de truong（l'expression «lieu soumis à son autorité», désigne, selon le cas, un *châu*, un *huyên*, ou une commune ou village）.

其点视桥梁、圩岸、驿传、递铺、踏勘灾伤，检尸，捕贼，钞刮之类，不在此限。

L'inspection des ponts, des digues, des relais de courriers pour l'expédition des dépêches, la vérification sur place des effets des calamités, la visite médico-légale des cadavres, la poursuite des malfaiteurs, les saisies et confiscations et autres services analogues ne sont pas compris dans les limites de cette disposition.

五十二、贡举非其人

Art. LII. Des propositions de nomination, motivées sur une aptitude particulière, faites en faveur de personnes qui n'en sont pas dignes.

1、凡贡举非其人，及才堪时用，应贡举而不贡举者，［计其妄举与不举人数，］一人，杖八十，每二人加一等，罪止杖一百。

Quiconque fera une proposition de nomination en alléguant un motif de capacité particulière en faveur de quelqu'un qui n'en sera pas digne, ou bien qui ne fera pas de proposition de cette sorte en faveur de quelqu'un qui est capable, susceptible d'être employé pour répondre aux besoins du moment, et qui devrait être proposé, sera puni (en tenant compte du nombre de personnes proposées mal à propos ou qui n'ont pas été proposées), pour une seule personne, de la peine de quatre-vingts coups de truong; pour chaque fois deux personnes en plus, la peine augmentera d'un degré et elle s'arrêtera à cent coups de truong.

所举之人知情，与同罪；不知者，不坐。

Si la personne proposée a connaissance de la nature du fait, elle sera punie de la même peine; si elle n'en a pas connaissance, elle ne sera pas incriminée.

2、若主司考试艺业技能，而［故］不以实者，［可取者置之下等，不可取者反置之上等。］减二等。

Celui qui, directeur du jury d'examen de connaissances ou de capacités, (volontairement) ne prononcera pas d'après la réalité (en mettant dans les derniers rangs ceux qui devraient être choisis, et en choisissant ceux qui devraient être classés dans les derniers rangs), sera puni d'une peine moindre de deux degrés.

3、［若贡举考试。］失者各减三等。［受赃，俱以枉法从重论。］

Ceux qui (en faisant des propositions ou en examinant) auront agi par erreur, seront, dans chaque cas, punis d'une peine moindre de trois degrés (s'il y a eu acceptation de valeurs, on prononcera toujours en suivant la loi la plus sévère et d'après les dispositions relatives à la violation de règles).

五十三、举用有过官吏

Art. LIII. Proposer et employer des fonctionnaires ou des employés qui ont déjà commis des fautes

凡官吏曾经断罪罢职役不叙者，诸衙门不许朦胧保举。

Il n'est pas permis aux tribunaux ou services quelconques de proposer ou de cautionner désordonnément à des nominations des fonctionnaires ou des employés qui ont été précédemment condamnés à une peine et cassés de leur rang ou de leur emploi sans pouvoir être réintégrés ;

违者，举官及匿过之人，各杖一百，罢职役不叙。

S'il est contrevenu à cette disposition, les fonctionnaires qui auront fait la proposition, ainsi que les personnes qui auront caché leur condamnation précédente, seront, chacun, punis de cent coups de truong et cassés de leur rang ou emploi sans pouvoir être réintégrés.

［受赃，俱以枉法从重论。若将帅异才，不系贪污规避而罢闲者，有司保勘明白，亦得举用。］

（S'il y a eu acceptation de valeurs, on jugera toujours en suivant la loi la plus sévère et en tenant compte des dispositions relatives à la violation des règles ; s'il s'agit d'un général d'une capacité extraordinaire, dégradé et congédié pour un autre motif que ceux d'avidité, de corruption, ou d'avoir commis une faute pour se soustraire aux conséquences d'une autre action, si ceux qui sont revêtus de l'autorité compétente le proposent et se portent garants de sa conduite, il pourra encore être proposé et employé）.

五十四、擅离职役

Art. LIV. De ceux qui quittent de leur propre autorité leur fonction ou leur emploi

1、凡官［内外文武。］吏［典吏。］无［患病、公差之］故擅离职役者，笞四十。［各留职役。］

Tout fonctionnaire（de la capitale ou des provinces, civil ou militaire）ou employé（secrétaire, écrivain）qui, sans motifs（de malheur, de maladie, de mission publique）, aura, sans autorisation, quitté sa fonction ou son emploi sera puni de quarante coups de rotin（dans chaque cas il conservera sa fonction ou son emploi）.

若避难［如避难解之钱粮，难捕之盗贼，有干系者。］因而在逃者，杖一百，罢职役不叙；

Si c'est pour éviter une difficulté（par exemple pour éviter la difficulté d'un transport de fonds ou de grains, la difficulté de poursuivre des voleurs ou brigands pour les arrêter dans des cas graves), et qu'à cause de cela, il a pris la fuite, il sera puni de cent coups de truong et cassé de son rang ou de son emploi sans pouvoir être réintégré au service de l'État.

所避事重者，各从重论。［如文官随军供给粮饷，避难在逃，以致临敌缺乏；武官已承调遣，避难在逃，以致失误军机。若无所避，而弃印在逃，则止罢职。］

Si le fait d'avoir évité une difficulté est plus grave, dans chaque cas, il sera jugé en suivant la loi la plus sévère (Ainsi, si un fonctionnaire civil suit une armée pour l'approvisionner en rations et en fond, que pour éviter cette difficulté il prenne la fuite et qu'il en résulte qu'au moment où l'armée rencontre l'ennemi elle se trouve dans la pénurie; ou, si un fonctionnaire militaire a reçu le commandement d'une (expédition, que pour éviter les difficultés de sa mission il prenne la fuite, et qu'il en résulte des erreurs stratégiques. S'il n'y a aucune difficulté à éviter, et qu'un fonctionnaire abandonne le sceau de sa charge et prenne la fuite, il sera seulement dégradé).

2、其在官［如巡风官吏、火夫之类。］应直不直，应宿不宿，各笞二十。

Quiconque, attaché au service de l'État (par exemple les fonctionnaires et employés chargés de veiller le vent ou les veilleurs d'incendie), devra faire un tour de service et ne le fera pas; devra faire un tour de veille et ne le fera pas, sera, dans chaque cas, puni de vingt coups de rotin;

若主守［常川看守。］仓库、务场、狱囚、杂物之类，应直不直，应宿不宿者，各笞四十。

Si des gardiens chargés (d'une façon permanente de la conservation d'objets), de greniers ou de magasins, de dépôts, chantiers ou ateliers, de condamnés détenus, ou de toute espèce de choses ou d'objets quelconques, doivent accomplir un tour de service et ne l'accomplissent pas; doivent prendre la veille et ne la prennent pas, ils seront, dans chaque cas, punis de quarante coups de rotin.

［具就无失事者言耳。若仓吏不直宿而失火，库子不直宿而失盗，禁子不直宿而失囚之类，自有本律科罪。］

(Cela suppose toujours qu'il n'en est résulté aucune perte ou accident; si les employés d'un grenier n'ont pas fait leur tour de veille et que le feu se soit déclaré par accident；si des garçons de magasin n'ont pas fait leur tour de service ou de veille，et qu'un vol ait été commis；si des geôliers n'ont pas fait leur tour de service ou de veille，et que des détenus se soient évadés，ainsi que dans tout autre cas analogue，on gradue naturellement la peine des coupables selon la loi particulière applicable au fait.

五十五、官员赴任过限

Art. LV. Des fonctionnaires qui dépassent les délais assignés pour prendre leur service

1、凡已除官员，在京者，以除授日为始，在外者，以领［该部所给］文凭限票日为始，各依已定程限赴任。

Tout fonctionnaire nommé doit être arrivé pour prendre son service，dans chaque cas，dans les limites du délai qui lui est assigné；pour ceux qui sont à la capitale，le délai courra à compter du jour de la nomination；pour ceux qui sont à l'extérieur，le délai courra à compter du jour où ils auront reçu l'ordre de service écrit（délivré par le ministère），fixant ce délai.

若无故过限者，一日，笞一十，每十日加一等，罪止杖八十，并留任。

Si，sans motifs，ils dépassent ce délai，pour un jour de retard，ils seront punis de dix coups de rotin；pour chaque fois dix jours en sus，la peine augmentera d'un degré，et elle s'arrêtera à quatre-vingts coups de truong；ils conserveront également leurs fonctions.

2、若代官已到，旧官各照已定限期，交割户口、钱粮、刑名等项，及应有卷宗、籍册完备。

Lorsque le fonctionnaire qui le remplace sera arrivé，l'ancien fonctionnaire devra，dans chaque cas，selon les délais fixés，lui remettre définitivement et au complet les rôles et registres de la population，des fonds et grains，des condamnations et tous les divers genres de rôles，pièces et documents qu'il doit avoir；

无故十日之外不离任所者，依赴任过限论，减二等。［亦留任。］

Si，sans motifs，et après dix jours écoulés，il n'a pas quitté le lieu où il exerçait sa fonction，il sera jugé selon les dispositions relatives à ceux qui dépassent les délais assignés pour prendre leur service, avec diminution de deux degrés (et conservera de même son rang).

3、其中途阻风、被盗、患病、丧事，不能前进者，听于所在官司 [告明] 给 [印信结] 状，以备 [后日违限，将结状送官。] 照勘。

Ceux qui, en route, auront subi des empêchements causés par le vent, ou qui auront été attaqués par des voleurs, qui seront tombés malades, ou qui se seront trouvés dans un cas de deuil et qui, par suite, n'auront pas pu avancer, seront autorisés à s'adresser (en lui rendant compte) au fonctionnaire chargé du gouvernement du lieu où ils se trouveront, lequel leur délivrera (et remettra) une attestation (scellée de son sceau et sous sa garantie) afin de pourvoir (lorsque plus tard ils auront dépassé les délais fixés et en représentant cette attestation certifiée à l'autorité) aux vérifications ultérieures.

若有规避、诈冒不实者，从重论。当该官司扶同保勘者，罪同。

Ceux qui auront eu pour but de se soustraire aux conséquences d'une autre action et qui auront usé de fraudes et de supercheries, seront jugés en suivant la loi la plus sévère. Les fonctionnaires investis de l'autorité compétente qui les auront assistés dans leurs enquêtes et attestations, seront punis pour la même faute.

五十六、无故不朝参公座

Art. LVI. De ceux qui, sans motifs, n'assistent pas aux délibérations de la Cour et ne siègent pas dans leur prétoire

凡大小官员，无故在内不朝参，[在内不言公座署事，重朝参也。并论。] 在外不公座署事，及官吏给假限满，无故不还职役者，一日，笞一十，每三日加一等，各罪止杖八十，并留职役。

Tout fonctionnaire de rang supérieur ou inférieur qui, sans motifs, à la capitale, n'aura pas assisté aux délibérations de la cour (pour ceux qui sont fonctionnaires de la capitale, il n'est pas parlé de ne pas siéger dans leur prétoire pour l'expédition des affaires publiques, parce qu'il est plus grave de manquer aux délibérations de la cour; le fait est considéré comme le fait de celui qui), dans les provinces, n'aura pas siégé dans son prétoire pour l'expédition des affaires publiques, ainsi que tout fonctionnaire ou employé qui, ayant obtenu un congé dont la durée est expirée, sans motifs, ne reprendra pas ses fonctions ou sa charge, seront, pour un jour, punis de dix coups de rotin; pour chaque fois trois jours en sus, la peine augmentera d'un degré, et, dans chaque cas, la peine s'arrêtera à quatre-vingts coups de truong; ils conserveront également leur fonction ou leur emploi.

五十七、擅勾属官

Art. LVII. Faire comparaître irrégulièrement des fonctionnaires en sous-ordre

凡上司催会公事，立［文］案定［期］限，或遣牌，或差人，行移所属衙门督并［完报。］

Tout tribunal ou service supérieur qui convoquera une réunion au sujet d'une affaire publique établira une pièce (écrite) fixant un délai (une date), et il enverra soit une planchette indice de mission officielle ［art. 51］, soit une personne qui portera la dépêche au tribunal ou service en sous-ordre, dépêche lui prescrivant les mesures à prendre (pour qu'il vienne rendre compte);

如有迟错，依律论［其稽迟违错之］罪。若擅勾属官，拘唤吏典听事，及差占司狱、各州、县首领官，因而妨废公务者，［上司官吏］笞四十。

S'il y a des retards ou des erreurs, le fait sera jugé selon les lois et puni (de la peine édictée contre ces retards, ces désobéissances ou erreurs). Si le tribunal ou service supérieur appelle de sa propre autorité les fonctionnaires en sous-ordre, fait venir les employés pour recevoir des ordres, ou bien charge illicitement le fonctionnaire chargé du contrôle des détails; du service dans les divers *châu* et *huyên* de venir assister à ses jugements, de telle façon que ceux-là sont obligés de négliger les affaires publiques dont ils sont chargés, la peine (des fonctionnaires et employés du tribunal supérieur) sera de quarante coups de rotin.

苦属官承顺逢迎，及差拨吏典赴上司听事者，罪亦如之。

Si les fonctionnaires en sous-ordre se prêtent à ces exigences et vont au-devant de tels caprices, ou bien s'ils envoient des employés auprès du tribunal supérieur pour y traiter d'affaires et y recevoir des instructions, leur faute sera encore la même.

其有必合追对刑名，查勘钱粮，监督造作重事，方许勾问，事毕随即发落。

Lorsqu'il y aura lieu de faire comparaître ces personnes pour les entendre contradictoirement dans un jugement criminel, pour assister à une vérification de compte de fonds ou de grains, pour surveiller l'exécution d'un travail important, il sera alors permis de les appeler; l'affaire terminée, ils devront être aussitôt congédiés.

无故稽留三日者，笞二十，每三日加一等，罪止笞五十。[勾问，谓勾问其事情，非勾拘问罪也。若问罪，则名例明开，上司不许径自勾问矣。]

Si, sans motifs, ils sont retardés pendant trois jours, la peine sera de vingt coups de rotin; pour chaque fois trois jours en sus, la peine augmentera d'un degré, et elle s'arrêtera à cinquante coups de rotin («appeler», ou «faire comparaître», signifie qu'il s'agit d'appeler quelqu'un pour lui demander des renseignements sur un fait; il ne s'agit pas de l'appréhender pour juger au sujet d'une faute; s'il s'agit du jugement d'une faute, alors les règles de définition exposent clairement que les tribunaux supérieurs ne peuvent pas d'eux-mêmes, directement, mettre les inférieurs en jugement.)

五十八、奸党

Art. LVIII. Des liaisons criminelles

1、凡奸邪［将不该死之人］进谗言，左使杀人［不由正理，借引别事以激怒人主，杀其人以快己意。］者，斩。［监候。］

Ceux qui, mal intentionnés et pervers, emploieront des paroles insidieuses auprès du Souverain pour arriver à faire mettre à mort quelqu'un (qui ne mérite pas la mort; non par des raisons valables, mais en se servant de voies détournées et de prétextes pour exciter la colère du Souverain afin qu'il fasse mettre cette personne à mort, et pour en venir à leurs propres fins) seront punis de la décapitation (avec sursis).

2、若犯罪，律该处死，其大臣小官，巧言谏免，暗邀［市恩，以结］人心者，亦斩。［监候。］

S'il s'agit d'une personne coupable d'une faute punie de mort, les hauts dignitaires et fonctionnaires de rang supérieur qui auront employé des paroles artificieuses pour faire des représentations au Souverain afin de faire gracier le coupable, et pour acquérir d'une façon ténébreuse et détournée (faire commerce de grâces pour former une liaison), le dévouement de quelqu'un, seront, de même, punis de la décapitation (avec sursis).

3、若在朝官员，交结朋党，紊乱朝政者，[凡朋党官员] 皆斩。[监候,] 妻子为奴，财产入官。

Les fonctionnaires de la cour qui s'entendront entre eux, et formeront des liaisons ou associations pour porter le désordre et la confusion dans les institutions du gouvernement seront, tous (chacun des fonctionnaires qui auront fait partie de cette association), punis de la décapitation (avec sursis); leur épouse et leurs fils deviendront esclaves, leurs biens et valeurs seront confisqués à l'Etat.

4、若刑部及大小各衙门官吏，不执法律，听从上司 [指奸臣。] 主使，出入 [已决放] 人罪者，罪亦如之。

Si des fonctionnaires ou employés du ministère des peines ou des divers tribunaux supérieurs ou inférieurs ne maintiennent pas l'observation des règles et des lois, écoutent et suivent l'autorité supérieure (il est question d'écouter les fonctionnaires pervers), qui leur commande d'innocenter ou d'incriminer quelqu'un, ils seront encore (lorsque la condamnation aura été exécutée ou la personne relaxée), coupables de la même faute.

若有不避权势，明具实迹，亲赴御前，执法陈诉者，罪坐奸臣。言告之人，[虽业已听从，致罪有出入，亦得] 与免本罪，仍将犯人财产埇给 [若止一人陈奏，全给。] 充赏，有官者升二等，无官者量与一官，或 [不愿官者] 赏银二千两。

S'il se trouve une personne qui ne se laisse pas influencer par la crainte du pouvoir, qui expose clairement les faits et en donne des preuves évidentes, qui de sa personne va devant le Souverain et lui expose son appel dans le but de maintenir la règle, la peine sera imputable au fonctionnaire pervers et celui qui aura porté l'accusation (bien qu'auparavant il ait écouté les injonctions et obéi jusqu'à ce point qu'il y ait eu fait d'innocenter ou d'incriminer quelqu'un, cependant), sera dispensé de la peine de sa propre faute; d'ailleurs, on prendra les biens et valeurs du coupable et ces biens seront également répartis ou（si une seule personne a rendu compte au Souverain）, donnés à titre de récompense. Si celui qui a osé faire la révélation est déjà fonctionnaire, il sera promu et élevé de deux degrés ; s'il n'était pas fonctionnaire, il lui sera donné un titre de fonctionnaire proportionné à son mérite et à sa condition, ou bien（s'il ne veut pas être nommé à une fonction）, une récompense de deux milles onces d'argent.

五十九、交结近侍官员
Art. LIX. Liaisons contractées avec les officiers au service personnel de l'empereur [1]

凡诸衙门官吏，若与内官及近侍人员互相交结，漏泄［机密］事情，夤缘作弊，［内外交通，泄漏事情］而扶同奏启［以图乘机迎合］者，皆斩［监候］，妻、子流二千里安置。[此亦奸党一节，但漏泄较紊乱少轻，故止流而安置其妻、子，不籍没其家产。若止以亲故往来，无夤缘等弊，不用此律。]

Les officiers, de quelque Tribunal que ce soit, qui noueront des relations avec des officiers du palais ou des serviteurs de Sa Majesté, de sorte qu'ils divulguent les secrets de l'Etat, complotent des mefaits, et s'aident mutuellement à présenter des rapports à l'empereur, seront tous décapités après les assises d'automne. Leurs femmes et leurs enfants seront exilés pour toujours à 2000 lis de distance et s'établiront dans ce lieu.（Cette loi n'aura plus d'application si la parenté seule ou l'amitié causait ces relations et non les mauvais desseins ci-dessus énumerés.）

六十、上言大臣德政
Art. LX. Entretenir le Souverain de la vertu et des capacités des hauts fonctionnaires

凡诸衙门官吏及士庶人等，若有上言宰执［执政］大臣美政才德者，［非

---

〔1〕 该律文选自鲍来思译本，第 132 页。霍道生译本缺失此条律文。

图引用，便系报私。] 即是奸党，务要鞫问穷究［所以阿附大臣。] 来历明白，

Les fonctionnaires ou employés de tous les services ou tribunaux, ainsi que les lettrés et personnes quelconques, s'ils parlent au Souverain en lui vantant la sage administration, l'habileté et la vertu des hauts dignitaires chargés de maintenir (et de faire observer) les règles (s'ils n'ont pas en vue d'être employés, c'est qu'ils ont un autre mobile d'intérêt privé, et ils) seront, par cela seul, coupables du fait de liaisons criminelles [art. 58] . Ils devront absolument être soumis à la question et être interrogés avec la plus stricte attention (pour connaître le motif de leur partialité pour ces hauts dignitaires et) pour connaître clairement les causes de leur conduite;

犯人［连名上言，止坐为首者。] 处斩，［监候，] 妻子为奴，财产入官。

Les coupables (si plusieurs personnes ont parlé dans le même sens et d'accord au Souverain, le principal coupable seul sera passible de cette peine), seront punis de la décapitation (avec sursis), leur épouse et leurs fils seront réduits en esclavage, leurs biens et valeurs seront confisqués à l'État.

若宰执大臣知情，与同罪，不知者不坐。[大臣知情与同罪，亦依名例至死减一等法，杖一百，流三千里，不追及妻子财产。]

Si lesdits hauts dignitaires chargés du maintien des règles ont connaissance de ces faits, ils seront punis de la même peine; s'il n'en ont pas connaissance, ils ne seront pas incriminés. (Lorsque lesdits hauts dignitaires ont connaissance de la nature des faits, ils sont punis de la «même peine»; on doit encore suivre les règles de définitions qui établissent que lorsque la peine est la mort, elle doit être diminuée d'un degré et se trouve réduite à cent coups de truong et l'exil à trois mille lis; le châtiment n'atteint pas l'épouse et les enfants des coupables, et leurs biens ne sont pas confisqués).

公　制
Règle d'administration Publique

六十一、讲读律令
Art. LXI. De la lecture et de l'explication des lois et ordonnances

1、凡国家律令，参酌事情轻重，定立罪名，颁行天下，永为遵守。

Les lois et ordonnances du royaume apprécient la légèreté ou la gravité de la nature des faits et prononcent une pénalité ; elles sont promulguées dans tout l'empire et doivent être éternellement obéies et respectées.

百司官吏务要熟读，讲明律意，剖决事务。

Les fonctionnaires et employés chargés du gouvernement du peuple doivent absolument les lire, les méditer mûrement, les expliquer avec clarté, pour se pénétrer de leur esprit en prononçant sur les affaires.

每遇年终，在内在外，各从上司官考校。

A la fin de chaque année, à la capitale comme dans les provinces, ils doivent être interrogés et examinés, chacun par l'autorité supérieure dont ils relèvent. .

若有不能讲解，不晓律意者，官，罚俸一月；吏，笞四十。

S'il s'en trouve qui ne puissent expliquer les textes et qui n'entendent pas le sens de la loi, s'ils sont fonctionnaires ils seront punis d'une retenue d'un mois de traitement ; s'ils sont employés, de quarante coups de rotin.

2、其百工技艺诸色人等，有能熟读讲解通晓律意者，若犯过失，及因人连累致罪，不问轻重，并免一次。

Les personnes telles que les artisans ou les artistes de tous les métiers et sciences, et toutes autres qui pourront lire, expliquer et interpréter complètement les lois, qui en pénétreront parfaitement le sens, si elles ont commis une faute par accident ou par mégarde, ou si elles sont incriminées par extension des conséquences de la faute d'autrui jusqu'à encourir une peine, lorsqu'elles seront coupables pour la première fois, seront également dispensées de leur peine, qu'elle soit grave ou légère.

其事干谋反、叛逆，不用此律。

Si leur faute est relative à un complot de rébellion, de grande rébellion ou de trahison, on n'emploiera pas cette loi.

3、若官吏人等挟诈欺公，妄生异议，擅为更改，变乱成法［即律令。］者，斩。［监候。］

Si des fonctionnaires ou des employés emploient la fraude, se jouent du devoir public, font mensongèrement des interprétations inusitées, augmentent ou modifient de leur propre autorité et troublent l'harmonie des règles (ce sont les lois et ordonnances) existantes, ils seront punis de la décapitation (avec sursis).

六十二、制书有违

Art. LXII. Contrevenir à un ordre du Souverain

［天子之言曰制，书则载其言者，如诏、赦、逾、敕之类。若奏准施行者，不在此内。］

(Les paroles de l'Empereur sont appelées：«ordres Souverains» ; l'écrit contient et reproduit ces paroles ; par exemple, dans les édits, les actes d'amnistie, les prescriptions, générales, les brevets de nomination émanant du Souverain. S'il s'agit d'une proposition faite dans un rapport au Souverain, que celui-ci a approuvée, et qu'il a ordonné d'exécuter, le cas n'est plus compris dans cette catégorie).

1、凡奉制书有所施行，而［故］违［不行］者，杖一百[1]。

Quiconque ayant, reçu un ordre écrit émanant du Souverain et prescrivant l'exécution de quelque mesure y contreviendra (volontairement ou ne l'exécutera pas), sera puni de cent coups de truong.

失错旨意者，各减三等。

Celui qui se sera trompé sur le sens de l'expression de la volonté du Souverain sera, dans chaque cas, puni de cette peine diminuée de trois degrés.

2、其稽缓制书者[2]，一日，笞五十，每一日加一等，罪止杖一百。

---

［1］　该句在《大清律例》中是"……杖一百，违皇太子令旨者，同罪"。部分文字被删减。
［2］　该句在《大清律例》中是"其稽缓制书及皇太子令旨者，……"。部分文字被删减。

Celui qui aura apporté des retards à l'exécution d'un ordre écrit du Souverain sera puni, pour un jour, de cinquante coups de rotin ; pour chaque jour en plus la peine augmentera d'un degré et elle s'arrêtera à cent coups de truong.

六十三、弃毁制书印信

Art. LXIII. Jeter ou détruire un ordre écrit du Souverain ou un sceau (appelé an tin [1])

1、凡 [故意] 弃毁制书，及各衙门印信者，斩。[监候。]

Quiconque aura (volontairement) jeté ou détruit un ordre écrit du Souverain ou bien le sceau (appelé *an tin*) d'un tribunal ou service quelconque, sera puni de la décapitation (avec sursis).

若弃毁官文书者，杖一百；

Celui qui aura jeté ou détruit une dépêche officielle d'un fonctionnaire sera puni de cent coups de truong ;

有所规避者，从重论；

Si le fait a été commis dans le but de se soustraire aux conséquences d'une faute antérieure, le coupable sera jugé suivant la loi la plus sévère ;

事干军机、钱粮者，绞。[监候。]

Si le fait concerne les opérations stratégiques ou les fonds et rations de l'armée, la peine sera la strangulation (avec sursis).

[为事干军机，恐致失误，故虽无钱粮，亦绞。若侵欺钱粮，弃毁欲图规避，以致临敌告乏，故罪亦同科。]

(Si le fait concerne les mouvements stratégiques d'une armée, il est à craindre qu'il n'en résulte des accidents ; aussi, bien qu'il ne s'agisse pas de fonds ni de rations, la peine est encore la strangulation. S'il s'agit de détournements de fonds et de grains, ou si le jet ou la destruction ont eu lieu dans le but de soustraire l'auteur de ces actes aux conséquences d'un autre fait, il est à craindre qu'il n'en résulte que, parvenue en présence de l'ennemi, l'armée se trouve dans la pénurie, aussi, la peine

―――――――――――――

[1] 此处该越南语对应汉语"印信"。

est encore graduée de la même façon).

当该官吏知而不举，与犯人同罪。[至死减一等。]

Les fonctionnaires et employés qui connaîtront le fait et ne le révéleront pas, seront punis de la même peine que les coupables (si la peine est la mort, elle sera diminuée d'un degré);

不知者，不坐。误毁者，各减三等。

Ceux qui n'en auront pas eu connaissance ne seront pas incriminés. Si la destruction a eu lieu par erreur, dans chaque cas, la peine sera diminuée de trois degrés.

其因水、火、盗贼毁失，有显迹者，不坐。

Si la perte ou la destruction sont résultées d'un accident causé par l'eau, le feu, ou des voleurs ou brigands, et que le fait soit attesté par des preuves certaines, ce fait ne sera pas incriminé.

2、若遗失制书、圣旨、印信者，杖九十，徒二年半。

Celui qui aura perdu un ordre écrit du Souverain, ou un sceau, sera puni de quatre-vingt-dix coups de truong et de deux ans et demi de travail pénible;

若官文书，杖七十。事干军机、钱粮者，杖九十，徒二年半。

S'il s'agit des dépêches d'un fonctionnaire, la peine sera de soixante-dix coups de truong; si le fait a rapport aux opérations stratégiques ou aux fonds et grains des armées, la peine sera de quatre-vingt-dix coups de truong et deux ans et demi de travail pénible.

俱停俸责寻，三十日得见者，免罪。[限外不获，依上科罪。]

Dans tous les cas, la solde du coupable sera retenue et il lui sera ordonné de rechercher la pièce perdue; si, dans les trente jours, il peut la retrouver et la représenter, il sera dispensé de sa peine (si, en dehors de ce délai, il n'a pas pu la retrouver, sa peine sera graduée comme il a été dit ci-dessus).

3、若主守官物，遗失簿书，以致钱粮数目错乱者，杖八十。[亦住俸责寻。]限内得见者，亦免罪。

Si le gardiens chargés des choses de l'État perdent un registre et qu'il en résulte des erreurs ou un désordre dans la comptabilité des fonds et grains, la peine sera de quatre-vingts coups de truong (leur solde sera de même retenue et il leur sera ordonné de rechercher le registre perdu）；si, dans les limites du délai, ils peuvent le retrouver, ils seront encore dispensés de la peine.

4、其各衙门吏典役满替代者，明立案验，将原管文卷交付接管之人。

Lorsqu'à l'expiration de la durée de leur charge les employés comptables sont remplacés, ils doivent établir clairement un procès-verbal de vérification et remettre à leur successeur les anciennes pièces relatives à leurs fonctions；

违［而不立案交付］者，

Ceux qui contreviendront à cette disposition（qui n'établiront pas de procès-verbal et ne feront pas de remise），seront punis de quatre-vingts coups de truong（peine de l'ancien employé）；

杖［旧吏］八十。首领官吏，不候［吏典］交割，扶同给照［起送离役］者，罪亦如之。

Le fonctionnaire chargé du contrôle des détails du service et les employés qui n'assisteront pas à la remise（entre les comptables），et qui délivreront des certificats（de prise et de remise du service），de complaisance, seront encore coupables de la même faute.

六十四、上书奏事犯讳

Art. LXIV. De l'emploi irrévérencieux de caractères qui ne doivent pas être prononcés dans les pièces adressées au Souverain

1、凡上书，若奏事误犯御名及庙讳者，杖八十。

Quiconque, dans une pièce écrite ou en adressant une communication au Souverain, aura employé par erreur le mot qui est le nom personnel du Souverain ou le nom d'un ancêtre décédé du Souverain, sera puni de quatre-vingts coups de truong；

余文书误犯者，笞四十。

Si la même erreur irrévérencieuse est commise dans toute autre pièce écrite, la peine sera de quarante coups de rotin.

若为名字触犯者，［误非一时，且为人唤。］杖一百。

Celui qui aura commis la même offense en employant ce caractère comme nom personnel（ce n'est plus l'erreur d'un moment, mais c'est prendre ce mot pour appellation habituelle d'une personne）, sera puni de cent coups de truong.

其所犯御名及庙讳，声音相似，字样各别，及有二字止犯一字者，皆不坐罪。

Celui qui aura employé des caractères différents, mais dont le son est semblable au son du caractère qui exprime le nom du Souverain ou le nom d'un ancêtre décédé du Souverain, ou bien celui qui n'aura employé qu'un des deux caractères qui forment ces noms ne sera jamais passible de ces peines.

2、若上书及奏事错误，当言"原免"而言"不免"，［相反之甚。］当言"千石"而言"十石"［相悬之甚。］之类，有害于事者，杖六十。

Si, dans une pièce écrite ou dans une communication sur une affaire quelconque adressée au Souverain, quelqu'un commet une erreur, par exemple, si devant dire «gracier et pardonner» il dit : «ne pas grâcier» (ce qui constitue une assertion on ne peut plus opposée à ce qui devrait être dit), ou si devant dire : «mille *vuong*,» il dit : «dix *vuong*» (ce qui constitue une assertion très éloignée et différente)[1], ou s'il commet toute autre erreur analogue préjudiciable à la question traitée, le coupable sera puni de soixante coups de truong.

申六部错误有害于事者，笞四十。

Celui qui, dans une communication adressée à l'un des six ministères, aura commis une erreur préjudiciable à la question traitée, sera puni de quarante coups de rotin.

其余衙门文书错误者，笞二十。

Si l'erreur a été commise dans une pièce écrite émanant des divers tribunaux ou services, la peine sera de vingt coups de rotin.

若所申虽有错误，而文案可行，不害于事者，勿论。

Bien qu'il y ait erreur dans la pièce, si, cependant, le contenu de la dépêche peut être exécuté sans aucun préjudice pour la question traitée, le fait ne sera pas puni.

---

〔1〕"千"字与"十字"很相似。"石"在安南语中意指 vuong（平方），是谷粒、盐及其他大体积材料的容量单位。——原注。

六十五、事应奏而不奏

Art. LXV. Des cas où il doit être rendu compte au Souverain et où il ne lui est pas rendu compte

1、凡应议之人有犯，应请旨而不请旨，及应论功上议而不上议，［即便拏问发落者。］当该官吏［照杂犯律］处绞。

Toutes les fois qu'une personne ayant droit à une délibération [art. 3, 4, 5], aura commis une faute, qu'on devra demander l'expression de la volonté du Souverain et qu'on ne la demandera pas, ainsi que dans les cas où on devra tenir compte du mérite et présenter une délibération au Souverain et lorsqu'on ne la lui présentera pas (c'est-à-dire lorsqu'on aura mis directement en jugement, ou lorsqu'on aura exécuté directement le jugement), les fonctionnaires et employés concernés seront punis de la peine de la strangulation (selon la loi, la culpabilité est relative).

2、若文武职官有犯，应奏请而不奏请者，杖一百，有所规避，［如怀挟故勘出入人罪之类。］从重论。

Lorsque des fonctionnaires civils ou militaires seront coupables, qu'on devra demander au Souverain l'autorisation de poursuivre [art. 6], et qu'on ne la lui demandera pas, la peine sera de cent coups de truong; si le fait a été commis, en vue et à cause d'un autre acte (par exemple par ressentiment et pour commettre volontairement un fait tel que celui d'innocenter ou d'incriminer quelqu'un), on suivra la loi la plus sévère.

3、若军务、钱粮、选法、制度、刑名、死罪、灾异，及事应奏而不奏者，杖八十；

S'il s'agit d'une affaire relative aux fonds et rations des armées, au choix des fonctionnaires, aux mesures législatives, aux jugements criminels, aux condamnations à mort, aux calamités naturelles, aux événements extraordinaires, ou de toutes choses pour lesquelles il doit être rendu compte au Souverain et dont il ne lui est pas rendu compte, la peine est celle de quatre-vingts coups de truong.

应申上而不申上者，答四十。

Lorsqu'il y aura lieu d'informer une autorité supérieure et que cette autorité ne sera pas informée, la peine sera de quarante coups de rotin.

4、若［应议之人，及文武官犯罪，并军务等事，］已奏、已申、不待回报辄施而行者，并同不奏、不申之罪。［至死减一等。］

Si (lorsqu'il s'agit des personnes qui ont droit à une délibération, des fonctionnaires civils et militaires coupables, des questions relatives aux affaires militaires et autres du même degré) le fait a été exposé au Souverain ou à l'autorité supérieure, ceux qui n'attendront pas la réponse et qui, de leur propre autorité, donneront suite à l'affaire seront punis de la même peine que si le Souverain ou l'autorité supérieure n'avaient pas été informés (si la peine est la mort, elle sera diminuée d'un degré).

5、其［各衙门］合奏公事，须要依律定拟［罪名］，具写奏本，其奏事及当该官吏签书姓名，［现今奏本吏不签名。］明白奏闻。

Lorsqu'on (un tribunal ou service quelconque) doit rendre compte au Souverain au sujet d'une affaire publique, il faut absolument prononcer (la peine) selon les lois et écrire l'expédition qui doit être adressée au Souverain; celui qui adresse le rapport au Souverain, ainsi que les fonctionnaires et employés concernés, signeront tous ensemble de leur nom de famille et de leur nom propre (actuellement, l'expédition adressée au Souverain n'est plus signée des employés) pour porter le tout à la connaissance du Souverain.

若［官吏］有规避，［将所奏内］增减紧关情节，朦胧奏准，［未行者，以奏事不实论。］施行以后，因事发露，虽经年远，鞫问明白，斩。［监候。］

S'il y a eu (de la part des fonctionnaires ou employés) intention ou arrière-pensée au sujet d'un autre acte et que, dans ce but (et dans ce qui est exposé au Souverain), il ait été fait des augmentations ou des diminutions sur des conditions importantes et que le rapport au Souverain soit fait avec artifice et dissimulation, si les conclusions du rapport ont été adoptées et mises à exécution, (si elles n'étaient pas encore mises à exécution on prononcerait d'après l'article relatif aux rapports inexacts adressés au Souverain) [art. 357], et qu'ensuite le fait soit révélé, bien qu'il remonte à plusieurs années, les coupables seront interrogés et soumis à la question pour connaître exactement la vérité et ils seront punis de la peine de la décapitation (avec sursis);

［非军务、钱粮，酌情减等。］

(S'il ne s'agit ni des affaires, ni des fonds et rations des armées, on pèsera la gravité de la nature du fait, et on diminuera la peine en conséquence).

6、若于亲临上司官处禀议公事，必先随事详陈可否，定拟禀说。

Lorsqu'on adresse à l'autorité supérieure sous la surveillance de laquelle on se trouve directement placé un rapport contenant une délibération au sujet d'une affaire publique, il faut, avant tout, exposer clairement le fait, dire s'il y a ou non lieu de prononcer, et comment il y a lieu de prononcer;

若准拟者，［方行。］上司置立印署文簿，附写［所议之事］略节缘由，令首领官吏书名画字，以凭稽考。

Si la décision est approuvée (alors seulement on peut l'exécuter), le fonctionnaire revêtu de l'autorité supérieure appose son sceau et sa signature sur la pièce, y annexe par écrit son appréciation générale et ses motifs (relatifs à la chose mise en délibération), et ordonne au fonctionnaire chargé des détails du service et aux employés de signer de leur nom avec une mention écrite afin de servir plus tard aux preuves et vérifications.

若将不合行事务，［不曾禀上司。］妄作禀准，及窥伺［上司］公务冗并，乘时朦胧禀说，［致官不及详察，误准］施行者，依诈传各衙门官员言语律科罪。

Si quelqu'un représente faussement une affaire qui ne doit pas être mise à exécution (n'ayant pas encore été soumise à l'autorité supérieure), comme ayant été soumise à l'approbation et approuvée, ou bien si quelqu'un s'informe par espionnage d'une affaire publique (de l'autorité supérieure), et profite de l'occasion pour faire un rapport fallacieux (de telle façon que l'autorité supérieure ne peut vérifier et donne son approbation par erreur), et que suite soit donnée à cette affaire, la peine du fait sera graduée selon les dispositions relatives à ceux qui transmettent faussement les ordres des fonctionnaires des divers tribunaux ou services [art. 356].

有所规避者，从重论。［诈传官员言语本罪，详见诈伪律。］

Si les coupables ont en vue d'éviter les conséquences d'un autre acte, on suivra la loi la plus sévère (les peines applicables, d'après la loi relative à ceux qui transmettent faussement les ordres des fonctionnaires des divers tribunaux ou services, se trouvent clairement expliquées dans les lois sur le faux). [Lois crim. , titre VII]

六十六、出使不复命

Art. LXVI. De ceux qui, envoyés en mission, ne rendent pas compte de l'exécution des ordres reçus

1、凡奉制敕出使，［使事已讫。[1]］不复命，干预他事者，［与使事绝无关涉。］杖一百。

Quiconque ayant reçu une mission donnée par patente du Souverain (et l'objet de la mission terminé), ne rendra pas compte de l'exécution des ordres reçus et s'occupera d'autre chose (n'ayant absolument aucun rapport avec l'objet de sa mission), sera puni de cent coups de truong.

各衙门出使，［题奉精微批文及答付者，使事已讫[2]。］不复命，干预他事者，［所干预系］常事，杖七十；军情重事，杖一百。

Ceux qui, envoyés en mission par un tribunal ou service, quelconque (pour exécution d'une décision ou approbation du Souverain reçue sur une proposition qui lui a été adressée, approbation contenant implicitement la nécessité de la mission, ou par une commission d'un service quelconque, et qui, l'objet de la mission terminé), ne rendront pas compte de l'exécution des ordres reçus et s'occuperont d'autre chose seront punis (s'ils se sont occupés et) s'il s'agit d'affaires ordinaires, de la peine de soixante-dix coups de truong, et, s'il s'agit de choses importantes relatives aux affaires militaires, de la peine de cent coups de truong.

若［使事未讫］越理［理不当为］犯分，［分不得为］侵人职掌行事者，笞五十。[3]

S'ils ont (l'objet de la mission n'étant pas terminé) outrepassé leurs devoirs (en faisant ce qu'ils n'auraient pas dû faire) ou leurs pouvoirs (en faisant ce que leur condition ne leur permettait pas de faire), usurpant les attributions des fonctions d'autrui pour faire quelque chose, ils seront punis de cinquante coups de rotin.

---

〔1〕　该句在《大清律例》里是"使事已完"，改动了一个字。

〔2〕　该句在《大清律例》里是"使事已完"，改动了一个字。

〔3〕　该律文在《大清律例》中还有另外两句："2、若回还后，三日不缴纳圣旨［制敕］者，杖六十，每二日加一等，罪止杖一百；不缴纳符验者，笞四十，每三日加一等。罪止杖八十。3、若［或使事有乖，或圣旨、符验有损失之类。］有所规避［不复命，不缴纳］者，各从重论"。均被删去。

若回还后，三日不缴纳圣旨［制敕］者，杖六十，每二日加一等，罪止杖一百；不缴纳符验者，笞四十，每三日加一等。罪止杖八十。

Le délégué qui, trois jour après son retour, ne remettra pas les lettres de créance délivrées par l'empereur, sera puni de 60 coups de bâton, avec augmentation d'un degré pour chaque période de deux jours en plus. Sa peine cependent s'arrêtera à 100 coups. S'il s'agit de lettres de créance délivrées par un grand Tribunal, le délégué recevra 40 coups de petit bâton. La peine augmentera d'un degré pour chaque période de trois jours en plus, et s'arrêtera à 80 coups de gros bâton. [1]

若［或使事有乖，或圣旨、符验有损失之类。］有所规避［不复命、不缴纳］者，各从重论。

Dans tous les cas, si le délit que la loi doit punir, est commis avec des circonstances aggravantes, la peine en augmentera autant que les lois, qui y sont applicables, pourront l'ordonner. [2]

六十七、官文书稽程
Art. LXV. Des retards apportés à l'expédition des pièces officielles

1、凡官文书稽程者，一日，吏典，笞一十，三日加一等，罪止笞四十；

Lorsque l'expédition d'une pièce officielle sera en retard d'un jour, l'employé sera puni de dix coups de rotin ; la peine augmentera d'un degré par trois jours de retard et s'arrêtera à quarante coups de rotin ;

首领官，各减一等。　［首领官，吏典之头目。凡言首领、正官、佐贰不坐。］

Le fonctionnaire chargé du contrôle des détails du service sera, dans chaque cas, puni d'une peine moindre d'un degré (le fonctionnaire chargé du contrôle des détails du service est le chef et le surveillant des employés ; toutes les fois que le texte cite le fonctionnaire chargé du contrôle des employés seul, le fonctionnaire chef

---

〔1〕　此段译文选自鲍来思译本，第143~144页。
〔2〕　此段译文选自勒努阿尔译本，第1卷，第144页，因鲍来思译文中缺失此段。

du service et le fonctionnaire qui lui est adjoint en second ne sont pas incriminés).

2、若各衙门［上司］遇有所属申禀公事，随即详议可否，明白定夺，［批示］回报。

Lorsque les divers tribunaux ou services (autorités supérieures) viennent à recevoir une communication, de ceux qui relèvent d'eux, au sujet d'une affaire publique, ils doivent aussitôt et suivant la nature de cette affaire délibérer à fond, déterminer s'il y a lieu d'approuver ou non, formuler clairement leur décision (annoter et parapher la pièce), et rendre réponse.

若当该［上司］官吏，不与果决、含糊行移、［上下］互相推调，以致耽误公事者，［上司官吏］杖八十。

Si les fonctionnaires et employés concernés (de ce tribunal supérieur) ne prennent pas de décision, envoient des communications obscures et inintelligibles, et si les deux autorités (supérieure et inférieure), se renvoient réciproquement l'affaire de telle sorte qu'il en résulte des retards ou des erreurs dans les affaires publiques, la peine (des fonctionnaires et employés du tribunal supérieur), sera de quatre-vingts coups de truong.

其所属［下司］将可行事件，不行区处，［无疑］而作疑申禀者，［下司官吏］罪亦如之。

Si ceux qui sont en sous-ordre (l'autorité inférieure), ne décident pas et ne prononcent pas sur des choses de leur compétence, élèvent des doutes (là où il n'y en a pas), et portent le cas devant l'autorité supérieure, la faute (des fonctionnaires et employés du tribunal inférieur) sera encore la même.

六十八、照刷文卷

Art. LXVIII. De l'inspection des écritures

1、凡照刷有司有印信衙门文卷，［可结不结。[1]］迟一宗、二宗，吏典，笞一十；

Dans toutes les inspections des écritures des tribunaux ou services chargés du

---

［1］ 该句在《大清律例》中是"可完不完"，部分文字有改动。

gouvernement de la population ou pourvus d'un sceau (*an tin*) , si un ou deux rôles (qui devraient être terminés ne sont pas terminés et) sont en retard, l'employé chargé sera puni de dix coups de rotin ;

三宗至五宗，笞二十；每五宗加一等，罪止笞四十。

De trois jusqu'à cinq rôles, la peine sera celle de vingt coups de rotin ; pour chaque fois cinq rôles en plus elle augmentera d'un degré et s'arrêtera à quarante coups de rotin.

府、州、县首领官及仓库、务场、局所、河泊等官，〔非吏典之比。〕各减一等。

Le fonctionnaire chargé du contrôle des détails du service d'un *phu*, d'un *châu* ou d'un *huyên*, ainsi que les divers fonctionnaires tels que directeurs des greniers ou magasins, des dépôts et ateliers, et des perceptions des revenus fluviaux (qui ne peuvent être comparés à l'employé charge), seront, dans chaque cas, punis d'une peine moindre d'un degré.

2、失错〔漏使印信、不佥姓名之类。〕及漏报，〔卷宗本多，而不送照刷。〕一宗，吏典，笞二十；

S'il y a des erreurs (par exemple, oubli d'appositions du sceau ou des noms de famille et personnels de ceux qui ont dû signer), ou s'il y a des omissions de présentation (lorsque les rôles sont nombreux et que tous ne sont pas présentés à l'inspection), pour un rôle, remployé chargé sera puni de vingt coups de rotin ;

二宗、三宗，笞三十；每三宗加一等，罪止笞五十。

Pour deux ou pour trois rôles, la peine sera de trente coups de rotin ; pour chaque fois trois rôles en sus elle augmentera d'un degré et s'arrêtera à cinquante coups de rotin.

府、州、县首领官，及仓库、务场、局所、河泊等官，各减一等。

Le fonctionnaire chargé du contrôle des détails du service dans un *phu*, un *châu* ou un *huyên*, ainsi que les divers fonctionnaires tels que directeurs des greniers et magasins, des dépôts et ateliers et des perceptions des revenus fluviaux, seront, dans chaque cas, punis d'une peine moindre d'un degré.

其府、州、县正官、巡检，〔非首领官之比。〕一宗至五宗，罚俸一月；每五宗加一等，罚止三月。

Le fonctionnaire en chef d'un *phu*, d'un *châu* ou d'un *huyên* et le contrôleur （qui ne peuvent être comparés au fonctionnaire chargé du contrôle des détails du service）, seront punis, pour un et jusqu'à cinq rôles, d'une retenue d'un mois de traitement; pour chaque fois cinq rôles en plus, la peine augmentera d'un degré et elle s'arrêtera à une retenue de trois mois de traitement.

3、若［文卷刷出，］钱粮埋没、刑名违枉等事，有所规避者，各从重论。

Si（il ressort de l'inspection des écritures que）il y a des déficits de fonds ou de grains, des contraventions ou violations dans des condamnations, et d'autres faits de ce genre, s'il y a eu intention d'éviter les conséquences d'autres actes, dans chaque cas on prononcera en suivant la loi la plus sévère.

六十九、磨勘卷宗

Art. LXIX. De la révision et de la correction des écritures et des rôles

1、凡［照磨所官］磨勘出各衙门未完文卷，曾经布政、按察司［即令上司］照刷驳问迟错，经隔一季之后，钱粮不行追征足备者，提调［掌印］官吏以未足之数十分为率，一分，笞五十；每一分加一等，罪止杖一百。

Toutes les fois qu'il y aura lieu à révision et à corrections（par les fonctionnaires chargés de ce soin）, des écritures et des rôles non terminés des divers tribunaux ou services publics, déjà inspectés et censurés polir erreurs ou pour retards par le *Bô chanh* et l'*An sat* [1]（actuellement par l'autorité supérieure）, si après, plus d'un trimestre le recouvrement des fonds ou grains n'a pas été poursuivi, exigé, et complètement opéré, le fonctionnaire（chargé du sceau）et les employés chargés de la direction générale du service seront punis d'après la quantité du déficit, considérée comme formée de dix parties et prise pour base; pour un dixième pas encore perçu, la peine sera de cinquante coups de rotin; elle augmentera d'un degré pour chaque dixième en sus et s'arrêtera à cent coups de truong.

刑名、造作等事，可完而不完、应改正而不改正者，［过一季］笞四十，［一季后］每一月加一等，罪止杖八十。

---

〔1〕　此处两个越南语分别对应汉语"布政"与"按察"。

S'il s'agit de questions relatives à des peines prononcées, ou à des travaux de constructions qui devraient être terminés et qui ne le sont pas ou qui devraient être corrigés et qui ne le sont pas (après un trimestre), la peine sera de quarante coups de rotin ; pour chaque mois en sus (après ce trimestre), elle augmentera d'un degré et s'arrêtera à quatre-vingts coups de truong.

受财者，计赃，以枉法从重论。

Ceux qui auront accepté des valeurs seront jugés en suivant la loi la plus sévère, et en tenant compte de la valeur du produit de l'acte illicite d'après les dispositions relatives à la violation de règles.

2、若有隐漏，[已照刷过卷宗，] 不报磨勘者，一宗，笞四十每一宗加一等，罪止杖八十。

Ceux qui les cacheront ou les oublieront (les pièces et rôles déjà inspectés), sans les présenter pour la révision et la correction, seront punis, pour un rôle, de quarante coups de rotin ; pour chaque rôle en sus la peine augmentera d'un degré, et elle s'arrêtera à quatre-vingts coups du truong ;

事干钱粮者，一宗，杖八十，每一宗加一等，罪止杖一百。

Si l'affaire est relative aux fonds ou aux grains, pour un rôle, la peine sera de quatre-vingts coups de truong, elle augmentera d'un degré pour chaque rôle en sus, et elle s'arrêtera à cent coups de truong ;

有所规避者，从重论。

S'il y a eu dessein d'éviter les conséquences d'un autre acte, on prononcera suivant la loi la plus sévère.

3、若官吏，[文书内或有稽迟未行，或有差错未改。] 闻知事发 [将调查。] 旋补文案，[未完，捏作已完；未改正，捏作已改正。] 以避迟错者，钱粮计所增数，以虚出通关论；

Si des fonctionnaires et employés (soit qu'ils aient commis un retard et n'aient pas donné suite, soit qu'ils aient commis une erreur et qu'ils ne l'aient pas corrigée dans des pièces écrites), apprennent que le fait est révélé (reprennent la pièce qui est à l'enquête), et complètent les pièces (la terminant artificiellement si elle n'était pas terminée, ou la corrigeant et la rectifiant artificiellement si elle n'a pas été corrigée et rectifiée), afin d'éviter les suites du retard ou de l'erreur, lorsqu'il s'agira de fonds ou grains on comptera la quantité de l'augmentation et on prononcera d'après les dispositions relatives à la délivrance des décharges fictives［art. 114］;

刑名等事，以增减官文书论。

S'il s'agit de condamnations ou d'autres affaires, on prononcera d'après les dispositions relatives à ceux qui ajoutent ou retranchent quelque chose dans une pièce officielle［art. 69］.

同僚若本管上司知而不举，及扶同［旋补］作弊者，同罪。

Si des personnes attachées au même service, ou si l'autorité supérieure de qui relève le fait en ont connaissance et ne le révèlent pas, ou bien si elles aident à commettre ces fautes（de compléter ou de réparer une pièce）, elles seront punies de la même peine;

不知情及不同署文案者，不坐。

Celles qui n'en auront pas connaissance, ainsi que celles qui n'auront pas signé dans les pièces, ne seront pas incriminées.

七十、同僚代判署文案

Art. LXX. Des personnes attachées au même service qui se remplacent pour viser et signer les pièces

凡应行［上下］官文书，而同僚官代判［判日。］署［书名画押。］者，杖八十。

Toutes les fois qu'une pièce officielle doit être expédiée（à des supérieurs ou à des inférieurs）et que des personnes attachées ensemble à un même service se remplaceront pour fixer（le jour de la décision）, ou viser（signer un nom ou tracer un visa）, elles seront punies de quatre-vingts coups de truong.

若因遗失［同僚经手。］文案，而代为［判署，以补卷宗。］者，加一等。若［于内事情］有增减出入，罪重者，从重论。

Si, à cause d'une omission ou d'un oubli dans une pièce（qui a déjà passé par les mains des personnes attachées ensemble au même service）, elles se remplacent les unes les autres（pour fixer et viser afin de compléter des rôles ou des dossiers）, la peine sera augmentée d'un degré; si（en fait）, il y a eu augmentation ou diminution, fait d'innocenter ou d'incriminer, cas qui entraînent une peine plus forte, on prononcera en suivant la loi la plus sévère.

七十一、增减官文书

Art. LXXI. Ajouter ou retrancher dans une pièce officielle

1、凡增减官文书［内情节、字样］者，杖六十。

Celui qui aura ajouté ou retranché (des faits, circonstances, mots, etc.), dans une pièce officielle sera puni de soixante coups de truong;

若有所规避，［而增减者。］杖罪以上［至徒、流，］各加［规避，］本罪二等，罪止杖一百，流三千里，未施行者，［于加罪上］各减一等。

S'il y a eu (augmentation diminution par) intention d'éviter les conséquences d'une autre faute entraînant la peine du truong ou une peine plus grave (jusqu'aux peines du travail pénible et de l'exil), dans chaque cas, la peine primitivement encourue (pour le fait dont il y aura eu intention d'éviter les conséquences), sera augmentée de deux degrés et s'arrêtera à cent coups de truong et à l'exil à trois mille lis. Si le fait n'a pas encore été mis à exécution, dans chaque cas, la peine (déjà augmentée), sera diminuée d'un degré.

规避死罪者，依常律。其当该官吏自有所避［之罪，］增减［原定］文案者，罪［与规避］同。

S'il y a eu intention d'éviter les suites d'une faute entraînant la peine de mort on prononcera selon les lois ordinaires. Si les fonctionnaires et employés concernés ont, eux-mêmes, voulu éviter les conséquences de quelque autre acte (entraînant une peine), et ont ajouté ou retranché dans une pièce (antérieurement arrêtée), la faute sera la même (que la faute de ceux qui ajoutent ou qui retranchent pour éviter les conséquences d'un autre acte).

若增减以避迟错者，答四十。

Ceux qui auront fait des additions ou des retranchements afin d'éviter les suites de retards ou d'erreurs seront punis de quarante coups de rotin.

2、若行移文书，误将军马、钱粮、刑名重事紧关字样，传写失错，而洗补改正者，吏典，答三十。首领官失于对同，减一等。

Parmi ceux qui, en expédiant une dépêche officielle, auront commis des erreurs ou des oublis portant sur des mots très importants relatifs à des affaires graves concernant les troupes, les fonds et les rations, ou les condamnations pénales, et qui les effaceront pour les remplacer en les corrigeant on en les rectifiant, l'employé chargé sera puni de trente coups de rotin et le fonctionnaire chargé du contrôle des détails du service, qui aura négligé de contrôler ou de collationner, sera puni de cette peine diminuée d'un degré.

［若洗改而有］干碍调拨军马及供给边方军需、钱粮数目者，首领官、吏典皆杖八十。

Si le fait（d'effacer ou de corriger）se rapporte à des mouvements de troupes, ou à l'approvisionnement des choses nécessaires à une armée placée aux frontières, ou aux quantités de fonds et de grains qui lui sont nécessaires, le fonctionnaire chargé du contrôle des détails du service et l'employé seront tous punis de quatre-vingts coups de truong.

若有规避故改补者，以增减官文书论。［各加本罪二等。］

Ceux qui auront volontairement fait ces corrections pour éviter les conséquences d'un autre acte seront jugés d'après les dispositions relatives à ceux qui font des additions ou des diminutions dans une pièce officielle（dans chaque cas, la peine qu'ils auront primitivement encourue sera augmentée de deux degrés）；

未施行者，各［于规避加罪上］减一等。［若因改补，而官司涉疑，有碍应付，或至调拨军马不敷，供给钱粮不足，］因而失误军机者，无问故、失，并斩。［监候。］

S'il n'a pas encore été donné suite à l'affaire, dans chaque cas, la peine（du fait dont il s'agissait d'éviter les conséquences, déjà augmentée）, sera diminuée d'un degré；（si à cause de ces corrections le fonctionnaire chargé de la direction des affaires en question a été mis dans l'incertitude sur ce qu'il doit faire ou décider, qu'il en soit résulté que les troupes n'ont pas été envoyées en nombre convenable ou que les approvisionnements de fonds et de rations n'ont pas été expédiés en quantités suffisantes et）, s'il s'en est suivi des erreurs dans les opérations stratégiques, on ne recherchera pas si le fait a été commis volontairement ou par erreur et la peine sera également la décapitation（avec sursis）；

[以该吏为首。若首领及承发吏，杖一百，流三千里。] 若 [非军马、钱粮、刑名等事文书，而] 无规避，及常行字样偶然误写者，皆勿论。

(Ce sera l'employé qui sera considéré comme principal coupable et le fonctionnaire chargé du contrôle des détails du service, ainsi que les employés qui auront été chargés de l'envoi de la dépêche, seront punis de cent coups de truong et de l' exil à trois mille lis). S'il (ne s'agit pas de pièces relatives aux troupes, aux fonds et rations, ou à des condamnations et autres affaires de même importance, et s'il) n'y a pas eu dessein d'éviter les conséquences d'un autre acte, ou bien s'il s'agit de mots d'un usage habituel, et qu'il arrive de pareilles erreurs en écrivant, le fait ne sera jamais puni.

七十二、封掌印信
Art. LXXII. De la fermeture du sceau

凡内外各衙门印信，长官收掌，同僚佐贰官用纸于印面上封记，俱各画字。

Le sceau des tribunaux ou services de la capitale ou des provinces doit être conservé et gardé par le fonctionnaire chef du service ; le fonctionnaire adjoint en second au même service doit apposer un papier sur la face du sceau pour le recouvrir et toujours y apposer sa signature ou un visa.

若同僚佐贰官 [公] 差 [事] 故，许首领官封印。违者，杖一百。

Si le fonctionnaire adjoint en second au même service est en mission pour (affaire touchant) le service public, c'est le fonctionnaire chargé du contrôle des détails du service qui doit mettre cette enveloppe sur le sceau. Ceux qui contreviendront à ces dispositions seront punis de cent coups de truong.

七十三、漏使印信
Art. LXXIII. De l'oubli d'apposition du sceau

1、凡各衙门行移出外文书，漏使印信者，当该吏典对同首领官并承发，各杖六十。

Dans tout tribunal ou service quelconque, toutes les fois qu'une pièce ou dépêche officielle aura été expédiée au dehors et que l'apposition du sceau aura été partiellement omise, l'employé chargé, le fonctionnaire chargé du contrôle des détails du service qui l'aura collationnée, et également celui qui l'aura expédiée, seront, chacun, punis de soixante coups de truong.

2、全不用印者，各杖八十。

Si l'emploi du sceau a été complètement omis, la peine de chacun sera de quatre-vingts coups du truong.

3、［若漏印，及全不用印之公文，］干碍调拨军马、供给边方军需、钱粮者，各杖一百。

Si le fait（de l'omission partielle ou totale de l'apposition du sceau dans une pièce officielle）concerne la direction des opérations militaires ou l'approvisionnement des choses nécessaires, fonds et grains, de troupes placées aux frontières, la peine de chacun sera de cent coups de truong.

因［其漏使不用，所司疑虑，不即调拨供给，］而失误军机者，斩。［监候，亦以当该吏为首，经管首领官并承发，止坐杖一百，流三千里。］

S'il en est résulté（que par suite de cette omission partielle ou totale, celui qui doit diriger l'exécution des prescriptions de la dépêche a eu des doutes et n'a pas aussitôt dirigé les troupes ou expédié les approvisionnements, et）des erreurs ou accidents dans les opérations militaires, la peine sera la décapitation（avec sursis; ce sera encore l'employé qui sera considéré comme principal coupable; le fonctionnaire chargé du contrôle des détails du service qui aura connu de l'affaire et la personne chargée d'envoyer la pièce ne seront passibles que de cent coups de truong et de l'exil à trois mille lis.

［若倒用印信者，照漏用律，杖六十。］

（L'apposition du sceau placé à l'envers, le haut en bas, sera punie, selon la loi sur l'omission partielle d'apposition du sceau, de la peine de soixante coups de truong）.

七十四、擅用调兵印信

Art. LXXIV. De l'emploi illicite du sceau destiné aux ordres militaires

凡统兵将军及各处提督、总兵官印信，除调度军马、办集军务、行移公文用使外，若擅出批帖，假公营私，［及为凭］照［防］送物货［图免税］者，首领官、吏，各杖一百，罢职役不叙。［罪其不能禀阻。］正官，奏闻区处。

En dehors des cas où il faut employer les sceaux des divers commandants en chef de forces militaires ou des divers fonctionnaires pourvus d'un commandement militaire territorial, et peur donner des ordres relatifs aux mouvements des troupes, à l'administration des affaires militaires, et à la correspondance officielle, s'il est illicitement fait usage de ces sceaux pour attester des pièces écrites dans un but privé en empruntant la forme officielle, pour (attester) des visas (de garantie) délivrés pour le transport d'objets ou de marchandises (dans le but d'éviter l'acquittement des droits), le fonctionnaire chargé du contrôle des détails du service et l'employé seront, chacun, punis de cent coups de truong et cassés de leur fonction ou emploi sans pouvoir être réintégrés au service de l'État; (pour le fait de n'avoir pas su faire des représentations et empêcher cet emploi illicite); le fonctionnaire en chef lui-même sera l'objet d'un rapport adressé au Souverain qui prononcera et décidera.

户 律

户 役
Des Charges Civiles

七十五、脱漏户口

Art. LXXV. Omission d'enregistrement des familles et des individus [1]

1、凡一［家曰］户，全不附籍，［若］有［田应出］赋役者，家长杖一百；［若系］无［田不应出］赋役者，杖八十，［准］附籍［有赋照赋，无赋照丁。］当差。

Quand une famille ne se fera point enregistrer, son chef recevra 100 coups de gros bâton, pourvu toutefois qu'il possède des terres soumises à l'impôt. Il en recevra 80 s'il n'en possède pas. La famille sera ensuite inscrite et remplira les services publics.

2、若将他［家］人隐蔽在户，不［另］报［立籍］，及相冒合户附籍［他户］有赋役者，［本户家长］亦杖一百；无赋役者，亦杖八十。

Tout chef de famille qui recèlera des étrangers sans prévenir le mandarin, ou qui les proclamera membres de sa famille et les fera ainsi enregistrer, sera condamné, si les étrangers ont des terres soumises à l'impôt, à 100 coups de bâton,

---

〔1〕 此律文选自鲍来思译本，第164~165页。但有部分语句被译者删略未译，未译部分选自勒努阿尔相应语句的译文，具体详见后续脚注。

et à 80 s'ils n'en ont pas.

若将［内外］另居亲属隐蔽在户不报，及相冒合户附籍者，各减二等；所隐之人并与同罪，改正立户，别籍当差。

Si les individus que le chef de famille cache ou proclame membres de sa famille, se trouvent être des parents déjà séparés d'habitation, la peine sera diminuée de 2 degrés. Les parents la subiront pareillement; on corrigera la fraude, on inscrira la famille sur de nouveaux registres, et elle sera soumise à la corvée.

其同宗伯叔、弟侄及婿，自来不曾分居者，不在此［断罪改正之］限。

Les agnats qui n'ont pas encore d'habitation séparée, comme oncles, cousins, neveux, et les gendres appelés par leur beau-père, ne sont pas compris parmi les pesonnes coupable.

3、其见在官役使办事者，虽脱户，［然有役在身，有名在官。］止依漏口法。

Si celui qui exerce actuellement l'office de mandarin, de commis d'un tribunal, de délégué pour une affaire, a omis totalement l'inscription de sa famille sur le registre public, on ne le punira que d'après la loi portée (plus bas) contre les omissions partielles d'inscription.

4、若［曾立有户］隐漏自己成丁［十六岁以上］人口不附籍，及增减年状，妄作老幼、废疾以免差役者，一口至三口，家长杖六十，每三口加一等，罪止杖一百；

Le chef de famille qui, afin d'éviter la corvée, cachera et omettra de faire inscrire les adultes mâles (16 à 60 ans) habitent chez lui, ou qui augmentera et diminuera leur âge, les déclarant faussement vieux (60 ans) et enfants (moins de 16 ans), ou enfin qui trompera sur leur santé, les disant infirmes et malades, recevra 60 coups de bâton, quand le nombre de ces membres omis ou ainsi déclarés ne dépassera pas trois. Cette peine sera augmentée d'un degré par chaque groupe de trois personnes en plus, sans qu'elle puisse néanmoins dépasser 100 coups.

不成丁三口至五口，笞四十，每五口加一等，罪止杖七十。［所隐人口］入籍，［成丁者］当差。

Si les membres omis n'ont pas atteint l'âge adulte, le chef de famille recevra 40 coups de petit bâton pour le premier nombre de trois à cinq, et sa peine sera augmentée d'un degré, jusqu'à 70 coups, chaque fois que ce chiffre de cinq se représentera. On inscrira ensuite les personnes omises, et (les adultes mâles) seront soumis à la corvée.

5、若隐蔽他人丁口不附籍者，罪亦如之。所隐之人与同罪，发还本户，附籍当差。

Un étranger à la maison qu'il habite, qu'on aura négligé de faire enregistrer, ou qu'on aura fait inscrire d'une manière fausse, subira une peine semblable et dans les mêmes proportions, que celui qui aura commis cette négligence ou cette faute; et l'étranger, qui aidera lui-même à les commettre, sera sujet à la même peine que subiraient les membres de sa propre famille, s'ils étaient dans le cas où il s'est mis: il sera, de plus, forcé de se faire inscrire et de remplir un service public, pareil à celui auquel ils sont tenus. 〔1〕

6、若里长失于取勘，致有脱户者，一户至五户，笞五十，每五户加一等，罪止杖一百。漏口者，一口至十口，笞三十，每十口加一等，罪止笞五十。

Le chef de quartier qui, par défaut de surveillance, omettra l'enregistrement des familles, recevra 50 coups de petit bâton pour l'omission d'une à cinq familles; sa peine sera augmentée d'un degré par cinq familles en plus, sans pouvoir cependant dépasser 100 coups. Si l'omission ne porte que sur des individus, il recevra 30 coups pour une à dix personnes avec augmentation d'un degré pour chaque groupe de dix personnes en plus, sans aller cependent au-delà de 50 coups.

本县提调正官、首领官吏 [失于取勘，致有] 脱户者，十户笞四十，每十户加一等，罪止杖八十。

Lorsque l'omission de l'inscription concerne dix familles, le gouverneur, le député et le commis du district, seront soumis à la peine de 40 coups, pour avoir négligé de la leur faire prendre, et cette peine augmentera d'un degré, jusqu'à 80 coups, pour autant de dix familles non-inscrites au-delà des dix premières. 〔2〕

漏口者，十口，笞二十，每三十口加一等，罪止笞四十。

---

〔1〕 该段译文选自勒努阿尔译本，第1卷，第140页。
〔2〕 该段译文选自勒努阿尔译本，第1卷，第141页。

Quand la même omission regardera dix individus, lesdits magistrats, ainsi que le commis, seront sujets à 20 coups, pour avoir négligé de leur faire prendre inscription, et cette peine augmentera d'un degré, par autant de trente individus non inscrits, au-delà des dix premiers, jusqu'à 40 coups. [1]

知情者并与犯人同罪。受财者，计赃，以枉法从重论。

Les employés qui connaissaient l'intention perfide du principal coupable (le chef de famille) subiront la même peine que lui. Ceux qui accepteront des présents seront condamnés à la peine plus sévère portée contre les concussionnaires en fraude de la loi.

若官吏曾经三次立案取勘，已责里长文状叮咛省谕者，事发，罪坐里长。［如里长、官吏知其漏脱之情而故纵不问者，则里长、官吏与脱漏户口之人同罪。若有受财者，并计赃，以枉法从重论。］

Cependant, si les magistrats et les commis en exercice ont ordonné trois fois le recensement du peuple, et qu'ils aient donné des instructions et l'autorité nécessaire pour cette recherche, aux principaux habitants de leurs districts, lesdits habitants seront seuls responsables des omissions, qui pourront y être commises dans le genre dont il s'agit, après le triple recensement. Il est manifeste qu'on doit excepter, relativement à la non responsabilité susdite des magistrats et des commis, tous les cas où il y aurait connivence entre eux et les habitants principaux des districts. [2]

七十六、人口以籍为定

Art. LXXVI. La condition des personnes est déterminée par leur inscription sur les rôles

1、凡军、民、驿、灶、医、卜、工、乐诸色人户，并以［原报册］籍为定。

Toutes les diverses conditions des personnes et des familles: militaire, civile, de courrier, de médecin, d'artisan, de musicien sont également déterminées par les rôles (livres des déclarations primitives) ;

---

〔1〕 该段译文选自勒努阿尔译本，第1卷，第141页。
〔2〕 该段译文选自勒努阿尔译本，第1卷，第142页。

若诈［军作民］冒［民］脱［匠］免，避［己］重就［人］轻者，杖八十。

Ceux qui useront de fraude（militaires, se feront passer pour personnes civiles）, usurperont une qualité（civile）pour se soustraire à une autre（artisan）, afin d'éviter des charges plus graves（qui leur incombent）et de ne supporter que des charges plus légères（qui incombent à autrui）, seront puis de quatre-vingts coups de truong.

其官司妄准脱免，及变乱［改军为民，改民为匠。］版籍者，罪同。［军民人等，各改正当差。］

Les fonctionnaires chargés de la direction du peuple qui y jetteront la confusion en autorisant quelqu'un à se soustraire à ses charges, ou bien qui altéreront et troubleront les rôles par des changements（en changeant la condition de personnes militaires en condition civile, et la condition de personnes civiles en condition d'artisan）, seront punis pour la même faute（les personnes de condition militaire, ou civile, ou autre, seront remises à leur véritable condition et soumise aux charges ordinaires de cette condition）;

2、若诈称各卫军人，不当军、民差役者，杖一百，发边远充军。

Celui qui se prétendra faussement être de condition militaire et appartenir à un corps d'armée quelconque, pour se soustraire aux charges militaires et civiles, sera puni de cent coups de truong et envoyé en servitude militaire à une frontière éloignée.

七十七、私创庵院及私度僧道

Art. LXXVII. Fonder privément des monastères ou ordonner privément des religieux Bouddistes ou de la secte de Dao

1、凡寺、观、庵、院，除现在处所［先年额设］外，不许私自创建增置。违者，杖一百，僧、道还俗，发边远充军，尼僧、女冠，入官为奴。［地基材料入官。］

Il n'est pas permis de fonder privément et d'établir de nouveaux monastères ou couvents de religieux ou de religieuses bouddhistes ou de la secte de Dao, en plus de ceux qui existent actuellement là où il y en a（déjà portés sur les anciens recensements）; ceux qui auront contrevenu à cette disposition seront punis de cent coups de truong; les religieux bouddhistes ou de Dao seront remis à la condition ordinaire et envoyés en servitude militaire à une frontière éloignée; les religieuses des deux sectes seront confisquées à l'Etat comme esclaves (le terrain et les matériaux seront confisqués à l'État).

2、若僧、道不给度牒，私自簪剃者，杖八十。若由家长，家长当罪。

Ceux qui, sans avoir reçu de patentes, se raseront la tête ou prendront la coiffure des religieux de la secte de Dao, d'eux-mêmes et privément, seront punis de quatre-vingts coups de truong; si c'est par l'ordre du chef de la famille, le chef de la famille sera passible de la peine;

寺、观住持及受业师私度者，与同罪，并还俗。[入籍当差。]

Les supérieurs des couvents ou monastères bouddhistes ou de la secte de Dao et les maîtres qui auront donné l'enseignement aux religieux qui auront privément ordonné les délinquants, seront punis de la même peine et également remis à la condition ordinaire (inscrits sur les rôles et soumis aux charges légales).

七十八、立嫡子违法

Art. LXXVIII. Instituer un fils de droite lignée contrairement aux règles

1、凡立嫡子违法者，杖八十。其嫡妻年五十以上无子者，得立庶长子。不立长子者，罪亦同。[俱改正。]

Toutes les fois que le fils de droite lignée sera institué contrairement aux règles, la peine sera de quatre-vingts coups de truong; si l'épouse est âgée de cinquante ans et au-dessus et n'a pas de fils, il est permis d'instituer le fils aîné de commune lignée; si ce n'est pas le fils aîné qui est institué, la peine sera encore la même (l'irrégularité sera toujours rectifiée).

2、若养同宗之人为子，所养父母无子［所生父母有子。]而舍去者，杖一百，发付所养父母收管。

Si quelqu'un a élevé une personne de la même souche pour en faire son fils et que ces père et mère adoptifs n'ayant pas de fils (le père et la mère de qui est né l'enfant ayant des fils), l'enfant adopté les abandonne et les quitte, il sera puni de cent coups de truong et renvoyé en la puissance de ses père et mère adoptifs;

若［所养父母］有亲生子，及本生父母无子欲还者，听。

S'il (le père et la mère adoptifs) ont enfanté un fils, ou bien si le père ou la mère de qui est né l'enfant adopté n'ont pas de fils, lorsque l'enfant adopté voudra retourner avec ses propres parents il y sera autorisé.

3、其乞养异胜义子以乱宗族者，杖六十。若以子与异姓人为嗣者，罪同，其子归宗。

Ceux qui voudront élever un enfant adoptif d'un autre nom de famille et, par là, troubler la souche, seront punis de soixante coups de truong; celui qui aura donné son fils à une personne d'un autre nom de famille pour en faire sa postérité sera puni pour la même faute; l'enfant retournera à sa propre souche.

4、其遗弃小儿，年三岁以下，虽异姓，仍听收养，即从其姓。［但不得以无子，遂立为嗣。］

Pour les petits enfants perdus ou abandonnés, âgés de moins de trois ans, bien qu'ils soient d'un autre nom de famille, il est cependant permis de les recueillir et de les élever et ils porteront le nom de famille de leurs parents adoptifs (mais de quelque façon que ce soit, il est expressément défendu de prétexter de ce qu'on n'a pas de fils pour en faire sa postérité).

5、若立嗣，虽系同宗，而尊卑失序者，罪亦如之。其子亦归宗。改立应继之人。

Si, bien qu'on ait institué pour postérité une personne de la même souche, on a cependant violé l'ordre de prééminence ou d'infériorité du rang, la faute sera encore la même; l'enfant fera encore retour à sa propre souche et on corrigera ce qui avait été fait, en instituant une personne apte à continuer la postérité.

6、若庶民之家，存养［良家男女为］奴婢者，杖一百，即放从良。

Si une famille du peuple conserve et élève (des garçons ou filles de condition honorable pour en faire) des esclaves, la peine sera de cent coups de truong et les enfants seront immédiatement libérés et remis à la condition honorable.

七十九、收留迷失子女

Art. LXXIX. Recueillir et garder des enfant
des deux sexes，égaré ou perdus

1、凡收留［良］人家迷失［道路、乡贯］子女，不送官司，而卖为奴婢者，杖一百，徒三年；

Quiconque aura recueilli et gardé des enfants des deux sexes d'une autre famille (de condition honorable), égarés ou perdus (ayant perdu le chemin de leur domicile ou lieu d'origine) sans les conduire à l'autorité, et qui les aura vendus comme esclaves, sera puni de cent coups de truong et de trois ans de travail pénible；

为妻妾子孙者，杖九十，徒二年半。

Si les enfants ont été vendus comme épouses ou comme concubines, comme enfants ou petits-enfants, la peine sera de quatre-vingt-dix coups de truong et de deux ans et demi de travail pénible.

若得迷失奴婢而卖者，各减良人罪一等。被卖之人不坐，给亲完聚。

Ceux qui auront trouvé des esclaves perdus ou égarés, et qui les auront vendus, seront dans chaque cas punis d'une peine moindre d'un degré que lorsqu'il s'agit de personnes honorables. Les personnes qui auront été vendues ne seront pas incriminées et seront rendues et réunies à leur famille.

2、若收留在逃子女［不送官司］而卖为奴婢者，杖九十，徒二年半；

Ceux qui auront recueilli et conservé des enfants des deux sexes, en fuite (sans les remettre à l'autorité), et qui les auront vendus comme esclaves, seront punis de quatre-vingt-dix coups de truong et de deux ans et demi de travail pénible；

为妻妾子孙者，杖八十，徒二年。

Si les enfants ont été vendus comme épouses, concubines, enfants ou petits-enfants, la peine sera celle de quatre-vingts coups de truong et de deux ans de travail pénible.

若得在逃奴婢而卖者，各减良人罪一等。其被卖在逃之人，又各减一等。

Ceux qui auront trouvé des esclaves en fuite et qui les auront vendus seront, dans chaque cas, punis de la peine édictée lorsqu'il s'agit de personnes de condition honorable en fuite, diminuée d'un degré. Les personnes en fuite et ensuite vendues seront, dans chaque cas, punies d'une peine encore diminuée d'un degré;

若在逃之罪重者，自从重论。

Si la peine du fait même d'avoir fui est plus grave, on suivra naturellement la loi la plus sévère.

3、其自收留为奴婢、妻妾、子孙者，罪亦如之。［暂时］隐藏在家者，［不送官司。］并杖八十。

Ceux qui auront recueilli et gardé les dites personnes pour en faire leurs propres esclaves ou leur épouse, ou leurs concubines, ou leurs propres enfants ou petits-enfants, seront encore coupables de la même faute; ceux qui (momentanément), auront caché ces personnes dans leur maison (sans les livrer à l'autorité), seront également punis de quatre-vingts coups de truong.

4、若买者及牙保知情，减犯人罪一等，追价入官；不知者，俱不坐。追价还主。

Si les acheteurs et les témoins-cautions ont eu connaissance de la nature de la transaction, ils seront punis de la peine des coupables diminuée d'un degré; on poursuivra la restitution du prix qui sera confisqué à l'État; ceux qui n'en auront pas eu connaissance ne seront, tous, pas incriminés, on poursuivra la restitution du prix qui sera rendu à son propriétaire.

5、若冒认良人为奴婢者，杖一百，徒三年；为妻妾、子孙者，杖九十，徒二年半。

Ceux qui auront frauduleusement revendiqué et reconnu des personnes de condition honorable comme esclaves, seront punis de cent coups de truong et de trois ans de travail pénible; si c'est comme épouse, ou comme concubines, ou comme enfants ou petits-enfants, la peine sera de quatre-vingt-dix coups de truong et de deux ans et demi de travail pénible;

冒认他人奴婢者，杖一百。

Ceux qui auront faussement revendiqué et reconnu les esclaves d'autrui seront punis de cent coups de truong.

八十、赋役不均

Art. LXXX. De la répartition inégale des impôts fonciers et des charges personnelles

凡有司科征税粮及杂泛差役，各照籍内户口田粮人丁现数，定立等第科差。

Tout fonctionnaire investi de l'autorité compétente pour taxer et percevoir des impôts en espèces ou en grains, ou bien pour exiger l'acquittement des charges et contributions personnelles, quelconques, doit, dans chaque cas, baser la répartition sur le nombre actuel des individus inscrits sur les rôles et sur les catégories établies；

若放富差贫、那移［等则］作弊者，许被害贫民赴控该上司，自下而上陈告。当该官吏各杖一百。［改正。］

S'il décharge les riches et charge les pauvres en faisant des changements（dans les classements）et en commettant des irrégularités, il sera permis aux gens pauvres, qui souffrent du mal commis, de présenter leurs requêtes à l'autorité supérieure en suivant la voie hiérarchique；ces fonctionnaires et employés seront, dans chaque cas, punis de cent coups de truong, et les irrégularités seront corrigées.

若上司不为受理者，杖八十。受财者［兼官吏上司言。］计赃，以枉法从重论。

Si l'autorité supérieure ne fait pas droit à ces réclamations, les coupables seront punis de quatre-vingts coups de truong：ceux qui auront accepté des valeurs（cela se rapporte indistinctement aux fonctionnaires et employés, et aux représentants de l'autorité supérieure）, seront punis en tenant compte de la valeur du produit de l'action illicite d'après les dispositions relatives au cas de violation de règles, et en suivant la loi la plus sévère.

八十一、丁夫差遣不平

Art. LXXXI. De l'inégalité dans la répartition des corvées personnelles

1、凡应差丁夫、杂［色在官工］匠，而差遣［劳佚］不均平者，一人，笞二十，每五人加一等，罪止杖六十。

Toutes les fois que des personnes doivent être envoyées pour exercer un métier quelconque (faire un travail pour l'État, quel qu'il soit), et qu'elles seront envoyées (au travail ou au repos), d'une façon inégale et sans équité, l'auteur de cette inégalité sera puni, pour un homme, de vingt coups de rotin; pour chaque fois cinq hommes en plus la peine augmentera d'un degré, et elle s'arrêtera à soixante coups de truong.

2、若丁夫、杂匠承差，而稽留不着役，及在役日满而所司不放回者，一日，笞一十，每三日加一等，罪止笞五十。

Si des personnes envoyées pour exercer un métier quelconque se mettent en retard et ne se rendent pas à l'accomplissement de cette charge personnelle; ou bien, si ces personnes étant dans l'accomplissement de cette charge personnelle, et le nombre de jours de travail qu'elles doivent fournir, étant complètement écoulé, ceux qui sont chargés de les diriger ne les renvoient pas, pour un jour de retard, la peine sera de dix coups de rotin; elle augmentera d'un degré pour chaque fois trois jours en plus et s'arrêtera à cinquante coups de rotin.

八十二、隐蔽差役

Art. LXXXII. Exemption frauduleuse de la corvée [1]

1、凡豪民［有力之家，不资工食。］令子孙、弟侄跟随官员隐蔽差役者，家长杖一百。

Quand une famille à l'aise mettra son fils, son petit-fils, son frère, son neveu, au service d'un mandarin, pour éviter les corvées, on appliquera les châtiments suivants: le chef de la fainille recevra 100 coups de bâton;

官员容隐者，与同罪；受财者，计赃，以枉法从重论；跟随之人，免［杖］罪［附近］充军。

Le mandarin qui a favorisé la fraude, subira la même peine et, s'il a reçu des présents, il sera traité d'après l'article plus sévère sur la loi des biens mal acquis; le corvéable mis au service du mandarin, ne subira pas de peine corporelle, mais sera

---

〔1〕　该律文选自鲍来思译本，第183页，霍道生译本中缺此律文译文。

envoyé en exil militaire sur une frontière rapprochée.

2、其功臣容隐者，照律拟罪，奏请定夺。

Si le mandarin qui favorise cette exemption a le titre de sujet méritant, rapport sera fait, d'après la loi, à l'empereur, à qui il appartient de confirmer la sentence portée contre lui.

八十三、禁革主保里长

Art. LXXXIII. Défense de porter sans autorisation
le titre de chef de quartier[1]

1、凡各处人民，每一百户内议设里长一名，甲首一十名，轮年应役，催办钱粮，勾摄公事。若有妄称主保、小里长、保长、主首［主管甲首］等项名色，生事扰民者，杖一百，迁徙。［比流减半，准徒二年。若无生事扰民实迹，难议迁徙。］

Partout où il se trouve un groupe de 100 familles, (le sous-préfet) établira, après délibération, un chef et dix sous-chefs de quartier. Ils devront, chaque année, à tour de rôle, urger la solution des impôts et arranger les affaires publiques. Quiconque prendra, sans autorisation, le titre de chef de quartier, *tchou-pao*, *siao-li-tchang*, *pao-tchang*, *tchou-cheou*[2] et autres noms semblables, et en profitera pour exciter des troubles et vexer le peuple, recevra 100 coups de bâton et subira un exil de 2 ans. (Si néanmoins il n'y avait aucun signe evident de troubles et de vexations, il serait difficile de l'envoyer en exil.)

2、其合设耆老，须于本乡年高有德、众所推服人内选充，不许罢闲吏卒及有过之人充应。违者，杖六十，［革退］。当该官吏笞四十。［若受财枉法，从重论。］

Parmi les vieillards aptes à être promus chefs de quartiers, il faut choisir des hommes du pays, d'un âge avancé, d'une grande vertu et auxquels tous se soumettent volontiers. On ne doit pas chosir, pour remplir cet office, des commis de tribunal ou des satellites en retrait d'emploi, ni des criminels. Celui qui sera nommé contraire-

---

［1］ 该律文选自鲍来思译本，第183~184页，霍道生译本中缺此律文译文。
［2］ 此处四个越南词对应汉语"主保"、"小里保"、"保长"和"主首"。

ment à cette loi recevra 60 coups de bâton（et sera cassé）；le sous-préfet en charge et ses commis recevront 40 coups.

八十四、逃避差役

Art. LXXXIV. Fuir pour éviter des charges personnelles

1、凡民户逃住邻境州、县，躲避差役者，杖一百，发还原籍当差。其亲管里社长、提调官吏故纵，及邻境人户隐蔽在己者，与同罪若。

Toutes les fois qu'une famille du peuple aura fui dans un district, *châu* ou *huyên*, voisin du sien, dans le but de se soustraire aux charges personnelles, la peine sera de cent coups de truong；ladite famille sera renvoyée à son ancien lieu d'inscription pour y satisfaire aux charges légales. Le chef de la commune de cette famille, et les fonctionnaires et employés chargés de la direction de cette partie du service public, qui l'auront volontairement favorisée dans sa fuite, ainsi que les personnes et familles du district voisin, où elle s'est réfugiée, qui l'auront cachée parmi elles seront, chacune, punies de la même peine.

若［邻境］社长〔1〕知而不逐遣，及原管官司不移文起取，若移文起取，而所在官司占吝不发者，各杖六十。

Si le chef de la commune（du district voisin）connaît le fait et ne la renvoie pas, ou bien, si les fonctionnaires chargés du gouvernement du lieu d'origine de cette famille n'envoient pas un avis pour la faire reprendre comme aussi, lorsque ces fonctionnaires auront envoyé cet avis, si les fonctionnaires du lieu où elle se trouve actuellement, dans le but d'augmenter la population de leur gouvernement, ne la renvoient pas, chacun d'eux sera puni de soixante coups de truong.

2、若丁夫杂匠在役，及工乐杂户［谓驿、灶、医、卜等户。］逃者，一日，笞一十，每五日加一等，罪止笞五十。

Si des artisans des divers métiers, qui sont en train d'acquitter une charge personnelle, ou bien, si des familles d'ouvriers ou de musiciens（qui sont constamment employées）prennent la fuite, pour un jour, la peine sera de dix coups de rotin；

---

〔1〕 此处的"社长"在《大清律例》中是"里长"，存在一个字改动。

pour chaque fois cinq jours en sus elle augmentera d'un degré et elle s'arrêtera à cinquante coups de rotin.

提调官吏故纵者，各与同罪；受财者，计赃，以枉法重论；

Les fonctionnaires et employés chargés de la direction du service, qui les auront volontairement favorisées dans leur fuite, seront, dans chaque cas, punis de la même peine; ceux qui auront accepté des valeurs seront jugés en tenant compte de la valeur du produit de l'acte illicite, d'après les dispositions relatives à la violation des règles, et en suivant la loi la plus sévère;

不觉逃者，五人，笞二十，每五人加一等，罪止笞四十。不及五名者，免罪。

Ceux qui ne se seront pas aperçus de leur fuite seront punis: pour cinq personnes, de la peine de vingt coups de rotin; pour chaque fois cinq personnes en plus, la peine augmentera d'un degré et s'arrêtera à quarante coups de rotin; si le nombre de personnes en fuite n'atteint pas cinq, ils seront dispensés de toute peine.

［上言躲避邻境，是全不当差役者，故其罪重。此言在役而逃，是犹当差役者，故其罪轻。］

(Plus haut, il est dit: «fuir dans un distinct voisin», dans ce cas c'est pour se soustraire complètement à toutes les charges légales, aussi la peine est plus grave; ici, il est question de ceux qui, actuellement en corvée, prennent la fuite; ce sont donc encore des personnes soumises aux charges légales, aussi la peine est-elle plus légère.)

八十五、点差狱卒

Art. LXXXV. Du choix des gardes et des employés des prisons [1]

凡各处狱卒，于相应惯熟人内点差应役，令人代替者，笞四十。

Les gardes et les employés des prisons seront choisis parmi les personnes les plus dignes de confiance et les plus éprouvées, de celles qui ont des places dans le Gouvernement; et toutes celles qui, ayant été ainsi choisies, en nommeront d'autres

---

〔1〕 该律文选自勒努阿尔译本，第1卷，第154~155页，霍道生译本缺失此律文译文。

pour les remplacer dans leurs fonctions, seront punies de 40 coups.

八十六、私役部民夫匠

Art. LXXXVI. Imposer privément des corvées au peuple
ou aux ouvriers dont on a la direction

凡有司官私役使部民，及监工官私役使夫匠，出百里之外，及久占在家使唤者，〔有司官使〕一名，笞四十，每五名加一等，罪止杖八十。

Tout fonctionnaire chargé d'un gouvernement, ou de la direction d'un service, qui imposera des corvées privées aux personnes du peuple placées sous son autorité, ou tout fonctionnaire chargé de la surveillance de travaux qui imposera des corvées privées aux ouvriers, et lorsque les personnes auxquelles ces corvées seront imposées auront été envoyées à plus de cent lis de distance ou qu'elles seront gardées pendant longtemps dans la maison et aux ordres des coupables, sera (ledit fonctionnaire), puni, pour une personne, de quarante coups de rotin; pour chaque fois cinq personnes en plus la peine augmentera d'un degré et elle s'arrêtera à quatre - vingts coups de truong.

〔监工官，照名各加二等，私役罪小，误工罪大。〕

(Le fonctionnaire chargé de la surveillance de travaux sera, selon le nombre de personnes et dans chaque cas y puni d'une peine plus forte de deux degrés; la faute d'imposer privément des corvées est légère, la faute qui consiste à causer des inconvénients dans l'exécution d'un travail est plus grave).

每名计一日，追给雇工银八分五厘五毫。若有吉凶及在家借使杂役者，勿论。〔监工官仍论。〕

Pour chaque personne et pour chaque jour on exigera le payement d'un salaire fixé à 0, 0855 d'once d'argent. Si c'est au sujet d'un événement heureux ou malheureux, ou bien dans sa maison, et pour des services domestiques divers, le fait ne sera pas puni (le fonctionnaire chargé de la surveillance de travaux sera d'ailleurs puni);

其所使人数不得过五十名，每名不得使过三日，违者以私役论。

Le nombre des personnes ainsi employée ne pourra pas dépasser cinquante et chaque personne ne pourra pas être employée plus de trois jours; ceux qui auront contrevenu à cette disposition seront punis pour le fait d'imposer privément des corvées.

八十七、别籍异财

Art. LXXXVII. De la séparation des familles sur les rôles et du partage des biens

凡祖父母、父母在，子孙别立户籍、分异财产者，杖一百。[须祖父母、父母亲告，乃坐。]

Toutes les fois que, du vivant de l'aïeul, de l'aïeule, du père ou de la mère, les enfants ou petits-enfants feront un rôle de famille particulier et partageront les biens, ils seront punis de cent coups de truong; (il faut que l'aïeul, l'aïeule, le père ou la mère portent personnellement plainte pour que la loi soit applicable);

若居父母丧，而兄弟别立户籍、分异财产者，杖八十。[须期亲以上尊长亲告，乃坐。或奉遗命，不在此律。]

Si des frères aînés et cadets, pendant qu'ils sont en deuil de leur père ou de leur mère, font établir un rôle distinct pour l'inscription de leurs familles et partagent les biens, ils seront punis de quatre-vingts coups de truong (il faut que des parents de rang prééminent ou plus âgés du second degré et au-dessus, portent personnellement plainte pour que la loi soit applicable; si des ordres leur ont été laissés d'agir ainsi, le cas n'est plus compris dans la défense de cette loi).

八十八、卑幼私擅用财

Art. LXXXVIII. Des parents de rang inférieur ou plus jeunes qui usent sans autorisation des biens de la famille

凡同居卑幼，不由尊长，私擅用本家财物者，十两，笞二十，每十两加一等，罪止杖一百。若同居尊长，应分家财不均平者，罪亦如之。

Les parents de rang inférieur ou plus jeunes, demeurant ensemble, qui, sans l'ordre des parents de rang prééminent ou plus âgés, disposeront privément et sans autorisation des objets et valeurs de leur propre famille, seront punis, pour une valeur de dix onces d'argent, de la peine de vingt coups de rotin; pour chaque fois dix onces en sus, la peine augmentera d'un degré et elle s'arrêtera à cent coups de truong. Les parents de rang prééminent ou plus âgés habitant le même domicile, qui devront partager les valeurs de la famille et qui ne le feront pas avec équité seront encore punis de la même peine.

八十九、收养孤老

Art. LXXXIX. Asiles de délaissés et de vieillards [1]

凡鳏寡孤独及笃废之人，贫穷无亲属依倚，不能自存，所在官司应收养而不收养者，杖六十。若应给衣粮而官吏克减者，以监守自盗论。[凡系监守者，不分首从，并赃论。]

Les veufs et veuves, délaissés et orphelins, malades et infirmes, indigents qui n'ont plus de proches pour les secourir et se trouvent incapables de pourvoir eux-mêmes à leur subsistance, seront logés et entretenus par le mandarin local, sous peine pour celui-ci de 60 coups de bâton. Les mandarins ou employés qui diminueront la quantité de vêtements et de vivres assignée à ces malheureux, seront punis comme ceux qui dérobent les objets confiés par le gouvernement à leur garde.

田　宅

Rizières et Habitations

九十、欺隐田粮

Art. XC. Soustraire frauduleusement des rizières à l'impôt

1、凡欺隐田粮［全不报户入册，］脱漏版籍者，［一应钱粮，俱被埋没，故计所隐之田。］一亩至五亩，笞四十，每五亩加一等，罪止杖一百。

Quiconque soustraira frauduleusement des rizières à l'impôt (en en cachant totalement l'existence sans les déclarer à la famille pour qu'elles soient inscrites),

---

〔1〕 此律文选字鲍来思译本，第206页，霍道生译本缺失此律文译文。

évitant ainsi l'inscription sur les rôles (de telle sorte que tous les impôts en monnaie et en nature soient également cachés ; aussi on compte la surface des rizières cachées), sera puni comme suit : de un *mâu* [1] jusqu'à cinq *mâu*s, la peine sera de quarante coups de rotin ; pour chaque fois cinq *mâu*s en sus la peine augmentera d'un degré et s'arrêtera à cent coups de truong ;

其［脱漏之］田入官，所隐税粮，依［亩数、额数、年数，总约其］数征纳。

Les rizières (cachées) seront confisquées au profit de l'État ; les impôts ainsi évités (d'après le nombre de *mâu*s, la taxe, et le nombre d'années, tout également entrant en compte), seront complètement exigés et payés.

2、若将［版籍上自己］田土移丘［方圆成丘。］换段，［丘中所分区段，］那移［起科］等则，以高作下，减瞒粮额，及诡寄田粮，［诡寄，谓诡寄于役过年分，并应免人户册籍。］影射［脱免自己之］差役，并受寄者，罪亦如之。［如欺隐田粮之类。］

Si on porte (sur les rôles) ses propres rizières ou terres en changeant la nature de la totalité (ce qui est compris dans les limites extérieures), ou d'une portion (partie, division intérieure) changeant la classe (d'après laquelle la taxe est déterminée), déclarant comme soumis à la taxe inférieure ce qui est soumis à la taxe supérieure, diminuant ainsi par fraude le montant de l'impôt ; ou, si on substitue par fraude des rizières à autrui (substituer par fraude, c'est-à-dire inscrire au nom de personnes qui ont déjà satisfait à leurs charges ou bien inscrire sur les rôles au nom de personnes ou de familles qui doivent être dispensées de ces charges), pour éviter ses propres charges, les auteurs de ces faits et ceux qui auront accepté la substitution seront encore coupables de la même faute (que celle qui consiste à soustraire par fraude des rizières à l'impôt).

其［减额诡寄之］田改正，［丘段］收［归本户起］科当差。

Les rizières (dont l'impôt a été diminué ou qui ont été substituées) seront réinscrites après correction (totale ou partielle) ; on imposera les charges ordinaires à la famille.

---

［1］　此处该越南语对应汉语"亩"。

3、里长知而不举，与犯人同罪。

Le chef de village qui aura connaissance de ces faits et qui ne les révélera pas sera puni de la même peine que les coupables.

4、其还乡复业人民，丁力少而旧田多者，听从尽力耕种，报官入籍，计田纳粮当差。

Si des gens dispersés reviennent à leur lieu d'habitation pour en reprendre possession, mais que le nombre restreint des bras ne soit plus en rapport avec l'étendue de leurs anciennes rizières qui est considérable, ils seront autorisés à cultiver selon leurs forces et en informant l'autorité; les terres seront inscrites sur les rôles et l'impôt à payer en nature ainsi que les autres charges ordinaires décomptées d'après l'étendue des rizières.

若多余占田而荒芜者，三亩至十亩，笞三十，每十亩加一等，罪止杖八十，其田入官。

S'ils s'emparent de trop de rizières et qu'ils en abandonnent en friche de trois à six *mâus*, la peine sera de trente coups de rotin; pour chaque fois dix *mâus* en plus elle augmentera d'un degré, et elle s'arrêtera à quatre-vingts coups de truong; les rizières seront confisquées au profit de l'État.

若丁力多，而旧田少者，告官于附近芜田内，验力拨付耕种。

Si, au contraire, les bras sont nombreux et que les anciennes rizières soient en petite quantité, ces gens s'adresseront à l'autorité qui leur annexera des rizières voisines aussi abandonnées et, d'après la vérification de leurs moyens d'action, allotira à chacun et donnera à cultiver.

九十一、检踏灾伤田粮

Art. XCI. Vérificaion sur place des pertes de l'impôt en grain des rizières, causées par des calamités naturelles

1、凡部内有水、旱、霜、雹及蝗蝻为害，一应灾伤［应减免之］田粮，有司官吏应准告而不即受理申报［上司，亲行］检踏，及本管上司不与委官覆踏者，各杖八十。

Lorsqu'un district est ravagé par l'eau, la sécheresse, la gelée blanche, la grêle, les chenilles, ou les sauterelles, en un mot, par une calamité naturelle qui cause la perte (parce qu'il faut diminuer la quotité, ou faire remise) des impôts en grains des rizières, les fonctionnaires chargés de l'administration de ce district, dont le devoir est de donner cours aux réclamations, qui n'y feront pas immédiatement droit en rendant compte et en demandant (à l'autorité supérieure de procéder elle-même à) la vérification sur place, ainsi que les fonctionnaires chargés de l'administration supérieure concernée qui n'accéderont pas à cette demande en envoyant des fonctionnaires délégués pour contrôler la vérification sur place, seront punis, chacun, de quatre-vingts coups de truong.

若初覆检踏，[有司承委] 官吏不行亲诣田所，及虽诣田所，不为用心从实检踏，止凭里长、甲首朦胧供报，中间以熟作荒，以荒作熟，增减分数，通同作弊、瞒官害民者，各杖一百，罢职役不叙。

Si les fonctionnaires ou employés de l'administration du district ou ceux envoyés par l'administration supérieure lors de la première ou de la seconde vérification sur place, ne se rendent pas de leur personne sur les rizières, ou bien, si, quoiqu'ils se soient rendus de leur personne sur les rizières, ils n'appliquent pas toutes leurs facultés à suivre cette visite de vérification, s'ils se contentent de s'en rapporter au chef de village ou de hameau et font leur rapport à tort et à travers, portant parmi les parties perdues celles qui sont venues à bien et parmi celles venues à bien celles qui sont perdues, augmentant ou diminuant les quantités réelles ou commettent toute autre faute analogue, décevant l'administration et nuisant au peuple, chacun sera puni de cent coups de truong et cassé de sa dignité ou de son emploi sans pouvoir être réintégré.

若致枉有所征免 [有灾伤当免而征，曰枉征；无灾伤当征而免，曰枉免。] 粮数计赃，重者坐赃论。[枉有所征免粮数，自奏准后发觉，谓之赃，故罪重于杖一百，共坐赃论。]

Si la faute va jusqu'à constituer des perceptions et des exemptions irrégulières (percevoir, lorsqu'il y a perte causée par des calamités et qu'il y a lieu à exemption, s'appelle «percevoir irrégulièrement»; exempter lorsqu'il n'y a pas perte causée par une calamité et qu'il y a lieu de percevoir, s'appelle «exempter irrégulièrement»), d'une partie de l'impôt, on évaluera le produit de l'acte illicite et, s'il entraîne une

peine plus forte, on prononcera pour incrimination au sujet d'un produit d'action illicite. (La quantité d'impôts perçus ou remis irrégulièrement, lorsque l'on s'aperçoit
du fait après que le rapport a été adressé au Souverain et approuvé, est appelée:
«produit de l'action illicite»; c'est pourquoi, si la peine entraînée par cette valeur est
plus grave que celle de cent coups de truong, on prononce également pour incrimination au sujet d'un produit d'action illicite).

里长、甲首各与同罪，受财［官吏、里甲受财检踏开报不实，以致枉有
征免。］者，并计赃，以枉法从重论。

Le chef de village (ly truong [1]) et le chef du hameau seront, dans chaque
cas, punis de la même peine; ceux qui auront accepté les valeurs (si les fonctionnaires, employés, chefs de village ou de hameau ont reçu et accepté des valeurs
pour faire sur place une vérification et un rapport inexacts et qu'il en soit résulté des
perceptions ou des exemptions irrégulières), seront également, en tenant compte de
la valeur du produit de l'action illicite d'après les dispositions relatives à la violation
de règles, punis en suivant la loi la plus sévère.

2、其检踏官吏及里长、甲首，［原未受财，止］失于关防，致［使荒熟
分数］有不实者，计［不实之］田，十亩以下免罪，十亩以上至二十亩，笞
二十，每二十亩加一等，罪止杖八十。［官吏系公罪，俱留职役。］

Si les fonctionnaires et employés chargés de la vérification sur les lieux et les
chefs de village ou de hameau (n'ont reçu aucune valeur, mais seulement,) commettent une erreur d'appréciation de limites jusqu'à (causer que les parties reconnues
perdues ou venues à bien puissent) donner lieu à une inexactitude; on comptera la
surface des rizières (sur lesquelles a eu lieu cette inexactitude), au-dessous de dix
mâus on ne poursuivra pas; mais pour dix mâus et au-dessus jusqu'à vingt mâus la
peine sera de vingt coups de rotin; pour chaque fois vingt mâus en plus la peine augmentera d'un degré et le maximum sera de quatre-vingts coups de truong (pour les
fonctionnaires et employés, le fait constituant une faute publique, ils conserveront
leur rang et leur emploi).

3、若人户将成熟田地，移丘换段，冒告灾伤者，［计所冒之田，］一亩至

---

〔1〕　此该处越南词对应汉语"里长"。

五亩，笞四十，每五亩加一等，罪止杖一百。[其冒免之田] 合纳税粮，依额数追征入官。

Si des particuliers ou des familles portent des rizières ou des terres dont les récoltes sont venues à bien et les déclarent faussement comme abîmées, soit en totalité, soit en partie, par des calamités naturelles et s'ils présentent d'autres terres aux personnes chargées de l'enquête (on comptera les rizières faussement déclarées), de un *mâu* à cinq *mâu*s la peine sera de quarante coups de rotin; pour chaque fois cinq *mâu*s en plus la peine augmentera d'un degré et le maximun sera de cent coups de truong. Les délinquants payeront en plus les impôts (des rizières exemptées par fraude), conformément aux rôles: le payement en sera poursuivi par l'État.

九十二、功臣田土

Art. XCII. Terres et rizières des sujets méritants

凡功臣之家，除 [朝廷] 拨赐公田 [免纳粮当差] 外，但有 [自置] 田土，从管庄人尽数报官入籍，[照额一体] 纳粮当差。

Si une famille de sujet méritant acquiert par achat privé des rizières ou terres plus des rizières publiques (exemptes d'obligation de payement d'impôts en grains et d'obligation aux chaînes personnelles), qui lui ont été distribuées (par la dynastie), les personnes ordinaires qui ont charge de ces biens doivent les déclarer complètement à l'autorité pour qu'ils soient inscrits sur les registres, et (selon les rôles généraux) soumis à l'acquittement des impôts et chargés ordinaires;

违者，[计所隐之田，] 一亩至三亩，杖六十，每三亩加一等，罪止杖一百，徒三年；

Celles qui contreviendront à cette loi seront (d'après le décompte des rizières cachées) punies comme suit: de un à trois *mâu*s la peine sera de soixante coups de truong; pour chaque fois trois *mâu*s en plus, la peine augmentera d'un degré; le maximum sera de cent coups et de trois ans de travail pénible.

罪坐管庄之人，其田入官。[仍计递年] 所隐粮税，依 [亩数、年数、额] 数征纳。

La faute sera imputée aux personnes ordinaires chargées des dits biens; les rizières seront confisquées au profit de l'État. De plus on exigera l'acquittement (d'après le nombre d'années écoulées) des impôts en nature et en espèces cachés (conformément à la surface des terres, au nombre d'années et à la taxe).

若里长及有司官吏［阿附］踏勘不实，及知而不举者，与［管庄人］同罪；不知者，不坐。

Si le chef de village ainsi que les fonctionnaires chargés de l'administration du bien ou leurs employés (supportent ce fait, appuient les délinquants et) font leurs vérifications sur place et leurs enquêtes inexactes et si, connaissant la vérité, ils ne la révèlent pas, ils seront punis de la même peine que les personnes ordinaires qui sont responsables du délit; s'ils ne la connaissent pas, ils ne seront pas incriminés.

九十三、盗卖田宅
Art. XCIII. Ventes illicites des rizières et habitations

1、凡盗、［他人田宅，］卖、［将已不堪田宅］换易，及冒认［他人田宅作自己者，］若虚［写价］钱实［立文］契，典买及侵占他人田宅者，田一亩、屋一间以下，笞五十。每田五亩、屋三间加一等，罪止杖八十，徒二年。系官［田宅］者，各加二等。

Quiconque, sans droits, vend (les rizières ou maisons d'autrui), échange (ses propres rizières ou habitations dépréciées), prend fallacieusement (les rizières ou habitations d'autrui qu'ils'approprie), ou par acte réel (écrit) de vente ou de cession sans condition de rachat (dans lequel le prix écrit est fictif), contenant un prix fictif, ou enfin usurpe par empiètement des rizières ou des habitations d'autrui, sera puni comme suit: pour un *mâu* de rizière ou pour une ferme de constructions et au-dessous, la peine sera de cinquante coups de rotin; pour chaque fois cinq *mâus* de rizière ou pour trois fermes de constructions la peine augmentera d'un degré et son maximum sera de quatre-vingts coups de truong et deux ans de travail pénible. Si les rizières ou habitations sont la propriété de l'État la peine sera augmentée de deux degrés.

2、若强占官民山场、湖泊、茶园、芦荡、及金、银、铜、锡、铁冶者，

［不计亩数］杖一百，流三千里。

Si quelqu'un usurpe de force et arbitrairement une propriété particulière, ou de l'État, consistant en marché forain, plages d'un lac, plantations de thé ou de rose-aux, fonderies d'or, d'argent, de cuivre, d'étain ou de fer (indépendamment du nombre de *mâus*), la peine sera de cent coups de truong et de l'exil à trois mille lis.

3、若将互争［不明］及他人田产妄作己业，朦胧投献官豪势要之人，与者、受者，各杖一百，徒三年。

Si quelqu'un usurpe des biens en litige (au sujet desquels les droits de propriétés sont mal définis), ou des biens fonciers d'autrui, en s'en déclarant injustement le propriétaire, et les offre fallacieusement en don à des fonctionnaires ou à des personnes puissantes, le donataire et celui qui aura accepté le don seront punis, chacun, de cent coups de truong et de trois ans de travail pénible.

［盗卖与投献等项］田产及盗卖过田价，并［各项田产中］递年所得花利，各［应还官者，］还官，［应给主者，］给主。

Les rizières et biens fonciers (usurpés, vendus sans droit, ou offerts en don et autres biens ainsi illicitement enlevés à leurs véritables propriétaires) et le prix de ces rizières, si elles sont déjà illicitement vendues, ainsi que les fruits annuels à en retirer (de ces différents biens) devront également (selon qu'ils doivent faire retour à l'État) être restitués à l'État ou, (selon qu'ils doivent faire retour à leur propriétaire) rendus au propriétaire.

4、若功臣有犯者，照律拟罪，奏请定夺。

Si quelque sujet méritant commet une de ces fautes, conformément aux lois, on examinera quelle faute il a commise et on en rendra compte au Souverain qui décidera.

九十四、任所置买田宅

Art. XCIV. Acquisition de rizières ou de constructions dans le territoire de la juridiction dont on est investi

凡有司官吏，不得于见任处，所置买田宅。违者，笞五十，解任，田宅入官。

Tout fonctionnaire ou employé pourvu d'une fonction ne peut acquérir par achat des rizières ou des constructions dans l'étendue du ressort de sa fonction et pendant qu'il en est investi. Quiconque contreviendra à cette loi sera puni de cinquante coups de rotin, privé de sa position, et les rizières ou constructions seront confisquées au profit de l'État.

九十五、典买田宅

Art. XCV. De la mise en nantissement des rizières et habitations

1、凡将已典卖与人田宅，朦胧重复典卖者，以所得［重典卖之］价钱，计赃，准窃盗论，免刺，追价回［后典买之］主。[1]

Quiconque, ayant déjà donné en nantissement à quelqu'un ses propres rizières ou habitations, les donnera frauduleusement de nouveau en nantissement à quelque autre personne, sera puni conformément à la loi sur le vol furtif [art. 269], d'après le prix obtenu (par la nouvelle mise ennantissement) compté comme produit de l'action illicite; le coupable sera dispensé de la marque; on poursuivra la restitution du prix qui sera rendu à son propriétaire (le nouveau nanti);

凡典买田宅，不税契者，笞五十；［仍追］契内田宅价钱一半入官，不过割者，一亩至五亩，笞四十，每五亩加一等，罪止杖一百。其［不过割之］田入官。

Quiconque prendra en antichrèse ou achètera des terres et des maisons sans faire enregistrer son contrat, recevra 50 coups de petit bâton, paiera le droit d'enregistrement, et de plus une amende égale à la moitié du prix d'achat de la terre. Celui qui omettra de solder le droit de mutation, recevra 40 coups de petit bâton, pour 1 à 5 arpents; sa peine sera augmentée d'un degré par chaque série de 5 arpents de plus, mais elle ne dépassera pas 100 coups de gros bâton. Les champs seront aussi confisqués par le Gouvernement. [2]

田宅从原典买主为业。若重复典买之人及牙保知［其重典卖之］情者，

---

〔1〕　在《大清律例》中，此句之前还有一句："凡典买田宅，不税契者，笞五十；［仍追］契内田宅价钱一半入官，不过割者，一亩至五亩，笞四十，每五亩加一等，罪止杖一百。其［不过割之］田入官"。该句在《皇越律例》中被删去，现将该句补于文后。

〔2〕　该段译文选自鲍来思译本，第230页。

与犯人同罪，追价入官；不知者，不坐。

Les rizières et habitations resteront dans la possession de la personne primitivement nantie. Si le nouveau nanti ainsi que les courtiers et témoins-cautions ont eu connaissance de la nature du fait (de la mise en nantissement d'un bien déjà donné en nantissement à un autre), ils seront punis de la même peine que les coupables et on poursuivra la restitution du prix qui sera confisqué à l'État; ceux qui n'en auront pas eu connaissance ne seront pas incriminés.

2、其所典田宅、园林、碾磨等物，年限已满，业主备价取赎。若典主托故不肯放赎者，笞四十。

Si la durée fixée pour la mise en nantissement des rizières, habitations, jardins, bois ou de tous autres biens ou objets mobiliers est complètement écoulée, que le propriétaire de ces biens ou objets tienne le prix disponible et veuille les racheter, si le nanti invoque des prétextes et ne veut pas consentir à les laisser racheter, il sera puni de quarante coups de rotin;

限外递年所得［多余］花利，追征给主。［仍听］依［原］价取赎。其年限虽满，业主无力取赎者，不拘此律。

Les produits ou revenus qu'il en aura retirés (en trop) pendant les années durant lesquelles il aura retenu le bien seront remboursés et rendus au propriétaire qui (d'ailleurs sera autorisé), selon le (ancien) prix convenu, pourra racheter les biens. Si, bien que la durée fixée par le contrat soit complètement écoulée, le propriétaire n'a pas les moyens de racheter, on ne s'en tiendra pas à cette loi.

九十六、盗耕稼官民田［1］

Art. XCVI. Labourer ou planter illicitement les rizières de l'Etat ou des particuliers

凡盗耕种他人田［园地土］者，［不告田主，］一亩以下，笞三十，每五亩加一等，罪止杖八十。荒田减一等。

Quiconque labourera ou plantera illicitement les rizières (jardins ou autres

---

［1］ 该律目在《大清律例》中叫"盗耕种官民田"，仅有一字之差。

terres) d'autrui (sans en prévenir le propriétaire) sera puni de trente coups de rotin pour un *mâu* et au-dessous; pour chaque fois cinq *mâu*s en plus, la peine augmentera d'un degré et le maximum de la peine sera de quatre-vingts coups de truong. Si les terres sont en friche, la peine sera diminuée d'un degré.

强者，［不由田主］各［指熟田荒田言。］加一等。系官者，各［通盗耕、强耕荒熟言。］又加二等，［仍追所得］花利，［官田］归官、［民田］给主。

Si le fait est commis avec violence (malgré le propriétaire), dans chaque cas (selon ce qui est dit pour les rizières en rapport ou en friche), la peine sera élevée d'un degré. S'il s'agit des rizières de l'Etat, dans chaque cas (selon qu'il s'agit de labour illicite ou fait par violence et de rizières en rapport ou en friche), la peine sera encore élevée de deux degrés (dans tous les cas également, selon le décompte à en établir), les fruits (s'il s'agit de rizières appartenant à l'État) seront restitués à l'État, ou (s'il s'agit de rizières appartenant à des particuliers) remis au propriétaire.

九十七、荒芜田地
Art. XCVII. Abandon de terres cultivées [1]

凡里长部内，已入籍纳粮当差田地，无［水旱灾伤之］故荒芜，及应课种桑麻之类，而不种者，［计荒芜不种之田地，］俱以十分为率，一分笞二十，每一分加一等，罪止杖八十。

Toutes les fois que, dans quelque quartier d'une sous-préfecture, des champs inscrits sur les registres comme soumis à l'impôt et à la corvée, seront, sans raison, laissés en friche, ou que des terrains destinés à la culture du mûrier et du chanvre seront abandonnés, le chef du quartier subira la punition suivante: pour un dixième des champs de sa juridiction, il recevra 20 coups de petit bâton, et sa peine sera augmentée d'un degré par chaque nouveau dixième, sans pouvoir cependant dépasser 80 coups de gros bâton.

---

［1］　该律文分别选自鲍来思和勒努阿尔译本译文。

县官各减［里长罪］二等。长官为首，［一分减尽无科，二分方笞一十，加至杖六十罪止。］佐职为从，［又减长官一等。二分者减尽无科，三分者方笞一十，加至笞五十罪止。］

Le magistrat, gouverneur de la ville du troisième ordre, et qui a le district en question sous son autorité, sera punissable de même, mais de deux degrés de moins que l'habitant principal : les assesseurs de celui-ci seront punis comme complices du délit.[1]

人户亦计荒芜田地，及不种桑麻之类，［就本户田地］以五分为率，一分笞二十，每一分加一等；追征合纳税粮还官。［应课种桑、枣、黄麻、苎麻、棉花、蓝靛、红花之类，各随乡土所宜种植。］

Le propriétaire, qui laissera sa terre inculte, ou qui négligera ses plantations de mûriers, de chanvre, etc. sera puni suivant la proportion qu'ily aura entre la partie négligée et le total de sa propriété enregistrée. Si cette portion monte à un cinquième de la totalité de sa terre, il subira 20 coups, et un degré de plus, pour chaque cinquième laissé inculte, au-delà du premier. Sa terre sera ensuite imposée en proportion du revenu qu'on la jugera capable de rapporter, ct la contribution qu'elle devra payer sera levée en conséquence.[2]

九十八、弃毁器物稼穑等

Art. XCVIII. Jeter ou détruire des objets, plantations ou récoltes

1、凡［故意］弃毁人器物，及毁伐树木、稼穑者，计［所弃毁之物，即为］赃，准窃盗论，［照窃盗定罪。］免刺。［罪止杖一百，流三千里。］

Ceux qui (avec intention) auront jeté ou détruit les objets ou biens d'autrui, ainsi que ceux qui auront détruit ou coupé des arbres des plantations, ou des récoltes, seront punis en évaluant (ce qui aura été jeté ou détruit, considéré comme) le produit de l'acte illicite, conformément aux dispositions sur le vol furtif [art. 269], et dispensés de la marque (selon les peines fixées pour le vol furtif ; la peine

---

〔1〕 该段选自勒努阿尔译本，第1卷，第174~175页。

〔2〕 该段选自勒努阿尔译本，第1卷，第175页，因为鲍来思译本中此段译文太过简略。

s'arrêtera à cent coups de truong et l'exil à trois mille lis）.

官物加［准窃盗赃上］二等，若遗失及误毁官物者，各［于官物加二等上］减三等。

S'il s'agit de choses appartenant à l'État, on augmentera la peine（selon la loi sur le vol furtif et la valeur, comme il est dit ci－dessus）de deux degrés. Si quelqu'un perd par mégarde ou détruit par maladresse des choses appartenant à l'État, dans chaque cas, la peine（augmentée de deux degrés à cause de la propriété de l'État, comme il a été dit plus haut）sera diminuée de trois degrés.

［凡弃毁、遗失、误毁，］并验数追偿。［还官给主。若遗失、误毁］私物，则偿而不坐罪。

Dans tous les cas également, les auteurs du dommage（qu'il s'agisse de jet et destruction, perte par mégarde ou destruction par maladresse）, seront tenus de réparer exactement le dommage causé（envers l'État ou le propriétaire）. S'il s'agit de biens privés（perdus par mégarde ou détruits par maladresse）, les auteurs du dommage seront tenus de le réparer, mais ne seront pas punis.

2、若毁人坟茔内碑碣、石兽者，杖八十。毁人神主者，杖九十。

Si quelqu'un détruit des tables de pierre portant des inscriptions, ou les figures d'animaux en pierre placées sur les tombes d'autrui, la peine sera de quatre－vingts coups de truong. Si ce sont les tablettes commémoratives de la mémoire d'un défunt qui sont détruites, la peine sera de quatre-vingt-dix coups de truong.

若毁损人房屋墙垣之类者，计合用修造雇工钱，坐赃论。［一两以下，笞二十，罪止杖一百，徒三年。］

Si quelqu'un détruit ou dégrade les murs, constructions et maisons d'autrui, et autres choses de ce genre, on évaluera le montant des dépenses et frais de restauration en main－d'oeuvre et matériaux, et cette estimation en valeur monétaire, considérée comme produit de l'action illicite, servira de base à la peine, d'après la loi sur l'incrimination au sujet d'un produit de l'action illicite;（pour une once d'argent et au－dessous, la peine sera de vingt coups de rotin et le maximum de la peine sera de cent coups de truong et de trois ans de travail pénible）;

各令修立。官屋加二等。误毁者，但令修立，不坐罪。

Quel que soit le dommage causé, l'auteur sera condamné à la réparation; s'il s'agit de construction appartenant à l'État, la peine sera augmentée de deux degrés ; s'il s'agit de dommages causés par maladresse, l'auteur sera seulement condamné à la réparation sans être puni.

九十九、擅食田园瓜果

Art. XCIX. Manger sans permission les fruits des rizières et des jardins

凡于他人田园，擅食瓜果之类，坐赃论。[计所食之物价，一两以下，笞一十；二两，笞二十；计两加等，罪止杖六十，徒一年。] 弃毁者，罪亦如之。

Quiconque mangera sans permission quelque chose du genre des fruits des cucurbitacées ou des autres fruits dans les rizières ou jardins d'autrui sera puni en prononçant pour incrimination au sujet d'un produit d'action illicite (on comptera la valeur des fruits mangés : pour une valeur d'une once d'argent et au-dessous, la peine sera de dix coups de rotin ; pour deux onces, la peine sera de vingt coups en augmentant d'un degré par once ; le maximum de la peine sera de soixante coups de truong et d'un an de travail pénible) ; la peine sera la même pour ceux qui jetteront ou détruiront ces fruits.

其擅将 [挟] 去及食 [之者] 系官田园瓜果，若官造酒食者，加二等。[照擅食他人罪，加二等。]

Ceux qui emporteront sans permission (emporter avec soi), et ceux qui mangeront les fruits de cucurbitacées ou autres fruits des rizières ou jardins de l'État, comme aussi les alcools et les comestibles préparés pour les services publics, seront punis d'une peine plus forte de deux degrés (que la peine édictée contre ceux qui mangent sans permission les fruits d'autrui) ;

主守之人给与，及知而不举者，与同罪。若主守私自将去者，并以监守自盗论。[至四十两问杂犯，准徒五年。]

Les gardiens ou surveillants qui les donneront ou qui, connaissant le fait, ne le révéleront pas, seront punis de la même peine ; si les gardiens enlèvent eux-mêmes et privément ces choses, ils seront punis d'après la loi sur les gardiens qui volent eux-mêmes ce qui est confié à leur surveillance (si la valeur du produit de l'action illicite atteint quarante onces, on leur appliquera la peine de cinq ans de travail pénible, la culpabilité étant dite relative).

一百、私借官车船
Art. C. Emprunter privément les voitures ou barques de l'État

凡监临主守将系官车船、店舍、碾磨之类，私自借用，或转借与人及借之者，各笞五十。

Tout gardien ou surveillant qui, lui-même, privément, empruntera pour son usage ou prêtera à autrui des voitures, barques, magasins, maisons, outils ou autres choses analogues, ainsi que la personne qui les aurait empruntées, seront punis de cinquante coups de rotin.

验日、追雇赁钱入官。［不得过本价。］若计雇赁钱重［于笞五十］者，各坐赃论，加一等。

On vérifiera le nombre de jours et on ordonnera le remboursement à l'État du prix de location (qui ne pourra pas dépasser le prix de l'objet emprunté). Si le prix de location décompté entraîne une peine plus grave (que cinquante coups de rotin), dans chaque cas on suivra la loi sur l'incrimination au sujet d'un produit d'action illicite avec augmentation d'un degré.

婚　姻
Du Marriage

一百零一、男女婚姻
Art. CI. Du marriage

1、凡男女定婚之初，若［或］有残［废或］疾［病］、老幼、庶出、过房［同宗］、乞养［异姓］者，务要两家明白通知，各从所愿，［不愿即止，愿者同媒妁。］写立婚书，依礼聘嫁。

Toutes les fois qu'on commence à décider un mariage entre un jeune homme et une jeune fille, s'il y a (soit) une infirmité physique (défaut de conformation, soit) un défaut de constitution（maladie），et dans tous les cas l'âge plus ou moins avancé，la condition des personnes issues de commune lignée，（de même souche，mais）passées dans une autre branche，（d'un autre nom de famille et）adoptées，toutes ces questions doivent absolument être clairement connues des deux familles，afin que chacune d'elles agisse en pleine connaissance de cause et selon sa propre volonté；（si une des familles n'accepte pas le parti tel qu'il est，les démarches sont arrêtées；si chaque famille est d'accord avec l'entremetteur），il sera écrit un contrat de mariage et，selon les coutumes rituelles，il sera procédé aux cérémonies de la demande et du mariage.

若许嫁女已报婚书及有私约，［谓先已知夫身残疾、老幼、庶养之类。］而辄悔者，［女家主婚人］笞五十。［其女归本夫。］虽无婚书但曾受聘财者，亦是。

Si quelqu'un a déjà accordé une fille en mariage et déjà approuvé le contrat；ou bien a déjà conclu privément，（c'est-à-dire a déjà eu connaissance des conditions d'âge，d'infirmités，de maladie et d'origine du mari comme issu de commune lignée，comme enfant adopté et autres conditions analogues）et qu'ensuite il revienne spontanément sur sa première décision，il（celui de qui dépend le mariage dans la famille de la fille）sera puni de cinquante coups de rotin；（la fille reviendra à son époux）；bien qu'il n'y ait pas de contrat écrit，si，de quelque façon que ce soit，il y a eu acceptation des valeurs qui accompagnent la demande en mariage，le cas sera encore considéré de même.

2、若再许他人未成婚者，［女家主婚人］杖七十；已成婚者，杖八十。

Celui qui，de nouveau，accordera une fille à un autre homme sera，（celui de qui dépend le mariage dans la famille de la fille），si le mariage n'est pas définitivement accompli，puni de soixante et dixcoups de truong；si le mariage est déjà définitivement accompli，il sera puni de quatre-vingts coups de truong；

后定娶者，［男家］知情［主婚人］与［女家］同罪，财礼入官。不知者，不坐。追还财礼，［给后定娶之人。］女归前夫。

Le dernier qui aura épousé，（la famille du jeune homme），s'il a eu connaissance de la nature du fait，sera（celui de qui dépend le mariage）puni de la même peine；on poursuivra la restitution des cadeaux de noces qui seront confisqués à l'État; s'il n'a pas eu connaissance de la nature du fait, il ne sera pas incriminé et on poursuivra la restitution des cadeaux de noces, (qui seront rendus à celui qui aura conclu le dernier mariage pour épouser la fille). La fille reviendra au premier époux;

前夫不愿者，倍追财礼给还，其女仍从后夫。男家悔［而再聘］者，罪亦如之，［仍令娶前女，后聘听其别嫁。］不追财礼。

Si le premier époux n'en veut plus, on poursuivra la restitution du double de la valeur des cadeaux de noces pour lui être remise, et la fille, d'ailleurs, suivra le dernier époux. Si la famille du jeune homme revient sur sa détermination (et fait une autre demande en mariage), la faute sera encore la même; (d'ailleurs, il lui sera ordonné d'épouser la première fille demandée et la dernière fille demandée en mariage sera autorisée à contracter un autre mariage); on ne poursuivra pas la restitution des valeurs données en cadeaux de noces.

3、其未成婚男女有犯奸盗者，［男子有犯，听女别嫁；女子有犯，听男别娶。］不用此律。

Si, le mariage n'étant pas encore accompli, le garçon ou la fille commettent une faute de fornication ou de vol, (si c'est le garçon qui est coupable, la fille sera autorisée à contracter un autre mariage; si la fille est coupable, le jeune homme sera autorisé à prendre une autre femme), on n'emploiera plus cette loi.

4、若为婚而女家妄冒者，［主婚人］杖八十，［谓如女有残疾，却令姐妹妄冒相见，后却以残疾女成婚之类。］追还财礼。

Si, dans un mariage, la famille de la fille use de supercherie ou de substitution, la peine (de celui de qui dépend le mariage) sera de quatre-vingts coups de truong; (cela veut dire, par exemple, que si la fille a une infirmité ou un défaut de constitution, on ordonne à une de ses soeurs aînées ou cadettes de se substituer frauduleusement à elle; qu'on la présente à sa place lors de l'entrevue et qu'on termine le mariage pour la fille infirme); on poursuivra la restitution des valeurs données en cadeaux de noces.

男家妄冒者加一等，［谓如与亲男定婚，却与义男成婚。又如男有残疾，却令弟兄妄冒相见，后却以残疾男成婚之类。］不追财礼。

Si la famille du jeune homme use de supercherie et de substitution, la peine sera augmentée d'un degré ; (cela veut dire, par exemple, qu'on conclut le mariage pour son propre fils et qu'on l'accomplit pour un fils adoptif ; ou, encore, que si le jeune homme a des infirmités ou des défauts de constitution, on ordonne à un de ses frères aînés ou cadets de se substituer frauduleusement à lui, qu'on le présente à sa place lors de l'entrevue, et qu'on accomplit le mariage pour le jeune homme infirme ou impotent) ; on ne poursuivra pas la restitution des cadeaux de noces.

未成婚者，仍依原定。［所妄冒相见之无疾兄弟、姐妹及亲生之子为婚。如妄冒相见男女先已聘许他人，或已经配有室家者，不在"仍依原定"之限。］已成婚者，离异。

Si le mariage n'est pas accompli, on suivra d'ailleurs ce qui aura été primitivement conclu ; (ce sera la personne présentée et substituée par fraude dans l'entrevue, c'est-à-dire le frère aîné ou cadet ou la soeur aînée ou cadette, exempts d'infirmités ou de maladie, ou bien le propre fils qui seront mariés. Si cette personne frauduleusement substituée et présentée lors de l'entrevue a déjà été demandée en mariage et accordée ou est déjà établie et a une famille, le cas n'est plus compris dans la limite de la disposition qui dit qu'on suivra ce qui a été primitivement conclu) ; si le mariage est déjà accompli, il sera cassé.

5、其应为婚者，虽已纳聘财，期约未至，而男家强娶，及期约已至，而女家故违期者，［男女主婚人］并笞五十。

Lorsqu'un mariage doit avoir lieu, bien que les cadeaux de noces aient déjà été donnés et reçus, si l'époque fixée et convenue n'est pas encore arrivée et que la famille du jeune homme épouse et emmène de force la jeune fille chez lui ; ou bien, si l'époque convenue et fixée est arrivée et que la famille de la fille contrevienne volontairement à la convention relative à l'époque, la peine (de la personne de qui dépend le mariage du jeune homme ou de la jeune fille) sera également de cinquante coups de rotin.

6、若卑幼，或仕宦，或买卖在外，其祖父母、父母及伯叔父母、姑、兄姐［自卑幼出外之］后为定婚，而卑幼［不知］自娶妻，已成婚者，仍旧为婚。

Si une personne de rang inférieur ou plus jeune est ou pourvue d'une fonction publique, ou engagée dans des affaires commerciales et vit en dehors de sa famille, si son aïeul, son aïeule, son père ou sa mère ou bien son oncle frère aîné ou cadet du père et l'épouse de celui-là, ses tantes paternelles, ses frères ou soeurs aînés ont ensuite, (depuis que cette personne de rang inférieur ou plus jeune est absente), conclu un mariage pour elle et que cette personne de rang inférieur ou plus jeune, (ignorant cela), ait d'elle-même accompli un mariage et pris une épouse, ce sera d'ailleurs le plus ancien mariage qui sera valable.

［尊长所定之女，听其别嫁。］未成婚者，从尊长所定。［自定者，从其别嫁。］违者，杖八十。［仍改正。］

(La fille pour laquelle les parents prééminents ou plus âgés avaient conclu un mariage sera autorisée à en contracter un autré); si son mariage n'est pas accompli, elle suivra ce qui aura été conclu par ses parents du rang prééminent ou plus âgés; (la fille avec laquelle cette personne de rang inférieur ou plus jeune aura conclu un mariage pourra en contracter un autre): ceux qui contreviendront à ces dispositions seront punis de quatre-vingts coups de truong (et les irrégularités seront redressées).

一百零二、典雇妻女

Art. CII. De la mise en gage et de la location de l'épouse ou de la fille

1、凡将妻妾受财［立约出］典［验日暂］雇与人为妻妾者，［本夫］杖八十；典雇女者，［父］杖六十，妇女不坐。

Quiconque prendra son épouse ou sa concubine et, contre réception de valeurs, fera un contrat ou une convention par lesquels il l'enverra et) la donnera en gage (pour un temps déterminé et à titre provisoire), ou la louera à quelqu'un pour que ce dernier en fasse son épouse ou sa concubine, sera, (l'époux), puni de quatre-vingts coups de truong; celui qui aura mis sa fille en gage ou en location sera, (le père), puni de soixante coups de truong; la femme et la fille ne seront pas incriminées.

2、若将妻妾妄作姐妹嫁人者，杖一百；妻妾杖八十。

Celui qui fera faussement passer son épouse ou sa concubine pour une soeur aînée ou cadette, et qui la mariera à un homme, sera puni de cent coups de truong;

l'épouse et la concubine seront punies de quatre-vingts coups de truong.

3、知而典娶者，各与同罪，并离异，［女给亲，妻妾归宗。］财礼入官。不知者，不坐，追还财礼。［仍离异。］

Celui qui, connaissant la nature du fait, la recevra en gage ou l'épousera sera, dans chaque cas, puni de la même peine que le coupable; dans tous les cas également le mariage sera cassé, (la fille sera remise à ses parents, l'épouse ou la concubine retournera à sa propre souche); les valeurs données en cadeaux de noces, seront confisquées à l'État. Celui qui n'aura pas eu connaissance de la nature du fait ne sera pas incriminé et on poursuivra la restitution des valeurs données en cadeaux de noces; (d'ailleurs le mariage sera cassé).

一百零三、妻妾失序
Art. CIII. Manquer à l'ordre de préséance entre l'épouse et les concubines

凡以妻为妾者，杖一百。妻在，以妾为妻者，杖九十，并改正。

Celui qui de son épouse fera sa concubine sera puni de cent coups de truong; celui qui, du vivant de l'épouse, prendra une concubine comme épouse sera puni de quatre-vingt-dix coups de truong; l'irrégularité sera également corrigée.

若有妻更娶妻者，亦杖九十。［后娶之妻］离异［归宗］。

Celui qui, ayant déjà une épouse, épousera une autre femme comme épouse sera encore puni de quatre-vingt-dix coups de truong; le mariage (de la dernière épouse) serai cassé (et elle retournera à sa propre souche).

一百零四、逐婿嫁女
Art. CIV. Chasser le gendre et marier la fille

凡逐［已入赘之］婿嫁女，或再招者，杖一百；其女不坐。［如招赘之女通同父母逐婿改嫁者，亦坐杖一百。］［后婚］男家知而娶［或后赘］者，同罪。

Celui qui chassera le gendre (déjà entré dans la famille comme excroissance) et mariera la fille, ou qui appellera un nouveau gendre, sera puni de cent coups de truong ; la fille ne sera pas incriminée (si la fille pour laquelle on a appelé un gendre en qualité d'excroissance dans la famille est d'accord avec le père pour chasser le gendre et se marier à un autre, elle est de même passible de la peine de cent coups de truong) ; si la famille du garçon (avec lequel a été contracté le dernier mariage) a connaissance des faits et épouse cependant (ou vient de nouveau comme excroissance dans la famille), elle sera punie de la même peine ;

［未成婚者，各减五等，财礼入官。］不知者，亦不坐。其女断付前夫，出居完聚。

(Si le mariage n'est pas accompli, dans chaque cas la peine sera diminuée de cinq degrés ; les valeurs données en cadeaux de noces seront confisquées à l'État) ; si elle n'en a pas eu connaissance, elle ne sera encore pas passible de la peine édictée. La fille sera réunie à son premier mari, qui sortira de la famille de la fille et ira habiter à part, avec sa femme.

一百零五、居丧嫁娶

Art. CV. Du mariage pendant le deuil

1、凡［男女］父母及［妻妾居］夫丧而身自［主婚］嫁娶者，杖一百。

Quiconque (garçon ou fille), en deuil de son père ou de sa mère, ou bien (l'épouse ou la concubine), en deuil de son époux, se mariera ou prendra femme, soi-même, sera (la personne de qui dépend le mariage), puni de cent coups de truong.

若男子居［父母］丧［而］娶妾，妻［居夫丧］女［居父母丧而］嫁人为妾者，各减二等。

Si le fils en deuil (de son père ou de sa mère) épouse une concubine ou si l'épouse (en deuil de l'époux), ou une fille (en deuil de son père ou de sa mère), se marie avec un homme comme concubine, dans chaque cas la peine sera diminuée de deux degrés.

若命妇夫亡［虽服满］再嫁者，罪亦如之，［亦如凡妇居丧嫁人者拟断。］追夺［敕诰］并离异。

Si une femme revêtue d'un titre honorifique et dont l'époux est mort（bien que le temps de deuil soit complètement écoulé）se remarie, la faute est encore la même（encore la même que celle de la femme quelconque en deuil qui se remarie, et on prononcera）, le retrait（du brevet impérial qui lui a conféré le titré）s'en suit et le mariage sera également cassé.

知［系居丧及命妇］而共为婚姻者，［主婚人］各减五等。［财礼入官。］不知者，不坐。［仍离异，追财礼。］

Celui qui connaissant la nature des faits（le deuil ou le titre de la femme）, conclura cependant le mariage avec ces personnes sera（celui de qui dépend le mariage）, dans chaque cas, puni d'une de moindre de cinq degrés（les valeurs données en cadeaux de noces seront confisquées à l'État）; celui qui n'en aura pas eu connaissance ne sera pas incriminé;（d'ailleurs le mariage sera cassé et on poursuivra la restitution des cadeaux de noces）.

若居祖父母、伯叔父母、姑兄姐丧，［除承重孙外。］而嫁娶者，杖八十，［不离异。］妾不坐。

Ceux qui, en deuil de leur aïeul ou de leur aïeule, de leurs oncles frères aînés ou cadets du père ou de leurs épouses, de leurs tantes paternelles, de leurs frères aînés ou de leurs soeurs aînées（et à l'exception de celui qui, par la mort de son père serait devenu le parent le plus important de son aïeul）, se marieront ou prendront femme seront punis de quatre-vingts coups de truong（le mariage ne sera pas cassé）; s'il s'agit d'un mariage comme concubine ou avecune concubine, le fait ne sera pas incriminé.

2、若居父母、舅姑及夫丧而与应嫁娶人主婚者，杖八十。

Celui ou celle qui, en deuil de son père ou de sa mère, du père ou de la mère de son époux, ou bien de son époux, conclura, comme personne de qui dépend le mariage, une union entre personnes qui peuvent se marier et s'épouser sans illégalité sera puni de quatre vingts coups de truong.

3、其夫丧服满，［妻妾］果愿守志，而女之祖父母、父母及夫家之祖父母、父母强嫁之者，杖八十；期亲加一等，大功以下又加一等。

Lorsqu'une femme, dont l'époux est mort et dont le temps de deuil est complètement écoulé（qu'elle soit épouse ou concubine）, voudra réellement respecter son veuvage, si l'aïeul, l'aïeule, le père ou la mère de cette fille, ou bien si l'aïeul, l'aïeule, le père ou la mère de son époux défunt la marient de force, ils seront punis de quatre-vingts coups de truong; s'il s'agit de parents du second degré, leur peine sera augmentée d'un degré; si ce sont des parents du troisième degré ou d'un degré plus éloigné, leur peine sera encore augmentée d'un degré;

妇人及娶者，俱不坐。未成婚者，追归前夫之家，听从守志，追还财礼。已成婚者，给与完聚，财礼入官。

La femme et celui qui l'aura épousée ne seront jamais incriminés. Si le mariage n'est pas encore accompli la femme retournera dans la famille de son précédent époux et sera autorisée à garder son veuvage et on poursuivra la restitution des cadeaux de noces; si le mariage est accompli elle restera avec son époux et les valeurs données en cadeaux de noces seront confisquées à l'État.

一百零六、父母囚禁嫁娶

Art. CVI. Du mariage des enfants pendant que le père ou la mère sont incarcérés

凡祖父母、父母犯死罪被囚禁，而子孙［自］嫁娶者，杖八十。［若男娶妾，女嫁人］为妾者，减二等。

Les enfants ou petits-enfants qui (eux-mêmes) se marieront ou épouseront pendant que leur aïeul, leur aïeule, leur père ou leur mère, coupables d'un fait puni de mort, seront incarcérés, seront punis de la peine de quatre-vingts coups de truong. Si (le garçon prend en mariage une concubine, ou si la fille se marie comme concubine) c'est un mariage de concubine, la peine sera diminuée de deux degrés.

其奉［囚禁］祖父母、父母命而嫁女、娶妻者，不坐。亦不得筵宴。［违者，依父母囚禁筵宴律，杖八十。］

S'ils ont reçu de leur aïeul, leur aïeule, leur pére ou leur mère (incarcérés) l'ordre de se marier et que les filles se marient à un homme ou que les garçons prennent une épouse, ils ne seront pas incriminés; cependant ils ne pourront faire ni repas, ni fête. (Ceux qui contreviendront à cette disposition seront punis de quatre-vingts coups de truong, selon la loi relative à ceux qui donnent des fêtes ou des repas pendant que leur père ou leur mère sont incarcérés [art. 180].)

一百零七、同姓为婚

Art. CVII. Du mariage entre personnes de même nom de famille

[为婚，兼妻妾言，礼不娶同姓，所以厚别也。]

(Le mot mariage s'applique indifféremment au cas de l'épouse ou à celui de la concubine. D'après les rites on ne doit pas épouser une femme de même nom de famille, afin d'accentuer la séparation)

凡同姓为婚者，[主婚与男女] 各杖六十，离异。[妇女归宗，财礼入官。]

Dans tout mariage entre personnes de même nom de famille (ceux de qui dépend le mariage du garçon et de la fille), chacun sera puni de soixante coups de truong et le mariage sera cassé. (la femme ou la fille retourneront à leur propre soucher, les valeurs données en cadeaux de noces seront confisquées à l'État.

["各"字指男女两家言，或应独坐主婚，或应主婚男女同坐，分首、从，自照违律本法也。][1]

Le mot «chacun» désigne les deux familles, celle du garçon et celle de la fille, soit que les personnes de qui dépend le mariage soient seules passibles de la peine, soit que les personnes de qui dépend le mariage, le garçon et la fille, soient tous passibles de la peine en distinguant entre un principal coupable et des co-auteurs, suivant la règle fondamentale de l'article relatif aux marriages contraires aux lois [art. 117].

[若同姓而原不同派系者，不在此例。][2]

Si les mariés sont de même nom de famille mais nullement d'origine commune, cette règle ne leur est pas applicable).

---

[1] 该句在《大清律例》对应律文中不存在，是阮朝立法者自纂。
[2] 该句在《大清律例》对应律文中不存在，是阮朝立法者自纂。

一百零八、尊卑为婚

Art. CVIII. Du mariage entre parents de rang prééminent et de rang inférieur

1、凡外姻、有服、［或］尊属、［或］卑幼，共为婚姻，及娶同母异父姐妹，若妻前夫之女者，各以亲属相奸论。

Les parents en ligne extérieure ou par alliance（soit）de rang prééminent ou（soit）de rang inférieur ou plus jeunes，à un degré pour lequel il existe un vêtement de deuil，qui contracteront un mariage ensemble，ainsi que ceux qui auront épousé une soeur aînée ou cadette de même mère et de père différent ou une fille du précédent époux de leur épouse seront，dans chaque cas，jugés d'après les dispositions relatives aux parents coupables de fornication ensemble［art. 368］.

2、其父母之姑舅、两姨姐妹及姨，若堂姨、母之姑、堂姑，己之堂姨，及再从姨，［己之］堂外甥女，若女婿［之姐妹］及子孙妇之姐妹，［虽无服。］并不得为婚姻。违者，［男女］各杖一百。

（Bien que pour ces personnes on ne soit astreint à porter aucun vêtement de deuil），il est également défendu de contracter mariage avec les parentes appelées soeurs aînées ou cadettes，filles des tantes paternelles，ou des oncles et tantes maternels du père ou de la mère；avec les tantes maternelles，les soeurs aînées et cadettes de degré de la mère du père ou de la mère；avec les tantes paternelles et les tantes de degré paternelles de la mère；avec les soeurs de degré ou les soeurs éloignées de sa propre mère；avec les parentes appelées nièces de degré en ligne extérieure（de soi-même），et avec les parentes appelées soeurs aînées ou cadettes d'un gendre ou d'une épouse d'un fils ou d'un petit-fils；ceux qui contreviendront à ces dispositions（garçons et filles）seront，chacun，punis de cent coups de truong.

3、若娶己之姑舅、两姨姐妹者，［虽无尊卑之分，尚有缌麻之服。］杖八十，

Celui qui aura épousé une parente appelée soeur aînée ou cadette fille de ses propres tantes paternelles ou oncles et tantes maternelles（bien qu'il n'y eut aucune distinction de condition prééminente ou inférieure，cependant le vêtement de deuil est celui du cinquième degré de parenté），sera puni de quatre-vingts coups de truong.

4、并离异。［妇女归宗，财礼入官。］

Le mariage sera également cassé (la femme ou la fille retournera à sa propre souche et les cadeaux de noces seront confisqués à l'État).

一百零九、娶亲属妻妾

Art. CIX. Épouser une parente comme épouse ou comme concubine

1、凡娶同宗无服［姑侄姐妹］之亲，及无服亲之妻者，［男女］各杖一百。若娶［同宗］缌麻亲之妻及舅甥妻，各杖六十，徒一年。

Celui qui épousera une parente (tante paternelle, nièce, soeur aînée ou cadette), de même souche et pour laquelle il n'est obligé au port d'aucun vêtement de deuil, ou bien l'épouse d'un parent pour lequel il n'est pas tenu de porter un vêtement de deuil, sera (le garçon comme la fille) puni, dans chaque cas, de cent coups de truong. Celui qui épousera l'épouse d'un parent (de la même souche) du cinquième degré, ou bien l'épouse d'un neveu en ligne extérieure, ou celle d'un oncle maternel, sera, dans chaque cas, puni de soixante coups de truong et d'un an de travail pénible；

小功以上［之妻，］各以奸论。［自徒三年至绞斩。］其［亲之妻］曾被出及已改嫁而娶为妻妾者，［无服之亲不与。］各杖八十。

S'il s'agit d'(une épouse d') un parent du quatrième degré et au-dessus, dans chaque cas on prononcera d'après les dispositions relatives à la fornication (depuis trois ans de travail pénible et jusqu'à la strangulation et à la décapitation). Si elle (l'épouse du parent) a déjà été répudiée, ou bien si elle est déjà remariée et qu'on l'épouse comme épouse ou comme concubine (celles des parents pour lesquels il n'y a pas de vêtements de deuil non comprises), dans chaque cas la peine sera de quatre-vingts coups de truong.

若收父、祖妾及伯叔母者，［不问被出改嫁。］各斩。若兄亡收嫂，弟亡收弟妇者，［不问被出改嫁，俱坐。］各绞。

Celui qui prendra une concubine de son père ou de son aïeul, ou bien l'épouse d'un oncle frère aîné ou cadet du père (sans distinguer si elle a été répudiée ou s'est déjà remariée et toujours,）sera dans chaque cas puni de la décapitation；si le frère aîné étant mort on prend sa belle‑soeur, ou si le frère cadet étant mort on prend l'épouse du frère cadet（sans distinguer si elle a déjà été répudiée ou si elle s'est déjà remariée et toujours）, dans chaque cas la peine sera la strangulation.

2、妾［父祖妾不与。］各减［妻］二等。［被出改嫁者，递减之。若原系妻而娶为妾，当从妻论。原系妾而娶为妻，仍从妾减科。］

Si c'est une concubine（la concubine du père ou de l'aïeul non comprises）, dans chaque cas la peine sera（celle du cas où il s'agit de l'épouse）diminuée de deux degrés（si elle a été répudiée ou s'est déjà remariée, on diminuera proportion‑nellement；si en fait il s'agit de l'épouse et qu'on la prenne comme concubine, on doit prononcer comme pour l'épouse；si en fait, il s'agit d'une concubine et qu'on la prenne pour épouse, on suit d'ailleurs la disposition relative aux concubines et on gradue la peine en la diminuant.）

3、若娶同宗缌麻以上姑侄姐妹者，亦各以奸论。

Celui qui épousera une tante paternelle, une nièce ou une soeur aînée ou cadette de même souche et du cinquième degré et au‑dessus sera encore, dans chaque cas, jugé d'après les lois sur la fornication.

4、［除应死外］并离异。

（Sauf les cas où la peine de mort sera prononcée）, ces mariages seront également cassés.

一百一十、娶部民妇女为妻妾

Art. CX. Épouser une femme ou une fille, dans la population dont on a le gouvernement, comme épouse ou comme concubine

凡府、州、县亲民官任内娶部民妇女为妻妾者，杖八十。若监临［内外上司］官，娶［见、问］为事人妻妾及女为妻妾者，杖一百；

Tout fonctionnaire placé directement auprès du peuple dans un *phu*, *chaû* ou *huyên*, qui, pendant la durée de sa fonction, épousera une femme ou une fille de la population placée sous son autorité, comme épouse ou comme concubine, sera puni de quatre‑vingts‑coups de truong；si un fonctionnaire（investi d'une autorité supérieure dans la capitale ou dans les provinces et) chargé d'une surveillance et d'une direction générale, épouse l'épouse ou la concubine ou la fille d'un homme impliqué dans une affaire (en cours d'enquête), comme épouse ou comme concubine, il sera puni de cent coups de truong.

女家［主婚人］并同罪。妻妾仍两离之，女给亲。［两离者，不许给与后娶者，亦不给还前夫，令归宗。其女以父母为亲，当归宗；或已有夫，又以夫为亲，当给夫完聚。］财礼入官。

La famille de la fille (la personne de qui dépend le mariage) sera également punie de la même peine. Les deux mariages de l'épouse ou de la concubine seront d'ailleurs cassés; la fille sera rendue à ses parents (tous deux cassés; il n'est pas permis de laisser la femme à celui qui l'a épousée en dernier lieu et, de même, elle n'est pas rendue à son premier époux; il lui est ordonné de retourner à sa propre souche. Pour une fille, son père et sa mère sont ses plus proches parents, elle doit retourner à sa propre souche, ou bien, si elle avait déjà un époux, ce serait cet époux qui serait son plus proche parent et elle lui serait rendue et réunie). Les valeurs données en cadeaux de noces seront confisquées à l'État.

［恃势］强娶者，各加二等。女家不坐，［妇还前夫，女给亲。］不追财礼。

Ceux qui (s'appuyant sur leur pouvoir) auront épousé de force seront, dans chaque cas, punis avec augmentation de deux degrés; la famille de la fille ne sera pas incriminée (la femme retournera avec son premier époux et la fille sera rendue à ses parents); on ne poursuivra pas la restitution des valeurs données en cadeaux de noces.

若为子孙、弟侄、家人娶者，［或和、或强。］罪亦如之。男女不坐。［若娶为事人妇女，而于事有所枉者，仍以枉法从重论。］

Ceux qui les feront épouser par leurs fils, petits-fils, frères cadets, neveux ou personnes de leur maison (soit d'accord, soit de force), seront encore coupables de la même faute, mais le garçon et la fille ne seront pas incriminés (si, outre le fait d'avoir épousé la femme ou la fille d'une personne impliquée dans une affaire, il y a eu quelque irrégularité dans l'affaire elle-même, on prononcera d'ailleurs d'après les dispositions relatives aux cas de violation des règles et en suivant la loi la plus sévère）.

一百一十一、娶逃走妇女

Art. CXI. Épouser des femmes ou des filles en fuite

凡娶［自己］犯罪［已发在官，而］逃走［在外之］妇女为妻妾，知［逃走之］情者，与同［其所犯之本］罪。［妇人加逃罪二等，其娶者，不加罪。］

Celui qui épousera comme épouse ou comme concubine une femme ou une fille coupable（elle-même）d'une faute（déjà révélée et connue de l'autorité）et en fuite（dans un autre lieu），en connaissant la nature du fait（de fuite），sera puni de la même peine（que celle encourue par la faute elle-même. La femme subira une augmentation de deux degrés de la peine de la faute pour laquelle elle s'est en fuie；celui qui l'épouse ne subira pas l'augmentation de peine）；

至死者，减一等，离异。不知者，不坐。若无夫［又］会赦免罪者，不离。［一有不合，仍离。］

Si cette peine est la mort, la sienne sera diminuée d'un degré. Le mariage sera cassé. Celui qui n'aura pas eu connaissance du fait ne sera pas incriminé. Si la femme n'a pas d'époux et que（de plus），il survienne une amnistie qui la dispense de la peine de sa faute, le mariage ne sera pas cassé.（Si d'ailleurs il y avait des raisons pour qu'ils ne puissent être unis, le mariage sera cependant cassé）.

一百一十二、强占良家妻女

Art. CXII. Contraindre par force une épouse ou une
fille de famille honorable

凡豪［强］势［力］之人，强夺良家妻女，奸占为妻妾者，绞［监候］。

Toute personne influente（violente），et puissante（forte），qui enlèvera par force une épouse ou une fille de famille de condition honorable, la contraindra, et abusera d'elle pour en faire sa propre épouse ou sa concubine sera puni de la strangulation（avec sursis）；

妇女给亲。[妇归夫，女归亲。] 配与子孙、弟侄、家人者，罪 [归所主。] 亦如之。

La femme ou la fille sera rendue à ses parents (la femme reviendra à son époux, la fille reviendra à ses parents) ; pour celui qui l'aura établie avec son fils, son petit-fils, son frère cadet ou un homme de sa maison, la faute (qui incombe à la personne de qui dépend le mariage), sera encore la même ;

[所配] 男女不坐。[仍离异，给亲。]

Le garçon et la fille (unis), ne seront pas incriminés ; (le mariage, d'ailleurs, sera cassé et la femme sera rendue aux siens).

一百一十三、娶乐人为妻妾

Art. CXIII. Mariage d'un mandarin avec une chanteuse [1]

凡 [文武] 官 [并] 吏娶乐人 [妓者] 为妻妾者，杖六十，并离异。[归宗，不还乐工，财礼入官。]

Tout officier civil ou militaire, tout commis employé dans les tribunaux, qui épousera une chanteuse ou prostituée en qualité de femme principale ou secondaire, sera puni de 60 coups de gros bâton et le mariage sera nul. (La femme retournera dans sa famille, avec defense d'exercer à l'avenir son art ; les présents seront confisqués par le Gouvernement.)

若官员子孙 [应袭荫者] 娶者，罪亦如之。注册，候荫袭之日，[照应袭本职上] 降一等叙用。

Si un tel mariage est contracté par le fils ou le petit-fils d'un mandarin, lesquels ont droit héréditaire à la charge de leur père ou grand-père, la peine sera la même. On tiendra compte de leur faute, sur un registre, et, le jour venu de leur succession à l'héritage de famille, leur rang sera abaissé d'un degré et leur emploi conservé.

---

[1] 该律文选自鲍来思译本，第 286 页，霍道生译本缺失此律文译文。

一百一十四、僧道娶妻

Art. CXIV. Des religieux Bouddhiste ou de la secte de Dao qui prennent une épouse

1、凡僧、道娶妻妾者，杖八十，还俗。女家［主婚人］同罪，离异。［财礼入官］。

Tout religieux Bouddhiste ou de la secte de Dao qui épousera une épouse ou une concubine sera puni de quatre-vingts coups de truong et remis à la condition ordinaire ; la famille de la fille (la personne de qui dépend le mariage) sera puni de la même peine ; le mariage sera cassé (les valeurs données en cadeaux de noces seront confisquées à l'État).

寺、观住持知情，与同罪。［以因人连累，不在还俗之限。］不知者，不坐。

Le supérieur ou directeur du couvent, s'il a connaissance de la nature des faits, sera puni de la même peine (comme il est incriminé par extension des conséquences de l'acte d'autrui, il n'est plus compris dans la disposition qui ordonne de renvoyer le coupable à la condition ordinaire) ; s'il n'en a pas connaissance, il ne sera pas incriminé.

2、若僧、道假托亲属或僮仆为名求娶，而僧、道自占者，以奸论。［以僧、道犯奸加凡人和奸罪二等论。妇女还亲，财礼入官。系强者，以强奸论。］

Si un religieux Bouddhiste ou de la religion dite Dao emprunte le prétexte qu'un de ses parents ou un de ses serviteurs veut épouser une femme et que ce religieux s'en empare lui-même, il sera jugé d'après les dispositions relatives à la fornication (d'après la disposition qui établit que les religieux Bouddhistes ou de la secte de Dao coupables de fornication sont punis de la peine d'une personne coupable de fornication, d'accord entre les coupables, augmentée de deux degrés ; la femme ou la fille retournera à ses parents ; les cadeaux de noces seront confisqués à l'État ; s'il y a eu emploi de la force, il sera jugé d'après les dispositions relatives au viol commis de force). [art. 366].

一百一十五、良贱为婚姻

Art. CXV. Du mariage entre personnes de condition honorable et personnes de condition vile

凡家长与奴娶良人女为妻者，杖八十。女家［主婚人］减一等。不知者，不坐。

Tout chef de famille qui fera épouser à son esclave la fille d'une personne de condition honorable, comme épouse, sera punie de quatre-vingts coups de truong; la famille de la fille (la personne de qui dépend son mariage) sera punie d'une peine moindre d'un degré; si elle n'a pas eu connaissance de la nature du fait, elle ne sera pas incriminée.

其奴自娶者，罪亦如之。家长知情者，减二等，因而入籍［指家长言］为婢者，杖一百。

Si l'esclave épouse de lui-même, la faute sera encore la même; si le chef de la famille a connaissance de la nature du fait, il sera puni d'une peine moindre de deux degrés; s'il en est résulté qu'il l'a inscrite sur son rôle (cela se rapporte au chef de la famille) comme esclave, il sera puni de cent coups de truong;

若妄以奴婢为良人，而与良人为夫妻者，杖九十，［妄冒由家长，坐家长；由奴婢，坐奴婢。］各离异，改正。［谓入籍为婢之女，改正复良。］

S'il fait faussement passer un esclave de l'un ou de l'autre sexe pour une personne de condition honorable et le donne à une personne de condition honorable pour époux ou pour épouse, il sera puni de quatre-vingt-dix coups de truong (si la fausse allégation relative à la condition est le fait du chef de la famille, celui-ci sera passible de la peine; si elle est le fait de l'esclave lui-même, c'est l'esclave qui sera passible de cette peine); dans chaque cas le mariage sera cassé et les irrégularités réformées et corrigées (c'est-à-dire que la fille inscrite sur le rôle comme esclave sera réinscrite comme personne de condition honorable).

一百一十六、出妻

Art. CXVI. De la répudiation ou divorce de l'épouse

1、凡妻［于七出］无应出［之条］，及［于夫无］义绝之状，而［擅］出之者，杖八十。

Toutes les fois que l'épouse ne sera dans aucun des（sept）cas pour lesquels elle devrait être répudiée, ou bien lorsqu'elle n'aura commis aucune action de nature à éteindre le devoir qui la lie（envers l'époux）, celui qui la répudiera à cause de sa seule volonté d'agir ainsi sera puni de quatre-vingts coups de truong.

虽犯七出，［无子、淫佚、不事舅姑、多言、盗窃、妒忌、恶疾。］有三不去［与更三年丧、前贫贱后富贵、有所娶无所归。］而出之者，减二等，追还完聚。

Bien qu'elle ait commis une des sept actions qui entraînait la répudiation（n'avoir pas d'enfants, inconduite; ne pas servir le beau-père et la belle-mère; bavardage et médisance, vol, jalousie, infirmité de nature à la rendre impropre à la génération）, si elle est dans un des trois cas d'empêchement du divorce（avoir porté un deuil de trois ans avec l'époux; lorsque les époux étant d'abord pauvres se sont ensuite enrichis; lorsqu'elle n'a plus personne auprès de qui elle puisse retourner）, celui qui la répudiera sera puni d'une peine moindre de deux degrés et les époux seront contraints à se réunir.

2、若犯义绝应离而不离者，亦杖八十。若夫妻不相和谐而两愿离者，不坐。［情既已离，难强其合。］

Si elle a commis une action de nature à éteindre le devoir qui la lie et qu'il y ait lieu de la répudier, celui qui ne la répudiera pas sera encore puni de quatre-vingts coups de truong. Si l'époux et l'épouse ne sont pas d'accord ensemble et que tous deux désirent se séparer, ils ne seront pas incriminés（du moment où ils sont désunis de sentiments, il est impossible de les maintenir unis par la force）.

3、若［夫无愿离之情］，妻［辄］背夫在逃者，杖一百，从夫嫁卖；［其妻］因逃而［辄自］改嫁者，绞［监候］。

Si（l'époux n'ayant aucun désir de se séparer）l'épouse（de sa seule autorité） abandonne l'époux (et prend la fuite), elle sera punie de cent coups de truong, et il dépendra de l'époux de la marier ou de la vendre; s'il est résulté de la fuite (de l'épouse) qu'elle s'est remariée (elle-même, de sa seule autorité), elle sera punie de la strangulation (avec sursis).

其因夫 [弃妻] 逃亡，三年之内，不告官司而逃去者，杖八十。擅 [自] 改嫁者，杖一百。

Si parce que l'époux (abandonnant l'épouse) a pris la fuite et a disparu, et dans l'intervalle de trois ans, elle prend la fuite et s'en va sans porter sa demande devant les tribunaux, elle sera punie de quatre-vingts coups de truong; si de sa propre autorité elle se remarie (d'elle-même), elle sera punie de cent coups de truong.

妾各减二等。[有主婚媒人、有财礼乃坐。无主婚人、不成婚礼者，以和奸、刁奸论。其妻妾仍从夫嫁卖。]

S'il s'agit d'une concubine la peine sera, dans chaque cas, diminuée de deux degrés (pour qu'elle soit passible de cette peine il faut que quelqu'un ait agi comme personne de qui dépend le mariage, qu'il y ait eu un entremetteur et des cadeaux de noces; si personne n'a agi comme personne de qui dépend le mariage, s'il n'y a pas eu d'entremetteur et si les cérémonies du mariage n'ont pas été accomplies, elle sera alors jugée d'après les dispositions relatives à la fornication d'accord ou avec séduction et entraînement; l'épouse ou la concubine seront d'ailleurs à la disposition de l'époux qui pourra les marier ou les vendre).

4、若婢背家长在逃者，杖八十。因而改嫁者，杖一百，给还家长。

Si une esclave abandonne le chef de sa famille et prend la fuite elle sera punie de quatre-vingts coups de truong; si par suite elle se remarie, elle sera punie de cent coups de truong et rendue au chef de la famille.

5、窝主及知情娶者，各与 [妻妾、奴婢] 同罪。至死者，减一等，[财礼入官。] 不知者，[主娶者言。] 俱不坐。[财礼给还。]

Celui qui lui aura donné asile, ainsi que celui qui, connaissant la nature du fait, l'épousera, seront dans chaque cas punis de la même peine (que l'épouse, la concubine ou l'esclave); si la peine est la mort, la leur sera diminuée d'un degré. (les valeurs données en cadeaux de noces seront confisquées à l'État); ceux qui auront agi sans connaître la nature du fait (cela désigne celui de qui dépend le mariage de celui qui épouse) ne seront jamais incriminés (les valeurs données en cadeaux de noces seront restituées).

6、若由［妇女之］期亲以上尊长主婚改嫁者，罪坐主婚。妻妾止得在逃之罪。

Si c'est par le fait des parents de rang prééminent ou plus âgés du second degré et au-dessus (de la femme et de la fille), qui ont agi en qualité de personne de qui dépend le mariage, qu'elles ont été remariées, la peine sera imputable à la personne de qui dépend le mariage; l'épouse ou la concubine seront seulement passibles de la peine de leur fuite.

余亲主婚者，［余亲，谓期亲卑幼，及大功以下尊长。卑幼主婚改嫁者。］事由主婚，主婚为首，男女为从；

Lorsque tous autres parents auront agi en qualité de personne de qui dépend le mariage (autres parents désigne les parents de rang inférieur ou plus jeunes du second degré ainsi que les parents de rang prééminent ou plus âgés ou de rang inférieur ou plus jeunes du troisième degré et au-dessous qui auront agi comme personne de qui dépend le mariage et qui auront remarié la femme en question), si c'est du fait de celui qui a agi comme personne de qui dépend le mariage, celui-ci sera le principal coupable et le garçon et la fille seront considérés comme co-auteurs;

事由男女，男女为首，主婚为从。至死者，主婚人并减一等。［不论期亲以上及余亲，系主婚人，皆杖一百，流三千里。］

Si c'est du fait du garçon et de la fille, ceux-ci seront les principaux coupables et la personne de qui dépend le mariage sera considérée comme co-auteur: si la peine est la mort, la personne de qui dépend le mariage aura également sa peine diminuée d'un degré (sans distinguer entre parents du second degré et au-dessus et autres parents; celui de qui dépend le mariage sera toujours puni de cent coups de truong et de l'exil à trois mille lis).

一百一十七、嫁娶违律主婚媒人罪

Art. CXVII. Du mariage contraire aux lois, des peines de la personne de qui dépend le mariage et de l'entremetteur

1、凡嫁娶违律，若由［男女之］祖父母、父母、伯叔父母、姑兄姐及外祖父母主婚者，［违律之罪］独坐主婚。［男女不坐。］

Lorsqu'une fille se marie ou qu'un garçon épouse en contrevenant aux lois, si le fait provient de la volonté de l'aïeul, de l'aïeule, du père, de la mère, des oncles frères aînés ou cadets du père ou de leurs épouses, des tantes soeurs du père, d'un frère aîné, d'une soeur aînée, ainsi que de l'aïeul ou de l'aïeule en ligne extérieure, c'est-à-dire maternelle (du garçon et de la fille) qui ont agi comme personne de qui dépend le mariage, celui qui aura agi en cette qualité sera seul passible (de la peine de la contravention aux lois; le garçon et la fille ne seront pas incriminés).

余亲主婚者，［余亲，谓期亲、卑幼，及大功以下尊长、卑幼主婚者。］事由主婚，主婚为首，男女为从。［得减一等。］事由男女，男女为首，主婚为从。［得减一等。］

Si toute autre personne a agi comme personne de qui dépend le mariage (les autres parents sont les parents de rang inférieur ou plus jeunes du second degré, ainsi que les parents de rang prééminent ou plus âgés du quatrième degré et au-dessous, ainsi que ceux de rang inférieur ou plus jeunes qui ont agi comme personne de qui dépend le mariage), si le fait provient de la personne de qui dépend le mariage, cette personne sera considérée comme principale coupable et le garçon et la fille seront considérés comme co-auteurs (et profiteront d'une diminution d'un degré); si le fait provient de la volonté du garçon et de la fille, ceux-ci seront considérés comme principaux coupables et la personne de qui dépend le mariage sera considérée comme co-auteur (et profitera de la diminution d'un degré);

至死者，［除事由男女，自当依律论死。其由］主婚人，并减一等。［主婚人虽系为首，罪不入于死，故并减一等。男女已科从罪，至死亦是满流，不得于主婚人流罪上再减。］

Si la peine est la mort (sauf le cas où le fait aura été le résultat de la volonté du garçon ou de la fille et où on devra prononcer la peine de mort selon la loi, si le fait a été le résultat de la volonté de), la personne de qui dépend le mariage (elle) aura également sa peine diminuée d'un degré (bien que la personne de qui dépend le mariage soit le principal coupable, la peine ne va pas jusqu'à la mort; c'est pourquoi la peine est également diminuée d'un degré; la peine du garçon et de la fille étant graduée d'après leur condition de co-auteurs est, de même, le maximum de la peine de l'exil; on ne peut pas leur appliquer la peine de l'exil de la personne de qui dépend le mariage, encore diminuée d'un degré).

2、其男女被主婚人威逼，事不由己；若男年二十岁以下，及在室之女 [虽非威逼]，亦独坐主婚，男女俱不坐。[不得以首从科之。]

Si le garçon ou la fille ont été forcés par la personne de qui dépend le mariage et que le fait ne résulte pas de leur propre volonté, comme aussi s'il s'agit d'un garçon âgé de moins de vingt ans ou d'une fille qui est encore dans sa famille (bien qu'ils n'aient pas été obligés et contraints), la personne de qui dépend le mariage sera encore seule passible de la peine et le garçon et la fille ne seront jamais incriminés (sans qu'on puisse graduer leur peine comme principaux coupables ou comme co-auteurs).

3、未成婚者，各减已成婚罪五等。[如绞罪减五等，杖七十，徒一年半。余类推减。]

Si le mariage n'est pas encore accompli, dans chaque cas, la peine sera celle du cas où le mariage est déjà accompli diminuée de cinq degrés (si c'est la peine de la strangulation, diminuée de cinq degrés, elle sera de soixante-dix coups de truong et d'un an et demi de travail pénible et ainsi de même dans tous les autres cas.)

4、若媒人知情者，各减 [男女主婚] 犯人罪一等。不知者，不坐。

Si l'entremetteur a connaissance de la nature des faits, dans chaque cas il sera puni de la peine du (garçon, de la fille, ou de la personne de qui dépend le mariage) coupable diminuée d'un degré; celui qui n'en aura pas eu connaissance ne sera pas incriminé.

5、其违律为婚各条称离异改正者，虽会赦 [但得免罪]，犹离异改正。离异者，妇女并归宗。

Dans tous les articles relatifs à des mariages contraires aux lois, lorsque le texte emploie l'expression：«le mariage sera cassé et les irrégularités corrigées», bien qu'il survienne une amnistie (la peine seule pourra être évitée), la séparation et la réparation de l'irrégularité auront encore lieu ; si c'est l'expression : «le mariage sera cassé», qui est employée, la femme ou la fille retourneront êgalement à leur propre souche.

6、财礼，若娶者知情，则［不论已未成婚，俱］追入官。不知者，则追还主。

Les valeurs données en cadeaux de noces, si celui qui épouse a eu connaissance de la nature du fait (sans distinguer si le mariage a été ou n'a pas été accompli, et toujours), seront confisquées à l'Etat ; s'il n'en a pas eu connaissance, on en pour-suivra la restitution au propriétaire.

仓 库
Des Greniers et Magasins

一百一十八、钱法
Art. CXVIII. Des réglements sur la fabrication de la monnaie [1]

1、凡钱法：设立宝源、宝泉等局，鼓铸制钱，内外俱要遵照户部议定数目，一体通行。其民间金银、米麦、布帛诸物价钱，并依时值，听从民便。［使用。］若阻滞不即行使者，杖六十。

Suivant les réglemens qui concernent la fabrication de la monnaie, il y a des fonderies et des maisons où le métal est préparé et frappé, et des magasins où la monnaie est déposée jusqu'à ce qu'elle soit mise en circulation. La quantité de métal monnayé, et les époques de sa sortie des magasins, seront fixés d'après les délibérations de la cour suprême des finances, afin que les émissions successives de la monnaie se fassent en raison des besoins publics. A la même époque, cette cour réglera aussi le prix de l'or, de l'argent, des grains et autres objets d'utilité ou de-consommation, suivant le cours de la place. Tous ceux qui seront chargés d'une des

―――――――――――

〔1〕 该律文选自勒努阿尔译本，第1卷，第208~210页，因为鲍来思译本此律文删减太多内容。

parties qui concernent la monnaie, si elle n'est pas délivrée au temps marqué pour sa circulation, recevront 60 coups.

2、其军民之家［私蓄铜器］，除镜子、军器及寺观、庵院钟磬、铙钹外，其余应有废铜，并听赴官卖，每斤官给银七分，增减随时。若私相买卖及收匿在家不赴官者，笞四十。

Nul militaire ou citoyen n'emploiera, à son usage particulier, des objets faits de cuivre, ou dans lesquels ce métal entre principalement, excepté pour les armes de guerre, les miroirs et les cloches : sont encore exceptés les objets qui servent au culte de la religion, et quelle que soit la quantité de cuivre qu'un individu se trouvera avoir de trop, il pourra le vendre au Gouvernement à raison de sept *fens* le *kin* [1] pesant, ou plus ou moins, selon le cours de la place ou les circonstances. Quiconque achetera ou vendra clandestinement du cuivre, on le gardera chez soi, au lieu d'en proposer l'achat au Gouvernement, sera puni de 40 coups.

一百一十九、收粮违限

Art. CXIX. Contraventions aux délais fixés pour la perception des impôts en grain

凡收夏税，［所收小麦］于五月十五日开仓，七月终齐足。秋粮［所收粮米］十月初一日开仓，十二月终齐足。

Pour la perception de l'impôt de l'été, les greniers seront ouverts à partir du quinzième jour du cinquième mois et à la fin du septième mois la perception devra être complètement terminée ; pour la perception de l'impôt en grain de l'automne, les greniers seront ouverts à partir du premier jour du dixième mois et la perception devra être complètement terminée à la fin du douzième mois.

如早收去处豫先收受者，不拘此律。若夏税违限至八月终，秋粮违限至次年正月终，不足者，其提调部粮官、吏、典、分催里长、欠粮人户，各以［税粮］十分为率，一分不足者，杖六十，每一分加一等，罪止杖一百。

Si, dans les endroits où la récolte a lieu de bonne heure, cette perception est

---

〔1〕 此处两个越南语对应汉语"分"与"斤"。

opérée en avance, on ne s'en tiendra pas aux termes de la présente loi. S'il est contrevenu à ces fixations de délais, à ce point que la perception ne soit pas complètement opérée à la fin du huitième mois pour les impôts de l'été, et la fin du premier mois de l'année suivante pour les impôts en grain de l'automne, le fonctionnaire chargé de la direction générale des impôts en grain dans son ressort, l'employé concerné, les chefs de villages chargés de hâter la collection des impôts, les personnes et les familles en retard pour le payement des impôts en grain, seront, chacun, punis d'après le nombre de dixièmes de la quantité totale (des impôts et des grains); pour un dixième non acquitté, la peine sera de soixante coups de truong; pour chaque fois un dixième en plus, la peine augmentera d'un degré et s'arrêtera à cent coups de truong.

　　[官吏、里长] 受财 [而容拖欠] 者，计 [所受] 赃，以枉法从重论。[分别受赃、违限轻重。] 若违限一年之上不足者，人户、里长杖一百，提调部粮官、吏、典照例拟断。

　　Ceux (fonctionnaires, employés ou chefs de village) qui auront accepté des valeurs (pour tolérer les retards) seront jugés en tenant compte de la valeur du produit de l'action illicite (qu'ils auront reçu), d'après les dispositions relatives à la violation de règles, et en suivant la loi la plus sévère (en distinguant entre la peine de l'acceptation d'un produit d'action illicite et la peine de la contravention au délai fixé, la plus sévère et la plus légère).

　　若违限一年之上不足者，人户、里长杖一百，提调部粮官、吏、典，照例拟断。

　　Si les délais sont dépassés depuis plus d'un an sans que la perception soit totalement achevée, les personnes, les familles et les chefs de village seront punis de cent coups de truong; le fonctionnaire chargé de la direction générale du service des impôts en grain, dans son ressort, et les employés concernés, seront l'objet d'une décision selon les règlements.

一百二十、多收税粮斛面

Art. CXX. Percevoir trop en mesurant les impôts en grain

　　凡各仓 [主守官役] 收受税粮，听令纳户亲自行概，平斛交收，作正数

［即以平收者作正数。］支销，依例准除折耗。

Dans tout grenier, en percevant les impôts en grain, il sera recommandé (par les gardiens chargés, fonctionnaires et agents) aux familles qui versent de passer elles—mêmes le rateau sur le *hôc*[1] pour égaliser la surface de façon que, pour ce-lui qui verse et pour celui qui reçoit, la quantité portée en compte soit bien la quantité (réelle) reçue (c'est—à—dire que ce qui est perçu soit la véritable quantité de mesures dues). Après la consommation par délivrance, s'il y a des déficits, on devra, selon les règlements, défalquer le déchet de magasinage.

若仓官、斗级不令纳户行概，踢斛淋尖，多收斛面 ［在仓］ 者，杖六十；

Si les fonctionnaires chargés du grenier ou les agents préposés au mesurage ne font pas passer le rateau par les familles qui versent, s'ils compriment le grain dans le *hôc* ou s'ils l'accumulent en pyramide au—dessus de la surface de telle sorte qu'il déborde et coule grain à grain, et s'ils perçoivent ainsi (dans le grenier) plus qu'ils n'auraient dû percevoir, ils seront punis de soixante coups de truong;

若以 ［所多收之］ 附余粮数 ［总］ 计赃重 ［于杖六十］ 者，坐赃论，罪止杖一百。［此皆就在仓者言，如入己以监守自盗论。］

Si d'après l'excédent du grain (perçu en trop) compté (en totalité) comme pro-duit d'action illicite, la peine est plus forte (que soixante coups, de truong) ils se-ront jugés pour incrimination au sujet d'un produit d'action illicite; la peine ne dépassera pas cent coups de truong. (Tout ceci se rapporte au cas ou l'exédent est versé dans le grenier; si cet exédent est pris par les coupables comme un bénéfice personnel, ils seront jugés d'après la loi relative aux surveillants et gardiens qui vo-lent eux—mêmes).

提调官吏知而不举，与同罪，［多粮给主。］不知者，不坐。

Les fonctionnaires et employés chargés de la direction générale du service qui auront connaissance de ces faits et ne les révéleront pas seront punis de la même peine que les coupables (le grain perçu en trop sera restitué aux propriétaires); s'ils ignorent ces faits, ils ne seront pas incriminés.

---

［1］ 此处该越南语对应汉语"斛"。

一百二十一、隐匿费用税粮课物

Art. CXXI. Cacher ou dépenser le montant d'impôts ou de droits

凡［本户自运］送本户应纳税粮课物，［如蚕丝、铜、铁之类。］及应［追］入官之物，［已给文送运。］而隐［肥己私自］费用不纳，或诈作［水火、盗贼］损失，欺罔［经收］官司者，并计所亏欠物数［为赃，］准窃盗论，［罪止杖一百，流三千里，］免刺。

Celui qui (la famille qui fait elle-même le transport), allant verser les impôts en espèces ou en grains, ou droits en nature (comme soie, cuivre, fer et autres), que sa propre famille doit acquitter, ainsi que les objets qui doivent (par contrainte) être confisqués à l'État (après qu'un ordre de transport ou de versement lui a été remis), les cache (pour en profiter, ou qui, privément), les dépense ou les consomme sans les verser, par exemple, en prétendant frauduleusement qu'ils ont été avariés ou perdus (par l'eau, le feu ou des voleurs), trompant le fonctionnaire compétent (qui précédemment en a exigé le payement), sera puni également en tenant compte de la valeur du déficit (considéré comme produit d'action illicite), conformément aux dispositions relatives au vol furtif (la peine s'arrêtera à cent coups de truong et l'exil à trois mille lis), et dispensé de la marque.

其部运官吏，知［隐匿诈妄之］情，与同罪，不知者，不坐。［此系公罪，各留职役，若受财故纵，以枉法从重论。小户附搭侵匿者，仍依此律准窃盗。本户即令本社。］〔1〕

Les fonctionnaires et employés chargés du transport des impôts dans leur ressort, qui auront eu connaissance de la nature des faits (de disparition des impôts et de fraude), seront punis de la même peine que les coupables ; s'ils n'en n'ont pas eu connaissance, ils ne seront pas incriminés (ceci est une faute publique ; chacun conservera sa dignité ou son emploi. S'ils ont accepté des valeurs et volontairement favorisé les coupables, on prononcera d'après la loi la plus sévère, en tenant compte des dispositions relatives à la violation des règles ; ceux qui détourneront les impôts

---

〔1〕《大清律例》中并无"本户即令本社"一句，是阮朝立法者自纂。

que les petites familles auront réunis aux leurs, seront d'ailleurs, selon cette loi, jugés conformément aux dispositions relatives au vol furtif). — (La «famille»; actuellement il faut donner à ce mot le sens de «village»).

一百二十二、揽纳税粮

Art. CXXII. Recueillir, pour les verser au trésor, les impôts d'autrui

1、凡揽纳［他人］税粮者，杖六十，着落［本犯］赴仓［照所揽数］纳足，再于犯人名下［照所纳数］追罚一半入官。

Celui qui recueillera, pour les verser, les impôts en espèces et en grains (d'autres personnes), sera puni de soixante coups de truong; il (ledit coupable) sera responsable du versement intégral (de la somme de ce qu'il aura recueilli et réuni) dans les greniers; de plus, il sera personnellement contraint d'en payer, comme amende, la moitié (calculée sur la somme à verser), qui sera confisquée à l'État.

2、若监临主守，［官役挟势］揽纳者，加罪二等。［仍追罚一半入官。］

Si des surveillants directeurs ou des gardiens chargés (fonctionnaires ou agents, s'appuient sur leur autorité et) recueillent des impôts pour les verser, leur peine sera augmentée de deux degrés (d'ailleurs ils seront contraints à fournir une moitié de la somme qui sera confisquée à l'État).

3、其小户畸［残田］零［零丁，不足以成一户。］米麦，因便凑数［于本里］纳粮人户处附纳者，勿论。

Les petites familles qui trouveront plus commode de réunir aux impôts en espèces ou en grains qu'une famille (de leur propre village) va verser, pour que celle-ci verse le tout ensemble, les impôts en riz ou grain qu'elles ont à payer pour des parcelles disséminées au milieu d'espaces incultes (de mauvaises rizières), ou pour des parcelles en surplus (d'individus en surplus, pas assez nombreux pour former une famille), ne seront pas incriminées.

［包揽侵费正数及多科费用，以诓骗论。若侵欺，以监守自盗论。包与

者，不应杖罪。］［里即令社。］〔1〕

(Celui qui réunit et qui recueille les impôts d'autres personnes, s'il en détourne ou en dépense la totalité, ou bien s'il se fait remettre plus qu'il n'y a à verser et dépense l'excédent, est jugé d'après les dispositions relatives à l'escroquerie ; celui qui s'en empare et les détourne après que ces impôts ont déjà été versés au trésor est jugé comme surveillant ou gardien qui vole les biens de l'État ; celui qui a remis ses impôts au premier pour les faire verser est puni selon la loi sur ce qui ne doit pas être fait.) — (Actuellement, le mot *ly*, village, doit être considéré comme ayant le sens du mot *xâ*, commune.)〔2〕

一百二十三、虚出通关硃钞

Art. CXXIII. Délivrer des quittances et reçus provisoires fictifs

［凡钱粮通完，出给印信长单为通关。仓库截收，则暂给红批照票为硃钞。］

(Toutes les fois que les impôts en espèces ou en grain sont complètement acquittés, on délivre au contribuable une feuille entière, grand format, revêtue d'un sceau et qui s'appelle quittance ; lorsque le grenier ou le magasin a perçu une fraction, il délivre, à titre provisoire, une attestation paraphée sur papier rouge, qui est appelée reçu provisoire.)

1、凡仓库收受一应系官钱粮等物［原数本］不足，而监临主守通同有司提调官吏，虚出通关［给发］者，计所虚出之数，并赃，［不分摊各犯，］皆以监守自盗论。

Toutes les fois que dans un grenier ou un magasin, on perçoit toute espèce de monnaies, grains ou autres objets ou matières qui doivent revenir à l'État, si la recette n'est pas complète (selon la quantité fixée en question), et que les surveillants et gardiens, d'accord avec les fonctionnaires et employés chargés de la direction générale du service, délivrent une quittance fictive, ils (ceux qui l'auront délivrée)

---

〔1〕《大清律例》中并无 "里即令社"，是阮朝立法者自纂。

〔2〕 此处两个越南词分别对应汉语 "里" 与 "社"。

seront tous punis en tenant compte de la valeur dont il aura été donné une décharge fictive et pour le même produit d'action illicite（sans distinguer quelle aura été la part de chaque coupable）, d'après la loi sur les surveillants et gardiens qui volent eux-mêmes［art. 264］.

2、若委官盘点钱粮，数本不足，扶同［监临提调官。］申报足备者，罪亦如之。［亦计不足数，以监守自盗论，并赃。］受财者，计［入己］赃，以枉法从重论。

Si un fonctionnaire envoyé pour vérifier et inventorier des monnaies ou des grains, dont la quantité n'est réellement pas complète, s'entend（avec le fonctionnaire chargé de la surveillance de ces valeurs ou de la direction de ces valeurs）pour rendre compte que les chiffres de l'existant sont exacts, la faute sera encore la même（on comptera de même la quantité du déficit et on jugera les coupables pour le même produit d action illicite d'après la loi sur les surveillants et gardiens qui volent eux-mêmes）; ceux qui auront accepté des valeurs seront punis en suivant la loi la plus sévère et en tenant compte du produit de l'acte illicite（qu'ils auront personnellement reçu）, d'après les dispositions relatives au cas de violation de règles.

3、其监守不收本色，［诈言奉文］折收财物，虚出砑钞者，亦以监守自盗论。

Les surveillants et gardiens qui ne percevront pas ce qui est dû à l'État sous la forme même que ces biens doivent avoir, qui（arguant faussement de dépêches reçues）, le percevront sous une autre forme, et qui délivreront des reçus provisoires fictifs, seront encore jugés d'après la loi sur les surveillants et gardiens qui volent eux-mêmes.

纳户知情，减二等，免刺，原与之赃入官，不知者，不坐，其赃还主。

Les familles versantes qui auront connaissance de la nature du fait seront punies d'une peine moindre de deux degrés et dispensées de la marque; le produit de l'acte illicite qu'elles auront primitivement donné sera confisqué à l'État; celles qui n'en auront pas eu connaissance ne seront pas incriminées et le produit de l'acte illicite sera restitué à son propriétaire.

4、［通上］同僚知而不举者，与犯人同罪；［至死减等。］不知及不同署文案者，不坐。［以失觉察论。］

（Dans tout ce qui précède）, les personnes attachées ensemble à un même service, qui, connaissant le fait, ne le révéleront pas, seront punies de la même peine
que les coupables（si cette peine est la mort, la leur sera diminuée d'un degré）;
celles qui n'en n'auront pas eu connaissance, ainsi que celles qui n'auront pas signé
ou paraphé les pièces écrites, ne seront pas incriminées（elles seront jugées pour
avoir manqué de surveillance et ne pas s'être aperçues du fait）.

一百二十四、附余钱粮私下补数

Art. CXXIV. Employer privément des excédents en monnaies ou en grains à combler des déficits

1、凡各衙门及仓库，但有附余钱粮，须要尽实报官，明白［立案于］正收［簿内另］作数。［支销。］

Dans tout tribunal, service, ou dans toute administration, ainsi que dans les
greniers et magasins, si, de quelque façon que ce soit, il existe des excédents en
deniers ou en grains, on doit absolument en faire une déclaration parfaitement exacte
et claire à l'autorité et（dresser un état pour）les prendre en recette（en plus dans la
comptabilité）en existant（disponible pour les dépenses）.

若监临主守，将增出钱粮私下销补别项事故亏折之数，瞒官作弊者，［不分首、从，］并计赃，以监守自盗论。［其亏折追赔还官。］

Si des surveillants directeurs ou gardiens chargés prennent ces bonis en deniers
ou en grains et les appliquent privément à compenser des déficits provenant de
causes quelconques sur d'autres quantités, trompant l'autorité dont ils se jouent et
commettant telles autres fautes, les coupables（sans distinguer le principal coupable
et les co-auteurs）seront également punis en tenant compte de la valeur du produit
de l'action illicite d'après les dispositions relatives aux surveillants et gardiens qui volent eux-mêmes（on poursuivra la restitution, envers l'État, des déficits constatés）.

2、若内库收受金帛，当日交割未完者，［不许带出。］许令附簿寄库。

Si dans les magasins de la capitale on ne peut, dans le même jour, prendre
livraison d'or ou d'étoffes précieuses et terminer l'opération（il n'est pas permis de
remporter au dehors les quantités non reconnues）, on devra les inscrire et les placer

au dépôt dans le magasin；

　　若有余剩之物，本库明白立案正收，开申户部作数。若［解户］朦胧擅将金帛等物出外者，［不分多少］斩。［杂犯，准徒五年。］

　　S'il y a des objets en excédent, l'administration des magasins en dressera un état clair et précis；elle en prendra recette et informera le ministère civil en les portant en compte. Ceux qui（les familles qui apportent）frauduleusement et sans autorisation，prendront des objets tels qu'or ou étoffes précieuses et les sortiront au dehors seront（sans distinguer quelle en est la quantité）punis de la décapitation（la culpabilité est relative et la peine sera remplacée par cinq ans de travail pénible）；

　　守门官失于盘获搜检者，杖一百。［金帛等物追还官。］

　　Le fonctionnaire chargé de la garde des portes qui aura manqué de surveillance en contrôlant et en fouillant，sera puni de cent coups de truong（on poursuivra la restitution envers l'État desdits objets tels qu'or ou étoffes précieuses）.

一百二十五、私借钱粮

Art. CXXV. Emprunter privément des deniers ou des grains

　　1、凡监临主守，将系官钱粮等物，［乃金帛之类，非下条衣服之属。］私自借用，或转借与人者，虽有文字，［文字兼文约、票批、簿籍。］并计［所借之］赃，以监守自盗论。

　　Tout surveillant，directeur ou gardien chargé，qui prendra des deniers ou des grains ou tous autres objets appartenant à l'État（par exemple de l'or ou des étoffes précieuses；des choses qui ne sont pas comprises dans les biens énumérés comme vêtements dans l'article suivant），et les empruntera privément pour son propre usage，ou qui les prêtera à d'autres personnes，bien qu'il y ait un écrit（le mot écrit comprend indifféremment une reconnaissance，un ordre de délivrance ou une inscription sur un registre），sera également jugé en tenant compte de la valeur（de ce qui a été emprunté considéré comme valeur）du produit de l'action illicite，d'après les dispositions relatives aux surveillants et gardiens qui volent eux-mêmes.

　　其非监守之人借者，以常人盗仓库钱粮论。［监守坐以自盗，非监守止以常人盗，追出原物还官。］

Ceux qui, ni surveillants, ni gardiens, feront de tels emprunts, seront jugés d'après les dispositions relatives aux personnes ordinaires qui volent des monnaies ou des grains dans les greniers ou les magasins (les surveillants et gardiens sont incriminés comme surveillants et gardiens qui volent eux-mêmes ; ceux qui ne sont ni surveillants ni gardiens sont seulement incriminés comme personnes ordinaires qui volent ; on poursuit la restitution des objets empruntés envers l'État).

2、若将自己物件抵换官物者，罪亦如之。［自己物件入官。］

Ceux qui prendront leurs propres biens et les échangeront contre des objets appartenant à l'État seront encore coupables de la même faute (leurs propres objets seront confisqués à l'État).

一百二十六、私借官物

Art. CXXVI. Emprunter privément des objets appartenant à l'État

凡监临主守，将系官什物、衣服、毡褥、器玩之类，私自借用或转借与人及借之者，各笞五十。

Tout surveillant directeur ou gardien chargé qui prendra des objets tels que vêtements, couvertures, tapis, feutres, outils, instruments et ustensiles divers appartenant à l'État et qui les empruntera privément pour son propre usage ou qui les prêtera à quelqu'un, ainsi que ceux qui les emprunteront, seront punis, chacun, de cinquante coups de rotin.

过十日，各［计借物］坐赃论，减二等。［罪止杖八十，徒二年，各追所借还官。］

Au delà de dix jours, chacun (en tenant compte de la valeur des objets empruntés), sera puni en prononçant pour incrimination au sujet d'un produit d'action illicite, avec diminution de deux degrés (la peine s'arrêtera à quatre-vingts coups de truong et deux ans de travail pénible ; dans chaque cas on poursuivra la restitution des objets empruntés).

若有损失者，依毁失官物律，坐罪追赔。［有心致损，依弃毁官物计赃，准窃盗论，加二等，罪止杖一百，流三千里。误毁及遗失者，减弃毁之罪三等，杖八十，徒二年，并追赔。］

S'il y a des pertes ou des détériorations, les coupables seront punis selon la loi relative aux détériorations et pertes des objets de l'État et contraints à la réparation du dommage (si les détériorations sont volontaires, selon la disposition relative au jet et à la destruction des objets de l'État, on compte la valeur du produit de l'action illicite et on prononce conformément à la loi sur le vol furtif, avec augmentation de deux degrés; la peine s'arrête à cent coups de truong et l'exil à trois mille lis; s'il s'agit de destruction par mégarde ou perte, la peine édictée dans le cas de jet ou de destruction est diminuée de trois degrés et est de quatre-vingts coups de truong et deux ans de travail pénible; on poursuit également, par contrainte, la réparation du dommage).

一百二十七、那移出纳

Art. CXXVII. Des virements dans les dépenses et les recettes

1、凡各衙门收支钱粮等物，已有文案［以备照］勘合。［以行移典守者，自合依奉出纳。］

Dans tous les tribunaux ou services qui perçoivent et dépensent des monnaies, des grains ou autres objets, il existe des états et (pièces d'après lesquelles sont établis) des contrôles (d'après lesquels ont lieu les mouvements; les gardiens chargés s'y conforment pour les versements et les perceptions);

若监临主守不正收、正支，［如不依文案勘合，］那移出纳还充官用者，并计［所那移之］赃，准监守自盗论，罪止杖一百，流三千里，［系公罪］免刺。

Si les surveillants directeurs et gardiens chargés ne perçoivent pas exactement et ne dépensent pas exactement (s'ils ne se conforment pas aux états et aux contrôles), s'ils font des virements dans les entrées et les sorties pour les besoins du service de l'État, ils seront également punis en tenant compte du (virement considéré comme) produit d'action illicite, conformément à la loi sur les surveillants et gardiens qui volent eux-mêmes; la peine s'arrêtera à cent coups de truong et l'exil de trois mille lis (c'est une faute publique), et ils seront dispensés de la marque.

2、若［各衙门］不给半印勘合，擅出权［宜票］帖，［关支］或给勘合，不立文案放支，及仓库［但据权帖］不候勘合，或已奉勘合不附簿放支者，罪亦如之。［各衙门及典守者，并计支放之赃，准监守自盗论。］

S'ils (les divers tribunaux ou services) ne délivrent pas un contrôle portant la moitié de l'empreinte du sceau et si, de leur propre autorité, ils donnent un papier (contenant des indications pour le service), provisoire (pour les dépenses), ou bien s'ils délivrent un contrôle sans établir d'état pour les recettes et les dépenses, ou si les greniers et magasins (s'appuient uniquement sur ces papiers provisoires et) n'attendent pas le contrôle ou si, ayant reçu le contrôle, ils n'en reportent pas les données sur le registres pour les recettes et les dépenses, la faute sera encore la même (pour les divers services et les comptables gardiens, on comptera également le produit de l'action illicite consistant dans la valeur des dépenses et des recettes, et on prononcera la peine conformément à la loi sur les surveillants et gardiens qui volent eux-mêmes).

3、其出征镇守军马经过去处，［合付］行粮草料，明立文案，即时应付，具数开申，合干上司，准除，不在擅支之限。违［而不即应付］者，杖六十。

Lorsque, dans les lieux traversés par les armées en marche pour la guerre ou pour la défense des provinces, il y aura lieu (il conviendra) de faire des délivrances, de grains et de fourrages et rations, on dressera des états précis et on délivrera de suite les quantités complètes; avis en sera donné à l'autorité supérieure qui en donnera décharge en approuvant la dépense; ces opérations ne sont plus comprises dans le nombre des délivrances non autorisées. Ceux qui contreviendront à cette disposition (et ne feront pas immédiatement les délivrances) seront punis de soixante coups de truong.

一百二十八、库秤雇役侵欺

Art. CXXVIII. Des peseurs et agents à gages des magasins, qui commettent des détournements et des escroqueries

凡仓库、务场、局院、库秤、斗级，若雇役之人［受雇之人即是主守，或］侵欺、［或］借贷、［或］移易［二字即抵换也。］系官钱粮，并以监守自盗论。

Dans tous les greniers, magasins, entrepôts de revenus, ateliers, chantiers et dépôts, les peseurs et proposés au mesurage et autres agents salariés (les personnes ainsi louées sont par cela même des gardiens) qui commettront (ou) des détournements, (ou) des escroqueries, (ou) des emprunts, ou qui feront des échanges (échanger une chose contre une autre), sur des deniers et grains qui sont la propriété de l'État, seront également jugés d'après la loi relative aux surveillants et gardiens qui volent eux-mêmes. Si ceux qui ont pris ces agents à gages sont d'accord avec eux et participent à la distribution des choses qui constituent le produit de l'acte illicite, leur faute sera encore la même;

若雇主同情分受赃物者，罪亦如之。其知情不曾分赃，而扶同［雇役者，以所盗物捏作见在。］申报瞒官，及不首告者，减［自盗］一等，罪止杖一百，不知者，不坐。

Ceux qui ayant connaissance de la nature des faits n'auront pas encore participé au partage du produit de l'action illicite et qui protégeront les coupables (les agents salariés, en déclarant faussement que les choses volées existent encore en magasin) et qui tromperont l'autorité dans leurs rapports, ainsi que ceux qui ne les dénonceront pas, seront punis de cette peine (de ceux qui volent eux-mêmes), diminuée d'un degré; la peine s'arrêtera à cent coups de truong; ceux qui n'en auront pas connaissance ne seront pas incriminés.

一百二十九、冒支官粮

Art. CXXIX. Des délivrances simulées des grains de l'État

凡管军官吏冒支军粮入己者，计［所冒支之］赃，准窃盗论，［取之于军，非取之于官也，故止准窃盗论。若军已逃故，不行扣除而入己者，以常人盗官粮论，若承委放支而冒支者，以监守自盗论。］免刺。

Tout fonctionnaire ou employé attaché à la direction des troupes qui simulera des délivrances de grains aux troupes pour s'en approprier personnellement le montant, sera puni en comptant (la valeur de la délivrance simulée considérée comme) le produit de l'action illicite, conformément à la loi sur le vol furtif (le bénéfice est prélevésur les troupes et non sur les biens de l'État, c'est pourquoi on prononce seulement«conformément» à la loi sur le vol furtif; si des militaires sont en désertion ou morts, qu'on ne les retranche pas des effectifs et qu'on s'approprie leur solde, on prononce d'après les dispositions relatives aux personnes ordinaires qui volent les grains de l'État. Si quelqu'un a été envoyé pour faire des délivrances et qu'il simule des dépenses, on doit prononcer d'après les dispositions relatives aux surveillants et gardiens qui volent eux-mêmes); il sera dispensé de la marque.

一百三十、钱粮互相觉察

Art. CXXX. La surveillance relative aux deniers et aux grains de l'État doit être mutuelle et réciproque

1、凡仓库、务场、官吏、攒拦、库子、斗级，皆得互相觉察。

Les fonctionnaires, employés, conservateurs, veilleurs, garçons de magasin, préposés au mesurage des greniers, magasins, entrepôts de revenus, doivent tous exercer une surveillance mutuelle et réciproque les uns sur les autres;

若知侵欺、盗用、借贷系官钱粮，已出仓库，匿而不举，及故纵者，并与犯人同罪。[至死减一等。]

Ceux qui ayant connaissance de détournements, fraudes, vol, emploi illicite, ou d'emprunts des fonds et grains de l'État déjà sortis des greniers et magasins, cacheront ces faits et ne les révéleront pas, ainsi que ceux qui faciliteront volontairement ces actions, seront également punis de la même peine que les coupables (si cette peine est la mort, la leur sera diminuée d'un degré);

失觉察者，减三等，罪止杖一百。

Ceux qui auront manqué de surveillance et ne se seront pas aperçus de ces faits seront punis d'une peine moindre de trois degrés et qui ne dépassera pas cent coups de truong.

2、若官吏虚立文案，那移出纳，及虚出通关，[另有本律。] 其斗级、库子、拦头不知者，不坐。

Si les fonctionnaires et employés font des états fictifs et des virements d'entrées et de sorties, ou bien s'ils délivrent des quittances et décharges fictives (cas qui d'ailleurs sont prévus par des lois spéciales) [art. 123, 124, 128], les préposés au mesurage, garçons de magasins et veilleurs qui n'en auront pas connaissance, ne seront pas incriminés.

一百三十一、仓库不觉被盗

Art. CXXXI. Ne pas s'apercevoir de vols commis dans les greniers et magasins

凡有人［非监守］从仓库中出，守把之人不搜检者，笞二十。因不搜检，以至盗物出仓库而不觉者，减盗罪二等。

Toutes les fois, qu'une personne (qui n'est ni surveillant ni gardien) sortira d'un grenier ou d'un magasin et que les veilleurs et gardiens ne la fouilleront pas, ils seront punis de vingt coups de rotin ; s'il en est résulté qu'elle a volé quelque chose et qu'elle l'a sorti du magasin ou du grenier sans qu'ils s'en soient aperçus, ils seront punis de la peine du vol commun diminuée de deux degrés.

若夜直更之人不觉盗者，减三等。仓库直宿官攒、斗级、库子［非正直本更］不觉盗者，减五等，并罪止杖一百。

Si un veilleur en faction pendant la nuit ne s'aperçoit pas d'un vol, sa peine sera diminuée de trois degrés. Les fonctionnaires, veilleurs, préposés au mesurage qui, pendant leur tour de service dans les greniers et magasins (n'étant pas spécialement en faction), ne s'apercevront pas d'un vol, seront punis avec diminution de cinq degrés ; la peine s'arrêtera également à cent coups de truong ;

故纵者，各与盗同罪。［至死减一等。］若被强盗者，勿论。

Ceux qui auront volontairement facilité le fait seront, dans chaque cas, punis de la même peine que les coupables (si cette peine est la mort, la leur sera diminuée d'un degré). Si le vol a été commis à force ouverte, ils ne seront pas poursuivis.

［互相觉察与此不觉被盗，官吏皆系公罪，仍留职役。隐匿不举与此故纵，皆系私罪，各罢职役。］

(Dans l'article qui prescrit une surveillance mutuelle et réciproque, comme dans celui-ci lorsqu'il s'agit de ne pas s'apercevoir d'un vol, pour les fonctionnaires et employés, c'est toujours une faute publique, et d'ailleurs, ils conservent leur fonction ou leur charge ; lorsqu'il s'agit de cacher le fait et de ne pas le révéler, comme dans le présent article lorsqu'il s'agit de faciliter volontairement l'action criminelle, c'est toujours une faute privée et, dans chaque cas, ils sont cassés de leur grade ou de leur emploi).

一百三十二、守支钱粮及擅开官封

Art. CXXXII. La responsabilité des comptables dure jusqu'à la consommation des fonds et des grains qu'ils ont perçus; de l'ouverture sans permission des scellés de l'État

1、凡仓库官攒、斗级、库子, 役满得代 [不得离去。]

Les fonctionnaires, comptables, préposés à la mesure, garçons de peine des greniers et des magasins sont remplacés lorsque la durée de leur temps de service est complètement terminée (sans pouvoir s'en aller);

所收钱粮、官物并令守 [候] 支 [放] 尽绝。若无短少, 方许 [官攒] 各离职役。[斗、库还家。]

Il leur est également ordonné de veiller (et d'attendre) jusqu'à ce que les fonds et grains ou autres biens de l'État qu'ils ont perçus soient complètement dépensés et consommés; si aucun déficit n'est constaté, on leur permettra alors à chacun (de ces fonctionnaires et comptables) de quitter sa position ou sa charge (les préposés et autres assimilés iront se reposer dans leur famille).

其有应合相沿交割之物, 听提调官吏监临盘点见数, 不得指廒、指库交割。违者, 各杖一百。

S'il s'agit de choses qui doivent se transmettre indéfiniment, les fonctionnaires et employés chargés de la direction du service général en passeront une revue minutieuse pour vérifier les quantités, sans qu'il soit permis de désigner simplement dans quel magasin ou dans quel dépôt sont les objets et d'en faire une remise sommaire; ceux qui contreviendront à cette disposition seront, chacun, punis de cent coups de truong.

2、若 [仓库所收] 官物有印封记, 其主典不请原封官司 [阅视] 而擅开者, 杖六十。 [其守支盘点及擅开, 各有侵盗等弊者, 俱从重论, 追赔入官。]

Si les biens de l'Etat（qui ont été perçus dans les greniers et magasins）sont sous scellés, le comptable qui, sans demander l'assentiment du tribunal qui a précédemment apposé. Les scellés（pour qu'il les voie et les vérifie）, les rompra lui－même sans autorisation, sera puni de soixante coups de truong（si dans le cas où la durée de la responsabilité est prolongée jusqu'à consommation totale des matières perçues, ou dans celui de l'ouverture privée et illicite de scellés, il y a de plus quelque délit tel que vol ou détournement, on suivra toujours la loi la plus sévère et on poursuivra la restitution envers l'État）.

一百三十三、出纳官物有违

Art. CXXXIII. Des irrégularités dans les sorties ou les entrées en magasin des objets appartenant à l'État

1、凡仓库出纳官物，当出陈物而出新物，［则价有多余。］

Dans tout grenier ou magasin, lorsqu'il s'agit de sorties ou d'entrées d'objets appartenant à l'Etat, si on doit consommer des objets plus vieux et qu'on en consomme de plus neufs（de telle sorte que leur prix ait un excédent），

应受上物而受下物［则价有亏欠。］之类，

si on doit prendre une qualité supérieure et qu'on prenne une qualité inférieure（de telle sorte qu'il y ait un déficit sur le prix payé），

及有司［以公用］和雇、和买，不即给价，若给价有增减不［如价值之］实者，计［通上言。］所亏欠［当受上物而受下物，及雇买不即给价，即给价减不以实，各有亏欠之利。］

ou si on commet quelque irrégularité analogue, ou bien si un service public loue ou achète à l'amiable（pour le service public）quelque chose sans en payer de suite le prix, ou si, en payant, le prix est augmenté ou diminué et n'est pas（le prix convenu）réel, on comptera（ceci se rapporte à tous les cas ci－dessus）, le déficit（lorsqu'on doit prendre une qualité supérieure et qu'on prend une qualité inférieure, ou bien lorsqu'on loue ou qu'on achète, et qu'on ne paye pas aussitôt le prix ou si on paye de suite le prix et qu'on le diminue sans payer le prix réel, dans chaque cas il y a un bénéfice qui représente le déficit）

及多余［当出陈物而出新物，及雇买给价增不以实，各有多余之利。］之价，［并计所亏欠、所多余］坐赃论。

ainsi que l'excédent (lorsqu'on doit consommer de vieux objets et qu'on en consomme de nouveaux, ainsi que dans les cas de location et d'achat, si on paye le prix en l'augmentant et sans payer le prix réel, dans chaque cas, il y a un bénéfice qui représente l'excédent) du prix (on compte également les déficits et les excédents), et les coupables seront punis en prononçant pour incrimination au sujet d'un produit d'action illicite.

［以钱粮不系入己，雇买非充私用，故罪止杖一百，徒三年，赃分还官给主。］

(Parce qu'il ne s'agit pas d'un cas où les coupables se seraient approprié personnellement des deniers ou des grains et que la location ou l'achat n'a pas eu lieu pour leur propre service; c'est pourquoi la peine s'arrête à cent coups de truong et trois ans de travail pénible; le produit de l'action illicite est, selon le cas, restitué à l'État ou rendu au propriétaire).

2、若应给俸禄未及期而豫给者，罪亦如之。

S'il s'agit d'appointements ou de traitements qui doivent être payés, ceux qui feront les paiements avant que le terme ne soit échu seront considérés comme coupables de la même faute.

3、其监临官吏［统上论］知而不举，与同罪，不知者，不坐。

Les fonctionnaires et employés surveillants et directeurs (dans tous les cas précédents), qui, connaissant les faits, ne les révéleront pas, seront punis de la même peine; ceux qui ne les connaîtront pas ne seront pas incriminés.

一百三十四、收支留难

Art. CXXXIV. Des retards et des difficultés apportés dans la perception et les délivrances

1、凡收受支给官物，其当该官吏，无故［二字重看。］留难刁蹬，不即收支者，一日，答五十，每三日加一等，罪止杖六十，徒一年。

Dans les perceptions et les délivrances d'objets appartenant à l'État, les fonctionnaires et employés concernés qui, sans motifs, (faire la plus grande attention à ces deux mots), apporteront des retards ou des difficultés, ajourneront et ne percevront pas ou ne délivreront pas de suite, seront punis de cinquante coups de rotin pour un retard d'un jour; pour chaque fois trois jours en sus, la peine augmentera d'un degré et s'arrêtera à soixante coups de truong et un an de travail pénible.

2、守门人留难者，［不放入计日论。］罪亦如之。

Les gardiens des portes qui feront naître des retards et des difficultés (et ne laisseront pas entrer, seront punis en tenant compte du nombre de jours et) seront réputés coupables de la même faute.

3、若领物、纳物之人到有先后，主司不依［原到］次序收支者，笞四十。

Si les personnes qui viennent recevoir ou verser quelque chose arrivent les unes avant les autres, le chef du bureau qui fera les perceptions ou les délivrances sans se conformer à leur ordre d'arrivée (l'ordre dans lequel elles sont arrivées) sera puni de 40 coups de rotin.

一百三十五、起解金银足色

Art. CXXXV. Le titre de l'or et de l'argent envoyé
doit être complètement pur

凡收受［纳官］诸色课程，变卖货物，起解金银，须要足色。

Toutes les fois qu'on perçoit des droits de toute nature (payés à l'État), qu'on vend des objets quelconques et qu'on envoie de l'or et de l'argent, le titre de ces métaux doit absolument être complètement pur;

如成色不及分数，提调官吏［及估计煎销］人匠，各笞四十。着落均赔还官。［官有侵欺，问监守盗。知情通同，故不收足色，坐赃论。］

Si le métal n'est pas complètement pur, les fonctionnaires et employés chargés de la direction générale du service et (ainsi que les fondeurs experts), les artisans seront punis, chacun, de quarante coups de rotin et ils seront responsables, à part égale, du remboursement des dommage soufferts par l'Etat. (Si ces fonctionnaires ont commis des détournements ou des fraudes, ils seront passibles des peines de la loi sur les gardiens qui volent eux-mêmes; si, connaissant la nature des faits, ils sont d'accord avec les coupables et que volontairement ils perçoivent des métaux dont le titre n'est pas complet, ils seront incriminés au sujet de produit d'action illicite).

一百三十六、损坏仓库财物

Art. CXXXVI. De la détérioration des choses placées dans les greniers et magasins

1、凡仓库及积聚财物，主守之人，安置不如法，晒晾不以时，致有损坏者，计所损坏之物［价］，坐赃论，［罪止杖一百，徒三年。］着落均赔还官。

Lorsque les personnes telles que les gardiens chargés de la conservation des valeurs et objets placés dans les greniers, magasins ou dépôts ne les rangeront pas selon les règles ou ne les feront pas sécher ou aérer en temps opportun, et qu'il en résultera des détériorations, on comptera les objets détériorés (leur prix), et ces personnes seront punies pour incrimination au sujet d'un produit d'action illicite (la peine s'arrêtera à cent coups de truong et trois ans de travail pénible); elles seront responsables, à part égale, du remboursement des dommages subis par l'État.

2、若卒遇雨水冲激，失火延烧，［若仓库内失火，自依本律杖八十，徒二年。］

S'il survient des pluies exceptionnellement fortes et des débordements ou desinondations, ou si le feu d'un incendie se communique aux magasins (si l'incendie se déclare dans les greniers ou magasins on suit naturellement la loi spéciale relative aux incendies et la peine est de quatre-vingts coups de truong et deux ans de travail pénible);

盗赃［分强、窃。］劫夺，事出不测，而有损失者，委官保勘复实，显迹明白，免罪不赔。

Ou si par suite de vol et brigandages (distinguer entre le vol à force ouverte et le vol furtif), d'enlèvements par violence et de pillages, toutes choses qui ne peuvent se prévoir, il y a des pertes ou des détériorations, on enverra des fonctionnaires examiner et vérifier; ils rendront compte exactement, et, si les preuves sont claires et évidentes, les personnes chargées de la conservation des objets perdus ou détériorés seront dispensées de toute peine et ne seront pas tenues de rembourser les dégâts subis.

其监临主守［官吏］若将侵欺、借贷那移之数，乘其水火、盗贼，虚捏文案，及扣换交单、籍册，申报瞒官［希图幸免本罪］者，并计赃，以监守自盗论。

Si les（fonctionnaires et employés）surveillants et gardiens profitent de l'occasion des désastres causés par l'eau, le feu ou les brigandages, pour falsifier leurs écritures en établissant des états fictifs et imaginaires, en supprimant des feuillets ou en substituant des pièces comptables ou des registres, et pour dissimuler des détournements, des emprunts ou des virements et s'ils rendent compte en trompant l'Etat（dans le but d'arriver à éviter la peine de leur faute）, on comptera également la valeur du produit de l'action illicite et on prononcera d'après les dispositions relatives aux surveillants et gardiens qui volent eux-mêmes.

同僚知而不举者，与同罪。不知者，不坐。

Les personnes attachées ensemble au même service qui connaîtront les faits et ne les révéleront pas seront punies de la même peine que les coupables ; celles qui ne les connaîtront pas ne seront pas incriminées.

一百三十七、转解官物

Art. CXXXVII. De la transmission et du transport des objets appartenant à l'État

1、凡各处征收钱帛，买办军需，成造军器等物，所在州、县交收，差有职役人员，陆续类解本府。

Dans tous les lieux où on perçoit des monnaies ou des étoffes, où l'on fait des achats pour les fournitures des armées, où l'on confectionne des objets quelconques tels qu'armes et équipements militaires ou autres, le *châu* ou le *huyên* du lieu recevra la livraison et enverra des personnes pourvues d'un grade ou d'un emploi pour transmettre peu à peu ces objets au *phu* dont il relève.

若本府不即交收，差人转解，勒令［州、县］人户就解布政司者［即令营镇］[1]，当该提调正官、首领官、吏典，各杖八十。［公罪。］

---

[1] "即令营镇" 四字在《大清律例》中没有，是《皇越律例》自添。

Si ledit *phu* ne prend pas aussitôt livraison, n'envoie pas lui-même quelqu'un pour transmettre cette fourniture, et oblige les personnes envoyées (par le *châu* ou le *huyên*) à transporter les objets jusqu'au service du *bô chanh* [1] (c'est-à-dire, à présent, à la ville provinciale), le fonctionnaire en chef, le fonctionnaire chargé du contrôle des détails et l'employé comptable chargés de la direction générale de ce service, seront punis chacun de quatre-vingts coups de truong (faute publique).

若布政司不即交收，勒令各府解部者，提调正官、首领官、吏典罪亦如之。[若原行金定长解，不用此律。]

Si le service du *bô chanh* ne prend pas aussitôt livraison et oblige chaque *phu* à faire effectuer le transport jusqu'au ministère, le fonctionnaire en chef, le fonctionnaire chargé du contrôle des détails, et l'employé chargé de la direction générale de ce service seront encore coupables de la même faute (si le convoi est essentiellement destiné à transporter les objets au loin on n'emploiera plus cette loi).

2、其起运 [前项] 官物，长押官及解物人安置不如法。致有损失者，计所损失之物，坐赃论，着落均赔还官。

Dans l'expédition des transports des biens (des catégories précédemment citées) de l'État, le fonctionnaire commandant l'escorte, ainsi que les personnes chargées du transport, qui ne disposeront pas ces objets selon les règles voulues, lorsqu'il en sera résulté des avaries ou des pertes seront jugés en tenant compte de la valeur des pertes ou avaries subies et en prononçant pour incrimination au sujet d'un produit d'action illicite; ils seront responsables, à part égale, du remboursement des indemnités dues envers l'État.

若船行卒遇风浪，及 [外人] 失火廷烧，或盗贼劫夺，事出不测而有损失者，申告所在官司，委官保勘覆实，显迹明白，免罪不赔。

Si les navires étant en route rencontrent une tempête, ou bien si le feu d'un incendie les atteint (provenant d'autres personnes), ou s'ils rencontrent des pirates et sont pillés, toutes choses qui ne peuvent être prévues ou évitées, et qu'il en résulte des pertes et des avaries, il sera rendu compte aux fonctionnaires chargés du gouvernement du lieu, lesquels enverront des fonctionnaires faire une enquête et un

---

[1] 此处该越南词对应汉语 "布政"。

rapport exact des faits; si les preuves sont certaines et évidentes, ils seront dispensés de toute peine et du remboursement.

若有侵欺者，［不论有无损失事故。］计赃，以监守自盗论。

Ceux qui auront commis des détournements (sans distinguer s'il y a ou non des causes de pertes et d'avaries, seront punis en tenant compte de la valeur du produit de l'action illicite d'après la loi sur les surveillants et gardiens qui volent eux-mêmes.

3、若起运官物，不运［原］本色，而辄赍财货于所纳去处收买纳官者，亦计［所买余利为］赃，以监守自盗论。

Ceux qui, effectuant un transport d'objets appartenant à l'État, ne transporteront pas ces choses (elles-mêmes) en nature et qui, de leur propre gré, achèteront sur la place du lieu où ils doivent livrer à l'État, seront, de même, punis en tenant compte (de l'excédent de bénéfice considéré comme valeur) du produit de l'action illicite, d'après la loi sur les surveillants et gardiens qui volent eux-mêmes.

一百三十八、拟断赃罚不当

Art. CXXXVIII. Prononcer autrement qu'il ne convient sur un produit d'action illicite

凡拟断赃罚财物，应入官而给主，及应给主而入官者，坐赃论，罪止杖一百。

Ceux qui devant prononcer la confiscation à l'État de produits d'actions illicites ou d'objets saisis, en prononceront la restitution au propriétaire, ou bien qui devant prononcer la restitution au propriétaire, prononceront la confiscation à l'État, seront punis en prononçant pour incrimination au sujet d'un produit d'action illicite et la peine s'arrêtera à cent coups de truong.

一百三十九、守掌在官财物

Art. CXXXIX. De la gestion et de la garde des valeurs et objets déposés entre les mains de l'autorité

凡官物，当应给付与人，已出仓库而未给付；若私物，发供官用，已送在官而未入仓库，［均为官物。］但有人守掌在官，［官司委金守掌之人。］

Les objets de toute nature appartenant à l'État, qui doivent être délivrés ou remis à des personnes, s'ils sont déjà sortis hors des greniers et magasins mais pas encore livrés, de même que les objets appartenant à des particuliers, s'ils doivent être fournis pour le service de l'État et sont déjà livrés à l'autorité mais pas encore rentrés dans les greniers, magasins (sont également des biens de l'État et) sont, de quelque façon que ce soit, remis entre les mains de quelqu'un pour les gérer et en avoir la garde pendant qu'ils sont entre les mains de l'autorité (le service public concerné délègue des personnes pour les gérer et les garder);

若有侵欺、借货者，并计［入己］赃，以监守自盗论。

Si ces personnes commettent des détournements ou des emprunts, on comptera le produit de l'action illicite (ce qu'elles se seront approprié), et on prononcera d'après la loi sur les surveillants et gardiens qui volent eux-mêmes.

［若非守掌之人侵欺者，依常人盗仓库律论。其有未纳而侵用者，经催里纳保歇，各照隐匿包揽欺官取财科断，不得概用此律。］

(Si ceux qui commettent les détournements ne sont pas des personnes chargées de la gestion et de la garde des objets, ils seront jugés selon la loi sur les personnes ordinaires qui volent dans les greniers et les magasins. Si les objets ne sont pas encore livrés à l'État, ceux qui s'en serviront illicitement, que ce soient les personnes qui ont fait la réquisition les chefs de village qui versent ou les cautions, seront jugés, chacun, selon les dispositions relatives à ceux qui recueillent pour les verser et font disparaître les impôts dus à l'État ou à ceux qui escroquent des valeurs et biens appartenant à l'État, sans qu'on puisse, indistinctement, employer la présente loi).

一百四十、隐瞒入官家产

Art. CXL. Dissimulation de biens confisqués à l'État

1、凡抄没人口、财产，除谋反、谋叛及奸党，系在十恶，依律抄没，其余有犯，律不该载者，妻子财产不在抄没入官之限。

Excepté dans les cas de complots de rébellion, de complots de trahison, ainsi que dans les cas de liaisons criminelles［art. 254, 255, 58］, cas qui sont compris dans les dix crimes atroces［art. 2］, qui, selon la loi, entraînent la confiscation des personnes de la famille, des valeurs et biens des coupables, et où cette confiscation doit être prononcée, dans les autres lois relatives à des transgressions, et qui ne spécifient pas cette confiscation, l'épouse, les enfants, les valeurs et les biens des coupables ne peuvent pas être confisqués;

违者，依故入人流罪论。［抄没尚未入官，作未入官，各减一等。］

Ceux qui contreviendront à cette disposition seront punis selon les dispositions relatives à ceux qui sont coupables du fait d'incriminer volontairement quelqu'un d'un fait passible de la peine de l'exil（si la confiscation a été prononcée mais que les personnes ou les choses confisquées ne soient pas encore venues dans la possession de l'État, dans chaque cas, la peine sera diminuée d'un degré）.

2、若抄札入官家产，而隐瞒人口不报者，计口以隐瞒丁口论;

Celui qui, inventoriant des biens confisqués à l'Etat, cachera des personnes de la famille sans les déclarer sera puni en comptant le nombre d'individus cachés et d'après la loi relative à ceux qui tiennent cachées des personnes non inscrites;

若隐瞒田土者，计田以欺隐田粮论;

Ceux qui cacheront des rizières et terres seront punis en tenant compte de la quantité des rizières et d'après la loi relative à ceux qui soustraient frauduleusement des rizières à l'impôt［art. 90］;

若隐瞒财物、房屋、孳畜者，坐赃论，各罪止杖一百。

Ceux qui cacheront des valeurs ou objets, maisons et constructions, ou des troupeaux, seront punis pour incrimination au sujet d'un produit d'action illicite; dans chaque cas, la peine s'arrêtera à cent coups de truong.

所隐人口财产并入官，罪坐供报之人。［所隐之人口不坐、不加重者，以自己之丁口财产也。］

Les personnes, valeurs et biens dissimulés et cachés seront également confisqués à l'État; la peine est également applicable à toutes les personnes qui ont concouru à faire les déclarations（les personnes qui ont été cachées ne sont pas incriminées, leur peine n'est pas aggravée, parce que ces personnes et ces biens appartiennent aux coupables）.

3、若里长同情隐瞒，及当该官吏知情者，并与同罪。计所隐赃重［于杖一百〕者，坐赃论，全科。

Si le chef du village est d'accord pour faire ces dissimulations, ou bien si les fonctionnaires et employés concernés ont connaissance de la nature des faits, ils seront également punis de la même peine; on comptera la valeur de ce qui a été caché, comme produit d'action illicite, et si la peine qui en résulte est plus forte (que cent coups de truong), on prononcera pour incrimination au sujet d'un produit d'action illicite, en graduant la peine pour la totalité de la valeur.

4、受财者，计赃，以枉法各从重论；〔以枉法之重罪论，分有禄、无禄。〕失觉举者，减〔供报人〕三等，罪止笞五十。

Ceux qui auront reçu des valeurs seront punis en tenant compte du produit de l'action illicite d'après les dispositions relatives à la violation de règles et en suivant la loi la plus sévère (si on prononce la peine la plus sévère d'après la disposition relative au cas de violation de règle, on distinguera si les coupables reçoivent ou non une solde de l'Etat).

课　程
Des droits

一百四十一、盐法
Art. CXLI. Du droit sur le sel [1]

第一款

Article premier

1、凡犯〔无引〕私盐〔凡有确货即是，不必赃之多少。〕者，杖一百，徒三年。

Quiconque fera le commerce clandestin du sel, c'est-à-dire, en aura, pour vendre sans licence, une quantité, si petite qu'elle soit, sera puni de 100 coups et banni pour trois ans.

---

〔1〕 该律文选自勒努阿尔译本，第1卷，第246~254页，因为鲍来思译文存在过多的删减。

若［带］有军器者，加一等［流二千里。］［盐徒］诬指平人者，加三等。［流三千里。］

Si ce fraudeur du droit sur le sel, s'en est emparé à main armée, la peine à lui infliger augmentera d'un degré; ce qui le rendra sujet au bannissement perpétuel à la distance de 2000 lées. Si, en récriminant, il accuse à faux un innocent, la peine qu'il subira accroîtra de trois degrés, qui le feront condamner au bannissement perpétuel à la distance de 3000 lées.

拒捕者，斩［监候］。盐货、车船，头匹并入官。

Enfin, s'il fait résistance aux officiers de justice qui seront chargés de le mettre en prison, il sera enfermé pendant le temps ordinaire et décapité. Non seulement le sel qu'on aura saisi sera confisqué au profit du Gouvernement, mais encore la voiture ou le bâtiment, et les chevaux ou autres animaux, qui auront servi à le transporter.

［道途］引领［秤手、］牙人，及窝藏［盐犯、］寄顿［盐货］者，杖九十，徒二年半。

Le conducteur, le commissionnaire chargé de la vente, l'hôte du contrebandier et le consignataire du sel, seront punis chacun de 90 coups et de deux ans et demi de bannissement, comme complices du délit.

［受雇］挑担驮载者，［与例所谓肩挑背负者不同。］杖八十，徒二年。

Quiconque portera du sel, louera des bêtes pour le porter, ou fournira tout autre moyen de le conduire, quand son propriétaire n'aura point de licence pour en commercer, subira la peine de 80 coups et de deux ans de bannissement.

非应捕人告获者，就将所获私盐给付告人充赏。［同贩中］有［一人］能自首者，免罪，一体给赏。［若一人自犯而自首，止免罪，不赏，仍追原赃。］

Celui qui dénoncera un contrebandier de sel, ou qui s'emparera de cette marchandise en contrebande, quand ce ne sera point son office de le faire, en obtiendra la confiscation entière pour sa récompense. De même, si le complice d'un contrebandier de sel va se dénoncer au Gouvernement, non seulement il recevra son pardon, mais encore il sera récompensé de tout l'article qu'il aura déclaré, et si le contrebandier lui-même se livre comme coupable, il sera aussi pardonné.

2、若［私盐］事发，止理见获人盐。［如获盐不获人者，不追；获人不获盐者，不坐。]当该官司不许［听其］展转攀指。违者，［官吏］以故入人罪论。［谓如人盐同获，止理见发。有确货无犯人者，其盐没官，不须追究。]

Quand les magistrats prendront connaissance d'un fait de contrebande de sel, qui leur aura été dénoncé, ils s'en tiendront à l'examen de la marchandise saisie et à la recherche des délits commis en prison par les contrebandiers. Ils n'auront aucun égard aux accusations que les contrebandiers pourraient porter relativement à d'autres, soit en récriminant contre leurs accusateurs, soit de toute autre manière. Tout magistrat qui outrepassera ces limités, sera puni comme dans le cas ordinaire d'une déviation volontaire de la justice, en déterminant quelle peine doit être infligée aux coupables.

第二款

Article II

凡盐场灶丁人等，除［岁办］正额盐外，夹带余盐出场，及私煎盐货卖者，同私盐法。［该管］总催知情故纵，及通同货卖者，与犯人同罪。

Quiconque, ayant une saline en vertu de licence, livrera annuellement une plus grande quantité de sel qu'il n'est spécifié dans cette licence, ou en fabriquera pour le vendre en cachette, sera poursuivi et puni comme celui qui en trafique sans licence ; et tous ceux qui seront intéressés dans ce commerce illégal, ou qui aideront le faire, seront sujets à subir la peine établie par la loi.

第三款

Article III

凡妇人有犯私盐，若夫在家，或子知情，罪坐夫男。其虽有夫而远出，或有子幼弱，罪坐本妇。［决杖一百，余罪收赎。]

Tout mari ou tout fils, dont la femme ou la mère transgressera, chez eux, la loi sur le trafic du sel, et qui auront connaissance de leur délit sans l'empêcher, seront punis de cette contravention, au lieu d'elles ; mais si le mari est absent de chez lui, et que les fils soient très jeunes, la femme sera seule punie, et, d'après les lois concernant les femmes, la sentence qui la condamnera au bannissement, en commuera la peine en celle d'une amende, proportionnée à l'éloignement de l'exil qu'on lui aurait infligé.

第四款

Article IV

凡买食私盐者，杖一百。因而货卖者，杖一百，徒三年。

Quiconque achètera secrètement, pour son usage, du sel qu'il saura n'avoir pas été fabriqué en vertu de licence, sera puni de 100 coups; et s'il l'achète pour le revendre, il sera, en outre, banni pour trois ans.

第五款

Article V

凡管理盐务，及有巡缉私盐之责文武各衙门，巡获私盐，即发有司归勘。[原获] 各衙门不许擅问。若有司官吏通同 [原获各衙门] 脱放者，与犯人同罪。受财者，计赃，以枉法从 [其罪之] 重论。

Les surintendants des droits sur le sel, et tous les officiers des départements civil et militaire, qui seront à l'avenir chargés de poursuivre les trafiquants clandestins et de s'emparer de leurs personnes, écroueront immédiatement les coupables dont ils auront pu se saisir, dans les prisons des cours supérieures des trésoriers des provinces, et la loi leur défend de connaître eux-mêmes des délits de ces trafiquants; mais si une desdites cours supérieures, de collusion avec les magistrats qui leur sont subordonnés, souffre que ces coupables échappent à leur jugement et à la peine qu'ils ont méritée, la conduite des membres de ces cours les rendra sujets à la même peine que les auteurs des délits: et s'ils ont été corrompus par présents ou par promesses pour se rendre coupables de cette collusion, ils subiront l'aggravation de peine qui pourra résulter de l'application de leur cas, à la loi contre la corruption pour la réussite de projets illégaux.

第六款

Article VI

凡管理盐务，及有巡缉私盐之责文武各衙门，设法差人于该管地面，并附场紧关去处，常川巡禁私盐。

Les surintendants des droits sur le sel, et tous les officiers des conseils, ou tribunaux civils ou militaires, qui pourront, à l'avenir, être chargés de la poursuite et de la capture des trafiquants clandestins, aposteront, dans les lieux convenables de leurs juridictions, et notamment près des salines établies conformément à la loi, un nombre suffisant d'officiers du revenu et de la police, pour empêcher la contrebande et les affaires clandestines, défendues par les présentes.

若有透漏者，关津把截官及所委巡盐人员，初犯笞四十，再犯笞五十，三犯杖六十，［公罪］并留职役。

S'il se fait encore quelque commerce illicite dans ce genre, malgré ces réglements, l'officier du département et ceux qu'il aura envoyés pour en arrêter les opérations, seront, pour la première fois, sujets à être punis de 40 coups, pour la seconde, de 50, et pour la troisième, de 60; mais un tel délit n'étant pas réputé de nature privée et personnelle, ceux qui s'en rendraient coupables ne seraient point privés de leurs offices ou emplois.

若知情故纵，及容令军兵随同贩卖者，与犯人同罪［私罪］。受财者，计赃，以枉法从重论。

Si des officiers civils étaient de connivence volontaire dans un fait de contrebande, ou si des commandants de troupes souffraient que leurs soldats s'en rendissent coupables, ils subiraient une peine pareille à celle des contrebandiers, et, en conséquence de leur délit, qui serait de ceux qu'on répute de nature privée et personnelle, on leur infligerait, en outre, celle plus sévère qui pourrait résulter des dispositions de la loi relativement à ceux qui sont convaincus de s'être laissés corrompre.

其巡获私盐入己不解官者，杖一百，徒三年。

Si l'officier du revenu, employé à empêcher la contrebande, ne parle point de celle qu'il aura découverte, et applique à son propre usage une partie de sel qu'il devait dénoncer, au lieu de la livrer au tribunal de son officier supérieur, il recevra 100 coups et sera banni pour trois ans.

若装诬平人者，加三等。［杖一百，流三千里。］

Si cet officier du revenu accuse faussement quelqu'un de faire la contrebande, la peine à lui infliger augmentera de trois degrés, et suivant la valeur de la marchandise dénoncée par lui, ira jusqu'à 100 coups avec le bannissement à 3000 lées de distance du lieu de son domicile.

第七款
Article VII

凡起运官盐，每引照额定斤数为一袋，并带额定耗盐，经过批验所，依 ［引目］数掣挚秤盘。［随手取袋，挚其轻重。］

Lorsqu'on voudra transporter du sel par suite d'une licence du Gouvernement, on en obtiendra un permis régulier, exprimant la quantité qu'en renfermera chaque sac, la remise pour la tare, et le montant total du sel à envoyer; à toutes les douanes qui se trouveront sur la route, la quantité de ce sel sera certifiée être conforme au permis, après qu'on en aura examiné et pesé quelques sacs pris au hasard.

但有夹带余盐者，同私盐法。

Si l'on découvre qu'il y ait plus de sel que le permis ne le porte, les coupables de cette fraude seront punis comme dans les cas ordinaires où l'on trafique de cette denrée sans licence.

若客盐越过批验所，不经掣挚 ［及引上不使］关防者，杖九十，押回 ［逐一］盘验。［尽盘盐而验之，有余盐以夹带论罪。］

Si un marchand de sel en envoie par une route inusitée, pour éviter la visite des officiers du Gouvernement, et que par conséquent leurs certificats manquent sur le permis, ce marchand recevra 90 coups, et sa marchandise sera renvoyée aux lieux où elle aurait dû être visitée, afin qu'on en fasse un examen en forme: le même marchand sera, en outre, sujet à une augmentation de peine, dans le cas où, l'examen étant fait, on trouvera que le sel renfermé dans ses sacs, est en plus grande quantité que celle spécifiée dans le permis.

第八款
Article VIII

凡客商贩卖 ［有引］官盐，［当照引发盐，］不许盐 ［与］引相离。违者，同私盐法。

Quand les négociants de sel en enverront quelque part pour le vendre, ils le feront toujours dans la quantité marquée exactement sur leurs licences ou permis: si le sel est vendu dans un lieu et que le permis soit dans un autre, et qu'ainsi on ne puisse pas le produire à la première demande, ces négociants seront sujets à toutes les peines fixées pour une vente clandestine.

其卖盐了毕，十日之内，不缴退引者，笞四十。

Si, dans l'espace de dix jours après la vente entière du sel porté sur le permis, le marchand ne remet pas ce permis à l'officier du Gouvernement dans le district où la vente s'est opérée, il recevra 40 coups;

若将旧引［不缴］影射盐货者，同私盐法。

Et s'il en fait usage pour rendre légale la vente d'une quantité plus forte que celle exprimée sur ledit permis, lorsque sera expiré le temps pour lequel il était valable, il se rendra sujet à toutes les peines établies contre la vente clandestine de cette marchandise, dans les cas ordinaires.

第九款

Article IX

凡起运官盐，并灶户运盐上仓，将带军器及不用官船起运者，同私盐法。

Toutes les fois qu'on transportera du sel, autorisé par licence du Gouvernement, soit de la manufacture dans des magasins, soit d'un magasin dans un autre, si l'on prend des armes militaires pour protéger ce transport, ou si, pour l'effectuer, on emploie d'autres bâtiments que ceux du Gouvernement, l'auteur de ces délits sera regardé comme un trafiquant clandestin et puni en conséquence.

第十款

Article X

凡客商将［验过有引］官盐，插和沙土货卖者，杖八十。

Si un marchand de sel, ayant présenté, à l'inspection des officiers du Gouvernement, la marchandise pour laquelle il a obtenu une licence, pour qu'ils certifient qu'elle y est conforme, l'altère ensuite en y faisant quelque rature, ou en la salissant avec de la terre, et que l'ayant ainsi défigurée, il s'en autorise pour vendre son sel, il sera puni de 80 coups.

第十一款

Article XI

凡将有引官盐，不于拘［定应］该行盐地面发卖，转于别境犯界货卖者，杖一百。

Si quelqu'un prend du Gouvernement, une licence où il est dit expressément que le sel, pour lequel on l'a obtenue, n'est vendable que dans une certaine partie du pays, et qu'on aille le vendre dans un autre endroit, cette personne sera punie de 100 coups.

知而买食者，杖六十。不知者，不坐。其盐入官。

Ceux qui acheteront ce sel, connaissant qu'on n'en a pas suivi la destination, le seront de 60 coups; mais s'ils l'ignoraient, ils seraient exempts de punition. Les sels, ainsi transportés contradictoirement aux termes de la licence, seront confisqués au profit du Gouvernement.

一百四十二、监临势要中盐

Art. CXLII. Des défenses aux surintendans des droits sur le sel, de faire des profits intermédiaires [1]

凡监临 [盐法] 官吏诡 [立伪] 名，及 [内外] 权势之人中纳钱粮，[于各仓库] 请买盐引勘合，[支领官盐货卖。] 侵夺民利者，杖一百，徒三年；盐货入官。[盐引勘合追缴。]

Si des officiers ou commis des tribunaux et départements, chargés de faire exécuter les lois relatives au sel, et de percevoir les droits sur cette denrée, emploient l'influence que leurs places leur donnent pour faire des bénéfices intermédiaires, c'est-à-dire, pour acheter ou se procurer autrement des licences de sel, sous des noms supposés, et en privent ainsi les particuliers de leurs juridictions, ils seront punis de 100 coups et d'un bannissement de trois années. La quantité de sel qu'ils se trouveront avoir en leur possession, et les licences pour le vendre, seront confisqués sur conviction de leur délit.

一百四十三、阻坏盐法

Art. CXLIII. Des moyens d'empêcher l'inexécution des lois sur le sel [2]

凡客商 [赴官] 中买盐引勘合，不亲赴场支盐，中途增价转卖，[以致转卖日多，中买日少，且诡冒易滋，因而] 阻坏盐法者，买主、卖主各杖八十。

---

〔1〕 该律文选自勒努阿尔译本，第 1 卷，第 255 页，因为鲍来思译文太过简略且有删减。

〔2〕 该律文选自勒努阿尔译本，第 1 卷，第 255~256 页，因为鲍来思译文太过简略且有删减。

牙保减一等。

Tous les marchands en gros qui auront payé des licences de sel au Gouvernement, iront eux-mêmes aux salines publiques y prendre les parties qu'ils auront droit d'en recevoir: si au lieu d'agir ainsi, ils disposent de leurs licences en faveur d'autres personnes, pour de l'argent compté d'avance, de manière qu'en résultat, les réglements sur le sel soient éludés, les vendeurs et les acheteurs des licences seront punis de 80 coups, et celui qui aura négocié le transfert desdites licences en subira une peine moindre d'un degré.

［买主转支之］盐货［卖主转卖之］价钱并入官。其［各行盐地方，］铺户转买［本主之盐而］拆卖者，不用此律。

L'argent reçu pour la vente de ces licences et la quantité de sel obtenue par elles en conséquence de celle qui y est portée, seront confisqués au profit du Gouvernement. Les vendeurs de sel au détail, qui débiteront, dans les marchés, celui qui aura ainsi passé de mains, au nom d'un marchand en gros, ne seront point considérés avoir transgressé cette loi; mais ils en seront regardés comme infracteurs, s'ils vendent ce sel en leur propre et privé nom.

一百四十四、私茶
Art. CXLIV. De la contrebande du thé [1]

凡犯私茶者，同私盐法论罪。如将已批验截角退引，入山影射照［出支］茶者，以私茶论。［截角，凡经过官司一处验过，将引纸截去一角，革重冒之弊也。］

Quiconque vendra clandestinement du thé, sera sujet aux peines établies précédemment contre ceux qui vendent du sel clandestinement. Quiconque, ayant une licence pour vendre du thé, marquant la quantité qu'il peut en posséder, certifiée conforme par les officiers du Gouvernement, à qui cette licence a dû être présentée, à l'effet d'en faire la vérification, et s'en servira, après le temps fixé pour sa validité, pour tirer, des plantations de thé, de nouvelles provisions, subira toutes

---

〔1〕 该律文选自勒努阿尔译本，第1卷，第256~257页，因为鲍来思译文太过简略且有删减。

les peines réglées sur la contrebande de cette feuille, et infligées comme de coutume.

一百四十五、私矾

Art. CXLV. De la contrebande de l'alun [1]

凡私煎矾货卖者，同私盐法论罪。［凡产矾之所，额设矾课，系官主典，给有文凭执照，然后许卖。］

Quiconque manufacturera clandestinement de l'alun et le mettra en vente, subira les peines fixées relativement au sel dans ce cas. Dans tous les lieux où l'on trouvera une partie de cet article de commerce ainsi exposée, son prix et le montant du droit qu'elle doit payer, seront certifiés après avoir été déterminés conformément aux principes établis, et nul particulier ne pourra la vendre, sans avoir obtenu par avance, du Gouvernement, une licence qui l'y autorise.

一百四十六、匿税 [2]

Art. CXLVI. De la contrebande

1、凡客商匿税不纳课程者，笞五十，物货一半入官。

Tout marchand qui fera de la contrebande, en cachant des marchandises pour ne pas acquitter les droits selon les tarifs, sera puni de cinquante coups de rotin; une moitié des marchandises sera confisquée au profit de l'État;

于入官物内，以十分为率，三分付告人充赏。

Sur les marchandises confisquées à l'État, il sera prélevé une part égale aux trois dixièmes part qui sera donnée en récompense au dénonciateur;

务官、攒拦自获者，不赏。入门不吊引，同匿税法。［商匠入关门，必先取官置号单，备开货物，凭其吊引，照货起税。］

Si ce sont les fonctionnaires préposés à la surveillance de la perception des

---

〔1〕　该律文选自勒努阿尔译本，第1卷，第257页，因为鲍来思译文太过简略。

〔2〕　该律文在《大清律例》中最后还有一句："若买头匹不税契者，罪亦如之。仍于买主名下，追征价钱一半内官"。该句在《皇越律例》中被删去。

droits qui font eux-mêmes la capture, ils n'auront droit à aucune récompense. Ceux qui entreront dans un port, ou par une douane, sans un manifeste, seront jugés selon la règle relative à la contrebande; (les marchands qui entrent par une douane doivent, à l'avance, se munir d'un état attesté par l'autorité et dans lequel leurs marchandises sont totalement déclarées; c'est d'après ce manifeste, et selon la nature des marchandises, que les droits sont perçus).

若买头匹不税契者，罪亦如之。仍于买主名下，追征价钱一半内官。

Quiconque, enfin, achètera du bétail sans un acte timbré, sera sujet à être puni conformément à cette loi, et la moitié du prix du bétail appartiendra au Gouvernement par forme d'amende.[1]

一百四十七、舶商匿货

Art. CXLVII. De la contrebande maritime

凡泛海客商舶［大船］船到岸，即将货物尽实报官抽分。

Tout (grand) navire marchand, venant par mer, qui aborde à la côte, doit aussitôt déclarer complètement et sincèrement les marchandises qu'il porte, à l'autorité, pour qu'elle prélève la taxe due à l'État.

若停塌沿港土商牙侩之家不报者，杖一百。虽供报而不尽实，罪亦如之。

Si les marchands institués comme contrôleurs du commerce, dans le port où le navire a relâché, ne font pas les déclarations, ils seront punis de cent coups de truong; bien qu'ils aient fait une déclaration, si cependant ils ne l'ont pas faite complète, la faute est encore la même.

［不报与报不尽之］物货并入官。停藏之人同罪。

Les marchandises (pas déclarées ou incomplètement déclarées) seront également confisquées à l'État; les personnes chez qui elles auront été déposées, et qui auront caché les marchandises, seront punies de la même peine que les coupables.

告获者，官给赏银二十两。

---

〔1〕 此段译文选自勒努阿尔译本，第 1 卷，第 259 页，因鲍来思译本该句译文太过简陋。

Celui qui dénoncera et saisira les coupables recevra de l'État une récompense de vingt onces d'argent.

一百四十八、人户亏兑课程

Art. CXLVIII. Marchands arriérés dans le paiement des différents droits de douane[1]

1、凡民间周岁额办茶、盐、商税诸色课程，年终不纳齐足者，计不足之数，以十分为率，一分笞四十，每一分加一等，罪止杖八十，追课纳官。

Les droits sur le thé, le sel, ou toute autre marchandise, devront être entièrement soldés à la fin de l'année. Celui qui sera alors en retard d'un 10e de sa dette, recevra 40 coups de petit bâton. Il y aura augmentation d'un degré pour chaque 10e en plus, sans cependant que la punition dépasse 80 coups de gros bâton.

2、若茶盐运司、盐场、茶局及税务、河泊所等官，不行用心［催］办课［程］，年终比附上年课额亏［欠］兑［缺］者，亦以十分论，一分笞五十，每一分加一等，罪止杖一百；所亏课程着落追捕还官。

Les officiers qui n'auront pas mis leur soin à urger le paiement de fin d'année, de sorte que le revenu de l'année courante soit en déficit sur celui de l'année précédente, recevront, si ce déficit égale un 10e du revenu précédent, 50 coups de petit bâton. Leur peine sera augmentée d'un degré pour chaque nouveau 10e, tout en s'arrêtant néanmoins à 100 coups de gros bâton.

3、若［人户已纳，而官吏人役］有隐瞒、［不附簿，因而］侵欺、借用者，并计赃，以监守自盗论。

Ceux qui n'inscriront pas sur les registres les contributions dûment versées, afin de pouvoir s'en emparer ou s'en servir eux-mêmes frauduleusement, seront jugés conformément à la loi sur les vols commis par les préposés aux greniers publics et aux trésors.

---

〔1〕 该律文选自鲍来思译本，第336~337页。虽然勒努阿尔译本比鲍来思译本完整，但鉴于后者是译自中文，虽有文字删减，但律文总体内容被保留，故仍择其译本双语校对。

钱 债
Des Prêt d'argent

一百四十九、违禁取利
Art. CXLIX. Exiger des intérêts prohibés

1、凡私放钱债及典当财物，每月取利并不得过三分。

Celui qui, en affaires privées, prête de l'argent, ou bien qui prête sur gages, ne peut, en aucun cas également, exiger un intérêt mensuel plus élevé que 0, 03 d'once d'argent;

年月虽多，不过一本一利。违者，笞四十，以余利计赃，重〔于笞四十〕者，坐赃论，罪止杖一百。

Bien que le nombre d'années ou de mois soit considérable, il ne peut exiger plus que la restitution du capital et d'une somme d'intérêts égale à ce capital; ceux qui contreviendront à cette disposition seront punis de quarante coups de rotin; lorsque, d'après la somme des intérêts perçus en trop, la peine déduite du produit de l'acte illicite sera plus sévère (que quarante coups de rotin) on prononcera pour incrimination au sujet d'un produit d'action illicite et la peine s'arrêtera à cent coups de truong.

2、若监临官吏于所部内举放钱债、典当财物者，〔不必多取余利，有犯即〕杖八十。

Si des fonctionnaires ou employés investis d'une autorité de surveillance ou de direction〔art. 40〕, prêtent de l'argent ou font des prêts sur gages dans le ressort de leur propre juridiction (sans qu'il soit nécessaire qu'ils aient exigé un intérêt trop élevé et du moment ou ils ont commis le fait lui-même), ils seront punis de quatre-vingts coups de truong;

违禁取利，以余利计赃，重〔于杖八十〕者，依不枉法论。〔各主者，通算折半科罪。有禄人三十两，无禄人四十两，并杖九十。每十两加一等，罪止杖一百，流三千里。〕

S'ils exigent des intérêts prohibés et que, d'après la somme des intérêts perçus en trop, comptée comme produit d'action illicite, la peine soit plus forte (que quatre-vingts coups de truong), ils seront punis selon les dispositions relatives au cas de non-violation de règles (si la somme provient de différents propriétaires, on en prendra la moitié pour graduer la peine; pour ceux qui reçoivent une solde de l'État lorsqu'il s'agit de trente onces d'argent, pour ceux qui ne reçoivent pas de solde de l'État lorsqu'il s'agit d'une somme de quarante onces d'argent, la peine est également de quatre-vingt-dix coups de truong; pour chaque fois dix onces en plus la peine augmente d'un degré, et elle s'arrête à cent coups de truong et l'exil à trois mille lis).

并追余利给主。〔兼庶民官吏言。〕

On poursuivra également la restitution de l'excédent des intérêts perçus en trop envers le propriétaire lésé (ceci s'applique indifféremment aux cas où les coupables sont des fonctionnaires ou des employés).

其负欠私债，违约不还者，五两以上，违三月，笞一十，每一月加一等，罪止笞四十；

Le débiteur d'un emprunt privé qui, à l'échéance fixée par son contrat, ne rendra pas ce qu'il a emprunté, sera puni comme suit: pour une somme de cinq onces et au-dessus, après un retard de trois mois, la peine sera de dix coups de rotin; pour chaque mois en plus, la peine augmentera d'un degré et s'arrêtera à quarante coups de rotin;

五十两以上，违三月，笞二十，每一月加一等，罪止笞五十；

Pour une somme de cinquante onces et au-dessus, et après un retard de trois mois, la peine sera de vingts coups de rotin; pour chaque mois en plus elle augmentera d'un degré et s'arrêtera à cinquante coups de rotin;

百两以上，违三月，笞三十，每一月加一等，罪止杖六十，并追本利给主。

Pour une somme de cent onces et au-dessus, et après un retard de trois mois, la peine sera de trente coups de rotin; pour chaque mois en plus, elle augmentera d'un degré et s'arrêtera à soixante coups de truong; dans tous les cas également on poursuivra la restitution du capital et des intérêts au propriétaire.

3、若豪势之人［于违约负债者，］不告官司，以私债强夺去人、孳畜产业者，杖八十。［无多取余利，听赎不追。］

Si des personnes influentes et puissantes（agissant vis-à-vis de débiteurs qui sont en retard sur l'échéance fixée dans le contrat）ne portent pas leurs plaintes devant les tribunaux et, au sujet d'un prêt privé, enlèvent de force et emmènent les troupeaux ou les biens de quelqu'un, elles seront punies de quatre-vingts coups de truong（si elles n'ont pas pris un intérêt prohibé, le débiteur aura le droit de racheter, mais on n'obligera pas le créancier à les rendre）;

若估［所夺畜产之］价过本利者，计多余之物，［罪有重于杖八十者，］坐赃论，［罪止杖一百，徒三年。］

Si l'estimation du prix（des troupeaux et biens enlevés par violence）est supérieure au capital et aux intérêts, on comptera la valeur des biens en excédant et（si la peine est plus forte que quatre-vingts coups de truong）, on prononcera pour incrimination au sujet d'un produit d'action illicite（la peine s'arrêtera à cent coups de truong et trois ans de travail pénible）;

依［多余之］数追还［主］。

On poursuivra la restitution（envers le propriétaire）selon la quantité（enlevée en trop）.

4、若准折人妻妾、子女者，杖一百；［奸占，加一等论。］

S'il s'agit de l'épouse, des concubines ou des enfants de l'un ou de l'autre sexe de quelqu'un, considérés comme compensation de sa dette, la peine sera de cent coups de truong（s'il y a eu fornication par contrainte et abus de ces personnes, la peine sera augmentée d'un degré［art. 112］）;

强夺者，加二等；［杖七十，徒一年半。］因［强夺］而奸占妇女者，绞［监候］。

Si elles ont été enlevées de force, la peine sera augmentée de deux degrés（soixante-dix coups de truong et un an et demi de travail pénible）; s'il en est résulté（de l'enlèvement par force）, quelque acte de fornication par contrainte ou d'abus de ces femmes ou filles, la peine sera la strangulation（avec sursis）;

［所准折强夺之］人口给亲，私债免追。

Les personnes（enlevées par violence ou données en compensation de la dette）

seront rendues à leurs proches et le débiteur dispensé de la contrainte pour le paiement de sa dette.

一百五十、费用受寄财产

Art. CL. De la dissipation de valeurs ou biens reçus en dépôt

凡受寄［他］人财物、畜产而辄费用者，坐赃论，［以坐赃致罪律。］减
一等。［罪止杖九十，徒二年半。］

Celui qui aura reçu en dépôt les valeurs, objets ou troupeaux d'une（autre）
personne et qui, sans autorisation, les dissipera et les consommera, sera jugé pour
incrimination au sujet d'un produit d'action illicite（d'après la loi relative à la
fixation de la peine par incrimination au sujet d'un produit d'action illicite）
［art. 240］, avec diminution d'un degré（la peine s'arrêtera à quatre – vingt – dix
coups de truong et deux ans et demi de travail pénible）;

诈言死失者，准窃盗论，减一等。［罪止杖一百，徒三年，免刺。］

S'il déclare faussement que ces biens ont péri ou sont perdus, on prononcera
conformément à la loi sur le vol furtif, avec diminution d'un degré（la peine
s'arrêtera à cent coups de truong et à trois ans de travail pénible et il sera dispensé
de la marque）;

并追物还主。其被水火、盗贼、费失及畜产病死有显迹者，勿论。

On poursuivra également la restitution envers le propriétaire. Si ces biens ont été
enlevés ou perdus, soit par l'eau, le feu ou les voleurs, ou bien si les troupeaux sont
morts de maladie et que ces faits soient prouvés par des indices certains, il ne sera
pas puni.

［若受寄财畜而隐匿不认，依诓骗律。如以产业转寄他人户下，而为所卖
失，自有诡寄盗卖本条。］

（Si quelqu'un reçoit en dépôt des valeurs ou des troupeaux, les cache et les fait
disparaître, et refuse de reconnaître le dépôt, il sera jugé selon la loi relative à
l'escroquerie［art. 274］; si quelqu'un transmet le dépôt de biens à une autre personne ou à une autre famille et prétend que ces biens sont vendus ou perdus, on appliquera la présente loi relative au fait de simuler un dépôt et vendre clandestine-

ment）.

一百五十一、得遗失物
Art. CLI. Trouver des objets perdus

1、凡得遗失之物，限五日内送官，官物［尽数］还官。

Quiconque aura trouvé des objets perdus, devra, dans le délai de cinq jours, les remettre à l'autorité; si ce sont des choses appartenant à l'État, elles seront (en totalité) remises à l'État;

私物召人识认，于内一半给与得物人充赏，一半给还失物人。

Si ce sont des choses appartenant à des particuliers, il sera donné avis, afin qu'on puisse les reconnaître et les réclamer; la moitié sera donnée à celui qui les aura trouvées, à titre de récompense; l'autre moitié sera rendue à la personne qui les aura perdues.

如三十日内无人识认者，全给。［五日］限外不送官者，官物，坐赃论；［罪止杖一百，徒三年。追物还官。］

Si, dans le délai de trente jours, personne ne s'est présenté pour les réclamer ou les reconnaître, elles seront données, en totalité, au trouveur. Si, au delà du délai (de cinq jours), celui-ci ne les a pas remises à l'autorité, s'il s'agit de biens de l'État, il sera jugé pour incrimination au sujet d'un produit d'action illicite (la peine s'arrêtera à cent coups de truong et trois ans de travail pénible; on poursuivra la restitution des objets envers l'État);

私物，减［坐赃］二等，其物一半入官，一半给主。［若无主，全入官。］

S'il s'agit de biens des particuliers, la peine (d'incrimination au sujet d'un produit d'action illicite) sera diminuée de deux degrés; une moitié sera confisquée au profit de l'État, l'autre moitié sera restituée au propriétaire (si le propriétaire est inconnu, la totalité sera confisquée à l'État).

2、若于官私地内，掘得埋藏［无主］之物者，并听收用。

Si, dans une terre appartenant à l'État ou à des particuliers, quelqu'un, en faisant des fouilles, découvre des objets enterrés (sans propriétaire), cette personne sera également autorisée à les garder pour son usage;

若有古器、钟鼎、符印异常之物，［非民间所宜有者。］限三十日内送官。
违者，杖八十，其物入官。

Si, dans le nombre, il se trouve d'anciens instruments, tels que cloches,
trépieds, sceaux, tous objets rares ou curieux qui ne sont pas d'un usage ordinaire
(qui ne sont pas de ceux qu'il est convenable que le peuple possède), dans le délai
de trente jours, remise devra en être faite à l'autorité : ceux qui contreviendront à
cette disposition seront punis de quatre-vingts coups de truong ; les objets seront
confisqués à l'État.

市　廛
Des Marchés et Boutiques

一百五十二、私充牙行埠头
Art. CLII. De la licence des Agents commerciaux [1]

凡城市、乡村，诸色牙行，及船［之］埠头，并选有抵业人户充应。

Les agents commerciaux qui seront établis et autorisés par le Gouvernement,
dans chaque ville, marché public, district de village, ainsi que ceux établis par
l'État dans chaque port de mer ou près des rivières, et qui rempliront les fonctions
d'inspecteurs de bâtiments, seront choisis parmi les habitants, dont la fortune assure
la responsabilité pécuniaire fixée suivant leurs places.

官给印信文簿，附写［逐月所至］客商、船户籍贯姓名、路引字号、物
货数目，每月赴官查照。

L'officier du district leur donnera une licence dans la forme réglée, et ils seront
obligés de tenir un registre officiel où ils inscriront les noms des navires et des
négociants qui aborderont aux lieux de leurs établissements, avec tout ce qui s'y rap-
portera, comme le port d'où ils seront venus, la date de leur arrivée, etc : ils y inscriront aussi les marques, les numéros, la qualité et la quantité des marchandises

---

［１］　该律文选自勒努阿尔译本，第 1 卷，第 271~272 页，因鲍来思译本删减过多。

importées dans les marchés soumis à leur inspection : leur registre sera examiné tous les mois, soit à bord des bâtiments mêmes, par l'officier du district, ou au tribunal de cet officier, afin qu'il puisse connaître ce qu'il devra faire en conséquence.

［其来历引货，若不由官选］私充者，杖六十，所得牙钱入官。官牙、埠头容隐者，笞五十，［各］革去。

Tout particulier qui s'immiscera dans les agences susdites sans une licence du Gouvernement, subira la peine de 60 coups, et tous les profits, qu'il aura faits par suite de son usurpation, seront confisqués au profit de l'Etat. Tous les officiers du Gouvernement ou ceux des agents établis, qui, auront connivé au pouvoir qu'il se sera arrogé, seront punis chacun de 50 coups et perdront leurs emplois.

一百五十三、市司评物价

Art. CLIII. De l'evaluation des marchandises
par les agents commerciaux [1]

1、凡诸物［牙］行人评估物价，或［以］贵［为贱］，或［以］贱［为贵］，令价不平者，计所增减之价，坐赃论。［一两以下，笞二十，罪止杖一百，徒三年。］

Les agents commerciaux, après avoir examiné suffisamment les marchandises qu'on importera dans leurs marchés respectifs, en feront l'évaluation en toute équité : s'ils s'écartent de ce devoir par surestimation ou moindre prisée desdites marchandises, ils seront sujets à subir une peine proportionnée à ces augmentation ou diminution de valeur, d'après la loi concernant les malversations pécuniaires en général.

入己者，准窃盗论，［查律坐罪。］免刺。

Si un agent convertit à son profit la différence qu'il aura mise entre l'appréciation des marchandises et leur valeur réelle, il sera sujet à la peine plus sévère, prononcée par la loi sur les vols, excepté que la disposition de cette loi, qui ordonne la condamnation à la marque, ne sera point exécutée dans ce cas.

---

〔1〕 该律文选自勒努阿尔译本，第 1 卷，第 272~273 页，因鲍来思译本删减过多。

2、其为［以赃入罪之］罪人估赃［增减］不实，致罪有轻重者，以故出入人罪论。［若未决放，减一等。］

Lorsque l'agent commercial condamnera un délinquant à une amende ou à une confiscation qu'il se sera attirée, plus forte ou moindre que ne le lui prescrira la juste exécution des lois, il sera sujet à la peine que doivent subir, dans le cas applicable au sien, les officiers du Gouvernement, suivant la loi qui concerne ceux qui sortent des règles de la justice en prononçant une sentence.

受财［受赃犯之财，估价轻；受事主之财，估价重。］者，计赃，以枉法从重论。［无禄人查律坐罪。］

Si l'agent s'est laissé induire, par des présents ou des promesses, à estimer à faux, le prix des marchandises, ou le montant des confiscations, il se rendra sujet à une peine plus sévère que celle établie ci-dessus, et aussi forte par correspondance des cas que la peine à infliger aux officiers qui n'ont pas d'appointements fixes, et que l'on a corrompus pour faire réussir des projets contraires aux lois.

一百五十四、把持行市

Art. CLIV. Des manoeuvres ou pressions dans les actes de commerce

1、凡买卖诸物，两不和同，而把持行市，专取其利，及贩鬻之徒，通同牙行共为奸计，卖［己之］物以贱为贵，买［人之］物以贵为贱者，杖八十。

Lorsqu'une personne achète et qu'une autre vend une chose quelconque, si les deux parties ne sont pas d'accord ensemble et que l'une, s'appuyant sur sa qualité de courtier commercial muni d'une licence, exerce une pression et s'attribue tout le bénéfice, ou bien, si des trafiquants s'entendent avec les courtiers de commerce patentés pour, avec eux et ensemble, au moyen de ruses coupables, vendre leurs (propres) marchandises en faisant passer ce qui est vil pour précieux, ou pour acheter des marchandises (d'autrui) en faisant passer ce qui est précieux pour vil, les coupables seront punis de quatre-vingts coups de truong.

2、若见人有所买卖在旁，［混以己物］高下比价，以相惑乱而取利者，［虽情非把持，］笞四十。

Si, voyant à côté d'eux quelqu'un qui veut vendre ou acheter, ils (emploient des manoeuvres frauduleuses sur leurs propres marchandises), élèvent ou abaissent les prix en mettant en comparaison des marchandises analogues pour jeter la confusion sur le marché et réaliser des bénéfices (bien qu'ils ne se soient pas appuyés sur leur qualité), ils seront punis de quarante coups de rotin.

3、若已得利，物计赃，重［于杖八十，笞四十。］者，准窃盗论，免刺。［赃轻者，仍以本罪科之。］

S'ils ont déjà réalisé un bénéfice et si, en tenant compte du produit de l'acte illicite, la peine est plus grave (que quatre-vingts coups de truong ou que quarante coups de rotin), ils seront jugés conformément à la loi sur le vol furtif et dispensés de la marque (si la peine déduite de la valeur du produit de l'acte illicite est plus légère, on suivra naturellement la présente loi).

一百五十五、私造斛斗秤尺
Art. CLV. De la fabrication privée des mesures

1、凡私造斛斗、秤尺不平，在市行使，及将官降斛斗、秤尺作弊增减者，杖六十。工匠同罪。

Ceux qui auront privément fabriqué et confectionné des mesures de capacité telles que *hôc* et *dâu* [1], des mesures de poids et de longueur, pas justes, et qui les auront employées dans le commerce, ou bien qui auront agrandi ou diminué les mêmes mesures délivrées par l'État, seront punis de soixante coups de truong ; les ouvriers seront punis de la même peine.

2、若官降不如法者，［官吏、工匠］杖七十。提调官失于较勘者，减［原置官吏、工匠罪］一等。知情，与同罪。[2]

Si des fonctionnaires délivrent des mesures nonconformes aux règles, ils (les fonctionnaires, employés et ouvriers fabricants) seront punis de soixante et dix coups de truong ; le fonctionnaire chargé de la direction générale du service qui aura

---

〔1〕 此处两个越南语分别对应汉语"斛"与"斗"。

〔2〕 在该律文在《大清律例》中还有一句，即"其在市行使斛斗、秤尺虽平，而不经官司较勘印烙者，［印系私造］笞四十"。该句在《皇越律例》中被删去了。

négligé de les examiner et de les vérifier sera puni d'une peine moindre d'un degré（que celle des fonctionnaires, employés et ouvriers fabricants qui auront construit lesdites mesures）; s'il a eu connaissance de la nature des faits, il sera puni de la même peine que les coupables.

3、其在市行使斛斗、秤尺虽平，而不经官司较勘印烙者，［印系私造］笞四十。

Losque, dans les marchés publics, on se servira de poids, mesures ou balances qui, bien qu'exactement conformes aux étalons, n'y auront pas été dûment confrontés par les officiers du Gouvernement, ils ne seront point réputés légaux, et la personne qui en fera usage punissable de 40 coups. [1]

4、若仓库官吏，私自增减官降斛斗、秤尺，收支官物而不平［纳以所增，出以所减。］者，杖一百；

Si les fonctionnaires et employés des greniers ou des magasins augmentent ou diminuent privément, d'eux-mêmes, les mesures de capacité, de longueur ou de poids délivrées par l'État et servant aux recettes et aux délivrances, pour ne pas mesurer avec équité, （se servant des mesures agrandies pour les recettes et des mesures diminuées pour les livraisons）, ils seront punis de cent coups de truong.

以所增减物，计赃，重［于杖一百］者，坐赃论。

Si la peine déduite de l'augmentation ou de la diminution des marchandises perçues ou livrées, comptée comme produit de l'action illicite, est plus grave （que cent coups de truong）, ils seront punis selon la loi relative à l'incrimination au sujet d'un produit d'action illicite.

因而得［所增减之］物入己者，以监守自盗论。［并赃不分首、从，查律科断。］

S'il est résulté de ces fraudes qu'ils se sont approprié des denrées （perçues en trop ou délivrées en moins）, on prononcera d'après la loi relative aux surveillants et gardiens qui volent eux-mêmes ［art. 345, 264］ （en prononçant pour le même produit d'action illicite, sans distinguer entre le principal coupable et les co-auteurs, et en suivant les prescriptions de cette loi pour la graduation de la peine）.

---

〔1〕 该段译文选自勒努阿尔译本，第 1 卷，第 275 页，因鲍来思译本中该段极其简陋。

工匠，杖八十。监临官知而不举者，与犯人同罪。失觉察，减三等，罪止杖一百。

Les ouvriers seront punis de quatre-vingts coups de truong. Si les fonctionnaires chargés de la surveillance et de la direction du service connaissent ces faits et ne les révèlent pas, ils seront punis de la même peine que les coupables; s'ils ont manqué de surveillance en ne s'en apercevant pas, leur peine sera diminuée de trois degrés et s'arrêtera à cent coups de truong.

一百五十六、器用布绢不如法
Art. CLVI. Des choses manufacturées en contravention aux modèles ou échantillons[1]

凡民间造器用之物，不牢固正实，及绢布之属纰薄短狭而卖者，各笞五十。

Lorsqu'un particulier manufacturera pour vendre quelqu'article qui ne sera pas en tout, aussi bien fait que le modèle établi par le Gouvernement, ou reçu dans l'usage ordinaire, ou des étoffes de soie et autres d'un tissu moins serré, d'une largeur moins grande et d'un aunage plus court que l'échantillon légal ou usuel, il sera puni de 50 coups.

---

[1] 该律文选自勒努阿尔译本，第1卷，第277页，因鲍来思译本中没有此条律文的译文。

礼 律

祭 祀
Des Sacrifices

一百五十七、祭享
Art. CLVII. Des sacrifices

1、凡天地、社稷、大祀及庙享，所司［礼部堂[1]将祭，则先致斋；将斋，则先誓戒；将戒，则先告示。］不将祭祀日期豫先告示诸衙门［知会］者，答五十。

Pour les grands sacrifices aux esprits du ciel, de la terre, protecteur de la dynastie, protecteur de l'État, ainsi que pour les sacrifices offerts dans les temples dédiés à la mémoire des ancêtres du Souverain, si celui qui est chargé de ce soin (le ministère des rites, à l'approche du temps de ces sacrifices, doit d'abord s'occuper de l'abstinence à observer; à l'approche du moment de l'abstinence, il doit d'abord s'occuper des soins de purification et d'observation; à l'approche du temps des soins de purification, il doit d'abord informer et avertir) n'avertit et n'informe pas à l'avance de l'époque et du jour du sacrifice, tous les tribunaux et services divers (pour leur en donner connaissance), il sera puni de cinquante coups de rotin.

因［不告示］而失误行事者，杖一百。其已承告示而失误者，罪坐失误之人，亦杖一百。

---

［1］ "礼部堂" 三字在《大清律例》中是 "太常寺"，此处是针对越南当时的国情作了文字修改。

Si（de ce qu'il n'a pas informé et averti）il est résulté des omissions ou des erreurs dans l'accomplissement du fait, la peine sera de cent coups de truong. Si celui qui a déjà été informé et averti commet des omissions ou des erreurs, la faute sera imputable à l'auteur des omissions et des erreurs et il sera encore puni de cent coups de truong.

2、若［传制与百官斋戒。］百官已受誓戒，而吊丧、问疾、判署刑杀文书，及豫筵宴者，皆罚俸一月。

Si（l'ordre du Souverain ayant été transmis à tous les fonctionnaires, relativement à l'abstinence et à l'observation），tous les fonctionnaires ont déjà reçu l'avis relatif à la purification et à l'observation; ceux qui assisteront à des funérailles, qui iront visiter des malades, qui dateront et signeront des pièces relatives à des condamnations capitales, ainsi que ceux qui assisteront à des festins, seront tous punis d'une retenue d'un mois de leur traitement.

其［所司］知［百官］有缌麻以上丧，或曾经杖罪，遣充执事及令陪祀者，罪同。不知者，不坐。

Si celui qui est chargé de ce soin sait que certains fonctionnaires sont en deuil de parents du cinquième degré et au-dessus, ou sont déjà sous le coup d'une condamnation à cent coups de truong et qu'il les désigne pour porter ou tenir quelque chose ou pour remplir quelque office dans la cérémonie, ou s'il les désigne pour occuper un rang parmi les officiants, la faute sera la même; s'il n'en a pas eu connaissance, il ne sera pas incriminé.

若有丧、有过、不自言者，罪亦如之。其已受誓戒人员，散斋［于外］不宿净室，致斋［于内］不宿本司者，并罚俸一月。

Si ceux qui sont en deuil ou sous le coup d'une peine n'en préviennent pas eux-mêmes, leur faute sera encore la même. Ceux qui ayant déjà accompli la purification et l'observation auront interrompu l'abstinence（à l'extérieur）en ne couchant pas dans une maison pure, ou qui pendant l'abstinence（à l'intérieur）n'auront pas couché dans la salle où ils exercent leurs fonctions, seront également punis d'une retenue d'un mois de leur traitement.

3、若大祀牲牢、玉帛、黍稷之属不如法者，笞五十。

Si tout ce qui concerne les animaux destinés aux grands sacrifices, les objets tels que pierres et étoffes précieuses et les grains de diverses sortes n'est pas disposé selon les règles, la peine sera de cinquante coups de rotin ;

一事缺少者，杖八十。一座全缺者，杖一百。

Si une chose manque ou n'est pas suffisante, la peine sera de quatre-vingts coups de truong ; si un autel manque complètement, la peine sera de cent coups de truong.

4、若奉大祀［在涤之］牺牲，主司［牺牲所官。］喂养不如法，致有廋损者，一牲笞四十，每一牲加一等，罪止杖八十。因而致死者，加一等。

Si celui qui a reçu la direction (du lieu où sont soignés) des animaux sans taches destinés aux grands sacrifices (le fonctionnaire du lieu où sont soignés ces animaux) ne les nourrit pas selon les règles, d'où résulte qu'ils sont maigres ou en mauvais état, pour un seul animal, la peine sera de quarante coups de rotin ; pour chaque animal en plus, la peine augmentera d'un degré et s'arrêtera à quatre-vingts coups de truong ; s'il en est résulté la mort de ces animaux, la peine augmentera d'un degré.

5、中祀有犯者，罪同。［余条准此。］

Si ces faits sont commis au sujet des sacrifices moyens, la faute sera la même (dans les autres articles on se conformera à ceci).

一百五十八、毁大祀邱坛

Art. CLVIII. Détériorer l'aire destinée aux grands sacrifices

1、凡大祀邱坛而毁损者，［不论故误。］杖一百，流二千里。墙门减二等。［杖九十，徒二年半。］

Ceux qui auront détérioré ou abîmé une aire consacrée aux grands sacrifices seront, sans discerner si le fait a été volontaire ou accidentel, punis de cent coups de truong et de l'exil à deux mille lis ; s'il s'agit d'une porte de l'enceinte formée d'un mur peu élevé qui entoure l'aire, la peine sera diminuée de deux degrés et sera de quatre-vingt-dix coups de truong et de deux ans et demi de travail pénible.

2、若弃毁大祀神御［兼太庙］之物者，杖一百，徒三年。［虽轻必坐。］

Ceux qui auront jeté ou détruit des objets ou choses consacrés aux Esprits honorés dans les grands sacrifices (cela comprend également ce qui a rapport aux temples des ancêtres du Souverain) , seront punis de cent coups de truong et de trois ans de travail pénible ; quelque léger que soit le dommage , cette peine sera applicable.

遗失及误毁者，各减三等。[杖七十，徒一年半。如价值重者，以毁弃官物科。]

S'il s'agit de perte ou de destruction ou détérioration par mégarde , dans chaque cas , la peine sera diminuée de trois degrés (soit de soixante-dix coups de truong et un an et demi de travail pénible ; si le prix de l'objet entraîne une peine plus forte , on graduera la peine d'après la loi relative au jet et à la destruction des objets de l'État [art. 98 , 136]).

一百五十九、致祭祀典神祇

Art. CLIX. Des esprits auxquels il est permis d'offrir des sacrifices

凡［营镇[1]］社稷、山川、风云、雷雨等神，

(Dans toutes les provinces) , pour tous les esprits tels que ceux qui protègent la dynastie et l'État , les esprits des montagnes et des torrents , du vent , des nuages , de la foudre et de la pluie ,

及［境内先代］圣帝、明王、忠臣、烈士，载在祀典，应合致祭神祇。

ainsi que pour les esprits des saints empereurs , des rois illustres , des sujets fidèles , des lettrés distingués (des anciennes dynasties et de la contrée) , énumérés dans les statuts sur les sacrifices , esprit qu'il convient d'honorer par des sacrifices ,

所在有司，置立牌面、开写神号，祭祀日期，于洁净处常川悬挂，依时致祭。

l'autorité dirigeante du lieu établira des tablettes sur lesquelles seront inscrites la dénomination de l'esprit , l'époque et le jour du sacrifice ; ces tablettes seront suspendues dans un lieu pur et qui sera consacré à cet usage. A l'époque fixée , les sac-

---

〔1〕 括号内文字在《大清律例》中是"各府、州、县"，在《皇越律例》中根据当时越南国情修改为"营镇"。

rifices seront offerts.

至期失误祭祀者，［所司官吏］杖一百。其不当奉祀之神，［非祀典所载］而致祭者，杖八十。

Si l'époque arrivée il y a des omissions ou des erreurs dans les sacrifices, la peine (des fonctionnaires et employés chargés du gouvernement du lieu) sera de cent coups de truong. Ceux qui offriront des sacrifices à des esprits auxquels il n'en doit pas être offert (et qui ne sont pas énumérés dans les statuts sur les sacrifices) seront punis de quatre-vingts coups de truong.

一百六十、历代帝王陵寝
Art. CLX. Des sépultures des empereurs et rois des anciennes dynasties

凡历代帝王陵寝，及先圣、先贤、忠臣、烈士坟墓，［所在有司，当加护守。］不许于上樵采、耕种及牧放牛、羊等畜。违者，杖八十。

Il n'est pas permis de recueillir du bois de chauffage, de labourer, ou de cultiver, ni de faire paître les boeufs, moutons, et autres animaux domestiques sur les tombeaux des empereurs et des rois des dynasties de l'antiquité, ainsi que sur les tombes des anciens saints, des anciens sages, des sujets fidèles et des lettrés distingués (l'autorité du lieu doit les surveiller et les garder); ceux qui auront contrevenu à ces dispositions seront punis de quatre-vingts coups de truong.

一百六十一、亵渎神明
Art. CLXI. De l'irrévérence et de la présomption concernant le culte des esprits

1、凡私家告天拜斗，焚烧夜香，燃点天灯、［告天。］七灯，［拜斗。］亵渎神明者，杖八十。

Ceux qui dans une maison privée invoqueront le ciel, salueront la grande Ourse, brûleront des parfums de la nuit, allumeront les lanternes du ciel (pour invoquer le ciel), ou les sept lanternes (pour saluer la grande Ourse), et qui manifesteront ainsi un sentiment d'irrévérence et de présomption relativement au culte des esprits, seront punis de quatre-vingts coups de truong.

妇女有犯，罪坐家长。若僧道修斋设醮，而拜奏青词表文，及祈禳火灾者，同罪，还俗。[重在拜奏，若止修斋祈禳，而不拜奏青词表文者，不禁。]

Si des femmes ou des filles commettent ces fautes, c'est le chef de la famille qui sera passible des peines du fait. Si des religieux Bouddhistes ou de Dao y font pénitence et abstinence, y établissent et y consacrent un autel, font les cérémonies qui consistent à adresser un mémoire bleu ou un placet au ciel, ou bien font des invocations pour éviter la calamité de l'incendie, ils seront punis de la même peine et retourneront à la condition ordinaire (ce qui fait la gravité du fait, c'est l'adoration et l'invocation sous forme de mémoire écrit; s'ils ne font que pénitence et abstinence, avec prière, pour éviter les maux, mais sans la cérémonie de l'invocation par présentation d'un mémoire écrit, bleu, adressé au Souverain du ciel, le fait n'est pas défendu).

2、若有官及军民之家，纵令妻女于寺观神庙烧香者，笞四十，罪坐夫男。

Si des fonctionnaires ainsi que des personnes de condition militaire ou du peuple tolèrent que leur épouse ou leur fille aille brûler de l'encens dans les temples de Buddha ou de la religion de Dao, ou dans les temples des esprits et des génies, ou s'ils les y envoient, ils seront punis de quarante coups de rotin et la peine sera encourue par l'époux ou par un parent mâle;

无夫男者，罪坐本妇。其寺观神庙住持，及守门之人，不为禁止者，与同罪。

S'il n'y a ni époux, ni parent mâle, la femme elle-même sera passible de la peine. Les supérieurs des temples Bouddhistes, ou de Dao, ou des esprits et génies, ainsi que les personnes commises à la garde de la porte, qui ne les empêcheront pas de pénétrer, seront punis de la même peine.

一百六十二、禁止师巫邪术

Art. CLXII. Des prohibitions concernant les maîtres et maîtresses de doctrines pernicieuses

1、凡师巫假降邪神、书符咒水、扶鸾祷圣、自号端公、太保、师婆

［名色。］

Tout maître ou maîtresse qui évoquent fallacieusement des esprits diaboliques, qui écrivent des charmes, qui répandent de l'eau en proférant des imprécations [1], ou qui agissent par l'assistance de l'oiseau fabuleux appelé *Loan* [2], invoquent les saints, se donnent l'appellation de *Doan Công*, ou de *Thai Bao*, ou de *So Ba* [3] (noms particuliers de sectes),

及妄称弥勒佛、白莲社、明尊教、白云宗等会，一应左道异端之术，或隐藏图像、烧香集众、夜聚晓散、佯修善事、煽惑人民，为首者绞［监候］，为从者各杖一百，流三千里。

ou bien qui, mensongèrement, se prétendent d'une société telle que celles connues sous les noms de *Di Lac Phat* [4], communion du nénuphar blanc et autres, ou de toute espèce de doctrine d'une fausse religion, ou initiés à des pratiques merveilleuses; ceux qui se cachent pour dessiner des images, brûler des parfums et se réunir entre eux, qui, s'assemblant la nuit, se dispersant le jour, simulent la pénitence et les actions vertueuses et troublent la population, seront：le principal coupable, puni de la strangulation (avec sursis); les co-auteurs, dans chaque cas, punis de cent coups de truong et de l'exil à trois mille lis.

2、若军民装扮神像，鸣锣击鼓、迎神赛会者，杖一百，罪坐为首之人。

Si des personnes de condition militaire ou du peuple se déguisent en esprits, sonnent le gong, frappent du tambour pour recevoir l'esprit et le ramènent au milieu de la réunion, le fait sera puni de cent coups de truong; la faute sera imputable à la personne qui sera le principal coupable.

3、里长知而不首者，各笞四十。其民间春秋义社，［以行祈报者。］不在此限。

Les chefs de village qui auront connaissance de ces faits et qui ne les révèleront pas seront punis de quarante coups de rotin. Lés réunions raisonnables qui ont lieu parmi le peuple, au printemps et à l'automne (pour implorer ou pour rendre

---

〔1〕　泼圣水画圈，同时念咒，恶灵就无法再穿越此圈。——原注。
〔2〕　此处该越南词对应汉字"鸾"。
〔3〕　此处三个越南词对应汉字"端公""太保""师婆"。
〔4〕　此处该越南词对应汉字"弥勒佛"。

grâces), ne sont pas comprises dans les limites de ces prohibitions.

仪 制
Règles d'étiquette

一百六十三、合和御药
Art. CLXIII. De la préparation des médicaments
pour le Souverain

1、凡合和御药，误不依［对证］本方，及封题错误，［经手］医人，杖一百。

Le médecin qui en préparant un médicament pour le Souverain se sera trompé et ne l'aura pas préparé selon la formule [1] convenable (en rapport avec l'affection), ou bien qui (de sa main), en enveloppant un paquet de drogues se sera trompé en écrivant l'étiquette, sera puni de cent coups de truong.

料理拣择［误］不精者，杖六十。若造御膳，误犯食禁，厨子，杖一百。

Celui qui en choisissant et en triant une drogue y aura (par erreur) laissé des impuretés, sera puni de soixante coups de truong. Si, en préparant la nourriture destinée au Souverain, le cuisinier contrevient par erreur à une défense relative aux aliments, il sera puni de cent coups de truong;

若饮食之物不洁净者，杖八十。拣择［误］不精者，杖六十。

Si les choses destinées à être bues ou mangées ne sont pas propres, la peine sera de quatre-vingts coups de truong; si en les choisissant on y a laissé (par erreur) des impuretés, la peine sera de soixante coups de truong.

［御药、御膳］不品尝者，笞五十。监临提调官，各减医人、厨子罪二等。

Ceux qui n'auront pas goûté (les préparations médicinales ou culinaires à l'usage du Souverain), seront punis de cinquante coups de rotin. Les fonctionnaires chargés de la surveillance et de la direction générale de ces services seront, dans

---

〔1〕 指药方。——原注。

chaque cas, punis de la peine des médecins ou cuisiniers, diminuée de deux degrés.

2、若监临提调官及厨子人等，误将杂药至造御膳处所者，杖一百。

Si les personnes telles que les fonctionnaires surveillants chargés de la direction générale, ainsi que les cuisiniers, portent par erreur des drogues quelconques dans les lieux où se prépare la cuisine du Souverain, elles seront punies de cent coups de truong;

所将杂药，就令自吃。［御膳所］厨子人等有犯，监临提调官知而不奏者，门官及守卫官失于搜检者，与犯人同罪，并临时奏闻区处。

On les obligera à avaler les drogues quelconques qu'elles auront apportées. Si quelque personne (du lieu où on prépare les aliments du Souverain), telle qu'un cuisinier, a commis cette faute et que les fonctionnaires chargés de la surveillance et de la direction générale du service en soient informés et n'en rendent pas compte au Souverain; si le fonctionnaire chargé de la porte ainsi que les fonctionnaires chargés de la garde ont manqué de soin en fouillant des personnes, ils seront punis de la même peine que les coupables; il sera également rendu compte, sur-le-champ, au Souverain, qui décidera et prononcera;

［食禁如本草物性相反相忌周内则所载不食之类。］〔1〕

(Les défenses relatives aux aliments: par exemple, lors que la nature des herbes ou des choses employées est telle qu'elles ne puissent être alliées ensemble sans inconvénient ou sans danger; les choses qui, d'après les «règles intérieures» du «Chau Lê»〔2〕 ne doivent pas être mangées et autres du même genre).

一百六十四、乘舆服御物

Art. CLXIV. Des voitures, vêtements et objets à l'usage du Souverain

1、凡乘舆服御物，［主守之人］收藏修整不如法者，杖六十。

Ceux qui (les personnes telles que les gardiens), chargés de la conservation, de l'entretien ou des réparations des voitures, vêtements et objets à l'usage du Sou-

---

〔1〕 此句在《大清律例》中不存在，系《皇越律例》自纂。

〔2〕 即《周礼》。

verain, s'écarteront des règles prescrites seront punis de soixante coups de truong.

进御差失者，［进所不当进。］笞四十。

Ceux qui auront commis une méprise ou un oubli en présentant quelque objet au Souverain（en lui apportant ce qui ne doit pas lui être apporté）seront punis de quarante coups de rotin；

其车马之属不调习，驾驭之具不坚完者，杖八十。

Si ce qui est relatif aux voitures et aux chevaux n'est pas entretenu et exercé, si les diverses pièces des harnais et le timon ne sont pas solides et en bon état, la peine sera celle de quatre-vingts coups de truong.

2、若主守之人，将乘舆服御物私自借用，或转借与人，及借之者，各杖一百，徒三年。

Si les personnes qui sont gardiens chargés de ces objets empruntent privément des voitures, vêtements ou autres objets à l'usage du Souverain, pour s'en servir ou pour les prêter à d'autres personnes, elles seront, ainsi que celles qui les leur auront empruntés, punies, chacune, de cent coups de truong et de trois ans de travail pénible［art. 125, 126］.

若弃毁者，罪亦如之。［平时怠玩，不行看守。］遗失及误毁者，各减三等。

Pour ceux qui auront jeté ou détruit les mêmes objets, la faute sera encore la même［art. 136］. Ceux qui les auront perdus par mégarde, ou détériorés par accident ou erreur（en temps ordinaire, par paresse ou légèreté, en ne veillant pas à leur conservation）, seront, dans chaque cas, punis de cette peine diminuée de trois degrés.

3、若御幸舟船，误不坚固者，工匠，杖一百。

Si les barques ou navires employés pour les voyages du Souverain manquent, par suite d'erreur, de solidité ou de force, les constructeurs seront punis de cent coups de truong；

若不整顿修饰，及在船篙棹之属缺少者，杖六十；并罪坐所由。［经手造作之人，并主守之人。］

S'ils ne sont pas installés et ornés, ou bien si, à bord, il manque des choses nécessaires, telles que le gouvernail ou des avirons, la peine sera de soixante coups de truong. La faute sera également imputable à ceux du fait de qui elle proviendra （ceux qui auront fait ou préparé de leurs mains et, également, les gardiens chargés).

监临提调官，各减工匠罪二等；并临时奏闻区处。

Les fonctionnaires chargés de la surveillance et de la direction générale du service seront, dans chaque cas, punis de la peine des ouvriers, diminuée de deux degrés. Il sera également rendu compte, sur-le-champ, au Souverain qui appréciera et décidera.

一百六十五、收藏禁书
Art. CLXV. Conserver et recéler des livres prohibés

凡私家收藏天象器物、[如璇玑、玉衡、浑天仪之类。]

Ceux qui conserveront ou recèleront dans une maison privée des objets ou instruments figurant le ciel (tels que les instruments astronomiques appelés：*Triêu co*, *ngoc hoàng*, *hôn thiên nghi*[1], ou autres du même genre),

图谶、[图象、谶纬之书，推治乱。]应禁之书，

des livres qui doivent être prohibés (tels que des livres ou cartes de figures cabalistiques et surnaturelles qui servent à prévoir l'état de tranquillité ou de trouble d'un pays),

及［绘画］历代帝王图像、金玉符玺等物［不首官］者，杖一百。

ainsi que des images (dessinées ou peintes) des empereurs et rois des anciennes dynasties, des insignes, des sceaux royaux en métaux précieux ou en pierres fines, et autres objets analogues [art. 151, 162] (et qui n'en feront pas la déclaration à l'autorité), seront punis de cent coups de truong.

并于犯人名下追银一十两，给付告人充赏。[器物等项，并追入官。]

Les coupables seront également contraints à verser dix onces d'argent qui seront données en récompense à l'accusateur；（Les objets, instruments, livres, seront également confisqués à l'État).

---

〔1〕 此处三个越南语名词分别对应"璇玑、玉衡、浑天仪"。

一百六十六、御赐衣物

Art. CLXVI. Des vêtements ou objets donnés par le Souverain

凡御赐百官衣物，使臣不行亲送，转附他人给与者，杖一百，罢职不叙。

Toutes les fois que le Souverain aura donné à des fonctionnaires quelconques des objets ou des vêtements, si la personne envoyée ne va pas personnellement les porter et les remettre, et si elle envoie à son tour une autre personne pour délivrer le présent, elle sera punie de cent coups de truong et cassée de sa dignité, sans pouvoir être réintégrée.

一百六十七、失误朝贺

Art. CLXVII. Manquer par erreur à une assemblée de la cour ou à une cérémonie de félicitations

凡朝贺及迎接诏书，所司不豫先告示者，笞四十。其已承告示而失误者，罪亦如之。

Dans tous les cas d'assemblées de la cour ou de cérémonies de félicitations, ou bien lorsqu'il s'agit d'aller au-devant et de recevoir un édit du Souverain, si ceux qui sont chargés de ce soin n'avertissent pas à l'avance, ils seront punis de quarante coups de rotin ; pour ceux qui auront été avertis et qui manqueront par erreur, la faute sera encore la même.

一百六十八、失仪

Art. CLXVIII. Des manquements aux règles de l'étiquette

凡［陪助］祭祀及谒拜园陵，若朝会行礼差错及失仪者，罚俸一月。其纠仪官应纠举而不纠者，罪同。

Ceux qui (devant officier ou aider) dans un sacrifice ou dans une cérémonie dans les lieux de sépulture des Souverains, ou dans une assemblée de la cour, se tromperont dans l'accomplissement d'une formalité rituelle ou manqueront aux règles de l'étiquette seront punis d'une retenue d'un mois de solde. Le fonctionnaire chargé de veiller à l'observation des règles d'étiquette, qui devra relever quelque manquement et en rendre compte, et qui ne le fera pas, sera coupable de la même faute.

一百六十九、奏对失序

Art. CLXIX. Manquer à l'ordre de préséance
en répondant au Souverain

凡在朝侍从官员，特承顾问，官高者，先行回奏，卑者，以次进对。若先后失序者，各罚俸一月。

Parmi les fonctionnaires qui assistent à une assemblée de la cour, et seulement après qu'une question aura été posée par le Souverain, le plus haut fonctionnaire répondra le premier; ceux d'un rang inférieur adresseront à leur tour leur réponse; ceux qui manqueront à l'ordre de préséance, et répondront avant ou après leur tour seront, dans chaque cas, punis d'une retenue d'un mois de leur traitement.

一百七十、朝见留难

Art. CLXX. Priver quelqu'un d'une audience à la Cour

凡司仪礼官，将应朝见官员人等，托故留难阻当、不即引见者，［审实留难之故，得情方］斩［监候。］大臣知而不问，与同罪。不知者，不坐。

Tout fonctionnaire du service des rites chargé des règles de l'étiquette qui usera de prétextes pour retarder et priver d'une audience et ne pas introduire immédiatement à la cour une personne ou un fonctionnaire qui doit être admis en présence du Souverain, sera puni, (aussitôt après que le motif pour lequel il aura privé cette personne d'une audience aura été exactement reconnu), de la décapitation (avec sursis) . Si de hauts dignitaires ont connaissance de ces faits et n'informent pas, ils seront punis de la même peine; ceux qui n'en auront pas connaissance ne seront pas incriminés.

一百七十一、上书陈言

Art. CLXXI. Des communications écrites ou verbales au Souverain

1、凡国家政令得失，军民利病，一切兴利除害之事，并从六部官面奏区处，及科道督抚［督抚郎、营镇官］[1]各陈所见，直言无隐。

Tous les bons effets et les inconvénients des mesures de gouvernement intérieur de l'État, les avantages ou les souffrances des soldats et du peuple, toutes espèces de choses ayant pour but le développement d'un avantage et le détournement d'un mal doivent également être exposés en présence du Souverain par les fonctionnaires des six ministères, pour que le Souverain apprécie et décide; de même aussi, les censeurs des six ministères, les censeurs de chaque province, les gouverneurs généraux et particuliers (les gouverneurs généraux et particuliers, c'est-à-dire les fonctionnaires des provinces) doivent, chacun, informer de ce qu'ils voient ou font, et parler sans rien cacher.

2、若内外大小官员，但有本衙门不便事件，许令明白条陈，合题奏之。本管官实封进呈，取自上裁。

Si, de quelque façon que ce soit, des fonctionnaires d'un rang élevé ou inférieur, des districts relevant directement du gouvernement central ou des provinces, ont à déclarer quelque chose qui n'est pas convenable, au sujet de leur propre service, il leur est permis d'en faire un rapport clair et précis, et le fonctionnaire sous les ordres de qui ils sont placés et qui, par sa position, a le droit d'adresser des communications au Souverain, le transmettra sous pli fermé au Souverain pour recevoir une solution et une décision d'en haut;

若知而不言、苟延岁月者，在内从科道，在外从督抚纠察。［犯者，以事应奏不奏论。］

S'ils savent et ne disent rien, laissant les mois et les années s'écouler sans rendre compte, ils seront l'objet d'une enquête; s'ils sont dans les districts qui relèvent du gouvernement central, de la part des censeurs des ministères ou des provinces et

---

〔1〕 方括号内文字是《皇越律例》自纂。

de la part des gouverneurs généraux et particuliers, s'ils sont dans les provinces (les coupables seront jugés d'après les dispositions relatives aux choses qui doivent être exposées au Souverain et qui ne lui sont pas exposées [art. 65]).

3、其陈言事理，并要直言简易，每事各开前件，不许虚饰繁文。

En exposant une affaire et en expliquant les raisons du sujet, il faut également parler simplement et clairement, brièvement et sans détours; chaque chose doit être exposée point par point sans qu'il soit permis de rien ajouter de fictif ou d'employer un style prolixe.

4、若纵横之徒，假以上书巧言令色、希求进用者，杖一百。

Si des individus, qui veulent quand même arriver à leur but, empruntent le prétexte d'une communication écrite à adresser au Souverain pour tenir un langage artificieux et coloré, dans le but d'arriver à se faire employer, ils seront punis de cent coups de truong.

5、若称诉冤枉，于军民官司借用印信、封皮入递者，及借与者，皆斩 [杂犯]。

Ceux qui déclareront à des fonctionnaires investis d'une autorité sur les troupes ou sur la population qu'ils en appellent contre un acte d'oppression ou une irrégularité, et qui emprunteront et emploieront une enveloppe revêtue du sceau de ces fonctionnaires pour faire parvenir leur communication, seront, ainsi que ceux qui auront fourni ou donné l'enveloppe, tous punis de la décapitation (culpabilité relative).

一百七十二、见任官辄自立碑

Art. CLXXII. Monuments élevés par les mandarins en charge en l'honneur de leur propre mérite[1]

凡见任官，实无政绩，[于所部内] 辄自立碑建祠者，杖一百。若遣人妄称己善，申请于上 [而为之立碑、建祠] 者，杖八十。受遣之人，各减一等。[碑祠拆毁。]

Tout mandarin en charge qui, sans aucun réel mérite administratif, osera

---

[1] 该律文选自鲍来思译本，第 385 页。

s'élever à lui-même des arcs d'honneur et se construire des temples, recevra 100 coups de bâton. Si ce mandarin envoie des délégués vanter ses vertus et adresser une demande à l'empereur, il recevra 80 coups de bâton. Les délégués subiront la même peine abaissée d'un degré. (Les arcs et les temples seront détruits).

一百七十三、禁止迎送

Art. CLXXIII. Défense d'aller au-devant et de reconduire

凡上司官及［奉朝命］使客经过，而所在各衙门官吏出郭迎送者，杖九十。其容令迎送不举问者，罪亦如之。

Lorsqu'un fonctionnaire d'une autorité supérieure, ou bien un envoyé (par ordre du Souverain), seront de passage dans un endroit, si les fonctionnaires et employés des divers tribunaux et services du lieu sortent au dehors de la cité et vont le recevoir ou le reconduire, ils seront punis de quatre-vingt-dix coups de truong. Pour ceux qui toléreront ou qui exigeront qu'on aille au-devant d'eux ou pour les reconduire, et qui ne réprimeront pas ces faits, la faute sera encore la même.

一百七十四、公差人员欺陵长官

Art. CLXXIV. Des personnes envoyées en service public qui se conduisent avec inconvenance envers des fonctionnaires chefs de service

凡公差人员在外不循礼法，［言语傲慢。］欺陵守御官及知府、知州、知县者，杖六十。

Toute personne envoyée en service public qui, dans les provinces, ne se conformera pas aux règles de la politesse (dont les paroles seront orgueilleuses et méprisantes), et qui manquera aux convenances envers un fonctionnaire chargé de la défense ou de la garde d'une place, ou bien envers un *tri phu*, un *tri châu*, ou un *tri huyên* [1], sera punie de soixante coups de truong;

若校尉有犯，杖七十。祗候、禁子有犯，杖八十。

---

〔1〕 此处三个越南词对应汉语"知府"、"知州"与"知县"。

Si des *giao huy* [1] commettent ces fautes ils seront punis de soixante – dix coups de truong ; si ce sont des *chi–hau* [2] ou de gardiens de détenus, ils seront punis de quatre-vingts coups de truong.

一百七十五、服舍违式
Art. CLXXV. Contravention aux règlements sur les vêtements et les habitations

1、凡官民房舍、车服、器物之类，各有等第。

Les maisons, habitations, voitures, vêtements et tous les genres d'objets ou de choses à l'usage des fonctionnaires et des gens du peuple sont différents, selon le rang de chacun ;

若违式僭用，有官者，杖一百，罢职不叙；无官者，笞五十，罪坐家长；工匠并笞五十。

Ceux qui contreviendront à ces règlements et qui emploieront arbitrairement des choses qu'ils n'auront pas le droit d'employer seront, s'ils sont fonctionnaires, punis de cent coups de truong et cassés de leur rang sans pouvoir être réintégrés et, s'ils ne sont pas fonctionnaires, punis de cinquante coups de rotin ; la faute est imputable au chef de la famille ; les ouvriers et artisans seront également punis de cinquante coups de rotin.

［违式之物，责令改正。工匠自首，免罪，不给赏。］

(On exigera que les choses non conformes aux règlements soient remises en état convenable ; si l'artisan se livre lui–même à la justice il sera dispensé de la peine qu'il aura encourue, mais ne recevra pas de récompense).

2、若僭用违禁龙凤纹者，官民各杖一百，徒三年。［官罢职不叙。］

Ceux qui auront arbitrairement employé des broderies ou brochures prohibées, représentant un dragon ou l'oiseau appelé *phong* [3], qu'ils soient fonctionnaires ou gens du peuple, seront, chacun, punis de cent coups de truong et de trois ans de

---

［1］　此处该越南词对应汉语 “校尉”。
［2］　此处该越南词对应汉语 “祗候”。
［3］　此处该越南语对应汉语 “凤”。

travail pénible (les fonctionnaires seront dégradés sans pouvoir être réintégrés) ;

工匠杖一百。违禁之物并入官。

Les ouvriers et artisans seront punis de cent coups de truong; les objets prohibés par les défenses seront, indistinctement, confisqués à l'État.

3、首告者，官给赏银五十两。

A ceux qui auront dénoncé et accusé les coupables, il sera payé, par l'État, une récompense de cinquante onces d'argent.

4、若工匠能自首者，免罪，一体给赏。

Si les ouvriers et artisans peuvent d'eux-mêmes se livrer à la justice, ils éviteront la peine qu'ils auront encourue et recevront exactement la même récompense.

一百七十六、僧道拜父母

Art. CLXXVI. Des devoirs des religieux Bouddhistes ou de la secte de Dao envers leur père et leur mère

1、凡僧、尼、道士、女冠并令拜父母，祭祀祖先。[本宗亲属在内。] 丧服等第，[谓斩衰、期、功、缌麻之类。] 皆与常人同。违者，杖一百，回俗。

Les religieux Bouddhistes ou de Dao, et les religieuses, doivent également saluer en se prosternant devant leur père ou leur mère; offrir des sacrifices à leurs ancêtres (ce qui comprend les parents de leur propre souche); observer la gradation des vêtements de deuil (cela veut dire les vêtements coupés, ourlés, appelés ouvrages et chanvre soyeux), tout comme les personnes de condition ordinaire. Ceux qui auront contrevenu à ces dispositions seront punis de cent coups de truong et retourneront à la condition ordinaire.

2、若僧道衣服，止许用绸绢、布匹，不得用绫罗、彩缎〔1〕，违者，笞五十，还俗，衣服入官。其袈裟、道服，不在禁限。

Quant aux vêtements des religieux Bouddhistes ou de la secte de Dao, il est seulement permis d'employer le satin de coton; ils ne peuvent se servir des soies à jour et des gazes brochées; ceux qui contreviendront à cette disposition seront punis

---

〔1〕 该小句在《大清律例》中是"不得用纻丝、绫罗"。在《皇越律例》中修改为"不得用绫罗、彩缎"。

de cinquante coups de rotin et renvoyés à la condition ordinaire ; les vêtements seront confisqués à l'État. Les habits sacerdotaux ne sont pas compris dans la limite de cette défense.

一百七十七、失占天象

Art. CLXXVII. Manquer d'observer les pronostics des signes célestes

凡天文［如日月、五纬、二十八宿之属。］垂象，［如日重轮，及日月珥蚀、景星彗孛之类。］钦天监官失于占候奏闻者，杖六十。

Toutes les fois que l'aspect du ciel (par exemple les figures formées par le soleil, la lune, les cinq planètes, ou les vingt-huit constellations), présentera des signes ou des phénomènes (tels que des éclipses de soleil ou de lune), les fonctionnaires astronomes impériaux qui manqueront d'en observer les pronostics et d'en informer le Souverain seront punis de soixante coups de truong.

一百七十八、术士妄言祸福

Art. CLXXVIII. Des devins qui parlent mensongèrement d'événements heureux ou malheureux

凡阴阳术士，不许于大小文武官员之家，妄言［国家］祸福。违者，杖一百。其依经推算星命、卜课，不在禁限。

Il n'est pas permis aux devins, qui pratiquent l'art de la divination par le système des deux principes opposés, d'aller dans les familles des fonctionnaires civils et militaires d'un rang élevé ou subalterne pour parler mensongèrement d'événements heureux ou funestes (pour l'État) ; ceux qui auront contrevenu à cette disposition seront punis de cent coups de truong. La déduction et le calcul du sort conformément à la doctrine des Kinh, la divination par les «ordres des astres», ne sont pas comprises dans les limites de cette prohibition.

一百七十九、匿父母夫丧

Art. CLXXIX. Cacher le deuil du père, de la mère ou de l'époux

1、凡闻父母［若嫡孙承重，与父母同。］及夫之丧，匿不举哀者，杖六十，徒一年。

Ceux qui, apprenant qu'ils sont en deuil de leur père ou de leur mère (s'il s'agit du petit-fils de droite lignée devenu le plus proche parent de ses aïeuls, le deuil est considéré comme celui du père et de la mère), ou bien de leur époux, le cacheront et ne manifesteront pas leur douleur seront punis de soixante coups de truong et d'un an de travail pénible.

若丧制未终，释服从吉，忘哀作乐，及参顶筵宴者，杖八十。

Ceux dont le temps de deuil ne sera pas encore complètement écoulé, qui se débarrasseront de leurs vêtements de deuil, se livreront aux plaisirs, et oublieront leur douleur; qui feront de la musique ou assisteront à des festins, seront punis de quatre-vingt-dix coups de truong.

若闻期亲尊长丧，匿不举哀者，亦杖八十。若丧制未终，释服从吉者，杖六十。

Ceux qui, apprenant qu'ils sont en deuil d'un parent de rang prééminent ou plus âgé du second degré le cacheront et ne manifesteront pas leur chagrin seront punis de quatre-vingts coups de truong; si, le temps de deuil n'étant pas encore écoulé, ils quittent leurs vêtements de deuil et se livrent à des réjouissances, ils seront punis de soixante coups de truong.

2、若官吏父母死，应丁忧，诈称祖父母、伯叔姑兄姐之丧，不丁忧者，杖一百，罢职役不叙。

Si le père ou la mère d'un fonctionnaire ou d'un employé viennent à mourir, celui-ci doit prendre un congé de deuil; s'il se déclare faussement en deuil de son aïeul, de son aïeule, d'un oncle frère aîné ou cadet de son père, d'une tante soeur de son père, ou d'un frère aîné, ou d'une soeur aînée, et ne prend pas de congé de deuil, il sera puni de cent coups de truong et dégradé ou cassé de son emploi sans pouvoir être réintégré.

［若父母见在。］无丧诈称有丧，或［父母已殒，］旧丧诈称新丧者，［与不丁忧］罪同。有规避者，从［其］重［者］论。

Ceux qui, n'étant pas en deuil（dont le père et la mère sont vivants），se déclarent faussement en deuil ou qui déclarent faussement un ancien deuil（de leur père ou de leur mère）comme commençant nouvellement, seront punis pour la même faute（que ceux qui ne prennent pas un congé de deuil）. Pour ceux qui auront eu en vue d'éviter d'une façon détournée les suites d'un autre acte, on prononcera en suivant la loi la plus sévère.

3、若丧制未终，冒哀从仕者，杖八十。［亦罢职。］

Ceux dont le temps de deuil ne sera pas complètement terminé, qui dissimuleront leur douleur et qui reprendront une fonction, seront punis de quatre-vingts coups de truong（et, de même, dégradés）;

4、其当该官司知而听行，各与同罪。不知者，不坐。

Les fonctionnaires dirigeants concernés qui connaîtront les faits et qui laisseront agir seront, dans chaque cas, punis de la même peine; ceux qui ne les connaîtront pas ne seront pas incriminés.

5、其仕宦远方丁忧者，以闻丧月日为始。夺情起复者，不拘此律。

Pour ceux qui, officiers du gouvernement, vont au loin prendre un congé de deuil, le congé commencera à compter du jour et du mois où ils auront appris la nouvelle de leur deuil. Pour ceux qui seront violentés dans leurs sentiments et rappelés à leur service, on ne s'en tiendra pas aux termes de cette loi.

一百八十、弃亲之任

Art. CLXXX. Abandonner le soin de veiller sur les parents

凡祖父母、父母年八十以上，及笃疾，别无以次侍丁，而弃亲之任，

Toutes les fois que l'aïeul, l'aïeule, le père ou la mère seront âgés de quatre-vingts ans et au-dessus, ou bien qu'ils seront impotents et qu'ils n'auront aucune autre personne pour les soutenir, ceux qui abandonneront le soin de veiller sur leurs parents,

及妄称祖父母、父母老疾，求归入侍者，并杖八十。

ainsi que ceux qui déclareront mensongèrement que leur aïeul, leur aïeule, leur père ou leur mère sont vieux ou infirmes et qui demanderont à s'en retourner pour veiller sur eux, seront également punis de quatre-vingts coups de truong.

[弃亲者，令归养，候亲终服阕降用。求归者，照旧供职。]

(Ceux qui auront abandonné leurs parents seront contraints à revenir auprès d'eux pour les nourrir et les soigner; leurs parents morts et leur temps de deuil expiré, ils seront abaissés de degrés de mérite et réemployés. Ceux qui auront demandé à revenir chez eux seront, comme précédemment, renvoyés à leurs fonctions.)

若祖父母、父母及夫犯死罪见被囚禁，而筵宴作乐者，罪亦如之。[筵宴不必本家，并他家在内。]

Si l'aïeul, l'aïeule, le père ou la mère, ou bien si l'époux a encouru la peine de mort et est actuellement incarcéré et détenu, pour ceux qui feront des festins ou de la musique, la faute sera encore la même; (faire des festins; il n'est pas nécessaire que ce soit dans leur propre maison, et cela s'applique encore au cas où ils auraient assisté à un festin dans une autre maison.)

一百八十一、丧葬
Art. CLXXXI. Des inhumations

[职官、庶民，三月而葬。]

(Pour les fonctionnaires comme pour les personnes du peuple, l'inhumation doit avoir lieu dans les trois mois)

1、凡有 [尊卑] 丧之家，必须依礼 [定限] 安葬。若惑于风水，及托故停枢在家，经年暴露不葬者，杖八十。

Toutes les fois qu'une famille est en deuil (d'un parent de rang prééminent ou de rang inférieur), elle doit absolument procéder à l'inhumation selon (les délais fixés par) les règles rituelles. Ceux qui seront troublés par les signes du vent et de l'eau ou bien qui invoqueront des prétextes pour suspendre le transport de la bière à la fosse et qui pendant des années exposeront le cercueil dans leur maison, sans l'inhumer, seront punis de quatre-vingts coups de truong;

［若弃毁死尸，又有本律。］其从尊长遗言，将尸烧化，及弃置水中者，杖一百；

（S'ils jettent ou détruisent le cadavre il y a d'ailleurs des lois spéciales）［art. 276.］. Ceux qui, suivant les dernières volontés exprimées par des parents de rang prééminent ou plus âgés, brûleront leurs cadavres ou les jetteront à l'eau seront punis de cent coups de truong;

从卑幼，并减二等。若亡殁远方，子孙不能归葬而烧化者，听从其便。

S'ils ont agi suivant la volonté de parents de rang inférieur ou plus jeunes, la peine sera également diminuée de deux degrés. Si les défunts sont morts ou ont été tués dans des régions très éloignées et que leurs enfants et petits-enfants, ne pouvant les ramener pour les enterrer, brûlent leurs restes, il leur sera permis d'agir selon leurs convenances.

2、其居丧之家，修斋设醮，若男女混杂，［所重在此。］饮酒食肉者，家长杖八十；僧道同罪，还俗。

Les familles qui sont en deuil observent le recueillement et l'abstinence, elles brûlent des parfums et font des libations; si les personnes des deux sexes se réunissent en désordre (la gravité consiste en ce que c'est) pour boire du vin et manger de la viande, le chef de famille sera puni de quatre-vingts coups de truong; les religieux Bouddhistes ou de la secte de Dao seront punis de la même peine et remis à la condition ordinaire.

一百八十二、乡饮酒礼
Art. CLXXXII. Règles rituelles relatives
aux fêtes dans les communes

凡乡党叙齿，及乡饮酒礼，已有定式。违者，笞五十。［乡党叙齿，自平时行坐而言；乡饮酒礼，自会饮礼仪而言。］

Dans les réunions des habitants d'une même commune, on doit observer l'ordre de préséance par rang d'âge et les règles rituelles des fêtes sont déterminées par des règlements; ceux qui contreviendront à ces dispositions seront punis de cinquante coups de rotin. (Dans les réunions des habitants d'une commune, on doit observer l'ordre de préséance par rang d'âge, ceci se rapporte aux réunions ordinaires et à l'ordre dans lequel chacun s'assied; il est parlé des règles rituelles des fêtes, ceci se rapporte aux cérémonies et aux convenances qu'on doit observer dans les réunions où on boit du vin et dans les repas)

兵　律

宫　卫
De la garde de la demeure du Souverain

一百八十三、太庙门擅入
Art. CLXXXIII. Pénétrer sans autorisation dans les portes du temple des ancêtres du Souverain

凡［无故］擅入太庙门及山陵兆域门者，杖一百；太社门，杖九十。

Quiconque (sans motifs), sera entré sans permission en dedans des portes du temple des ancêtres du Souverain ou en dedans des portes de l'enceinte des sépultures des Souverains, sera puni de cent coups de truong; celui qui aura pénétré en dedans des portes du temple de l'esprit protecteur de la dynastie sera puni de quatre-vingt-dix coups de truonp;

［但至门］未过门限者，各减一等。守卫官故纵者，各与犯人同罪。失觉察者，减三等。

Ceux qui (parvenus seulement jusqu'à la porte), n'auront pas franchi la limite de la porte seront, dans chaque cas, punis de ces peines diminuées d'un degré. Le fonctionnaire chargé de la garde qui, volontairement, aura toléré et facilité ces faits sera, dans chaque cas, puni de la même peine que les coupables; celui qui aura manqué de surveillance et qui ne s'en sera pas aperçu sera puni avec une diminution de trois degrés.

一百八十四、宫殿门擅入

Art. CLXXXIV. Pénétrer sans autorisation en dedans des portes de la demeure du Souverain ou des portes des palais d'audience

1、凡擅入紫禁城午门、东华、西华、神武门 [即今左、右端门，显仁、彰德、共辰各门]〔1〕及禁苑者，各杖一百。

Quiconque aura pénétré sans autorisation en dedans des portes de la ville Rouge prohibée appelées：Portes du Sud, de l'Orient fleuri, de l'Occident fleuri, et de l'Esprit militaire, (actuellement les diverses portes appelées portes principales de Droite ou de Gauche, de l'Humanité brillante, de la Vertu manifestée, et de la Réunion des astres), ou bien dans les jardins prohibés, sera, dans chaque cas, puni de cent coups de truong.

擅入官殿门，杖六十，徒一年。

Ceux qui auront pénétré en dedans des portes du palais d'habitation du Souverain ou des palais de réception et d'audience, seront punis de soixante coups de truong et d'un an de travail pénible.

擅入御膳所及御在所者，绞 [监候]。未过门限者，各减一等。[称御者，太皇太后、皇太后、皇后并同。]

L'entrée sans autorisation dans la cuisine du Souverain ou dans le lieu où se trouve le Souverain, sera punie de la strangulation (avec sursis). Ceux qui n'auront pas dépassé les limites de la porte seront, dans chaque cas, punis d'une peine moindre d'un degré (toutes les fois qu'on emploie le mot adjectif ' *ngu* '〔2〕, qui désigne ce qui est à l'usage du Souverain, la disposition est également applicable à ce qui a rapport à l'aïeule, à la mère et à l'épouse du Souverain).

2、若无门籍，冒 [他人] 名 [籍] 而入者，[兼已入未过，] 罪亦如之。

Si quelqu'un qui n'est pas inscrit au contrôle des portes usurpe un nom (d'une autre personne inscrite au contrôle) et entre (cela comprend indifféremment le cas où on a pénétré et celui où la limite de la porte n'a pas été dépassée), la faute est

---

〔1〕 括号内文字是《皇越律例》自添。

〔2〕 此处该越南语对应汉语 "御"。

encore la même.

3、其应入宫殿［宿直］之人，未着门籍而入，或当下直而辄入，及宿次未到［虽应入，班次未到，越次，］而辄宿者，各笞四十。

Les personnes qui doivent entrer dans la demeure du Souverain ou dans les palais de réception（pour la garde de nuit ou le service de jour），qui entreront sans avoir été inscrites au contrôle des portes, celles qui devant quitter le service de jour entreront sans motifs, ainsi que celles dont le tour de garde de nuit n'est pas encore arrivé（bien qu'elles soient dans le rang qui doit entrer, leur tour n'est pas encore verni et elles violent l'ordre de leur tour），qui prendront quand même la garde de nuit seront, dans chaque cas, punies de quarante coups de rotin.

4、若不系宿卫应直合带兵仗之人，但持寸刃入官殿门内者，绞［监候］。

S'il ne s'agit pas de personnes faisant partie de la garde de nuit ou du service de jour, et qui doivent porter des armes, celles qui pénétreront en dedans des portes de la résidence du Souverain ou des portes du palais d'audience et qui seront porteurs d'une arme quelconque, même une lame d'un pouce de long, seront punis de la strangulation（avec sursis）.

［不言未入门限者，以须入门内乃坐。］入紫禁城门内者，杖一百，发边远充军。

（Il n'est pas pas parlé du cas ou elles n'auraient pas pénétré en dedans; par conséquent, il faut qu'elles soient entrées en dedans des portes pour qu'elles puissent être passibles de cette peine）; celles qui auront pénétré en dedans des portes de la ville rouge prohibée seront punies de cent coups de truong et envoyées en servitude militaire à une frontière éloignée.

5、门官及宿卫官军故纵者，各与犯人同罪。［至死，减一等。］

Le fonctionnaire de la porte ainsi que les fonctionnaires et militaires de la garde, qui les auront volontairement laissé pénétrer seront, dans chaque cas, punis de la même peine que les coupables（si cette peine est la mort, la leur sera diminuée d'un degré）;

失觉察者，官减三等，罪止杖一百；军又减一等；并罪坐直日者。［通指官与军言，余条准此。］

Ceux qui auront manqué de surveillance et ne s'en seront pas aperçus seront, s'ils sont fonctionnaires, punis avec une diminution de trois degrés et la peine s'arrêtera à cent coups de truong et, s'ils sont soldats, avec une nouvelle réduction d'un degré; la peine sera également applicable à ceux qui seront de service ce jour là (ceci s'applique d'une façon générale aux fonctionnaires et aux soldats et doit être observé dans tous les autres articles).

一百八十五、宿卫守卫人私自代替

Art. CLXXXV. Des personnes des troupes de garde ou de ville qui se remplacent privément

1、凡宫禁宿卫及紫禁城、皇城门守卫人，应直不直者，笞四十。

Les personnes de la troupe de veille de nuit au palais d'habitation prohibé, ou bien de la troupe de garde aux portes de la ville Rouge prohibée ou de la ville impériale qui, devant prendre le tour du service ne le prendront pas, seront punies de quarante coups de rotin;

以应宿卫守卫人，［下直之人］私自代替及替之人，各杖六十。

Celles qui, d'elles-mêmes, se feront remplacer par des personnes de la troupe qui doit être de veille ou de la troupe qui doit faire la garde (personnes qui ne sont pas de service), ainsi que celles qui les auront remplacées, seront, chacune, punies de soixante coups de truong.

以不系宿卫、守卫人冒名私自代替，及替之人，各杖一百。官员各加一等。

Celles qui, privément, se feront remplacer par des personnes qui ne sont pas de la troupe de veille ou de la troupe de garde et qui emprunteront leur nom, ainsi que les personnes qui les remplaceront, seront, chacune, punies de cent coups de truong; s'il s'agit de fonctionnaires, dans chaque cas la peine sera augmentée d'un degré.

2、若在直而逃者，罪亦如之。［应直不直之罪，官员加等。］

Pour ceux qui, étant de service, auront pris la fuite, la faute sera encore la même (que la faute de ceux qui, devant prendre le service, ne le prennent pas; avec augmentation de degré pour les fonctionnaires).

3、京城门减一等，各处城门又减一等。亲管头目知而故纵者，各与犯人同罪；

S'il s'agit d'une porte de la ville capitale, la peine sera diminuée d'un degré ; s'il s'agit de la porte d'une ville quelconque, la peine sera encore diminuée d'un degré ; celui qui, personnellement chargé de la direction du service, connaîtra ces faits et les favorisera volontairement sera, dans chaque cas, puni de la même peine que les coupables ;

失觉察者，减三等。有故而赴所管告知者，不坐。

Celui qui aura manqué de surveillance, et ne s'en sera pas aperçu, sera puni d'une peine moindre de trois degrés. Ceux qui, ayant un motif valable, viendront en prévenir l'autorité compétente ne seront pas incriminés.

一百八十六、从驾稽违

Art. CLXXXVI. Des contraventions et des retards de ceux qui font partie de l'escorte du Souverain

1、凡［巡幸］应［扈］从车驾之人，违［原定之］期不到，及从而先回还者，一日笞四十，每三日加一等，罪止杖一百。

（Lorsque le Souverain sera en voyage）, ceux qui devront（accompagner et）suivre les voitures du Souverain, qui contreviendront au moment（qui sera fixé）et ne viendront pas, ou bien, ceux qui auront suivi et qui s'en retourneront à l'avance, seront punis, pour un jour, de quarante coups de rotin ; pour chaque fois trois jours en plus, la peine augmentera d'un degré et elle s'arrêtera à cent coups de truong ;

职官有犯，各加一等。［罪止杖六十，徒一年。］

Si des fonctionnaires ou dignitaires se rendent coupables de ces faits, dans chaque cas, leur peine sera augmentée d'un degré（la peine s'arrêtera à soixante coups de truong et un an de travail pénible）.

2、若从车驾行而逃者，杖一百，发边远充军。职官，绞［监候］。

Ceux qui auront suivi la voiture impériale et qui se seront enfuis en route seront punis de cent coups de truong et de la servitude militaire à une frontière éloignée, les fonctionnaires seront punis de la strangulation（avec sursis）.

3、亲管头目故纵［不到、先回、在逃］者，各与犯人同罪，［至死减一等。］失觉察者，减三等，罪止杖一百。

Les chefs subalternes qui commandent directement et qui, volontairement, auront facilité ces faits (de ne pas arriver, ou de retourner à l'avance, ou de fuir), seront, dans chaque cas, punis de la même peine que les coupables; (si cette peine est la mort, la leur sera diminuée d'un degré); ceux qui auront manqué de surveillance et qui ne s'en seront pas aperçus seront punis avec diminution de trois degrés et leur peine s'arrêtera à cent coups de truong.

一百八十七、直行御道

Art. CLXXXVII. Marcher sur la route affectée au Souverain

凡午门［今即端门］外御道至御桥［仪仗已设］〔1〕，除侍卫官军导从车驾出入，许于东西两旁行走外，其余文武百官、军民人等，［非侍卫导从。］无故于上直行及辄度御桥者，杖八十。

Sur la route Impériale en dehors de la porte du Sud (actuellement la porte principale), jusqu'au pont Impérial (lorsque l'escorte du Souverain est déjà placée), à l'exception des fonctionnaires et soldats des troupes de service près de la personne du Souverain, qui suivent la voiture impériale lorsqu'elle sort ou qu'elle rentre et qui marchent ou courent en formant deux haies à l'est et à l'ouest du chemin, tous les fonctionnaires civils ou militaires, soldats, personnes du peuple ou autres (qui ne sont pas de l'escorte) ne peuvent pas, sans motifs, y marcher ni traverser pour leur propre convenance le pont Impérial. Ceux qui contreviendront à cette disposition seront punis de quatre-vingts coups de truong.

若于宫殿中直行御道者，杖一百。守卫官故纵者，各与犯人同罪。

Ceux qui, dans l'intérieur du palais d'habitation ou dans les palais d'audience, auront marché sur la route affectée au Souverain seront punis de cent coups de truong. Les fonctionnaires des troupes chargées de la garde, qui auront volontairement toléré ou favorisé ces faits, seront, dans chaque cas, punis de la même peine que les

---

〔1〕 此句中两处括号内文字均是《皇越律例》自添。

coupables；

失觉察者，减三等。若于御道上横过，系一时经行者，不在禁限。［在外衙门，龙亭仪仗已设而直行者，亦准此律科断。］

Ceux qui ne s'en seront pas aperçus seront punis avec une diminution de trois degrés. Ceux qui ont seulement traversé la voie Impériale, tout à fait momentanément, ne sont pas compris dans les limites de cette défense；（Pour ceux qui marcheront sur la voie Impériale des résidences des provinces extérieures, lorsque la garde du Souverain est déjà déployée et formée en escorte, on graduera la peine en se conformant à cette loi）.

一百八十八、内府工作人匠替役

Art. CLXXXVIII. Des ouvriers et artisans employés dans le trésor du Souverain qui se font remplacer dans leur charge

凡诸色［当班］工匠、［辨验货物，各］行人［役］差拨赴内府及内库工作，若不亲身关牌入内应役，雇人冒［己］名［关牌］私自代替，及替之人，各杖一百，雇工钱入官。

Tous ouvriers quelconques（du ban qui est en service）, ou personnes（agents）employées（pour faire ou examiner quelque chose）, fournis et envoyés dans le trésor et les magasins du Souverain, ainsi que les hommes de peine qui travaillent dans les magasins, qui ne se rendront pas personnellement pour accomplir leur charge et qui auront loué quelqu'un pour se présenter faussement sous leur（propre）nom（muni de leur fiche）, afin de se faire remplacer privément, ainsi que les personnes qui les auront remplacés, seront, chacun, punis de cent coups de truong；le prix de la location sera confisqué à l'État.

一百八十九、宫殿造作罢不出

Art. CLXXXIX. Des personnes qui, après avoir cessé un travail dans le palais d'habitation ou dans le palais de réception, n'en sortent pas

凡宫殿内造作，所［管官］司具工匠姓名，报［所入之处］门官及守卫官，

Ceux qui (fonctionnaires dirigeants), sont chargés de la direction de travaux dans le palais d'habitation ou dans les palais d'audience, établissent un état portant les noms de famille et les noms personnels des ouvriers ou artisans et ils en rendent compte au fonctionnaire de la porte (de l'endroit où ces ouvriers doivent entrer) ainsi qu'au fonctionnaire de la troupe de la garde.

就于所入门首，逐一点 ［姓名］ 视 ［形貌］，放入工作。至申时分，仍须相视形貌，照数点出。其不出者，绞 ［监候］。

Lorsqu'ils arrivent et se présentent à la porte par laquelle ils doivent entrer, ils se font reconnaître et on contrôle, en les comptant à un à un (leur nom de famille et leur nom propre), et en regardant avec attention (leur signalement) ; on les laisse pénétrer et aller à leur travail jusqu'à l'heure *thân* [1] ; alors, on doit les reconnaître par leur signalement et les faire sortir un à un, en les comptant, et en vérifiant si leur nombre est complet ; ceux qui ne sortent pas sont punis de la strangulation (avec sursis).

监工及提调内监门官、守卫官军点视，如原入名数短少，就便搜捉，随即奏闻。

Le fonctionnaire qui surveille le travail, celui qui en a la direction générale, celui qui surveille la porte, et le fonctionnaire et les soldats de la troupe de garde doivent les compter et les reconnaître ; si le nombre de ceux qui sortent est moindre que le nombre reconnu à l'entrée, ils doivent, selon les nécessités du moment, faire les recherches et faire saisir les manquants, et aussitôt en faire rendre compte au Souverain.

知而不举者，与犯人同罪。［至死减一等。］失觉察者，减三等，罪止杖一百。

Ceux qui sachant ce fait ne le révéleront pas seront punis de la même peine que les coupables ; (si cette peine est la mort, la leur sera diminuée d'un degré) . Ceux qui auront manqué de surveillance et qui ne s'en seront pas aperçus seront punis d'une peine moindre de trois degrés, et qui s'arrêtera à cent coups de truong.

---

〔1〕 傍晚 5 点左右。——原注。

一百九十、辄出入宫殿门

Art. CXC. Entrer ou sortir sans nécessité par les
portes du palais de réception

1、凡应出宫殿，［如差遣、给假等项。］而门籍已除，辄留不出，

Quiconque devra sortir du palais d'habitation ou d'un des palais de réception (pour un motif tel qu'une mission confiée, ou un congé accordé, ou toute autre cause de même valeur), et qui, rayé du contrôle des portes, restera sans nécessité et n'en sortira pas,

及［应入直之人］被告劾，已有公文禁止，籍虽未除，辄入官殿者，各杖一百。［昼禁。］

ou bien (toute personne qui doit entrer pour prendre un tour de service), qui étant accusé ou désigné par une dépêche officielle comme devant être rayé des contrôles, et bien que n'en étant pas encore rayé, entrera sans nécessité dans le palais d'habitation ou dans un palais de réception, sera, dans chaque cas, puni de cent coups de truong; (Défenses relatives au jour).

2、若宿卫人已被奏劾者，本［管官］司先收其兵仗。违者，罪亦如之。

Si un homme de la troupe chargée de la veille a été l'objet d'un rapport au Souverain pour être renvoyé, l'autorité compétente (le fonctionnaire commandant) doit d'abord lui retirer ses armes; pour ceux qui contreviendront à cette disposition, la faute sera encore la même.

3、若于宫殿门，虽有籍，［应直］至夜皆不得出入。

Bien qu'on soit inscrit au contrôle des portes du palais d'habitation ou des palais d'audience (comme devant faire un service), la nuit venue, personne ne peut plus sortir ni entrer;

若入者，杖一百；出者，杖八十。无籍［夜］入者，加二等。

Si quelqu'un entre, il sera puni de cent coups de truong; si quelqu'un sort, il sera puni de quatre-vingts coups de truong. Ceux qui entreront (la nuit) sans être inscrits aux contrôles subiront une peine plus forte de deux degrés;

若［夜］持仗入殿门者，绞［监候］。［入宫门亦坐。此夜禁，比昼加谨。］

Ceux qui entreront, de nuit et porteurs d'armes, par la porte d'un palais de réception seront punis de la strangulation (avec sursis ; ceux qui entreront par la porte du palais d'habitation seront, de même, passibles de cette peine ; ceci est relatif aux défenses de nuit ; elles sont plus graves et plus rigoureuses que les défenses de jour).

一百九十一、关防内使出入

Art. CXCI. Des précautions à prendre vis-à-vis des personnes employées à un service intérieur, qui sortent ou qui entrent

凡内监并奉御内使，但遇出外，各［守］门官须要收留本人在身关防牌面。

Toutes les fois que, de quelque façon que ce soit, il arrivera qu'un eunuque ou une personne attachée au service intérieur du Souverain sortira au dehors, les fonctionnaires (chargés de la garde) des diverses portes devront absolument prendre et conserver la fiche de sûreté que cette personne porte sur soi ;

于［门］簿上印记姓名［及牌面］字号，明白附写前去某处，干办是何事务。

Ils inscriront clairement sur le contrôle (de la porte) la légende (portée sur la fiche, ainsi que) le nom de famille, le nom personnel et le sceau ; ils inscriront aussi le lieu où se rend la personne qui sort et le motif de sa sortie ;

其门官与守卫官军，搜检沿身，别无夹带［官、私器物］，方许放出。

Le fonctionnaire de la porte, les fonctionnaires et les soldats de la troupe de garde la fouilleront pour s'assurer qu'elle n'emporte rien sur elle (qui soit la propriété de l'État), et, alors seulement, il lui sera permis de sortir.

回还一体搜检，给牌入内，以凭逐月稽考出外次数。

A son retour, elle sera fouillée absolument de la même manière, sa fiche lui sera rendue et elle pourra alors pénétrer. De cette façon on pourra, à la fin du mois, contrôler et rechercher le nombre de sorties qu'elle aura faites.

但［有］搜出应干杂药，就令［带药之人］自吃。若［有出入］不服搜检者，杖一百，［发附近］充军。

Si, en la fouillant, on trouve qu'elle porte sur elle quelque drogue, on l'obligera (la personne sur qui la drogue aura été trouvée), à l'avaler totalement. Si quelqu'un (entre ou sort et) ne veut pas se laisser fouiller, il sera puni de cent coups de truong et de la servitude militaire (dans un lieu très rapproché).

若非奉旨，私将兵器［带］进入紫禁城门内者，杖一百，发边远充军。入宫殿门内者，绞［监候］。

Si, sans en avoir reçu l'ordre du Souverain, quelqu'un entre dans l'intérieur des portes de la ville rouge prohibée portant (sur soi), privément des armes, il sera puni de cent coups de truong et envoyé en servitude militaire à une frontière éloignée ; si c'est dans l'intérieur des portes du palais d'habitation ou d'un palais d'audience qu'il est entré, il sera puni de la strangulation (avec sursis).

［其直日守］门官及守卫官失于搜检者，与犯人同罪。［至死减一等。内使例不拟充军，惟此须依本律。］

Le fonctionnaire de la porte (chargé de la garde ce jour-là), ainsi que les fonctionnaires du corps de troupe de garde qui auront commis quelque erreur ou quelque omission, en fouillant à l'entrée, seront punis de la même peine que le coupable (si cette peine est la mort, la leur sera diminuée d'un degré. La réglementation relative aux personnes du service intérieur ne prononce pas la peine de la servitude militaire ; il n'y a que dans ce seul article que cette peine soit prononcée contre elles ; on doit d'ailleurs suivre la règle spéciale qui est applicable).

一百九十二、向宫殿射箭

Art. CXCII. Lancer des flèches dans la direction du palais d'habitation ou d'un palais d'audience

凡向太庙及宫殿射箭、放弹、投砖石者，绞［监候］。向太社，杖一百、流三千里。

Quiconque aura lancé des flèches ou des balles avec un arc, ou jeté des débris de poteries ou des pierres dans la direction du temple des ancêtres, ou dans celle du palais d'habitation ou des palais d'audience du Souverain, sera puni de la strangulation (avec sursis), si c'est dans la direction du temple de l'Esprit protecteur de la dynastie, la peine sera de cent coups de truong et de l'exil à trois mille lis.

［须箭石可及乃坐之，若远不能及者，勿论。］

（Il faut que les flèches ou les pierres puissent atteindre et, alors seulement, ce-lui qui les a lancées est passible de ces peines ; si c'est au loin, et hors de portée, le fait n'est pas puni）.

但伤人者，斩［监候］。［则杀人者可知。若箭石不及，致伤外人者，不用此律。］

Ceux qui, de quelque façon que ce soit, auront blessé quelqu'un seront punis de la décapitation（avec sursis ; il est évident que la peine serait la même si quelqu'un avait été tué ; si les flèches et les pierres ne peuvent atteindre et blessent quelque personne de l'extérieur, on n'emploiera plus cette loi.）［art. 295.］

一百九十三、宿卫人兵仗

Art. CXCIII. Des armes des hommes de la garde

凡宿卫人，兵仗不离身。违者，笞四十。

Les hommes de la garde, qui sont de veille, ne doivent pas quitter leurs armes ; ceux qui contreviendront à cette disposition seront punis de quarante coups de rotin ;

辄［暂］离［应直］职掌处所，笞五十。别处宿，［经宿之离。］杖六十。官员各加一等。

Ceux qui, sans nécessité, quitteront（momentanément）le lieu de leur fonction（pendant qu'il doivent être de service）, seront punis de cinquante coups de rotin ; s'ils vont veiller dans un autre lieu（s'écartant du lieu où ils doivent veiller）, la peine sera de soixante coups de truong ; s'il s'agit de fonctionnaires, dans chaque cas la peine sera augmentée d'un degré ;

亲管头目知而不举者，与犯人同罪。失觉察者，减三等。

Les chefs subalternes qui commandent personnellement, s'ils ont connaissance de ces faits et ne les révèlent pas, seront punis de la même peine que les coupables ; pour ceux qui auront manqué de surveillance et ne s'en seront pas aperçus, la peine sera diminuée de trois degrés.

一百九十四、禁经断人充宿卫

Art. CXCIV. Défense d'incorporer dans les troupes de veille des personnes qui ont subi une condamnation

1、凡在京城犯罪被极刑之家，同居人口［不论亲属。所司］随即迁发别郡住坐。

La famille de ceux qui, se trouvant dans la ville capitale, ont commis une faute et ont été punis du dernier supplice, et les personnes demeurant ensemble avec eux (sans se baser sur les degrés de la parenté), seront immédiatement renvoyées (par l'autorité compétente), pour qu'elles aillent s'établir dans un autre endroit.

其［本犯异居］亲属人等，并一应［有犯笞、杖，曾］经［同决］断之人，并不得入充近侍及［宫禁］宿卫，守把皇城、京城门禁。

Les parents (desdits coupables, ayant un domicile distinct), et toutes personnes (coupables d'une faute punie des peines du rotin ou du truong) déjà condamnées (et ayant subi leur peine), ne pourront également pas être employés près de la personne du Souverain ni être incorporés dans les corps de troupes chargés de veiller (dans les palais prohibés de l'État), et de garder les portes prohibées de la ville impériale ou de la ville capitale.

若［隐匿前项情由。］朦胧充当者，斩［监候］。其当该官司不为用心详审，或听人嘱托及受财容令充当者，罪同。［斩监候，并究嘱托人。］

Ceux qui (en cachant un des motifs d'exclusion cités plus haut), s'y feront subrepticement incorporer ou employer seront punis de la décapitation (avec sursis). Les fonctionnaires chargés de la direction de ces services, qui n'auront pas cherché à s'éclairer ou qui auront écouté les incitations de quelqu'un, ou bien qui auront accepté des valeurs pour tolérer qu'ils y soient incorporés ou employés, seront coupables de la même faute (et punis de la décapitation avec sursis; on recherchera également la personne qui aura fait les incitations).

2、若［极刑亲属及经断人。］奉有特旨选充，曾经［具由］复奏明立文案者，［所选之人及官司］不在此限。

Si ces personnes (parents de suppliciés ou personnes ayant subi une condamnation), ont été l'objet d'une décision spéciale du Souverain qui les désigne pour être incorporées et si un rapport (sur les motifs d'empêchements) a été présenté par écrit au Souverain, le fait (pour les personnes désignées et pour les fonctionnaires concernés), ne sera plus compris dans les limites de ces dispositions.

一百九十五、冲突仪仗

Art. CXCV. Traverser l'escorte de cérémonie

[凡车驾行幸之处，其前列者为仪仗。仪仗之内，即为禁地。]

(Les rangs de gardes qui précèdent le cortège impérial en marche ou en voyage sont ce qu'on appelle l'escorte de cérémonie; l'espace compris en dedans de ces rangs est un terrain prohibé.)

1、凡车驾行处，除近侍及宿卫护驾官军外，其余军民并须回避。

Dans les lieux traversés par le cortège de la voiture du Souverain, à l'exception des personnes attachées au service du Souverain lui-même, ainsi que des fonctionnaires et soldats de troupes de garde et de veille qui l'escortent, les autres personnes de condition militaire ou civile doivent également se retirer et se garer;

冲入仪仗内者，绞。[系杂犯，准徒五年。] 若在郊野之外，一时不能回避者，听俯伏 [道旁] 以待 [驾过]。

Ceux qui auront pénétré entre les rangs de l'escorte de cérémonie seront punis de la strangulation (c'est un cas de culpabilité relative et la peine est remplacée par celle de cinq ans de travail pénible). Si le cortège traverse une plaine ou campagne inhabitée, et qu'il soit impossible de l'éviter et de se retirer à temps, il est permis de se prosterner (sur le côté du chemin), pour attendre (que le cortège soit passé);

其 [随行] 文武百官，非奉宣唤，无故辄入仪仗内者，杖一百。典仗护卫官军故纵者，与犯人同罪。不觉者，减三等。

Les fonctionnaires civils et militaires (qui l'accompagnent), qui, sans avoir été appelés et sans motifs, pénétreront inutilement dans l'escorte de cérémonie, seront punis de cent coups de truong. Les fonctionnaires et soldats de la troupe de la garde chargée de l'escorte, qui forment le convoi de cérémonie, s'ils ont volontairement toléré ces faits, seront punis de la même peine que les coupables; ceux qui ne s'en seront pas aperçus seront punis d'une peine moindre de trois degrés.

2、若有申诉冤抑者，止许于仗外俯伏以听。若冲入仪仗内而所诉事不实者，绞。［系杂犯，准徒五年。］得实者，免罪。

Ceux qui voudront porter une plainte contre un abus ou contre un acte d'oppression pourront seulement se prosterner en dehors de l'escorte et attendre; s'ils traversent les rangs de l'escorte de cérémonie et pénètrent dans l'intérieur, et que le motif de leur plainte ne soit pas fondé, ils seront punis de la strangulation (c'est un cas de culpabilité relative, la peine est convertie en cinq ans de travail pénible); si la plainte est fondée, ils seront dispensés de la peine.

3、军民之家纵放牲畜，若守卫不备，因而冲突仪仗者，［守卫人］杖八十。

Si les troupes de la garde ne s'y opposent pas à temps et que les animaux domestiques ou les bestiaux des familles des personnes de condition militaire ou civile se jettent en travers de l'escorte de cérémonie et la traversent, les coupables (personnes de la troupe de la garde), seront punis de quatre-vingts coups de truong;

冲入紫禁城门内者，［守卫人］杖一百。［其纵畜之家，并以不应重律论罪。］

Si ces animaux pénètrent en dedans des portes de la ville rouge prohibée, la peine (des personnes de la troupe de la garde) sera de cent coups de truong (les personnes qui auront laissé vaguer les bestiaux seront également jugées et punies d'après la loi relative à ce qui ne doit pas être fait lorsque le motif est grave.) [Art. 386.]

一百九十六、行宫营门

Art. CXCVII. Des portes d'enceintes des résidences de voyage du Souverain

凡行宫外营门、次营门，与紫禁城门同。若有擅入者，杖一百。内营牙帐门，与宫殿门同，擅入者，杖六十，徒一年。

Les portes de l'enceinte extérieure et celles de l'enceinte suivante des résidences du Souverain lorsqu'il est en voyage sont assimilées aux portes de la ville Rouge prohibée; ceux qui y seront entrés sans permission seront punis de cent coups de truong. La porte de «l'Écran d'ivoire», de l'enceinte intérieure, est assimilée aux portes du palais d'habitation et des palais d'audience ; ceux qui y seront entrés sans autorisation seront punis de soixante coups de truong et d'un an de travail pénible.

一百九十七、越城

Art. CXCVII. Escalader l'enceinte d'une ville

凡越皇城者，绞 [监候]。京城者，杖一百，流三千里。

Celui qui aura escaladé l'enceinte de la ville Impériale sera puni de la strangulation (avec sursis) ; s'il s'agit de l'enceinte de la ville capitale, la peine sera celle de cent coups de truong et l'exil à trois mille lis.

越各府、州、县镇城者，杖一百。官府公廨墙垣者，杖八十。

L'escalade de l'enceinte d'une ville de *phu*, *châu* ou *huyên* sera punie de cent coups de truong. L'escalade du mur d'enceinte de la résidence officielle d'un fonctionnaire public sera punie de quatre-vingts coups de truong.

越而未过者，各减一等。若有所规避者，各从 [其] 重 [者] 论。

S'il y a escalade sans que le mur soit déjà franchi la peine sera, dans chaque cas, diminuée d'un degré ; si l'escalade a été commise dans le but d'éviter les suites d'une autre faute, dans chaque cas, on prononcera en suivant la loi la plus sévère.

一百九十八、门禁锁钥

Art. CXCVIII. Des verrous et serrures des portes prohibées

1、凡各处城门应闭而误不下锁者，杖八十。非时擅开闭者，杖一百。

Toutes les fois que les portes des remparts des divers lieux devront être fermées, ceux qui, par erreur, n'auront pas abaissé la traverse qui sert de fermeture seront punis de quatre-vingts coups de truong ; ceux qui, hors des moments convenables, auront ouvert ou fermé sans autorisation seront punis de cent coups de truong ;

京城门，各加一等。其有公务急速，非时开闭者，不在此限。

S'il s'agit des portes des remparts de la ville capitale, dans chaque cas, la peine sera augmentée d'un degré. Si pour un service public urgent les portes sont ouvertes ou fermées hors du moment prescrit, ce cas n'est plus compris dans la portée de cette disposition.

2、若皇城门应闭而误不下锁者，杖一百，发边远充军。非时开闭者，绞 [监候]。其有旨开闭者，勿论。

Si les portes de la ville Impériale doivent être fermées, ceux qui, par erreur, n'auront pas abaissé la traverse de fermeture seront punis de cent coups de truong et envoyés en servitude militaire à une frontière éloignée; ceux qui les auront ouvertes ou fermées hors des moments prescrits, et sans ordre, seront punis de la strangulation (avec sursis); ceux qui les auront ouvertes ou fermées par ordre Souverain ne seront pas punis.

军　政
Des institutions militaires

一百九十九、擅调官军
Art. CXCIX. De la direction des fonctionnaires et des troupes

1、凡将帅部领军马，守御城池，及屯驻边镇，若所管地方遇有报到草贼生发，即时差人体探缓急声息，[果实] 须先申报本管上司，转达朝廷奏闻，给降圣旨，调遣官军征讨。

Tout commandant militaire, portant le titre de maréchal ou de général, pourvu d'un commandement militaire et chargé de la défense et de la conservation de places et de forteresses ou bien d'une marche militaire, qui sera prévenu que, dans l'étendue territoriale du ressort de son commandement, il y a des ennemis qui se préparent en se cachant pour l'assaillir enverra immédiatement des gens pour s'assurer par eux-mêmes du plus ou moins d'imminence du danger. (Si le bruit est fondé), il devra avant tout informer l'autorité supérieure dont il relève, pour qu'elle transmette l'information au gouvernement et que le fait soit porté à la connaissance du Souverain, afin qu'il donne des ordres pour la direction et l'envoi de troupes destinées à combattre l'ennemi.

若无警急，不先申上司，虽已申上司，不待回报，辄于所属擅调军马，及所属擅发与者，[将领、属] 各杖一百，罢职，发边远充军。

Si, sans nécessité urgente, il ne rend pas d'abord compte à l'autorité supérieure ou si, bien qu'ayant rendu compte, il n'attend pas de nouvelles instructions et si de son autorité privée et sans autre information, il dirige des troupes placées sous ses ordres, lui, ainsi que les commandants militaires placés sous ses ordres et qui de leur propre autorité auront expédié et mis des troupes en campagne, seront (le commandant en chef et les commandants en sous-ordre), punis, chacun, de cent coups de truong, dégradés et envoyés en servitude militaire à une frontière éloignée.

2、其暴兵卒至，欲夹攻袭，及城镇屯聚军马之处，或有 [内贼作] 反 [作] 叛，或贼有内应，事有警急及路程遥远 [难候申文待报。] 者，并听从便，火速调拨 [所属] 军马，乘机剿捕。

Si des soldats ennemis attaquent hardiment à découvert pour masquer une attaque détournée, ou bien s'il arrive que, dans la place forte ou dans le lieu où sont cantonnées les troupes, il y ait soit une rébellion (faite par les rebelles ou ennemis intérieurs), ou une trahison (faite par les mêmes), soit des partisans de l'ennemi décidés à l'assister, et que le cas soit urgent, ou bien si la distance est considérable (et qu'il soit impossible d'attendre la réponse à l'avis expédié et des instructions), il lui sera également permis d'agir selon les circonstances, de diriger rapidement les troupes (placées sous ses ordres) et d'adopter le plan convenable pour réduire et capturer les ennemis.

若贼寇滋蔓，应合会 [兵剿] 捕者，邻近官军虽非所属，亦得 [行文] 调拨策应，[其将领官并策应官。] 并即申报本管上司，转达朝廷知会。

Si ceux-ci augmentent et deviennent plus dangereux et qu'un renfort (de troupes) soit nécessaire pour les (repousser et les) vaincre, bien que les commandants des troupes qui se trouvent dans le voisinage ne soient pas sous son commandement, il pourra encore leur (envoyer des dépêches et) prescrire des mouvements de troupes auxquels ils devront déférer. Il sera également rendu compte (par ledit commandant en chef et par ceux qui auront reçu ces réquisitions), aux autorités supérieures dont chacun relève, pour que celles-ci transmettent l'avis et informent le gouvernement.

若不即调遣会合，或不即申报上司，及邻近官军 [已奉调遣] 不即发兵

策应者，［将领与邻近官］并与擅调发罪同。［亦各杖一百，发边远充军。］

S'il ne prescrit pas immédiatement l'envoi de renforts ou s'il ne rend pas immédiatement compte à l'autorité supérieure, de même que si le commandant militaire voisin (ayant reçu la réquisition avec les prescriptions pour les mouvements à faire), n'envoie pas immédiatement des troupes pour exécuter les mouvements indiqués, ils (le commandant en chef et le commandant militaire voisin), seront également considérés comme coupables de la même faute que ceux qui commencent les opérations militaires de leur propre autorité (et punis de même, chacun, de cent coups de truong et de l'envoi en servitude militaire à une frontière éloignée).

其上司及［典兵］大臣，将文书调遣将士，提拨军马者，［文书内］非奉圣旨，不得擅离信地。

Si l'autorité supérieure ainsi que les hauts fonctionnaires (chargés des affaires militaires) lancent des dépêches prescrivant l'envoi de troupes et des mouvements militaires, sans que (dans ces dépêches) il soit fait mention qu'ils en ont reçu l'ordre du Souverain, il est interdit de s'écarter de la position confiée.

若［守御屯驻］军官有［奉文］改除别职，或犯罪［奉文］取发，如［文内］无奏奉圣旨，亦不许擅动。违者，［兼上数事］罪亦如之。

Si des commandants militaires (en garnison ou cantonnés), ont (reçu une dépêche par laquelle ils ont) été appelés à une autre fonction, ou s'ils ont commis une faute (qu'une dépêche leur soit parvenue) et qu'ils soient rappelés, si (dans cette dépêche) il n'est pas spécifié que c'est par ordre du Souverain, il leur est encore défendu de se déplacer sans autre autorisation; pour ceux qui contreviendront à ces dispositions (cela se rapporte indifféremment aux divers cas cités ci-dessus), la faute sera encore la même.

二百、申报军务

Art. CC. Des rapports sur les affaires militaires

1、凡将领参随统兵官征进，如统兵官分调攻取城寨，克平之后，［将领］随将捷音差人飞报［知会本管］统兵官，转行兵部，统兵官［又须将克捷事情。］另具奏本，实封御前。［无少停留。］

Le général, opérant sous les ordres d'un commandant en chef, qui a reçu de ce commandant en chef l'ordre de s'emparer d'une place forte ou d'un camp, doit (lui-même), après avoir réussi l'opération, envoyer, le plus rapidement possible, quelqu'un pour porter un bulletin et rendre compte (informer l'autorité dont il relève, c'est-à-dire), au commandant en chef qui transmet l'avis au ministre de la guerre. Le commandant en chef (doit encore envoyer le compte rendu des événements et il) adresse, en outre, un rapport sous pli cacheté, pour être réunis directement au Souverain (sans le plus léger retard).

2、若贼人数多、出没不常，如所领军人不敷，须要速申统兵官，添拨军马，设策剿捕。

Si le nombre des ennemis est considérable, s'ils se présentent en quantités imprévues, et que les troupes sous son commandement soient insuffisantes, il doit absolument informer rapidement le commandant en chef pour que celui-ci lui envoie des renforts et lui prescrive un plan pour repousser et vaincre les ennemis；

不速飞申者，［听］从统兵官量事轻重治罪。［至失误军机，自依常律。］

S'il n'informe pas le plus rapidement possible, ce sera au commandant en chef (lui-même) à apprécier le cas et à le punir selon la gravité ou la légèreté du fait (quant aux erreurs et accidents relatifs aux opérations stratégiques, on suivra naturellement les lois ordinaires).

3、若有［贼党］来降之人，［将领官］即便送赴统兵官，转达朝廷区处。

Si des gens (du parti ennemi) viennent se rendre, il (le général qui opère), doit immédiatement les faire conduire au commandant en chef, lequel informe à son tour le gouvernement, qui apprécie et décide.

其贪取来降人财物，因而杀伤［其］人，及中途逼勒逃窜者，斩［监候。若无杀伤逼勒，止依吓骗律科。］

Ceux qui, par convoitise et pour s'emparer des valeurs et objets appartenant aux ennemis qui viennent se rendre, les tueront ou les blesseront, ou bien qui, en route, les maltraiteront de telle sorte qu'ils prendront la fuite, seront punis de la décapitation (avec sursis; s'il n'y a ni meurtre, ni blessures, ni mauvais traitements, ils seront seulement punis selon la loi relative à l'extorsion par menaces). ［art. 273. ］

二百零一、飞报军情

Art. CCI. De la communication, par les moyens les plus rapides, des informations au sujet des affaires militaires

凡飞报军情，在外府、州，［如闻属县及巡司等报。］即差人申督抚、布政司、按察司、本道［即今诸营镇］〔1〕，仍行移将军、提镇。

Pour la communication par les moyens les plus rapides des informations au sujet des affaires militaires, à l'extérieur, les *phu* et *châu*（s'ils reçoivent des communications des *huyên* placés sous leurs ordres, ou des services de surveillance）, enverront immédiatement quelqu'un rendre compte aux gouverneurs généraux et particuliers de province, au service du *Bô chânh*, de l'*an sat*,〔2〕 ou du gouverneur de district indépendant dont ils relèvent（actuellement aux commandants des provinces）; de plus, ils enverront une dépêche au commandant militaire des forces de la province.

其守御官差人各申督抚，仍行本管将军、提镇。

Les fonctionnaires commis à la garde des postes militaires enverront, chacun, quelqu'un pour informer les gouverneurs généraux et particuliers de province et d'ailleurs ils aviseront le commandant militaire et le commandant particulier dont ils relèvent.

督抚、将军、提镇得报，差人一行移兵部，一具实封［直奏］御前。

Les gouverneurs généraux et particuliers, les commandants des forces militaires et les commandants militaires régionaux, aussitôt qu'ils auront reçu la communication, enverront quelqu'un pour porter une dépêche au ministre de la guerre, d'un côté, et un rapport fermé（informant directement）le Souverain, d'un autre côté.

若互相知会、隐匿不速奏闻者，杖一百、罢职不叙。因而失误军机者，斩［监候］。

Ceux qui se communiqueront mutuellement les nouvelles en cachant quelque chose, et qui n'informeront pas rapidement le Souverain, seront punis de cent coups de truong et dégradés sans pouvoir être réintégrés; s'il en est résulté des accidents ou

---

〔1〕　括号内的文字是《皇越律例》自添。
〔2〕　此处两个越南语对应汉语"布政"和"按察"。

des erreurs dans les opérations militaires, ils seront punis de la décapitation (avec sursis).

二百零二、漏泄军情大事

Art. CCII. Divulguer des choses graves concernant les affaires militaires

1、凡闻知朝廷及统兵将军调兵讨袭外番，及收捕反逆贼徒机密大事，而辄漏泄于敌人者，斩［监候］。

Ceux qui auront eu connaissance d'instructions secrètes et graves données par la cour, par un commandant en chef, ou par un général et dans le but de diriger des troupes pour combattre ou pour envahir un pays étranger, ou pour arrêter et saisir des rebelles et des traîtres, et qui divulgueront la connaissance de ces préparatifs aux ennemis seront punis de la décapitation (avec sursis).

2、若边将报到军情重事，［报于朝廷，］而漏泄［以致传闻敌人］者，杖一百，徒三年。［二项犯人，若有心泄于敌人，作奸细论。］

Si un général placé à la frontière a rendu compte de choses graves concernant les affaires militaires (rendre compte à la cour), ceux qui auront divulgué ces choses (de telle sorte que le bruit en aura été transmis aux ennemis), seront punis de cent coups de truong et de trois ans de travail pénible (si ces deux catégories de coupables ont eu l'intention de divulguer les nouvelles à l'ennemi, ils seront jugés comme espions);

仍以先传说者为首，传至者为从，减一等。

D'ailleurs, ce sera celui qui le premier aura communiqué la nouvelle qui sera considéré comme principal coupable; ceux qui l'auront communiquée après lui et qui l'auront fait parvenir, seront considérés comme co-auteurs et leur peine sera diminuée d'un degré.

3、若私开官司文书印封看视者，杖六十。事干军情重事者，以漏泄论。［为首，杖一百，徒三年；从，减等。］

Ceux qui auront ouvert privément des dépêches de fonctionnaires, fermées et scellées, pour en regarder le contenu, seront punis de soixante coups de truong. Si l'objet de la dépêche a rapport à des faits graves concernant les armées, ils seront jugés d'après les dispositions relatives à la divulgation de ces faits (le principal coupable sera puni de cent coups de truong et de trois ans de travail pénible et les co-auteurs d'une peine moindre d'un degré).

4、若近侍官员漏泄机密重事［不专指军情，凡国家之机密重要皆是。］于人者，斩［监候］。常事，杖一百，罢职不叙。

Si des fonctionnaires qui approchent le Souverain divulguent ou laissent éventer le mystère de plans secrets, relatifs à des choses graves (ceci ne désigne pas spécialement les choses relatives aux affaires militaires; toutes les combinaisons secrètes et les plans relatifs à des affaires graves et importantes concernant l'État sont compris dans la portée de cette expression), à quelqu'un, ils seront punis de la décapitation (avec sursis); s'il s'agit de choses ordinaires, la peine sera celle de cent coups de truong avec dégradation, sans pouvoir être réintégré.

二百零三、边境申索军需

Art. CCIII. Des demandes d'approvisionnements
pour les armées des frontières

凡守边将领，但有［缺乏］取索军器钱粮等物，须要差人，一行布政司［即营镇］，一申督抚、将军、提镇［即统管上司］。[1]

Tout commandant militaire chargé de la garde d'une frontière, qui, de quelque façon que ce soit, doit demander des armes, des fonds, des grains ou tous autres objets nécessaires à l'armée (et dont elle manque), doit absolument envoyer quelqu'un prévenir, d'un côté, le service du *Bô chanh* (c'est-à-dire l'autorité provinciale), et, de l'autre côté, informer le gouverneur général ou particulier de la province, le commandant en chef des troupes dans la province et le commandant du cantonnement militaire (c'est-à-dire les autorités supérieures dont il relève);

再差人转行合干部分，及具［缺少应用］奏本实封御前。

Ceux-ci enverront à leur tour quelqu'un pour transmettre la communication au ministre concerné et adresseront au Souverain un rapport détaillé (de ce qui manque

---

〔1〕　该句中两处括号内的文字是《皇越律例》自添。

et de ce qui doit être consommé), et fermé.

其公文若到该部，须要随即［将所申事情］奏闻区处，发遣差来人回还。

Aussitôt que la dépêche sera parvenue au ministre, il devra absolument rendre immédiatement compte au Souverain (des faits qui lui sont communiqués), pour que celui-ci apprécie et décide; il devra en même temps renvoyer la personne qui est venue pour apporter la dépêche.

若稽缓不即奏闻，及［边将于］各处［衙门］不行依式申报者，并杖一百，罢职不叙。

S'il retarde et ne rend pas immédiatement compte au Souverain, ou bien (si le commandant militaire de la frontière et) ceux qui dans les divers (tribunaux des) endroits intermédiaires ne transmettent pas la communication selon la règle établie, ils seront également punis de cent coups de truong et dégradés sans pouvoir être réintégrés.

因［不申奏，以致临敌缺乏］而失误军机者，斩［监候］。

Si (de ce que l'avis n'a pas été envoyé ou communiqué au Souverain, il est résulté que l'armée s'est trouvée dépourvue en présence de l'ennemi et s') il en est résulté des erreurs ou accidents dans les opérations de l'armée, la peine sera la décapitation (avec sursis).

二百零四、失误军事

Art. CCIV. Des erreurs et accidents dans les affaires militaires

1、凡临军征讨，［有司］应合供给军器、行粮、草料，［若有征解］违期不完者，当该官吏，各杖一百，罪坐所由。［或上司移文稽迟，或下司征解不完，各坐所由。］

Lorsqu'une armée sera conduite en campagne de guerre, on (ceux qui seront chargés de ce service), devra lui fournir les armes, les rations de route en grains, les fourrages et objets nécessaires. Si les délais sont dépassés ou si les quantités (des choses requises et expédiées) sont insuffisantes, les fonctionnaires et employés concernés seront, dans chaque cas, punis de cent coups de truong et cette peine sera encourue par ceux du fait de qui proviendra la faute; (soit que l'autorité supérieure ait tardé à envoyer les dépêches, soit que l'autorité en sous-ordre n'ait pas réuni et envoyé les quantités suffisantes; dans chaque cas, la peine sera applicable à ceux de qui proviendra la faute).

2、若临敌［有司违期不至而］缺乏，及领兵官已承［上司］调遣［而逗遛观望。］不依期进兵策应，若［军中］承差告报［会］军［日］期而违限，因而失误军者，并斩［监候］。

Si, en présence de l'ennemi (ceux qui devaient y pourvoir ont dépassé les délais; si les envois ne sont pas parvenus, et si) l'année se trouve dépourvue; ou bien, si le commandant des troupes, ayant reçu ces instructions (de l'autorité supérieure, temporise ou suit ses propres inspirations et) ne fait pas avancer ses troupes au moment assigné et ne suit pas les indications stratégiques qui lui ont été données; comme aussi ceux qui (dans l'armée) ayant été chargés d'aller avertir (et de prévenir) l'armée du moment (jour) fixé et qui auront dépassé le temps qui leur aura été fixé pour cette mission, d'où seront résultés des accidents ou erreurs dans les opérations de l'armée, tous seront également punis de la décapitation (avec sursis).

二百零五、从征违期
Art. CCV. Des retards apportés à l'entrée en campagne

1、凡官军［已承调遣］，临当征讨，［行师］已有起程日期，而稽留不进者，一日，杖七十，每三日加一等。

Tout fonctionnaire ou soldat (ayant déjà reçu un ordre de destination), qui, le moment d'entrer en campagne (avec l'armée expéditionnaire) étant déjà fixé et le jour du départ assigné, s'attardera et ne se mettra pas en route sera puni de soixante et dix coups de truong pour un jour de retard; pour chaque fois trois jours en plus, la peine augmentera d'un degré.

若故自伤残，及诈为疾患之类，以避征役者，各加一等，［计日坐之。］并罪止杖一百，仍发出征。

Ceux qui, volontairement, se seront blessés ou estropiés, ou qui simuleront une infirmité ou une maladie, afin d'éviter le service militaire, seront, dans chaque cas, punis de cette peine augmentée d'un degré (en tenant compte du nombre de jours) ; la peine s'arrêtera également à cent coups de truong et les coupables seront d'ailleurs envoyés pour faire la campagne ;

［若伤残至不堪出征，仍选本户壮丁充补，令其出征。］

(Si les coupablesse sont blessés ou estropiés jusqu'à se rendre impropres au service militaire on choisira dans leur famille un homme adulte et dans la force de l'âge, pour les remplacer, et ceux qui auront été ainsi choisis seront envoyés pour faire la campagne).

2、若军临敌境，托故违期，一日不至者，杖一百。［不必失误军机。］三日不至者，斩［监候］。 ［统兵官竟行军法。］若能立功赎罪者，从统兵官区处。

L'armée parvenue en présence de l'ennemi, ceux qui invoqueront quelque prétexte et dépasseront la date fixée, d'un jour, sans être rendus à leur poste, seront punis de cent coups de truong ; (sans qu'il soit pour cela nécessaire qu'il en soit résulté une erreur ou un excédant dans les opérations militaires). Ceux qui, au bout de trois jours, ne seront pas rendus à leur poste seront punis de la décapitation (avec sursis, le commandant en chef leur fera appliquer immédiatement la loi martiale). Pour ceux qui auront pu se distinguer par un acte méritoire et racheter ainsi leur faute, ce sera au commandant en chef d'apprécier et de décider.

二百零六、军人替役

Art. CCVI. Du remplacement des personnes de condition militaire

1、凡军人［已遣］不亲出征、雇倩人冒名代替者，替身杖八十，正身杖一百，依旧着伍。［仍发出征。］

Toute personne de condition militaire (déjà désignée et envoyée), qui n'ira pas personnellement à la guerre, et qui aura loué une autre personne pour prendre son nom et la remplacer, sera punie de cent coups de truong ; le remplaçant sera puni de quatre-vingts coups de truong ; le remplacé sera réincorporé à son rang comme par le passé (et d'ailleurs envoyé à la guerre).

若守御［城池］军人雇人冒名代替者，各减二等。

Si des personnes, de condition militaire en garnison (dans une place forte), louent d'autres personnes pour servir sous leur nom et les remplacer, chacune sera punie d'une peine moindre de deux degrés；

其［出征守御军人］子孙、弟侄及同居少壮亲属，［非由雇倩］自愿代替者，听。

Si leurs fils, petit-fils, frères cadets, neveux ou des parents jeunes et adultes demeurant ensemble avec elles (les personnes de condition militaire qui vont en guerre ou qui gardent une place), consentent à les remplacer (pas par location), ils y seront autorisés.

若果有老弱残疾［不堪征守者］，赴本管官司陈告验实，与免军身。

Si elles sont réellement âgées, faibles et infirmes (inaptes à faire la guerre ou à tenir garnison), elles se présenteront au fonctionnaire sous le commandement duquel elles sont placées et lui feront leur déclaration；celui – ci les examinera et, s'il reconnaît que leur déclaration est exacte (il adressera un rapport au ministre et, selon les règlements), la dispense du service militaire leur sera accordée.

2、若医工承差关领官药，随军征进，转雇庸医冒名代替者，［本身及替身］各杖八十。［庸医所得］雇工钱入官。

Si des médecins ont été désignés pour être chargés du service de santé à la suite d'une armée en campagne et qu'ils louent des médecins ordinaires pour les remplacer et servir sous leur nom, chacun (des remplacés et des remplaçants) sera puni de quatre-vingts coups de truong. Le prix de location (obtenu par ces médecins ordinaires) sera confisqué à l'État.

二百零七、主将不固守

Art. CCVII. Des commandants de place qui ne conservent
pas énergiquement la place qui leur est confiée

1、凡守边将帅，被贼攻围城寨，不行固守而辄弃去，及［平时］守备不设，为贼所掩袭，因［此弃守无备］而失陷城寨者，斩［监候］。

Tout général, chargé de la garde d'une frontière, qui, étant assiégé dans une ville ou dans un camp, par les ennemis, ne fera pas tous ses efforts pour conserver sa position et qui, de sa propre autorité, l'abandonnera, ou bien qui, (en temps ordinaire), n'aura pas pourvu au soin de sa conservation et sera surpris et envahi par les ennemis, d'où résultera, (de cet abandon ou de ce manque de précautions), la perte de la place force ou du camp, sera puni de la décapitation (avec sursis).

若［官兵］与贼临境，其望高巡哨之人，失于飞报，以致陷城损军者，亦斩［监候］。

Si, (des fonctionnaires ou des soldats) étant en présence de l'ennemi, les personnes qui sont placées en vedette de surveillance omettent d'avertir par la voie la plus rapide et qu'il en résulte la perte d'une place retranchée ou un tort pour l'armée, la peine sera de même, la décapitation (avec sursis).

若［主将懈于守备，及哨望失于飞报，不曾陷城失军，止］被贼侵入境内，掳掠人民者，杖一百，发边远充军。

Si (le commandant d'une place a négligé de prendre les précautions nécessaires, ou si des vedettes ont ainsi omis d'avertir par les moyens les plus rapides, s'il n'en est résulté jusque-là ni la perte d'une place forte, ni un dommage pour l'armée, mais que seulement) les ennemis ont envahi la frontière et ont enlevé des gens de la population, la peine sera de cent coups de truong et de l'envoi en servitude militaire à une frontière éloignée.

2、其官军临阵先退，及围困敌城而逃者，斩［监候］。

Les fonctionnaires ou soldats qui, pendant l'action, se retireront d'abord, ou bien qui, assiégeant une place forte ennemie, prendront la fuite, seront punis de la décapitation (avec sursis).

二百零八、纵军掳掠

Art. CCVIII. Tolérer que l'armée se livre au pillage

1、凡守边将领，私自使令军人，于［未附］外境掳掠人口、财物者，［将领］杖一百，罢职，发附近充军。

Tout commandant chargé de la garde d'une frontière qui, lui-même et privément, enverra des gens de l'armée au delà des frontières (dans les territoires non annexés à l'empire), pour enlever des personnes ou pour piller des valeurs ou objets sera (ledit commandant), puni de cent coups de truong, dégradé, et envoyé en servitude militaire, dans un lieu très rapproché.

所部听使武官及管队，递减一等，并罪坐所由［使令之人］。军人不坐。

Les fonctionnaires militaires placés sous son commandement, qui auront écouté et exécuté ses ordres, ainsi que les *Quan et Dôi* [1], seront punis en diminuant proportionnellement la peine d'un degré. La peine sera également applicable à ceux de qui viendra le fait; les soldats, (personnes envoyées et soumises aux ordres de leurs supérieurs), ne seront pas incriminés.

2、若军人不曾经由本管头目［使令］，私出外境掳掠者，为首杖一百，为从杖九十。

Si des soldats, sans avoir (été envoyés et sans avoir) reçu l'ordre de leurs propres supérieurs, sortent privément au-delà des frontières pour se livrer au pillage, le principal coupable sera puni de cent coups de truong et les co-auteurs seront punis de quatre-vingt-dix coups de truong;

［因掳掠而］伤［外境］人，为首者，斩［监候］。为从杖一百。［其掳掠伤人为从，并不伤人首、从］，俱发边远充军。

Si (à cause de ces actes de pillage), ils ont blessé quelqu'un (au-delà de la frontière), le principal coupable sera puni de la décapitation (avec sursis) et les co-auteurs seront punis de cent coups de truong et (les co-auteurs d'actes de pillage avec blessures, et le principal coupable et les co-auteurs d'actes de pillage sans blessures), seront envoyés en servitude militaire à une frontière éloignée.

若本管头目钤束不严，杖六十，留任。

Si leurs chefs subalternes immédiats ne les contiennent pas strictement, les chefs seront punis de soixante coups de truong et conserveront leur rang.

3、其边境城邑有贼出没，乘机领兵攻取者，不在此限。

Si, dans les villes ou bourgs de la frontière, il y a des ennemis qui se glissent en cachette et que les commandants militaires profitent de l'opportunité pour s'en emparer, ce cas n'est pas compris dans les limites de cette disposition.

4、若于已附地面掳掠者，不分首、从，皆斩［监候］。本管头目钤束不

---

〔1〕　此处两个越南词语对应汉字"管"与"队"。

严，杖八十，留任。

Ceux qui se livreront au pillage dans les territoires relevant de l'empire seront, sans distinction de principal coupable et de co-auteurs, tous punis de la décapitation (avec sursis). Si leurs chefs subalternes immédiats ne les contiennent pas strictement, ces chefs seront punis de quatre-vingts coups de truong et conserveront leur rang.

5、其［将领］知［军人私出外境，及已附地面掳掠之］情故纵者，各与犯人同罪。［至死减一等。］

Si le commandant militaire connaît ces faits (tels que lorsque les soldats sont au-delà de la frontière pour piller ou lorsqu'ils pillent dans les territoires de l'empire), et les tolèrent volontairement, ils seront, dans chaque cas, punis de la même peine que les coupables; (si cette peine est la mort, la leur sera diminuée d'un degré).

二百零九、不操练军士

Art. CCIX. Ne pas exercer les troupes

1、凡各处［边方、腹里］守御官，不守纪律、不操练军士，及城池不完、衣甲器仗不整者，初犯杖八十，再犯杖一百。

Tout fonctionnaire chargé de la garde d'une place quelconque (aux frontières ou dans l'intérieur de l'empire), qui n'observera pas les lois sur le service militaire, qui n'exercera pas les soldats, ou bien qui ne tiendra pas les fortifications en bon état de solidité, les vêtements, cuirasses et armes en bon état, sera, s'il est coupable pour la première fois, puni de quatre-vingts coups de truong et, s'il commet de nouveau cette faute, de cent coups de truong.

2、若［守御］官堤备不严，抚驭无方，致有所部军人反叛者，该管官各杖一百，追夺［诰敕］，发边远充军。若［因军人反叛］弃城而逃者，斩［监候］。

Si un fonctionnaire (chargé de la garde d'une place), ne pourvoit pas strictement aux soins de son commandement, s'il ne l'exerce pas d'une façon convenable et qu'il en résulte que les troupes placée sous son commandement se révoltent ou s'insurgent, il sera, dans chaque cas, puni de cent coups de truong; on l'obligera à restituer (son brevet impérial) et il sera envoyé en servitude militaire à une frontière éloignée. Si, pour ces motifs (de révolte ou de trahison des soldats), il abandonne la place et s'enfuit, il sera puni de la décapitation (avec sursis).

二百一十、激变良民
Art. CCX. Pousser à bout et faire révolter des gens paisibles

凡［有司］牧民之官，［平日］失于抚字，［又］非法行事［使之不堪］，激变良民，因而聚众反叛、失陷城池者，斩［监候］。

Tout fonctionnaire chargé (du service) de veiller avec sollicitude sur le peuple et de le diriger qui (en temps de paix), manquera au devoir de prendre soin de la population (et de plus) agira contrairement aux règles, poussant à bout les gens paisibles jusqu'à ce que (ne pouvant plus supporter ces traitements), ils se révoltent et par suite forment des attroupements séditieux et commettent des actes de rébellion et de trahison, faits qui entraînent la perte d'une place forte, sera puni de la décapitation (avec sursis);

［止反叛而城池未陷者，依守御官抚绥无方，致军人反叛，按充军律奏请。］

(S'il n'y a eu que des actes de rébellion ou de grande rébellion et que la ville n'ait pas été perdue, on jugera selon la loi relative aux fonctionnaires, chargés de la défense d'une position, qui traitent les troupes sans humanité jusqu'à causer leur révolte, loi qui prononce la peine de la servitude militaire, et on adressera un rapport au Souverain en lui demandant sa décision).

二百一十一、私卖战马
Art. CCXI. Vente non autorisée des chevaux de combat [1]

凡军人出征，获到［敌人］马匹，须要尽数报官。若私下货卖［与常人］者，杖一百。军官［私］卖者，罪同，罢职。买者，笞四十。马匹价钱并入官。［若出征］军官、军人买者，勿论。［卖者追价入官，仍科罪。］

---

［1］ 该律文选自鲍来思译本，第426页，律文存在部分文字删减，但总体基本保留。

Le soldat qui vendra sans autorisation les chevaux dont il s'est emparé dans une expédition, recevra 100 coups de bâton. Même peine sera appliquée si c'est un officier qui les a vendus. L'acheteur recevra 40 coups de petit bâton; si c'était cependant un officier ou un soldat, il serai éxempté de cette peine.

二百一十二、私卖军器

Art. CCXII. De la vente clandestine des objets militaires

凡军人［将自己］关给衣甲、刀枪、旗帜一应军器，私下货卖［与常人］者，杖一百，发边远充军。

Tout militaire qui, privément, aura vendu à vil prix (à une personne ordinaire) ses (propres) vêtements, armures, cuirasses, sabres, lances, drapeaux, et en un mot toute espèce d'objets militaires qui lui auront été confiés, sera puni de cent coups de truong et envoyé en servitude militaire à une frontière éloignée.

军官［私］卖者，罪同。罢职，［附近］充军。买者，答四十。

Si des fonctionnaires militaires vendent (privément) les mêmes objets, leur faute sera la même; ils seront dégradés et envoyés en servitude militaire (dans un lieu très rapproché). Ceux qui auront acheté lesdits objets seront punis de quarante coups de rotin;

［其间有］应禁［军器，民间不宜私有而买］者，以私有论。［一件杖八十，每一件加一等。罪止杖一百，流三千里。］

Si (dans le nombre) il y a des objets prohibés (les gens du peuple ne doivent pas posséder privément des objets militaires et, s'ils en achètent), ils seront jugés pour le fait de les posséder privément (pour un objet la peine est de quatre-vingts coups de truong et, pour chaque objet en plus, elle augmente d'un degré et s'arrête à cent coups de truong et l'exil à trois mille lis).

［所买］军器［不论应禁与否，及所得］价钱并入官。官军买者，勿论。［卖者仍坐罪，追价入官。］

Les objets d'équipement militaire (achetés, sans distinguer s'ils sont prohibés ou non, ainsi que) le prix (obtenu), seront également confisqués à l'État. Les fonctionnaires et militaires qui les auront achetés ne seront pas punis (le vendeur sera cependant passible de la peine, et on poursuivra la restitution du prix qui sera confisqué à l'État).

二百一十三、毁弃军器

Art. CCXIII. Détruire ou jeter des objets d'équipement militaire

1、凡将领关拨一应军器，［出］征、守［御］事讫，停留不［收］回纳还官者，［以事讫之日为始。］十日杖六十，每十日加一等，罪止杖一百。

Tout commandant militaire ayant reçu des objets quelconques d'équipement militaire qui lui ont été délivrés pour le service de guerre (à l'extérieur) ou de garnison (défense d'une place), et qui, ce service étant terminé, les conservera sans les rendre (et les verser) à l'État sera puni (à compter du jour où ledit service aura été terminé), pour dix jours, de la peine de soixante coups du truong; pour chaque fois dix jours en sus, la peine augmentera d'un degré, et elle s'arrêtera à cent coup de truong.

2、若［将领征守事讫，将军器］辄弃毁者，一件杖八十，每一件加一等，二十件以上斩［监候］。

Ceux qui (ayant reçu des objets d'équipement militaire et le service de guerre ou de garnison étant terminé, les prendront et) les jetteront ou les détruiront sans nécessité seront punis, pour un objet, de la peine de quatre-vingts coups de truong et pour chaque objet en sus la peine augmentera d'un degré; pour vingt objets et au-dessus la peine sera la décapitation (avec sursis).

遗失及误毁者，各减三等。军人［弃毁遗误］，各又减一等，并验［毁失之］数追赔［还官］。

Ceux qui les auront perdus ou détruits par erreur seront, dans chaque cas, punis d'une peine moindre de trois degrés; les soldats (qui auront jeté, ou détérioré, ou perdu par erreur) seront, dans chaque cas, punis d'une peine encore diminuée d'un degré. On vérifiera également la quantité (d'objets détruits ou perdus) et on en poursuivra le remboursement (envers l'État).

其曾经战阵而有损失者，不坐不赔。

Ceux qui, dans le combat, auront perdu des objets, ou dont les objets auront été détériorés, ne seront pas incriminés et ne devront rien rembourser.

二百一十四、私藏应禁军器

Art. CCXIV. Recéler privément des objets d'équipement militaireprohibés

凡民间私有人马甲、傍牌、火筒、火炮、旗纛、号带之类应禁军器者，一件杖八十，每一件加一等。

Quiconque, parmi le peuple, possédera privément des armures d'homme ou de cheval, des boucliers, tubes à feu, des armes à feu, des étendards militaires, des instruments destinés aux signaux militaires ou autres objets d'équipement militaire prohibés de ce genre, sera puni, pour un objet, de la peine de quatre-vingts coups de truong; pour chaque objet en sus la peine augmentera d'un degré.

私造者，加私有罪一等，各罪止杖一百，流三千里。

Ceux qui fabriqueront privément ces objets seront punis de la peine de ceux qui les possédent augmentée d'un degré. Dans tous les cas, la peine s'arrêtera à cent coups de truong et à l'exil à trois mille lis;

非全成［不堪用］者，并勿论，许令纳官。其弓箭、枪刀、弩及鱼叉、禾叉，不在禁限。

Si les objets ne sont pas parfaits (pas en état de servir), le fait ne sera également pas puni, mais il sera ordonné de les livrer à l'État. Les arcs, flèches, lances, sabres, arbalètes ainsi que les tridents de pêche et fourches, ne sont pas compris dans la défense.

二百一十五、纵放军人歇役

Art. CCXV. Laisser les soldats abandonner leur charge

1、凡管军、千总、把总［即正、副卫、奇］〔1〕及管队军吏，纵放军人出百里之外买卖，或私种田土，或隐占在己使唤、空歇军役［不行操备］者，［计所纵放，及隐占之军数。］一名杖八十，每三名加一等，罪止杖一百，

─────────

〔1〕 括号内的文字是《皇越律例》自添。

罢职。

Tout officier militaire du grade de *thiên tông* ou de *ba tông*, (c'est-à-dire *chanh ve* ou *pho ve*, *chanh co* ou *pho co*), et tout employé militaire commandant un *doi*[1] qui toléreront et permettront que leurs soldats aillent à plus de cent lis pour commercer ou pour cultiver privément des rizières ou terres, ou bien qui les emploieront secrètement à leur propre service en leur faisant complètement négliger leur service militaire (en ne les faisant pas exercer), seront punis (en comptant le nombre de soldats auxquels il aura été permis de s'absenter ou qui auront été secrètement employés), pour un homme, de la peine de quatre-vingts coups de truong; pour trois hommes en plus, la peine augmentera d'un degré, et elle s'arrêtera à cent coups de truong et à la dégradation.

若受财卖放者，以枉法从重论。所隐［纵放、隐占、卖放各项］军人，并杖八十。

S'ils ont reçu des valeurs pour vendre cette licence, ils seront punis d'après les dispositions relatives au cas de violation des règles et en suivant la loi la plus sévère. Les soldats qui auront été soustraits à leurs fonctions (soit par tolérance, soit qu'on les ait employés secrètement, soit qu'on leur ait vendu la licence de s'absenter, dans tous les cas), seront également punis de quatre-vingts coups de truong.

若私使出境因而致死，或被贼拘执者，杖一百，罢职，发边远充军。至三名者，绞［监候］。

S'ils les envoient privément au delà des limites du cantonnement et qu'il en résulte la mort de quelque soldat, ou que des soldats soient capturés par les ennemis, la peine sera celle de cent coups de truong et de la dégradation, avec envoi en servitude militaire à une frontière éloignée; si le nombre des soldats ainsi perdus est de trois, la peine sera la strangulation (avec sursis).

本营专管官吏［即今之统营官，下同。］[2]，知情容隐，不行举问，及虚作逃亡，扶同报官者，与犯人同罪。［罪止杖一百，发边远充军。］

Les fonctionnaires et employés commandant spécialement la région militaire dont

---

［1］　此处该越南语对应汉语“队”。

［2］　括号内的文字是《皇越律例》自添。

ils feront partie (actuellement le fonctionnaire commandant en chef de la province ; il en est de même plus bas) , qui, connaissant la nature de ces faits, les toléreront et les dissimuleront sans les révéler et sans punir les coupables, ainsi que ceux qui, pour aider les premiers, adresseront à l'autorité un rapport dans lequel ils porteront fictivement les soldats disparus comme morts ou en désertion seront punis de la même peine que les coupables (leur peine s'arrêtera à cent coups de truong et la servitude militaire à une frontière éloignée).

若管队、把总、千总纵放军人，其本营专管官吏知情故纵，或容隐不行举问，及本营专管官故纵军人，其千总、把总、管队知而不首告者，罪亦如之。[私使出境而不首告者，同罪。]

Si les *ba tông* et les *thiên tông* commandants des compagnies tolèrent et permettent ces choses relativement à leurs soldats, les fonctionnaires et employés commandants particuliers du cantonnement qui, connaissant la nature des faits, les toléreront volontairement ou qui les cacheront sans les révéler et sans en rechercher les auteurs pour les punir ; ou bien, si le fonctionnaire commandant particulier du cantonnement militaire favorise volontairement ces écarts des soldats, les *thiên tông* et *ba tông* [1] commandant les compagnies qui, connaissant la nature des faits, ne les dénonceront pas, seront encore coupables de la même faute (s'il s'agit du fait d'avoir envoyé privément des soldats hors frontières et qu'ils ne révèlent pas ces faits ou ne les dénoncent pas, ils seront punis pour la même faute).

2、若钤束不严 [原无纵放、私使之情。] 致有违犯，[或出百里，或出外境，私自歇役。] 及 [原无知情容隐，止] 失觉举者，管队名下一名，把总名下五名，千总名下十名，本营专管官名下五十名，各笞四十；

Si la discipline n'est pas sévère (sans qu'il y ait aucun fait de tolérance ou de facilité accordée aux soldats, ou d'emploi privé de ces soldats), et qu'il en résulte des désobéissances et des actes coupables (soit que les soldats aillent à plus de cent lis de distance, soit qu'ils sortent hors des limites du cantonnement, ou qu'ils aient, d'eux-mêmes et privément, abandonné et négligé leur charge), ou bien aussi (sans qu'il y ait connaissance des faits, ni volonté de les tolérer ou de les cacher, mais

---

[1] 此处两个越南语对应汉字 “千总” “把总”。

seulement）si on ne s'est pas aperçu du fait par défaut de surveillance, le commandant de la compagnie, pour un soldat en faute ; le *ba tông*, pour cinq soldats ; le
thiên tông, pour dix soldats ; le fonctionnaire commandant particulier du cantonnement pour cinquante soldats feront, chacun, punis de quarante coups de rotin ;

管队名下二名，把总名下十名，千总名下二十名，本营专管官名下一百
名，各笞五十，并留任。不及数者，不坐。

Le commandant de compagnie, pour deux soldats ; le *ba tông*, pour dix soldats ;
le *thiên tông*, pour vingt soldats ; le commandant particulier du cantonnement pour
cent soldats seront, chacun, punis de cinquante coups de rotin ; ils conserveront
également leur commandement. Si le nombre fixé n'est pas atteint, ils ne seront pas
passibles de la peine édictée.

3、若武职官私家役使军人，不曾隐占歇役［妨废操备］者，一名笞四
十；每五名加一等，罪止杖八十。

Si des fonctionnaires pourvus de grades militaires emploient, dans leur propre
maison, des soldats comme domestiques, sans avoir cependant déjà secrètement
accaparé leurs services en les cachant et sans leur avoir fait abandonner leur charge
（en les empêchant de s'exercer）, pour un homme, la peine sera de quarante coups
de rotin ; elle augmentera d'un degré pour chaque fois cinq hommes en plus et
s'arrêtera à quatre-vingts coups de truong.

4、并每名计一日追雇工银［八分五厘五毫］入官。

Pour chaque homme également on comptera le prix de salaire du travail d'un
jour, en argent（0,0855 d'once）, et on en poursuivra le paiement au profit de l'État.

5、若有吉凶，借使者，勿论。

Ceux qui, au sujet d'un événement de famille heureux ou funeste, auront
emprunté le concours de leurs soldats, ne seront pas punis. ［art. 73］

二百一十六、公侯私役官军

Art. CCXVI. Des dignitaires revêtus des titres de *công* et de *hâu*,
qui emploient privément des fonctionnaires et des soldats

凡公侯非奉特旨，不得私自呼唤官军前去役使。

Tout dignitaire revêtu du titre de *công* ou de *hâu* [1], qui n'en a pas reçu l'autorisation spéciale du Souverain, ne peut pas, privément et de lui-même, commander à des fonctionnaires ou à des soldats d'aller accomplir une charge ou une mission;

违者，初犯、再犯免罪；三犯奏请区处。

Ceux qui auront contrevenu à cette disposition, pour la première ou pour la seconde fois, seront dispensés de toute peine; ceux qui y contreviendront pour la troisième fois seront l'objet d'un rapport au Souverain, pour lui demander d'apprécier et de décider.

其官军听从，及不出征时，辄于公侯之家门首伺立者，官各杖一百，罢职，发边远充军；军人同罪。［听、从，是由于呼唤；伺、立，是自往逢迎；"各"字，指此二项也。］[2]

Les fonctionnaires et les soldats qui auront écouté et suivi leurs ordres, ainsi que ceux qui, hors du temps où l'armée est en expédition de guerre, se tiendront sans nécessité aux ordres des dignitaires revêtus des titres de *công* et de *hâu* et stationneront aux portes de leurs maisons, seront punis, les fonctionnaires, dans chaque cas, de cent coups de truong et de la dégradation avec envoi en servitude militaire à une frontière éloignée et les soldats de la même peine (écouter et suivre, suppose qu'il y a eu des ordres donnés; «se tenir aux ordres», indique qu'eux-mêmes vont au-devant de tels ordres. Le mot «chaque» désigne ces deux cas).

二百一十七、从征守御官军逃

Art. CCXVII. Des fonctionnaires et militaires en expédition de guerre ou chargés de la garde d'une place qui désertent

1、凡官军［已承调遣］从军征讨，私逃还家，及逃往他所者，初犯，杖一百，仍发出征；再犯者，绞［监候］。

Tous fonctionnaires et soldats (ayant déjà été commandés, envoyés et) faisant

---

［1］ 此处两个越南词对应汉字"公"和"候"。

［2］ 此处括号内文字略与《大清律例》不同。《大清律例》中对应的括号内文字是"伯爵有犯，亦准此律奏请"。

partie d'une armée en expédition de guerre qui, privément, s'enfuyent et retournent dans leurs foyers; ou bien qui s'enfuyent dans un autre lieu seront, la première fois qu'ils commettront cette faute, punis de cent coups de truong et d'ailleurs envoyés à la guerre; s'ils sont en récidive, ils seront punis de la strangulation (avec sursis).

知［在逃之］情窝藏者，［不问初犯、再犯］杖一百，充军。［原籍及他所之］里长知而不首者，杖一百。

Ceux qui, connaissant la nature du fait (de fuite), leur donneront asile et les recèleront seront punis (sans examiner s'il s'agit d'un cas de première culpabilité ou de récidive), de cent coups de truong et de la servitude militaire. Les chefs de village (du lieu d'inscription des coupables ou de tout autre lieu), qui, connaissant la nature des faits, ne les dénonceront pas seront punis de cent coups de truong.

若［征讨事毕］军还，［官军不同振旅］而归者，减［在逃］五等。因而在逃者，杖八十。

Si (la campagne ou l'expédition de guerre étant terminée), l'armée revient dans ses quartiers, ceux qui (fonctionnaires ou soldats qui, au lieu de revenir en bon ordre et avec leur corps), prendront les devants seront punis de cette peine (du fait de fuite), diminuée de cinq degrés; ceux qui, à cause de cela, auront pris la fuite seront punis de la peine de quatre-vingts coups de truong.

若在京军人逃者，初犯杖九十；各处守御城池军人逃者，初犯，杖八十；俱发充伍。再犯，［不问京、外］并杖一百；俱发边远充军。

Si des soldats résidant à la capitale s'absentent, la première fois qu'ils seront coupables de cette faute, ils seront punis de quatre-vingt-dix coups de truong; les soldats chargés de la garde de toutes les autres places fortes qui s'absenteront, seront, la première fois, punis de quatre-vingts coups de truong; tous seront renvoyés à leur corps. Ceux qui seront en récidive (sans examiner s'il s'agit de la capitale ou de l'extérieur), seront également punis de cent coups de truong. Tous seront envoyés en servitude militaire à une frontière éloignée.

三犯者，绞［监候］。知［在逃之］情窝藏者，与犯人同罪，罪止杖一百，充［附近］军。［不在边远，处绞之限。］

Ceux qui seront coupables pour la troisième fois seront punis de la strangulation (avec sursis). Ceux qui, connaissant la nature du fait (de fuite), auront donné asile aux coupables et les auront recélés seront punis de la même peine que ces coupables et la peine s'arrêtera à cent coups de truong et la servitude militaire (dans un lieu très rapproché ; le cas n'est pas compris dans la disposition qui prononce la servitude militaire à une frontière éloignée, ou la peine de la strangulation).

里长知而不首者，各减［窝藏］二等。［从杖罪减科，罪止杖八十。其从征军与守御军。］本管头目知情故纵者，各［随所犯次数］与同罪，罪止杖一百，罢职，附近充军。

Les chefs de village qui, connaissant la nature du fait, ne les dénonceront pas seront, dans chaque cas, punis de cette peine (du fait de recel), diminuée de deux degrés (la peine sera graduée en diminuant d'après la peine du truong et elle s'arrêtera à quatre-vingts coups de truong) ; les chefs subalternes immédiats (des soldats en expédition ou chargés de la garde d'une place) qui connaîtront la nature de ces faits et qui, volontairement, les toléreront, seront, dans chaque cas, punis de la même peine (selon que les coupables commettent le fait pour la première, la seconde ou la troisième fois) ; cette peine s'arrêtera à cent coups de truong, la dégradation et la servitude militaire dans un lieu très rapproché.

其［征守］在逃官军，［自逃日为始。］一百日内能自出官首告者，［不问初犯、再犯。］免罪。

Les fonctionnaires ou soldats (d'une armée en guerre ou en garnison) en état d'absence qui, dans les cent jours (à compter du jour de leur fuite comme commencement du délai), pourront, d'eux-mêmes, se livrer à la justice et déclarer leur faute (sans distinguer s'ils sont coupables pour la première fois ou en récidive), seront dispensés de la peine qu'ils auront encourue.

若在限外自首者，减罪二等。但于随处官司首告者，皆得准理。［准免罪及减罪二等。］

Ceux qui, en dehors des limites de ce délai, se livreront eux-mêmes à la justice auront leur peine diminuée de deux degrés. Dans tous les cas, ce sera toujours au fonctionnaire chargé du gouvernement du lieu, où ils se livreront eux-mêmes, de prononcer (la dispense de la peine ou la diminution de deux degrés).

2、若各营军人［不着本伍，］转投别营当军者，同逃军论。［或初犯、再犯，皆依止文律科断。］

Si des soldats des divers cantonnements militaires（ne servent pas à leur propre corps）, s'ils vont s'offrir dans un autre cantonnement pour y servir comme militaires, ils seront jugés comme soldats en fuite（soit qu'ils commettent le fait pour la première fois, soit qu'ils se trouvent en récidive, la peine sera toujours graduée selon le texte de la loi ci-dessus）.

二百一十八、优恤军属

Art. CCXVIII. Des mesures d'humanité en faveur des parents des militaires

凡阵亡、病故官军回乡家属，［应给］行粮、脚力，［经过］有司不即应付者，［以家属到日为始。］迟一日，笞二十，每三日加一等，罪止笞五十。

Lorsque les rations de route et secours（qui doivent être fournis à）des personnes appartenant à la famille d'un fonctionnaire ou d'un soldat tué dans le combat ou mort de maladie, qui retournent à leur lieu d'origine, ne leur seront pas aussitôt délivrés（dans les lieux qu'elles traversent）, par ceux qui sont investis de l'autorité, ceux-ci, pour un retard d'un jour（à compter de celui de l'arrivée de ces personnes comme point de départ）, seront punis de vingt coups de rotin ; pour chaque fois trois jours en sus la peine augmentera d'un degré et s'arrêtera à cinquante coups de rotin.

二百一十九、夜禁

Art. CCXIX. Des défenses de nuit

1、凡京城夜禁，一更三点钟声已静［之后］，五更三点钟声未动［之前］，犯者，笞三十；

La ville capitale est prohibée pendant la nuit ; ceux qui contreviendront à cette défense pendant les trois premiers dixièmes de la première veille,（après）le son des cloches cessé, ou pendant les trois premiers dixièmes de la cinquième veille（avant）, le son des cloches n'ayant pas encore tinté, seront punis de trente coups de rotin ;

二更、三更、四更犯者，笞五十。外郡城镇，各减一等。

Ceux qui y contreviendront pendant la seconde, la troisième ou la quatrième veille seront punis de cinquante coups de rotin. Pour les villes des provinces et les bourgs, dans chaque cas, la peine sera diminuée d'un degré.

其〔京城外郡因〕公务急速，〔军民之家有〕疾病、生产、死丧，不在禁限。

S'il s'agit (dans la capitale où dans les villes de l'extérieur), d'un service public pressé (ou si, dans une famille de cens du peuple ou de personnes de condition militaire, il s'agit), d'un cas de maladie, d'accouchement ou de décès, ces cas ne sont pas compris dans les limites de la défense.

2、其暮钟未静，晓钟已动，巡夜人等故将行人拘留、诬执犯夜者，抵罪。

Si, avant que les cloches du soir soient en repos, ou si, après que les cloches du matin sont en branle, des gardes de la surveillance de nuit arrêtent intentionnellement des passants, les retiennent et les accusent calomnieusement d'avoir enfreint les défenses de nuit, ces gardiens seront, inversement, punis de la peine du fait imputé aux calomniés.

3、若犯夜拒捕及打夺者，杖一百。因而殴〔巡夜〕人至折伤以上者，绞〔监候〕。

Ceux qui auront enfreint les défenses de nuit et résisté à ceux qui les auront arrêtés, ou bien ceux qui auront enlevé de force des personnes arrêtées pour ce fait, seront punis de cent coups de truong. S'il en résulte qu'ils ont frappé des personnes (chargées de la surveillance de nuit), jusqu'à leur causer des blessures dites fractures ou des blessures plus graves, la peine sera la strangulation (avec sursis).

死者，斩〔监候〕。〔拒捕者，指犯夜人。打夺者，旁人也。若巡夜人诬执犯夜，因而拒捕互殴至死者，以凡斗殴论。〕

Si les personnes frappées sont mortes, la peine sera la décapitation (avec sursis; résister aux personnes qui arrêtent, se rapporte à ceux qui ont enfreint les défenses de nuit; frapper et enlever de force, se rapporte aux voisins ou témoins de l'arrestation. Si des personnes chargées de la surveillance de nuit arrêtent et retiennent calomnieusement des personnes qu'elles accusent d'avoir enfreint les défenses de nuit et s'il en résulte que les dernières résistent à celles qui les arrêtent, que les unes et les autres se frappent réciproquement jusqu'à causer mort d'homme, on jugera d'après les dispositions relatives aux rixes et coups entre personnes quelconques).

关　津
Des postes de surveillance sur les routes de terre et d'eau

二百二十、私越冒度关津

Art. CCXX. — Passer les postes de surveillance sur les routes de terre et d'eau privément, par scandale ou usurpation de qualité

1、凡无文引［文印者，即今之通行文凭。］〔1〕私度关津者，杖八十。

Ceux qui, sans sauf-conduit (sauf-conduit, c'est-à-dire, actuellement, une attestation écrite de laisser-passer), passeront privément un poste de surveillance établi sur une route de terre ou d'eau, seront punis de quatre-vingts coups de truong；

若关不由门、津不由渡，［别从间道］而越度者，杖九十。

Ceux qui auront franchi un poste de surveillance établi sur une roule de terre, autrement que par la porte, ou qui auront franchi un poste de surveillance établi sur un cours d'eau, autrement que par le bac (qui auront suivi une autre route), et passé par escalade ou effraction, seront punis de quatre-vingt-dix coups de truong.

若越度缘边关塞者，杖一百，徒三年。因而［潜］出［交通］外境者，绞［监候］。

Ceux qui auront passé par escalade ou effraction entre les postes de surveillance ou de douane établis le long d'une frontière, seront punis de cent coups de truong et de trois ans de travail pénible. S'il en est résulté qu'ils sont (illicitement) sortis (et ont eu des relations), hors de la frontière, la peine sera la strangulation (avec sursis).

守把之人知而故纵者，同罪。［至死减一等。］

---

〔1〕　此处括号内是《皇越律例》自添。

Les personnes chargées de la garde de ces postes qui connaîtront ces faits et qui les toléreront volontairement, seront punies de la même peine (si cette peine est la mort, la leur sera diminuée d'un degrés).

失于盘诘者，[官] 各减三等，罪止杖一百；军兵，又减一等；并罪坐直日者。

Celles qui auront commis une omission dans le contrôle seront (les fonctionnaires), dans chaque cas, punies en diminuant la peine de trois degrés et leur peine ne dépassera pas cent coups de truong, pour les soldats la peine sera encore diminuée d'un degré; la faute sera également imputable à ceux qui seront de service le jour où elle aura été commise.

2、若有文引，冒 [他人] 名度关津者，杖八十。

Ceux qui, munis d'un sauf-conduit, se présenteront sous un nom d'emprunt (d'une autre personne), et passeront un poste de surveillance établi sur une route de terre ou d'eau, seront punis de quatre-vingts coups de truong.

家人相冒者，罪坐家长。守把之人知情，与同罪；不知者，不坐。

Si des personnes d'une même famille passent les unes sous le nom des autres, la faute sera imputable au chef de la famille. Les personnes chargées de la garde qui auront connaissance de la nature des faits, seront punies de la même peine; celles qui n'en auront pas connaissance ne seront pas incriminées.

3、其将 [无引] 马骡私度、冒度关津者，杖六十。

Ceux qui prendront avec eux (sans sauf-conduit), des chevaux ou des bêtes à cornes et qui passeront privément ou qui passeront en fraude à un poste de surveillance établi sur une route de terre ou sur une route d'eau, seront punis de soixante coups de truong;

越度，杖七十。[私度，谓人有引，马骡无引。冒度，谓马骡冒他人引上马骡毛色齿岁。越度，谓人由关津，马骡不由关津而度。]

S'ils ont passé par escalade ou effraction, ou autrement que par la porte, la peine sera de soixante-dix coups de truong (passer privément veut dire que celui qui passe a un sauf-conduit, mais que les bestiaux ne sont pas portés sur le sauf-conduit; passer en fraude, veut dire que les chevaux ou bêtes à cornes sont présentées faussement comme étant les chevaux ou bêtes à cornes de même robe et de même âge portées sur le sauf-conduit d'une autre personne; passer par escalade ou effraction, c'est-à-dire que la personne passe par la porte du poste de surveillance, mais que les chevaux et les bêtes à cornes sont conduits et passent autrement que par la porte du poste de surveillance).

二百二十一、诈冒给路引

Art. CCXXI. Des fraudes et usurpations de nom commises dans la délivrance des sauf-conduits

1、凡不应给路引之人［谓配遣囚徒、安置家口之类。］而给引，及军诈为民，民诈为军，若冒名告给引，及以所给引转与他人者，并杖八十。

Toutes les fois qu'il s'agira de personnes auxquelles il ne doit pas être délivré de sauf-conduits (cela veut dire des condamnés déportés, des condamnés au travail pénible ou des personnes de la famille d'un coupable, internées, et autres dans des conditions analogues) et qu'il leur aura été délivré des sauf-conduits; ou bien que des personnes de condition militaire seront faussement portées comme personnes civiles, que des personnes de condition civile seront frauduleusement portées comme personnes de condition militaire, comme aussi, s'il y a usurpation frauduleuse de nom dans une demande de délivrance ou dans une délivrance de sauf-conduit, ou, enfin, si le sauf-conduit délivré a été transmis à une autre personne, la peine sera également de quatre-vingts coups de trûong.

若于经过官司停止去处，倒［换另］给路引，及官豪势要之人，嘱托军民衙门，擅给批帖，影射［人货］出入者，各杖一百。

Si dans les lieux de passage ou du séjour des voyageurs, il est demandé à l'autorité du lieu de délivrer ou d'altérer (en changeant ou en ajoutant quelque chose) des sauf-conduits, ou bien si des fonctionnaires ou des personnes influentes et puissantes commettent, auprès des tribunaux ou services chargés de l'administration des personnes de condition militaire ou du peuple, le fait d'incitations [art. 380], pour se faire délivrer, sans autorité compétente, des écrits vises et approuvés pour faciliter la sortie ou l'entrée (de personnes ou de marchandises), la peine dans chaque cas, sera de cent coups de truong;

［若官吏、人匠供送文引年深，于原任原役衙门，告给新引照身回还者，不在此限。］

（S'il s'agit de fonctionnaires, ou d'employés, ou d'ouvriers, dont le sauf-conduit d'aller est déjà ancient et qui demandent au tribunal du lieu où ils ont exercé leur fonction ou leur emploi la délivrance d'un nouveau sauf-conduit personnel pour pouvoir s'en retourner, le cas n'est plus compris dans la limite de la disposition）；

当该官吏听从及知情给与者，［指上三件］并同罪。若不从及不知者，不坐。

Les fonctionnaires et employés concernés, qui auront écouté ces incitations et qui y auront consenti, ou qui connaissant la nature des faits auront délivré les sauf-conduits, （ceci se rapporte aux trois cas ci-dessus）, seront également punis de la même peine; ceux qui n'y auront pas consenti ou qui n'auront pas eu connaissance de la nature des faits ne seront pas incriminés.

2、若巡检司越分给引者，罪亦如之。［依听从知情律。］

Si les tribunaux et services chargés de la surveillance et de la vérification outre-passent leurs attributions et délivrent des sauf-conduits, la faute sera encore la même, （selon la loi relative à ceux qui écoutent et suivent des incitations ou qui ont connaissance de la nature des faits）.

3、其［应给衙门］不立文案，空押路引，私填与人者，杖一百，徒三年。

Ceux qui, （dans les tribunaux et services qui ont droit d'en délivrer）, n'y inscriront rien, et délivreront à quelqu'un un sauf-conduit imprimé, en blanc, pour le faire remplir privément, seront punis de cent coups de truong et de trois ans de travail pénible.

4、受财者，［分有禄、无禄］计赃以枉法，及有所规避者，［或贩禁货通番，或避罪犯出境。］各从重论。

Pour ceux qui auront accepté des valeurs, （en distinguant entre ceux qui reçoivent et ceux qui ne reçoivent pas une solde de l'État）, on tiendra compte du produit de l'action illicite d'après les dispositions relatives au cas de violation du règles, et, ainsi que pour ceux qui auront eu en vue de se soustraire par un moyen détourné aux conséquences d'une autre action, （soit d'avoir vendu des marchandises prohibées ou d'avoir eu des relations avec des étrangers, soit d'être sorti des frontières pour éviter la peine d'une faute), dans chaque cas, on prononcera ensuivant la loi la plus sévère.

二百二十二、关津留难

Art. CCXXII. Des difficultés et des retards dans les postes de surveillance

1、凡关津往来船只，守把之人不即盘［诘］验［文引］放行，无故阻当者，一日笞二十，每一日加一等，罪止笞五十。

Toutes les fois que des barques passent, en allant ou en venant, devant un poste de surveillance, les personnes chargées d'y maintenir la garde et la surveillance qui ne vérifieront (et n'examineront) pas de suite (leurs sauf-conduits), qui ne les laisseront pas circuler, et qui sans motifs, les empêcheront de continuer leur route seront punies, pour un jour, de vingt coups de rotin; la peine augmentera d'un degré pour chaque jour en sus et s'arrêtera à cinquante coups de rotin;

［坐直日。若取财者，照在官人役取受有事人财例，以枉法计赃科罪。］

(Elle sera imputable à celles qui seront de service le jour où le fait aura eu lieu; si ces personnes ont pris des valeurs, leur peine sera graduée d'après les dispositions relatives aux personnes ou agents employés de l'État qui prennent ou acceptent des valeurs des gens concernés dans une affaire, en comptant le produit de l'action illicite d'après les disposition relatives au cas de violation de règles, ［art. 395］).

2、若官豪势要之人，乘船经过关津，不服盘验者，杖一百。

Si des fonctionnaires ou des personnes influentes et puissantes, voyageant en barque, passent devant un poste de surveillance et ne se soumettent pas au contrôle et à la vérification, la peine sera de cent coups de truong.

3、若撑驾渡船梢水，如遇风浪险恶，不许摆渡，违者，笞四十。

S'il survient du vent et des vagues, et que la traversée présente du danger, il n'est pas permis au patron et aux marins des bacs de pousser au large; ceux qui auront contrevenu à cette disposition seront punis de quarante coups de rotin;

若不顾风浪，故行开船，至中流停船，勒要船钱者，杖八十。

S'ils ne tiennent pas compte du vent et de l'état des vagues, qu'ils poussent vol-ontairement la barque au large, et, qu'arrivés au milieu du courant, ils arrêtent l'embarcation et exigent le prix du passage, ils seront punis de quatre-vingts coups de truong;

因而杀伤人者，以故杀［死］伤［未死］论。［或不曾勒要船钱，止是不顾风浪，因而沈溺杀伤人者，以过失科断。］

S'il en résulte qu'ils ont tué ou blessé quelqu'un, ils seront jugés d'après les dis-positions relatives au meurtre volontaire, (s'il y a mort d'homme), ou aux blessures volontaires (si la mort n'en est pas résultée). (S'ils n'ont pas exigé le prix du passage et que seulement, par suite de ce qu'ils n'ont pas tenu compte de l'état du vent et des vagues, il soit résulté des cas de mort ou de blessures par immersion, leur peine sera graduée d'après les dispositions relatives aux cas où le mal résulte d'un manque d'attention et de prévoyance [art. 290, 292, 302]).

二百二十三、递送逃军妻女出城
Art. CXXIII. Des personnes qui favorisent l'évasion
des femmes et des filles des déserteurs [1]

1、凡在京守御官军，递送逃军妻女出京城者，绞［杂犯］；民犯者，杖一百。

Si un officier ou un soldat de garde dans la ville impériale de Pékin, aident, en aucune manière, des femmes ou des filles de déserteurs à s'évader de ladite ville, ils seront condamnés à mourir par strangulation; mais cette peine se réduira à celle du bannissement, comme pour les délits nommés mélangés, dont celui-ci fait par-tie. Quand des particuliers s'en rendront coupables, on les punira de 100 coups.

若各处守御城池及屯田官军，递送逃军妻女出城者，杖一百，徒三年；民犯者，杖八十；

Si des officiers ou des soldats, de service au poste d'une ville ordinaire ou d'une colonie, favorisent l'évasion des femmes ou des filles de déserteurs desdits postes,

---

［1］ 该律文选自勒努阿尔译本，第1卷，第383~385页，因鲍来思译本存在过多的删减。

ils seront punis chacun de 100 coups et d'un bannissement pour trois années: les particuliers qui commettront ce délit, recevront 80 coups.

受财者，计赃以枉法从重论。［分有禄人、无禄人］其逃军买求者，罪同。［若逃罪重者，仍从本罪论。］

Quand le coupable d'un tel délit sera convaincu d'avoir accepté des présents, ou reçu des promesses, pour transgresser cette loi, il se rendra sujet à l'aggravation de peine, applicable à son action conformément à la loi relative à la corruption en vue de faire réussir des projets illégaux. Si les déserteurs ont imploré eux mêmes l'assistance de qui que ce soit, ou s'ils l'ont achetée pour procurer le moyen de s'évader à leurs femmes ou à leurs filles, ils encourront l'aggravation de la peine qu'ils ont déjà méritée, et seront punis en outre, comme ayant participé au délit dont la peine est prescrite par les présentes.

守门之人知情故纵者，与犯人同罪。失于盘诘者，［官］减三等，罪止杖一百；军人，又减一等。

Si un officier, de garde à une porte de ville ou de place forte, sachant que des femmes ou des filles de déserteur doivent s'évader, connive à ce délit en les laissant passer par son poste, il subira la même peine comme complice de leur évasion. Quand, dans ledit cas d'évasion, on ne pourra accuser cet officier que d'avoir manqué de vigilance, son devoir ayant été d'examiner soigneusement tous ceux qui passaient par son poste, la peine qu'il encourra perdra trois degrés dans ces circonstances, et n'excédera 100 coups en aucun cas. Dans chacun des cas ci-dessus, la peine que subiront les simples soldats de garde, aura un degré de moins que celle de leur commandant.

2、若递送非逃军妻女出城者，［如犯罪取发，而妻女私还原籍之类，但不系逃者，皆是。］杖八十。有所规避者，［如刁奸、诱卖，或犯罪法应缘坐。］从重论。［依送令隐避，从重论。］

Quiconque facilitera, à des femmes ou des filles de criminels autres que des déserteurs, l'évasion d'une ville, soit que ces criminels l'aient été par leur propre fait, soit qu'on ne les ait condamnés que comme impliqués dans un délit, sera puni de 80 coups, ou d'une peine plus sévère, suivant qu'on le trouvera coupable de s'être laissé corrompre pour aider à ladite évasion de ces personnes, ou selon les autres motifs condamnables qu'il aura eu pour agir ainsi, conformément à toute autre loi existante.

二百二十四、盘诘奸细
Art. CCXXIV. De la surveillance des espions

凡绿边关塞及腹里地面，但有境内奸细走透消息于外人，及境外奸细入境内探听事情者，盘获到官，须要鞫问接引［入内］起谋［出外］之人，得实，［不分首、从］皆斩［监候］。

Dans tous les postes de surveillance établis le long des frontières ainsi que dans l'intérieur de l'empire, si, de quelque façon que ce soit, il y a des espions qui, de l'intérieur des frontières, se sauvent et passent au dehors pour donner des renseignements aux hommes de l'extérieur, ou bien des espions du dehors des frontières, qui entrent dans l'intérieur pour voir et écouter l'état des choses, lorsqu'ils auront été interrogés, arrêtés et amenés devant l'autorité, on devra absolument les soumettre à la question pour qu'ils fassent connaître les guides (qui les auront fait entrer) et les personnes qui auront suscité le complot (pour les faire sortir). La vérité obtenue, tous seront punis de la décapitation (avec sursis, sans distinguer entre le principal coupable et les co-auteurs).

经过去处，守把之人知而故纵及隐匿不首者，并与犯人同罪。［至死减等。］

Les personnes chargées de la garde et de la surveillance dans les lieux qu'ils auront traversés, si elles ont eu connaissance des faits et qu'elles les aient volontairement tolérés, ainsi que ceux qui auront caché les coupables sans les dénoncer, seront également punis de la même peine que les coupables (si cette peine est la mort, la leur sera diminué d'un degré);

失于盘诘者，［官］杖一百军，兵杖九十。［罪坐直日者。］

Celles qui auront manqué de surveillance dans les vérifications et le contrôle seront punies de cent coups de truong (les fonctionnaires); les soldats seront punis de quatre-vingt-dixcoups de truong (la peine incombera à ceux qui sont de service le jour où le fait a lieu).

二百二十五、私出外境及违禁下海

Art. CCXXV. Sortir privément hors des frontières,
ou bien exporter par mer en contrevenant aux défenses.

凡将马牛、军需铁货［未成军器］、铜钱、缎疋、绸绢、丝棉，私出外境货卖及下海者，杖一百。［受雇］挑担驮载之人，减一等。物货、船车并入官。

Ceux qui prendront des chevaux, des bêtes à cornes, des marchandises en fer à l'usage des besoins militaires（armes non façonnées）, des monnaies de cuivre, des étoffes de soie appelées *doan*, *te quyen* et *tu cam* ［1］, et qui les sortiront privément hors des frontières pour les vendre ou bien qui les emporteront par mer, seront punis de cent coups de truong ; les personnes qui（moyennant un salaire）, les auront conduits, transportés ou portés, seront punies de cette peine diminuée d'un degré ; les marchandises, barques, navires ou voitures, seront également confisquées ;

于内以十分为率，三分付告人充赏。若将人口、军器出境及下海者，绞［监候］。

La valeur totale sera divisée en dix parties dont trois seront données en recompense au dénonciateur. Ceux qui auront emmené des personnes ou des armes et objets d'équipement militaire hors des frontières, ou bien qui les exporteront par mer, seront punis de la strangulation（avec sursis）;

因而走泄事情者，斩［监候］。其拘束官司及守把之人，通同夹带，或知而故纵者，与犯人同罪。［至死减等。］

S'il en est résulté la divulgation de quelque fait, la peine sera la décapitation（avec sursis）. Les fonctionnaires chargés de réprimer ces faits, ainsi que les personnes chargées de maintenir la surveillance dans les postes et douanes, qui seront d'accord avec les coupables ou qui connaîtront les faits et qui les faciliteront ou les

---

〔1〕　此处 3 个越南词对应原文中的 "缎疋、绸绢、丝棉"。在越南语中，缎疋是 đoạn nhã；绸绢：du quyên；丝棉：ti miên，tơ lụa。译文中的 tu cam 在当代越南语中已很少使用，大致语义是指丝绸面料之类。

toléreront volontairement, seront punis de la même peine que ces coupables (quand cette peine sera la mort, la leur sera diminuée d'un degré).

失觉察者，[官] 减三等，罪止杖一百；军兵又减一等。[罪坐直日者。若守把之人受财，以枉法论。]

Ceux qui auront manqué de surveillance et qui ne se seront pas aperçus du fait seront punis de cette peine diminuée de trois degrés (s'ils sont fonctionnaires), et la peine s'arrêtera à cent coups de truong; pour les soldats, cette peine sera encore diminuée d'un degré (la faute est imputable aux personnes de service le jour où elle a eu lieu; si les personnes chargées de la garde et de la surveillance dans les postes et douanes ont reçu des valeurs, elles sont jugées d'après les dispositions relatives à la violation de règles).

二百二十六、私役弓兵

Art. CCXXVI. De l'emploi des archers à un service privé [1]

凡私 [事] 役 [使] 弓兵者，一人笞四十，每三人加一等，罪止杖八十。每名计 [役过] 一日追雇工银八分五厘五毫入官。当该官司应付 [役使] 者，同罪。罪坐所由 [应付之官吏]。

Quiconque emploiera à son service particulier aucun soldat du corps des archers, sera puni de 40 coups, et d'un degré plus sévère jusqu'à 80, par le nombre de trois soldats occupés ainsi en sus du premier. Le transgresseur de cette loi paiera en outre au Gouvernement, par forme d'amende, le montant du salaire desdits archers, à raison de 8 *fens* 5 *lees* 5 *haos* (environ 7 sous sterling) par jour, pour chaque homme. L'officier qui permettra à ces soldats de faire le service en question, sera puni comme la personne qui les aura employés.

---

[1] 该律文选自勒努阿尔译本，第 1 卷，第 389~390 页，因鲍来思译本中没有包含此条律文。

廐　牧
Écuries et troupeaux

二百二十七、收养畜产不如法
Art. CCXXVII. De la responsabilité dont est tenue la personne chargée du soin des animaux appartenant au Gouvernement [1]

凡牧养〔官〕马、牛、驼、骡、驴、羊，并以一百头为率。若死者、损者、失者，各从实开报。

Toute personne chargée de dresser et de nourrir les chevaux, les chameaux, les mulets, les ânes, les moutons et les bêtes à cornes qui appartiennent à l'Etat, répondra de cent têtes d'animaux (c'est-à-dire que les peines suivantes sont établies dans la supposition que le nombre d'animaux, donnés en charge, montera précisément à cent, et que, par suite de cette supposition, les nombres desdits animaux détaillés ci-après, seront plus considérables ou moins forts, en proportion que le total qu'on en confiera sera supérieur ou inférieur à cent); et il sera fait au Gouvernement un rapport fidèle de la mort et de la perte de ces animaux, ou des torts qu'ils auront soufferts, afin que la négligence qu'on aura mise à les soigner, et la mauvaise économie dans leur emploi, imputables à ceux qui les auront dressé et nourris, puissent être punies en la manière qui sera fixée plus bas, si lesdits manques de soins sont prouvés véritables.

死者，即时将皮张、鬃尾入官，牛筋、角、皮张亦入官。

En outre, de quelque manière que mourront les animaux dont il est parlé ci-dessus, leurs peaux, les crins de leurs queues, les tendons des jeunes boeufs et leurs cornes, seront remis à l'officier du Gouvernement, chargé de la partie de ce service public.

其〔管牧〕牧长、牧副、每〔马、牛、驼〕一头各笞三十，每三头加一等。过杖一百，每十头加一等，罪止杖一百，徒三年。

---

〔1〕　该律文选自勒努阿尔译本，第 1 卷，第 391~393 页，因鲍来思译本中此律文太过简略。

Les personnes chargées de dresser et de nourrir ces mêmes animaux, et tous leurs employés, seront punis chacun de 30 coups, quand mourront, par leur faute, un cheval, un jeune boeuf, ou un chameau, et d'un degré plus sévère, jusqu'à 100 coups, par addition de trois de ces animaux morts en sus du premier : au-delà dudit nombre trois, la peine à leur infliger augmentera d'un degré pour autant de dix animaux morts, jusqu'à 100 coups et le bannissement pour trois années.

羊减马三等，［四头笞一十，每三头加一等，过杖一百，每十头加一等，罪止杖七十，徒一年半。］驴、骡减马、牛、驼二等。［一头笞一十，每三头加一等，过杖一百，每十头加一等，罪止杖八十，徒二年。］

La mort des moutons rendra sujet celui qui les aura élevés et nourris, à une peine moindre de trois degrés que celle à faire subir pour les chevaux, les jeunes boeufs et les chameaux, et la mort des mulets et des ânes, à un châtiment qui aura deux degrés de moins que celui fixé par rapport aux trois dites espèces d'animaux.

若胎生不及时日而死者，灰腌并年老而自死者，看视明白，不坐。

Quand une des bêtes susdites mourra en mettant bas ou de vieillesse, si elles ont été soumises à l'inspection nécessaire des officiers qu'elles concernent ; les personnes qui les auront dressées ou élevées et nourries, ne seront sujettes à aucune punition.

若失去，赔偿；损伤不堪用，减死者一等坐罪。其死损数目，并不准除。

Lorsqu'un de ces animaux se perdra, ceux qui les auront élevés et nourris en remplaceront la quantité égarée, ou tiendront compte de leur valeur : quand lesdits animaux seront estropiés ou souffriront quelque tort qui les empêche de pouvoir être à l'avenir d'aucun service, par la faute des personnes susdites, les personnes, qui en seront responsables, encourront une peine moindre d'un degré que celle méritée pour leur mort, comparativement aux cas qui écherront : elles continueront à répondre du nombre entier commis d'abord à leur garde, et elles paieront le prix des animaux morts ou estropiés, pour qu'on les remplace par d'autres semblables et sans défauts.

二百二十八、孳生马匹

Art. CCXXVIII. De l'accouplement des chevaux [1]

凡牧长管领骒马，一百匹为一群，每年三群，孳生驹一百匹。

La responsabilité atteignant la personne qui aura la surveillance des juments à faire saillir, sera estimée en raison du produit que doivent donner tous les troupeaux, qui est de cent têtes par chacun d'eux. Chaque année, la personne chargée de veiller à la reproduction des chevaux, répondra de cent poulains par trois troupeaux.

若一年之内，止有驹八十匹者，笞五十；七十匹者，杖六十。

Si trois de ces troupeaux ne donnent ensemble, dans l'année, que quatre-vingt-quatre poulains, le préposé à la susdite reproduction sera puni de 50 coups, et de 60, s'ils en donnent moins de soixante-quatorze.

典牧官不为用心提调者，［致孳生不及数］各减三等。太仆寺官又减典牧官罪二等。

Le surintendant des haras étant, dans le cas susdit, tenu pour coupable d'avoir négligé d'inspecter son département, subira, moins trois degrés, la peine encourue par le surveillant immédiat des juments, dans les occurrences comparatives. Les officiers du tribunal, qui, à la Cour, ont la grande main sur cette partie du service, seront sujets aussi à la peine subie par ledit surveillant, mais à deux degrés de moins, et proportionnément dans tous les cas énoncés plus haut.

二百二十九、验畜产不以实

Art. CCXXIX. De la visite des animaux qu'on doit acheter par contract pour le Gouvernement [2]

凡［官司］相验分拣［相验其美恶，而分别拣选，以定高下。］官马、牛、驼、骒、驴，不以［美恶之］实者，一头笞四十，每三头加一等，罪止

---

〔1〕 该律文选自勒努阿尔译本，第 1 卷，第 393~394 页，因鲍来思译本缺失此律文。
〔2〕 该律文选自勒努阿尔译本，第 1 卷，第 394~395 页，因鲍来思译本缺失此律文。

杖一百。

Dans la visite et le choix des chevaux, chameaux, mulets, ânes et bêtes à cornes, à acheter pour l'usage du Gouvernement, si les officiers que ce choix regarde, ne font pas un rapport exact, où chacun de ces animaux soit dûment dépeint, et leur valeur estimée au juste, ils seront punis de 40 coups, quand un seul desdits animaux sera faussement décrit par eux; et ils subiront un degré de plus jusqu'à 100 coups, par trois animaux mal décrits au-delà du premier.

验羊不以实，减三等。

Quant à la visite et au choix à faire des moutons, la peine à infliger à ceux qui seront chargés de s'acquitter de ce devoir, sera proportionnément moindre de trois degrés que celle fixée ci-dessus.

若因［验畜不实］而价有增减者，计所增［亏官］减［损民］价，坐赃论；

Chaque appréciation trop forte d'animaux étant préjudiciable au Gouvernement, et chaque appréciation trop faible, faisant également du tort aux particuliers qui les vendent, les coupables de ces délits seront punis en proportion du montant de cet excédent ou de ce déficit, aussi sévèrement que l'aura ordonné la loi concernant les injustices et les malversations pécuniaires.

入己者，以监守自盗论，各从重科断。［不实罪重，从不实坐赃；自盗罪重，从自盗坐赃。］

Si le coupable desdites estimations mal faites, s'était approprié la différence existante entre le montant vrai et faux du prix d'un animal, la peine qu'il encourrait deviendrait aussi rigoureuse que le fixerait la loi sur la dilapidation des marchandises, pour la même valeur ou prix que dans le cas actuel.

二百三十、养疗瘦病畜产不如法
Art. CCXXX. De l'exercice de l'art vétérinaire [1]

凡养疗瘦病［官］马、牛、驼、骡、驴，不如法，［无论头数。］笞三十；

---

［1］ 该律文选自勒努阿尔译本，第1卷，第396页，因鲍来思译本缺失此律文。

因而致死者，一头笞四十，每三头加一等，罪止杖一百。

Si les chevaux, chameaux, mulets, ânes et bêtes à cornes appartenant au Gouvernement, deviennent maigres ou malades, pour n'avoir pas été traités suivant la pratique approuvée et reçue, le maréchal ou le médecin vétérinaire sera puni de 50 coups, et si un animal vient à mourir par suite de ce mauvais traitement, la peine à infliger audit maréchal ou médecin vétérinaire, sera portée à 40 coups, et accroîtra progressivement d'un degré par trois animaux morts au-delà du premier, jusqu'à ce qu'elle monte à 100 coups.

羊，减三等。

Pour ce qui regarde les moutons, la peine qu'on infligera à celui qui leur aura fait un traitement impropre, sera moindre de trois degrés que celle qui vient d'être fixée dans les cas susdits, à proportion gardée.

二百三十一、乘官畜脊破领穿

Art. CCXXXI. De l'usage impropre des animaux appartenant au Gouvernement, et de la négligence à les soigner [1]

凡官马、牛、驼、骡、驴，乘驾不如法，而［致］脊破领穿，疮围绕三寸者，笞二十；五寸以上，笞五十。［并坐乘驾之人。］

Quand les chevaux, les chameaux, les mulets ou les ânes, appartenant au Gouvernement, seront attelés à des voitures, ou employés autrement pour le service public, si les hommes qui feront cette besogne, placent mal leurs harnois, leurs jougs ou leurs bâts, de manière à ce qu'ils ensoient blessés au dos ou sur le cou, et que la blessure ait trois *tsuns* de circonférence, ils seront punis de 20 coups, et si ladite blessurea cinq *tsuns* ou plus de circonférence, ils le seront de 50 coups.

若牧养瘦者，计百头为率，十头瘦者，牧养人及牧长、牧副，各笞二十，每十头加一等，罪止杖一百。

Si aucun des susdits animaux devient maigre pour avoir été mal nourri, celui qui en aura eu la charge, ainsi que le surintendant de cette partie et ses suppléants,

---

〔1〕　该律文选自勒努阿尔译本，第 1 卷，第 396~398 页，因鲍来思译本中没有包含此律文。

de quelque manière que ces animaux maigrissent, au nombre de dix, pris collective-ment sur une centaine parmi les troupeaux qui seront confiés aux soins de plusieurs personnes, lesdits employés du Gouvernement recevront chacun 20 coups. Cette peine augmentera progressivement jusqu'à 100 coups d'un degré pour chaque dixième additionnel d'animaux ayant perdu leur embonpoint.

羊，减三等。典牧官各随所管牧长多少，通计科罪。〔亦以十分为率。〕太仆寺官，各减典牧官罪三等。

Quant à l'égard des soins à prendre des moutons, la peine qu'on encourra pour les avoir négligés, sera proportionnément moindre de trois degrés, dans les cas sem-blables aux précédents. Les officiers supérieurs attachés à la partie du service dont il s'agit, seront sujets à la peine susdite, suivant que dix ou plus de dix des personnes chargées, sous leurs ordres, du soin desdits animaux, seront convaincues des délits ci-dessus rapportés. Les membres du conseil suprême de ce département à la Cour, seront punissables des mêmes délits, suivant les différens cas, à trois degrés de moins que les officiers supérieurs mentionnés.

二百三十二、官马不调习
Art. CCXXXII. Des chevaux de l'État qui ne sont pas dressés

凡牧马之官，听乘官马而不调习者，一匹笞二十，每五匹加一等，罪止杖八十。〔象亦如之〕〔1〕。

Tout fonctionnaire chargé de l'élève des chevaux qui permettra de monter les chevaux de l'État et qui ne les fera pas dresser sera puni de vingt coups de rotin s'il s'agit d'un cheval; pour chaque fois cinq chevaux en sus la peine augmentera d'un degré et s'arrêtera à quatre-vingts coups de truong (il en sera de même pour les éléphants).

---

〔1〕 括号内文字是《皇越律例》自添。

二百三十三、宰杀马牛

Art. CCXXXIII. — Abattre et tuer des chevaux et des bêtes à cornes

1、凡私宰自己马、牛者，杖一百[1]；筋、角、皮张入官。误杀及病死者，不坐。

Celui qui aura privément abattu ses propres chevaux ou bétes à cornes sera puni de cent coups de truong; les tendons, les cornes et la peau seront confisqués à l'Etat; ceux qui les auront tués par erreur, ou dont les animaux seront morts de maladie, ne seront pas incriminés.

2、若故杀他人马、牛者，杖七十，徒一年半[2]。［官畜产同。］

Celui qui aura volontairement tué les chevaux ou bêtes à cornes d'une autre personne sera puni de soixante et dix coups de truong et d'un an et demi de travail pénible (il en sera de même s'il s'agit d'animaux appartenant à l'État).

若计赃重于本罪者，准盗论。［追价给主，系官者，准常人盗官物断罪，并免刺。］

Si, en tenant compte de la valeur du produit de l'acte illicite, la peine est plus forte que la peine édictée par la présente loi, on jugera conformément aux dispositions sur le vol (on poursuivra la restitution du prix au propriétaire; s'il s'agit d'animaux appartenant à l'État on prononcera conformément aux dispositions relatives aux personnes ordinaires qui volent des objets appartenant à l'Etat. Les coupables seront également dispensés de la marque).

若伤而不死，不堪乘用，及杀猪、羊等畜者，计［杀伤所］减［之］价，亦准盗论，各追赔所减价钱［完官，给主］。

Ceux qui, sans les tuer, auront blessé ces animaux de telle façon qu'on ne puisse plus s'en servir, ou bien qui auront tué des porcs, des moutons et autres animaux domestiques de même importance, seront jugés en tenant compte de la diminution de prix des animaux (tués ou blessés) et, de même, conformément aux dispositions sur le vol; dans chaque cas on poursuivra le remboursement de la diminution de

---

[1]《大清律例》在此句后还有"驼、骡、驴，杖八十"，在《皇越律例》中被删去。

[2]《大清律例》在此句后还有"驼、骡、驴，杖一百"，在《皇越律例》中被删去。

prix, (envers l'État ou le propriétaire);

价不减者，笞三十。其误杀伤者，不坐罪，但追赔减价。

Si l'animal n'a pas été déprécié, la peine sera de trente coups de rotin. Ceux qui les auront tués ou blessés par erreur ne seront passibles d'aucune peine, mais ils seront contraints à remplacer la valeur de la dépréciation.

3、为从者［故杀伤］各减一等，［官物不分首、从。］

Pour les co-auteurs, (lorsque les animaux auront été tués ou blessé volontairement), la peine sera, dans chaque cas, diminuée d'un degré (lorsqu'il s'agira des animaux de l'État, on ne distinguera pas entre le principal coupable et les co-auteurs).

4、若故杀缌麻以上亲马、牛者〔1〕，与本主私宰罪同。［追价赔主。］

Ceux qui auront volontairement tué les chevaux ou les bêtes à cornes de leurs parents du cinquième degré et au-dessus, seront punis pour la même faute ［art. 39］, que le propriétaire lui-même qui les abat privément (ils seront contraints au remboursement du prix envers le propriétaire).

杀猪、羊等畜者，计减价坐赃论，罪止杖八十。其误杀及故伤者，俱不坐，但各追赔减价。

S'il s'agit de tuer des porcs, moutons ou autres animaux domestiques de même importance, on tiendra compte de la diminution de prix et on prononcera pour incrimination au sujet d'un produit d'action illicite; la peine s'arrêtera à quatre-vingts coups de truong. S'il s'agit de les tuer par erreur ou de les blesser volontairement, les auteurs du fait ne seront jamais passibles d'aucune peine, mais, dans chaque cas, ils seront contraints au remboursement de la diminution de prix.

5、若官司〔2〕畜产毁食官、司之物，因而杀伤者，各减故杀伤三等，追赔所减价［还畜主］。

Si les animaux domestiques de l'État détruisent ou broutent des choses apparten-

---

〔1〕《大清律例》在此处中是"马、牛、驼、骡、驴者"，在《皇越律例》中部分文字被删去。

〔2〕此处在《皇越律例》中确是"司"字，在《大清律例》中对应的是"私"字。此处应该是"私"的异体字。本律文中其他"司"字亦是如此。

ant à l'État [1], et qu'il en résulte qu'ils soient tués ou blessés, dans chaque cas, la peine du fait de les tuer ou de les blesser volontairement est réduite de trois degrés et les coupables sont contraints à rembourser la diminution du prix（au propriétaire des animaux）;

畜主赔偿所毁食之物 ［还官、主］。

Le propriétaire des animaux est contraint à rembourser le dommage causé aux choses détruites ou broutées（à l'État ou au propriétaire）;

若 ［故］ 放官、司畜产，损食官司物者，笞三十， ［计所食之］ 赃重 ［于本罪］ 者，坐赃论。［罪止杖一百，徒三年。］

Ceux qui, volontairement, auront laissé des bestiaux appartenant à l'État ou à des particuliers, abîmer ou brouter des choses appartenant à l'État ou à des particuliers seront punis de trente coups de rotin. Si le produit de l'acte illicite,（c'est-à-dire la valeur de ce qui a été brouté）entraine une peine plus grave（que ladite peine）, on prononcera pour incrimination au sujet d'un produit d'action illicite（et la peine s'arrêtera à cent coups de truong et trois ans de travail pénible）.

失 ［防］ 者，减二等。各赔所损物 ［还官、主］。

Ceux qui auront manqué de soin,（de précautions pour les empêcher）seront punis de cette peine diminuée du deux degrés et, dans chaque cas, la valeur du dommage causé aux choses abîmées sera remboursée（à l'État ou au propriétaire）.

7、若官畜产 ［失防］ 毁食官物者，止坐其罪，不在赔偿之限。

Si des bestiaux appartenant à l'État détruisent et broutent,（par manqué de précautions pour les en empêcher）, des choses appartenant à l'État, les coupables seront seulement passibles de la peine et ne seront pas compris dans la partie de la disposition qui prescrit le remboursement du dommage cause.

8、若畜产欲触觚踢咬人，登时杀伤者，不坐罪，亦不赔偿。［兼官、私。］

Si des animaux domestiques veulent frapper avec leurs cornes ou leurs pieds, ou S'il veulent mordre, ceux qui les auront tués ou blessés sur-le-champ ne seront pas-

---

［1］　此处译文似乎漏译了 "司" 字。原文是 "毁食官、司之物"，其中 "司" 同 "私"，指私人、个人。编译者认为译文应是 détruisent ou broutent des choses appartenant à l'État ou à des particuliers.

sibles d'aucune peine et ne paieront aucune indemnité (qu'il s'agisse des animaux de l'Etat ou de ceux des particuliers.)

二百三十四、畜产咬踢人

Art. CCXXXIV. Des animaux domestiques qui mordent ou frappent quelqu'un du pied

1、凡马、牛及犬有触觚踢咬人，而〔畜主〕记号拴系不如法，若有狂犬不杀者，笞四十。

Toutes les fois que des chevaux, des bêtes à cornes, ou bien des chiens seront enclins à donner des coups de pied, des coups de corne, ou à mordre les hommes, et que, (par le fait du propriétaire de ces animaux), ils ne porteront pas un signe d'avertissement ou qu'ils ne seront pas attachés selon les règles, comme aussi pour ceux qui auront un chien enragé et qui ne le tueront pas, la peine sera de cinquante coups de rotin.

因而杀伤人者，以过失论。〔各准斗殴杀伤，收赎给主。〕

S'il en est résulté que ces animaux ont tué ou blessé quelqu'un, on prononcera d'après les dispositions relatives au cas où ces événements arrivent par mégarde ou accident; (dans chaque cas, conformément aux dispositions relative au meurtre ou aux blessures commis dans une rixe, et en recevant le prix de rachat, qui est alloué à la famille de la victime), [art. 290, 292]

若故放令杀伤人者，减斗殴杀伤一等。〔亲属有犯者，依尊卑相殴杀伤律。〕

Ceux qui, volontairement, les auront laissés aller et les auront excités à tuer ou à blesser quelqu'un, seront punis de la peine du meurtre ou des blessures faites dans une rixe, [art. 290] diminuée d'un degré; (si ce sont des parents qui ont commis le fait, on suit la loi relative aux parents de rang prééminent ou de rang inférieur qui se blessent ou se tuent entre eux dans une rixe).

其受雇医疗畜产〔无制控之术，〕及无故〔人自〕触之而被杀伤者，不坐罪。

Si ceux qui auront accepté un salaire pour soigner et guérir des animaux domestiques（et qui n'auront pas su les contenir）, ainsi que ceux qui , sans motifs , les auront tourmentés（eux‐mêmes）, sont tués ou blessés , le propriétaire ne sera pas incriminé.

2、若故放犬令杀伤他人畜产者，各笞四十，追赔所减价钱［给主］。

Ceux qui auront volontairement laissé aller leur chien et qui l'auront excité à tuer ou à blesser les animaux domestiques d'autrui seront , dans chaque cas , punis de quarante coups de rotin et contraints de rembourser la diminution du prix de ces animaux（à leur propriétaire）.

二百三十五、隐匿孳生官畜产

Art. CCXXXV. Cacher et dissimuler les produits des troupeaux de l'État

凡牧养系官马、牛、羊〔1〕等畜，所得孳生，限十日内报官。

Quiconque est chargé de garder et de nourrir des chevaux , des bêtes à cornes , des moutons et autres animaux domestiques appartenant à l'État , doit rendre compte à l'autorité de la naissance des produits , et cela dans le délai de dix jours ;

若限外隐匿不报，计［所隐匿之价为］赃准窃盗论。［止杖一百，流三千里。］

Si les éleveurs cachent et dissimulent ces produits , sans les déclarer à l'autorité après le délai expiré , on comptera（le prix des produits tenus cachés , prix qui sera considéré comme）le produit de l'acte illicite et on prononcera conformément aux dispositions relatives au vol furtif ;（la peine s'arrêtera à cent coups de truong et à l'exil à trois mille lis）.

因而盗卖或［将不堪孳生］抵换者，并以监守自盗论罪。［不分首、从，并赃。至四十两，杂犯斩。］

S'il en est résulté qu'ils ont clandestinement vendu ces produits ou qu'ils les ont échangés（contre des produits de nulle valeur）, on prononcera également la peine d'après les dispositions relatives aux surveillants et gardiens qui volent eux‐mêmes（sans distinguer entre le principal coupable et les co‐auteurs et par le même produit

---

〔1〕《大清律例》在此处中是"马、骡、驴"，在《皇越律例》中部分文字被修改。

d'action illicite; si le produit atteint quarante onces d'argent la peine est la décapitation, culpabilité relative).

其典牧官、太仆寺官，知情不举，与犯人同罪。不知者，俱不坐。〔买主知情，以故买盗赃科。匿卖抵换之物，还官。〕

Les fonctionnaires chargés de la direction du service des troupeaux qui connaissant la nature des faits ne les auront pas révélés seront punis de la même peine que les coupables; ceux qui n'en auront pas eu connaissance ne seront jamais incriminés (si l'acheteur connaît la nature du fait, la peine sera graduée d'après la disposition relative à ceux qui achètent volontairement le produit illicite d'un vol; les choses cachées, vendues ou échangées seront remboursées à l'État.) 〔Art. 39, 264, 269, 279〕

二百三十六、私借官畜产

Art. CCXXXVI. Emprunter privément les animaux domestiques appartenant à l'État

凡监临〔官吏〕主守〔之人〕，将系官畜马、牛〔1〕，私自借用，或转借与人，及借之者，〔不论久近多寡〕各笞五十，验〔计借过〕日〔期〕，追雇赁钱入官。

Tout (fonctionnaire ou employé) surveillant, directeur ou (toute personne telle que) gardien chargé qui aura emprunté privément, soi-même, les chevaux ou bêtes à cornes des troupeaux de l'État pour s'en servir, ou qui les aura prêtés à quelqu'un, ainsi que ceux qui les auront empruntés, seront, (sans distinguer si c'est pour les conduire loin ou près, ni si le nombre des animaux est considérable ou non), chacun, punis de cinquante coups de rotin; on vérifiera le nombre des journées (pendant lequel aura duré l'emprunt) et on contraindra les coupables à rembourser le prix de location qui sera confisqué à l'État.

若计雇赁钱重〔于笞五十〕者，各坐赃论，加一等。〔雇钱不得过其本价。官畜死，依毁弃官物。在场牵去，依常人盗。〕

---

〔1〕《大清律例》在此处中是"官马、牛、驼、骡、驴"，在《皇越律例》中部分文字被修改。

Si le compte du prix de location entraîne une peine plus forte (que cinquante coups de rotin), dans chaque cas on prononcera pour incrimination au sujet d'un produit d'action illicite, en augmentant la peine d'un degré. (Le prix de location ne peut dépasser le prix principal [art. 24]; si les animaux de l'Etat sont morts, on suit les dispositions relatives à ceux qui détruisent ou jettent les choses appartenant à l'État [art. 98]; si les animaux sont emmenés hors des pâturages, on suit les dispositions relatives aux personnes ordinaires, qui volent les biens de l'Etat [art. 265]).

二百三十七、公使人等索借马匹

Art. CCXXXVII. Des messagers publics se servant pour eux-mêmes des chevaux du Gouvernement, sans autorisation[1]

凡公使人等，承差经过去处，[除应付脚力外。] 索借有司官马匹骑坐者，杖六十；驴、骡，笞五十。

Si un messager public, ou toute autre personne employée au même service que lui, font, pour leur propre compte, dans les lieux où ils passeront, la demande de chevaux appartenant au Gouvernement, sans être autorisés à la former, lorsqu'ils auraient dû monter, jusqu'à leur arrivée dans lesdits lieux, des chevaux de poste ordinaires, ils seront punis de 60 coups: s'ils exigent des ânes ou des mulets du Gouvernement, ils en recevront 50.

官吏应付者，各减一等，罪坐所由 [应付之人]。

Les officiers ou les employés du Gouvernement qui, sur lesdites demandes illégales, livreront des chevaux, des mulets ou des ânes dont ils seront responsables, encourront généralement une peine moindre d'un degré que celle établie ci-dessus; mais la punition à leur infliger, n'excédera jamais, dans les cas rapportés plus haut, celle que subiront les auteurs desdites demandes.

---

[1]　该律文选自勒努阿尔译本，第 1 卷，第 409 页，因鲍来思译本中没有包含此律文。

邮 驿
Des courriers à pied et à cheval

二百三十八、递送公文
Art. CCXXXVIII. De la transmission des dépêches officielles

1、凡铺兵递送公文，昼夜须行三百里。稽留三刻，笞二十，每三刻加一等，罪止笞五十。

Toutes les fois que des soldats de la poste transportent des dépêches officielles, dans le jour et la nuit, ils doivent absolument franchir trois cents lis; pour un retard de trois huitièmes d'heure, la peine sera de vingt coups de rotin; pour chaque fois trois huitièmes d'heure en sus, la peine augmentera d'un degré et elle s'arrêtera à cinquante coups de rotin.

其公文到铺，不问角数多少，[铺司] 须要随即 [附籍遣兵] 递送，不许等待后来文书。违者，铺司笞二十。

Lorsque des dépêches arrivent au bureau du service des postes, on ne doit pas s'occuper du nombre considérable ou restreint de ces dépêches; qu'il y en ait peu ou beaucoup, on (le service de ce bureau) doit, de suite et absolument, (les enregistrer et envoyer des soldats) les faire transporter sans qu'il soit permis d'attendre les dépêches qui arriveraient plus tard; s'il est contrevenu à ces dispositions, le directeur du service de la poste est puni de vingt coups de rotin.

2、其铺兵递送公文，若磨擦及破坏封皮，不动原封者，一角笞二十，每三角加一等，罪止杖六十。

Si le soldat de poste qui transporte des dépêches officielles, les éraille par le frottement ou bien écorche et abîme l'enveloppe sans cependant enlever l'enveloppe primitive, pour un pli, la peine sera de vingt coups de rotin; pour chaque fois trois plis en sus, la peine augmentera d'un degré et s'arrêtera à soixante coups de truong.

若损坏公文，[不动原封者。] 一角笞四十，每二角加一等，罪止杖八十。

S'il détériore et abîme des dépêches officielles (sans enlever l'enveloppe primitive), pour un pli, la peine sera de quarante coups de rotin; pour chaque fois deux plis en sus, elle augmentera d'un degré et s'arrêtera à quatre – vingts coups de truong.

若沉匿公文，及拆动原封者，一角杖六十，每一角加一等，罪止杖一百。

S'il fait disparaître des dépêches officielles, ou bien s'il déchire et enlève l'enveloppe primitive, pour un pli, la peine sera de soixante coups de truong; pour chaque pli en sus la peine augmentera d'un degré et elle s'arrêtera à cent coups de truong.

若事干军情机密文书，［与漏泄不同。］不拘角数，即杖一百。

Si le fait a eu lieu au sujet d'une dépêche relative aux affaires de l'armée ou à une communication secrète (ce n'est pas la même chose que le fait de divulgation) , on ne s'occupera pas du nombre de plis et, pour le fait même, la peine sera de cent coups de truong;

有所规避而沉拆者，各从重论。［规避罪重，从规避；沉拆罪重，问沉拆。］

S'il y a eu intention de se soustraire d'une façon détournée aux conséquences d'un autre fait et que, dans ce but, on ait fait disparaître des dépêches ou déchiré des enveloppes, dans chaque cas on prononcera en suivant la loi la plus sévère; (si la peine du fait qu'on a voulu éviter est plus grave, on prononcera cette peine; si le fait de soustraction de dépêche ou d'enlèvement d'enveloppe est plus grave, on poursuivra pour ces faits).

其铺司不告举者，与犯人同罪。若已告举，而所在官司不即受理施行者，各减犯人罪二等。

Si le directeur de poste ne révèle pas ces faits et ne les dénonce pas, il sera puni de la même peine que le coupable; s'il a déjà porté plainte et révélé le fait et que le fonctionnaire chargé du gouvernement dans le lieu n'y ait pas immédiatement donné suite et fait justice, dans chaque cas, celui-ci sera puni de la peine du coupable diminuée de deux degrés.

3、其各县铺长，专一于概管铺分，往来巡视。提调官吏，每月一次亲临各铺刷勘。

Dans chaque *huyên*, le chef du bureau des postes doit spécialement et continuellement parcourir et surveiller toutes les stations sous son autorité; le fonctionnaire et les employés chargés de la direction générale du service doivent, une fois chaque mois, inspecter personnellement les diverses stations et inspecter et vérifier les écritures.

若［有奸弊］失于检举者，通计公文稽留，及磨擦破坏封皮，不动原封十件以上，铺长笞四十，提调吏典笞三十，官笞二十。

S'ils (s'il y a eu des actes coupables commis et qu'ils) manquent de soin dans les vérifications et les constatations, ou comptera ensemble les dépêches officielles qui ont subi des retards ou bien qui ont été éraillées par frottement, écorchées et abîmées sans que l'enveloppe primitive ait été enlevée: pour dix et au-dessus, le chef du bureau de poste sera puni de quarante coups de rotin; l'employé concerné de la direction générale du service sera puni de trente coups de rotin, et le fonctionnaire chargé de la direction générale du service sera puni de vingt coups de rotin.

若损坏及沉匿公文，若拆动原封者，［铺长］与铺兵同罪，提调吏典减一等，官又减一等。

S'il s'agit de dépêches officielles supprimées ou détériorées et abîmées, ou aussi de dépêches dont les enveloppes ont été déchirées et enlevées, le premier, (le chef de bureau des postes), sera puni de la même peine que les soldats des postes; l'employé concerné du service de la direction générale sera puni de cette peine diminuée d'un degré, et le fonctionnaire, de cette peine encore diminuée d'un autre degré.

府、州提调官吏失于检举者，各递减一等。

Si les fonctionnaires et employés chargés de la direction générale du service dans les *phu* et *châu* manquent de soin dans les vérifications et les constatations, dans chaque cas, leur peine sera proportionnellement diminuée d'un degré [art. 28, 68, 69].

二百三十九、邀取实封公文
Art. CCXXXIX. Enlèvement de dépêches officielles scellées

1、凡在外大小各衙门官，但有入递进呈实封公文至御前，［下司被上司非理凌虐，亦许据实封奏。］

Toutes les fois que des fonctionnaires, d'un rang élevé ou inférieur, des divers tribunaux ou services de l'intérieur, auront, de quelque façon que ce soit, expédié des dépêches officielles fermées pour être présentées au Souverain（une autorité inférieure maltraitée contrairement aux règles, par une autorité supérieure, peut de même porter la vérité à la connaissance du Souverain par un rapport fermé）［art. 65.］,

而上司官令人于中途急递铺［即驿站］〔1〕邀截取回者，不拘远近，从本铺铺司、铺兵，赴所在官司告举，

si les fonctionnaires d'un service supérieur ont envoyé quelqu'un sur la route pour en arrêter la transmission dans une station de poste（c'est-à-dire dans un des relais appelés tram）, se faire remettre la dépêche et la rapporter, on ne s'occupera pas de savoir si le fait a été commis plus ou moins loin, et ce sera au directeur du bureau de poste, ou au soldat de la station, de se rendre auprès du fonctionnaire chargé du gouvernement du lieu pour y déclarer le fait;

随即申呈上司，转达该部奏闻，追究［邀截之情］得实，斩［监候］。［邀截进表文比此。］

Celui-ci devra aussitôt avertir l'autorité supérieure qui, à son tour, portera le fait à la connaissance du ministre concerné pour qu'il en informe le Souverain; lorsque l'information et les poursuites（relatives au fait d'enlèvement de la dépêche）auront établi la réalité des faits, les coupables seront punis de la décapitation（avec sursis; l'enlèvement d'un rapport non fermé adressé au Souverain sera assimilé à ce fait）.

其铺司、铺兵容隐不告举者，各杖一百。若已告举，而所在官司不即受理施行者，罪亦如之。

Si le directeur et le soldat de la station de poste tolèrent et cachent le fait, et ne portant pas plainte pour le révéler, chacun d'eux sera puni de cent coups de truong; s'ils ont déjà porté plainte et déclaré le fait et que le fonctionnaire chargé du gouvernement du lieu n'y ait pas immédiatement donné suite, la faute sera encore la même.

2、若邀取实封至六部、察院公文者，各减二等。［下司畏上司劾奏而邀

---

〔1〕　括号内文字是《皇越律例》自添。

取者，比此。]

S'il s'agit d'enlèvement et de suppression de dépêches officielles fermées, adressées à l'un des six ministres ou au tribunal des censeurs, dans chaque cas la peine sera diminuée de deux degrés ; (si un tribunal inférieur craint les suites d'un rapport adressé au Souverain par une autorité supérieure et le fait enlever, le fait sera assimilé et comparé à celui-ci).

二百四十、铺舍损坏
Art. CCXL. Des bâtiments des stations de poste qui sont en mauvais état

凡急递铺舍损坏，不为修理，什物不完，铺兵数少，不为补置，及令老弱之人当役者，铺长笞五十，有司提调官吏，各笞四十。

Toutes les fois que les bâtiments des stations de poste du transport des dépêches seront en mauvais état et qu'on ne les réparera pas ; ou que les objets mobiliers et d'approvisionnement nécessaires ne seront pas au complet, que le nombre des soldats de poste sera insuffisant et pas au complet et qu'on ne pourvoira pas à ces besoins, ou bien, que des gens âgés ou faibles auront été désignés pour remplir cette charge, le chef du service de la poste, sera puni de cinquante coups de rotin ; le fonctionnaire et l'employé chargé du service général seront punis, chacun, de quarante coups de rotin.

二百四十一、私役铺兵
Art. CCXLI. Expédier privément des courriers ou soldats de poste

凡各衙门一应公差人员，[于经过所在] 不许差使铺兵挑送官物，及私己行李。

Il n'est pas permis à aucune personne, de n'importe quel tribunal ou quelle administration, envoyée en mission quelconque pour le service public, d'envoyer (dans les lieux qu'elle traverse) des soldats de poste pour porter des objets appartenant à l'État ou son propre bagage de route ;

违者，笞四十，每名计一日，追雇工银八分五厘五毫入官。

Ceux qui auront contrevenu à cette disposition seront punis de quarante coups de rotin ; pour chaque homme, on comptera le nombre de journées de corvée et on poursuivra le remboursement du salaire, à raison de 0, 0855 d'once d'argent, qui sera confisqué à l'État.

二百四十二、驿使稽程

Art. CCXLII. Des courriers expédiés, s'arrêtant mal à propos en Route [1]

1、凡出使驰驿违限，常事，一日笞二十，每三日加一等，罪止杖六十。

Tout soldat de cavalerie légère qui sera dépêché pour des affaires ordinaires, fera sa route dans le temps prescrit par la loi, suivant la distance qu'il aura à parcourir, et selon d'autres circonstances. S'il excède ce temps d'un jour, il recevra 20 coups, et cette punition accroîtra d'un degré, jusqu'à 60, par chaque addition de trois jours de retard au-delà du premier.

军情重事，加三等；因而失误军机者，斩〔监候〕。

Si la dépêche, confiée audit cavalier, concernait des affaires militaires importantes, la punition qu'il encourrait serait, dans chaque cas, plus forte de trois degrés que celle qui vient d'être établie. Si le retard mis dans la transmission des dépêches, fait manquer des opérations militaires déjà avancées, les courriers qui en seront coupables subiront la mort par décollement, après avoir été mis en prison pendant le temps usité.

若各驿官故将好马藏匿，及推故不即应付，以致违限者，对问明白，〔即以前应得笞、杖、斩。〕罪坐驿官。

Si quelques-uns des officiers des postes de cavalerie, qui seront sur la route desdits courriers, mettent en réserve les meilleurs chevaux, ou refusent sous quelque prétexte, de les leur donner, et qu'il en résulte un retard, tel que celui à l'occasion duquel la punition ci-dessus a été statuée, les circonstances de ce fait seront soigneusement recherchées, et si les susdits officiers sont trouvés coupables, le courrier sera déchargé de sa responsabilité, et la peine qu'il aurait subie, s'infligera à ceux

---

〔1〕 该律文选自勒努阿尔译本，第 1 卷，第 418～420 页，因鲍来思译本太过删减。

qui auront mis en réserve ou refusé les chevaux pour le service à faire plus prompte-
ment.

其遇水涨，路道阻碍经行者，不坐。

Quand une inondation ou tout autre empêchement inévitable arrêteront les courriers dans leurs routes, et les forceront à outrepasser le temps qui leur est prescrit
par la loi, si les empêchements de ce retard sont bien constatés, ils ne seront sujets
à aucune punition.

2、若驿使承受官司文书，误不依［原行］题写［所在公干］去处，错
去他所而违限者，减二等。［四日笞一十，每三日加一等，罪止笞四十。］

Si un soldat de cavalerie légère, expédié encourrier et chargé d'une dépêche du
Gouvernement, se trompe de route, et qu'en conséquence ne l'ayant point remise à
sa destination, il ne réparé pas ensuite son erreur, en la portant où elle devait aller,
dans le temps prescrit, suivant la loi, pour la transmettre convenablement, la punition qu'il subira, dans les cas ordinaires, sera de deux degrés moins forte que celle
qu'on inflige pour un retard mis à dessein;

事干军务者，不减。若由［原行］公文题写错者，罪坐题写之人，驿使
不坐。

Mais dans les cas extraordinaires, c'est-à-dire lorsqu'il s'agira d'opérations militaires importantes, la punition encourue pour le retard de la dépêche, sera aussi
forte pour celui qui en sera coupable par erreur, que pour celui qui aura employé ce
retard à dessein; mais on ne l'infligera qu'à la personne qui aura été cause de
retard, qu'il soit imputable au courrier lui-même ou aux officiers de cavalerie dont
les postes seront sur les routes qu'on devra suivre. D'un autre côté, lorsque le retard
viendra de ce que la dépêche confiée au courrier aura eu une fausse adresse, la punition tombera sur la personne qui aura mis une suscription pour une autre.

二百四十三、多乘驿马

Art. CCXLIII. Des messagers demandant plus de chevaux
ou de bateaux que le Gouvernement ne l'a fixé [1]

1、凡出使人员，应乘驿船、驿马数外，多乘一船、一马者，杖八十；每一船、一马加一等。若应乘驴而乘马，及应乘中等、下等马，而勒要上等马者，杖七十。

Si un courrier ou un officier, dépêché pour un service formel, avec autorisation de se servir des chevaux de poste ou des bateaux du Gouvernement employés à cet usage, prend un cheval ou un bateau de plus qu'il n'a besoin, il subira la peine de 80 coups, et le surcroît d'un degré pour chaque cheval ou bateau qu'il aura pris de trop, au-delà des premiers. Si ce courrier ou cet officier se sert de chevaux, lorsqu'il n'aurait dû employer que des ânes, d'après son autorisation, ou s'il insiste pour qu'on lui donne les meilleurs du poste où il arrivera, quand ceux d'une bonté ordinaire ou inférieure lui auraient suffi, il sera puni de 70 coups.

因而殴伤驿官者，各加一等。［至折齿以上，依斗殴论。］

Si, en soutenant ses prétentions vis à vis de l'officier de cavalerie d'un poste, un messager le frappe ou le blesse, la peine à infliger à ce dernier sera plus forte d'un degré que celle fixée ci-dessus; mais si les suites du coup qu'il aura donné ou de la blessure qu'il aura faite, peuvent devenir sérieuses, la peine qu'il subira se réglera d'après la loi rendue sur les disputes dans les cas ordinaires.

若驿官容情应付者，各减犯人罪一等。

Si ledit officier accorde la demande illégale susdite, il subira la peine encourue pour la transgression de cette loi, à raison d'un degré de moins que celle à infliger au messager qui aura fait cette demande.

其应乘上等马，而驿官却与中等、下等马者，罪坐驿官。本驿如无上等马者，勿论。

La peine ordonnée plus haut, ne sera infligée qu'à l'officier du poste de cavalerie, quand il donnera des chevaux d'une bonté ordinaire ou inférieure aux messagers

---

〔1〕　该律文选自勒努阿尔译本，第1卷，第420~423页，因鲍来思译本删减过多。

qui auront droit à réclamer les meilleurs, à moins qu'il n'en ait point de bons sous son commandement; ce qui le rendra exempt de punition, lui et le messager qui ne serait pas autorisé à prétendre les meilleures montures.

2、若［出使人员］枉道驰驿，及经驿不换船马者，杖六十。

Si des messagers quittaient les routes qu'ils devaient suivre en droiture, pour éviter les postes qui y sont établies, ou si, quand ils seraient arrivés à ces postes, ils ne changeaient pas les chevaux qui les y auraient amenés, pour en prendre de frais, ou leurs bateaux contre d'autres à équipages nouveaux, ils seraient punis de 60 coups;

因而走死驿马者，加一等，追偿马匹还官。

Et si, à raison de ce détour ou de cette omission, les chevaux du Gouvernement qu'ils auraient montés, venaient à mourir de lassitude, par leur faute, la peine qu'ils subiraient, augmenterait d'un degré, et ils paieraient au Gouvernement, par forme d'amende, une somme égale à celle que valaient les chevaux tués par eux.

3、其事非警急，不曾枉道而走死驿马者，偿而不坐。

Si des messagers, dépêchés par le Gouvernement pour les affaires ordinaires, sans être coupables du détour ou de l'omission susdite, montaient les chevaux du Gouvernement de manière à occasionner leur mort, ils paieraient à l'Etat la valeur desdits chevaux; mais leur mort ne les rendrait sujets à aucune punition.

4、若军情警急，及前驿无船马倒换者，不坐不偿。［亦究不倒换缘由。］

Quand cependant des messagers seront expédiés pour des affaires militaires urgentes, et qu'il arrivera que, parmi les postes militaires où ils se rendront, il s'en trouve qui soient dépourvus des chevaux ou des bateaux nécessaires au service dont ils seront chargés, ni le détour, ni l'omission, ni la mort des chevaux surmenés; dont il a été parlé plus haut, ne les exposeront à subir la peine corporelle, ni l'amende ci-dessus fixées, pourvu qu'ils justifient des circonstances qui les auront obligés à forcer lesdits chevaux.

二百四十四、多支廪给

Art. CCXLIV. Des délivrances excessives de secours de route

凡出使人员，多支领廪给者，计赃以不枉法论。［分有禄、无禄。］

Toutes les fois qu'une personne envoyée en mission se fera délivrer trop de provisions de route, on comptera le produit de l'action illicite et on prononcera d'après les dispositions relatives au cas de non-violation de règles (en distinguant entre ceux qui reçoivent une solde de l'État et ceux qui n'en reçoivent pas).

当该官吏与者，减一等。强取者，以枉法论，官吏不坐。[多支口粮，比此。]

Les fonctionnaires et employés concernés, qui auront fait la délivrance, seront punis d'une peine moindre d'un degré. Si cette personne a pris de force, on prononcera d'après les dispositions relatives au cas de violation de règles ; les fonctionnaires et employés ne seront pas incriminés (s'il est délivré trop de rations de personnes de suite, le fait sera assimilé à celui-ci).

二百四十五、文书应给驿而不给

Art. CCXLV. Des cas où des dépêches doivent être portées à cheval, et où il n'est pas délivré de chevaux aux porteurs.

1、凡朝廷调遣军马，及报警急军务至边将，若边将及各衙门，飞报军情诣朝廷 [实封] 文书，故不遣使给驿 [而入递] 者，杖一百。因而失误军机者，斩 [监候]。

Toutes les fois que le gouvernement ordonne d'expédier des troupes, ou bien envoie des avertissements urgents concernant les affaires militaires aux généraux commandants aux frontières, comme aussi, lorsque les généraux commandant aux frontières, ainsi que les divers services, préviennent, par une communication rapide, le gouvernement de l'état des affaires militaires et, cela, par une dépêche (fermée), ceux qui, volontairement, n'expédieront pas un exprès ou qui ne lui fourniront pas de chevaux de poste (et qui feront transmettre les dépêches par voie ordinaire), seront punis de cent coups de truong ; s'il en résulte des erreurs ou accidents dans les affaires militaires la peine sera la décapitation (avec sursis).

2、若进贺表笺，及赈救饥荒，申报灾异，取索军需之类重事，故不遣使给驿者，杖八十。

S'il s'agit de félicitations adressées au Souverain, de mémoires ou autres documents qui lui sont adressés, ainsi que de rapports au sujet de secours à accorder, de disettes ou de pertes de récoltes, de calamités extraordinaires ou des approvisionnements des choses nécessaires aux armées, ou d'autres affaires importantes analogues, ceux qui, volontairement, n'auront pas expédié un exprès et qui n'auront pas fourni de chevaux de poste seront punis de quatre-vingts coups de truong;

［失误军机，仍从重论。］若常事，不应给驿而故给驿者，笞四十。

（S'il en est résulté des accidents ou des erreurs dans les opérations militaires on prononcera d'ailleurs selon la loi la plus sévère）. S'il s'agit de choses ordinaires et qu'il n'y ait pas lieu de délivrer des chevaux de poste, ceux qui, volontairement, en auront délivré seront punis de quarante coups de rotin.

二百四十六、公事应行稽程

Art. CCXLVI. Des retards dans les envois pour le service public

凡公事有应起解官物、囚徒、畜产，差人管送而辄稽留，及 ［一切公］事有期限而违者，一日笞二十，每三日加一等，罪止笞五十。

Toutes les fois que, pour un service public, on devra mettre en route et expediter un envoi de choses appartenant à l'État, un convoi de condamnés ou des troupeaux, et envoyer quelqu'un pour diriger le transport, et que, sans motifs, le départ sera différé et retardé, ou bien, si pour quelque affaire publique（que ce soit）, il y a un délai fixé, toutes les fois qu'il sera contrevenu à ce délai, pour un jour, la peine sera de vingt coups de rotin; elle augmentera d'un degré pour chaque fois trois jours en sus et elle s'arrêtera à cinquante coups de rotin.

若起解军需，随征供给，而管送 ［兼稽留］ 违限者，各加二等，罪止杖一百。

S'il s'agit de mettre en route un convoi de fournitures nécessaires à l'armée, de l'accompagner pour le livrer à destination et de diriger le transport, ceux qui auront violé les délais（ceci comprend les retards apportés à la mise en route）, seront, dans chaque cas, punis de ces peines augmentées de deux degrés et la peine s'arrêtera à cent coups de truong;

以致临敌缺乏，失误军机者，斩 ［监候］。

S'il en résulte que l'armée s'est trouvée dépourvue en présence de l'ennemi et des erreurs ou accidents dans les opérations militaires, la peine sera la décapitation (avec sursis).

若承差人误不依题写去处，错去他所，以致违限者，减［本罪］二等。

Si la personne qui a été chargée de la mission se trompe, ne suit pas l'adresse écrite du lieu où elle doit se rendre, va dans un autre lieu, et qu'il en résulte que les délais sont violés, la (dite) peine sera diminuée de deux degrés;

事干军务者，不减。［或笞、或杖、或斩，照前科罪。］

Si le fait a rapport aux affaires militaires la peine ne sera pas diminuée (elle sera soit celle du rotin, soit celle du truong, soit la décapitation, et sera graduée comme il a été dit plus haut).

若由公文题写错［而违限］者，罪坐题写之人，承差人不坐。

Si le fait provient d'une erreur dans une adresse écrite (et qu'il y ait violation de délais), la peine sera subie par la personne qui l'aura écrite, et la personne envoyée ne sera pas incriminée.

二百四十七、占宿驿舍上房
CCXLVII. Coucher sans droit dans la principale sale d'un relais de poste

凡公差人员出外干办公事，占宿驿舍正厅、上房者，笞五十。［正厅、上房、待品官、上客。］

Toutes les fois qu'une personne qui s'en va au dehors accomplir un service public couchera, sans en avoir le droit, dans la grande salle publique ou dans les principals salles d'un relais de poste, elle sera punie de cinquante coups de rotin (la grande salle publique et les principales salles sont réservées aux fonctionnaires et aux hôtes de distinction).

二百四十八、乘驿马赍私物

Art. CCXLVIII. Courriers de l'État se chargeant d'effets personnels [1]

凡出使人员应乘驿马，除随身衣［服、器］仗外，赍带私物者，十斤杖六十，每十斤加一等，罪止杖一百。驿驴减一等，［所带］私物入官。［致死驿马者，依本律。］

Tout envoyé du Gouvernement autorisé à se servir des chevaux de la poste, qui, sans compter ses habits et ses armes, portera des objets personnels pesant 10 livres, sera condamné à 60 coups de bâton. Il y aura augmentation d'un degré par chaque série de 10 livres en plus, sans cependant que la peine dépasse 100 coups. Cette peine sera abaissée d'un degré quand il s'agira des ânes de la poste. Les effets emportés seront confisqués au profit de l'État.

二百四十九、私役民夫抬轿

CCXLIX. Infliger privément à des gens du peuple la corvée de transporter des fardeaux ou une chaise

1、凡各衙门官吏，及出使人员，役使人民抬轿者，杖六十。

Toutes les fois que des fonctionnaires ou employés des divers tribunaux ou services, ainsi que des personnes envoyées en mission, auront obligé des personnes du peuple à porter des fardeaux ou leur chaise, ils seront punis de soixante coups de truong.

有司应付者，减一等。若豪富［庶民］之家，［不给雇钱，以势］役使佃客抬轿者，罪亦如之。

Si l'autorité compétente consent à leur en fournir, la peine sera diminuée d'un degré. Si des gens de famille (du peuple) riches et puissantes obligent (sans payer le prix de location et de leur propre autorité), des paysans à transporter des fardeaux ou des chaises à porteur, la faute sera encore la même.

每名计一日，追给雇工银八分五厘五毫。

---

〔1〕 该律文选自鲍来思译本，第459页。

On poursuivra le remboursement du salaire, fixé à 0, 0855 d'once d'argent par jour.

2、其民间出钱雇工者，不在此限。

Ceux qui, parmi le peuple, paieront un salaire à des porteurs ne seront pas compris dans la portée de cette disposition.

二百五十、病故官家属还乡

Art. CCL. Du retour, dans leurs loyers, des personnes appartenant à la famille de fonctionnaires décédés par suite de maladie

凡军民官，在任以理病故，家属无力不能还乡者，所在官司差人管领，

Toutes les fois que des fonctionnaires militaires ou civils seront décédés par suite de maladie naturelle et pendant l'exercice de leurs fonctions, si des personnes appartenant à leur famille sont sans ressources et ne peuvent revenir dans leurs foyers, le fonctionnaire chargé du gouvernement du lieu enverra quelqu'un chargé de les conduire ;

应付［车、船、夫、马］脚力，随程验［所有家］口，官给行粮，递送还乡。

Il leur fournira (en voitures, barques, porteurs et chevaux) les moyens de transport nécessaires, selon la distance à parcourir ; on vérifiera le nombre des personnes (de la famille), l'État leur fournira des provisions de route, et elles seront ramenées dans leurs foyers ;

违而不送者，杖六十。

Ceux qui contreviendront à cette disposition et ne les feront pas reconduire, seront punis de soixante coups de truong.

二百五十一、承差转雇寄人

CCLI. — De ceux qui, chargés d'une mission, la transmettent à une personne louée

1、凡承差起解官物、囚徒、畜产，不亲管送，而雇人寄人代领送者，杖六十。

Toutes les fois que ceux qui auront reçu mission d'aller transporter des objets appartenant à l'État, de diriger un transfert de condamnés, ou de conduire des troupeaux ne dirigeront pas personnellement le transport ou le transfert, qu'ils loueront quelqu'un ou qu'ils chargeront quelqu'un de les remplacer pour ce soin, ils seront punis de soixante coups de truong ;

因而损失官物、畜产，及失囚者，依［本］律各从重论。［损失重，问损失，轻则仍科雇寄。］

S'il en est résulté des dommages ou des pertes pour les objets appartenant à l'État, ou dans les troupeaux, ou des évasions de détenus, dans chaque cas on prononcera selon la loi (spéciale) la plus sévère ; (si le fait de dommage ou de perte est plus grave, on poursuivra le fait de perte ou de dommage ; s'il est plus léger, on suivra d'ailleurs la disposition relative à ceux qui louent ou qui chargent quelqu'un de leur mission).

受雇受寄人，各减［承差人］一等。

La personne qui aura accepté un salaire ou qui se sera chargée de la mission sera, dans chaqus cas, punie de cette peine (de la personne qui était chargée de la mission), diminuée d'un degré.

2、其同差人自相替者、放者，各笞四十。

Si des personnes chargées ensemble d'une mission se remplacent mutuellement, celles qui auront remplacé et celles qui s'en seront dispensées seront punies, chacune, de quarante coups de rotin ;

取财者，［承替取放者，贴解之物，］计赃，以不枉法论。

Pour celles qui auront pris des valeurs (dont elles ont été chargées par celles qui se sont dispensées de faire le transport des objets), on prononcera en tenant compte du produit de l'action illicite d'après les dispositions relatives au cas de non-violation de règles.

若事有损失者，亦依损失官物及失囚律追断，不在减等之限。［若侵欺故纵，各依本律。替者有犯，管送人不知情，不坐。］

Si les objets transportés ont subi des dommages, ou s'il y a eu des pertes, on prononcera encore la peine et la reparation selon les lois relatives aux dommages causés aux biens de l'État et aux évasions des détenus [art. 98, 392], et le cas n'est plus compris dans la disposition qui prescrit la diminution de degré（s'il y a eu des détournements ou s'il y a eu protection volontaire，dans chaque cas on suivra la loi spéciale relative à ces actes；si les faits ont été commis par les personnes qui ont remplacé les autres，et si les personnes qui avaient reçu mission d'effectuer le transport n'en ont pas pris connaissance，celles-ci ne seront pas incriminées pour ces faits）．

二百五十二、乘官畜产车船附私物

Art. CCLII. Voyager sur les animaux，voitures et barques de l'État et emporter avec soi des objets privés

1、凡因公差应乘官马、牛者〔1〕，［各衙门自拨官马，不得驰驿而行者。］除随身衣仗外，私驼物不得过十斤。

Toutes les fois que，pour un service public，quelqu'un doit voyager et employer les chevaux ou boeufs de l'Etat（les chevaux fournis par les différents services ne doivent pas être conduits au galop），en dehors des vêtements et des armes qu'on porte sur soi，les objets et bagages privés portés sur les chameaux ne doivent pas excéder le poids de dix livres；

违者，五斤笞一十，每十斤加一等，罪止杖六十。［不在乘驿马之条。］

Ceux qui auront contrevenu à cette disposition seront punis de dix coups de rotin pour un excédant de cinq livres；la peine augmentera d'un degré pour chaque fois dix livres en plus et s'arrêtera à soixante coups de truong.

2、其乘船车者，私载物不得过三十斤。违者，十斤笞一十，每二十斤加一等，罪止杖七十。

Ceux qui emploieront les barques ou voitures de l'État ne pourront emporter de bagages privés excédant le poids de trente livres；ceux qui auront contrevenu à cette disposition seront punis de dix coups de rotin pour un excédant de dix livres；la peine augmentera d'un degré pour chaque fois vingt livres en sus et s'arrêtera à soixante dix coups de truong.

---

〔1〕《大清律例》在此处中是"官马、牛、驼、骡、驴"，在《皇越律例》中部分文字被修改。

家人随从者，不坐。若受寄私载他人物者，寄物之人同罪，其物并入官。

Les personnes de la famille et de la suite ne seront pas incriminées. Ceux qui auront donné à transporter et ceux qui auront consenti à se charger de transporter privément des objets appartenant à autrui seront punis de la même peine ; les objets seront également contisqués à l'État.

当该官司知而容纵者，与同罪；不知者，不坐。

Si les fonctionnaires concernés connaissent la nature des faits et les tolèrent, ils seront punis de la même peine ; ceux qui ne les connaîtront pas ne seront pas incriminés.

若应合递运家小［如阵亡病故官军，及军民官在任以理病故。］者，［虽有私带物件］不在此限。

Si des personnes de la propre famille [1] d'une personne doivent être transportées et conduites (comme lorsqu'il s'agit des fonctionnaires ou militaires tués dans le combat ou morts de maladie [art. 218], ou bien de fonctionnaires civils ou militaires morts par suite de maladie pendant la durée de leurs fonctions [art. 250], bien quelles emportent des objets privés), le cas n'est pas compris dans les limites de cette disposition.

二百五十三、私借驿马

Art. CCLIII. Des officiers qui se serviront pour eux-même des chevaux de poste du Gouvernement, ou qui les préteront [2]

凡驿官将驿马私自借用、或转借与人及借之者，各杖八十。驿驴，减一等。

Aucun officier d'un poste de cavalerie ne pourra employer, pour son service particulier, ou prêter à d'autres, les chevaux de poste du Gouvernement ; le prêteur et l'emprunteur subiront, pour chaque délit, la peine de 80 coups, et un degré de moins lorsqu'on prêtera ou empruntera des ânes.

验［计］日追雇赁钱入官。若计雇赁钱重［于私借之罪］者，各坐赃论加二等。

---

〔1〕 此处仅指妻、妾及孩子。——原注。

〔2〕 该律文选自勒努阿尔译本，第 1 卷，第 437 页，因鲍来思译文没包含此律文。

On estimera la somme qui sera due par jour pour le loyer de ces animaux ; cette somme sera payée au Gouvernement par forme d'amende , et la peine encourue pour les délits ci−dessus sera sujette à l'augmentation que se trouvera prescrire l'échelle , réglée par la loi rendue contre les torts pécuniaires , à deux degrés de plus que ne le marque cette échelle , et en raison des cas où se trouveront les contrevenants à la présente loi.

刑 律

贼 盗
Rébellion et vols

二百五十四、谋反大逆
Art. CCLIV. Des complots de rébellion et de grande rébellion

凡谋反，［不利于国，谓谋危社稷。］及大逆，［不利于君，谓谋毁宗庙、山陵及官阙。］但共谋者，不分首、从，［已、未行］皆凌迟处死。

Dans tout complot de rébellion（pour nuire à l'Etat；c'est-à-dire complot ayant pour but de renverser les esprits protecteurs de l'empire），ou bien de grande rébellion（pour nuire au Souverain；c'est-à-dire complot ayant pour but de détruire les temples et les tombes des ancêtres du Souverain, ainsi que les palais impériaux），ceux qui, de quelque façon que ce soit, auront pris une part quelconque au complot seront, sans distinction de principal coupable et de co-auteurs（et que le complot ait été ou non suivi d'actes d'exécution），tous punis de la mort lente.

［正犯之］祖父、父、子、孙、兄弟及同居之人，［如本族无服亲属及外祖父、妻父、女婿之类。］不分异姓，及［正犯之期亲］伯叔父、兄弟之子，不限［已未析居。］籍之同异，［男］年十六以上，不论笃疾、废疾，皆斩；其［男］十五以下，及［正犯之］母、女、妻妾、姐妹，若子之妻妾，给付功臣之家为奴。

L'aïeul, le père, les fils, petits-fils, frères aînés ou cadets (de ceux qui sont directement coupables), ainsi que les personnes demeurant ensemble avec eux (telles que des parents de même branche à un degré auquel il n'y a pas de vêtement de deuil, ainsi que l'aïeul en ligne extérieure, le père de l'épouse, les gendres ou fiancés des filles et autres), sans distinguer si leur nom de famille est différent, ainsi que les (parents du second degré de ceux qui sont directement coupables), oncles, frères aînés ou cadets du père, les fils des frères aînés ou cadets sans distinction (de domicile séparé ou non), d'inscription sur le même rôle ou sur des rôles différents (tous mâles), âgés de seize ans et au-dessus, sans discerner s'ils sont impotents ou infirmes, seront tous punis de la décapitation, ceux (mâles), qui seront âgés de quinze ans et au-dessous, ainsi que la mère, les filles, l'épouse, les concubines, les soeurs aînées ou cadettes, comme aussi l'épouse et les concubines des fils (de ceux qui sont directement coupables), seront données aux familles des fonctionnaires méritants comme esclaves.

［正犯］财产入官。若女［兼姐妹］许嫁已定，归其夫。［正犯］子、孙过房与人及［正犯之］聘妻未成者，俱不追坐。［上止坐正犯兄弟之子，不及其孙。余律文不载，并不得株连。］

Les biens et propriétés (de ceux qui sont directement coupables) seront confisquées à l'État. Si les filles (cela comprend indistinctement les soeurs aînées et cadettes) ont déjà été accordées en mariage et fiancées à un homme, si les enfants ou petits-enfants (de ceux qui sont directement coupables), sont déjà passés dans la branche de famille d'une autre personne ; ou bien si la fiancée (de ceux qui sont directement coupables) a déjà été demandée, mais que le mariage ne soit pas encore accompli, ces personnes ne seront jamais poursuivies, saisies, ni incriminées (dans ce qui précède, sont seulement incriminés : les fils des frères aînés ou cadets de ceux qui sont directement coupables ; cela n'atteint pas les petits-fils ; pour les autres, lorsque le texte de la loi ne les énumère pas, l'on ne peut également pas leur étendre l'incrimination).

知情故纵隐藏者，斩。有能捕获［正犯］者，民授以民官，军授以军职，［量功授职。］仍将犯人财产全给充赏。

Ceux qui connaissant la nature des faits, les auront volontairement favorisés et cachés, ou qui auront recelé les auteurs, seront punis de la décapitation; ceux qui pourront les arrêter et les saisir (ceux qui sont directement coupables), s'ils sont gens du peuple, seront pourvus d'une fonction civile, et s'ils sont de condition militaire, ils recevront un titre militaire (on appréciera leur mérite pour fixer le grade qui leur sera conféré); d'ailleurs, on leur donnera en récompense la totalité des biens et valeurs des coupables.

知而首告，官为捕获者，止给财产。［虽无故纵，但］不首者，杖一百，流三千里。

Ceux qui, ayant connaissance du fait, le dénonceront à l'autorité pour qu'elle puisse arrêter et saisir les coupables, recevront seulement comme récompense les valeurs et biens des coupables. (Bien qu'ils n'aient pas volontairement favorisé les coupables, de quelque façon que ce soit), ceux qui ne le dénonceront pas seront punis de cent coups de truong et de l'exil à trois mille lis.

［未行而亲属告捕到官，正犯与缘坐人俱同自首免；已行，惟正犯不免，余免。非亲属首捕，虽未行，仍依律坐。］

(Si, le complot n'ayant pas encore été suivi d'actes d'exécution, les parents révèlent le fait et livrent le coupable à l'autorité, ceux qui sont directement coupables et ceux qui sont incriminés par responsabilité des actes d'autrui éviteront toujours le châtiment, comme les coupables qui se livrent eux-mêmes à la justice. Si le complot a été suivi d'actes d'exécution, ceux qui sont directement coupables seuls n'éviteront pas le châtiment et les autres en seront dispensés. Si ce ne sont pas des parents qui dénoncent le fait et qui arrêtent les coupables, quoique le complot n'ait pas encore été suivi d'actes d´exécution, ces derniers seront d'ailleurs incriminés selon la loi.)

二百五十五、谋叛
Art. CCLV. Du complot de trahison

1、凡谋叛，［谓谋背本国，潜从他国。］但共谋者，不分首、从，皆斩。

Dans tout complot de trahison (Ce nom veut dire: tourner le dos à son proper pays et, perversement, suivre un autre état), ceux qui, de quelque façon que ce soit, auront participé au complot seront, sans distinction de principal coupable et de co-auteurs, tous punis de la décapitation;

妻、妾、子、女给付功臣之家为奴，财产并入官［姐、妹不坐。］

Leur épouse, leurs concubines, leurs fils et filles seront distribués aux familles des dignitaires méritants, en qualité d'esclaves; leurs valeurs et biens seront également confisqués à l'État (les soeurs aînées et cadettes ne sont pas incriminées).

女许嫁已定，子、孙过房与人，聘妻未成者，俱不坐。

Les filles déjà accordées en mariage déjà conclu, les enfants et petits-enfants passés dans une autre branche et donnés à quelqu'un, l'épouse demandée en mariage lorsque le mariage n'est pas encore accompli, ne sont tous pas incriminés.

父母、祖孙、兄弟、不限籍之同异，皆流二千里安置。［余俱不坐。］

Le père et la mère, l'aïeul, les petits-fils, les frères aînés et cadets, sans distinction d'inscription sur le même rôle ou sur des rôles différents, sont tous exilés à deux mille lis et internés (les autres ne sont jamais incriminés).

知情故纵隐藏者，绞。有能告捕者，将犯人财产全给充赏。知［已行］而不首者，杖一百，流三千里。

Ceux qui ayant connaissance de la nature des faits auront volontairement favorisé, caché et recélé les coupables seront punis de la strangulation; ceux qui auront pu accuser et arrêter les coupables recevront, en récompense, la totalité de leurs biens; ceux qui, connaissant le fait (déjà suivi d'actes d'exécution), ne le dénonceront passeront punis de cent coups de truong et de l'exil à trois mille lis.

若谋而未行首者，绞；为从者，［不分多少，］皆杖一百，流三千里。知［未行］而不首者，杖一百，徒三年。

S'il y a eu complot et qu'il n'ait pas encore été suivi d'actes d'exécution, le principal coupable sera puni de la strangulation et les co-auteurs (sans distinguer s'ils sont en grand ou en petit nombre) seront tous punis de cent coups de truong et de l'exil à trois mille lis. Ceux qui connaîtront le fait (pas encore suivi d'actes d'exécution) et qui ne le dénonceront pas, seront punis de cent coups de truong et de trois ans de travail pénible;

［未行，则事尚隐秘，故不言故纵隐藏。］

(Si le complot n'a pas encore été suivi d'actes ayant pour but son accomplissement, la chose est encore secrète, c'est pourquoi il n'est pas question de favoriser volontairement, de cacher et de recéler).

2、若逃避山泽，不服追唤者，［或避差，或犯罪，负固不服，非暂逃比。］以谋叛未行论。［依前分首、从。］其拒敌官兵者，以谋叛已行论。

S'il quelqu'un fuit et se retire dans des forêts marécageuses sans se soumettre aux ordres qui le rappellent (soit pour fuir des charges qui lui incombent, soit qu'il ait commis une faute, et s'établissant fortement dans un lieu d'un abord si difficile, sans vouloir se soumettre, ce qui n'est plus comparable à une fuite ordinaire), on prononcera d'après les dispositions relatives au complot de trahison pas encore suivi d'actes d'exécution (selon ce qui précède, on distinguera entre le principal coupable et les co-auteurs) s'il résiste à l'autorité et aux troupes, on prononcera d'après les dispositions relatives au complot de trahison déjà suivi d'actes d'exécution.

［依前不分首、从律。以上二条未行时，事属隐秘，须审实乃坐。］

(Comme dans la loi précédente, qui n'admet pas de distinction entre le principal coupable et les co-auteurs. Dans les deux articles ci-dessus, tant que le complot n'est pas encore suivi d'actes d'exécution, la chose est secrète et cachée; il faut que la réalité du fait soit reconnue, et alors les coupables sont passibles des peines édictées.)

二百五十六、造妖书妖言

Art. CCLVI. Écrire ou parler sur la sorcellerie

凡造谶纬、妖书、妖言，及传用惑众者，皆斩［监候］。［被惑人不坐，不及众者，流三千里，合依量情分坐。］

Les auteurs de prédiction, de livres ou de paroles magiques, ainsi que ceux qui en auront fait usage et troublé la multitude ou foule seront tous punis de la décapitation (avec sursis; les personnes égarées et troublées ne seront pas incriminées. Si l'erreur n'a pas contagionné la foule la peine sera l'exil à trois mille lis; on divise l'incrimination en tenant compte de la nature du fait.

若［他人造传］私有妖书，隐藏不送官者，杖一百，徒三年。

Si (d'autres personnes en étant auteurs ou les ayant répandus), quelqu'un a en sa possession et cache ou recèle des écrits de ce genre, sans les livrer à l'autorité, la peine sera de cent coups de truong et de trois ans de travail pénible. ［art. 162, 165.］

二百五十七、盗大祀神御物

Art. CCLVII. — Vol des objets consacrés aux Esprits qui sont honorés dans les grands sacrifices

凡盗大祀［天曰］神［地曰］祇，御用祭器、帷帐等物，及盗飨荐玉帛、牲牢、馔具之属者，皆斩。［不分首、从、监守、常人，谓在殿内及已至祭所而盗者。］

Ceux qui auront volé des objets tels que tentures ou draperies et autres servant au culte et consacrés à l'usage des Esprits（du ciel ou de la terre）en l'honneur desquels sont offerts les grands sacrifices, ainsi que ceux qui auront volé tout ce qui est employé ou qui sert à ces mêmes sacrifices, tels que pierres ou étoffes précieuses, animaux ou mets préparés et instruments, seront tous punis de la décapitation（sans distinction de principal coupable et de co-auteurs, de qualité de surveillant ou gardien ou de personnes ordinaires, ni de ce qui est encore dans le sanctuaire ou de ce qui a déjà été transporté au lieu du sacrifice）.

其［祭器、品物］未进神御及营造未成，若已奉祭讫之物，及其余官物，［虽大祀所用，非应荐之物。］皆杖一百，徒三年。

Ceux qui auront volé（les objets du culte ou les choses offertes）ce qui n'est pas encore consacré ou offert aux Esprits, ou ce qui est préparé, mais pas encore achevé de faire, ou bien les choses qui auront servi au sacrifice après qu'elles auront cessé de servir, ou enfin tous les autres objets appartenant à l'État（qui, bien qu'employés dans les cérémonies des sacrifices ne sont cependant pas des choses qui doivent être offertes en sacrifice）, seront tous punis de cent coups de truong et de trois ans de travail pénible;

若计赃重于本罪，［杖一百，徒三年。］者，各加盗罪一等。

Si, en tenant compte de la valeur du produit de l'acte illicite, la peine est plus forte que celle-ci（cent coups de truong et trois ans de travail pénible）, dans chaque cas la peine du vol sera augmentée d'un degré.

［谓监守、常人盗者，各加监守、常人盗罪一等。至杂犯绞、斩不加。］并刺字。

(Cela veut dire que si des surveillants et gardiens ou des personnes ordinaires ont commis le vol on augmentera d'un degré la peine du fait de vol commis par des surveillants ou gardiens ou par des personnes ordinaires; si la peine est la strangulation ou la décapitation avec culpabilité relative, elle n'est pas augmentée); les coupables seront également marqués ［art. 157, 158, 264, 265］.

二百五十八、盗制书

Art. CCLVIII. Vol de dépêches imperials

1、凡盗制书者，［若非御宝原书，止抄行者，以官文书论。］皆斩。［不分首、从。］

Ceux qui auront volé des dépêches impériales (s'il ne s'agit pas de l'original revêtu du sceau impérial, mais seulement d'une copie ou expédition, on prononcera d'après la disposition relative aux dépêches officielles), seront punis de la décapitation (sans distinction entre le principal coupable et les co-auteurs).

2、盗各衙门官文书者，皆杖一百，刺字。若有所规避者，［或侵欺钱粮，或受财买求之类。］从重论。

Ceux qui auront volé des dépêches ou pièces officielles des divers tribunaux ou services publics seront tous punis de cent coups de truong et marqués; si le vol a été commis dans le but d'éviter les conséquences de quelqu'autre fait (soit d'un détournement de fonds ou de grains, soit d'acceptation de valeurs, d'achat ou de sollicitation ou autres faits analogues), on prononcera en suivant la loi la plus sévère.

事干［系］军机［之］钱粮者，皆绞［监候］。［不分首、从］。

Si le fait est relatif aux opérations militaires ou aux fonds et grains (des armées) tous les coupables seront punis de la strangulation (avec sursis, sans distinguer entre le principal coupable et les co-auteurs).

二百五十九、盗印信

Art. CCLIX. Vol de sceaux

凡盗各衙门印信者，〔不分首、从〕皆斩〔监候〕。〔又"伪造印信时宪书条例"云：钦给关防，与印信同。〕盗关防印记者，皆杖一百，刺字。

Ceux qui auront volé les sceaux, *àn tin*〔1〕, d'un tribunal ou service public quelconque seront tous（sans distinction de principal coupable ou de co-auteurs）, punis de la peine de la décapitation（avec sursis）;

（De plus, un décret de l'article relatif à la contrefaçon des sceaux et almanachs dit que les sceaux appelés *Quanphang*〔2〕, délivrés par le Souverain, doivent être considérés comme les sceaux appelés *àn tin*）. Ceux qui auront volé des sceaux appelés *Quan phong ân Ky*〔3〕 seront tous punis de cent coups de truong; ils seront marqués.

二百六十、盗内府财物

Art. CCLX. Vol des valeurs et objets du trésor du Souverain

盗内府财物者，皆斩。〔杂犯但盗即坐，不论多寡，不分首、从。

Ceux qui auront volé des valeurs ou objets du trésor du Souverain seront tous punis de la décapitation（culpabilité relative, de quelque façon que ce soit, du moment où il y a vol, les coupables sont passibles de cette peine; on ne discerne pas s'ils sont en grand et en petit nombre, on ne distingue pas entre le principal coupable et les co-auteurs.

若财物未进库，止依盗官物论。内府字要详。〕

Si les valeurs ou objets n'étaient pas encore entrés dans les magasins, on prononcera seulement selon les dispositions relatives au vol des biens de l'État; le sens des deux caractères traduits par «trésor du Souverain,» est important）.

---

〔1〕　此处该越南语对应汉语"印信"。
〔2〕　此处该越南语对应汉语"关防"。
〔3〕　此处该越南语对应汉语"关防印记"。

二百六十一、盗城门钥

Art. CCLXI. Vol des clefs des portes de villes

凡盗京城门钥，皆［不分首、从］杖一百，流三千里。［杂犯。］

Ceux qui auront volé les clefs des portes de l'enceinte de la ville capitale seront tous (sans distinction de principal coupable et de co-auteurs) punis de cent coups de truong et de l'exil à trois mille lis (culpabilité relative);

盗府、州、县、镇城关门钥，皆杖一百，徒三年。

Ceux qui auront volé les clefs des portes des villes de *phu*, *chàu* ou *huyên* ou des postes de surveillance seront tous punis de cent coups de truong et de trois ans de travail pénible.

盗仓库门［内外各衙门］等钥，皆杖一百，并刺字。

Ceux qui auront volé les clefs de porte de greniers ou de magasins (des différents tribunaux ou services des districts relevant du gouvernement central ou des provinces) seront tous punis de cent coups de truong; ils seront également marqués.

［盗皇城门钥，律无文，当以盗内府物论。盗监狱门钥，比仓库。］

(La loi ne contient aucun texte qui fasse mention des clefs des portes de la ville impériale; pour ce cas, on prononcerait d'après la loi relative au vol des objets du Trésor impérial ［art. 260］; le vol des clefs des portes d'une prison est assimilé au vol des clefs d'une porte d'un grenier ou d'un magasin.)

二百六十二、盗军器

Art. CCLXII. Vol d'armes et d'objets d'équipement militaire

凡盗［人关领在家］军器者，［如衣甲、枪刀、弓箭之类。］计赃，以凡盗论。

Celui qui aura volé des armes ou des objets d'équipement militaire (qu'une personne aura obtenu l'autorisation de conserver chez soi et tels que vêtements, armures, lances, sabres, arcs, flèches et autres du même genre) sera jugé en tenant compte du produit de l'acte illicite d'après les dispositions relatives aux personnes quelconques qui volent.

若盗［民间］应禁军器者，［如人马甲、傍牌、火筒、火炮、旗纛、号带之类。］与［事主已得］私有之罪同。

S'il s'agit d'un vol d'armes ou d'objets d'équipement militaire prohibés（prohibés chez le peuple, tels qu'armures d'homme ou de cheval, boucliers, fusées, armes à feu, drapeaux, bannières militaires, mèches pour signaux de reconnaissance et autres objets du même genre）, pour le coupable et pour celui（le propriétaire de ces objets, qui les avait et）qui les possédait privément la faute sera la même.

若行军之所及宿卫军人相盗入己者，准凡盗论。［若不入己］还充官用者，各减二等。

Si au lieu où ils sont en service, ou bien au cantonnement où ils sont de garde, des militaires se volent entre eux de tels objets et se les approprient, on prononcera conformément aux dispositions relatives aux personnes quelconques coupables de vol（s'ils ne se les approprient pas）; mais s'ils les emploient pour le service de l'État, dans chaque cas la peine sera diminuée de deux degrés［art. 212, 213, 214］.

二百六十三、盗园陵树市

Art. CCLXIII. Vol d'arbres dans les jardins des sepultures des Souverains

凡盗园陵内树木者，皆［不分首、从］杖一百，徒三年。

Ceux qui auront volé des arbres dans les jardins des sépultures des Souverains seront tous（sans distinction entre le principal coupable et les co-auteurs）, punis de cent coups de truong et de trois ans de travail pénible.

若盗他人坟茔内树木者，［首］杖八十［从，减一等。］

S'il s'agit du vol d'arbres dans les sépultures d'autrui, la peine（du principal coupable）sera de quatre-vingts coups de truong（celle des co-auteurs sera diminuée d'un degré）.

若计［入己］赃重于［徒杖］本罪者，各加盗罪一等。［各加监守、常人、窃盗罪一等。若未驮载，仍以毁论。］

Si le compte du produit de l'action illicite（que le coupable s'est approprié）, entraîne une peine plus forte que les peines prononcées par ladite loi（la peine du travail pénible et du truong), dans chaque cas la peine du vol sera augmentée d'un degré (dans chaque cas on augmentera d'un degré la peine du vol commis par des surveillants ou gardiens, ou par des personnes ordinaires, ou la peine du vol furtif; si les arbres n'ont pas encore été enlevés et transportés, on prononcera d'ailleurs pour le fait de destruction [art. 91].

二百六十四、监守自盗仓库钱粮

Art. CCLXIV. Des surveillants ou gardiens qui volent eux-mêmes les fonds et grains des greniers et magasins

1、凡监临主守, 自盗仓库钱粮等物, 不分首、从, 并赃论罪。

Toules les fois que des surveillants, directeurs ou gardiens chargés auront eux-mêmes volé des fonds, grains ou autres objets dans les greniers ou les magasins, on prononcera la peine sans distinguer entre le principal coupable et les co-auteurs et pour le même produit d'action illicite.

[并赃, 谓如十人节次共盗官银四十两, 虽各分四两入己, 通算作一处, 其十人各得四十两罪, 皆斩。]

(«Pour le même produit d'action illicite», signifie que si dix personnes ont, en plusieurs fois, volé ensemble quarante onces d'argent appartenant au gouvernement, bien que chacune d'elles ait reçu quatre onces d'argent pour sa part personnelle, on compte le tout en une seule somme et chacune des dix personnes est punie de la peine qui correspond à quarante onces; c'est-à-dire que toutes sont punies de la décapitation;

[若十人共盗五两, 皆杖一百之类。三犯者, 绞, 问实犯。]

Si dix personnes ont volé ensemble cinq onces d'argent, toutes sont punies de cent coups de truong et ainsi de même dans les autres cas. Celles qui sont coupables pour la troisième fois sont punies de la strangulation et la culpabilité est considérée comme absolue.)

2、并于右小臂膊上刺 "盗官 [银粮物]" 三字。[每字各方一寸五分, 每画各阔一分五厘, 上不过肘, 下不过腕。余条准此。]

Ils seront également marqués sur le haut du bras droit de trois caractères dont le sens est voleur d'argent, de grains, d'objets de l'État; (chaque caractère couvrant un carré d'un pouce et demi de côté; chaque trait large de 0, 15 de pouce; en haut, l'inscription ne dépassant pas l'articulation de l'épaule; en bas, ne dépassant pas le coude: les prescriptions seront observées dans les autres articles).

一两以下，杖八十；

Au-dessous d'une once, quatre-vingts coups de truong;

一两之上至二两五钱，杖九十；

Au-dessus d'une once jusqu'à deux onces cinq dixièmes, quatre-vingt-dix coups de truong;

五两，杖一百；

Cinq onces, cent coups de truong;

七两五钱，杖六十，徒一年；

Sept onces cinq dixièmes, soixante coups de truong et un an de travail pénible;

一十两，杖七十，徒一年半；

Dix onces, soixante-dix coups de truong et un an et demi de travail pénible;

一十二两五钱，杖八十，徒二年；

Douze onces cinq dixièmes, quatre-vingts coups de truong et deux ans de travail pénible;

一十五两，杖九十，徒二年半；

Quinze onces, quatre-vingt-dix coups de truong et deux ans et demi de travail pénible;

一十七两五钱，杖一百，徒三年；

Dix-sept onces cinq dixièmes, cent coups de truong et trois ans de travail pénible;

二十两，杖一百，流二千里；

Vingt onces, cent coups de truong et l'exil à deux mille lis;

二十五两，杖一百，流二千五百里；

Vingt-cinq onces, cent coups de truong et l'exil à deux mille cinq cents lis;

三十两，杖一百，流三千里；［杂犯三流，总徒四年。］

Trente onces, cent coups de truong et l'exil à trois mille lis. (La culpabilité est relative; les trois exils sont remplacés par la peine complète de quatre ans de travail pénible）；

四十两，斩。[杂犯，徒五年]

Quarante onces, décapitation. (Culpabilité relative, cinq ans de travail pénible).

二百六十五、常人盗仓库钱粮

Art. CCLXV. Des personnes ordinaires qui volent les fonds et grains des greniers et magasins

凡常人［不系监守外，皆是。］盗仓库［自仓库盗出者坐。］钱粮等物，［发觉而］不得财，杖六十；［从，减一等。］

Toutes les fois que des personnes ordinaires (toutes celles qui ne sont ni surveillants, ni gardiens, sont comprises dans le sens de cette expression) auront volé des fonds, grains ou autres objets des greniers et magasins (celui qui sort quelque chose hors des magasins ou des greniers est passible de la peine), et que, (le fait étant découvert), elles n'auront pas obtenu de valeurs, la peine sera de soixante coups de truong; (celle des co-auteurs sera diminuée d'un degré).

但得财者，不分首、从，并赃论罪［并赃，同前］。并于右小臂膊上刺"盗官［银粮物］"三字。

Si, de quelque façon que ce soit, elles ont obtenu les valeurs, on prononcera la peine sans distinguer entre le principal coupable et les co-auteurs, et pour le même produit d'action illicite (le même produit d'action illicite comme précédemment); les coupables seront également marqués sur le haut du bras droit de trois caractères dont le sens est: voleur d'argent, de grains, d'objets de l'État.

一两以下，杖七十；

Au-dessous d'une once, soixante-dix coups de truong;

一两以上至五两，杖八十；

Une once et au-dessus jusqu'à cinq onces, quatre-vingts coups de truong;

一十两，杖九十；

Dix onces, quatre-vingt-dix coups de truoug;

一十五两，杖一百；

Quinze onces, cent coups de truong;

二十两，杖六十，徒一年；

Vingt onces, soixante coups de truong et un an de travail pénible；

二十五两，杖七十，徒一年半；

Vingt-cinq onces, soixante-dix coups de truong et un an et demi de travail pénible；

三十两，杖八十。徒二年；

Trente onces, quatre-vingts coups de truong et deux ans de travail pénible；

三十五两，杖九十，徒二年半；

Trente-cinq onces, quatre-vingt-dix coups de truong et deux ans et demi de travail pénible；

四十年，杖一百，徒三年；

Quarante onces, cent coups de truong et trois ans de travail pénible；

四十五年，杖一百，流二千里；

Quarante-cinq onces, cent coups de truong et l'exil à deux mille lis；

五十两，杖一百，流二千五百里；

Cinquante onces, cent coups de truong et l'exil à deux mille cinq cents lis；

五十五两，杖一百，流三千里；［杂犯三流，总徒四年。］

Cinquante-cinq onces, cent coups de truong et l'exil à trois mille lis. (Culpabilité relative；les trois exils sont remplacés par la peine complète de quatre ans de travail pénible.)

十两，绞。［杂犯，徒五年。其监守直宿之人，以不觉察科罪。］

Quatre-vingts onces, strangulation. (Culpabilité relative；la peine est remplacée par cinq ans de travail pénible. Les surveillants et gardiens et personnes de service de garde sont punis et leur peine est graduée d'après les dispositions relatives à ceux qui ne s'aperçoivent pas du vol. ［art. 131. ］

二百六十六、强盗

Art. CCLXVI. Du vol commis à lorce ouverte

1、凡强盗已行，而不得财者，皆杖一百，流三千里。但得［事主］财者，不分首、从，皆斩。

Toutes les fois que des coupables de vol à force ouverte, avec actes d'exécution déjà consommés, n'auront pas obtenu de valeurs, ils seront tous punis de cent coups de truong et de l'exil à trois mille lis ; mais, si de quelque façon que ce soit, il y a eu valeurs [d'un propriétaire] obtenues, ils seront tous punis de la décapitation sans distinction de principal coupable et de co-auteurs ;

[虽不分赃亦坐。其造意不行又不分赃者，杖一百，流三千里。伙盗不行又不分赃者，杖一百。]

(Bien qu'ils n'aient pas participé au produit de l'action illicite, ils seront quand même passibles de cette peine ; si l'auteur de l'idée n'a pas pris part à l'exécution du fait et n'a, de plus, pas participé au produit de l'action illicite, il sera puni de cent coups de truong et de l'exil à trois mille lis ; parmi le nombre des voleurs, ceux qui n'auront pas pris part à l'exécution du fait et qui, de plus, n'auront pas participé au produit de l'action illicite seront punis de cent coups de truong).

2、若以药迷人图财者，罪同。[但得财皆斩。]

Ceux qui auront employé des drogues pour stupéfier quelqu'un dans le but d'enlever des valeurs seront punis pour la même faute (si, de quelque façon que ce soit, il y a eu valeurs obtenues, tous seront punis de la décapitation).

3、若窃盗临时有拒捕及杀伤人者，皆斩[监候]。[得财不得财，皆斩，须看"临时"二字。]

Ceux qui, au moment même où ils commettaient un vol furtif, auront résisté à ceux qui voulaient les arrêter, ou bien qui auront tué ou blessé quelqu'un, seront tous punis de la décapitation (avec sursis ; qu'ils aient ou non obtenu quelque valeur, tous sont punis de la decapitation ; il faut faire attention aux deux caractères dont le sens est : «Au moment même»).

因盗而奸者，罪亦如之。[不论成奸与否，不分首、从。]

Pour ceux qui auront profité de l'occasion du vol pour commettre un acte de fornication, la faute sera encore la même (sans distinguer si le viol a été accompli ou non, et sans distinguer entre le principal coupable et les co-auteurs).

共盗之人不曾助力，不知拒捕杀伤人及奸情者，[审确。]止依窃盗论。[分首、从，得财不得财。]

Ceux qui, commettant le vol ensemble avec les précédents, ne les auront pas aidés de leur force ou assistance et qui n'auront pas eu connaissance des faits de résistance à ceux qui veulent arrêter les coupables et de meurtre ou de blessures, non plus que ce qui a rapport au viol (si cette condition est reconnue certaine), seront seulement jugés selon les dispositions relatives au vol furtif (en distinguant entre le principal coupable et les co-auteurs et en observant s'il y a eu ou s'il n'y a pas eu valeurs obtenues).

4、其窃盗事主知觉，弃财逃走，事主追逐，因而拒捕者，自依罪人拒捕律科罪。

Celui qui, commettant un vol furtif et découvert par le propriétaire, aura abandonné les valeurs et aura pris la fuite et qui, étant poursuivi par le propriétaire, et à cause de cela lui aura résisté pour ne pas être saisi, sera naturellement puni d'une peine graduée selon la loi relative aux coupables qui résistent à ceux qui les poursuivent pour les arrêter [art. 388];

［于窃盗不得财本罪上加二等，杖七十。］

(À la peine primitive du vol furtif dans le cas où il n'y a pas eu de valeurs obtenues, on ajoutera deux degrés, et elle deviendra de soixante-dix coups de truong;)

［殴人至折伤以上，绞。杀人者，斩。为从，各减一等。］

(Si le coupable a frappé quelqu'un jusqu'à lui faire des blessures dites fractures et au-dessus, la peine sera la strangulation; s'il a tué quelqu'un, elle sera la décapitation; les co-auteurs seront, dans chaque cas, punis d'une peine moindre d'un degré).

［凡强盗自首不实不尽，只宜以名例自首律内至死减等科之，不可以不应从重科断。］

(Toutes les fois que des voleurs à force ouverte se livrent eux-mêmes à la justice et ne déclarent pas la vérité ou ne la déclarent pas tout entière, on doit seulement prononcer d'après la disposition de l'article des règles de définition relatif aux coupables qui se livrent eux-mêmes; selon laquelle si la peine est la mort, elle est diminuée d'un degré; on ne peut pas graduer leurs peines d'après la disposition la plus sévère de l'article relatif à ce qui ne doit pas être fait);

［窃盗伤人自首者，但免其盗罪，仍依斗殴伤人律论。］

Si des coupables de vol furtif qui ont blessé quelqu'un se livrent eux-mêmes à la justice, ils ne seront dispensés que de la peine du fait de vol et on prononcera d'ailleurs selon la loi relative aux blessures faites dans une rixe) [art. 25, 386, 302].

二百六十七、劫囚

Art. CCLXVII. De l'enlèvement par force des détenus

凡劫囚者，皆［不分首、从］斩［监候］。［但劫即坐，不须得囚。］

Ceux qui auront enlevé des détenus seront tous (sans distinction de principal coupable et de co-auteurs) punis de la décapitation (avec sursis ; du moment où il y a attaque et emploi de la force ou de la violence pour enlever, la peine est applicable, sans qu'il soit nécessaire que les détenus aient été enlevés).

若私窃放囚人逃走者，与囚同罪。至死者，减一等。［虽有服亲属，与常人同。］

Ceux qui, privément et furtivement, auront permis à des personnes détenues de prendre la fuite seront punies de la même peine que ces détenus ; si cette peine est la mort, la leur sera diminuée d'un degré (bien qu'il s'agisse de parents à un degré pour lequel il y a un vêtement de deuil fixé, ils seront considérés comme des personnes ordinaires) ;

窃而未得囚者，减［囚］二等。因而伤人者，绞［监候］。

Ceux qui auront agi furtivement et qui n'auront pas encore enlevé les détenus seront punis d'une peine moindre de deux degrés (que celle des détenus) ; si, à cause de cela, ils ont blessé quelqu'un, ils seront punis de la strangulation (avec sursis) ;

杀人者，斩［监候。虽杀伤被窃之囚，亦坐前罪，不问得囚与未得囚。］

S'ils ont tué quelqu'un, la peine sera la décapitation (avec sursis, bien que la personne tuée ou blessée soit le détenu qu'il s'agissait d'enlever furtivement, les coupables sont encore passibles de la peine ci-dessus, sans qu'on s'occupe de savoir s'ils ont, ou non, enlevé le détenu) ;

为从，各减一等。［承窃囚与窃而未得二项。］

Les co-auteurs seront dans chaque cas punis d'une peine moindre d'un degré (cela se rapporte aux deux cas de délivrance furtive de détenus et de tentative d'enlèvement furtif sans qu'il y ait eu de détenus enlevés).

若官司差人追征钱粮、勾摄公事及捕获罪人，聚众中途打夺者，［首］杖一百，流三千里，因而伤差人者，绞［监候］。

Si un fonctionnaire compétent a envoyé quelqu'un pour exiger le recouvrement de fonds ou de grains, pour diriger un service public ou arrêter des coupables, pour ceux qui se seront assemblés en foule sur la route pour les frapper et commettre des actes d'enlèvement par violence, la peine (du principal coupable) sera de cent coups de truong et de l'exil à trois mille lis; si, à cause de cela, ils ont blessé les personnes envoyées en mission, la peine sera la strangulation (avec sursis);

杀人及聚至十人，［九人而下，止依前聚众科断。］为首者，斩［监候］，下手致命者，绞［监候］。为从，各减一等。

S'ils ont tué quelqu'un ou bien s'ils se sont rassemblés jusqu'au nombre de dix personnes (si le rassemblement n'est que de neuf personnes et au-dessous, on graduera comme dans la disposition précédente relative au rassemblement en foule), le principal coupable sera puni de la peine de la décapitation (avec sursis); ceux qui de leurs mains auront fait des blessures réputées mortelles seront punis de la strangulation (avec sursis); les co-auteurs seront, dans chaque cas, punis d'une peine moindre d'un degré.

其率领家人随从打夺者，止坐尊长。若家人亦曾伤人者，仍以凡人首、从论。

Si quelqu'un s'est mis à la tête des gens de sa maison, qui l'ont suivi, pour frapper ou commettre un enlèvement par violence, le parent de rang prééminent ou plus âgé sera seul incriminé; si quelque personne de la famille a blessé quelqu'un, on prononcera d'ailleurs d'après les dispositions relatives aux personnes quelconques, selon qu'elle sera principal coupable ou co-auteur (［art. 30］;

［家长，坐斩。为从，坐流。不言杀人者，举轻以该重也。］

Si le chef de la famille est passible de la décapitation, les co-auteurs seront passibles de l'exil; il n'est pas question du cas où quelqu'un aurait été tué, le fait le moins grave est cité pour montrer ce qui en est lorsque le cas est plus grave.

［其不于中途而在家打夺者，若打夺之人，原非所勾捕之人，依威力于私家拷打律。］

(Si ce n'est pas au milieu d'une route, mais dans une maison que le fait d'agression avec coups et d'enlèvement par violence a eu lieu, si les personnes qui ont frappé et commis l'enlèvement ne sont pas celles qui étaient concernées ou requises ou celles qui ont été arrêtées par les personnes en mission, on suivra la loi relative à l'abus de pouvoir et de la force pour frapper et mettre à la question dans une maison privée ［art. 312］) ;

［主使人殴者，依主使律。若原系所勾捕之人，自行殴打，在有罪者，依罪人拒捕律；无罪者，依拒殴追摄人律。］

(Celui qui aura ordonné à quelqu'un de frapper sera jugé selon la loi relative à ceux qui ordonnent de commettre une action coupable ［art. 365］. Si au contraire ce sont les personnes primitivement concernées, requises ou arrêtées qui, elles-mêmes, engagent la rixe et frappent, si elles étaient coupables d'une faute on suivra la loi relative aux coupables qui résistent à ceux qui les poursuivent pour les arrêter ; si elles n'étaient coupables d'aucune faute on les jugera selon la loi relative à ceux qui frappent les personnes chargées de diriger ou d'exiger un service public ; ［art. 388, 310.］)

二百六十八、白昼抢夺

Art. CCLXVIII. Du pillage et enlèvement commis avec violence et en plein jour

［人少而无凶器，抢夺也。人多而有凶器，强劫也。］

(Si le nombre des coupables est peu considérable et s'ils ne sont pas pourvus d'armes meurtrières, il y a enlèvement par violence ; si le nombre des coupables est considérable et s'ils sont munis d'armes meurtrières il y a pillage à force ouverte.)

1、凡白昼抢夺人财物者，［不计赃。］杖一百，徒三年。

Ceux qui, en plein jour, auront enlevé avec violence les valeurs ou objets d'autrui seront punis (sans compter la valeur du produit de l'action illicite), de cent coups de truong et de trois ans de travail pénible；

计赃［并赃论。］重者，加窃盗罪二等。［罪止杖一百，流三千里。］

Si la peine déduite du compte de la valeur du produit de l'acte illicite (en prononçant «pour le même produit d'action illicite») , est plus sévère, on prononcera la peine du vol furtif augmentée de deux degré；(la peine s'arrêtera à cent coups de truong et l'exil à trois mille lis) .

伤人者，［首］斩［监候］；为从，各减［为首］一等，并于右小臂膊上刺"抢夺"二字。

Si les coupables ont blessé quelqu'un, la peine (du principal coupable) sera la décapitation (avec sursis) . Les co‐auteurs seront, dans chaque cas, punis d'une peine moindre d'un degré (que celle du principal coupable) . Les coupables seront également marqués sur le haut du bras droit de deux caractères dont le sens est : «enlèvement commis avec violence».

2、若因失火，及行船遭风着浅，而乘时抢夺人财物，及拆毁船只者，罪亦如之。［亦如抢夺科罪。］

Pour ceux qui auront profité de l'occasion d'un incendie accidentel, ou bien d'un coup de vent qui a jeté un navire à la côte, pour piller et enlever par violence les valeurs ou objets d'autrui, ou bien pour détruire et dépecer le navire, la faute se-ra encore la même；(la peine sera encore graduée comme pour le fait de pillage et d'enlèvement par violence) .

3、其本与人斗殴，或勾捕罪人因而窃取财物者，计赃准窃盗论；

Pour ceux qui ayant primitivement une rixe avec quelqu'un, ou qui arrêtant un coupable, auront, à cause de ces circonstances, furtivement pris des valeurs ou ob-jets, on tiendra compte de la valeur du produit de l'acte illicite et on prononcera conformément aux dispositions sur le vol furtif；

因而夺去者，加二等，罪止杖一百，流三千里，并免刺。

Si, à cause des mêmes circonstances, ils ont enlevé avec violence, la peine sera augmentée de deux degrés et s'arrêtera à cent coups de truong et l'exil à trois mille lis；ils seront également dispensés de la marque.

若［窃夺］有杀伤者，各从故斗论。［其人不敢与争，而杀之曰"故"，与争而杀之曰"斗"。］

Si (en volant furtivement ou en enlevant par violence), ils ont tué ou blessé quelqu'un, dans chaque cas on prononcera en suivant les dispositions relatives au fait commis volontairement ou dans une rixe; (si les victimes n'ont pas osé résister et que les coupables les aient tuées, on dit que le fait est volontaire; si elles ont résisté et ont été tuées, on dit que le fait a eu lieu dans une rixe).

二百六十九、窃盗
Art. CCLXIX. Vol furtif

1、凡窃盗已行，而不得财，笞五十，免刺。但得财，［不论分赃、不分赃］以一主为重，并赃论罪。

Les coupables de vol furtif, manifesté par des actes d'exécution, lorsqu'ils n'auront pas obtenu de valeurs, seront punis de cinquante coups de rotin et dispensés de la marque; si, de quelque façon que ce soit, il y a eu des valeurs obtenues (on ne distinguera pas entre ceux qui auront participé au produit de l'acte illicite et ceux qui n'y auront pas participé), on considérera le vol le plus important commis aux dépens d'un seul et même propriétaire et on prononcera la peine pour le même produit d'action illicite.

为从者，各［指上得财不得财言］减一等。［以一主为重，谓如盗得二家财物，从一家赃多者科罪。］

Les co-auteurs seront, dans chaque cas (cela désigne les cas ci-dessus où il y a eu valeurs obtenues ou non), punis d'une peine moindre d'un degré. (Ne considérer que le vol le plus important commis aux dépens d'un seul et même propriétaire, c'est-à-dire, si, par exemple, les coupables ont pu s'emparer de valeurs et d'objets provenant de deux maisons, la peine est graduée d'après le produit de l'action illicite commise dans la maison seule où ce produit a été le plus considerable).

［并赃论，谓如十人共盗得一家财物，计赃四十两，虽各分得四两，通算作一处，其十人各得四十两之罪。］

(Prononcer la peine pour le même produit d'action illicite veut dire que si dix hommes ont volé ensemble et réussi à enlever des valeurs dans une même maison, et que le compte du produit de l'acte illicite soit de quarante onces d'argent, bien que chacun d'eux ait eu quatre onces d'argent pour sa part, on compte le tout ensemble pour en faire une seule somme et chacun des dix hommes est puni de la peine qui correspond à quarante onces d'argent).

［造意者为首，该杖一百，余人为从，各减一等，止杖九十之类。余条准此。］

L'auteur de l'idée est le principal coupable et sa peine, dans ce cas, est de cent coups de truong; les autres hommes sont considérés comme co-auteurs et pour chacun d'eux la peine est diminuée d'un degré, et n'est que de quatre-vingt-dix coups de truong. Ceci est un exemple auquel on doit se conformer dans les cas analogues).

初犯，并于右小臂膊上刺"窃盗"二字。再犯，刺左小臂膊。三犯者，绞［监候］。以曾经刺字为坐。

Ceux qui seront coupables de cette faute pour la première fois seront également marqués, sur le haut du bras droit, des deux caractères dont le sens est：«vol furtif»; ceux qui seront de nouveau coupables de ce fait seront marqués sur le bras gauche; ceux qui seront coupables de ce fait pour la troisième fois seront punis de la strangulation (avec sursis); ce sera sur la constatation des deux marques précédentes qu'ils seront passibles de cette dernière peine.

2、掏摸者罪同。

Les auteurs de larcins seront punis comme coupables de la même faute.

一两以下，杖六十；

Au-dessous d'une once, soixante coups de truong;

一两以上至一十两，杖七十；

Une once et au-dessus jusqu'à dix onces, soixante-dix coups de truong;

二十两，杖八十；

Vingt onces, quatre-vingts coups de truong;

三十两，杖九十；

Trente onces, quatre-vingt-dix coups de truong;

四十两，杖一百；

Quarante onces, cent coups de truong;

五十两，杖六十，徒一年；

Cinquante onces, soixante coups de truong et un an de travail pénible ;

六十两，杖七十，徒一年半；

Soixante onces, soixante-dix coups de truong et un an et demi de travail pénible ;

七十两，杖八十，徒二年；

Soixante-dix onces, quatre-vingts coups de truong et deux ans de travail pénible ;

八十两，杖九十，徒二年半；

Quatre-vingts onces, quatre-vingt-dix coups de truong et deux ans et demi de travail pénible ;

九十两，杖一百，徒三年；

Quatre-vingt-dix onces, cent coups de truong et trois ans de travail pénible ;

一百两，杖一百，流二千里；

Cent onces, cent coups de truong et l'exil à deux mille lis ;

一百一十两，杖一百，流二千五百里；

Cent-dix onces, cent coups de truong et l'exil à deux mille cinq cents lis ;

一百二十两，杖一百，流三千里；

Cent-vingt onces, cent coups de truong et l'exil à trois mille lis ;

一百二十两以上，绞［监候］。

Au-dessus de cent-vingt onces, strangulation (avec sursis).

3、三犯，不论赃数，绞［监候］。

Si le coupable commet cette faute pour la troisième fois, on ne tient plus compte de la valeur du produit de l'action illicite, et la peine est la strangulation (avec sursis).

二百七十、盗马牛畜产

Art. CCLXX. Vol des chevaux, bêtes à cornes et autres animaux domestiques

1、凡盗民间马、牛、猪、羊、鸡、犬、鹅、鸭者[1]，并计［所值之］赃以窃盗论。若盗官畜产者，以常人盗官物论。

---

[1] 此处在《大清律例》中是"马、牛、驴、骡、猪、羊、鸡、犬、鹅、鸭者"，《皇越律例》有部分删减。

Pour ceux qui auront volé des chevaux, boeufs, cochons, moutons, poules, chiens, oies ou canards appartenant à des personnes du peuple on tiendra également compte du (prix considéré comme) produit de l'action illicite et on prononcera d'après les dispositions relatives au vol furtif. S'il s'agit du vol des animaux des troupeaux de l'état, on prononcera d'après les dispositions relatives aux personnes ordinaires qui volent les biens de l'état, [art. 235, 236, 255, 269].

2、若盗马、牛 [兼官、私言] 而杀者，[不计赃，即] 杖一百，徒三年；[1]

Ceux qui auront volé des chevaux ou bêtes à cornes (ce qui comprend indistinctement les animaux appartenant à l'État ou à des particuliers), et qui les auront tués [art. 233], seront punis (sans tenir compte du produit de l'acte illicite), de cent coups de truong et de trois ans de travail pénible；

若计赃 [并从已杀计赃] 重于 [徒三年，徒一年半] 本罪者，各加盗 [窃盗、常人盗] 罪一等。

Si en tenant compte du produit de l'acte illicite (également en comptant la valeur des animaux tués par leur propriétaire), la peine est plus sévère que (trois ans de travail pénible ou un an et demi de travail pénible, c'est-à-dire que) la peine spéciale du fait, dans chaque cas la peine du vol (vol furtif ou vol commis par des personnes ordinaires), sera augmentée d'un degré.

二百七十一、盗田野谷麦
Art. CCLXXI. Vol de grain dans les champs

1、凡盗田野谷麦、菜果，及无人看守器物，[谓原不设守，及不待守之物。] 者，并计赃，准窃盗论，免刺。

Ceux qui auront volé dans les champs des grains, des légumes et des fruits; ou bien, des outils, instruments, objets ou choses que personne ne gardait (cela veut dire des choses pour lesquelles on n'établit pas de gardien, ou des choses pour lesquelles le temps n'est pas venu d'en établir), seront également punis en tenant

---

[1]　此处在《大清律例》中还有一句 "驴、骡，杖七十，徒一年半"，《皇越律例》删了此句。

compte de la valeur du produit de l'acte illicite et en prononçant conformément aux dispositions sur le vol furtif; ils seront dispensés de la marque.

2、若山野柴草、木石之类，他人已用工力砍伐积聚，而擅取者，罪亦如之。［如柴草、木石虽离本处，未驮载间，依不得财，笞五十；合上条有拒捕，依罪人拒捕。］

Pour ceux qui se seront emparés, sans autorisation, dans les montagnes et lieux inhabités, de bois de chauffage, d'herbes, de bois, pierres et autres choses analogues qu'une autre personne a pris la peine de couper, d'abattre, de ramasser et de rassembler, la faute sera encore la même (lorsqu'il s'agit de bois de chauffage, d'herbes, de bois et de pierres, bien que ces objets aient déjà été changés de place, s'ils n'ont pas encore été transportés, on prononce selon la disposition relative au cas ou les coupables n'ont pas obtenu de valeurs et la peine est de cinquante coups de rotin; dans les articles précédents, s'il y a résistance à ceux qui veulent arrêter, on prononce selon la loi relative aux coupables qui résistent à ceux qui les poursuivent pour les arrêter).

二百七十二、亲属相盗

Art. CCLXXII. Des parents qui se volent entre eux

1、凡各居［本宗、外姻］亲属相盗［兼后尊长、卑幼二款。］财物者，

Les parents (de la même souche, de la ligne intérieure, ou par alliance), n'habitant pas en commun, qui se voleront entre eux, des valeurs ou objets (cela comprend les deux cas établis plus loin relativement aux parents de rang prééminent ou plus âgés et aux parents de rang inférieur ou plus jeunes), seront punis comme suit :

期亲减凡人五等，大功减四等，小功减三等，缌麻减二等，无服之亲减一等，并免刺。

Ceux du second degré, de la peine des personnes quelconques diminuée de cinq degrés; ceux du troisième degré, avec une diminution de quatre degrés; ceux du quatrième degré, avec un diminution de trois degrés; ceux du cinquième degré, avec une diminution de deux degrés; les parents pour lesquels il n'ya pas de vêtements de deuil fixé, avec une diminution d'un degré: ils seront également dispensés de la marque.

［若盗有首、从，而服属不同，各依本服降减科断。为从，各又减一等。］

(Si parmi les voleurs il y a un principal coupable et des co-auteurs et que le degré de parenté ne soit pas le même pour tous, dans chaque cas la peine de chacun sera graduée selon la diminution correspondante au vêtement de deuil et les co-auteurs auront encore, chacun, leur peine diminuée d'un degré).

若行强盗者，尊长犯卑幼，亦［依强盗已行，而得财不得财，］各依上减罪。

S'il s'agit d'un vol commis à force ouverte, s'il a été commis par des parents de rang prééminnte ou plus âges contre des parents de rang inférieur ou plus jeunes, dans ce cas encore (selon que le vol à force ouverte a été manifesté par des actes d'éxécution, avec ou sans obtention de valeurs), dans chaque cas, la peine sera diminuée comme ci-dessus;

卑幼犯尊长，以凡人论。［不在减等之限。］

S'il a été commis par des parents de rang inférieur ou plus jeunes contre des parents de rang prééminent ou plus âgés on prononcera d'après les dispositions relatives aux personnes quelconques (et ils ne seront plus compris dans la portée de la disposition qui prescrit une diminution de degré).

若有杀伤者，［总承上窃、强二项。］各以杀伤尊长，卑幼本律，从［其］重［者］论。

S'il y a meurtre ou blessures (cela se rapporte d'une façon générale aux deux cas ci-dessus de vol furtif et de vol à force ouverte), dans chaque cas on prononcera d'après la loi particulière relative au meurtre ou aux blessures commis sur des parents de rang prééminent ou plus âgés ou sur des parents de rang inférieur ou plus jeunes et en suivant la disposition (qui sera) la plus sévère.

2、若同居卑幼，将引［若将引各居亲属同盗，其人亦依本服降减，又减为从一等科之。如卑幼自盗，止依擅用，不必加。］

Si des parents de rang inférieur ou plus jeunes, habitant le même domicile, amènent et conduisent (s'ils amènent et conduisent des parents qui n'habitent pas le même domicile pour voler ensemble, pour ces personnes encore la peine sera diminuée selon le degré de parenté de chacune et encore diminuée d'un degré comme peine de co-auteur; si un parent de rang inférieur ou plus jeune vole lui-même, il sera seulement puni selon les dispositions relatives au fait d'usage sans permission, sans que la peine soit augmentée) [art. 88],

他人盗己家财物者，卑幼依私擅用财物论，加二等，罪止杖一百。

d'autres personnes pour voler les valeurs et objets de leur propre famille, les parents de rang inférieur ou plus jeunes seront punis selon la loi relative à l'usage sans permission avec augmentation de deux degrés et la peine s'arrêtera à cent coups de truong;

他人［兼首从言］减凡盗罪一等，免刺。

Les autres personnes (cela désigne indifféremment le principal coupable et les co-auteurs), seront punis de la peine des personnes quelconques diminuée d'un degré et elles seront dispensées de la marque.

若有杀伤者，自依杀伤尊长、卑幼本律科罪。他人纵不知情，亦依强盗［得财、不得财］论。

S'il y a eu meurtre ou blessures, on graduera naturellement la peine selon la loi particulière relative au meurtre et aux blessures, lorsque la victime est un parent de rang prééminent ou plus âgé ou un parent de rang inférieur ou plus jeune; quoique les autres personnes n'aient pas eu connaissance de la nature des faits, elles seront cependant jugées selon la loi relative au vol à force ouverte (avec ou sans valeurs obtenues);

若他人杀伤人者，卑幼纵不知情，亦依杀伤尊长卑幼本律，［仍以私擅用加罪及杀伤罪权之。］从［其］重［者］论。

Si ces autres personnes ont commis un meurtre ou fait des blessures, quoique lesdits parents n'aient pas eu connaissance du fait, ils seront cependant jugés selon la loi spéciale relative au meurtre ou aux blessures, lorsque la victime est un parent de rang prééminent ou plus âgé ou un parent de rang inférieur ou plus jeune (en comparant d'ailleurs la peine qui résulte du fait d'usage sans permission, augmentée de degrés, et celle du fait de meurtre ou de blessures et) en suivant la disposition (qui sera) la plus sévère.

3、其同居奴仆、雇工人盗家长财物，及自相盗者，［首］减凡盗罪一等，免刺。［为从，又减一等。被盗之家亲属告发，并论如律，不在名例得相容隐之例。］

Les esclaves, serviteurs et travailleurs à gages, habitant le même domicile, qui auront volé les valeurs et objets du chef de la famille, ou bien qui se seront volés entre eux, seront punis (le principal coupable), de la peine des personnes quelconques diminuée d'un degré et ils seront dispensés de la marque (la peine des co-auteurs sera encore diminuée d'un degré; si les parents volés portent plainte, on prononcera également selon les lois; ce cas n'est plus compris dans les dispositions des règles de définitions relatives aux parents qui peuvent réciproquement cacher leurs fautes). ［Art. 32, 278］, ［art. 337］.

二百七十三、恐吓取财
Art. CCLXXIII. De l'extorsion par intimidation

凡恐吓取人财者，计赃，准窃盗论，加一等，［以一主为重并赃，分首、从。其未得财者，亦准窃盗不得财罪上加等。］免刺。

Ceux qui, par intimidation, auront pris les valeurs d'autrui seront punis en tenant compte de la valeur du produit de l'acte illicite et en prononçant conformément à la loi sur le vol furtif avec augmentation d'un degré (on ne considérera que le vol le plus important commis aux dépens d'un même propriétaire; on prononcera pour le même produit d'action illicite et en distinguant entre le principal coupable et les co-auteurs. S'il n'y a pas eu de valeurs obtenues, on prononcera, de même, conformément aux dispositions relatives au vol furtif lorsqu'il n'y a pas eu de valeurs obtenues, et en augmentant la peine d'un degré); ils seront dispensés de la marque.

若期亲以下自相恐吓者，卑幼犯尊长，以凡人论；

Si des parents du second degré et au-dessous agissent entre eux par intimidation, les parents de rang inférieur ou plus jeunes qui se seront rendus coupables sur ce fait vis-à-vis des parents de rang prééminent ou plus âgés seront jugés d'après les dispositions relatives aux personnes quelconques

［计赃，准窃盗，加一等。］

（en tenant compte du produit de l'action illicite, conformément à la loi sur le vol furtif et avec augmentation d'un degré）;

尊长犯卑幼，亦依亲属相盗律，递减科罪。

Pour les parents du rang prééminent ou plus âgés qui se seront rendus coupables de ce fait envers des parents du rang inférieur ou plus jeunes, la peine sera encore graduée selon la loi relative aux parents qui se volent entre eux, avec diminutions proportionnelles.

［期亲亦减凡人恐吓五等，须于窃盗加一等卜减之。］

（Les parents du second degré seront punis de la peine d'une personne quelconque, coupable du même fait d'intimidation, diminuée de cinq degrés; la diminution doit porter sur la peine du vol furtif déjà augmentée d'un degré）. ［art. 269, 39, 272］.

二百七十四、诈欺官私取财

Art. CCLXXIV. De la fraude et de l'escroquerie pour s'emparer des valeurs de l'État ou des particuliers

1、凡用计诈［伪］欺［瞒］官私，以取财物者，并计［诈欺之］赃，准窃盗论，免刺。

Ceux qui auront employé la ruse pour tromper（par fraude）, et abuser（en aveuglant）l'état ou des particuliers, afin de s'emparer de valeurs ou objets, seront également punis en tenant compte du produit de l'acte illicite（de l'escroquerie commise）et en prononçant conformément aux dispositions sur le vol furtif; ils seront dispensés de la marque.

若期亲以下［不论尊长卑幼，同居、各居。］自相诈欺者，亦依亲属相盗律，递减科罪。

Si des parents du second degré et au-dessous（sans distinguer entre ceux qui sont de rang prééminent ou plus âgés et ceux qui sont de rang inférieur ou plus jeunes, ni entre ceux qui habitent ensemble où qui habitent des domiciles distincts）, se trompent et s'abusent entre eux, il seront encore punis en graduant la peine selon la règle de diminution proportionnelle de la loi sur les parents qui se volent eutre eux.

2、若监临主守，诈［欺同监守之人。］取所监守之物者，［系官物］以监守自盗论，未得者，减二等。

Si des surveillants directeurs ou gardiens chargés usent de tromperie（en abusant les personnes qui surveillent ou gardent avec eux），pour s'emparer des valeurs ou choses qu'ils gardent ou surveillent（comme il s'agit du bien de l'État），ils seront jugés d'après la loi relative aux surveillants et gardiens qui volent eux-mêmes；s'il n'y a pas encore eu de valeurs obtenues, la peine sera diminuée de deux degrés.

3、冒认及诓赚司骗，拐带人财物者，亦计赃，准窃盗论，［系亲属，亦论服递减。］免刺。

Ceux qui auront revendiqué sans droit la propriété d'autrui, ou bien qui usant de manoeuvres artificieuses et de pièges se seront emparés de valeurs ou d'objets d'autrui, seront, de même, punis en tenant compte de la valeur du produit de l'acte illicite et en prononçant conformément aux dispositions sur le vol furtif（s'il s'agit de parents, on prononcera encore en diminuant proportionnellement d'après le vêtement de deuil）；ils seront dispensés de la marque.

二百七十五、略人略卖人

Art. CCLXXV. De l'enlèvement des personnes et de la vente des personnes enlevées

1、凡设方略而诱取良人［为奴婢］，及略卖良人［与人］为奴婢者，皆［不分首、从，未卖］杖一百，流三千里；

Ceux qui auront imaginé des ruses, séduit, et entraîné des personnes de condition honorable dont ils se seront emparés（pour en faire des esclaves）；ou bien qui auront enlevé et vendu des personnes de condition honorable（à quelqu'un）pour en faire des esclaves, seront tous（sans distinction de principal coupable et de co-auteurs, et quand même les personnes enlevées n'auraient pas encore été vendues），punis de cent coups de truong et de l'exil à trois mille lis；

为妻、妾、子、孙者，［造意］杖一百，徒三年。因［诱卖不从］而伤［被略之］人者，绞［监候］。

Si les faits ont eu lieu pour en faire des épouses, des concubines, des enfants ou petits-enfants, la peine (de l'auteur de l'idée) sera de cent coups de truong et trois ans de travail pénible. Ceux qui, à cause de ces actes (les victimes résistant à la séduction ou ne voulant pas être vendues), auront blessé quelqu'un (parmi les personnes enlevées) seront punis de la strangulation (avec sursis);

杀人者，斩［监候］。［为从各减一等。］被略之人不坐，给亲完聚。

Ceux qui auront tué quelqu'un seront punis de la décapitation (avec sursis); les co-auteurs seront dans chaque cas punis d'une peine moindre d'un degré). Les personnes enlevées ne seront pas incriminées et seront rendues et réunies à leurs parents.

2、若假以乞养过房为名，买良家子女转卖者，罪亦如之。［不得引例。若买来长成而卖者，难同此律。］

Pour ceux qui, sous le prétexte de demander à les élever ou de les faire passer dans une autre branche de famille, auront acheté des enfants, garçons ou filles, de famille honorable et qui les auront ensuite revendus, la faute sera encore la même (sans qu'on puisse citer et appliquer les décrets; si les personnes achetées sont devenues adultes et qu'on les vende, il est impossible d'assimiler le fait à celui qui est prévu dans cette loi).

3、若和同相诱，［取在己］及［两］相［情愿］卖良人为奴婢者，杖一百，徒三年；

S'il y a accord avec les personnes séduites (pour les prendre pour soi) ou bien si elles (les deux parties), se sont entendues ensemble (les personnes qui doivent être vendues y consentent), pour vendre des personnes de condition honorable comme esclaves, la peine sera de cent coups de truong et trois ans de travail pénible;

为妻、妾、子、孙者，杖九十，徒二年半；被诱之人，减一等。［仍改正给亲。］

Si les personnes en question ont été vendues comme épouses, concubines, enfants ou petits-enfants, la peine sera de quatre-vingt-dix coups de truong et deux ans et demi de travail pénible; les personnes séduites seront punies d'une peine moindre d'un degré et d'ailleurs les irrégularités seront réformées et ces personnes seront rendues à leurs parents).

未卖者，各减［已卖］一等。十岁以下，虽和亦同略诱法，［被诱略者，不坐。］

Si la vente n'a pas encore eu lieu, dans chaque cas de peine（édictée pour le cas où la vente a déjà eu lieu）, sera diminuée d'un degré. Pour les enfants âgés de moins de dix ans, bien qu'il y ait eu accord, on suivra encore la règle relative à l'enlèvement avec seduction（les personnes séduites et enlevées ne seront pas incriminées）.

4、若略卖和诱他人奴婢者，各减略卖和诱良人罪一等。

S'il s'agit d'enlèvement et de vente, ou d'accord et de séduction relativement aux esclaves d'autrui, dans chaque cas la peine du fait d'enlèvement et de vente, ou d'accord et de séduction lorsqu'il s'agit de personnes de condition honorable sera diminuée d'un degré.

5、若略卖子、孙为奴婢者，杖八十；弟妹，及侄、侄孙、外孙，若己之妾、子孙之妇者，杖八十，徒二年；

Ceux qui auront enlevé et vendu leurs enfants ou petits-enfants comme esclaves seront punis de quatre-vingts coups de truong; s'il s'agit de frères cadets de soeurs cadettes ou bien des neveux, de petits-fils neveux, de neveux en ligne extérieure, comme aussi des propres concubines des coupables ou des femmes de leurs fils ou petits-fils, la peine sera de quatre-vingts coups de truong et de deux ans de travail pénible;

［略卖］子、孙之妾，减二等，同堂弟妹、堂侄及侄孙者，杖九十，徒二年半。

S'il s'agit（de l'enlèvement et de la vente）des concubines des fils ou petits-fils, la peine sera diminuée d'un degré; s'il s'agit de frères cadets ou de soeurs cadettes de degré, de neveux ainsi que de petit-fils-neveux de degré, la peine sera de quatre-vingt-dix coups de truong et de deux ans et demi de travail pénible;

和卖者，减［略卖］一等。未卖者，又减［已卖］一等。

Si les coupables étaient d'accord avec les personnes vendues, la peine（de l'enlèvement suivi de vente）sera diminuée d'un degré; si la vente n'a pas encore eu lieu, la peine（édictée pour le cas ou la vente a déjà eu lieu）sera encore diminuée d'un degré.

被卖卑幼［虽和同，以听从家长。］不坐，给亲完聚。

Les parents de rang inférieur ou plus jeunes qui auront été vendus (bien qu'ils aient été d'abord avec les coupables et parce qu'ils doivent suivre les ordres du chef de la famille) ne seront pas incriminés et seront rendus et réunis à leurs parents.

6、其［和略］卖妻为婢，及卖大功以下［尊卑］亲为奴婢者，各从凡人和略法。

Pour ceux qui (d'accord ou par enlèvement), auront vendu leur épouse comme esclave, ou bien qui auront vendu des parents (de rang prééminent ou de rang inférieur) du troisième degré et au-dessous pour en faire des esclaves, dans chaque cas, on suivra la règle relative aux cas d'accord et d'enlèvement lorsqu'il s'agit de personnes quelconques.

7、若［受寄所卖人口之］窝主，及买者知情并与犯人同罪。［至死减一等。］

Si les chefs de repaire (qui reçoivent en dépôt et recèlent les personnes qui doivent être vendues), ainsi que les acheteurs, ont connaissance de la nature des faits ils seront également punis de la même peine que les coupables (si cette peine est la mort, la leur sera diminuée d'un degré) ;

牙保各减［犯人］一等，并追价入官。不知者，俱不坐，追价还主。

Les témoins-cautions seront dans chaque cas punis de cette peine (des coupables) diminuée d'un degré ; on poursuivra également la restitution du prix de vente qui sera confisqué à l'État ; ceux qui n'en auront pas connaissance ne seront jamais incriminés et on poursuivra la restitution du prix qui sera rendu à son propriétaire.

二百七十六、发冢

Art. CCLXXVI. De la violation des tombes

1、凡发掘［他人］坟冢见棺椁者，杖一百，流三千里。已开棺椁见尸者，绞［监候］。

Celui qui aura supprimé ou creusé un tumulus ou une tombe, jusqu'à voir le cercueil extérieur ou le cercueil intérieur, sera puni de cent coups de truong et de l'exil à trois mille lis ; celui qui aura ouvert les cercueils extérieur et intérieur, jusqu'à voir le cadavre, sera puni de la strangulation (avec sursis);

发而未至棺椁者, 杖一百, 徒三年。[招魂而葬亦是。为从, 减一等。]

Si les tombes ont été supprimées sans qu'en ait rendu visible le cerceuil intérieur ou extérieur, la peine sera de cent coups de truong et de trois ans de travail pénible; (il en est encore de même bien qu'il ne s'agisse que de tombes où on n'a enterré que l'esprit évoqué d'une personne morte au loin, ou dont le cadavre a été perdu. Les co-auteurs sont punis d'une peine moindre d'un degré).

若 [年远] 冢先穿陷及未殡埋而盗尸柩, [尸在柩未殡, 或在殡未埋] 者, 杖九十, 徒二年半;

S'il agit de tombes (très anciennes) qui, auparavant, étaient déjà effondrées; ou bien, s'il s'agit du vol du corps enseveli dans la bière qui n'est pas encore transportée au lieu de sépulture, ni enterrée (que le cadavre soit déjà enseveli mais pas encore transporté au lieu de sépulture ou qu'il soit déjà transporté mais pas encore enterré), les coupables seront punis de quatre-vingt-dix coups de truong et de deux ans et demi de travail pénible;

开棺椁见尸者, 亦绞。[杂犯] 其盗取器物砖石者, 计赃, 准凡盗论, 免刺。

Si les cercueils extérieur et intérieur ont été ouverts pour voir le corps, la peine sera encore la strangulation (culpabilité relative). Ceux qui se seront emparés, en les volant, d'objets quelconques, de briques ou de pierres seront punis en tenant compte de la valeur du produit de l'acte illicite, en prononçant conformément aux dispositions relatives aux vols quelconques, et dispensés de la marque.

2、若卑幼发 [五服以内] 尊长坟冢者, 同凡人论。开棺椁见尸者, 斩 [监候]。

Si des parents de rang inférieur ou plus jeunes suppriment des tumulus ou tombes des parents de rang prééminents ou plus âgés (de l'un des cinq degrés pour lesquels il existe un vêtement de deuil), ils seront jugés comme des personnes quelconques; s'ils ont ouvert les cercueils extérieur et intérieur, de façon à voir le corps, ils seront punis de la décapitation (avec sursis);

若弃尸卖坟地者, 罪亦如之。买地人、牙保知情者, 各杖八十, 追价入官, 地归同宗亲属。

S'ils ont jeté le cadavre et vendu le terrain de sépulture, la faute sera encore la même; l'acheteur du terrain et les témoins-cautions, s'ils ont connaissance de la nature des faits, seront, chacun, punis de quatre-vingts coups de truong et on poursuivra la restitution du prix de vente qui sera confisqué à l'État; la terre fera retour aux parents de la même souche;

不知者，不坐。若尊长发［五服以内］卑幼坟冢，开棺椁见尸者，缌麻杖一百，徒三年，小功以上各递减一等。

S'ils n'ont pas eu connaissance de la nature des faits, ils ne seront pas incriminés. Si des parents de rang prééminent ou plus âgés suppriment les tumulus ou tombes de parents de rang inférieur ou plus jeunes (de l'un des cinq degrés pour lesquels il existe un vêtement de deuil), et ouvrent les cercueils extérieur et intérieur de façon à voir le cadavre, s'il s'agit de tombes de parents du cinquième degré, la peine sera de cent coups de truong et trois ans de travail pénible; si c'est la tombe d'un parent du quatrième degré et au dessus, dans chaque cas, la peine sera diminuée proportionnellement d'un degré.

［祖父母、父母］发子、孙坟冢，开棺椁见尸者，杖八十。其有故而依礼迁葬者，［尊长、卑幼］俱不坐。

Ceux (aïeul ou aïeule, père ou mère), qui supprimeront les tumulus ou les tombes de leurs enfants ou petits-enfants et qui auront ouvert les cercueils extériéur et intérieur de façon à voir le cadavre seront punis de quatre-vingts coups de truong. Ceux qui, pour des motifs valables et selon les rites, transporteront un tombeau et le changeront de place (qu'il s'agisse de parents de rang prééminent ou de rang inférieur), ne seront jamais incriminés.

3、若残毁他人死尸，及弃尸水中者，各杖一百，流三千里。［谓死尸在家，或在野未殡葬，将尸焚烧残毁之类，若已殡葬者，自依发冢开棺椁见尸律，从重论。］

Ceux qui auront lacéré et détruit le cadavre d'une autre personne, ou bien qui auront jeté le cadavre à l'eau, seront, dans chaque cas, punis de cent coups de truong et de l'exil à trois mille lis (cela se rapporte au cadavre qui est encore dans la maison, ou qui est déjà au dehors, mais pas encore transporté au lieu de sépulture et enterré et ou on le lacère, on le brûle, ou on le détruit d'une façon quelconque. Si le cadavre est déjà transporté au lieu de sépulture et enterré, on jugera les coupables selon la présente loi relative à la violation de tombe et à l'ouverture des cercueils jusqu'à voir le cadavre et on suivra la disposition la plus sévère).

若毁弃缌麻以上尊长，［未葬］死尸者，斩［监候］。

Ceux qui auront détruit et jeté le cadavre (pas encore enterré) d'un parent de rang prééminent ou plus âgé du cinquième degré et au-dessus seront punis de la décapitation (avec sursis).

弃［他人及尊长］而不失［其尸］及［毁而但］髡发若伤者，各减一等。［凡人减流一等，卑幼减斩一等。］

Ceux qui auront jeté et abandonné, sans cependant faire disparaître et perdre (le cadavre d'une autre personne ou d'un parent de rang prééminent ou plus âgé), ou bien qui auront (abîmé même seulement), coupé les cheveux, ou bien qui auront fait des blessures (au cadavre) seront, dans chaque cas, punis d'une peine moindre d'un degré (si le coupable est une personne quelconque, il sera puni de l'exil diminué d'un degré; si c'est un parent de rang inférieur ou plus jeune, il sera puni de la décapitation diminuée d'un degré).

4、［毁弃］缌麻以上卑幼［死尸］，各依凡人［毁弃依服制］递减一等。

S'il s'agit (de la détérioration ou de l'abandon) d'un (cadavre d'un) parent de rang inférieur ou plus jeune du cinquième degré et au-dessus, dans chaque cas, les coupables seront punis comme les personnes quelconques (qui détruisent ou jettent un cadavre) et la peine sera proportionnellement (au degré de parenté déduit du vêtement de deuil) diminuée d'un degré.

毁弃子、孙死尸者，杖八十。

Ceux qui auront détruit ou jeté et abandonné le cadavre d'un enfant ou d'un petit-enfant seront punis de quatre-vingt coups de truong.

其子、孙毁弃祖父母、父母，及奴婢，雇工人毁弃家长死尸者，［不论残失与否，］斩［监候。律不载妻、妾毁弃夫尸，有犯依缌麻以上尊长律，奏请。］

Les enfants et petits-enfants qui auront détruit et abandonné le cadavre de leur aïeul, de leur aïeule, de leur père ou de leur mère, ainsi que les esclaves ou personnes louées pour un travail qui auront abandonné ou détruit le cadavre du chef de la famille seront (sans discerner si le cadavre a été dépecé, anéanti et perdu, ou non), punis de la décapitation (avec sursis; la loi ne contenant pas de disposition relative à l'épouse et aux concubines qui détruisent et jettent le cadavre de l'époux, si ce fait est commis, on doit leur appliquer la loi relative aux mêmes faits lorsqu'il s'agit du cadavre d'un parent de rang prééminent ou plus âgé du cinquième degré et au-dessus, rendre compte, et demander une décision).

5、若穿地得［无主］死尸不即掩埋者，杖八十。若于他人坟墓［为］熏狐狸，因而烧棺椁者，杖八十，徒二年；

Ceux qui, en fouillant la terre, auront trouvé un cadavre (sans propriétaire) et qui ne l'auront pas immédiatement recouvert et caché seront punis de quatre-vingts coups de truong. Ceux qui, en voulant enfumer des renards et autres bêtes puantes terrées dans les tumulus ou les tombes d'autrui, auront brûlé les cercueils extérieur et intérieur contenus dans ces tombes seront punis de quatre-vingts coups de truong et de deux ans de travail pénible;

烧尸者，杖一百，徒三年。若缌麻以上尊长，各递加一等。

Si le cadavre a été brûlé, la peine sera de cent coups de truong et de trois ans de travail pénible; s'il s'agit de tombes de parents de rang prééminent du cinquième degré et au-dessus, dans chaque cas la peine sera proportionnellement augmentée d'un degré.

［烧棺椁者，各加为杖九十，徒二年半。烧尸者，递加为杖一百，流二千里。不可依服属各递加，致反重于祖父母、父母也。］

(Si les cercueils extérieur et intérieur ont été brillés, dans chaque cas on augmentera la peine, qui deviendra celle de quatre-vingt dix coups de truong et deux ans et demi de travail pénible; si le cadavre a été brûlé on augmentera proportionnellement la peine qui deviendra de cent coups de truong et l'exil à deux mille lis; l'augmentation proportionnelle au degré de parenté déduit du vêtement de deuil ne peut pas aller jusqu'à rendre, illogiquement, la peine plus grave que lorsqu'il s'agit de l'aïeul, de l'aïeule, du père ou de la mère);

卑幼各［因其服］依凡人递减一等。

S'il s'agit de tombes de parents de rang inférieur ou plus jeunes, dans chaque cas (d'après le degré de parenté déduit du vêtement de deuil), on diminuera proportionnellement d'un degré la peine édictée lorsqu'il s'agit de personnes quelconques.

若子、孙于祖父母、父母及奴婢、雇工人于家长坟墓熏狐狸者，杖一百。

Si des enfants ou petits-enfants enfument des renards ou autres bêtes puantes terrées dans les tombes ou tumulus de leur aïeul, de leur aïeule, de leur père ou de leur mère, ou bien si des esclaves ou personnes louées à gages pour un travail commettent les mêmes faits relativement à la tombe du chef de la famille, la peine sera de cent coups de truong;

烧棺椁者，杖一百，徒三年。烧尸者，绞［监候］。

Si les cercueils intérieur et extérieur ont été brûlés, la peine sera de cent coups de truong et de trois ans de travail pénible; si les corps ont été brûlés, la peine sera la strangulation (avec sursis).

6、平治他人坟墓为田园者，［虽未见棺椁。］杖一百。［仍令改正。］

Ceux qui auront nivelé les tumulus ou tombes d'autrui pour établir des rizières ou des jardins (bien qu'ils n'aient pas mis en vue les cercueils extérieur et intérieur), seront punis de cent coups de truong (et d'ailleurs obligés de rétablir les choses dans leur état régulier).

于有主坟地内盗葬者，杖八十，勒限移葬。

Ceux qui auront illicitement enterré dans un terrain de sépulture appartenant à quelqu'un seront punis de quatre-vingts coups de truong et il leur sera assigné un délai dans lequel ils devront enlever leurs tombeaux.

［若将尊长坟冢，平治作地，得财卖人，止问诓骗人财，不可作弃尸卖坟地断，计赃轻者，仍杖一百。买主知情，则坐不应重律，追价入官，不知情，追价还主。］

(Si on nivelle les tumulus ou tombes des parents de rang prééminent pour exploiter le terrain et en tirer profit, ou pour le vendre à quelqu'un, le fait sera seulement jugé selon le fait d'escroquerie, sans qu'il puisse être fait application de la loi relative à l'abandon des cadavres et à la vente des terrains de sépulture; si la peine déduite de la valeur du produit de l'acte illicite est plus légère, on appliquera d'ailleurs la peine de cent coups de truong. Si l'acheteur a connaissance de la nature des faits, il sera passible de la peine édictée par la disposition la plus sévère de la loi sur ce qui ne doit pas être fait ［art. 386］; on poursuivra la restitution du prix qui sera confisqué à l'Etat. S'il n'en a pas connaissance, on poursuivra la restitution du prix qui sera rendu à son propriétaire).

7、若地界内有死人，里长、地邻不申报官司检验，而辄移他处及埋藏者，杖八十；以致失尸者，[首] 杖一百。

Si, dans les limites de leur territoire, il se trouve quelque cadavre humain, les chefs de village et les voisins qui n'en rendront pas compte à l'autorité compétente, pour qu'elle procède aux constatations et enquêtes médico-légales, et qui le transporteront de leur propre autorité dans un autre lieu ou bien qui l'enterreront et le cacheront, seront punis de quatre-vingts coups de truong; s'il en est résulté la perte ou disparition du cadavre, la peine (du principal, coupable) sera de cent coups de truong;

残毁及弃尸水中者，[首] 杖六十，徒一年。[残弃之人，仍坐流罪。]

Si on a lacéré et détruit le cadavre, ou bien si on l'a jeté à l'eau, la peine (du principal coupable) sera de soixante coups de truong et d'un an de travail pénible; (les personnes qui auront lacéré ou jeté le cadavre seront d'ailleurs passibles de l'exil).

弃而不失及髡发若伤者，各减一等。[杖一百。若邻里自行残毁，仍坐流罪。]

Si le cadavre a été jeté ou abandonné, mais n'est pas perdu, ou bien, si on a seulement coupé les cheveux, ou enfin si on y a fait des blessures, dans chaque cas la peine sera diminuée d'un degré (et sera de cent coups de truong. Si les voisins ou chefs de village, ont eux-mêmes commis ces mutilations ou détruit le cadavre, ils seront d'ailleurs passibles de la peine de l'exil.)

因而盗取衣服者，计赃准窃盗论，免刺。

Si, à cause de cela, on s'est emparé, en les volant, des habits et vêtements, on prononcera la peine en tenant compte du produit de l'action illicite et conformément aux dispositions sur le vol furtif; les coupables seront dispensés de la marque.

二百七十七、夜无故入人家

Art. CCLXXVII. De l'introduction, la nuit et sans motifs, dans l'habitation d'autrui

凡夜无故入人家内者，杖八十。主家登时杀死者，勿论。其已就拘执而擅杀伤者，减斗杀伤罪二等；至死者，杖一百，徒三年。

Quiconque se sera introduit la nuit, et sans motifs, dans l'habitation d'autrui sera puni de quatre-vingts coups de truong. Si le maître de la maison le tue sur-le-champ, il ne sera pas poursuivi; s'il s'en est déjà rendu maître en se saisissant de l'intrus et que de sa propre autorité il le tue ou le blesse, il sera puni des peines portées par la loi relative au meurtre commis et aux, blessures faites dans une rixe diminuées de deux degrés; si la mort en est résultée, la peine sera de cent coups de truong et trois ans de travail pénible.

二百七十八、盗贼窝主

Art. CCLXXVIII. Des chefs de repaires de voleurs et brigands

1、凡强盗窝主造意，身虽不［同］行，但分赃者，斩。

Le chef d'un repaire de voleurs à force ouverte, auteur de l'idée du crime, bien qu'il n'ait pas personnellement pris part (avec les autres) à son exécution, si, de quelque façon que ce soit, il a participé au produit de l'action illicite, sera puni dela décapitation;

［若行，则不问分赃、不分赃，只依行而得财者，不分首、从，皆斩。若不知盗情，只是暂时停歇者，止问不应。］

(S'il agit dans les actes d'exécution, on ne s'occupera pas de savoir s'il a participé au produit de l'action illicite et on prononcera seulement selon la disposition relative au cas où le crime est exécuté et où il y a eu valeurs obtenues, cas dans lequel on ne distingue pas entre le principal coupable et les co-auteurs et où tous sont punis de la décapitation［art. 266］. S'il n'a pas connaissance de la nature du vol et si les coupables n'ont fait que s'arrêter accident tellement chez lui pour se reposer, il sera seulement puni selon la loi sur ce qui ne doit pas être fait［art. 368］);

若不［同］行又不分赃者，杖一百，流三千里。

S'il n'a pas pris part à l'accomplissement du crime, (avec les autres), et si, de plus, il n'a pas participé au produit de l'action illicite, il sera puni de cent coups de truong et de l'exil à trois mille lis.

共谋［其窝主不曾造谋，但与贼人共知谋情。］者，行而不分赃及分赃而不行，皆斩。

S'il a participé au complot (le chef du repaire n'étant plus auteur de l'idée, mais ayant, de quelque façon que ce soit, connaissance de la nature du complot arrêté entre les voleurs), qu'il ait pris part à l'accomplissement de l'acte sans participer au produit illicite, ou qu'il n'ait pas pris part à l'accomplissement de l'acte et ait participé au produit illicite, il sera toujours puni de la décapitation;

若不行又不分赃者，杖一百。

S'il n'a pas pris part à l'accomplissement de l'acte et que, de plus, il n'ait pas participé au produit illicite, il sera puni de cent coups de truong.

2、窃盗窝主造意，身虽不行但分赃者，为首论；

Le chef d'un repaire de voleurs furtifs, auteur de l'idée, bien qu'il n'ait pas personnellement pris part à l'exécution de l'acte, si, de quelque façon que ce soit, il a participé au produit illicite, sera considéré comme principal coupable;

若不行又不分赃者，为从论，［减一等］以临时主意上盗者为首。

S'il n'a pas pris part à l'exécution de l'acte et si, de plus, il n'a pas participé au produit illicite, il sera considéré comme co-auteur (la peine sera diminuée d'un degré), et ce sera celui qui, au moment de l'exécution du vol, aura dirigé et conduit les autres qui sera considéré comme principal coupable.

其［窝主若不造意，而但］为从者，行而不分赃及分赃而不行，［减造意一等。］仍为从论。若不行又不分赃，笞四十。

Ledit (chef de repaire s'il n'est pas auteur de l'idée, mais seulement) co-auteur, qui aura pris part à l'accomplissement de l'acte sans participer au produit de l'action illicite ou qui aura participé au produit illicite sans avoir pris part à l'exécution de l'acte, sera (puni d'une peine moindre d'un degré, que celle de l'auteur de l'idée et) d'ailleurs jugé comme co-auteur; s'il n'a pas pris part à l'exécution de l'acte et si, de plus, il n'a pas participé au produit illicite, il sera puni de quarante coups de rotin.

3、若本不同谋，［偶然］相遇，共［为强窃］盗，［其强盗固不分首、从，若窃盗，则］以临时主意上盗者为首，余为从论。

Si, primitivement, les coupables n'ont pas fait du complot entre eux et que se rencontrant (par hasard) ils commettent ensemble un vol (à force ouverte ou furtif, s'il y a emploi de la force pour voler on ne distingue essentiellement pas entre le principal coupable et les co-auteurs, s'il s'agit d'un vol furtif, alors) ce sera celui qui au moment de l'exécution du vol aura dirigé et conduit l'action qui sera considéré comme principal coupable ; les autres seront considérés comme co-auteurs.

4、其知人略卖和诱人，及强窃盗后而分［所卖、所盗］赃者，计所分赃，准窃盗为从论，免刺。

Celui qui sait que quelqu'un a enlevé et vendu, ou séduit avec accord et vendu d'autres personnes, ［art. 275］, ou bien, qui sait que quelqu'un a commis un vol à force ouverte ou furtif et qui, après, participe au produit illicite (de la vente ou du vol) sera jugé en tenant compte de la valeur de la part du produit de l'action illicite qu'il aura reçu, conformément à la loi sur le vol furtif, considéré comme co-auteur, et dispensé de la marque.

5、若知强窃盗赃而故买者，计所买物坐赃论；

Si quelqu'un achète volontairement ce qu'il sait être le produit illicite d'un vol à force ouverte ou furtif, on tiendra compte de la valeur des objets achetés et on pro-noncera pour incrimination au sujet d'un produit d'action illicite ;

知而寄藏者，减［故买］一等，各罪止杖一百。其不知情误买及受寄者，俱不坐。

Si quelqu'un le reçoit sciemment en dépôt pour le receler la peine (fixée pour celui qui achète volontairement) sera diminuée d'un degré ; dans chaque cas la peine s'arrêtera à cent coups de truong. Ceux qui ne connaissant pas la nature des faits au-ront acheté par erreur, ou reçu en dépôt, ne seront jamais incriminés.

二百七十九、共谋为盗

Art. CCLXXIX. De la participation au complot arrêté en commun pour commettre en vol

［此条专为共谋而临时不行者言。］

（Cet article traite spécialement de ceux qui participent au complot et qui, au moment du vol, ne vont pas prendre part à son exécution.）

1、凡共谋为强盗，［数内一人］临时不行，而行者却为窃盗。

Toutes les fois qu'un complot aura été formé en commun pour commettre un vol à force ouverte, que quelques-uns（parmi le nombre de ceux qui y ont participé），au moment de l'exécution, ne seront pas allés pour y prendre part, et que ceux qui seront allés pour l'exécuter auront simplement commis un vol furtif,

此共谋［而不行］者［曾］分赃，［但系］造意者，［即］为窃盗首；［果系］余人，并为窃盗从。

celui qui aura participé au complot（sans prendre part à l'exécution），s'il a（déjà）participé au produit de l'action illicite et s'il est,（de quelque façon que ce soit），l'auteur de l'idée sera（par cela seul）considéré comme principal coupable de vol furtif et（ceux qui réellement seront parmi）les autres seront également considérés comme co-auteurs d'un vol furtif.

若不分赃，［但系］造意者，即为窃盗从；［果系］余人，并答五十。［必查］以临时主意上盗者，为窃盗首。

Celui qui n'aura pas participé au produit de l'acte illicite, mais qui（de quelque façon que ce soit）sera l'auteur de l'idée, sera, par cela seul, considéré comme co-auteur d'un vol furtif et（ceux qui réellement seront parmi）les autres seront également punis de cinquante coups de rotin; celui qui, au moment de l'accomplissement de l'acte, en aura dirigé et conduit l'exécution sera（nécessairement）considéré comme principal coupable de vol furtif.

2、其共谋为窃盗，［数内一人］临时不行，而行者为强盗。其不行之人［系］造意者［曾］分赃，知情不知情并为窃盗首。

Lorsqu'un complot aura été formé en commun pour commettre un vol furtif, que quelques – uns（parmi le nombre de ceux qui y ont participé）, au moment de l'exécution, ne seront pas allés y prendre part et que ceux qui seront allés pour l'exécuter auront commis un vol à force ou verte, celui qui, sans avoir pris part à l'acte, sera,（est）, l'auteur de l'idée et aura（déjà）participé au produit illicite, qu'il ait ou non connaissance de la nature de l'acte, sera également considéré comme principal coupable de vol furtif;

［系］造意者［但］不分赃，及［系］余人［而曾］分赃，俱为窃盗从。

S'il est auteur de l'idée et（mais）n'a pas participé au produit de l'acte illicite, ou bien s'il est parmi les autres et a（déjà）participé au produit illicite, il sera toujours considéré comme co–auteur de vol furtif.

以临时主意及共为强盗者，不分首、从论。

Entre ceux qui au moment de l'accomplissement de l'acte en auront dirigé et conduit l'exécution, ainsi que ceux qui auront ensemble commis le vol à force ouverte, on ne distinguera ni principal coupable, ni co–auteurs.

二百八十、公取窃取皆为盗

Art. CCLXXX. Prendre publiquement ou prendre furtivement constituent également le vol

1、凡盗，公取、窃取皆为盗，［公取，谓行盗之人公然而取其财，如强盗、抢夺。窃取，谓潜行隐面私窃取其财，如窃盗、掏摸。皆名为盗。］

Prendre illicitement, publiquement ou furtivement, constitue toujours un vol;（prendre publiquement, signifie que celui qui commette vol s'empare publiquement et ouvertement de ce qu'il vole, comme dans les cas de vols à force ouverte ou d'enlèvement par violence; prendre furtivement, c'est–à–dire agir subrepticement, en se cachant pour s'emparer de valeurs, comme dans les cas de vol furtif ou de larcins; dans tous les cas l'action s'appelle un vol）.

器物钱帛［以下兼官私言。］之类，须移徙已离盗所，［方谓之盗。］

S'il s'agit de choses ou objets meubles, de monnaie en sapèques, ou d'étoffes（dans ce cas comme dans ce qui suit il s'agit indifféremment des biens de l'État et des biens des particuliers）, et autres valeurs analogues, il faut que ces choses aient été déplacées et déjà éloignées du lieu du vol, (pour qu'on puisse dire qu'elles sont volées);

珠玉宝货之类,据入手隐藏,纵[在盗所]未将行,亦是[为盗]。

S'il s'agit de perles, de pierres fines ou autres choses rares et précieuses du même genre, on se basera sur le fait de les avoir prises dans la main et cachées (même dans le lieu du vol), et, bien que ces choses n'aient pas encore été transportées, il en sera encore de même (elles seront volées);

其木石重器非人力所胜,虽移本处,未驮载间,犹未成盗。[不得以盗论。]

Pour les bois, pierres et autres choses pesantes que la force humaine est impuissante à manier, bien que déplacées de la position qu'elles occupaient primitivement, si elles ne sont pas déjà chargées sur quelque chose servant de moyen de transport, le vol n'est pas encore consommé; (on ne pourra pas prononcer comme si ces choses étaient volées);

马、牛之类[1],须出栏圈,鹰、犬之类,须专制在己,乃成为盗。[若盗马一匹,别有马随,不合并计为罪。若盗其母而子随者,皆并计为罪。]

S'il s'agit de chevaux, bêtes à cornes et autres du même genre, il faut que les animaux soient sortis du parc ou de l'enclos; s'il s'agit de faucons, de chiens et autres du même genre, il faut qu'on ait assumé le droit d'en diposer et qu'on s'en soit rendu maître, pour que le vol soit consommé; (si quelqu'un vole un cheval et que d'autres chevaux suivent, on ne doit pas compter ceux-ci dans l'évaluation du produit de l'acte illicite, pour graduer la peine; si c'est une poulinière suitée et que son poulain la suive, on le comptera dans l'évaluation du produit de l'action illicite, pour graduer la peine).

2、此条乃以上盗贼诸条之通例。未成盗而有显迹证见者,依已行而未得财科断。已成盗者,依律以得财科断。

Cet article établit une règle générale commune à tous les articles précédents sur les vols et brigandages. Si le vol n'est pas consommé et s'il y a des indices certains et précis ou des témoins qui ont vu le fait, on graduera la peine selon les dispositions

---

[1] 此处在《大清律例》中是"马、牛、驮、骡之类",《皇越律例》删减了部分文字。

relatives au cas où le fait est manifesté par des actes d'exécution sans qu'il y ait eu des valeurs enlevées ; si le vol est consommé, on graduera la peine selon la loi et d'après les dispositions relatives au cas où il y a eu des valeurs enlevées.

二百八十一、起除刺字

Art. CCLXXXI. Effacer et enlever une marque

凡盗贼曾经刺字者，俱发原籍，收充警迹。该徒者，役满充警。该流者，于流所充警。若有起除原刺字样者，杖六十，补刺。

Tout voleur ou brigand, après qu'il aura été marqué, sera renvoyé à son lieu primitif d'inscription et incorporé parmi ceux qui sont astreints à prévenir les fautes ; s'il a encouru la peine du travail pénible, à l'expiration de sa servitude il sera incorporé parmi ceux qui sont chargés de prévenir les fautes ; s'il a encouru la peine de l'exil, ce sera dans le lieu de son exil qu'il subira cette incorporation. S'il efface ou fait disparaître les caractères quelconques dont il a été marqué, il sera puni de soixante coups de truong et la marque sera rétablie.

[收充警迹，谓充巡警之役，以踪迹盗贼之徒。警迹之人，俱有册籍，故曰收充。]

(Incorporer parmi ceux qui sont astreints à prévenir les fautes, c'est-à-dire astreindre à une charge qui consiste à surveiller, à prévenir et à recueillir les indices des crimes. Les personnes chargées de cette surveillance sont toutes inscrites sur un rôle spécial, et c'est pour cela qu'on emploie l'expression incorporer) ;

[若非应起除，而私自用药，或火炙去原刺面、膊上字样者，虽不为盗，亦杖六十，补刺原刺字样。]

Si, lorsqu'il n'y a pas lieu d'effacer cette marque, la personne marquée emploie privément quelque drogue ou enlève la marque par cautérisation, c'est-à-dire si elle fait disparaître les caractères quelconques primitivement inscrits sur sa face ou sur son bras, bien que cette personne n'ait pas été condamnée pour vol, elle sera encore punie de soixante coups de truong et on rétablira l'ancienne marque).

人 命
De l'homicide

二百八十二、谋杀人
Art. CCLXXXII. Du complot de meurtre

1、凡谋［或谋诸心，或谋诸人］杀人造意者，斩［监候］；从而加功者，绞［监候］；

Celui qui sera l'auteur de l'idée d'un meurtre prémédité (soit prémédité dans son esprit, soit comploté avec quelqu'un), sera puni de la décapitation (avec sursis); ceux qui l'auront suivi et qui y auront contribué seront punis de la strangulation (avec sursis);

不加功者，杖一百，流三千里。杀讫乃坐。［若未曾杀讫而邂逅身死，止依同谋共殴人科断。］

Ceux qui n'y auront pas contribué seront punis de cent coups de truong et de l'exil à trois mille lis; il faudra que le meurtre soit accompli pourque les coupables soient passibles de ces peines. (Si le meurtre n'a pas été accompliet que la victime vienne à mourir accidentellement, la peine sera graduée selon les dispositions relatives au complot arrêté en commun pour frapper ensemble quelqu'un). [art. 290].

2、若伤而不死，造意者，绞［监候］；从而加功者，杖一百，流三千里；不加功者，杖一百，徒三年。

Si la victime a été blessée et n'est pas morte, l'auteur de l'idée sera puni de la strangulation (avec sursis), ceux qui l'auront suivi et qui auront contribué à l'action seront punis de cent coups de truong et de l'exil à trois mille lis; ceux qui n'y auront pas contribué seront punis de cent coups de truong et de trois ans de travail pénible.

3、若谋而已行，未曾伤人者，［造意为首者，］杖一百，徒三年；为从者，［同谋、同行］各杖一百。但同谋者，［虽不同行，］皆坐。

S'il y a eu complot déjà suivi d'actes d'exécution, mais que la personne n'ait pas encore été blessée, la peine (de l'auteur de l'idée, considéré comme principal coupable), sera de cent coups de truong et de trois ans de travail pénible, et les co‑

auteurs（qui ont comploté et agi avec lui）seront, chacun, punis de cent coups de truong. Ceux qui auront seulement participé au complot（bien qu'ils n'aient pas pris part aux actes d'exécution avec les autres）, seront tous passibles de cette peine.

4、其造意者，［通承已杀、已伤、已行三项。］身虽不行，仍为首论。从者不行，减行［而不加功］者一等。

L'auteur de l'idée（cela se rapporte aux trois cas où le meurtre a eu lieu, où la victime a été blessée, où le complot a été suivi d'actes d'exécution）, bien qu'il ne soit pas allé de sa personne prendre part aux actes d'exécution, sera cependant considéré comme principal coupable. Pour les co‑auteurs qui ne seront pas allés prendre part aux actes d'exécution, la peine sera celle des co‑auteurs qui seront allés y prendre part（et qui n'y auront pas contribué）, diminuée d'un degré.

5、若因而得财者，同强盗，不分首、从论，皆斩。［行而不分赃，及不行又不分赃，皆仍依谋杀论。］

Si, à cause de l'acte, il y a eu des valeurs obtenues, on prononcera comme pour les coupables de vol à force ouverte, sans distinguer entre le principal coupable et les co‑auteurs, et tous seront punis de la décapitation.（Ceux qui auront pris part aux actes d'exécution sans participer au produit illicite, ainsi que ceux qui n'auront pas pris part aux actes d'exécution et qui, de plus, n'auront pas participé au produit illicite, seront d'ailleurs, tous, jugés selon les dispositions relatives au complot de meurtre.）

二百八十三、谋杀制使及本管长官

Art. CCLXXXIII. Du complot de meurtre d'un envoyé par ordre du Souverain, ou du fonctionnaire chef de service sous les ordres duquel est placé le coupable

凡奉制命出使，而［所在］官吏谋杀，及部民谋杀本属知府、知州、知县，军士谋杀本管官，若吏卒谋杀本部五品以上长官，已行［未伤］者，［首］杖一百，流二千里；

Toutes les fois que quelqu'un aura reçu du Souverain l'ordre d'aller accomplir une mission, et que les fonctionnaires et employés（du lieu où se trouve l'envoyé） auront formé le complot de le tuer, ou bien que des personnes du peuple placés dans le ressort de son autorité auront formé le complot de tuer le *tri phu*, le *tri chàu* ou le *tri huyên* dont elles relèvent, ou enfin que des soldats auront formé le complot de tuer le fonctionnaire sous les ordres duquel ils sont placés, comme aussi, lorsque des employés, agents ou chefs subalternes militaires auront formé le complot de tuer le fonctionnaire chef de service dont ils dépendent, lorsque ce dernier fonctionnaire sera du cinquième rang et au-dessus et que le complot aura été suivi d'actes d'exécution, (la victime n'ayant pas encore été blessée), la peine (du principal coupable) sera de cent coups de truong et de l'exil à denx mille lis;

已伤者，[首]绞；[流、绞俱不言"皆"，则为从各减等。官吏谋杀，监候。余皆决不待时。下斩同。]

Si la victime a été blessée, la peine (du principal coupable) sera la strangulation. (Que la peine prononcée soit l'exil ou la strangulation, le texte n'emploie dans aucun cas le mot «tous»; donc, la peine des co-auteurs sera, dans chaque cas, diminuée d'un degré. Pour les fonctionnaires et employés coupables de complot de meurtre, la peine sera prononcée avec sursis; pour tous les autres, elle sera prononcée avec exécution; il en sera de même, plus bas, pour la peine de la décapitation).

已杀者，皆斩。[其从而不加功与不行者，及谋杀六品以下长官并府、州、县佐贰、首领官，其非本属、本管、本部者，各依凡人谋杀论。]

Si la victime a été tuée, tous seront punis de la décapitation; (ceux qui auront suivi et qui n'auront pas contribué à l'accomplissement de l'acte, et ceux qui n'ont pas pris part aux actes d'exécution, ou bien s'il s'agit du complot de meurtre d'un fonctionnaire chef de service du sixième rang et au-dessous, ou, également, du fonctionnaire adjoint en second, ou du fonctionnaire chargé du contrôle des détails du service dans un *phu*, un *chàu* ou un *huyên*, ou s'il ne s'agit ni du fonctionnaire dont relèvent les coupables, ni de celui sous les ordres duquel ils sont placés, ni du fonctionnaire du service dont ils dépendent, dans chaque cas, on prononcera selon les dispositions relatives aux personnes quelconques coupables de complot de meurtre).

二百八十四、谋杀祖父母、父母

Art. CCLXXXIV. Du complot de meurtre de l'aïeul,
de l'aïeule, du père ou de la mère

1、凡谋杀祖父母、父母及期亲尊长、外祖父母、夫、夫之祖父母、父母，已行［不问已伤、未伤］者，［预谋之子、孙，不分首、从］皆斩；

Ceux qui auront formé un complot de meurtre contre leur aïeul ou leur aïeule, leur père ou leur mère, ou bien contre un parent de rang prééminent ou plus âgé du second degré, contre l'aïeul ou l'aïeule en ligne extérieure, l'époux, l'aïeul, l'aïeule, le père ou la mère de l'époux, et lorsque le complot aura été suivi d'actes d'exécution (sans discerner si la victime a été blessée ou n'a pas été blessée), seront, (sans distinction de principal coupable ou de co-auteurs entre les enfants et petits-enfants qui auront participé au complot), tous punis de la décapitation;

已杀者，皆凌迟处死。［监故在狱者，仍戮其尸。其为从，有服属不同，自依缌麻以上律论；有凡人，自依凡论。凡谋杀服属，皆仿此。］

Si la victime a été tuée, tous seront punis de la mort lente; (lorsqu'ils seront morts en prison pendant leur incarcération, leur cadavre sera exécuté; les co-auteurs, s'ils sont parents à des degrés différents, seront naturellement jugés selon les dispositions de la loi relative aux parents du cinquième degré et au-dessus; si, parmi eux, il y a des personnes quelconques, elles seront jugées selon les dispositions relatives aux personnes quelconques, dans tous les cas de complots de meurtre où il s'agit de parents à un degré, pour lequel il existe un vêtement de deuil, on suivra toujours cet exemple).

谋杀缌麻以上尊长，已行者，［首］杖一百，流二千里；［为从，杖一百，徒三年。］

S'il s'agit d'un complot de meurtre contre la personne d'un parent de rang prééminent ou plus âgé du cinquième degré et au-dessus, et si le complot a été suivi d'actes d'exécution, la peine (du principal coupable) sera de cent coups de truong et de l'exil à deux mille lis; (les co-auteurs seront punis de cent coups de truong et de trois ans de travail pénible);

已伤者，［首］绞；［为从加功、不加功，并同凡论。］已杀者，皆斩。

［不问首从。］

Si la victim a été blessée, la peine (du principal coupable) sera la strangulation; (les co-auteurs, qu'ils aient contribué ou non à l'accomplissement de l'acte, seront également jugés comme personnes quelconques); si la victime a été tuée, tous seront punis de la décapitation (sans distinguer entre principal coupable ou co-auteurs).

2、其尊长谋杀［本宗及外姻］卑幼，已行者，各依故杀罪减二等；

Les parents de rang prééminent ou plus âgés coupables de complot de meurtre contre des parents de rang inférieur ou plus jeunes (de la même souche, en ligne extérieure ou par alliance), si le complot a été suivi d'actes d'exécution, seront, dans chaque cas, punis de la peine du meurtre volontaire diminuée de deux degrés;

已伤者，减一等；已杀者，依故杀法。［依故杀法者，谓各依斗殴条内，尊长故杀卑幼律问罪。为从者，各依服属科断。］

Si la victime a été blessée, la peine ne sera diminuée que d'un degré; si elle a été tuée, on prononcera selon la règle relative au meurtre volontaire. (Prononcer selon la règle relative au meurtre volontaire, c'est-à-dire, dans chaque cas, selon la disposition de loi de l'article relatif aux rixes［art. 317, 318］, qui prévoit le cas des parents de rang prééminent ou plus âgés qui commettent un meurtre volontaire sur la personne d'un parent de rang inférieur ou plus jeune; la peine des co-auteurs sera, dans chaque cas, graduée selon le degré de parenté déduit du vêtement de deuil.

3、若奴婢及雇工人谋杀家长及家长之期亲外祖父母，若缌麻以上亲者，［兼尊卑言，统主人服属尊卑之亲。］罪与子孙同。

Si des esclaves, ainsi que des personnes louées à gages pour un travail, forment un complot de meurtre contre la personne du chef de la famille, ou bien contre des parents du second degré, l'aïeul ou l'aïeule en ligne extérieure, ou des parents du cinquième degré et au-dessus du chef de la famille, (cela se rapporte indifféremment aux parents de rang prééminent ou de rang inférieur, c'est-à-dire, en général, tout parent de rang prééminent ou de rang inférieur du maître), la faute sera la même que celle des enfants ou petits-enfants;

［谓与子、孙谋杀祖父母、父母及期亲尊长、外祖父母、缌麻以上尊长

同。若已转卖，依良、贱相殴论。]

（C'est-à-dire que celle des enfants et petits-enfants coupables de complot de meurtre contre la personne de l'aïeul, de l'aïeule, du père ou de la mère, ainsi que contre la personne de parents de rang prééminent ou plus âgés du second degré, contre la personne de l'aïeul ou de l'aïeule en ligne extérieure, ou d'un parent de rang prééminent ou plus âgé du cinquième degré et au-dessus; si les esclaves avaient déjà été transmis par vente, on prononcera selon la loi relative aux personnes de condition honorable ou de condition vile qui se frappent réciproquement). 〔art. 313〕

二百八十五、杀死奸夫
Art. CCLXXXV. Du meurtre de l'amant

1、凡妻、妾与人奸通，而［本夫］于奸所亲获奸夫、奸妇，登时杀死者，勿论。

Toutes les fois que l'épouse ou une concubine auront entretenu des relations adultères avec un homme, celui (l'époux) qui aura personnellement surpris l'amant et la femme adultère sur le lieu où cet adultère est commis et qui les aura tués et mis à mort sur-le-champ ne sera pas puni;

若止杀死奸夫者，奸妇依［和奸］律断罪，当官嫁卖，身价入官。［或调戏未成奸，或虽成奸已就拘执，或非奸所捕获，皆不得拘此律。]

S'il tue seulement l'amant, la femme adultère sera punie selon la loi (relative à la fornication d'accord entre les coupables); le fonctionnaire concerné la mariera ou la vendra et le prix de son corps sera confisquée a l'État. (S'il n'y a eu que des privautés libidineuses sans que l'adultère ait été accompli, ou bien si, quoique l'adultère ait été accompli, l'époux s'est déjà rendu maître de la personne des coupables, ou encore s'ils n'ont pas été surpris sur le lieu où l'adultère s'est commis, on ne pourra jamais s'en tenir à la présente loi).

2、其妻、妾因奸同谋杀死亲夫者，凌迟处死。奸夫处斩［监候]。若奸夫自杀其夫者，奸妇虽不知情，绞［监候]。

L'épouse ou la concubine qui, à cause de l'adultère, auront comploté avec lui le meurtre de leur propre époux, seront punies de la morte lente; l'amant sera puni de la décapitation（avec sursis）；si l'amant tue de lui-même l'époux，la femme adultère，bien qu'elle n'ait pas eu connaissance de la nature du fait，sera punie de la strangulation（avec sursis）.

二百八十六、谋杀故夫父母

Art. CCLXXXVI. Du complot de meurtre du père ou de la mère de l'époux décédé

凡［改嫁］妻、妾谋杀故夫之祖父母、父母者，并与谋杀［见奉］舅、姑罪同。

L'épouse ainsi que la concubine（remariées）qui auront formé un complot de meurtre contre l'aïeul，l'aïeule，le père ou la mère de l'époux décédé seront également coupables de la même faute que si elles avaient formé le complot de tuer leurs beaux-pères ou leurs belles-mères [1]，（pendant qu'elles étaient leur bru）. ［art. 284］.

［若妻、妾被出，不用此律。若舅、姑谋杀已故子、孙改嫁妻妾，依故杀律。已行，减二等；已伤，减一等。］

（Si l'épouse ou la concubine ont été répudiées，on ne suivra plus cette loi；si les beaux-pères ou les belles-mères ont formé un complot de meurtre contre l'épouse ou contre la concubine remariées de leur fils ou petit-fils décédé，ils seront jugés selon la loi relative au meurtre volontaire；si le complot a été suivi d'actes d'exécution，la peine sera diminuée de deux degrés；si la victime a été blessée，la peine sera diminuée d'un degré）.

若奴婢［不言雇工人，举重以见义。］谋杀旧家长者，以凡人论。

Si des esclaves，（il n'est pas parlé de personnes louées à gages pour un travail，la loi cite le cas le plus grave pour montrer quel est l'esprit），ont formé un complot de meurtre contre leur ancien chef de famille，on prononcera d'après les dispositions relatives aux personnes quelconques.

［谓将自己奴婢转卖他人者，皆同凡人论。余条准此。赎身奴婢，主、仆

---

〔1〕 "舅姑" 在此包含丈夫的祖父母及父母。——原注。

恩义犹存，如有谋杀旧家长者，仍谋杀家长律科断。]

（C'est-à-dire que si un homme a transmis par vente ses propres esclaves à un autre homme, ces esclaves sont, par rapport à lui, toujours considérés comme des personnes quelconques；dans tous les autres articles, on doit se conformer à cette disposition. S'il s'agit d'esclaves qui se sont rachetés, le devoir et la reconnaissance entre l'esclave et le maître subsistent encore, et si de tels esclaves rachetés forment un complot de meurtre contre leur ancien chef de famille, leur peine est d'ailleurs graduée selon la loi relative au complot de meurtre du chef de la famille）.

二百八十七、杀一家三人

Art. CCLXXXVII. Meurtre de trois personnes d'une même famille

凡杀［谓谋杀、故杀、放火、行盗而杀。]一家［谓同居，虽奴婢、雇工人皆是，或不同居，果系本宗五服至亲亦是。]非［实犯]死罪三人，及支解［活]人者，［但一人，即坐。虽有罪亦坐，不必非死罪三人也。为首之人]凌迟处死；

Celui qui sera coupable de meurtre, （cela désigne le complot de meurtre, le meurtre volontaire, ou le meurtre résultant de l'incendie volontaire ou du vol）, de trois personnes non coupables de fautes punies de mort, （culpabilité absolue）, d'une même famille, （cela désigne les personnes demeurant ensemble；bien qu'il s'agisse d'esclaves ou de personnes louées à gages pour leur travail, toutes sont comprises dans cette désignation；ou encore, s'il ne s'agit pas de personnes demeurant ensemble, si réellement ce sont des proches parents de l'un des cinq degrés pour lesquels il existe un vêtement de deuil, et de la souche, il en est encore de même）；ou bien celui qui aura dépecé（vivant）quelqu'un, （du moment où le crime aura été commis, même sur une seule personne, le coupable sera passible de la peine；bien que la victime fût coupable, il en sera encore passible, il n'est plus nécessaire qu'il y ait trois personnes non coupables de fautes punies de mort, et le principal coupable）sera puni de la mort lente；

财产断付死者之家；妻、子，［不言女，不在缘坐之限。]流二千里。为从［加功]者，斩。[财产、妻、子不在断付应流之限。不加功者，依谋杀人律减等。若将一家三人先后杀死，则通论。]

Ses biens seront donnés à la famille des morts; son épouse et ses fils, (il n'est pas parlé des filles; elles ne sont pas comprises dans le nombre des personnes incriminées par responsabilité), seront exilés à deux mille lis; les co-auteurs (qui auront contribué à l'accomplissement de l'acte) seront punis de la décapitation, (leurs biens, leur épouse et leurs fils ne sont pas compris dans la portée de la disposition qui ordonne la confiscation au profit de la famille des victimes et l'exil; ceux qui n'auront pas contribué à l'accomplissement de l'acte seront punis avec diminution de degré, selon la loi sur le complot de meurtre.

[若本谋杀一人而行者杀三人，不行之人，造意者斩。非造意者，以从者不行，减行者一等论，仍以临时主意杀三人者为首。]

Si trois personnes de la même famille ont été tuées les unes avant, les autres après, on jugera de même. Si primitivement les coupables ont prémédité le meurtre d'une seule personne et, qu'en exécutant le complot, ils aient tué trois personnes, parmi ceux qui n'auront pas pris part aux actes d'exécution, l'auteur de l'idée sera puni de la décapitation, ceux qui ne seront pas auteurs de l'idée seront jugés d'après la disposition relative aux co-auteurs, en diminuant d'un degré la peine de ceux qui ont pris part aux actes d'exécution. D'ailleurs, ce sera celui qui, au moment même du crime, aura dirigé l'exécution du meurtre de trois personnes qui sera considéré comme principal coupable).

二百八十八、采生折割人

Art. CCLXXXVIII. Mutiler un homme vivant et le découper

凡采生折割人者，[兼已杀及已伤言。首] 凌迟处死，财产断付死者之家。妻、子及同居家口，虽不知情，并流二里安置。

Celui qui aura mutilé et découpé une personne vivante (cela comprend indifféremment les cas où la victime est tuée ou blessée), sera (le principal coupable), puni de la mort lente; ses valeurs et biens seront donnés à la famille de la victime; son épouse, ses fils et les personnes de sa famille demeurant ensemble avec lui, bien qu'elles n'aient pas eu connaissance de la nature des faits seront également exilés à deux mille lis et internés.

［采生折割人足一事，谓取生人耳目赃腑之类，而折割其肢体也。此与支解事同，但支解者，此欲杀其人而已，此则杀人而为妖术以惑人，故又特重之。］

（Mutiler et découper une personne vivante, c'est une seule et même action; cette expression signifie, par exemple, enlever les yeux ou les oreilles, les viscères ou les intestins d'une personne vivante et découper les membres ou le corps. Ce fait est le même que celui de dépècement d'un homme, mais, lorsqu'il s'agit du crime de dépècement, le coupable ne veut que tuer la victime et n'a pas d'autres intentions; dans le cas actuel, le coupable tue quelqu'un et accomplit quelque pratique maléficieuse pour jeter le trouble parmi les hommes; c'est pour cela que la loi est encore exceptionnellement sévère).

为从［加功］者，斩。［财产家口，不在断付应流之限。不加功者，依谋杀人律减等。］

Les co-auteurs (qui auront contribué à l'accomplissement de l'acte) seront punis de la décapitation. (Leurs valeurs et leurs biens, et les personnes de leur famille, ne sont pas compris dans la disposition qui prononce la confiscation pour indemniser et l'exil; ceux qui n'ont pas contribué à l'accomplissement de l'acte sont punis avec diminution de degré, selon la loi relative au complot de meurtre ［ art. 282 ］ .)

若已行而未曾伤人者，［首］亦斩。妻、子流二千里。［财产及同居家口，不在断付应流之限。］

S'il y a eu des actes d'exécution sans que la personne soit déjà blessée, la peine (du principal coupable) sera encore la décapitation et l'épouse et les fils seront exilés à deux mille lis (les valeurs et les biens et les «personnes de la famille» ne sont pas compris dans la disposition qui ordonne la confiscation pour indemniser et l'exil);

为从［加功］者，杖一百，流三千里。［不加功者，亦减一等。］里长知而不举者，杖一百。

Les co-auteurs (qui auront contribué à l'accomplissement de l'acte) seront punis de cent coups de truong et de l'exil à trois mille lis; (la peine de ceux qui n'auront pas contribué à l'accomplissement de l'acte sera encore diminuée de degré). Les chefs de village qui auront connaissance de la nature des faits et qui ne les révèleront pas seront punis de cent coups de truong;

不知者，不坐。告获者，官给赏银二十两。

Ceux qui n'en auront pas eu connaissance ne seront pas incriminés. Ceux qui auront accusé ou arrêté les coupables recevront de l'État une récompense de vingt onces d'argent.

二百八十九、造畜蛊毒杀人

Art. CCLXXXIX. De la fabrication et de la possession des poisons, dans le but de commettre un meurtre

1、凡［置］造［藏］畜蛊毒堪以杀人，及教令［人造畜］者，［并坐］斩。［不必用以杀人。］

Quiconque aura fait (fabriqué), ou possédera (recèlera), des préparations vénéneuses ou venimeuses susceptibles de causer la mort, ainsi que celui qui les aura commandées (à quelqu'un, pour qu'il les fasse ou les conserve), ou qui aura conseillé de les faire sera (également) puni de la décapitation (sans qu'il soit nécessaire qu'il en ait été fait usage pour tuer quelqu'un).

2、造畜者，［不问已未杀人。］财产入官，妻、子及同居家口，虽不知情，并流二千里安置。［教令者之财产、妻、子等，不在此限。］

Les biens et valeurs de celui qui les aura faites ou possédées (sans distinguer s'il a déjà, ou non, commis un meurtre), seront confisqués à l'État; son épouse, ses fils, ainsi que les personnes de la famille demeurant avec lui, bien qu'elles ignorent la nature des faits, seront également exilés à deux mille lis et internés (les valeurs et biens, l'épouse et les fils de celui qui a commandé ou conseillé de faire ou de conserver ne sont pas compris dans cette disposition).

若以蛊毒毒同居人，其被毒之人父母、妻、妾、子孙不知造蛊情者，不在流远之限。［若系知情，虽被毒，仍缘坐。］

Si le coupable s'est servi de ces préparations vénéneuses pour empoisonner une personne demeurant avec lui et que le père, la mère, l'épouse, les concubines, les enfants et petits-enfants de la personne empoisonnée n'aient pas eu connaissance de la préparation ou de la possession de ces poisons, ils ne sont plus dans la limite de la disposition qui ordonne leur exil au loin ; (s'ils en ont eu connaissance, bien qu'une personne ait été empoisonnée, ils en sont encore passibles).

若里长知而不举者，各杖一百。不知者，不坐。告获者，官给赏银二十两。

Si le chef du village a connaissance du fait et ne le révèle pas, il sera, dans chaque cas, puni de cent coups de truong ; s'il n'en a pas eu connaissance, il ne sera pas incriminé. Celui qui dénoncera ou arrêtera les coupables recevra de l'État une récompense de vingt-cinq onces d'argent.

3、若造魇魅、符书、咒诅，欲以杀人者，［凡人、子、孙、奴婢、雇工人、尊长、卑幼］各以谋杀［已行未伤］论。因而致死者，各依本［谋］杀法。

Celui qui aura fabriqué des esprits tourmenteurs, des inscriptions contenant des sorts ou des charmes, avec l'intention de tuer quelqu'un (qu'il soit question de personnes quelconques, d'enfants, petits enfants, esclaves, travailleurs loués à gages, parents de rang prééminent ou plus âgés, ou de rang inférieur ou plus jeunes), sera, dans chaque cas, jugé d'après les dispositions relatives au complot de meurtre (suivi d'actes d'exécution, et sans que la victime ait été blessée) ; s'il en est résulté la mort de quelqu'un, dans chaque cas on prononcera selon les règles relatives à la nature du meurtre (prémédité).

欲［止］令人疾苦［无杀人之心］者，减［谋杀已行未伤］二等。

Si le coupable a (seulement) voulu causer à quelqu'un un mal ou des infirmités (sans avoir l'intention de commettre un meurtre), la peine sera diminuée de deux degrés (par rapport au cas de complot de meurtre suivi d'actes d'exécution sans que la victime ait été blessée).

其子孙于祖父母、父母。［不言妻、妾于夫之祖父母、父母，举子孙以见义。］奴、婢、雇工人于家长者，各不减。［仍以谋杀已行，论斩。］

Pour les enfants et petits-enfants coupables envers l'aïeul, l'aïeule, le père ou là mère (il n'est pas parlé de l'épouse et des concubines envers l'aïeul, l'aïeule, le père ou la mère de l'époux ; les enfants et petits-enfants sont cités pour faire voir l'esprit de la loi), pour les esclaves et gens loués à gages pour un travail, coupables envers le chef de famille, dans chaque cas, la peine ne sera pas diminuée (et, d'ailleurs, on prononcera la peine de la décapitation d'après les dispositions relatives au complot de meurtre suivi d'actes d'exécution).

4、若用毒药杀人者，斩［监候。或药而不死，依谋杀已伤律，绞。］

Celui qui aura employé des drogues toxiques pour commettre un meurtre sera puni de la décapitation (avec sursis; ou, s'il a empoisonné sans causer la mort, selon la loi relative au complot de meurtre, dans le cas où la victime n'a été que blessée, de la strangulation).

买而未用者，杖一百，徒三年。知情卖药者，与［犯人］同罪。［至死减等。］不知者，不坐。

Celui qui les aura achetées et qui n'en aura pas encore fait usage sera puni de cent coups de truong et de trois ans de travail pénible; celui qui, en connaissance de cause, aura vendu le poison (au coupable), sera puni de la même peine que lui (si cette peine est la mort, la sienne sera diminuée d'un degré); si c'est sans avoir eu connaissance de la cause, il ne sera pas incriminé [art. 282].

二百九十、斗殴及故杀人

Art. CCXC. Du meurtre commis dans une rixe et du meurtre volontaire

［独殴曰"殴"，有从为同谋共殴; 临时有意欲杀，非人所知曰"故"。共殴者惟不及知，仍只为同谋共殴。此故杀所以与殴同条，而与谋有分。］

(Frapper seul et battre une personne s'appelle «frapper» si on est suivi d'autres personnes qui participent au complot et frappent en même temps et si, au moment même du fait, on a l'idée et le désir de tuer sans que les autres en sachent rien, le meurtre est dit: «volontaire»; ceux qui frappent ensemble avec le coupable du meurtre volontaire, n'ayant pas pu avoir connaissance de cette intention subite, sont d'ailleurs seulement: «co-auteurs ayant participé au complot et frappé ensemble»; c'est pour cela que le «meurtre volontaire» est prévu dans le même article que le meurtre commis dans une rixe et qu'il est distingué du cas de «complot»).

1、凡斗殴杀人者，不问手足、他物、金刃，并绞［监候］。

Celui qui, dans une rixe, aura commis un meurtre sera, sans discerner s'il a frappé avec les mains et les pieds, avec d'autres objets, ou avec un outil ou instrument aigu en métal, également puni de la strangulation (avec sursis).

2、故杀者，斩［监候］。

Celui qui aura commis un meurtre volontaire sera puni de la décapitation (avec sursis).

3、若同谋共殴人，因而致死者，以致命伤为重。下手［致命伤重］者，绞［监候］。

Si plusieurs personnes ont formé un complot en commun et frappé ensemble une personne et s'il en est résulté la mort de la victime, celui qui, de sa main, aura fait les blessures réputées mortelles les plus graves (blessures faites par les coups qu'il a portés de sa main), sera puni de la strangulation (avec sursis);

原谋者，［不问共殴与否，］杖一百，流三千里。余人［不曾下手致命，又非原谋，］各杖一百。［各兼人数多寡，及伤之轻重言。］

L'instigateur du complot (sans discerner s'il a frappé ensemble avec les autres, ou non), sera puni de cent coups de truong et de l'exil à trois mille lis; les autres personnes (celles qui n'ont pas de leurs mains fait de blessures réputées mortelles et qui, de plus, ne sont pas les instigateurs du complot) seront, chacune, punies de cent coups de truong (le mot, chacune, se rapporte indifféremment au cas où les personnes sont nombreuses, ou non, et au cas où les blessures faites sont légères, ou graves).

二百九十一、屏去人服食

Art. CCXCI. Priver une personne de vêtements et de nourriture

1、凡以他物［一应能伤人之物］置人耳、鼻及孔窍中，若故屏去人服用饮食之物，而伤人者，［不问伤之轻、重，］杖八十。

Celui qui aura introduit quelque corps étranger (tout objet pouvant blesser un homme), dans les oreilles, le nez ou les ouvertures naturelles d'une personne, ou qui aura privé quelqu'un de vêtements ou des choses nécessaires pour sa nourriture ou sa boisson, et qui aura ainsi blessé sa victime, sera puni (sans discerner la légèreté ou la gravité des lésions), de quatre-vingts coups de truong.

[谓寒月脱去人衣服，饥渴之人绝其饮食，登高、乘马私去梯、辔之类。]

（Cela veut dire priver une personne de vêtements pendant les mois froids；ou priver une personne affamée ou altérée de manger ou de boire；ou commettre telle autre action analogue telle qu'enlever l'échelle à l'aide de laquelle une personne est montée dans un endroit escarpé；ou enlever la bride du cheval d'un cavalier）；

致成残废疾者，杖一百，徒三年。令至笃疾者，杖一百，流三千里。犯人财产一半，给付笃疾之人养赡。至死者，绞［监候］。

S'il en est résulté une difformité définitive ou une infirmité, la peine sera de cent coups de truong et de trois ans de travail pénible；si la victime est devenue impotente, la peine sera de cent coups de truong et de l'exil à trois mille lis et la moitié des valeurs et biens du coupable sera donnée à la personne devenue impotente, comme moyens d'existence；si la mort s'en est suivie, la peine sera la strangulation（avec sursis）.

2、若故用蛇蝎毒蛊咬伤人者，以斗殴伤论。［验伤之轻重，如轻则笞四十，至笃疾，亦给财产。］因而致死者，斩［监候］。

Celui qui aura volontairement employé des serpents ou des insectes venimeux pour faire mordre ou piquer quelqu'un et le blesser, sera jugé d'après les dispositions relatives aux blessures faites dans une rixe［art. 302］（on vérifiera le plus ou le moins de gravité des blessures, si elles sont légères, la peine sera de quarante coups de rotin；si la victime est devenue impotente, les biens du coupable lui seront encore donnés）；si la mort en est résultée, la peine sera la décapitation（avec sursis）.

二百九十二、戏杀误杀失杀伤人

Art. CCXCII. Du meurtre commis en jouant, du meurtre commis par erreur, du meurtre commis et des blessures faites par mégarde ou accident

1、凡因戏［以堪杀人之事为戏，如比较拳棒之类。］而杀伤人，及因斗殴而误杀伤旁人者，各以斗杀伤论。［死者，并绞。伤者，验轻、重坐罪。］

Celui qui en se livrant à un jeu ou à un exercice（se livrant comme jeu à un exercice susceptible de causer la mort, par exemple en luttant au pugilat ou au bâton）, aura commis un meurtre ou blessé quelqu'un ; ou bien celui qui dans une rixe aura, par erreur, tué ou blessé une personne étrangère à la rixe sera, dans chaque cas, puni en prononçant d'après les dispositions relatives au meurtre commis et aux blessures faites dans une rixe [art. 290, 302] ; (si la victime est morte la peine sera également la strangulation ; si elle a été blessée, le coupable sera passible de la peine correspondant à la légèreté ou à la gravité des blessures faites).

其谋杀、故杀人，而误杀旁人者，以故杀论。[死者，处斩。不言伤，仍以斗殴论。]

Celui qui, voulant commettre un meurtre prémédité ou un meurtre volontaire, aura, par erreur, tué une autre personne à la place de celle qu'il voulait atteindre sera puni en prononçant d'après la disposition relative au meurtre volontaire [art. 290, § 2]. (Si la victime est morte, le coupable sera puni de la décapitation ; il n'est pas parlé du cas de blessures qui, d'ailleurs, est jugé d'après les dispositions relatives aux rixes).

2、若知津河水深泥淖而诈称平浅，及桥梁渡船朽漏，不堪渡人，而诈称牢固，诳令人过渡，以致陷溺、死伤者，[与戏杀相等。]亦以斗杀、伤论。

Celui qui sachant qu'à un gué de rivière l'eau est profonde, ou le fond mou et bourbeux, aura, fallacieusement, dit que c'est un passage facile où l'eau a peu de profondeur ; ou bien, celui qui sachant que les traverses d'un pont sont pourries ou qu'un bac fait de l'eau et n'est pas en état de transporter un homme de l'autre côté d'une rivière, aura, fallacieusement, affirmé que ces choses sont solides et en bon état et aura trompé quelqu'un en lui conseillant de traverser, de telle façon qu'il en sera résulté que cette personne sera tombée dans l'eau et aura été noyée ou blessée (ces faits sont de même gravité que le meurtre commis dans un jeu ou un exercice), sera encore puni en prononçant d'après les dispositions relatives au meurtre et aux blessures résultant d'une rixe [art. 290, 302].

3、若过失杀伤人者，[较戏杀愈轻。]各准斗杀、伤罪，依律收赎，给付其[被杀伤之]家。

Celui qui, par mégarde ou accident, aura tué ou blessé quelqu'un (ce fait comparé au meurtre commis en jouant est relativement plus léger), sera, dans chaque cas, condamné conformément aux dispositions relatives au meurtre et aux blessures résultant d'une rixe et, selon la loi, on recevra le prix du rachat de sa peine, prix qui sera donné à la famille (de celui qui aura été tué ou blessé).

［过失，谓耳目所不及，思虑所不到。］

(Par mégarde ou par accident, c'est une expression qui désigne une chose que les sens ne peuvent pas prévoir et que la pensée ne peut pas supposer.

［如弹射禽、兽，因事投掷砖、瓦，不期而杀人者。］

(Par exemple, si en lançant des balles contre des animaux sauvages ou si, en jetant des briques ou des tuiles, on tue quelqu'un sans chercher à l'atteindre);

［或因升高险，足有蹉跌，累及同伴。］

(Ou encore, si, étant monté dans un endroit élevé et dangereux, on perd pied et on tombe en entraînant avec soi dans la chute un de ses compagnons);

［或驾船使风，乘马惊走，驰车下坡，势不能止；或共举重物，力不能制，损及同举物者。］

(Si dirigeant un bateau poussé par le vent, ou montant un cheval effrayé et qui s'emporte, ou si conduisant une voiture à une allure rapide et à une descente sans avoir la force nécessaire pour arrêter, si portant ensemble un objet pesant on n'a pas la force de le maintenir et qu'on cause du mal à ceux qui portent cet objet avec soi);

［凡初无害人之意，而偶致杀伤人者，皆准斗殴杀伤人罪，依律收赎，给付被杀、被伤之家，以为管葬及医药之资。］

(Dans tous ces cas on n'a, essentiellement, aucune intention de causer du mal à personne; si, cependant, il arrive qu'on cause la mort de quelqu'un ou qu'on blesse quelqu'un, on est toujours passible d'une peine prononcée conformément aux dispositions relatives au meurtre et aux blessures qui résultent d'une rixe mais, selon la loi, le coupable est admis à verser le prix de rachat de cette peine et ce prix de rachat est remis à la famille de la personne tuée ou à la personne blessée pour subvenir aux frais de funérailles et de traitement.)

二百九十三、夫殴死有罪妻妾

Art. CCXCIII. De l'époux qui frappe l'épouse ou la concubine coupables, et cause leur mort

凡妻、妾因殴骂夫之祖父母、父母，而夫［不告官］擅杀死者，杖一百。［祖父母、父母亲告乃坐。］

Lorsque l'épouse ou une concubine aura frappé ou insulté l'aïeul, l'aïeule, le père ou la mère de l'époux et, qu'à cause de cela, celui-ci (sans porter plainte au magistrat), l'aura tuée d'autorité privée, il sera puni de cent coups de truong. (Il faut que l'aïeul, l'aïeule, le père ou la mère aient personnellement porté plainte pour que le coupable soit passible de cette peine.)

若夫殴骂妻、妾因而自尽身死者，勿论。［若祖父母、父母已亡，或妻有他罪不至死，而夫擅杀仍绞。］

Si l'époux a frappé ou insulté l'épouse ou une concubine et si, à cause de cela, celle-ci se suicide et meurt, l'époux ne sera pas puni. (Si l'aïeul, l'aïeule, le père et la mère sont déjà morts et si l'épouse a commis une autre faute qui n'entraîne pas la peine de mort, l'époux qui l'aura tuée d'autorité privée sera d'ailleurs puni de la strangulation.)

二百九十四、杀子孙及奴婢图赖人

Art. CCXCIV. Du meurtre des enfants et petits-enfants ou bien, des esclaves, dans le but de faire retomber la faute sur autrui

1、凡祖父母、父母故杀子、孙，及家长故杀奴婢，图赖人者，杖七十，徒一年半。

L'aïeul, l'aïeule, le père ou la mère qui aura commis un meurtre volontaire sur la personne d'un enfant ou d'un petit-enfant, ou bien le chef de la famille qui aura commis un meurtre volontaire sur la personne d'un esclave, dans le but de faire retomber la faute sur quelqu'un, sera puni de soixante-dix coups de truong et d'un an et demi de travail pénible.

2、若子、孙将已死祖父母、父母、奴婢、雇工人将家长身尸［未葬］图赖人者，杖一百，徒三年；

Si des enfants ou des petits-enfants se servent de leur aïeul; de leur aïeule, de leur père ou de leur mère déjà morts, ou si des esclaves se servent de leur chef de famille décédé (et pas encore enterré), dans le but de nuire à quelqu'un, la peine sera de cent coups de truong et de trois ans de travail pénible;

[将] 期亲尊长，杖八十，徒二年；[将] 大功、小功、缌麻，各递减一等。

S'il s'agit (de se servir) de parents de rang prééminent, ou plus âgés du second degré, la peine sera de quatre-vingts coups de truong et deux ans de travail pénibles; s'il s'agit (de se servir) de parents du troisième, du quatrième ou du cinquième degré, dans chaque cas la peine sera proportionnellement diminuée d'un degré.

3、若尊长将已死卑幼及他人身尸图赖人者，杖八十。[以上俱指未告官言。]

Si des parents de rang prééminent ou plus âgés se servent de leurs parents, de rang inférieur déjà, décédés ou bien du cadavre d'une autre personne morte, dans le but de charger quelqu'un d'une faute, la peine sera de quatre-vingts coups de truong; (dans tout ce qui précède, il est toujours question du cas où aucune accusation n'a été porté devant le magistrat).

4、其告官者，随所告轻重，并以诬告平人律 [反坐] 论罪。

Pour ceux qui auront porté une accusation devant les magistrats, selon la légèreté ou, la gravité de l'accusation, on prononcera également la peine (qui aurait été encourue par le calomnié) d'après la loi relative aux accusations calomnieuses.

5、若因 [图赖] 而诈取财物者，计赃，准窃盗论。

S'il en est résulté (de l'intention de nuire) que des valeurs ou objets ont été escroqués, on prononcera en tenant compte de la valeur du produit de l'action illicite et conformément aux dispositions sur le vol furtif;

抢去财物者，准白昼抢夺论，免刺。各从重科断。[图赖罪重，依图赖论，诈取抢夺罪重，依诈取抢夺论。]

S'il y a eu enlèvement, par force de valeurs ou d'objets, on prononcera, conformément aux dispositions, relatives à l'enlèvement par violence et en plein jour; les coupables seront dispensés de la marque et, dans chaque cas, la peine sera graduée en suivant la disposition la plus sévère（si la peine du fait de chercher à nuire est plus grave, on prononcera selon la loi relative, au fait de chercher à nuire ; si la peine du fait d'escroquerie ou d'enlèvement par violence est plus grave, on prononcera selon les dispositions relatives à l'escroquerie ou à l'enlèvement par violence）.

二百九十五、弓箭伤人

Art. CCXCV. Blesser quelqu'un avec des fleches

凡无故向城市及有人居止宅舍，放弹、射箭，投掷砖石者，［虽不伤人］笞四十；

Celui qui, sans motifs, aura lancé des balles d'arc, des flèches, des pierres ou débris de briques et de poteries dans la direction d'une ville ou d'un marché ou dans la direction de maisons habitées, sera（bien qu'il n'ait blessé personne）, puni de quarante coups de rotin ;

伤人者，减凡斗伤一等；［虽至笃疾，不在断付家产之限。］

S'il a blessé quelqu'un, il sera puni pour blessures faites dans une rixe avec diminution d'un degré ;（bien que la victime ait été blessé jusqu'à en devenir impotente, ce cas n'est pas compris dans la disposition qui ordonne l'attribution de la moitié des biens du coupable à la victime）.

因而致死者，杖一百，流三千里。［若所伤系亲属，依名例律，本应重罪，而犯时不知者，依凡人论。本应轻者，听从本法。仍追给埋葬银一十两。］

S'il a ainsi causé la mort de quelqu'un, il sera puni de cent coups de truong et de l'exil à trois mille lis ;（si la personne blessée est un parent du coupable, selon une loi des règles de definition, lorsque par le fait lui-même le coupable a encouru une peine plus grave et qu'au temps où il a commis la faute il ne connaissait pas la circonstance qui fait la gravité de la faute, on prononce selon les dispositions relatives aux personnes quelconques ; si, par le fait lui-même, il a encouru une peine plus légère, on lui accorde le bénéfice de la règle relative à ce fait ; d'ailleurs, le coupable est contraint à payer dix onces d'argent pour indemnité de frais de funérailles). [art. 35.]

二百九十六、车马杀伤人

Art. CCXCVI. Du meurtre et des blessures causées
par les voitures et les chevaux

1、凡无故于街市镇店驰骤车马，因而伤人者，减凡斗伤一等；致死者，杖一百，流三千里。

Celui qui, sans motifs, aura conduit à grande vitesse une voiture ou un cheval dans les rues ou sur un marché, dans un endroit où les boutiques sont nombreuses, et qui, à cause de cela, aura blessé quelqu'un, sera puni selon les dispositions relatives aux blessures faites par des personnes quelconques dans une rixe avec diminution d'un degré, [art. 302] . Si la mort en est résultée, il sera puni de cent coups de truong et de l'exil à trois mille lis.

若［无故］于乡村无人旷野地内驰骤，因而伤人［不致死者，不论。］致死者，杖一百。[以上所犯] 并追埋葬银一十两。

Celui qui (sans causes), aura conduite une allure très rapide dans une commune, dans un village, ou dans la campagne et dans un endroit inhabité et qui, à cause de cela, aura blessé quelqu'un mortellement, (si la blessure n'est pas mortelle il ne sera pas puni), sera puni de cent coups de truong; (dans tous les cas qui précèdent) le coupable sera également contraint à payer dix onces d'argent à titre de frais de sépulture.

2、若因公务急速而驰骤杀伤人者，以过失论。[依律收赎，给付其家。]

Si c'est à cause d'un service public urgent, celui qui en conduisant à une allure très rapide aura blessé ou tué quelqu'un sera jugé conformément aux dispositions relatives au meurtre commis et aux blessures faites par mégarde ou accident; (selon la loi on recevra le prix du rachat de la peine prix qui sera attribué à la famille de la victime).

二百九十七、庸医杀伤人

Art. CCXCVII. Des médecins incapables qui tuent ou blessent quelqu'un

1、凡庸医为人用药、鍼刺，误不如本方，因而致死者，责令别医辨验药饵、穴道，如无故害之情者，以过失杀人论，［依律收赎，给付其家。］不许行医。

Lorsqu'un médecin incapable se sera trompé en employant des drogues ou des aiguilles [1], qu'il n'aura pas procédé selon les prescriptions et les recettes convenables, et qu'il aura ainsi causé la mort de quelqu'un en le soignant, il sera ordonné à un autre médecin de vérifier les drogues et les potions, ainsi que le trajet et les ouvertures des piqûres; s'il n'y a aucune espèce d'intention de nuire volontairement, le coupable sera jugé d'après les dispositions relatives à l'homicide causé par mégarde ou accident; (selon la loi on recevra le prix de rachat et ce prix sera attribué à la famille de la victime); il lui sera défendu d'exercer la médecine.

2、若故违本方，［乃以］诈［心］疗［人］疾病，而［增轻作重，乘危以］取财物者，计赃，准窃盗论；

S'il a volontairement agi contre les prescriptions et les recettes, (ou d'ailleurs), frauduleusement (et avec intention) entretenu la maladie (de quelqu'un) et (aggravé ce qui était léger pour profiter du danger; et s'il a, de la sorte) perçu des valeurs ou objets, on prononcera en tenant compte de la valeur du produit de l'acte illicite conformément aux dispositions sur le vol furtif;

因而致死，及因事［私有所谋害。］故用［反症之］药杀人者，斩［监候］。

Si la mort en est résultée, ou bien si, à cause d'un motif quelconque, (ayant un motif privé de préméditer le mal), il a volontairement employé des drogues (contraires à la nature du mal) et tué quelqu'un, il sera puni de la décapitation (avec sursis).

---

［1］　用于针灸的针。——原注。

二百九十八、窝弓杀伤人

Art. CCXCVIII. Tuer ou blesser quelqu'un avec des pièges

凡打捕户于深山旷野、猛兽往来去处，穿作坑阱，及安置窝弓，不立望竿，及抹眉小索者，［虽未伤人，亦］笞四十；

Tout chasseur qui, dans les forêts ou les plaines désertes et dans les passages fréquentés par les animaux sauvages aura creusé une fosse ou établi un arc caché sans placer auprès un signal en bambou pour attirer l'attention, ou bien n'aura pas entouré le lieu où se trouve le piège avec une petite corde, sera (bien que personne n'ait été blessé), puni de quarante coups de rotin;

以致伤人者，减斗殴伤二等；因而致死者，杖一百，徒三年，追征埋葬银一十两。［若非深山旷野，致杀伤人者，从弓箭杀伤论。］

S'il en est résulté que quelqu'un a été blessé, il sera puni de la peine correspondant à la même blessure faite dans une rixe, diminuée de deux degrés; s'il en est résulté la mort de quelqu'un, il sera puni de cent coups de truong et de trois ans de travail pénible et contraint à payer dix onces d'argent pour frais de funérailles. (Si ce n'est pas dans une forêt ou une plaine déserte et s'il a ainsi causé des blessures ou la mort de quelqu'un, on prononcera selon les dispositions relatives à ceux qui blessent ou tuent quelqu'un en lançant des flèches avec un arc. [art. 295]).

二百九十九、威逼人致死

Art. CCXCIX. De l'abus de la puissance et de l'oppression tyrannique jusqu'à causer la mort de quelqu'un

1、凡因事［户婚、田土、钱债之类。］威逼人致［自尽］死者，［审犯人必有可畏之威。］杖一百。

Celui, qui à cause d'une affaire (par exemple d'une affaire relative aux titres des charges personnelles, du mariage, des rizières et terres ou des prêts d'argent et autres), aura abusé de sa puissance et opprimé quelqu'un jusqu'à causer sa mort (par suicidé) sera (s'il est reconnu que le coupable était réellement dans une situation susceptible d'inspirer la crainte), puni de cent coups de truong.

若官吏公使人等，非因公务而威逼平民致死者，罪同。［以上二项］并追埋葬银一十两。［给付死者之家。］

Si des fonctionnaires, employés, ou toutes autres personnes déléguées pour un service public abusent de leur autorité et oppriment tyranniquement des gens paisibles, sans que ce soit à cause d'une affaire publique, et jusqu'à causer la mort de quelqu'un, la faute sera la même; (dans les deux cas ci-dessus) le coupable sera également contraint à payer dix onces d'argent pour frais de funérailles (et cette somme sera attribuée à la famille de la victime).

2、若［卑幼］因事逼迫期亲尊长致死者，绞［监候］。大功以下递减一等。

Ceux qui, (parents de rang inférieur ou plus jeunes), à cause d'une affaire, auront tourmenté et tyrannisé un parent de rang prééminent du second degré jusqu'à causer sa mort seront punis de la strangulation (avec sursis); s'il s'agit de parents du troisième degré et des degrés au-dessous, la peine diminuera proportionnellement d'un degré.

3、若因［行］奸［为］盗而威逼人至死者，斩［监候］。［奸不论已成与未成，盗不论得财与不得财。］

Celui qui à cause (d'un fait) de fornication ou de (celui d'un) vol aura abusé de sa puissance et opprimé tyranniquement quelqu'un jusqu'à causer sa mort sera puni de la décapitation (avec sursis). (S'il s'agit de fornication on ne distingue pas si elle est accomplie ou non; s'il s'agit d'un vol on ne distingue pas s'il y a eu valeurs obtenues ou non).

三百、尊长为人杀私和

Art. CCC. De l'accord privé au sujet d'un homicide commis par quelqu'un sur des parents de rang prééminent ou plus âgés

1、凡祖父母、父母、及夫若家长为人所杀，而子、孙、妻、妾、奴婢、雇工人私和者，杖一百，徒三年。

Tout fils, petit-fils, toute épouse ou concubine, tout esclave ou travailleur loué à gages qui aura fait un accord privé au sujet d'un meurtre commis par quelqu'un sur la personne de l'aïeul, de l'aïeule, du père, de la mère, de l'époux ou du chef de la famille sera puni de cent coups de truong et de trois ans de travail pénible.

期亲尊长被杀而卑幼私和者，杖八十，徒二年。

Tout parent de rang inférieur ou plus jeune qui aura fait un accord privé au sujet d'un meurtre commis par quelqu'un sur la personne d'un parent de rang prééminent ou plus âgé du second degré sera puni de quatre-vingts coups de truong et de deux ans de travail pénible.

大功以下各递减一等。其卑幼被杀而尊长私和者，各［依服制。］减卑幼一等。

S'il s'agit de parents du troisième degré et au-dessous, dans chaque cas la peine diminuera proportionnellement d'un degré. Les parents de rang prééminent ou plus âgés qui auront fait un accord privé au sujet d'un meurtre commis par quelqu'un sur la personne d'un parent de rang inférieur ou plus jeune seront, dans chaque cas (selon le degré de parenté déduit du vêtement de deuil), puni de la peine encourue pour le même fait par un parent de rang inférieur ou plus jeune diminuée d'un degré.

若妻、姜、子、孙及子、孙之妇、奴婢、雇工人被杀，而祖父母、父母、夫、家长私和者，杖八十。

Si l'aïeul, l'aïeule, le père ou la mère, l'époux ou le chef de la famille font un accord privé au sujet du meurtre commis par quelqu'un sur la personne de l'épouse, d'une concubine, d'un enfant, d'un petit-enfant, de la femme d'un fils ou d'un petit-fils, d'un esclave ou d'un travailleur loué à gages ils seront punis de quatre-vingts coups de truong.

受财者，计赃，准窃盗论，从重科断。［私和，就各该抵命者言，赃追入官。］

S'il y a eu acceptation de valeurs, on prononcera en tenant compte de la valeur du produit de l'acte illicite et conformément à la loi sur le vol furtif, en graduant la peine suivant la loi la plus sévère. (L'accord privé est dans chaque cas supposé commis avec celui qui doit payer de sa vie l'homicide commis ; le produit de l'acte illicite sera confisquéà l'État.)

2、常人［为他人］私和人命者，杖六十。［受财，准枉法论。］

Les personnes ordinaires qui auront fait un accord privé au sujet d'un homicide （commis sur une autre personne）, seront punies de soixante coups de truong（celles qui auront reçu quelque valeur seront jugées conformément aux dispositions relatives à la violation de règles）.〔art. 344.〕

三百零一、同行知有谋害

Art. CCCI. De ceux qui savent qu'une personne qu'ils fréquentent prémédite de faire le mal

凡知同伴人欲行谋害他人，不即阻当、救护，及被害之后不首告者，杖一百。

Celui qui, sachant que des personnes avec qui il est en relation veulent mettre à exécution un complot pour nuire à une autre personne, ne les en empêchera pas aussitôt et qui ne portera pas secours, ou bien qui, après que le mal aura été commis, ne le révélera pas et ne portera pas plainte, sera puni de cent coups de truong.

斗　殴

Rixes et coups

三百零二、斗殴

Art. CCCII. Des disputes et coups

〔相争为斗，相打为殴。〕

（Lorsque les parties ont une contestation ensemble, on dit qu'il y a dispute；lorsqu'elles se frappent mutuellement, on dit qu'elles se portent des coups）〔1〕

1、凡斗殴〔与人相争〕以手足殴人，不成伤者，笞二十；〔但殴即坐。〕

Ceux qui dans une dispute（se querellant mutuellement avec quelqu'un）, auront frappé quelqu'un avec les mains ou les pieds sans avoir fait de blessures seront punis de vingt coups de rotin；（tous ceux qui auront porté des coups seront par cela

---

〔1〕 本律文的标题和本章节的标题名一样。从字母意义看，它意思是"争吵中的打斗"。但律文是言结果不提缘由，因此我们把章节标题译为 rixes et coups。——原注。

seul, passibles de cette peine）；

成伤，及以他物殴人不成伤者，笞三十。［他物殴人］成伤者，笞四十。［所殴之皮肤］青赤［而］肿者为伤。

Ceux qui auront fait des «blessures», ainsi que ceux qui auront frappé quelqu'un avec «quelque autre objet»sans avoir fait de blessures, seront punis de trente coups de rotin；ceux qui auront fait des blessures（en frappant quelqu'un avec quelque autre objet）seront punis de quarante coups de rotin. S'il y a coloration en bleu—vert ou en rouge（de la peau à l'endroit frappé et）enfle, il y a «blessure».

非手足者，其余［所执］皆为他物，即［持］兵不用刃，［持其背柄以殴人］亦是。［他物。］

Tout ce qui n'est ni la main，ni le pied（et ce qui est tenu dans la main）est un «autre objet»；en fait（si on se sert d'）une arme dont on n'emploie ni le tranchant ni la pointe（si on ne se sert que du dos ou de la poignée pour frapper quelqu'un），est encore dans cette catégorie（des «autres objets».）

拔发方寸以上，笞五十。若［殴人］血从耳目中出，及内损［其脏腑而］吐血者，杖八十。［若止皮破、血流及鼻孔出血者，仍以成伤论。］

Si les cheveux ont été arrachés sur une surface d'un pouce carré, ou plus, la peine sera de cinquante coups rotin. Si（quelqu'un ayant été frappé）le sang sort par les oreilles ou les yeux, ou bien s'il y a une lésion interne（des viscères et organes intérieurs）et crachement de sang, la peine sera de quatre—vingts coups de truong（si la peau est seulement déchirée et que le sang coule, ou bien si le sang sort des narines, on prononcera d'ailleurs d'après la disposition relative aux «blessures»）.

以秽物污人头面者，［情固有重于伤，所以］罪亦如之。［杖八十。］

Pour ceux qui auront sali la tête ou le visage d'une personne avec des choses sales et puantes（moralement cet acte est plus grave qu'une blessure, c'est pourquoi）la faute sera encore la même（et sera punie de quatre—vingts coups de truong）.

2、折人一齿，及手足一指，眇人一目，［尚能小视，犹未至瞎。］

Ceux qui auront cassé une dent à quelqu'un, ou bien un doigt de la main ou du pied, ou lésé un oeil（de telle façon qu'il puisse encore voir un peu et sans qu'il soit complétement perdu），

抉毁人耳、鼻，若破［伤］人骨，及用汤火、铜铁汁伤人者，杖一百。

ou bien qui auront tiré et abîmé l'oreille ou le nez de quelqu'un, ou encore ceux qui auront brisé (abîmé) un os ou qui auront employé un liquide chaud, du feu, du cuivre ou du fer fondus pour blesser quelqu'un seront punis de cent coups de truong.

以秽物灌入人口鼻内者，罪亦如之。［杖一百。］折二齿二指以上，

Pour ceux qui auront introduit ou versé des choses sales et puantes dans la bouche ou le nez de quelqu'un, la faute sera encore la même (et sera punie de cent coups de truong). Ceux qui auront cassé deux dents ou deux doigts et au dessus,

及［尽］髡［去］发者，杖六十，徒一年。［髡发不尽，仍堪为髻者，止依拔发方寸以上论。］

ou bien ceux qui auront (complètement) rasé (et enlevé) les cheveux, seront punis de soixante coups de truong et d'un an de travail pénible. (Si les cheveux ne sont pas complètement rasés et qu'on en puisse encore faire une touffe sur le sommet de la tête on prononcera seulement selon la disposition relative au cas où il y a arrachement des cheveux sur une surface d'un pouce carré et au-dessus).

3、折人肋，眇人两目，堕人胎，及刃伤人者，杖八十，徒二年。［堕胎者，谓辜内子死，及胎九十日之外成形者，乃坐。若子死辜外，及堕胎九十日之内者，仍从本殴伤法论，不坐堕胎之罪。］

Celui qui aura cassé des côtes ou lésé les deux yeux de quelqu'un, causé l'avortement d'une femme enceinte ou blessé quelqu'un avec un instrument aigu ou tranchant sera puni de quatre-vingts coups de truong et de deux ans de travail pénible («causer l'avortement», signifie que l'enfant meurt dans les limites du délai assigné pour la guérison des blessures, que la grossesse datait de plus de quatre-vingt-dix jours et que le foetus était formé: alors la peine est applicable. Si l'enfant meurt en dehors des limites du délai de responsabilité, ou si l'avortement a lieu avant quatre-vingt-dix jours de grossesse, on prononce d'ailleurs en suivant la règle applicable selon la nature de la blessure, mais le coupable n'est pas passible de la peine édictée contre ceux qui sont la cause de l'avortement).

4、折跌人肢［手足］体［腰项］及瞎人一目者，［皆成废疾。］杖一百、徒三年。

Celui qui aura cassé et mutilé un membre (bras ou jambe) ou une partie du corps (telle que les reins) ou bien qui aura crevé un oeil à quelqu'un (tous cas dans lesquels il y a infirmité définitive) , sera puni de cent coups de truong et de trois ans de travail pénible.

5、瞎人两目，折人两肢，损人二事以上，［二事，如瞎一目又折一肢之类。］

Celui qui aura crevé les deux yeux, cassé deux membres, lésé deux organes ou parties du corps humain et au‑dessus, («deux organes ou parties», par exemple crever un oeil et de plus casser un membre),

及因旧患令至笃疾，若断人舌，［令人全不能说话］及毁败人阴阳者，［以至不能生育］并杖一百，流三千里。

Ou bien celui qui, à cause d'un ancien accident précédemment arrivé à la victime, l'aura rendu impotente, ou encore celui qui aura coupé la langue de quelqu'un (et mis cette personne dans l'impossibilité totale de parler), celui qui aura lésé ou détruit les parties sexuelles d'une personne (jusqu'à l'empêcher d'engendrer ou de procréer), seront également punis de cent coups de truong et de l'exil à trois mille lis ;

仍将犯人财产一半，断付被伤笃疾之人养赡。［若将妇人非理毁坏者，止科其罪，以不妨生育，不在断付财产一半之限。］

D'ailleurs une moitié des biens du coupable sera donnée à la personne blessée et rendue impotente, pour subvenir à ses besoins (celui qui, par quelqu'acte contre nature, commis sur une femme, lui aura causé des lésions irréparables, sera seulement puni d'après la lésion causée et qui ne la rend pas incapable de procréer; ce cas n'est pas compris dans la portée de la disposition qui ordonne d'attribuer à la victim la moitié des biens du coupable).

6、同谋共殴伤人者，各以下手伤重者为重罪，原谋［或不曾下手，或虽殴而伤轻］减［伤重者］一等。

Parmi ceux qui auront formé un complot entre eux et qui auront frappé ensemble et blessé quelqu'un, chacun sera puni de la peine de la blessure la plus grave qu'il aura faite de sa propre main; l'instigateur du complot (soit qu'il n'ait pas porté de coups de sa propre main, soit que, bien qu'il ait frappé, il n'ait fait que des blessures légères), sera puni en diminuant (la peine de celui qui aura fait la plus grave blessure) d'un degré.

［凡斗殴不下手伤人者，勿论，惟殴杀人以不劝阻为罪。］

(Dans toute rixe, celui qui, de sa main, n'aura ni frappé ni fait de blessures, ne sera pas puni ; il n'y a que dans le cas où une personne a été tuée que le fait de ne pas s'être interposé est considéré comme une faute) ;

［若同谋殴人至死，虽不下手及同行，知谋不行救阻者，各依本律，并杖一百。］

(Si plusieurs personnes ont comploté entre elles de frapper quelqu'un et ont frappé jusqu'à causer la mort de la victime, celles qui, bien que n'ayant pas porté de coups de leurs propres mains, ont cependant accompagné les autres, qui ont eu connaissance du complot et n'en ont pas empêché l'exécution sont, dans chaque cas, selon la loi spéciale qui leur est applicable (art. 301), punis de cent coups de truong) ;

［如共殴人伤皆致命，以最后下手重者，当其重罪。］

(Si plusieurs personnes ont frappé ensemble et que les blessures soient toutes faites dans des endroits réputés mortels, ce sera celle qui de sa main aura porté le dernier coup, qui sera réputée avoir fait la blessure la plus grave et qui sera punie de la peine la plus severe) ;

［如乱殴不知先后轻重者，或二人共打一人，其伤同处，或二人同时各瞎人一目，并须以原谋为首，余人为从。］

(Si toutes ont frappé en désordre, sans qu'on puisse savoir qui a frappé avant et qui a frappé après, qui a fait les blessures légères et qui a fait les blessures graves, ou bien si deux personnes en ont frappé ensemble une troisième et ont fait des blessures aux mêmes endroits, ou si deux personnes ont au même instant crevé chacune un oeil à la victime, ce sera l'instigateur du complot qui sera considéré comme principal coupable et les « autres personnes » seront considérées comme co-auteurs) ;

［若无原谋，以先斗人为首。］

(S'il n'y a pas d'instigateur du complot, ce sera celui qui aura frappé le premier qui sera considéré comme principal coupable).

7、若因斗互相殴伤者，各验其伤之轻重定罪，后下手、理直者，减［本等罪］二等；

Lorsqu'à cause d'une dispute plusieurs personnes se seront réciproquement frappées et blessées, on examinera la légèreté ou la gravité des blessures de chacune pour fixer la peine; celle qui aura seulement riposté et qui aura eu raison dans la discussion sera punie (de la peine correspondant à la gravité des blessures qu'elle aura faites) avec diminution de deux degrés.

至死，及殴兄、姐、伯、叔〔依本律定拟，虽后下手、理直〕者，不减。

Celle qui aura frappé jusqu'à causer la mort, ou bien qui aura frappé un frère aîné ou une soeur aînée, ou un oncle frère aîné ou cadet de son père (sera condamnée selon la loi spéciale qui lui sera applicable, bien qu'elle n'ait fait que riposter et qu'elle ait eu raison dans la discussion elle), ne jouira pas de cette diminution.

〔如甲乙互相斗殴，甲被瞎一目，乙被折一齿，则甲伤为重，当坐乙，以杖一百，徒三年。乙被伤轻，当坐甲，以杖一百。若甲系后下手而又理直，则于杖一百上减二等，止杖八十。乙后下手、理直，则于杖一百，徒三年上减二等，止杖八十，徒二年。或至笃疾仍断财养赡。若殴人至死，自当抵命。〕

(Si *Giáp* et *Ât* [1] se disputent et se frappent réciproquement, *Giáp* ayant eu un oeil crevé et *Ât* une dent cassée, la blessure de *Giáp* est plus grave et *Ât* doit être passible de cent coups de truong et trois ans de travail pénible; la blessure de *Ât* est plus légère et *Giáp* est passible de cent coups de truong. Si *Giáp* n'a fait que riposter et que, de plus, il ait eu raison dans la dispute, alors cette peine de cent coups de truong sera diminuée de deux degrés et il ne sera puni que de quatre-vingt coups de truong. Si c'est *Ât* qui n'a fait que riposter et qui avait raison dans la querelle, alors la peine de cent coups de truong et de trois ans de travail pénible sera diminuée de deux degrés, et il sera seulement puni de quatre-vingt coups de truong et deux ans de travail pénible. Si l'un des deux a été rendu impotent on lui donnera d'ailleurs la moitié des biens de l'autre pour subvenir à ses besoins. Quant à celui qui aurait frappé l'autre jusqu'à causer sa mort, il devrait d'ailleurs payer sa faute de sa propre vie).

_____

〔1〕 此处两个越南语分别对应汉语"甲"与"乙"。

三百零三、保辜限期

Art. CCCIII. Des délais assignés pour la responsabilité de la faute

［保，养也；辜，罪也。保辜，谓殴伤人未至死，当官立限以保之。保人之伤，正所以保己之罪也。］

（Le premier des deux mots *bâo cô* [1] signifie: «soigner»; le second, signifie: «faute»; tous deux réunis signifient que si quelqu'un a été frappé et n'est pas encore mort, le fonctionnaire compétent fixe un délai pour le soigner: soigner la blessure de sa victime, c'est directement le moyen de se protéger soi-même contre les suites de sa proper faute.)

1、凡保辜者，［先验伤之重轻，或手足，或他物，或金刃，各明白立限。］责令犯人［保辜］医治。

Toutes les fois qu'il y a lieu à responsabilité des conséquences de la faute (il faut d'abord examiner et vérifier le plus ou le moins de gravité des blessures, soit qu'elles aient été faites avec la main ou le pied, soit qu'elles aient été faites avec un autre objet, soit qu'elles aient été faites avec un instrument aigu en métal, dans chaque cas, toutes les particularités étant clairement reconnues, on fixera un délai et) il sera ordonné au coupable (pour le protéger contre les suites de sa propre faute) de faire traiter le blessé;

辜限内皆须因［原殴之］伤死者，［如打人头伤，风从头疮而入，因风致死之类。］以斗殴杀人论［绞］。

Si le blessé meurt dans les limites de ce délai, il sera toujours réputé mort (des coups reçus et causes) de ses blessures (par exemple, si quelqu'un a été frappé et blessé à la tète, que le mal se propage et gagne l'intérieur, et qu'enfin le malade succombe à la maladie), et le coupable sera puni (de la strangulation), d'après les dispositions relatives au meurtre commis dans une rixe.

2、其在辜限外及虽在辜限内，［原殴之］伤已平复，官司文案明白，［被殴之人］别因他故死者，［谓打人头伤，不因头疮得风，别因他病而死者，是

---

［1］ 此处该越南语对应汉语"保辜"。

为他故。] 各从本殴伤法。[不在抵命之律。]

Si le blessé meurt en dehors du délai de responsabilité des suites de la faute, ou bien, quoiqu'il meure dans les limites de ce délai, si la blessure (primitivement faite par le coup) était déjà guérie et la guérison constatée par un nouvel examen du tribunal et établie par un procès-verbal positif, le blessé (la personne primitivement frappée), est réputé mort d'une autre cause (cela signifie que si une personne a été frappée à la tête, que la maladie ne se soit pas propagée par la plaie de la tête et qu'il soit mort d'une autre maladie, c'est ce qu'on appelle une «autre cause»); dans chaque cas, on suivra la règle particulière applicable à la blessure faite en frappant (et ce n'est plus le cas prévu par la loi qui oblige le coupable à payer de sa vie l'homicide qu'il a commis).

若折伤以上，辜内医治平复者，各减二等。[下手理直，减殴伤二等，如辜限内平复，又得减二等，此所谓犯罪得累减也。]

S'il s'agit de blessures dites fractures ou de blessures plus graves [art. 302, § 3], et si elles sont guéries dans les limites du délai de responsabilité, dans chaque cas la peine sera diminuée de deux degrés (celui qui n'a frappé que pour riposter et qui a la raison de son côté est puni de la peine correspondant à la blessure qu'il a faite diminuée de deux degrés; si dans le délai de responsabilité le blessé est guéri, il a encore droit à une diminution de deux degrés, c'est là ce qu'on appelle bénéficier du cumul de diminution [art. 11]).

辜内虽平复而成残废笃疾，及辜限满日不平复 [而死] 者，各依律全科。[全科所殴伤残废笃疾之罪，虽死亦同伤论。]

Bien que le blessé soit guéri dans le délai de responsabilité de la faute, si cependant il est devenu définitivement infirme, difforme, ou impotent, ou bien s'il n'est pas encore complètement guéri le jour où le délai est expiré (et s'il meurt), dans chaque cas on prononcera la peine entière en suivant la disposition de la loi (la peine entière, c'est la peine de la blessure faite en frappant et d'où est provenu le cas d'infirmité ou d'impotence; bien que le blessé soit mort, on prononcera encore selon la disposition relative à la blessure).

3、手足及以他物殴伤人者，[其伤轻] 限二十日。[平复。]

Pour celui qui aura blessé quelqu'un en le frappant avec la main ou le pied ou avec un autre objet（la blessure étant légère），le délai sera de vingt jours（pour la guérison et le rétablissement）.

4、以刃及汤火伤人者，限三十日。

Pour celui qui aura blessé quelqu'un avec un instrument aigu ou tranchant ou avec un liquide chaud ou du feu，le délai sera de trente jours.

5、折跌肢体，及破骨、堕胎者，无论手足他物，皆限五十日。

Pour les cas de fractures et mutilations des membres ou des parties du corps，pour les fractures d'os et les avortements，on ne distinguera pas si les coups ont été portés avec la main ou le pied ou avec un objet quelconque，et le délai sera toujours de cinquante jours.

三百零四、官内忿争

Art. CCCIV. Des querelles dans le palais du Souverain

凡于官内忿争者，笞五十。［忿争之］声彻于御在所及相殴者，杖一百。

Ceux qui se seront querellés dans le palais du Souverain seront punis de cinquante coups de rotin；si le bruit（de la querelle）est parvenu jusqu'au lieu où se trouve le Souverain，ou s'il y a eu des coups échangés，la peine sera de cent coups de truong；

折伤以上加凡斗伤二等，［若于临朝之］殿内又递加一等。［递加者，如于殿内忿争者加一等，杖六十。其声彻于御在之所及殿内相殴者，加一等，杖六十，徒一年。］

S'il a été fait des blessures dites fractures et au-dessus，la peine des blessures faites dans une rixe entre personnes quelconques［art. 302］sera augmentée de deux degrés；si ces faits ont eu lieu dans les salles du trône（où se tiennent les séances de la cour），les peines seront encore proportionnellement augmentées d'un degré（augmenter proportionnellement c'est，par exemple，si la querelle a eu lieu dans une salle du trône，augmenter la peine d'un degré，ce qui la porte à soixante coups de truong；si le bruit est parvenu jusqu'au lieu où se trouve le Souverain，ou bien s'il y a eu rixe dans une salle du trône，augmenter la peine d'un degré，ce qui la porte à soixante coups de truong et un an de travail pénible）；

［至于折伤以上，加宫内折伤之罪一等，又加凡斗伤罪二等，共加三等。］

Quant aux blessures dites fractures et aux blessures plus graves, c'est augmenter d'un degré la peine déjà augmentée de deux degrés de la même blessure faite dans une rixe quelconque, c'est-à-dire augmenter en tout cette dernière peine de trois degrés.

［虽至笃疾，并罪止杖一百，流三千里。至死者，依常律断。］

Bien qu'il puisse en résulter que la victime soit devenue impotente, la peine s'arrête également à cent coups de truong et l'exil à trois mille lis. Si la peine est la mort, on prononce selon la loi ordinaire.

［被殴之人，虽至残废笃疾，仍拟杖一百，收赎。笃疾之人与有罪焉，故不断财产养赡。］

Bien que les personnes frappées soient devenues infirmes ou impotentes, on les condamne d'ailleurs à cent coups de truong et on reçoit le prix du rachat de leur peine. La personne rendue impotente est également coupable, c'est pourquoi on ne lui alloue pas la moitié des biens de l'autre coupable, en partage, pour subvenir à ses besoins）.

三百零五、宗室亲被殴〔1〕

Art. CCCV. Du cas où des parents du Souverain,

portant le titre patronymique de *Tông thất* 〔2〕, ont été frappés

凡宗室之亲〔3〕而殴之者，［虽无伤］杖六十，徒一年。伤者，杖八十，徒二年。折伤以上，［本罪有］重［于杖八十，徒二年］者，加凡斗二等。［止杖一百，徒三年。］

Celui qui aura frappé un parent du Souverain portant le nom patronymique *de tông thất* sera（bien qu'il n'y ait pas de blessure），puni de soixante coups de truong et d'un an de travail pénible；si ce parent a été blessé, la peine sera de quatre-vingts coups de truong et de deux ans de travail pénible；si la blessure est une frac-

---

〔1〕 该律文在《大清律例》中叫"宗室觉罗以上亲被殴"，《皇越律例》作了修改。

〔2〕 此处该越南语对应汉语"宗室"。

〔3〕 该句在《大清律例》中是"凡宗室觉罗之亲"，《皇越律例》删除了"觉罗"两字。

ture ou une blessure plus dangereuse et（si la peine ordinaire du fait est）plus grave（que quatre-vingts coups de truong et deux ans de travail pénible）la peine édictée dans un cas de rixe quelconque ［art. 302］ sera augmentée de deux degrés（et s'arrêtera à cent coups de truong et trois ans de travail pénible）.

緦麻以上 ［兼殴伤言］ 各递加一等。［止杖一百，流三千里。不得加入于死。］笃疾者，绞 ［监候］。死者，斩 ［监候］。

S'il s'agit de parents du cinquième degré et au-dessus（battus ou blessés indifféremment）, dans chaque cas la peine sera proportionnellement augmentée d'un degré（et s'arrêtera à cent coups de truong et l'exil à trois mille lis ; l'aggravation ne peut aller jusqu'à entraîner la mort）. Si ce parent est devenu impotent, la peine sera la strangulation（avec sursis）; s'il est mort, la peine sera la décapitation（avec sursis）.

三百零六、殴制使及本管长官

Art. CCCVI. Frapper un envoyé du Souverain, ou bien le fonctionnaire chef de service dont on relève

1、凡 ［朝臣］ 奉制命出使而 ［所在］ 官、吏殴之，及部民殴本属知府、知州、知县，军士殴本管官，若吏卒殴本部五品以上长官，杖一百，徒三年。

Si quelqu'un（dignitaire ou fonctionnaire de la cour）a reçu un ordre du Souverain et est allé en mission, les fonctionnaires ou employés（du lieu où il se trouve）qui l'auront frappé, ainsi que les personnes du peuple qui auront frappé le *tri phu*, le *tri châu*, ou le *tri huyên* sous le gouvernement duquel elles sont placées ; les soldats qui auront frappé le fonctionnaire sous le commandement duquel ils sont placés, et les employés et agents subalternes militaires qui auront frappé le fonctionnaire chef du service dont ils dépendent, lorsque ce fonctionnaire sera du cinquième rang et au-dessus, seront punis de cent coups de truong et de trois ans de travail pénible ;

伤者，杖一百、流二千里。折伤者，绞 ［监候。不言笃疾者，亦止于绞。］

S'ils ont causé des blessures, la peine sera de cent coups de truong et de l'exil à deux mille lis ; s'il s'agit de blessures dites fractures, la peine sera la strangulation （avec sursis；il n'est pas parlé du cas où la victime serait devenue impotente，la peine serait encore la strangulation）．

若［吏卒］殴六品以下长官，各［兼殴与伤，及折伤而言。］减［五品以上罪］三等。［军、民吏卒］殴佐贰官、首领官，又各递减一等。

S'ils（les employéset agents subalternes）ont frappé un fonctionnaire chef de service du sixième rang et au-dessous，dans chaque cas（cela désigne indistinctement le cas où ils ont frappé，celui où ils ont fait des blessures et celui où ils ont fait des blessures dites fractures），la peine édictée（lorsqu'il s'agit d'un fonctionnaire du cinquième rang et au-dessus）sera diminuée de trois degrés；si les coupables（gens du peuple，soldats，employés et agents）ont frappé le fonctionnaire adjoint en second ou le fonctionnaire chargé du contrôle des détails du service，dans chaque cas la peine sera encore proportionnellement diminuée d'un degré．

［佐贰官减长官一等，首领减佐贰一等，如军、民、吏卒减三等，各罪轻于凡斗，及与凡斗相等，皆谓之。］减罪轻者，加凡斗［兼殴与伤及折伤］一等。

（S'il s'agit du fonctionnaire en second，la peine édictée lorsqu'il est question du chef du service sera diminuée d'un degré；s'il s'agit du fonctionnaire chargé du contrôle des détails du service，la peine édictée lorsqu'il s'agit du fonctionnaire adjoint en second sera diminuée d'un degré. Si，à cause de la diminution de trois degrés，la peine des gens du peuple，soldats，employés et agents se trouve réduite au-dessous de la peine édictée lorsqu'il s'agit de rixes entre personnes quelconques ou du même degré que cette peine，on dit dans tous les cas）：la diminution rendant la peine trop légère，on prononcera la peine relative au cas de rixes entre personnes quelconques（ce qui comprend les cas de coups，de blessures et de blessures dites fractures），augmentée d'un degré．

笃疾者，绞［监候］。死者，［不问制使、长官、佐贰、首领，并］斩［监候］。

Si la victime est devenue impotente，la peine sera la strangulation（avec sursis）；si elle est morte，la peine sera également（si la victime est un envoyé du Souverain，un chef de service，un fonctionnaire adjoint en second，ou un fonctionnaire chargé du contrôle des détails du service）la decapitation（avec sursis）．

若流外 ［杂职］ 官及军、民、吏卒殴非本管三品以上官者，杖八十，徒二年。

Si des fonctionnaires（titulaires de dignités diverses）hors de la hiérarchie, ainsi que des personnes de condition militaire ou civile, des employés ou des agents subalternes, frappent un fonctionnaire autre que celui sous la direction ou le commandement duquel ils sont directement placés, lorsque ce fonctionnaire est du troisième rang et au-dessus, la peine sera de quatre-vingts coups de truong et deux ans de travail pénible ;

伤者，杖一百，徒三年。折伤者，杖一百，流二千里。殴伤 ［非本管］五品以上官者，减 ［三品以上罪］ 二等。

S'ils ont fait des blessures, la peine sera de cent coups de truong et trois ans de travail pénible ; s'il s'agit de blessures dites fractures, la peine sera de cent coups de truong et de l'exil à deux mille lis ; s'ils ont frappé et blessé un fonctionnaire（autre que celui sous la direction ou sous le commandement duquel ils sont placés）du cinquième rang et au-dessus, la peine（édictée lorsqu'il s'agit d'un fonctionnaire du troisième rang et au-dessus）sera diminuée de deux degrés ;

若减罪轻 ［于凡斗伤，］ 及殴伤九品以上 ［至六品］ 官者，各加凡斗伤二等。［不言折伤、笃疾至死者，皆以凡斗论。］

Si la diminution rend la peine trop légère（par rapport à celle qui est édictée dans les cas de blessures entre personnes quelconques）, ou s'ils ont frappé et blessé un fonctionnaire du neuvième rang ut au-dessus（jusqu'au sixième）, dans chaque cas ils seront punis de la peine édictée lorsqu'il s'agit de rixes entre personnes quelconques augmentée de deux degrés（il n'est pas parlé du cas de blessures dites fractures, des cas où la victime est devenue impotente, et des cas où la victime est morte ; dans tous ces cas on prononce toujours d'après les dispositions relatives aux rixes entre personnes quelconques）.

2、其公使人在外殴打 ［所在］ 有司官者，罪亦如之。［亦照殴非本管官之品级科罪。］ 从 ［被殴］ 所属上司拘问。

La personne chargée d'une mission publique qui, au lieu où elle accomplit sa mission, aura frappé le fonctionnaire investi de l'autorité（dans ce lieu）sera encore coupable de la même faute（la peine sera encore graduée comme lorsqu'il s'agit du fait de frapper un fonctionnaire d'un rang quelconque, autre que celui sous la direction ou sous le commandement duquel on est placé）; ce sera au tribunal duquel relève le lieu（où se trouve la personne frappée）à se saisir du coupable et à s'occuper du jugement.

［如统属州、县官殴知府，固依殴长官本条减吏卒二等。若上司官小，则依下条上司官与统属官相殴科之。］

（Si le magistrat d'un *chàu* ou d'un *huyên* frappe le *triphu* duquel il relève, selon la disposition relative à ceux qui frappent le chef du service, on prononcera la peine édictée contre les employés et agents diminuée de deux degrés; s'il s'agit d'un fonctionnaire en sous-ordre d'un des tribunaux supérieurs de la province, alors on suit les dispositions de l'article suivant relatif au cas où un fonctionnaire d'un tribunal supérieur et un fonctionnaire relevant de ce tribunal se battent ensemble）;

［首领殴衙门长官固依殴官长本条减吏卒二等。若殴本衙门佐贰官，两人品级与下条九品以上官同，则依下条科之。］

（Si le fonctionnaire chargé du contrôle des détails du service frappe le fonctionnaire en chef de cette administration ou de ce tribunal, on suivra absolument la disposition du présent article relative à ceux qui frappent le chef du service dont ils relèvent, en diminuant de deux degrés la peine des employés et agents subalternes; s'il a frappé le fonctionnaire adjoint en second au chef de ce service et que le rang de tous deux soit le même comme il est prévu à l'article suivant relatif aux fonctionnaires du neuvième rang et au-dessus, alors on suivra cet article pour graduer la peine）;

［若品级不与下条同，则止依凡斗。如佐贰、首领自相殴，亦同凡斗论罪。］

（Si le rang de chacun d'eux n'est pas le même, comme il est aussi prévu dans l'article suivant, alors on suivra seulement les dispositions relatives aux rixes entre personnes quelconques. Si le fonctionnaire adjoint en second et le fonctionnaire chargé du contrôle des détails du service se battent entre eux, on prononcera encore la peine comme lorsqu'il s'agit de personnes quelconques［art. 28, 283, 302, 307］）.

三百零七、佐职统属殴长官

Art. CCCVII. Des fonctionnaires en sous-ordre qui frappent le fonctionnaire chef du service

凡本衙门首领官及所统属官，殴伤长官者，各减吏卒殴伤长官二等。［不言折伤者，若折伤不至笃疾，止以伤论。］

Le fonctionnaire chargé du contrôle des détails d'un service, ainsi que les fonctionnaires en sous-ordre qui auront frappé et blessé le fonctionnaire chef du service seront, dans chaque cas, punis de la peine des employés et agents subalternes qui frappent et blessent le fonctionnaire chef du service diminuée de deux degrés ［art. 306］; (il n'est pas parlé des blessures dites fractures; s'il y a des blessures dites fractures, sans que la victime soit devenue impotente, on prononcera seulement d'après la disposition relative au cas de blessure).

佐贰官殴长官者，［不言伤者，即伤而不至笃疾，止以殴论。］又各减［首领官之罪］二等。

Le fonctionnaire adjoint en second qui aura frappé le fonctionnaire chargé en chef du service (il n'est pas parlé du cas de blessures; s'il y a blessure sans que la victime en soit devenue impotente, on prononcera seulement d'après la disposition relative aux coups), sera puni de cette peine (du fonctionnaire chargé du contrôle des détails) encore diminuée de deux degrés dans chaque cas;

［若减二等之罪有轻于凡斗，或与及斗相等而］减罪轻者，加凡斗一等。［谓其有统属相临之义。］笃疾者，绞［监候］。死者，斩［监候］。

Si (la réduction de deux degrés rend la peine plus légère, ou du même degré, que la peine édictée en cas de rixe entre personnes quelconques, et si, par suite,) la réduction rend la peine trop légère on prononcera la peine édictée en cas de rixe entre personnes quelconques, augmentée d'un degré (parce qu'entre le coupable et la victime il existait un devoir résultant de l'autorité hiérarchique ou de la surveillance mutuelle). Si la victime est devenue impotente, la peine sera la strangulation (avec sursis); si elle est morte, la peine sera la décapitation (avec sursis).

三百零八、上司官与统属官相殴

Art. CCCVIII. Des fonctionnaires des tribunaux supérieurs qui se battent avec des fonctionnaires en sous−ordre

凡监临上司［之］佐贰、首领官，与所统属［之］下司官品级高者，及与部民有高官而相殴者，并同凡斗论。

Le fonctionnaire adjoint en second ou le fonctionnaire chargé du contrôle des détails du service d'un tribunal supérieur investi d'une autorité de surveillance et de direction et les fonctionnaires d'un rang supérieur aux premiers, mais appartenant à des tribunaux inférieurs relevant du tribunal supérieur, ou bien les fonctionnaires d'un rang plus élevé et qui font partie de la population gourvernée par cette autorité supérieure qui se battront entre eux seront également punis comme coupables de rixe entre personnes quelconques.

［一以监临之重，一以品级之崇，则不得以下司部民拘之。］若非相统属官，品级同，自相殴者，亦同凡斗论。］

(Les uns à cause de l'importance qui dérive du pouvoir de direction et de surveillance, les autres à cause de l'illustration de leur rang; on ne peut se baser sur l'infériorité du tribunal ou la condition de faire partie du peuple gouverné); les fonctionnaires de même rang, qui ne relèvent pas hiérarchiquement l'un de l'autre, et qui se seront battus ensemble seront encore jugés comme coupables de rixes entre personnes quelconques.

三百零九、九品以上官殴长官

Art. CCCIX. Des fonctionnaires du neuvième rang et au−dessus, qui frappent un fonctionnaire d'un rang supérieur

凡流内九品以上官，殴非本管三品以上［之尊］官者，［不问长官、佐贰］杖六十，徒一年。［但殴即坐，虽成伤至内损吐血亦同。］

Tout fonctionnaire faisant partie de la hiérarchie, du neuvième rang et au-dessus, qui aura frappé un fonctionnaire (de rang prééminent) du troisième rang et au-dessus, autre que celui sous l'autorité duquel il est placé, sera puni (sans distinguersi le fonctionnaire frappé est chef d'un service ou adjoint en second) de soixante coups de truong et d'un an de travail pénible (il suffit qu'il ait frappé pour être passible de cette peine; bien qu'il y ait blessure, depuis les blessures simples jusqu'aux lésions internes suivies de crachement de sang, la peine est encore la même).

折伤以上及殴伤［非本管］五品以上，若五品以上殴伤［非本管］三品以上官者，各加凡斗伤二等。

S'il y a blessure dite fracture et au-dessus ou bien s'il a frappé et blessé un fonctionnaire (autre que celui sous la direction duquel il est placé) du cinquième rang et au-dessus, ou bien si un fonctionnaire du cinquième rang et au-dessus a frappé et blessé un fonctionnaire (autre que celui sous la direction duquel il est placé), du troisième rang et au-dessus, dans chaque cas la peine sera celle qui est édictée en cas de rixes et blessures entre personnes quelconques augmentée de deux degrés.

［不得加至于死，盖官品相悬，则其罪重。名位相次，则其罪轻，所以辨贵贱也。］

(L'augmentation ne peut aller jusqu'à entraîner la peine de mort. En effet, si les rangs des fonctionnaires sont très différents, alors la faute est plus grave; si les titres et les rangs sont à peu près égaux, la faute est plus légère, et cela pour distinguer entre la condition plus ou moins relevée des personnes).

三百一十、拒殴追摄人

Art. CCCX. — Résister à des personnes qui exercent des poursuites ou qui poursuivent l'exécution d'un service, et les frapper

凡官司差人［下所属］追征钱粮、勾摄公事，而［纳户及应办公事人］抗拒不服，及殴所差人者，杖八十。

Si des personnes (en sous-ordre) ont été envoyées par un fonctionnaire compétent pour poursuivre le recouvrement de monnaies ou de grains ou pour diriger l'exécution d'une affaire publique, ceux qui (familles de contribuables ou personnes concernées par l'exécution de l'affaire publique), auront résisté sans se soumettre, ainsi que ceux qui auront frappé ces personnes envoyées en mission, seront punis de quatre-vingts coups de truong;

若伤重至内损吐血以上，及［所殴差人或系职官，或系亲属尊长。］本犯［殴罪］重［于凡人斗殴］者，各［于本犯应得重罪上仍］加二等，罪止杖一百，流三千里。

S'ils ont fait des blessures graves jusqu'à causer des lésions internes qui amènent un crachement de sang et des blessures plus graves, ou bien si (la personne frappée étant un fonctionnaire ou un parent de rang prééminent ou plus âgé), la faute commise (en frappant) est, par elle-même, plus grave (qu'une rixe entre personnes quelconques), dans chaque cas la peine (plus grave encourue pour le fait commis) sera augmentée de deux degrés; la peine s'arrêtera à cent coups de truong et l'exil à trois mille lis.

至笃疾者，绞［监候］。死者，斩。［监候。此为纳户及应办公事之人，本非有罪而恃强违命者而言。若税粮违限，公事违错，则系有罪之人，自有罪人拒捕条。］

Si la victime est devenue impotente la peine sera la strangulation (avec sursis); si la victime est morte, la peine sera la décapitation (avec sursis; ceci se rapporte aux cas où les familles des contribuables ou les personnes concernées par l'exécution du mandat relatif à une affaire publique sont primitivement exemptes de toutes fautes et où elles s'appuient sur la force et la violence pour résister à des ordres émanant, par délégation, de l'autorité Souveraine; si elles avaient déjà contrevenu aux délais légaux pour l'acquittement des impôts en espèces ou en grains, [art. 119], si elles avaient déjà contrevenu à une décision rendue au sujet de quelque affaire publique, alors, ces personnes seraient des coupables et elles tomberaient naturellement sous le coup de l'article relatif aux coupables qui résistent à ceux qui les poursuivent pour les arrêter [art. 388]).

三百一十一、殴受业师

Art. CCCXI. — Frapper le maître dont on a appris l'art

凡殴受业师者，加凡人二等。死者，斩。［凡者，非徒指儒言，百工技艺亦在内。］

Quiconque aura frappé le maître dont il aura appris l'art sera puni de la peine d'une personne quelconque, qui en frappe une autre, augmentée de deux degrés; si la victime est morte, la peine sera la décapitation (le mot: «Quiconque», ne désigne pas seulement les lettrés ou les étudiants en lettres; il comprend dans son sens ceux qui apprennent tous les métiers, toutes les sciences, ou tous les arts.

［儒师终身如一。其余学未成或易别业，则不坐，如学业已成，罪亦与儒并科。］

L'étudiant en lettres et son maître restent toute leur vie dans la même position, l'un par rapport à l'autre; pour les autres études, si elles n'ont pas été achevées, ou si on a changé de métier, alors, la peine n'est plus applicable; mais si l'élève ou l'apprenti ont complétement appris leur métier, la peine est encore graduée comme pour les étudiants en lettres).

三百一十二、威力制缚人
Art. CCCXII. Séquestrer et lier quelqu'un par abus de puissance et de force

凡 ［两相］ 争论事理，［其曲直］ 听经官陈告 ［裁决］。若 ［豪强之人］ 以威力 ［挟］ 制 ［捆］ 缚人，及于私家拷打监禁者，［不问有伤无伤］ 并杖八十。

Toutes les fois qu'il y a contestation (réciproque entre deux parties), on doit s'en rapporter au magistrat pour le jugement du fait (décider qui a tort et qui a raison); si quelqu'un (personne influente et violente) se sert de sa puissance ou emploie la force pour séquestrer (confiner), ou lier (attacher), une personne ou bien pour la soumettre à la question, la frapper et la détenir dans une maison privée, le coupable (sans rechercher si la victime a été blessée ou non), sera également puni de quatre-vingts coups de truong;

伤重至内损吐血以上，各 ［验其伤］ 加凡斗伤二等。因而致死者，绞 ［监候］。

S'il y a blessure aussi grave qu'une lesion interne causant un crachement de sang et au-dessus, dans chaque cas, (les blessures seront légèrement constatées) et on prononcera la peine du fait de blessures faites dans une rixe entre personnes quel-conques augmentée de deux degrés. S'il en est résulté la mort de la victime, la peine sera la strangulation (avec sursis).

若以威力主使［他］人殴打而致死、伤者，并以主使之人为首，下手之人为从论，减［主使］一等。

Si le coupable s'est servi de sa puissance et de son influence pour commander à quelque (autre) personne de frapper et qu'il en soit résulté la mort ou des blessures, ce sera également celui qui aura commandé et ordonné qui sera considéré comme principal coupable et ceux qui auront frappé de leurs mains seront considérés comme co-auteurs et punis de la peine (de celui qui a commandé), diminuée d'un degré.

三百一十三、良贱相殴

Art. CCCXIII. Des personnes de condition honorable et de condition vile qui se frappent réciproquement

1、凡奴婢殴良人［或殴、或伤、或折伤］者，加凡人一等。至笃疾者，绞［监候］；死者，斩［监候］。

Tout esclave qui aura frappé une personne de condition honorable (soit qu'il ait frappé, soit qu'il ait fait des blessures, soit qu'il ait fait des blessures dites frac-tures), sera puni de la peine encourue par une personne quelconque augmentée d'un degré, ［art. 302］. S'il en est résulté que la personne frappée est devenue impotente, la peine sera la strangulation (avec sursis); si elle en est morte, la peine sera la décapitation (avec sursis).

其良人殴伤他人奴婢［或殴、或伤、或折伤笃疾］者，减凡人一等；若死及故杀者，绞［监候］。

La personne de condition honorable qui aura frappé et blessé l'esclave d'un autre homme (soit qu'elle l'ait frappé, soit qu'elle lui ait fait des blessures, soit qu'elle lui ait fait des fractures, soit qu'elle l'ait rendu impotent), sera punie de la peine édictée lorsqu'il s'agit de personnes quelconques diminuée d'un degré; si la victime en est morte, ou bien si le coupable a commis sur elle un meurtre volontaire, la peine sera la strangulation (avec sursis).

若奴婢自相殴伤、杀者，各依凡斗伤、杀法。相侵财物者［如盗窃、强夺、诈欺、诓骗、恐吓、求索之类］不用此［加减］律。［仍以各条凡殴伤、杀法、坐之。］

Si des esclaves se frappent entre eux, se blessent ou se tuent, dans chaque cas on suivra les règles relatives aux rixes, blessures et meurtre entre personnes quelconques; s'ils commettent réciproquement des usurpations de valeurs (comme dans les cas de vol furtif, vol à force ouverte, pillage, escroquerie, fraude et tromperie, extorsion par intimidation, sollicitation et autres actes de ce genre), on n'emploiera plus la présente loi (d'augmentation et de diminution et ils seront d'ailleurs passibles des peines édictées d'après les diverses règles des dispositions relatives aux personnes quelconques qui frappent, blessent et tuent).

2、若殴［内外］缌麻、小功亲之奴婢，非折伤，勿论；至折伤以上［至笃疾者］各减杀、伤凡人奴婢罪二等。

Celui qui aura frappé, sans leur faire des blessures dites fractures, des esclaves d'un de ses parents (de la souche paternelle ou en ligne extérieure), du cinquième ou du quatrième degré, ne sera pas puni; s'il a fait des blessures dites fractures et au-dessus, (et jusqu'à rendre la victime impotente), dans chaque cas il sera puni de la peine édictée contre celui qui tue ou blesse un esclave d'une personne quelconque diminuée de deux degrés;

大功［亲之奴婢］减三等。至死者，［不问缌麻、小功、大功］杖一百、徒三年。

S'il s'agit (d'un esclave d'un parent) du troisième degré de parenté, la peine sera diminuée de trois degrés; si la victime en est morte, (sans distinguer si c'est l'esclave d'un parent du cinquième, du quatrième, ou du troisième degré), la peine sera de cent coups de truong et de trois ans de travail pénible;

故杀者，绞［监候］。过失杀者，各勿论。

s'il s'agit d'un meurtre volontaire, la peine sera la strangulation (avec sursis); si le meurtre a été commis par mégarde ou accident, dans chaque cas, le fait ne sera pas puni.

3、若殴［内外］缌麻、小功亲之雇工人，非折伤，勿论；至折伤以上［至笃疾者］各减凡人罪一等。

S'il s'agit du fait de frapper, sans lui avoir fait de blessures dites fractures, une personne louée à gages pour travailler pour un parent (de la souche paternelle ou en ligne extérieure) du cinquième ou du quatrième degré, ce fait ne sera pas puni; si la victime a reçu des blessures dites fractures et au-dessus (et jusqu'au cas où elle en serait devenue impotente), dans chaque cas le coupable sera puni de la peine édictée lorsqu'il s'agit de personnes quelconques diminuée d'un degré;

大功 [亲之雇工人] 减二等。至死及故杀者, [不问缌麻、大功、小功] 并绞 [监候]。

S'il s'agit (d'une personne louée à gages par un parent) du troisième degré de parenté, la diminution sera de deux degrés. Si la victime en est morte ou si le coupable a commis sur elle un meurtre volontaire (sans distinguer si le parent est du cinquième, du quatrième ou du troisième degré), la peine sera également la strangulation (avec sursis).

过失杀者, 各勿论。[雇倩佣工之人, 与有罪缘坐为奴婢者不同, 然而有主仆之分, 故以家长之服属亲疏论。不言殴期亲雇工人者, 下条有家长之期亲, 若外祖父母殴雇工人律也。若他人雇工者, 当以凡论。]

S'il s'agit d'un meurtre commis par mégarde ou accident, dans chaque cas le fait ne sera pas puni. (Les personnes louées pour un travail ou un service domestique ne sont pas dans la même condition que celles qui sont réduites à la condition d'esclaves par incrimination pour responsabilité des actes d'un coupable; mais il faut cependant tenir compte de la différence de condition du maître et du serviteur. C'est pour cela qu'on distingue d'après le degré de parenté plus ou moins éloigné du coupable au chef de la famille, maître du serviteur frappé. Il n'est pas parlé de ceux qui frappent un serviteur à gages d'un parent du second degré, mais l'article suivant contient les dispositions relatives à ceux qui frappent un serviteur à gages dont le chef de famille est un parent du second degré ou un serviteur à gages loué par l'aïeul ou l'aïeule maternels. S'il s'agit des serviteurs à gages d'un étranger, on doit prononcer d'après les dispositions relatives aux personnes quelconques).

三百一十四、奴婢殴家长

Art. CCCXIV. Des esclaves qui frappent le chef de la famille

1、凡奴婢殴家长者，［有伤无伤，预殴之奴婢，不分首、从］皆斩；杀者，［故杀、殴杀、预殴之奴婢，不分首、从］皆凌迟处死；

Les esclaves qui auront frappé le chef de la famille (qu'il y ait blessure ou non, et sans distinguer, entre ceux qui ont contribué à frapper, un principal coupable et des co-auteurs) seront tous punis de la décapitation; ceux qui l'auront tué, (soit qu'il y ait meurtre volontaire, soit que le meurtre ait été commis en frappant, entre les esclaves qui auront contribué à frapper on ne distinguera ni principal coupable, ni co-auteurs, et ils) seront tous punis de la mort lente;

过失杀者，绞［监候］。［过失］伤者，杖一百、流三千里。［不收赎。］若奴婢殴家长之［尊卑］期亲及外祖父母者，［即无伤亦］绞［监候］。［为从，减一等。］

Si l'homicide a été commis par mégarde ou accident, la peine sera la strangulation (avec sursis); ceux qui l'auront blessé (par mégarde ou accident) seront punis de cent coups de truong et de lexil à trois mille lis (on ne recevra pas le prix de rachat). Si des esclaves frappent des parents (de rang prééminent ou de rang inférieur) du second degré du chef de la famille, ou bien son aïeul ou son aïeule maternels (quand même il n'y aurait pas blessure), ils seront punis de la strangulation (avec sursis; la peine des co-auteurs sera diminuée d'un degré);

伤者，［预殴之奴婢不问首、从、重、轻］皆斩［监候］。过失杀者，减殴罪二等；［过失］伤者，又减一等。

S'ils ont fait des blessures (entre les esclaves qui auront contribué à frapper on ne distinguera ni principal coupable, ni co-auteurs, ni ceux qui ont fait les blessures légères ou les blessures graves et) tous seront punis de la décapitation avec (sursis). S'il s'agit d'un homicide par mégarde ou accident, la peine sera celle des esclaves qui frappent, diminuée de deux degrés; s'il s'agit de blessures (faites par mégarde ou accident) la peine sera encore diminuée d'un degré;

故杀者，［预殴之奴婢］皆凌迟处死。殴家长之缌麻亲［兼内外尊卑，但殴即坐，虽伤亦] 杖六十，徒一年；

S'il y a meurtre volontaire, les coupables (esclaves qui auront contribué à frapper) seront tous punis de la mort lente. Ceux qui auront frappé des parents (de la souche paternelle, en ligne extérieure, de rang prééminent ou inférieur, indifféremment), du cinquième degré du chef de la famille seront (passibles de la peine du moment où, de quelque façon que ce soit, ils auront frappé et bien qu'il n'y ait pas de blessures et) punis de soixante coups de truong et d'un an de travail pénible;

小功，杖七十，徒一年半；大功，杖八十，徒二年。折伤以上，缌麻加殴良人罪一等；小功，加二等；大功，加三等。加者，加入于死。［但绞不斩，一殴一伤，各依本法。]

Si les parents sont du quatrième degré, la peine sera de soixante-dix coups de truong et un an et demi de travail pénible; s'ils sont du troisième degré, la peine sera de quatre-vingts coups de truong et deux ans de travail pénible. S'il s'agit de blessures dites fractures, et si les parents frappés sont du cinquième de gré, la peine sera celle des esclaves qui frappent des personnes de condition honorable, [art. 313], augmentée d'un degré; si les parents sont du quatrième degré, l'augmentation sera de deux degrés; s'ils sont du troisième degré, l'augmentation sera de trois degrés: ces augmentations pourront entraîner la peine de mort (mais la peine de la strangulation seulement et jamais la décapitation; s'il n'y a que des coups, ou s'il n'y a que des blessures, dans chaque cas on suivra la règle spéciale applicable). [art. 36].

死者，［预殴奴婢，］皆斩。［故杀，亦皆斩监候。]

Si la victime est mortelles coupables (esclaves qui ont frappé) seront tous punis de la décapitation (s'il y a meurtre volontaire, ils seront encore, tous, punis de la décapitation avec sursis).

2、若雇工人殴家长及家长期亲，若外祖父母者，［即无伤，亦］杖一百，徒三年；伤者，［不问重轻］杖一百，流三千里；折伤者，绞［监候］。

Si des travailleurs loués frappent le chef de la famille, ou des parents du second degré du chef de la famille, ou son aïeul ou son aïeule maternels (encore qu'il n'y ait pas de blessures), ils seront punis de cent coups de truong et de trois ans de travail pénible; s'ils ont fait des blessures (sans rechercher si ces blessures sont légères ou graves), ils seront punis de cent coups de truong et de l'exil à trois mille lis; s'il s'agit de blessures dites fractures, la peine sera la strangulation (avec sursis);

死者，斩。[殴家长，斩决；殴家长期亲，若外祖父母，斩监候。] 故杀者，凌迟处死；过失杀伤者，各减本杀伤罪二等。

Si la victime est morte, la peine sera la décapitation (si c'est le chef de la famille qui a été frappé la peine sera la décapitation avec exécution; si ce sont des parents du second degré ou l'aïeul ou l'aïeule maternels du chef de la famille qui ont été frappés, la peine sera la décapitation avec sursis). S'il y a eu meurtre volontaire, la peine sera la mort lente. S'il s'agit d'homicide ou de blessures causés par mégarde ou accident, dans chaque cas la peine primitive du meurtre ou des blessures sera diminuée de deux degrés.

殴家长之缌麻亲，杖八十；小功，杖九十；大功，杖一百。伤重至内损吐血以上，缌麻、小功加凡人罪一等，大功，加二等。[罪止杖一百，流三千里。] 死者，各斩 [监候]。

Ceux qui auront frappé des parents du cinquième degré du chef de la famille seront punis de quatre-vingts coups de truong; si les parents sont du quatrième degré, la peine sera de quatre-vingt-dix coups de truong; s'ils sont du troisième degré, la peine sera de cent coups de truong. S'il s'agit de blessures graves, telles que des lésions internes causant un crachement de sang et au-dessus, si les parents sont du cinquième degré ou du quatrième degré, on prononcera la peine édictée lorsqu'il s'agit de personnes quelconques augmentée d'un degré; si les parents sont du troisième degré, l'augmentation sera de deux degrés (et la peine s'arrêtera à cent coups de truong et l'exil à trois mille lis); si la victime est morte, dans chaque cas, la peine sera la décapitation (avec sursis).

3、若奴婢有罪，[或奸、或盗，凡违法罪、过皆是。] 其家长及家长之期亲，若外祖父母，不告官司而 [私自] 殴杀者，杖一百；

Si des esclaves ont commis des fautes (soit de fornication, soit de vol; cela comprend toutes les contraventions aux règles qui constituent des fautes), et que le chef de la famille, des parents du second degré, l'aïeul ou l'aïeule maternels du chef de la famille ne portent pas plainte devant le magistrat compétent et les tuent en les frappant (eux-mêmes et privément), ceux-ci seront punis de cent coups de truong;

无罪而［殴］杀，［或故杀］者，杖六十，徒一年。当房人口，［指奴婢之夫、妇、子、女］悉放从良。［奴婢有罪，不言折伤、笃疾者，非至死勿论也。］

Si les esclaves sont innocents et s'ils les tuent en les frappant (ou si le meurtre est volontaire), la peine sera de soixante coups de truong et un an de travail pénible et les personnes de la branche de famille de l'esclave (cette expression désigne l'époux, la femme, les fils et les filles de l'esclave) seront toutes affranchies et mises à la condition honorable (lorsqu'il s'agit du cas où l'esclave est coupable, il n'est parlé ni des cas de blessures, ni des cas où la victime est devenue impotente; si les coups n'ont pas entraîné la mort, le fait n'est pas puni).

4、若家长及家长之期亲，若外祖父母，殴雇工人，［不分有罪无罪］非折伤，勿论；

Si le chef de la famille ou bien les parents du second degré, ou l'aïeul et l'aïeule maternels du chef de la famille frappent une personne louée pour travailler (sans distinguer si cette personne est coupable ou innocente), sans lui faire de blessures dites fractures, ils ne seront pas punis;

至折伤以上，减凡人［折伤］罪三等。因而致死者，杖一百，徒三年；故杀者，绞［监候］。

S'ils frappent jusqu'à lui faire des blessures dites fractures et au-dessus, ils seront punis de la peine édictée dans le cas où il s'agit de (blessures dites fractures faites à des) personnes quelconques, diminuée de trois degrés; si la mort en est résultée, la peine sera de cent coups de truong et trois ans de travail pénible; s'il s'agit d'un meurtre volontaire, la peine sera la strangulation (avec sursis).

5、若［奴婢、雇工人］违犯［家长及期亲、外祖父母］教令，而依法［于臀、腿受杖去处，］决罚，邂逅致死，及过失杀者，各勿论。

S'ils (les esclaves et les travailleurs loués), ont transgressé des instructions ou des ordres (du chef de la famille ou des parents du second degré, ainsi que de l'aïeul et l'aïeule maternels du chef de la famille), s'il ont été punis selon les règles (sur les fesses et dans l'endroit où on doit frapper avec le truong), et que, sans cause prévue, ils viennent à mourir, ou bien s'ils ont été tués par mégarde ou accident, dans chaque cas le fait ne sera pas puni.

三百一十五、妻妾殴夫

Art. CCCXV. De l'épouse et de la concubine qui frappent l'époux

1、凡妻妾殴夫者，［但殴即坐。］杖一百，夫愿离者，听。［须夫自告，乃坐。］

L'épouse qui aura frappé l'époux（il suffit qu'elle eût frappé pour être passible de cette peine）sera punie de cent coups de truong; si l'époux désire divorcer il y sera autorisé（il faut que l'époux lui－même porte plainte pour que l'épouse soit incriminée）;

至折伤以上，各［验其伤之重、轻。］加凡斗伤三等;

Si elle l'a frappé jusqu'à lui faire des blessures dites fractures et au－dessus, dans chaque cas（on vérifiera le plus ou moins de gravité des blessures et）elle sera punie de la peine édictée en cas de blessures faites dans une rixe entre personnes quelconques, augmentée de trois degrés;

至笃疾者，绞［决］。死者，斩［决］。故杀者，凌迟处死。［兼魇魅、蛊毒在内。］

Si elle a rendu l'époux impotent, elle sera punie de la strangulation（avec exécution）; si l'époux est mort, la peine sera la décapitation（avec exécution）; si le meurtre est volontaire, l'épouse sera punie de la mort lente（l'emploi des drogues vénéneuses et des venins, ainsi que l'emploi des charmes pour faire voir des spectres dans les rêves, ［art. 289］, sont compris dans la même disposition）.

2、若妾殴夫及正妻者，又各加［妻殴夫罪］一等。加者，加入于死。［但绞不斩，于家长则决，于妻则监候。若笃疾者、死者、故杀者，仍与妻殴夫罪同。］

Si une concubine frappe l'époux ou bien la veritable épouse, la peine（de l'épouse qui frappe l'époux）sera encore, dans chaque cas, augmentée d'un degré; l'augmentation pourra aller jusqu'à entraîner la peine de mort（seulement la strangulation et jamais la décapitation; si la faute a été commise sur la personne du chef de la famille, la peine sera prononcée avec exécution; si elle a été commise sur la personne de l'épouse, elle sera prononcée avec sursis. Si la victime est devenue impotente, si elle en est morte, s'il s'agit d'un meurtre volontaire, la faute sera d'ailleurs la même que celle de l'épouse qui frappe l'époux).

3、其夫殴妻非折伤，勿论；至折伤以上，减凡人二等。[须妻自告，乃坐。]

L'époux qui aura frappé l'épouse sans lui faire de blessures dites fractures ne sera pas puni ; s'il l'a frappée jusqu'à lui faire des blessures dites fractures et au−dessus, il sera puni des peines édictées lorsqu'il s'agit de coups portés à une personne quelconque, diminuée de deux degrés (il faut que l'épouse elle−même porte plainte pour que l'époux puisse être incriminé) ;

先行审问，夫妇如愿离异者，断罪离异。不愿离异者，验［所伤应坐之］罪收赎。[仍听完聚。] 至死者，绞［监候。故杀，亦绞。］

On demandera avant tout si l'époux et l'épouse veulent se séparer et, s'ils veulent se séparer, on prononcera la peine et le divorce ; s'ils ne le veulent pas, on vérifiera quelle est la peine (dont il est passible pour des blessures dites fractures) et on en recevra le prix de rachat (les époux seront d'ailleurs autorisés à rester unis). Si l'époux a frappé l'épouse jusqu'à causer sa mort, il sera puni de la strangulation (avec sursis ; s'il s'agit d'un meurtre volontaire, la peine sera encore la strangulation).

殴伤妾至折伤以上，减殴伤妻二等。至死者，杖一百，徒三年。

Celui qui aura frappé et blessé une concubine jusqu'à lui faire des blessures dites fractures et au−dessus sera puni des peines édictées contre celui qui frappe et blesse une personne quelconque, diminuées de deux degrés ; si les coups ont entraîné la mort, la peine sera de cent coups de truong et trois ans de travail pénible.

妻殴伤妾，与夫殴妻罪同。[亦顺妾自告，乃坐。] 过失杀者，各勿论。[盖谓其一则分尊可原，一则情亲当矜也，须得过失实情，不实仍各坐本律。]

L'épouse qui aura frappé et blessé une concubine sera coupable de la même faute que l'époux qui frappe l'épouse (il faut, de même, que la concubine elle−même porte plainte pourque les coupables puissent être incriminés) ; s'il s'agit d'un homicide commis par mégarde ou accident, dans chaque cas le fait ne sera pas puni (en effet, pour l'un, il peut être pardonné à cause de l'éminence de la condition, et pour l'autre on doit user d'indulgence à cause de la proximité de sa condition avec celle du premier. Il faut qu'il s'agisse d'un accident bien constaté; si le fait n'est pas réel et certain, chacun est d'ailleurs passible de la peine édictée par la présente loi);

［夫过失杀其妻、妾及正妻过失杀其妾者，各勿论。若妻、妾过失杀其夫，妾过失杀正妻，当用此律。过失杀句，不可通承上二条言。］

Si l'époux tue par mégarde ou accident l'épouse ou une concubine, ou bien si la véritable épouse tue par mégarde ou accident la concubine, le fait n'est, dans chaque cas, pas puni. Si l'épouse ou une concubine tuent l'époux par mégarde ou accident, ou bien si une concubine tue la véritable épouse par mégarde ou accident, on doit employer le procédé d'assimilation à un fait prévu par une loi: la phrase du texte qui commence par les mots: «s'il s'agit d'un homicide commis par mégarde ou accident» ne peut pas être appliquée d'une façon générale aux deux dispositions).

4、若殴妻之父母者，［但殴即坐。］杖六十，徒一年；折伤以上，各加凡斗伤罪二等；

Celui qui aura frappé le père eu la mère de l'épouse (il suffit qu'il ait frappé pour que la peine soit applicable), sera puni de soixante coups de truong et d'un an de travail pénible; s'il y a blessures dites fractures et au-dessus, dans chaque cas, il sera puni des peines édictées lors qu'il s'agit de personnes quelconques, augmentée de deux degrés.

至笃疾者，绞［监候］。死者，斩。［监候；故杀者，亦斩。］

Si la victime est devenue impotente, la peine sera la strangulation (avec sursis); si elle est morte, la peine sera la décapitation (avec sursis; s'il s'agit d'un meurtre volontaire, la peine sera encore la décapitation).

三百一十六、同姓亲属相殴

Art. CCCXVI. Des parents de même nom de famille qui se frappent entre eux

凡同姓亲属相殴，虽五服已尽而尊卑名分犹存者，尊长［犯卑幼］减凡斗一等；

Lorsque des parents portant le même nom de famille se seront frappés entre eux et que, bien qu'ils soient en dehors des cinq degrés pour lesquels il y a un vêtement de deuil, cependant, l'appellation et la condition de prééminence ou d'infériorité subsisteront encore, les parents de rang prééminent ou plus âgés (coupables envers des parents de rang inférieur ou plus jeunes) seront punis de la peine édictée dans le cas de rixe entre personnes quelconques diminuée d'un degré;

卑幼［犯尊长］加一等，［不加至死］至死者，［无论尊卑长幼］并以凡人论。［斗杀者，绞。故杀者，斩。］

Et les parents de rang inférieur ou plus jeunes (coupables envers des parents de rang prééminent ou plus âgés) seront punis de cette peine augmentée d'un degré; (l'augmentation n'ira pas jusqu'à entraîner la peine de mort). Si les coups ont causé la mort (on ne distinguera pas entre les parents de rang prééminent ou de rang inférieur, ni entre les parents plus âgés ou plus jeunes), les coupables seront également jugés d'après les dispositions relatives aux personnes quelconques (si le meurtre a été commis en frappant, la peine sera la strangulation; si le meurtre est volontaire, la peine sera la décapitation). [art. 302, 290.]

三百一十七、殴大功以下尊长

Art. CCCXVII. Frapper des parents de rang prééminent ou plus âgés, du troisième degré et au-dessous

凡卑幼殴本宗及外姻缌麻兄姐，［但殴即坐。］杖一百；小功兄姐，杖六十，徒一年；

Tout parent de rang inférieur ou plus jeune qui aura frappé un parent appelé frère aîné, ou une parente appelée soeur aînée, du cinquième degré de sa proper souche, en ligne extérieure, ou par alliance, sera puni (il suffit qu'il ait frappé pour être par cela seul passible) de cent coups de truong; celui qui aura frappé un parent appelé frère aîné, ou une parente appelée soeur aînée, du quatrième degré sera puni de soixante coups de truong et d'un an de travail pénible;

大功兄姐，杖七十，徒一年半；尊属，又各加一等。折伤以上，各递加凡斗伤一等。［罪止杖一百，流三千里。］

S'il s'agit d'un parent appelé frère aîné ou d'une parente appelée soeur aînée du troisième degré, la peine sera de soixante-dix coups de truong et d'un an et demi de travail pénible; s'il s'agit de parents de rang prééminent, dans chaque cas la peine sera encore augmentée d'un degré; s'il s'agit de blessures dites fractures et au-dessus, la peine édictée lorsqu'il y a rixe et blessures entre personnes quelconques sera proportionnellement augmentée d'un degré (la peine s'arrêtera à cent coups de truong et l'exil à trois mille lis);

笃疾者，［不问大功以下尊属，并］绞；死者，斩。［绞、斩，在本宗小功、大功兄姐及尊属，则决，余俱监候。不言故杀者，亦止于斩也。］

Si la victime a été rendue impotente, la peine sera (s'il s'agit de parents de rang prééminent du troisième degré et au-dessous, également), la strangulation; si la victime en est morte, la peine sera la décapitation (s'il s'agit de parents ou parentes appelés frères aînés ou soeurs aînées, ou bien de parents de rang prééminent du troisième ou du quatrième degré et de la souche du coupable, alors les peines de la strangulation et de la décapitation seront prononcées avec exécution; pour tous les autres, elle seront prononcées avec sursis. Il n'est pas parlé du meurtre volontaire; la peine s'arrête encore à la décapitation).

若［本宗及外姻］尊长殴卑幼非折伤，勿论。至折伤以上，缌麻［卑幼］，减凡人一等；

Si des parents de rang prééminent ou plus âgés (de la même souche, en ligne extérieure, ou par alliance) frappent des parents de rang inférieur ou plus jeunes sans leur faire de blessures dites fractures, ils ne seront pas punis; s'ils frappent, jusqu'à leur faire des blessures dites fractures et au-dessus, des parents (de rang inférieur ou plus jeunes) du cinquième degré, ils seront punis des peines édictées lorsqu'il s'agit de personnes quelconques diminuées d'un degré;

小功［卑幼］，减二等；大功［卑幼］，减三等。至死者，绞。［监候，不言故杀者，亦止于绞也。］

Si les parents (de rang inférieur ou plus jeunes) sont du quatrième degré, la diminution sera de deux degrés; si les parents (de rang inférieur ou plus jeunes) sont du troisième degré, la diminution sera de trois degrés; si la victime en est morte, la peine sera la strangulation (avec sursis; il n'est pas parlé du meurtre volontaire ; la peine s'arrête encore à la strangulation) .

其殴杀同堂［大功］弟妹、［小功］堂侄及［缌麻］侄孙者，杖一百，流三千里；［不言笃疾至死者，罪止此。仍依律给付财产一半养赡。］

Celui qui aura frappé et tué une personne appelée frère cadet ou soeur cadette de degré (du troisième degré) , ou une personne appelée neveu ou nièce de degré (du quatrième degré) , ou bien une personne appelée petit-fils-neveu ou petite-fille-nièce de degré (du cinquième degré) , sera puni de cent coups de truong et de l'exil à trois mille lis (il n'est pas parlé du cas où la victime serait devenue impotente ; lorsqu'elle est morte la peine s'arrête à ce maximum ; d'ailleurs, selon la loi, une moitié des biens et valeurs des coupables sera attribuée à la victime, pour survenir à ses besoins) ;

故杀者，绞。［监候。不言过失杀者，盖各准本条论赎之法。兄之妻及伯叔母、弟之妻及卑幼之妇，在殴夫亲属律。侄与侄孙，在殴期亲律。］

S'il s'agit d'un meurtre volontaire, la peine sera la strangulation (avec sursis ; il n'est pas parlé de l'homicide par mégarde ou accident ; en effet, dans chaque cas on prononce conformément à la disposition spéciale applicable et on suit la règle de rachat. Ce qui concerne l'épouse du frère aîné, ou bien l'épouse d'un oncle frère aîné ou cadet du père, l'épouse du frère cadet et la femme d'un parent de rang inférieur ou plus jeune se trouve dans la loi relative au fait de frapper des parents de l'époux, [art. 289] ; ce qui concerne les neveux et petits-fils-neveux se trouve dans la loi relative à ceux qui frappent des parents du second degré, [art. 318].

三百一十八、殴期亲尊长

Art. CCCXVIII. Frapper des parents de rang prééminent ou plus âgés du second degré

凡弟、妹殴［同胞］兄、姐者，杖九十，徒二年半；伤者，杖一百，徒三年；折伤者，杖一百，流三千里。

Les frères cadets et soeurs cadettes qui auront frappé un frère aîné ou une soeur aînée (de même sang) seront punis de quatre-vingt-dix coups de truong et deux ans de travail pénible ; si la victime a été blessée, la peine sera de cent coups de truong et trois ans de travail pénible; s'il s'agit de blessures dites fractures, la peine sera de cent coups de truong et l'exil à trois mille lis;

刃伤［不论轻重］及折肢，若瞎其一目者，绞。［以上各依首从法。］死者，［不分首、从］皆斩。

Si la blessure a été faite avec un instrument aigu, (sans discerner si elle est grave ou légère), ou bien s'il s'agit de fractures irrémédiables de membres, ou de la perte d'un oeil, la peine sera la strangulation; (dans tous les cas qui précèdent on suivra la règle de distinction entre le principal coupable et les co-auteurs, [art. 30]; si la victime est morte, tous les coupables (sans distinction entre le principal coupable et les co-auteurs) seront punis de la décapitation.

若侄殴伯、叔父母、姑，［是期亲尊属］及外孙殴外祖父母，［服虽小功，其恩义与期亲并重。］各加［殴兄、姐罪］一等。

Si des neveux frappent leurs oncles frères aînés et cadets du père, l'épouse de ceux-là, ou leurs tantes soeurs du père, (qui sont des parents prééminents du second degré), ou bien, si des petits-enfants en ligne extérieure frappent leur aïeul ou leur aïeule maternels, (bien que d'après le vêtement de deuil la parenté soit du quatrième degré, la reconnaissance et le devoir sont aussi grands que pour des parents du second degré), dans chaque cas la peine (du fait de frapper un frère aîné ou une soeur aînée) sera augmentée d'un degré;

［加者，不至于绞，如刃伤、折肢、瞎目者，亦绞。至死者，亦皆斩。］其过失杀伤者，各减本杀伤［兄、姐及伯、叔父母、姑、外祖父母］罪二等；［不在收赎之限。］

(L'augmentation n'ira pas jusqu'à entraîner la strangulation; s'il y a blessures faites avec un instrument aigu, fracture et perte d'un membre, perte d'un oeil, la peine sera encore la strangulation; si la victime en est morte, les coupables seront tous punis de la décapitation). S'il s'agit de meurtre commis ou de blessures faites par mégarde ou accident, dans chaque cas la peine de l'homicide ou des blessures (sur la personne d'un frère aîné ou d'une soeur aînée, ou sur la personne d'un oncle frère aîné ou cadet du père ou de leur épouse, ou sur la personne d'une tante paternelle, ou sur la personne de l'aïeul ou de l'aïeule maternels), sera diminuée de deux degrés, (ces cas ne sont pas compris dans la portée de la disposition qui prescrit de recevoir le prix de rachat. [art. 292]).

故杀者，皆［不分首、从］凌迟处死。［若卑幼与外人谋、故杀亲属者，外人造意下手，从而加功不加功，各依凡人本律科罪，不在皆斩、皆凌迟之限。］

Ceux qui auront commis un meurtre volontaire seront tous, (sans distinction entre le principal coupable et les co-auteurs), punis de la mort lente. (Si des parents de rang inférieur ou plus jeunes sont, avec des étrangers, coupables de complot de meurtre ou de meurtre volontaire sur la personne d'un parent, l'étranger, auteur de l'idée, s'il a suivi, ou agi de ses mains et contribué ou non à l'accomplissement de l'acte, sera, dans chaque cas, puni d'une peine graduée selon la loi spéciale relative aux personnes quelconques, [art. 282]; il n'est pas compris dans la disposition qui punit tous les coupables de la décapitation ou de la mort lente).

其［期亲］兄、姐殴杀弟、妹，及伯、叔、姑殴杀侄并侄孙，若外祖父母殴杀外孙者，杖一百，徒三年；

Les frères aînés ou soeurs aînées (du second degré) qui auront frappé et tué un frère cadet ou une soeur cadette, ainsi que les oncles frères aînés et cadets du père et les tantes soeurs du père, (du second degré), qui auront frappé et tué leurs neveux et leurs petits-enfauts-neveux; enfin, l'aïeul ou l'aïeule maternels qui auront frappé et tué leurs petits-enfants en ligne extérieure, seront punis de cent coups de truong et de trois ans de travail pénible;

故杀者，杖一百，流二千里。［笃疾至折伤以下，俱勿论。］过失杀者，各勿论。

S'il s'agit d'un meurtre volontaire, la peine sera de cent coups de truong et de l'exil à deux mille lis; (si la victime a été rendue impotente, ou si elle a reçu des blessures dites fractures et au-dessous, le fait ne sera jamais puni). Si l'homicide a été commis par accident ou mégarde, dans chaque cas le fait ne sera pas puni.

三百一十九、殴祖父母父母

Art. CCCXIX. Frapper l'aïeul, l'aïeule, le père ou la mere

1、凡子孙殴祖父母、父、母，及妻、妾殴夫之祖父母、父、母者，皆

斩。杀者，皆凌迟处死。［其为从，有服属不同者，自依各条服制科断。］

Les enfants ou petit-enfants qui auront frappé leur aïeul, leur aïeule, leur père ou leur mère, ainsi que l'épouse ou la concubine qui auront frappé l'aïeul, l'aïeule, le père ou la mère de l'époux, seront tous punis de la décapitation; s'il y a meurtre, tous seront punis de la mort lente (les parents à un degré pour lequel il existe un vêtement de deuil et qui seront co-auteurs ne seront pas punis comme eux, on graduera naturellement la peine de chacun selon les divers articles applicables et d'après les règles sur les vêtements de deuil ou degré de parenté).

过失杀者，杖一百、流三千里。伤者，杖一百，徒三年。［俱不在收赎之例。］

S'il s'agit d'un homicide commis par mégarde ou accident, la peine sera de cent coups de truong et de l'exil à trois mille lis; s'il s'agit de blessures, la peine sera de cent coups de truong et de trois ans de travail pénible (ces cas ne sont jamais compris dans les règles qui prescrivent de recevoir le prix de rachat [art. 292]).

2、其子、孙违犯教令而祖父母、父母［不依法决罚，而横加殴打。］非理殴杀者，杖一百。故杀者，［无违犯教令之罪，为故杀。］杖六十，徒一年。

Si les enfants ou petits-enfants ont désobéi et contrevenu aux ordres et aux instructions qui leurs ont donnés et si l'aïeul, l'aïeule, le père ou la mère (les ayant corrigés et punis sans suivre les règles et les ayant battus outre mesure), les ont frappés d'une façon déraisonnable et les ont tués, la peine sera de cent coups de truong; si le meurtre a été volontaire (si, de la part des enfants ou petits-enfants, il n'y a pas eu désobéissance et transgression des ordres et des instructions, le meurtre est volontaire), la peine sera de soixante coups de truong et un an de travail pénible.

嫡、继、慈、养母杀者。［终与亲母有间，殴杀、故杀］各加一等。

Si c'est la mère de droite lignée, la nouvelle mère de droite lignée, la mère de tendresse ou la mère adoptive qui ont commis le meurtre (il y a toujours une différence entre chacune d'elles et la véritable mère, et, s'il y a meurtre à la suite de coups ou meurtre volontaire), dans chaque cas la peine sera augmentée d'un degré;

致令绝嗣者，［殴杀、故杀］绞［监候］。

S'il en est résulté l'extinction de la postérité (qu'il y ait meurtre à la suite de coups ou meurtre volontaire), la peine sera la strangulation (avec sursis).

若［祖父母、父母、嫡、继、慈、养母］非理殴子、孙之妇，［此"妇"字乞养者，同。］

S'ils (l'aïeul, l'aïeule, le père ou la mère, la mère de droite lignée, la nouvelle mère de droite lignée, la mère de tendresse et la mère adoptive), ont déraisonnablement frappé la femme d'un fils ou d'un petit-fils (ce mot femme, ou bru, s'étend au cas d'un enfant adoptif),

及乞养异姓子、孙，［折伤以下无论。］致令废疾者，杖八十。

ou bien des enfants ou petits-enfants d'un autre nom de famille adoptés (s'il n'y a que des blessures dites fractures et au-dessous le fait ne sera pas puni), jusqu'à leur causer une infirmité définitive, la peine sera de quatre-vingts coups de truong;

笃疾者，加一等；［子、孙之妇及乞养子、孙］并令归宗。子、孙之妇，［笃疾者。］追还［初归］嫁妆，仍给养赡银一十两；

Si les victimes sont devenues impotentes la peine sera augmentée d'un degré et elles (les victimes: brus, femmes des fils et petit-fils, ainsi que les enfants, petits-enfants adoptés), seront également renvoyés à leur propre souche. Les femmes des fils et des petits-fils (devenues impotentes) remporteront leurs parures et ornements de mariage (ce qu'elles ont primitivement apporté), et il leur sera d'ailleurs attribué dix onces d'argent pour subvenir à leurs besoins.

乞养子孙［笃疾者，］拨付合得［所分］财产养赡。［不在给财产一半之限，如无财产，亦量照子、孙之妇给银。］

Les enfants adoptés (devenus impotents), recevront ce qui leur revient (leur part), de valeurs et biens, pour subvenir à leurs besoins (ces différentes personnes ne sont plus comprises dans la portée de la disposition qui ordonne le partage par moitié des valeurs et biens des coupables; si ceux-ci n'ont ni valeurs, ni biens, on assignera aux victimes la même somme d'argent qu'aux femmes des fils et des petits-fils).

至死者，各杖一百，徒三年；故杀者，各杖一百，流二千里。［其非理殴子、孙之］妾，各减［殴妇罪］二等。［不在归宗、追给嫁妆、赡银之限。］

Si les victimes ont été frappées jusqu'à en mourir, dans chaque cas, la peine sera de cent coups de truong et de trois ans de travail pénible; s'il y a eu meurtre volontaire, dans chaque cas la peine sera de cent coups de truong et de l'exil à deux

mille lis. S'il s'agit de concubines (de fils ou petits-fils, battues déraisonnablement),
dans chaque cas la peine (édictée lorsqu'il s'agit de battre la femme ou bru), sera
diminuée de deux degrés (elles ne sont pas comprises dans la disposition qui renvoie
la femme dans sa famille et qui exige la restitution des ornements et parures et le
payement d'une somme d'argent pour subvenir à ses besoins).

3、其子孙殴骂祖父母、父、母，及妻、妾殴骂夫之祖父母、父母而［祖
父母、父、母，夫之祖父母、父母，因其有罪］殴杀之，若违犯教令而依法
决罚，邂逅致死，及过失杀者，各勿论。

Si des enfants ou petits-enfants ont frappé et injurié l'aïeul, l'aïeule, le père ou
la mère, ou bien, si l'épouse ou une concubine ont frappé et injurié l'aïeul, l'aïeule,
le père ou la mère de l'époux et ont été frappés et tues (à cause de cette faute, et
par l'aïeul, l'aïeule, le père ou la mère ou l'aïeul, l'aïeule, le père ou la mère de
l'époux), comme aussi s'ils ont été corrigés et punis selon les règles pour avoir
désobéi et transgressé les ordres et les instructions qui leur sont donnés et s'ils en
sont morts sans qu'on ait pu prévoir ce résultat, ou, enfin, s'il s'agit d'un homicide
commis par mégarde ou accident, dans chaque cas le fait ne sera pas puni.

三百二十、妻妾与夫亲属相殴
Art. CCCXX. De l'épouse et des concubines qui frappent des parents de l'époux, et réciproquement

1、凡妻、妾殴夫之期亲以下、缌麻以上［本宗、外姻］尊长，与夫殴同
罪；［或殴或伤或折伤，各以夫之服制科断。其有与夫同绞罪者，仍照依名例
至死减一等，杖一百，流三千里。］

L'épouse et les concubines qui auront frappé des parents de rang prééminent ou
plus âgés de l'époux, du second degré et au-dessous ou du cinquième degré et au-
dessus (de la souche ou en ligne extérieure ou par alliance) seront punies de la
même peine que l'époux s'il eût frappé lui-même (soit qu'elles aient seulement
frappé, soit qu'il y ait eu blessures, soit qu'il y ait eu blessures dites fractures, dans
chaque cas, la peine sera graduée d'après le degré de parenté de l'époux, degré
déduit des règles sur les vêtements de deuil. Lorsque la peine de l'époux est la stran-

gulation on suit d'ailleurs les règles de définitions: lorsque la peine est la mort elle est diminuée d'un degré et devient de cent coups de truong et de l'exil à trois mille lis).

至死者，各斩［监候］。［缌麻亲兼妾殴妻之父母在内。此不言故杀者，其罪亦止于斩也。不言殴夫之同姓无服亲属者，以凡人论。］

Si la victime a été frappée jusqu'à en mourir, dans chaque cas la peine sera la décapitation (avec sursis; dans le cas des parents du cinquième degré est également compris celui d'une concubine qui frappe le père ou la mère de l'épouse. Ici, il n'est pas parlé du cas de meurtre volontaire; la peine s'arrête encore à la décapitation. Il n'est pas parlé de frapper les personnes de même rang de famille que l'époux, parents à un degré pour lequel il n'existe pas de vêtement de deuil; le cas est considéré comme s'il s'agissait de personnes quelconques).

2、若妻殴伤卑属，与夫殴同；［各以夫殴服制科断。］至死者，绞［监候］。［此夫之缌麻、小功、大功卑属也。虽夫之堂侄、侄孙及小功侄孙，亦是。］

Si l'épouse a frappé et blessé des parents de rang inférieur, elle sera punie comme l'époux s'il eût frappé les mêmes personnes (et dans chaque cas la peine sera graduée d'après le degré de parenté de l'époux), si la mort s'en est suivie, la peine sera la strangulation (avec sursis; ici, il s'agit des parents de rang inférieur de l'époux du cinquième, du quatrième et du troisième degré, bien qu'il s'agisse des neveux et petits-enfants-neveux de degré et des petits-enfants-neveux du quatrième degré de l'époux, il en est encore de même);

若殴杀夫之兄弟子，杖一百，流三千里；［不得同夫拟徒。］故杀者，绞［监候。不得同夫拟流。］

Si elle a tué en les frappant les enfants des frères aînés et cadets de l'époux elle sera punie de cent coups de truong et de l'exil à trois mille lis (elle ne pourra pas être punie, comme l'époux lui-même, de la peine du travail pénible); si le meurtre a été volontaire, la peine sera la strangulation (avec sursis; elle ne pourra pas, comme l'époux, être punie de l'exil);

妾犯者，各从凡斗法。［不言夫之自期以下弟、妹者，殴夫之弟、妹，但减凡一等，则此当以凡论。］

Si ces faits ont été commis par une concubine, dans chaque cas on suivra la règle relative aux rixes entre personnes quelconques (il n'est pas parlé des personnes appelées frères cadets ou soeurs cadettes de l'époux au second degré et au-dessous ; si elles ont frappé un frère cadet ou une soeur cadette de l'époux, la peine sera celle qui est édictée lorsqu'il s'agit d'une personne quelconque diminuée d'un degré ; donc, dans ce cas, le fait sera considéré comme lorsqu'il s'agit d'une personne quelconque).

3、若［期亲以下，缌麻以上］尊长殴伤卑幼之妇，减凡人一等，妾又减一等；至死者，［不拘妻、妾。］绞［监候］。［故杀亦绞。］

Si des parents de rang prééminent ou plus âgés (du second degré et au-dessous ou du cinquième degré et au-dessus) ont frappé et blessé la femme d'un parent de rang inférieur ou plus jeune, ils seront punis de la peine édictée lorsqu'il s'agit de personnes quelconques diminuée d'un degré ; s'il s'agit d'une concubine, la peine sera encore diminuée d'un degré ; si la victime en est morte (on ne distinguera pas s'il s'agit d'une épouse ou d'une concubine et) la peine sera la strangulation (avec sursis ; s'il y a meurtre volontaire, la peine sera encore la strangulation).

4、若弟、妹殴兄之妻，加殴凡人一等。［其不言妻殴夫兄之妻者，与夫殴同。］

Si un frère cadet ou une soeur cadette frappent l'épouse d'un frère aîné, ils seront punis de la peine portée contre ceux qui frappent une personne quelconque, augmentée d'un degré (il n'est pas parlé de l'épouse qui frappe l'épouse d'un frère aîné de l'époux, elle est punie comme le serait l'époux s'il eût frappé lui-même).

5、若兄、姐殴弟之妻及妻殴夫之弟、妹及夫弟之妻，各减凡人一等。

Si un frère aîné ou une soeur aînée frappent l'épouse d'un frère cadet ou bien si l'épouse frappe le frère cadet ou la soeur cadette de l'époux ou l'épouse d'un frère cadet de l'époux, dans chaque cas la peine sera celle qui est édictée lorsqu'il s'agit de personnes quelconques, diminuée d'un degré ;

若殴妾者，各又减［殴妻］一等。［不言妻殴夫兄之妾者，亦与夫殴同。不言弟、妹殴兄之妾，及殴大功以下兄弟妻妾者，皆以凡论。］

S'il s'agit du fait de frapper une concubine, dans chaque cas la peine (du fait de frapper l'épousé) sera encore diminuée d'un degré. (Il n'est pas parlé de l'épouse qui frappe une concubine d'un frère aîné de l'époux ; elle serait encore punie comme son époux le serait s'il eût frappé lui-même ; il n'est pas parlé du frère cadet ou de la soeur cadette qui frappent une concubine d'un frère aîné ou qui frappent l'épouse ou la concubine d'un frère ainé ou cadet du troisième degré et au-dessous : tous sont considérés comme personnes quelconques.)

6、其殴姐妹之夫、妻之兄、弟及妻殴夫之姐妹夫者，［有亲无服，皆为同辈。］以凡斗论。若妾犯者，各加［夫殴妻殴］一等。［加不至于绞。］

Celui qui aura frappé l'époux d'une soeur aînée ou cadette, ou un frère aîné ou un frère cadet de l'épouse, ainsi que l'épouse qui aura frappé l'époux d'une soeur aînée ou cadette de l'époux (du moment où il y a parenté, bien qu'il n'y ait pas de vêtement de deuil, tous sont mis au même rang), sera puni d'après les dispositions relatives à ceux qui frappent une personne quelconque ; s'il s'agit d'une concubine, dans chaque cas la peine (de l'époux qui frappe ou de l'épouse qui frappe), sera augmentée d'un degré (l'augmentation ne va pas jusqu'à entraîner la peine de la strangulation).

7、若妾殴夫之妾子，减凡人二等；［以其近于子也。］殴妻之子以凡人论。［所以别妻之子于妾子也。］

Si une concubine a frappé un enfant d'une concubine de l'époux, elle sera punie de la peine édictée lorsqu'il s'agit de personnes quelconques, diminuée de deux degrés (parce qu'elle est proche par rapport à cet enfant) ; si elle a frappé un enfant de l'épouse, elle sera jugée d'après les dispositions relatives aux personnes quelconques (et cela pour établir une différence entre les enfants de l'épouse et les enfants des concubines).

若妻之子殴伤父妾，加凡人一等。［所以尊父也。］妾子殴伤父妾，又加二等。［为其近于母也。共加凡人三等，不加至于绞。］

Si un enfant de l'épouse frappe et blesse une concubine de son père il sera puni de la peine édictée lorsqu'il s'agit d'une personne quelconque augmentée d'un degré (par respect pour le père) ; si un enfant d'une concubine frappe et blesse une concubine du père la peine sera encore augmentée de deux degrés (parce que la victime est d'une condition analogue à celle de sa mère ; en tout, la peine édictée lorsqu'il s'agit de personnes quelconques est augmentée de trois degrés et l'augmentation ne va pas jusqu'à entraîner la peine de la strangulation)；

至死者，各依凡人论。［此通承本节弟妹殴兄之妻以下而言也。死者，绞；故杀者，斩。］

Si la victime a été frappée jusqu'à en mourir, dans chaque cas on prononcera selon les dispositions relatives aux personnes quelconques（ceci s'applique d'une façon générale à tous les paragraphes depuis celui qui est relatif aux frères cadets et soeurs cadettes qui frappent l'épouse d'un frère aîné. Si la victime en est morte, la peine est la strangulation；s'il s'agit d'un meurtre volontaire la peine est la décapitation）.

三百二十一、殴妻前夫之子

Art. CCCXXI. Frapper les enfants d'un précédent époux de l'épouse

1、凡殴妻前夫之子者，［谓先曾同居，今不同居者，其殴伤、折伤］减凡人一等。同居者，又减一等。至死者，绞［监候］。

Celui qui aura frappé les enfants d'un précédent époux de son épouse（cela indique qu'auparavant ils ont demeuré ensemble et qu'actuellement ils ne demeurent plus ensemble；pour avoir frappé, blessé ou fait des blessures dites fractures, il）sera puni de la peine édictée lorsqu'il s'agit de personnes quelconques diminuée d'un degré；s'ils habitent ensemble, la peine sera encore diminuée d'un degré de plus；si la victime a été frappée jusqu'à en mourir la peine sera la strangulation（avec sursis）.

2、若殴继父者，［亦谓先曾同居，今不同居者］杖六十、徒一年，折伤以上，加凡斗伤一等。

Celui qui aura frappé le père nouvel époux de la mère（cela désigne encore le cas où ils ont précédemment habité ensemble et où, actuellement, ils ne demeurent plus ensemble），sera puni de soixante coups de truong et un an de travail pénible；s'il y a blessures dites fractures et au-dessus, la peine sera celle qui est édictée lorsqu'il s'agit de rixes et blessures entre personnes quelconques augmentée d'un degré；

同居者，又加一等。［至笃疾，罪止杖一百、流三千里，不加于死，仍给财产一半养赡。] 至死者，斩 ［监候］。

S'ils habitent ensemble la peine sera encore augmentée d'un degré (si la victime a été frappée jusqu'à en devenir impotente la peine s'arrête à cent coups de truong et l'exil à trois mille lis; l'augmentation n'entraîne pas la peine de mort. D'ailleurs, une moitié des biens du coupable sera donnée à la victime pour subvenir à ses besoins); si la victime a été frappée jusqu'à en mourir, la peine sera la décapitation (avec sursis).

3、其故杀及自来不曾同居者，［不问父殴子，子殴父。］各以凡人论。

Si le meurtre a été volontaire, ou bien si jusque-là le coupable et la victime n'ont jamais habité ensemble (sans distinguer si c'est le père qui frappe l'enfant, ou l'enfant qui frappe le père), dans chaque cas on prononcera d'après les dispositions relatives aux personnes quelconques. ［Art. 302.］

三百二十二、妻妾殴故夫父母

Art. CCCXXII. De l'épouse et de la concubine qui frappent le père ou la mère de l'époux décédé

1、凡妻妾夫亡改嫁，殴故夫之祖父母、父母者，并与殴舅姑罪同。

Lorsque, l'époux étant mort, l'épouse et la concubine remariées auront frappé l'aïeul, l'aïeule, le père ou la mère de l'époux décédé, elles seront également coupables de la même faute que lorsqu'elles frappent les aïeuls et le père ou la mère de leur époux vivant.

其旧舅姑殴已故子、孙改嫁妻、妾者，亦与殴子孙妇同。［妻妾被出不用此律，义已绝也。]

Les aïeuls et le père ou la mère de l'ancien époux qui auront frappé l'épouse ou la concubine remariées de leur fils ou de leur petit-fils décédé seront, de même, punis comme s'ils avaient frappé une bru épouse de leur fils ou petit-fils vivant (si l'épouse ou la concubine avaient été répudiées on n'emploie plus la présente loi; le devoir est éteint).

2、若如婢殴旧家长及家长殴旧奴婢者，各以凡人论。［此亦自转卖与人者言之。奴婢赎身不用此律，义未绝也。]

Si un esclave frappe son ancien chef de famille, ou bien si le chef de la famille frappe son ancien esclave, chacun sera jugé d'après les dispositions relatives aux personnes quelconques. （Ceci traite encore du cas où le chef de la famille a, lui-même, vendu l'esclave à une autre personne; si l'esclave s'est racheté on n'emploie plus cette règle, parce que le devoir n'est pas éteint.） ［art. 314.］

三百二十三、父祖被殴

Art. CCCXXIII. Du cas où le père et l'aïeul sont frappés

1、凡祖父母、父母为人所殴，子、孙即时［少迟，即以斗殴论。］救护而还殴，［行凶之人］非折伤，勿论；

Si l'aïeul, l'aïeule, le père ou la mère étant frappés par quelqu'un, les enfants ou petits-enfants leur ont porté secours sur-le-champ（s'il y a eu un délai, si court qu'il soit, le fait sera considéré comme un cas de rixe et coups）, et ont, à leur tour, frappé（la personne qui les maltraitait）sans faire de blessures dites fractures, ils ne seront pas punis;

至折伤以上，减凡斗三等；［虽笃疾，亦得减流三千里，为徒二年。］至死者，依常律。

S'ils ont frappé jusqu'à faire des blessures dites fractures et au-dessus, ils seront punis des peines édictées lorsqu'il s'agit de rixes entre personnes quelconques ［art. 302］, diminuées de trois degrés（bien que la personne qu'ils auront frappée soit devenue impotente, ils auront encore droit à la diminution de trois degrés sur la peine de l'exil, qui sera réduite à deux ans de travail pénible）; s'ils ont frappé jusqu'à donner la mort, ils seront jugés selon les lois ordinaires.

2、若祖父母、父母为人所杀而子、孙［不告官］擅杀行凶人者，杖六十。其即时杀死者，勿论。

Si l'aïeul, l'aïeule, le père ou la mère ont été tués par quelqu'un et si les enfants ou petits-enfants（sans porter plainte devant les magistrats）, ont, de leur propre autorité, tué le meurtrier, ils seront punis de soixante coups de truong; mais s'ils l'ont tué sur-le-champ, le fait ne sera pas puni.

［少迟，即以擅杀论。］

(S'il y a eu un délai, si court qu'il soit, ils seront jugés d'après les dispositions relatives au meurtre commis d'autorité privée ; [art. 277, 390]);

[若与祖父母、父、母同谋共殴人，自依凡人首从法。又，祖父母、父母被大服亲属殴打，止宜救解不得还殴。若有还殴者，仍依服制科罪。]

(S'ils ont comploté de concert avec l'aïeul, l'aïeule, le père ou la mère et frappé quelqu'un ensemble, on suivra la règle de distinction entre principal coupable et co - auteurs, comme pour les personnes quelconques ; [art. 30] . De plus, si l'aïeul, l'aïeule, le père ou la mère sont frappés par des parents à l'un des degrés pour lesquels il existe un vêlement de deuil, les enfants et petits – enfants doivent seulement porter secours et séparer, mais ils ne peuvent pas rendre les coups ; s'ils ont frappé à leur tour, leur peine est graduée d'après les règles relatives aux vêtements de deuil, c'est-à-dire anx degrés de parenté) ;

[父、祖外其余亲属人等，被人杀而擅杀行凶人，审无别项情故，依罪人本犯应死而擅杀律，杖一百。]

(En dehors du père et de l'aïeul, si tout autre parent a été frappé par quelqu'un et qu'un parent ait, de sa propre autorité, tué le meurtrier, on examinera s'il n'y a pas eu d'autre motif particulier et le meurtrier sera puni de cent coups de truong, selon la loi relative à ceux qui, de leur proper autorité, tuent un coupable passible de la peine de mort.)

骂 詈
Outrages et insultes

三百二十四、骂人
Art. CCCXXIV. Outrager quelqu'un par paroles

凡骂人者，笞一十。互相骂者，各笞一十。

Celui qui aura outragé quelqu'un par paroles sera puni de dix coups de rotin ; ceux qui s'outrageront et s'insulteront réciproquement par paroles seront, chacun, punis de dix coups de rotin.

三百二十五、骂制使及本管长官

Art. CCCXXV. Outrager par paroles un envoyé par ordre du Souverain ou le fonctionnaire chef de service de qui on relève

凡奉制命出使而官、吏骂之者，及部民骂本属知府、知州、知县，军士骂本管官，若吏卒骂本部五品以上长官，杖一百。

Les fonctionnaires et employés qui auront insulté une personne envoyée en mission par ordre du Souverain, ainsi que les personnes du peuple d'un ressort qui auront outragé et insulté par paroles le *tri phu*, le *tri chàu* ou le *tri huyên* dont ils relèvent, les soldats qui auront insulté le fonctionnaire sous le commandement duquel ils sont placés, et les employés et agents subalternes qui auront outragé et insulté le fonctionnaire chef du service dont ils dépendent, lorsque ce fonctionnaire sera du cinquième rang et au-dessus, seront punis de cent coups de truong;

若吏卒骂六品以下长官，各 [指六品至杂职，各于杖一百上。] 减三等。

Si les employés ou agents subalternes outragent en paroles le fonctionnaire chef du service dont ils dépendent, lorsque ce fonctionnaire est du sixième rang et au-dessous, ils seront, dans chaque cas (ceci désigne les cas où il s'agit de fonctionnaires depuis le sixième rang jusqu'aux divers titres hors hiérarchie; dans chaque cas, par rapport à la peine ci-dessus énoncée de cent coups de truong, les coupables seront) punis d'une peine moindre de trois degrés.

[军民、吏卒] 骂 [本属、本管、本部之] 佐贰官、首领官，又各递减一等。并亲闻及坐。

Ceux qui (militaires, gens du peuple, employés et agents subalternes) auront outragé en paroles le fonctionnaire adjoint en second ou le fonctionnaire chargé du contrôle des détails (du ressort dont ils relèvent, sous le commandement duquel ils sont placés, ou du service dont ils dépendent), seront, dans chaque cas, punis en diminuant encore proportionnellement d'un degré; il faudra également que la personne insultée ait personnellement entendu l'injure pour que les coupables puissent être passibles de ces peines. [art. 283, 306.]

三百二十六、佐职统属骂长官

Art. CCCXXVI. Du fonctionnaire adjoint et des fonctionnaires en sousordre qui insultent le fonctionnaire chef de service

凡首领官及统属官骂五品以上长官，杖八十。若骂六品以下长官，减三等。［笞五十。］

Tout fonctionnaire chargé du contrôle des détails d'un service, ainsi que tout fonctionnaire en sous-ordre, qui aura insulté et outragé en paroles le fonctionnaire chef de service lorsque celui-ci est du cinquième rang et au-dessus, sera puni de quatre-vingts coups de truong; s'ils outragent par paroles le fonctionnaire chef de service lorsque celui-ci est du sixième rang et au-dessous, la peine sera diminuée de trois degrés (et sera de cinquante coups de rotin);

佐贰官骂长官者，又各减二等。［五品以上，杖六十。六品以下，笞三十。］并亲闻乃坐。

Le fonctionnaire adjoint en second qui aura insulté le fonctionnaire en chef sera puni de cette peine encore diminuée de deux degrés dans chaque cas; (si le fonctionnaire chef de service est du cinquième rang et au-dessus, la peine sera de soixante coups de truong; s'il est du sixième rang et au-dessous, elle sera de trente coups de rotin); dans tous les cas, également, il faut que l'insulté ait personnellement entendu l'outrage pourque la peine soit applicable. [art. 306, 307, 308, 325.]

三百二十七、奴婢骂家长

Art. CCCXXVII. Des esclaves qui insultent le chef de la famille

凡奴婢骂家长者，绞［监候］。骂家长之期亲及外祖父母者，杖八十，徒二年；

Tout esclave qui aura insulté et outragé le chef de la famille sera puni de la strangulation (avec sursis); celui qui aura outragé les parents du second degré du chef de la famille ou bien son aïeul ou son aïeule en ligne extérieure sera puni de quatre-vingts coups de truong et de deux ans de travail pénible;

大功，杖八十；小功，杖七十；缌麻，杖六十。若雇工人骂家长者，杖八十，徒二年；

S'il s'agit d'un parent du troisième degré, la peine sera de quatre-vingts coups de truong; pour un parent du quatrième degré la peine sera de soixante-dix coups de truong; pour un parent du cinquième degré la peine sera de soixante coups de truong. Si une personne louée à gages pour son travail outrage le chef de la famille, elle sera punie de quatre-vingts coups de truong et de deux ans de travail pénible;

骂家长期亲及外祖父母，杖一百；大功，杖六十；小功，答五十；缌麻，答四十；

Si elle outrage un parent du second degré ou l'aïeul et l'aïeule en ligne extérieure du chef de la famille, la peine sera de cent coups de truong; si le parent est du troisième degré la peine sera de soixante coups de truong; s'il est du quatrième degré, la peine sera de cinquante coups de rotin; s'il est du cinquième degré la peine sera de quarante coups de rotin.

并亲告乃坐。［以分相临，恐有谗间之言，故须亲闻。以情相与，或有容隐之意，故须亲告。］

Dans tous les cas également il faudra que l'insulté ait personnellement porté plainte pour que la peine soit applicable (entre personnes qui dépendent les unes des autres, il est à craindre qu'il y ail des paroles excitant à la mésintelligence; c'est pour cela qu'il faut que l'insulté ait personnellement entendu; entre elles, à cause de l'influence des sentiments naturels, il peut se faire que les unes aient l'idée de cacher la faute des autres, c'est pourquoi il faut que l'insulté porte personnellement plainte).

三百二十八、骂尊长

Art. CCCXXVIII. Outrager des personnes de rang prééminent ou plus âgées

凡骂［内外］缌麻兄姐，答五十；小功兄姐，杖六十；大功兄姐，杖七十；

Quiconque aura outragé des parents (en ligne directe ou extérieure) ayant droit à l'appellation de frères aînés ou de soeurs aînées sera puni de cinquante coups de rotin; s'ils sont du cinquième degré, de soixante coups de truong s'ils sont du quatrième degré et de soixante-dix coups de truong s'ils sont du troisième degré ;

尊属 [兼缌麻、小功、大功] 各加一等。若骂 [期亲同胞] 兄姐者，杖一百；

Si l'outrage est commis contre des personnes de rang prééminent (du cinquième, du quatrième ou du troisième degré indifféremment) dans chaque cas la peine augmentera d'un degré. Celui qui aura outragé son frère aîné ou sa soeur aînée (du deuxième degré et [de même sang], sera puni de cent coups de truong ;

伯叔父母、姑、外祖父母，各加 [骂兄姐] 一等。并须亲告乃坐。[弟骂兄妻，比照殴律，加凡人一等。]

Si l'outrage est dirigé contre un oncle frère aîné ou cadet du père ou contre l'épouse de l'un d'eux, contre une tante soeur du père, contre l'aïeul ou contre l'aïeule maternels, dans chaque cas la peine (édictée dans le cas d'insulte envers le frère aîné ou la soeur aînée) sera augmentée d'un degré. Il faut également que l'insulté lui-même porte personnellement plainte pour que la peine soit applicable ; (si le frère cadet outrage l'épouse du frère aîné, par assimilation aux lois sur les rixes, il sera puni de la peine édictée contre les personnes quelconques augmentée d'un degré [art. 320]).

三百二十九、骂祖父母父母

Art. CCCXXIX. — Outrager l'aïeul, l'aïeule, le père ou la mère

凡骂祖父母、父母及妻妾骂夫之祖父母、父母者，并绞。须亲告及坐。

Celui qui aura outragé son aïeul, son aïeule, son père ou sa mère, ainsi que l'épouse et la concubine qui auront outragé l'aïeul, l'aïeule, le père ou la mère de l'époux, seront également punis de la strangulation ; il faut absolument, pour que la peine soit applicable, que l'insulté porte personnellement plainte.

三百三十、妻妾骂夫期亲尊长

Art. CCCXXX. De l'épouse et de la concubine qui outragent des parents de rang prééminent ou plus âgés, au second degré, de l'époux

凡妻、妾骂夫之期亲以下，缌麻以上 [内外] 尊长，与夫骂罪同。

L'épouse et la concubine qui auront outragé des parents de rang prééminent ou plus âgés (en ligne directe ou extérieure) de l'époux, du cinquième degré et au-dessus et du deuxième degré et au－dessous, seront punies pour la même faute [art. 39] que l'époux s'il eût lui－même outragé ces personnes.

妾骂夫者，杖八十；妾骂妻者，罪亦如之。若骂妻之父母者，杖六十，并须亲告乃坐。[律无妻骂夫之条者，以闺门敌体之义恕之也。若犯，拟不应答罪可也。]

La concubine qui aura outragé l'époux sera punie de quatre－vingts coups de truong; si elle outrage l'épouse elle sera encore punie de la même peine; si elle out-rage le père ou la mère de l'épouse, elle sera punie de soixante coups de truong: pour que la peine soit applicable, il faut également que l'insulté porte personnelle-ment plainte. (La loi ne contient pas de disposition relative à l'épouse qui outrage l'époux parce que, entre eux qui tiennent le même rang dans les appartements intérieurs, le devoir oblige à l'indulgence. Si cependant le fait a été commis et donne lieu à une plainte, on peut appliquer la loi relative à ce qui ne doit pas être fait et prononcer la peine du rotin [art. 386]).

三百三十一、妻妾骂故夫父母

Art. CCCXXXI. De l'épouse et de la concubine qui outragent le père ou la mère de l'époux décédé

1、凡妻、妾夫亡改嫁，[其义未绝。] 骂故夫之祖父母、父母者，并与骂舅姑罪同。

L'épouse et la concubine remariées après le décès de l'époux (le devoir n'étant pas éteint), qui auront outragé l'aïeul, l'aïeule, le père ou la mère de l'époux décédé seront également coupables de la même faute que si elles avaient outragé leurs beaux-pères et belles-mères;

[按：妻若夫在被出，与夫义绝，及姑妇俱改嫁者，不用此律。又，子孙之妇守志在室，而骂已改嫁之亲姑者，与骂夫期亲尊属同。]

(Il faut observer que si l'épouse a été répudiée du vivant de l'époux, le devoir entre elle et l'époux a été anéanti; de même, si la mère de l'époux et la bru, sont toutes deux remariées on n'emploie plus cette loi; de plus, si la femme du fils ou du petit-fils respectent leur veuvage, restent dans la famille et outragent leur propre belle-mère (mère de l'époux) remariée, on assimile ce cas à celui d'outrage envers un parent de rang prééminent du second degré de l'époux.

［若嫡、继、慈、养母已嫁，不在骂姑之例。］

(S'il s'agit de la mère de droite lignée, de la nouvelle mère de droite lignée, de la mère de tendresse ou de la mère adoptive remariées, le cas n'est plus compris dans la règle relative aux outrages envers la mère de l'époux).

2、若奴婢［转卖与人，其义已绝。］骂旧家长者，以凡人论。［其赎身奴婢骂旧家长者，仍依骂家长本律论。］

Si des esclaves (revendus à autrui et dont le devoir est éteint) outragent leur ancien chef de famille, on prononcera d'après les dispositions relatives aux personnes quelconques; (les esclaves qui se sont rachetés et qui outrageront leur ancien chef de famille seront, d'ailleurs, jugés d'après les dispositions de la loi spéciale relative aux outrages envers le chef de la famille. ［art. 327.］)

诉 讼
Plaintes et Procès

三百三十二、越诉
Art. CCCXXXII. Violation de la hiérarchie dans les plaintes

1、凡军民词讼，皆须自下而上陈告。若越本管官司辄赴上司称诉者，［即实亦］笞五十。

Toute personne de condition militaire ou du peuple qui présente une requête au sujet d'une contestation doit adresser sa plainte aux magistrats en suivant l'ordre hiérarchique, et de bas en haut; s'il laisse de côté le tribunal du fonctionnaire dont il relève naturellement et s'adresse directement à un tribunal supérieur pour formuler sa plainte, (encore qu'elle soit fondée), il sera puni de cinquante coups de rotin;

［须本管官司不受理，或受理而亏枉者，方赴上司陈告。］

（Il faut que le tribunal du fonctionnaire dont il relève n'ait pas donné suite à la plainte, ou qu'ayant donné suite à la plainte il ait commis quelque oubli ou irrégularité et alors seulement il est permis de porter plainte au tribunal supérieur）.

2、若迎车驾及击登闻鼓申诉而不实者，杖一百；

Si quelqu'un se rend sur le passage des voitures du Souverain ou bien frappe sur le tambour d'appel pour présenter une plainte et que cette plainte ne soit pas fondée, la peine sera de cent coups de truong；

［所诬不实之］事重［于杖一百］者，从［诬告］重［罪］论；得实者，免罪。［若冲突仪仗，自有本律。］

Si le fait（calomnieux ou non fondé）entraîne une peine plus grave（que cent coups de truong）, on prononcera（la peine）en se basant sur（l'accusation calomnieuse qui constitue）le fait le plus grave；si la plainte est fondée le fait ne sera pas puni；（si le plaignant a violé les rangs de l'escorte du Souverain, le fait est puni par une loi spéciale［art. 195］）.

三百三十三、投匿名文书告人罪

Art. CCCXXXIII. Lancer des écrits anonymes accusant quelqu'un d'une faute

凡投［贴］隐匿［自己］姓名文书，告言人罪者，绞［监候］。［虽实亦坐。］见者，即便烧毁。若［不烧毁］将送入官司者，杖八十。

Quiconque aura lancé（ou affiché）une accusation écrite contre quelqu'un en cachant ses（propres）noms de famille et personnel sera puni；de la strangulation（avec sursis；bien que l'accusation soit fondée, la peine sera encore applicable）. Ceux qui recevront cette accusation devront immédiatement la faire brûler；s'ils（ne la brûlent pas）et la portent à un tribunal, ils seront punis de quatre-vingts coups de truong.

官司受而为理者，杖一百。被告言者，［虽有指实］不坐。若［于方投时］能连［人与］文书捉获解官者，官给银一十两充赏。

Les magistrats d'un tribunal qui l'auront reçue et y donneront suite seront punis de cent coups de truong；celui qui est accusé（bien que le fait indiqué soit vrai）, ne sera pas incriminé. Si quelqu'un (au moment où elle est présentée) peut, en même temps, arrêter (l'homme) et s'emparer de l'accusation écrite pour en saisir un fonctionnaire, il lui sera donné, par l'État, dix onces d'argent à titre de récompense;

［指告者，勿论。若诡写他人姓名词帖，讦人阴私陷人，或空纸用印虚捏他人文书，买嘱铺兵递；送诈以他人姓名注附木牌，进入内府，不销名字，陷人得罪者，皆依此律，绞。其或系泛常骂詈之语，及虽有匿名文书，尚无投官确据者，不坐此律。］

(La personne désignée dans l'écrit ne sera pas mise en jugement. Si quelqu'un écrit faussement sous les noms d'une autre personne un libelle révélant les affaires secrètes et privées d'un homme, afin de lui nuire; ou bien fabrique clandestinement une fausse lettre d'un homme, sur un blanc-seing scellé du sceau de cet homme, et corrompt un soldat de la garde d'un fonctionnaire pour la faire remettre, ou fabrique une fausse étiquette en bois au nom d'autrui et l'introduit dans le palais des femmes du Souverain, sans graver clairement les noms, et pour faire arriver malheur à autrui, les auteurs de tous ces faits seront, selon la loi, punis de la strangulation; s'il s'agit de diatribes et d'injures ordinaires, ou bien si, quoiqu'il y ait un écrit anonyme, il n'a pas été présenté au fonctionnaire et si, par suite, il n'y a pas de preuves certaines du fait, cette loi n'est plus applicable).

三百三十四、告状不受理

Art. CCCXXXIV. Du cas où il n'est pas donné suite à une plainte ou à une accusation

1、凡告谋反、叛逆，官司不即受理，［差人］掩捕者，［虽不失事］杖一百，徒三年。

Les magistrats d'un tribunal qui ne donneront pas immédiatement suite à une accusation de complot de rébellion, de grande rébellion ou de trahison et qui ne feront pas (envoyer quelqu'un pour) prévenir le mal et arrêter les coupables seront punis (bien qu'il n'en soit résulté aucune conséquence fâcheuse), de la peine de cent coups de truong et de trois ans de travail pénible;

［因不受理掩捕，］以致聚众作乱，或攻陷城池及劫掠民人者，［官坐］

斩［监候］。

Si (de ce qu'ils n'ont pas donné suite, prévenu le mal et arrêté les coupables),
il est résulté que les coupables se sont réunis en foule et ont commis des désordres,
ou bien qu'ils ont attaqué et pris une place fortifiée, ou enfin pillé et enlevé des personnes du peuple, la peine (dont ces fonctionnaires sont passibles), sera la
décapitation (avec sursis).

若告恶逆，［如子、孙谋杀祖父母、父母之类。］不受理者，杖一百。

Ceux qui ne prendront pas en considération une accusation de rébellion odieuse
(telle que celles qui sont relatives aux enfants et petits-enfants coupables de complot
de meurtre contre leur aïeul, leur aïeule, leur père ou leur mère et autres
accusations du même genre [art. 2]), seront punis de cent coups de truong;

告杀人及强盗不受理者，杖八十。斗殴、婚姻、田宅等事不受理者，各
减犯人罪二等，并罪止杖八十。

Ceux qui n'auront pas pris en considération une accusation de meurtre ou de vol
à force ouverte seront punis de quatre-vingts coups de truong. Ceux qui n'auront pas
pris en considération une accusation relative aux différents faits tels que ceux qui
sont relatifs aux rixes et coups, aux mariages, aux rizières et habitations, seront,
dans chaque cas, punis de la peine des coupables diminuée de deux degrés et la
peine ne dépassera également pas quatre-vingts coups de truong.

受［被告之］财者，计赃以枉法［罪与不受理罪］从重论。

Ceux qui auront accepté des valeurs (des accusés), seront punis en tenant
compte de la valeur du produit de l'action illicite d'après les dispositions relatives à
la violation des règles et en suivant la loi la plus sévère (en comparant la peine à
celle qui est édictée pour le fait de n'avoir pas donné suite à l'accusation).

2、若词讼原告、被论［即被告］在两处州县者，听原告就被论［本管］
官司告理归结。［其各该官司自分彼此，或受人财，］推故不受理者，罪亦如
之。［如上所告事情轻重，及受财枉法从重论。］

Si, dans une plainte au sujet d'un procès, l'accusateur primitif et celui dont il
est question dans la plainte (c'est-à-dire l'accusé), se trouvent dans deux lieux,
châu ou *huyên*, différents, l'accusateur primitif devra porter sa demande devant le
tribunal du magistrat de (qui relève) celui dont il est question dans la plainte et ce

tribunal devra se saisir et prononcer pour ceux qui (les magistrats de ces divers lieux qui se renverront mutuellement l'affaire ou qui auront accepté des valeurs de quelqu'un), invoquant des prétextes, ne donneront pas suite à la plainte, la faute sera encore la même (que ci-dessus et selon que le motif de la plainte ou de l'accusation sera plus ou moins grave ; s'il y a eu acceptation de valeurs, en tenant compte du produit de l'action illicite d'après les dispositions relatives à la violation de régles et en suivant la loi la plus sévère).

3、若各部、院、督抚及分司巡历去处〔1〕，应有词讼，未经本管官司陈告，及［虽陈告而］本宗公事未结绝者，并听［部、院等官］置簿立限，发当该官司追问，取具归结缘由勾销。

S'il est porté devant les divers ministères en services qualifiés *viên*〔2〕, ou devant les gouverneurs généraux et particuliers de provinces, ou devant les tribunaux spéciaux des provinces lorsque ces tribunaux sont chargés d'inspections judiciaires dans différents lieux, des plaintes au sujet de procès qui n'ont pas encore été portés devant le tribunal qui devait en connaître, ou bien sur lesquels (bien qu'ils aient été portés devant eux), ces tribunaux n'ont pas encore prononcé, ils devront également (les ministres et autres magistrats de ces divers tribunaux), fixer un délai et renvoyer l'affaire devant le tribunal competent qui procédera aux instructions ; recueillera les déclarations, prononcera, et leur fera connaître ses motifs ;

若有迟错［而部、院等官］不即举行改正者，与当该官吏同罪。

S'il est apporté quelque retard à l'exécution de ces ordres, ou s'il est commis quelque erreur, et s'ils (les ministres ou autres magistrats cités) n'en rendent pas immédiatement compte en corrigeant et redressant et en faisant ce qui aurait dû être fait, ils seront punis des mêmes peines que les fonctionnaires et employés concernés ;

［轻者，依官文书稽程十日以上，吏、典笞四十；重者，依不与果决，以致耽误公事者，杖八十。］

(Dans les cas peu graves, selon la disposition relative à un retard de plus de

---

〔1〕 此处在《大清律例》中是"若各部、院、督抚、监察御史、按察使及分司巡历去处"，《皇越律例》做了部分删减。

〔2〕 此处该越南语对应汉语"院"。

dix jours dans l'expédition d'une pièce officielle, la peine de l'employé est de quar-ante coups de rotin ; dans les cas plus graves, selon la disposition relative à ceux qui ne prononcent pas sur une affaire publique ; lorsqu'il en résulte un oubli ou une er-reur, la peine est de quatre-vingts coups de truong [art. 67].

4、其已经本管官司陈告不为受理，及本宗公事已绝，理断不当，称诉冤枉者，各［部、院等］衙门即便勾问。

Dans les cas où l'affaire ayant déjà été portée devant le tribunal qui devait en connaître celui-ci n'y a pas donné suite, ou bien si le sujet de l'affaire a déjà été réglé, mais pas comme il aurait dû l'être, et lorsque les personnes concernées portent plainte pour obtenir le redressement de l'injustice, ou de l'oppression, ou de l'illégalité dont elles souffrent, chaque tribunal (des ministres et autres) doit immé-diatement retenir l'affaire et procéder à l'instruction ;

若推故不受理及转委有司，或仍发原问官司收问者，依告将不受理律论罪。

Ceux qui invoqueront des prétextes pour ne pas y faire droit ou qui délégueront un autre tribunal pour le faire à leur place, ou bien qui renverront l'affaire devant le tribunal qui a déjà jugé, seront punis selon les dispositions relatives à ceux qui ne prennent pas une plainte en considération.

5、若［本管衙门］追问词讼，及大小公事，［自行受理并上司批发。］须要就本衙门归结，不得转行批委，［致有冤枉扰害。］

Dans le jugement d'un procès (par le tribunal compétent), ou d'une affaire publique grande ou petite (soit qu'il s'agisse d'une plainte à laquelle ils donnent eux-mêmes la suite qu'elle comporte, soit que l'affaire ait été visée et transmise ou déférée par une autorité supérieure), les magistrats doivent absolument se rendre dans leur prétoire pour y prononcer et ils ne peuvent déléguer ce soin à d'autres per-sonnes (ce qui pourrait amener des injustices, des illégalités et le malheur immérité de quelqu'un) ;

违者，随所告事理轻重，以坐其罪。［如所告公事合得杖罪，坐以杖罪。合得笞罪，坐以笞罪。死罪已决放者，同罪；未决放，减等。徒、流罪，抵徒、流。］

Ceux qui auront contrevenu à cette disposition seront passibles de la peine du fait dénoncé, qu'il soit grave ou léger; (si l'affaire dont il est question entraîne la peine du truong, ils seront passibles de la peine du truong; si elle entraîne la peine du rotin, ils seront passibles de la peine du rotin; s'il s'agit de la peine de mort et si les accusés ont été exécutés ou relaxés, ils seront punis de la même peine; si les accusés n'ont été ni exécutés, ni relaxés, la peine sera diminuée de degré; s'il s'agit des peines du travail pénible ou de l'exil, ils seront passibles des peines du travail pénible ou de l'exil) 〔art. 409.〕

三百三十五、听讼回避

Art. CCCXXXV. Des cas où les magistrats doivent se récuser

凡官吏于诉讼人内关有服亲及婚姻之家，若受业师，〔或旧为上司，与本籍官长有司。〕及素有仇隙之人，并听移文回避。违者，〔虽罪无增减。〕笞四十。若罪有增减者，以故出入人罪论。

Lorsqu'un magistrat ou un employé est uni à une des personnes concernées dans une plainte ou dans un procès par des liens de parenté à un degré auquel il existe un vêtement de deuil, ou par le mariage d'un enfant d'une de ces personnes avec un de ses propres enfants, ou encore s'il a eu une de ces personnes pour maître ou pour professeur (si une de ces personnes a été son supérieur comme fonctionnaire ou si elle est du même lieu d'origine et pourvue d'une fonction supérieure de l'Etat), enfin s'il a une ancienne cause d'inimitié contre une de ces mêmes personnes, il doit également transmettre une dépêche par laquelle il se récuse; celui qui aura contrevenu à cette disposition (bien qu'il ait jugé sans augmenter ou sans diminuer la peine), sera puni de quarante coups de rotin. Si la peine a été augmentée ou diminuée, il sera jugé d'après les dispositions de l'article relatif au fait d'innocenter ou d'incriminer volontairement quelqu'un. 〔art. 409.〕

三百三十六、诬告

Art. CCCXXXVI. Des accusations calomnieuses

1、凡诬告人笞罪者，加所诬罪二等；流、徒、杖罪，〔不论已决配、未

决配。〕加所诬罪三等，各罪止杖一百，流三千里。〔不加入于绞。〕

Celui qui aura calomnieusement accusé quelqu'un d'un fait entraînant la peine du rotin sera puni de la peine du fait calomnieusement imputé, augmentée de deux degrés; si le fait entraîne une des peines de l'exil, du travail pénible ou du truong (sans distinguer si le calomnié a déjà subi sa peine ou été envoyé au lieu d'exil ou de servitude, ou non), la peine sera celle du fait calomnieusement imputé, augmentée de trois degrés; dans chaque cas, la peine s'arrêtera à cent coups de truong et l'exil à trois mille lis (l'augmentation ne pourra pas aller jusqu'à la peine de la strangulation).

若所诬徒罪人已役，流罪人已配，虽经改正放回，〔须〕验〔其被逮发回之〕日，于犯人名下追征用过路费，给还。

Si la personne condamnée au travail pénible, sur une accusation calomnieuse, a déjà été envoyée en servitude, si la personne condamnée à l'exil a déjà été exilée, bien que le jugement ait déjà été réformé et que ces personnes injustement condamnées aient été relaxées et soient revenues chez elles, on vérifiera (nécessairement) le nombre de jours (depuis celui où le calomnié aura été appréhendé jusqu'au moment où il aura été renvoyé), et le coupable sera contraint à payer et à rendre (à la victime de la calomnie) le prix des dépenses de route et d'entretien;

〔被诬之人〕若曾经典卖田宅者，著落犯人备价取赎，因而致死随行有服亲属一人者，绞〔监候〕。〔除偿费赎产外，仍〕将犯人财产一半断付被诬之人。

Si elle (celle-ci) avait déjà précédemment vendu ses rizières ou habitations sous condition de rachat, c'est au coupable qu'incombera le soin de fournir le prix nécessaire et de racheter ces biens. Si de la condamnation du calomnié il est résulté qu'un de ses parents, à un degré auquel il existe un vêtement de deuil, est mort en l'accompagnant en exil ou au lieu de servitude, la peine du calomniateur sera la strangulation (avec sursis, indépendamment du remboursement des dépenses et du rachat des biens), la moitié des valeurs et biens du coupable sera attribuée au calomnié.

至死罪，所诬之人已决者，〔依本绞、斩。〕反坐〔诬告人〕以死。〔虽坐死罪，仍令备偿取赎，断付养赡。］未决者，杖一百，流三千里，〔就于配所〕加徒役三年。

Si le fait calomnieusement imputé entraîne la peine de mort et si le calomnié a été exécuté (selon qu'il aura subi la strangulation ou la décapitation), le coupable sera à son tour passible de la même mort (que le calomnié ; bien qu'il soit passible de la peine de mort, il devra d'ailleurs payer les dommages, racheter les biens et subvenir aux moyens d'existence) ; si le calomnié n'a pas encore été exécuté, la peine du calomniateur sera de cent coups de truong et de l'exil à trois mille lis (et, parvenu au lieu d'exil), augmenté de trois ans de servitude au travail pénible.

2、其犯人如果贫乏，无可备偿路费，取赎田宅，亦无财产断付者，止科其罪。

Si le coupable est réellement pauvre et sans ressources, dans l'impossibilité de fournir les indemnités pour les dépenses de route, de racheter les rizières et habitations, et si, enfin, il ne possède de même aucun bien ou aucune valeur qui puissent être partagés et attribués à sa victime, on ne lui infligera que la peine de sa faute.

3、其被诬之人诈冒不实反诬犯人者，亦抵所诬之罪，犯人止反坐本罪。〔谓被诬人本不曾致死，亲属诈作致死，或将他人死尸冒作亲属，诬赖犯人者，亦抵绞罪。犯人止反坐诬告本罪，不在加等，备偿路费，取赎田宅，断付财产一半之限。〕

Si la personne calomniée invoque à son tour quelque fausseté pour calomnier le coupable, elle sera, de même, punie de la peine du fait faux dont elle aura chargé le calomniateur, et celui-ci ne sera puni que de la peine de la faute qu'il aura commise (cela veut dire, par exemple, que le calomnié n'ayant en réalité perdu aucun parent dans les conditions citées plus haut, déclare faussement en avoir perdu un, qu'il prétend être mort en route ; qu'il présente, par substitution, le cadavre d'une autre personne pour le faire passer pour le cadavre de son parent, en calomniant ainsi le coupable ; dans ce cas, le calomnié sera de même puni de la strangulation, et le premier coupable sera seulement puni de la peine du fait calomnieusement dénoncé dans son accusation, sans être compris dans la portée de la disposition qui prononce une augmentation de degré et qui constraint au remboursement des dépenses de route, au rachat des rizières et habitations et au partage des biens et valeurs par moitié).

4、若告二事以上，重事告实，轻事招虚，及数事［不一，凡所犯］罪［同］等，但一事告实者，皆免罪。［名例律："罪各等者，从一科断"，非逐事坐罪也。故告者一事实，即免罪。］

Si quelqu'un porte une accusation relative à deux faits ou à plus de deux faits, si l'accusation est vraie en ce qui concerne le fait le plus grave et si les faits plus légers sont fictifs, ou bien si l'accusation est relative à plusieurs faits (différents) dont les peines (pour chacun d'eux) sont (toutes) du même degré et que, de quelque façon que ce soit, un des faits dénoncés soit réel, l'accusateur sera toujours dispensé de toute peine (une loi des règles de définitions [art. 26], dit que, si les fautes sont du même degré, la peine sera graduée pour une seule de ces fautes, et qu'on ne poursuivra pas pour les autres; c'est pourquoi, si dans l'accusation un des faits énoncés est réel, l'accusateur évite toute peine).

5、若告二事以上，轻事告实，重事招虚，或告一事，诬轻为重者，［除被诬之人应得罪名外，皆为剩罪。］皆反坐［以］所剩［不实之罪。］

Si quelqu'un porte une accusation relative à deux faits ou à plus de deux faits, si un fait plus léger est réel et si le fait le plus grave est fictif, ou bien, si l'accusation ne porte que sur un fait plus léger qu'elle présente comme plus grave (en dehors de la peine que l'accusé a méritée, tout ce qui est en dehors de cette peine est appelé excédant), l'accusateur sera toujours, à son tour, passible de (d'après) l'excédant (de la peine de ce qui n'est pas réel dans l'accusation);

若已论决，［不问笞、杖、徒、流。］全抵剩罪；未论决，［所诬］笞、杖收赎；徒、流止杖一百，余罪亦听收赎。

Si l'accusé a été condamné et exécuté (sans distinguer entre les peines du rotin, du truong, du travail pénible ou de l'exil), l'accusateur subira complètement l'excédant de peine; si l'accusé n'a pas encore été condamné et exécuté, on recevra le prix de rachat des peines du rotin ou du truong (encourues pour la calomnie); pour les peines du travail pénible et de l'exil, l'accusateur subira seulement cent coups de truong et on recevra encore le prix de rachat du surplus de la peine.

［谓诬轻为重至徒、流罪者，每徒一等折杖二十。若从徒入流者，三流并准徒四年；皆以一年为所剩罪，折杖四十。］

(Cela veut dire que si un fait plus léger est calomnieusement présenté comme plus grave et que la calomnie entraîne l'une des peines du travail pénible ou de l'exil, chaque degré de la peine du travail pénible se convertit en vingt coups de truong. Si du travail pénible on passe à l'exil, les trois exils se remplacent également par quatre ans de travail pénible et chacune de ces années considérée comme excédant de peine se convertit toujours en quarante coups de truong) ;

[若从近流入至远流者，每流一等，准徒半年为所剩罪，亦各折杖二十。]

(Si d'un exil peu éloigné on passe à un exil plus lointain, chaque degré de la peine de l'exil se convertit en une demi-année de travail pénible et, considéré comme excédant de peine, chacun se convertit encore en vingt coups de truong) ;

[收赎者，谓如告一人二事，一事该笞五十是虚，一事该笞三十是实，即于笞五十上，准告实笞三十外，该剩下告虚笞二十，赎银一分五厘。]

(Recevoir le prix de rachat veut dire que si une personne a été accusée de deux faits, qu'une de ces fautes entraîne la peine de cinquante coups de rotin, mais soit fictive, et que l'autre faute entraîne la peine de trente coups de rotin et soit réelle, alors la peine de cinquante coups de rotin dépasse la peine de trente coups de rotin, qui correspond à la partie fondée de l'accusation, d'un excédant, correspondant à la partie fictive de cette accusation et qui est de vingt coups de rotin, dont le prix de rachat, en argent, est de 0,015 d'once) ;

[或告一人一事，该杖一百是虚，一事该杖六十是实，即于杖一百上准告实杖六十外，该剩下告虚杖四十，赎银三分。]

(Ou bien, par exemple, un homme est accusé d'un fait qui entraîne la peine de cent coups de truong et ce fait est fictif, et d'un autre fait réel dont la peine est soixante coups de truong ; alors, la peine de cent coups de truong dépasse la peine de soixante coups de truong, du fait réel, d'un excédant de quarante coups de truong, qui correspond à la partie fictive de l'accusation et dont le prix de rachat, en argent, est de 0,03 d'once) ;

[及告一人一事，该杖一百、徒三年是虚，一事该杖八十是实，即于杖一百、徒三年上，准告实杖八十外，该剩下告虚杖二十，徒三年之罪，徒五等，该折杖一百，通计杖一百二十，反坐原告人杖一百，余剩杖二十，赎银一分五厘。]

（Ou bien, un homme est accusé d'un fait qui entraîne la peine de cent coups de truong et de trois ans de travail pénible, fait fictif, et d'un autre fait qui entraîne la peine de quatre-vingts coups de truong, fait réel; alors, la peine de cent coups de truong et trois ans de travail pénible dépasse la peine de quatre-vingts coups de truong, qui correspond à la partie réelle de l'accusation, d'un excédant de vingt coups de truong et de trois ans de travail pénible qui correspond à la partie fictive de l'accusation. Les cinq degrés de la peine du travail pénible se convertissent en cent coups de truong, ce qui fait en tout cent vingt coups de truong; l'accusateur est, à son tour, passible de cent coups de truong et le surplus de l'excédant est de vingt coups de truong, dont le prix de rachat est de 0,015 d'once d'argent）;

［又如告一人一事，该杖一百、流三千里，于内问得止招该杖一百，三流并准徒四年，通计折杖二百四十，准告实杖一百外，反坐原告人杖一百，余剩杖四十，赎银三分之类。］

（Ou bien encore, un homme est accusé d'un fait qui entraîne la peine de cent coups de truong et l'exil à trois mille lis et, dans le jugement, cet accusé n'avoue qu'une faute entraînant la peine de cent coups de truong; les trois exils se remplacent également par quatre ans de travail pénible et la peine se convertit tout entière en deux cent quarante coups de truong, en retranchant les cent coups de truong qui correspondent à la partie réelle de l'accusation, l'accusateur est, à son tour, passible de cent coups de truong et le surplus de l'excédant est de quarante coups de truong, dont le prix de rachat est de 0,03 d'once d'argent）;

［若已论决，并以剩罪全科，不在收赎之限。］至死罪而所诬之人已决者，反坐以死；未决者，止杖一百，流三千里。［不加役。］

（Si l'accusé a été condamné et exécuté, l'accusateur est également passible de la totalité de l'excédant de la peine et n'est plus compris dans le cas où on reçoit le prix de rachat）. Si la calomnie entraîne la peine de mort et si le calomnié a été exécuté, le calomniateur est, à son tour, puni de la même mort; si le calomnié n'a pas été exécuté, la peine du calomniateur s'arrête à cent coups de truong et l'exil à trois mille lis（sans augmentation de servitude）.

6、若律该罪止者，诬告虽多，不反坐。［谓如告人不枉法赃二百两，一百三十两是实，七十两是虚，依律不枉法赃一百二两之上，罪应监候绞，即免其罪。]

Si la loi relative au fait qui est l'objet de l'accusation fixe un maximum à la peine, bien que l'accusation calomnieuse dénonce un fait plus grave que celui qui entraîne le maximum de peine, l'accusateur n'est pas passible de la peine qui correspond à la partie fictive de son accusation; (cela veut dire, par exemple, que si un homme est accusé au sujet d'un produit d'action illicite avec violation de règles et pour une valeur de deux cents onces d'argent, si l'accusation est fondée pour une somme de cent trente onces d'argent et fictive pour soixante – dix onces d'argent, selon la loi, dans le cas de violation de règles, pour un produit illicite de cent vingt onces d'argent et au – dessus la peine doit être la strangulation avec sursis; donc, l'accusateur est dispensé de toute peine).

7、其告二人以上，但有一人不实者，罪虽轻，犹以诬告论。[谓如有人告三人，二人徒罪是实，一人笞罪是虚，仍以一人笞罪上加二等，反坐原告之类。]

Si quelqu'un accuse deux personnes ou plus de deux personnes et si, de quelque façon que ce soit, l'accusation n'est pas fondée pour une de ces personnes, bien que la faute qui lui est imputée soit plus légère on prononcera cependant d'après les dispositions relatives aux accusations calomnieuses; (cela veut dire que si, par exemple, quelqu'un accuse trois personnes, que les faits mis à la charge de deux de ces personnes soient réels et entraînent la peine du travail pénible, mais que le fait mis à la charge de la troisième personne et qui entraîne la peine du rotin soit fictif, l'accusateur sera à son tour passible de cette peine du rotin augmentée de deux degrés).

8、若各衙门官进呈实封诬告人，及风宪官挟私弹事有不实者，罪亦如 [告人笞、杖、徒、流、死，全诬者，坐] 之。

Si des fonctionnaires des divers tribunaux ou services ont présenté et adressé au Souverain un rapport fermé dans lequel ils ont calomnieusement accusé quelqu'un, ou bien, si des fonctionnaires investis de fonctions de censeurs et animés d'un sentiment de vengeance au sujet d'une affaire privée) font des rapports contenant des choses qui ne sont pas réelles, la faute sera encore la même (que la faute de celui qui aura accusé quelqu'un d'une faute entraînant une des peines du rotin, du truong, du travail pénible ou de l'exil ou la mort, alors que l'accusation est complétement calomnieuse）；

　　若［诬重］反坐及［全诬］加罪轻［不及杖一百，徒三年］者，从上书诈不实论。［以杖一百，徒三年科之。］

　　Si la peine reportée sur l'accusateur（quand le fait est calomnieusement aggravé），ou bien la peine augmentée（quand l'accusation est entièrement calomnieuse），est plus légère（et n'atteint pas cent coups de truong et trois ans de travail pénible），on prononcera suivant la loi relative à ceux qui adressent de faux rapports au Souverain（et la peine sera de cent coups de truong et de trois ans de travail pénible.［art. 357］）.

　　9、若狱囚已招伏罪，本无冤枉而因之亲属妄诉者，减囚罪三等，罪止杖一百。诬罪三等，罪止杖一百，流三千里。［若在役限内妄诉，当从已徒而又犯徒律。］

　　Si un condamné détenu a déjà avoué et s'est déjà soumis à sa peine en reconnaissant qu'il n'y a ni oppression, ni irrégularités et si, à ce sujet, les parents de ce détenu portent une plainte mensongère en redressement du jugement intervenu, ils seront punis de la peine du détenu diminuée de trois degrés et leur peine s'arrêtera à cent coups de truong.

　　若囚已［招伏、笞、杖、已］决［徒、流已］配，而自妄诉冤枉，撼拾原问官吏［过失而告之］者，加所诬罪三等，罪止杖一百，流三千里。［若在役限内妄诉，当从已徒而又犯徒律。］

　　Si le condamné（qui a déjà avoué et qui s'est soumis à la peine du rotin ou du truong）a déjà subi sa peine ou（s'il a été condamné au travail pénible ou à l'exil），s'il a déjà été envoyé au lieu où il doit la subir et que, de lui-même, il porte une plainte mensongère en redressement d'oppression ou d'irrégularité, impliquant les fonctionnaires et employés qui l'ont primitivement poursuivi et jugé（en arguant d'erreurs et en les accusant），il sera puni de la peine qu'il aura encourue pour la calomnie qu'il aura faite, augmentée de trois degrés, et la peine s'arrêtera à cent coups de truong et l'exil à trois mille lis；（s'il porte cette plainte mensongère pendant la durée de sa servitude au travail pénible, on devra suivre la loi relative à ceux qui déjà condamnés au travail pénible commettent de nouveau une faute qui entraîne la peine du travail pénible). [Art. 21.]

三百三十七、干名犯义

Art. CCCXXXVII. De l'atteinte à l'appellation et de la transgression du devoir

1、凡子孙告祖父母、父母，妻妾告夫及告夫之祖父母、父母者，［虽得实亦］杖一百，徒三年。［祖父母等同自首者，免罪。］

Les enfants et petits-enfants qui auront accusé leur aïeul, leur aïeule, leur père ou leur mère, l'épouse ou les concubines qui auront accusé l'époux, ainsi que celles qui auront accusé l'aïeul, l'aïeule, le père ou la mère de l'époux seront (encore que le motif de l'accusation soit réel), punis de cent coups de truong et de trois ans de travail pénible; (les aïeuls, père et mère et autres seront dispensés de la peine qu'ils auront encourues, comme s'ils s'étaient livrés eux-mêmes à la justice. [art. 25]).

但诬告者，［不必全诬，但一事诬，即］绞。

Mais si, de quelque façon que ce soit, l'accusation est calomnieuse (il n'est pas nécessaire qu'elle soit complétement calomnieuse, du moment où une seule chose sera calomnieuse, par cela seul) iis seront punis de la strangulation.

若告期亲尊长、外祖父母，［及妾告妻者，］虽得实，杖一百。

Celui qui aura accusé un parent de rang prééminent ou plus âgé du second degré ou son aïeul ou son aïeule maternels (ainsi que la concubine qui aura accusé l'épouse), sera encore que le motif de l'accusation soit réel, puni de cent coups de truong;

［告］大功，［得实，亦］杖九十。［告］小功，［得实亦］杖八十；［告］缌麻，［得实亦］杖七十。

Pour (l'accusation portée contre) un parent du troisième degré (encore que le fait soit réel), la peine sera de quatre-vingt-dix coups de truong; pour (l'accusation portée contre) un parent du quatrième degré (encore que le fait soit réel), la peiné sera de quatre-vingts coups de truong; pour (l'accusation portée contre) un parent du cinquième degré (encore que le fait soit réel), la peine sera de soixante-dix coups de truong.

其被告期亲、大功、尊长及外祖父母，若妻之父母，［及夫之正妻，］并同。自首免罪。小功、缌麻尊长，得减本罪三等。

Les accusés, parents de rang prééminent ou plus âgés du second et du troisième degré, ainsi que l'aïeul et l'aïeule maternels, les père et mère de l'épouse (et la véritable épouse de l'époux) seront également dispensés de la peine de leur faute, comme s'ils s'étaient livrés eux-mêmes à la justice ; les parents de rang prééminents ou plus âgés du quatrième ou du cinquième degré jouiront d'une diminution de trois degrés de la peine de leur faute.

若诬告罪重［于干犯本罪］者，各加所诬罪三等。［谓止依凡人诬告罪加三等，便不失于轻矣。］

Si la peine encourue pour le fait d'accusation calomnieuse est plus grave (que la peine de la présente loi, pour le fait d'atteinte et de transgression), dans chaque cas la peine de la calomnie sera augmentée de trois degrés ; (c'est-à-dire que la peine encourue pour accusation calomnieuse contre une personne quelconque sera augmentée de trois degrés pour que la punition ne soit pas insuffisante) ;

［加罪不入于绞。若徒、流已未决，偿费、赎产、断付、加役，并依诬告本律。若被告无服尊长，减一等，依名例律。］

(L'augmentation de la peine ne peut aller jusqu'à entraîner la strangulation. Si la peine encourue par le calomnié est le travail pénible ou l'exil et si son jugement a été mis à exécution, le coupable est tenu au remboursement des dépenses, au rachat des biens, au partage de ses propres biens, et il est passible de l'aggravation de la servitude, également selon la loi fondamentale relative aux accusations calomnieuses ［ Art. 336 ］ . Si l'accusé est parent de rang prééminent ou plus âgé à un degré auquel il n'y a plus de vêtement de deuil, sa peine est diminuée d'un degré, comme dans les diverses lois et les décrets).

2、其告［尊长］谋反、大逆、谋叛、窝赃奸细，及嫡母、继母、慈母、所生母杀其父，若所养父母杀其所生父母，

Ceux qui porteront accusation (contre des parents de rang prééminent ou plus âgés), au sujet de complots de rébellion ou de grande rébellion, de complots de trahison et de recel d'espions ; ou bien contre la mère de droite lignée, la nouvelle mère de droite lignée, la mère de tendresse ou la mère dont ils sont nés coupables de meurtre sur la personne du père, ou contre le père ou la mère adoptifs coupables de meurtre sur la personne du père ou de la mère dont ils sont nés,

及被期亲以下尊长侵夺财产，或殴伤其身，［据实］应自理诉者，并听［卑幼陈］告，不在干名犯义之限。

ainsi que ceux qui auront souffert de la part de parents du rang prééminent ou plus âgés du deuxième degré et au-dessous soit une usurpation ou un enlèvement de biens et valeurs, soit des coups et blessures sur leur proper personne (faits prouvés réels), lesquels doivent naturellement porter plainte pour demander justice, seront également (eux, parents de rang inférieur ou plus jeunes), autorisés à accuser et ne seront pas compris dans la portée de la disposition relative à l'atteinte à l'appellation et à la transgression du devoir;

［其被告之事，各依本律科断，不在干名犯义之限，并同自首免罪之律。被告卑幼同此。又，犯奸及越关、损伤于人于物不可赔偿者，亦同。］

(Les faits reprochés aux accusés seront dans chaque cas jugés selon la loi applicable; les accusations ne sont plus comprises dans celles qui portent atteinte à l'appellation et qui transgressent le devoir et les accusés ne sont plus dans le cas prévu par la loi qui dit qu'ils seront également dispensés de la peine de leur faute et considérés comme s'étant livrés eux-mêmes à la justice. Les parents de rang inférieur ou plus jeunes, lorsqu'ils sont accusés, sont dans le même cas. De plus, il en est encore de même lorsqu'il s'agit d'accusations au sujet de fornication, de violation des frontières, de blessures causées à une personne, ou de détérioration de choses qui ne peuvent être remplacées).

3、若告卑幼得实，期亲、大功及女婿，亦同自首免罪。小功、缌麻亦得减本罪三等。

Si des parents de rang inférieur ou plus jeunes, ou si un gendre époux d'une fille parente au second ou au troisième degré, sont accusés d'un fait réel ils éviteront, de même, la peine de leur faute comme s'ils s'étaient livrés eux-mêmes à la justice; si les accusés sont des parents du quatrième ou du cinquième degré la peine de leur faute sera, de même, diminuée de trois degrés.

诬告者，期亲减所诬罪三等，大功减二等；小功、缌麻减一等。

S'il s'agit d'accusations calomnieuses, la peine de la calomnie sera, pour les parents du second degré, diminués de trois degrés; pour les parents du troisième degré, elle sera diminuée de deux degrés; pour les parents du quatrième et du cinquième degré, elle sera diminuée d'un degré.

若［夫］诬告妻，及妻诬告妾，亦减所诬罪三等。［被告子孙、妻妾、外孙及无服之亲，依名例律。］

S'il s'agit d'une accusation calomnieuse (de l'époux), contre l'épouse, ou bien si l'épouse accuse calominieusement une concubine, la peine de la calomnie sera encore diminuée de trois degrés; (les enfants, petits-enfants, l'épouse, les concubines, les petits-enfants en ligne extérieure ainsi que les parents pour lesquels il n'y a pas de vêtement de deuil seront considérés selon les lois sur les règles de définitions [art. 32, 38]);

［若诬卑幼死未决，仍依律减等，不作诬轻为重。］

(Si quelqu'un accuse calomnieusement un parent de rang inférieur ou plus jeune d'une faute qui entraîne la peine de mort, le jugement n'ayant pas encore été exécuté, la peine sera d'ailleurs diminuée de degrés selon la loi, sans considérer l'aggravation calomnieuse d'un fait plus léger présenté comme plus grave).

4、若奴婢告家长及家长缌麻以上亲者，与子孙、卑幼罪同。若雇工人告家长及家长之亲者，各减奴婢罪一等。

Si des esclaves accusent le chef de la famille, ou bien des parents du cinquième degré et au-dessus du chef de la famille, leur faute sera la même que celle des enfants et petits-enfants ou des parents de rang inférieur ou plus jeunes. Si des personnes louées pour leur travail accusent le chef de la famille ou bien des parents du chef de la famille, dans chaque cas elles seront punies de la peine des esclaves, diminuée d'un degré;

诬告者，不减。［又，奴婢、雇工人被告得实，不得免罪，以名例不得为容隐故也。］

S'il s'agit d'accusations calomnieuses, la peine ne sera pas diminuée (de plus, si des esclaves ou des personnes louées pour leur travail sont accusées d'un fait réel, ils ne peuvent pas être dispensés de la peine de leur faute; d'après les règles de définitions [art. 32], ces personnes ne peuvent être considérées comme celles qui peuvent cacher les fautes).

5、其祖父母、父母、外祖父母诬告子孙、外孙、子孙之妇、妾及己之妾，若奴婢及雇工人者，各勿论。〔不言妻之父、母诬女婿者，在缌麻亲中矣。〕

L'aïeul, l'aïeule, le père et la mère, l'aïeul et l'aïeule maternels qui auront calomnieusement accusé leurs enfants, petits-enfants, leurs petits-enfants en ligne extérieure, les épouses et concubines de leurs fils et petits-fils, ainsi que ceux qui auront calomnieusement accusé leurs propres concubines, ou leurs propres esclaves ou les personnes louées par eux pour un travail ne seront dans chaque cas pas punis. (Il n'est pas parlé du père et de la mère de l'épouse qui accusent calomnieusement leur gendre; ils sont compris dans les parents du cinquième degré.)

6、若女婿与妻父母果有义绝之状，许相告言，各依常人论。〔义绝之状，谓如身在远方，妻父母将妻改嫁，或赶逐出外，重别招婿，及容止外人通奸。又如：女婿殴妻至折伤，抑妻通奸，有妻诈称无妻，欺妄更娶妻，以妻为妾，受财将妻、妾典雇，妄作姐、妹嫁人之类。〕

S'il y a réellement un motif d'extinction du devoir entre le gendre époux de la fille et le père ou la mère de l'épouse, il leur est permis de s'accuser réciproquement et, dans chaque cas, ils seront considérés comme des personnes ordinaires. (Un motif d'extinction du devoir, c'est-à-dire, par exemple, si le gendre étant dans une région éloignée, le père et la mère ont remarié l'épouse; ou bien s'ils chassent le gendre et en appellent un autre; ou bien s'ils tolèrent qu'un étranger entretienne des relations adultères avec l'épouse, ou encore, si le gendre frappe l'épouse jusqu'à lui faire des blessures dites fractures; s'il oblige l'épouse à des relations adultères; si, ayant une épouse, il déclare qu'il n'en a pas et en épouse frauduleusement une autre en faisant de l'épouse une concubine; s'il accepte des valeurs pour engager l'épouse ou la concubine en les faisant frauduleusement passer pour des soeurs aînées ou cadettes ou pour des personnes de sa famille.)

三百三十八、子孙违犯教令

Art. CCCXXXVIII. Des enfants et petits-enfants qui transgressent les ordres et les instructions

凡子孙违犯祖父母、父母教令，及奉养有缺者，杖一百。［谓教令可从而故违；家道堪奉而故缺者，须祖父母、父母亲告，乃坐。］

Les enfants et petits-enfants qui auront désobéi aux ordres et transgressé les instructions de leur aïeul, de leur aïeule, de leur père ou de leur mère, ou ceux qui ne pourvoiront pas complètement à leurs besoins et les laisseront manquer du nécessaire, seront punis de cent coups de truong; (il est question d'ordres et d'instructions de nature à être obéis et suivis et qui sont volontairement transgressés; de même, il est question de choses qui sont à la portée des ressources de la famille, et dont ils laissent volontairement leurs parents dépourvus. Pour que cette loi soit applicable, il faut que l'aïeul, l'aïeule, le père ou la mère portent personnellement plainte.)

三百三十九、见禁囚不得告举他事

Art. CCCXXXIX. Les personnes actuellement en état de detention ne peuvent porter aucune accusation pour un motif étranger

1、凡被囚禁，不得告举他［人之］事，其为狱官、狱卒非理凌虐者，听告。

Les personnes en état de détention ne peuvent porter aucune accusation au sujet d'un fait (d'un autre homme) étranger; celles qui auront souffert des mauvais traitements infligés sans raison par les fonctionnaires ou les agents des prisons [art. 363], seront autorisés à porter plainte à ce sujet.

若应囚禁被问，更首［己之］别事，有干连之人亦合准首，依法推问科断。

Si une personne qui doit être détenue [art. 395], étant interrogée, avoue d'autres faits (personnels) dans lesquels d'autres personnes sont impliquées, celles-ci doivent, conformément à ces aveux et selon les règles, être mises en accusation et jugées.

2、其年八十以上十岁以下及笃疾者，若妇人，除谋反、叛逆、子孙不孝，或己身及同居之内为人盗诈，侵夺财产及杀伤之类，听告。余并不得告。［以其罪得收赎，恐故意诬告害人。］官司受而为理者，笞五十。［原词立案不行。］

Ceux qui sont âgés de quatre-vingts ans et au-dessus ou de dix ans et au-dessous, ainsi que les impotents et les femmes ne peuvent également pas porter d'accusation (parce que, lorsque ces personnes sont coupables, on reçoit le prix du rachat de leur peine et qu'il serait à craindre qu'elles n'accusassent calomnieusment quelqu'un avec intention pour nuire), sauf les cas de complots, de rébellion, de grande rébellion et de trahison, les cas où les enfants et petits-enfants sont coupables de manque de piété filiale, ou bien les cas où eux personnellement, ou une personne demeurant ensemble avec eux, ont été volés par quelqu'un, victimes d'escroqueries, d'usurpations ou d'enlèvement de valeurs ou de biens, de meurtre ou de blessures ou autres faits du même genre, cas dans lesquels ils ont autorisés à porter accusation. Les fonctionnaires des tribunaux qui recevront leurs plaintes et qui y feront droit seront punis de cinquante coups de rotin (les plaintes qu'ils auront présentées seront visées comme ne pouvant recevoir de suite).

三百四十、教唆词讼
Art. CCCXL. Exciter à faire des process

凡教唆词讼及为人作词状，增减情罪诬告人者，与犯人同罪。［至死者，减一等。］

Ceux qui engageront ou exciteront à faire des procès, ainsi que ceux qui rédigeront pour autrui des plaintes et mémoires en augmentant ou en diminuant les conséquences du fait et la nature de la faute, en accusant calomnieusement quelqu'un, seront punis de la même peine que le coupable (si cette peine est la mort, elle sera diminuée d'un degré).

若受雇诬告人者，与自诬告同。［至死者，不减等。］

Celui qui acceptera la commission d'accuser calomnieusement quelqu'un sera puni comme ceux qui, d'eux-mêmes, accusent calomnieusement (si la peine est la mort, elle n'est pas diminuée d'un degré).

受财者，计赃以枉法从重论。

S'il y a eu acceptation de valeurs, on tiendra compte de la valeur du produit de l'action illicite d'après les dispositions relatives à la violation de règles et on prononcera en suivant la loi la plus sévère.

其见人愚而不能伸冤，教令得实，及为人书写词状而罪无增减者，勿论。[奸夫教令奸妇诬告其子不孝，依谋杀造意律。]

Celui qui voyant qu'un homme peu instruit ne peut faire redresser une injustice qui l'opprime lui donne des conseils et des instructions sans fausser la réalité, ou bien qui écrit pour quelqu'un une plainte ou un mémoire, sans augmenter ni diminuer la faute, n'est pas puni (l'amant qui conseille et incite la femme adultère à accuser calomnieusement ses enfants de manque de piété filiale est jugé selon la loi relative à l'auteur de l'idée d'un complot de meurtre).

三百四十一、军民约会词讼

Art. CCCXLI. Du renvoi des causes concernant des personnes de condition militaire et des personnes du peuple

1、凡军人有犯人命，管军衙门约会有司检验归问。

Toutes les fois qu'une personne de condition militaire aura commis un homicide, l'autorité militaire saisira l'autorité civile qui procédera aux vérifications et aux constations médico-légales et qui poursuivra ;

若奸盗、诈伪、户婚、田土、斗殴，与民相干事务，必须一体约问；与民不相不者，从本管军职衙门自行追问。

S'il s'agit de fornication, de vol, fraude, faux, charges civiles, mariage, rizières et terres, rixes et coups et si des personnes du peuple sont intéressées ou concernées dans l'affaire, les deux autorités devront absolument se saisir et poursuivre ensemble ; si aucune personne du peuple n'est intéressée ou concernée dans l'affaire, ce sera à l'autorité militaire, exerçant le commandement sur ces personnes de condition militaire, qu'il appartiendra de poursuivre.

其有占吝不发，首领官吏［以违令论，］各笞五十。

S'il y a usurpation d'attributions et si une des autorités n'est pas avisée, le fonctionnaire chargé du contrôle des détails et les employés du service concerné seront (en prononçant d'après la loi relative aux contraventions à un ordre Souverain), chacun punis de cinquante coups de rotin.

2、若管军官越分辄受民讼者，罪亦如之。

Si le fonctionnaire chargé du commandement militaire outrepasse les pouvoirs de sa condition et se saisit de causes entre personnes du peuple, la faute sera encore la même.

三百四十二、官吏词讼家人诉

Art. CCCXLII. Dans les procès des fonctionnaires et des employés, c'est une personne de leur famille qui porte la plainte

凡官吏有争论婚姻、钱债、田土等事，听令家人告官对理，不许公文行移。违者，笞四十。

Tout fonctionnaire ou employé qui a une contestation au sujet de mariages, de prêts d'argent, de rizières ou terres, et autres affaires analogues, est autorisé à ordonner à quelqu'un de sa famille de porter l'accusation devant les magistrats et de comparaître en justice ; il ne lui est pas permis d'échanger des dépêches officielles à ce sujet ; ceux qui auront contrevenu à cette disposition seront punis de quarante coups de rotin.

三百四十三、诬告充军及迁徒

Art. CCCXLIII. Des fausses accusations de délits punissables du bannissement extraordinaire [1]

1、凡诬告充军者，照所诬地里远近抵充军役。

Toutes personnes qui en accuseront d'autres faussement, de délits qu'on doit punir d'un des bannissements perpétuels extraordinaires, subiront un bannissement de

---

〔1〕 该律文选自勒努阿尔译本，第 2 卷，第 199~200 页，因鲍来思译文缺失该律文译文。

même espèce.

2、若官吏故失出入人军罪者，以故失出入人流罪论。

Tous officiers du Gouvernement qui prononceront une sentence injuste de bannissement perpétuel extraordinaire, encourront la peine réglée pour les cas où l'on rend une sentence injuste de bannissement perpétuel ordinaire.

3、若诬告人罪应迁徙者，于比流减半，准徒二年上加所诬罪三等，并入所得杖罪通论。［凡徒二年者，应杖八十，今加诬告罪三等，流二千里，应得杖一百之罪，并论决之。］

Quand l'on accusera faussement quelqu'un d'un délit, qu'on doit punir d'un bannissement extraordinaire [1] à temps, la peine à infliger à celui qui aura commis le délit, sera de deux années de bannissement, et celle que subira le calomniateur, aura trois degrés ou davantage, de plus que celle de l'accusé, suivant les circonstances.

受　赃
Acceptation de produits d'actions illicites

三百四十四、官吏受财
Art. CCCXLIV. Des fonctionnaires et employés qui acceptant des valeurs

1、凡官吏［因枉法、不枉法事］受财者，计赃科断。无禄人，各减一等。官追夺除名，吏罢役，［赃止一两。］俱不叙用。

Tout fonctionnaire ou employé qui（à cause d'un fait de violation ou de non-violation de règles），aura accepté des valeurs sera puni en graduant la peine par la valeur du produit de l'action illicite; la peine des personnes qui ne reçoivent pas de solde de l'état sera dans chaque cas, diminuée d'un degré; les fonctionnaires seront contraints à rendre leur brevet et perdront leur titre, les employés seront privés de

---

〔1〕　指遥远。——原注。

tour chargé（le produit de l'action illicite ne fût-il que d'une once d'argent）. Tous ne pourront pas être réintégrés.

2、说事过钱者，有禄人减受钱人一等；无禄人减二等。〔如求索、科敛、吓诈等赃，及事后受财过付者，不用此律。〕

Ceux qui auront servi d'intermédiaires et qui auront porté la monnaie seront, s'ils sont des personnes qui reçoivent une solde de l'État, punis de la peine de la personne qui aura reçu la monnaie, diminuée d'un degré; si ce sont des personnes qui ne reçoivent aucune solde de l'État, la peine sera diminuée de deux degrés（s'il s'agit de produits d'actions illicites au sujet de sollicitations〔art. 348, 349〕, de collectes〔art. 352〕, d'extorsion par intimidation et de fraudé〔art. 273, 274〕, ou bien d'acceptation de valeur après la chose jugée〔art. 346〕; pour ceux qui auront porté et remis l'argent, on n'emploiera plus cette loi）;

罪止杖一百，徒二年。〔照迁徙比流减半科罪。〕有赃者，〔过钱而又受钱。〕计赃从重论。〔若赃重，从本律。〕

La peine s'arrêtera à cent coups de truong et deux ans de travail pénible（la peine est graduée en diminuant de moitié la peiné de l'exil et comme pour la peine de la transportation）. Pour ceux qui auront reçu un produit d'action illicite（qui auront porté la monnaie et de plus, perçu de la monnaie）, on tiendra compte de la valeur du produit de l'acte illicite et on prononcera en suivant la disposition la plus sévère（si la peine déduite de la valeur du produit de l'acte illicite est plus sévère on suivra la loi fondamentale）.

有禄人：〔凡月俸一石以上者。〕

Personnes qui reçoivent une solde de l'État（toutes celles qui reçoivent en allocation mensuelle, un *vuong*〔1〕 de grains et au-dessus）:

枉法赃，各主者，通算全科。〔谓受有事人财而曲法处者，受一人财固全科。如受十人财，一时事发，通算作一处，亦全科其罪。若犯二事以上，一主先发，已经论决，其他后发，虽轻若等，亦并论之。〕

Lorsque le produit de l'action illicite, dans un cas où il y a violation de règles, provient de divers propriétaires, on fait la somme totale et on gradue la peine pour la

---

〔1〕 "石"在越南语中意指 vuong（平方），是谷粒、盐及其他大体积材料的容量单位。

quantité entière；（cela veut dire que si le coupable a accepté des valeurs de personnes impliquées dans une affaire et a fait plier la règle en la faussant pour prononc-
er，s'il a reçu des valeurs d'une seule personne，on gradue forcément la peine pour
la somme entière；s'il a reçu des valeurs de dix personnes et si les faits sont révélés
en une seule fois，on compte la somme totale en un seul tout et on gradue encore la
peine pour cette somme entière. S'il est coupable de deux faits et au-dessus，que ce
qui concerne un seul proprétaire ait d'abord été découvert et puni，bien que les
autres faits révélés ensuite soient plus légers que le premier，ou du même degré，on
doit cependant prononcer également pour ces faits）.

一两以下，杖七十。

Au-dessous d'une once d'argent，soixante-dix coups de truong.

一两至五两，杖八十。

D'une once jusqu'à cinq onces，quatre-vingts coups de truong.

一十两，杖九十。

Dix onces，quatre-vingt-dix coups de truong.

一十五两，杖一百。

Quinze onces，cent coups de truong.

二十两，杖六十，徒一年。

Vingt onces，soixante coups de truong et un an de travail pénible.

二十五两，杖七十，徒一年半。

Vingt-cinq onces，soixante-dix coups de truong et un an et demi de travail
pénible.

三十两，杖八十，徒二年。

Trente onces，quatre-vingts coups de truong et deux ans de travail pénible.

三十五两，杖九十，徒二年半。

Trente-cinq onces，quatre vingt-dix coups de truong et deux ans et demi de
travail pénible.

四十两，杖一百，徒三年。

Quarante onces，cent coups de truong et trois ans de travail pénible.

四十五两，杖一百，流二千里。

Quarante-cinq onces，cent coups de truong et l'exil à deux mille lis.

五十两，杖一百，流二千五百里。

Cinquante onces, cent coups de truong et l'exil à deux mille cinq cents lis.

五十五两，杖一百，流三千里。

Cinquante-cinq onces, cent coups de truong et l'exil à trois mille lis.

八十两，［实］绞［监候。］

Quatre-vingts onces, la strangulation (avec sursis, culpabilité absolue).

不枉法赃，各主者，通算折半科罪。

Lorsque le produit de l'action illicite, dans un cas de non-violation de règles, provient de divers propriétaires, on fait la somme totale et on gradue la peine pour la moitié de cette somme.

［虽受有事人财，判断不为曲法者，如受十人财，一时事发，通算作一处，折半科罪。一主者，亦折半科罪。准半折者，皆依此。］

(Bien que le coupable ait accepté des valeurs de personnes concernées dans une affaire, en prononçant, il n'a pas fait plier et n'a pas faussé les règles, par exemple, s'il a accepté des valeurs de dix personnes et si tous ces faits sont révélés en même temps, on compte le tout ensemble pour en faire une somme totale et on gradue la peine pour la moitié de cette somme. Si les valeurs proviennent d'un seul propriétaire on gradue de même la peine pour la moitié de la somme ; toutes les fois que la peine est graduée pour la moitié de la somme, on suit toujours ceci.)

一两以下，杖六十。

Au-dessous d'une once, soixante coups de truong.

一两之上至一十两，杖七十。

Au-dessus d'une once jusqu'à dix onces, soixante-dix coups de truong.

二十两，杖八十。

Vingt onces, quatre-vingts coups de truong.

三十两，杖九十。

Trente onces, quatre-vingt-dix coups de truong.

四十两，杖一百。

Quarante onces, cent coups de truong.

五十两，杖六十，徒一年。

Cinquante onces, soixante coups de truong et un an de travail pénible.

六十两，杖七十，徒一年半。

Soixante onces, soixante-dix coups de truong et un an et demi de travail pénible.

七十两，杖八十，徒二年。

Soixante-dix onces, quatre-vingts coups de truong et deux ans de travail pénible.

八十两，杖九十，徒二年半。

Quatre-vingts onces, quatre-vingt-dix coups de truong et deux ans et demi de travail pénible.

九十两，杖一百，徒三年。

Quatre-vingt-dix onces, cent coups de truong et trois ans de travail pénible.

一百两，杖一百，流二千里。

Cent onces, cent coups de truong et l'exil à deux mille lis.

一百一十两，杖一百，流二千五百里。

Cent-dix onces, cent coups de truong et l'exil à deux mille cinq cents lis.

一百二十两，杖一百，流三千里。

Cent-vingt onces, cent coups de truong et l'exil à trois mille lis.

一百二十两以上，［实］绞［监候］。

Cent vingt-onces et au-dessus, la strangulation (aves sursis, culpabilité absolue).

无禄人：［凡月俸不及一石者。］枉法，［扶同、听行及故纵之类。］一百二十两，绞［监侯］。

Personnes qui ne reçoivent pas une solde de l'État. (Toutes celles dont les allocations nouvelles n'atteignent pas un *vuong* de grain.) Dans les cas de violation de règles (tels que lorsqu'il y a accord, consentement aux incitations, ou bien protection volontairement accordée), Cent-vingt onces, strangulation (avec sursis).

不枉法，一百二十两以上，罪止杖一百，流三千里。

Dans les cas de non-violation de règles; au-dessus de cent-vingt onces, la peine s'arrête à cent coups de truong et l'exil à trois mille lis.

三百四十五、坐赃致罪

Art. CCCXLV. De la fixation de la peine par incrimination au sujet d'un produit d'action illicite

凡官吏人等，非因［枉法、不枉法之］事而受［人之］财，坐赃致罪；各主者，通算折半科罪。与者，减五等。

Pour tout fonctionnaire ou employé ou pour toute personne quelconque qui, sans que ce soit à cause (de violation de règles on de non-violation de règles au sujet) d'une affaire, aura accepté des valeurs (de quelqu'un), la peine sera fixée par incrimination au sujet du produit de l'acte illicite; si ce produit provient de divers propriétaires, on en fera la somme totale et la peine sera graduée pour la moitié de cette somme; ceux qui auront donné les valeurs seront punis de cette peine diminuée de cinq degrés.

［谓如被人盗财或殴伤，若赔偿及医药之外，因而受财之类。各主者，并通算折半科罪。为两相和同取与，故出钱人减受钱人罪五等。］

(Cela veut dire que, par exemple, quelqu'un a été volé ou battu et blessé et qu'en dehors des restitutions et compensations ainsi que des frais de traitement, il accepte des valeurs à ce sujet. Si les valeurs proviennent de divers propriétaires on en fait également la somme totale, qu'on divise par deux, pour graduer la peine d'après la moitié. Dans ce cas, les deux parties sont d'accord entre elles, l'une pour donner, l'autre pour recevoir, c'est pourquoi celui qui débourse l'argent est puni de la peine de celui qui le reçoit, diminuée de cinq degrés);

［又如擅科敛财物或多收少征，如收钱粮税粮斛面，及捡踏灾伤、田粮，与私造斛斗秤尺，各律所载，虽不入己，或造作虚费人工物料之类，凡罪由此赃者，皆名为坐赃致罪。］

(Autre exemple: dans tous les cas prévus par les diverses lois relatives à ceui qui font de leur propre autorité des collectes de valeurs ou d'objets ［art. 352］, à ceux qui perçoivent plus et portent moins en compte, comme dans le cas de perception en trop en mesurant les impôts en grain ［art. 120］, de vérification sur place des pertes de récoltes causées par des calamités naturelles, ［art. 91］, de falsification privée des mesures ［art. 155］, bien que les coupables n'aient pas réalisé un profit personnel, comme aussi lorsqu'il s'agit de dépenses inutiles de travail et de force pour quelque chose qui ne peut être employé [art. 425] , dans tous ces cas les coupables de ces fautes sont punis au sujet de ces produits d'actions illicites et, pour tous, on dit qu'on applique la règle de fixation de la peine par incrimination au sujet d'un produit d'action illicite) ;

[官吏坐赃，若不入己者，拟还职役，出钱人有规避事重者，从重论。]

Lorsque des fonctionnaires ou des employés sont incriminés au sujet d'un produit d'action illicite, s'ils n'en ont pas tiré un profit personnel, il est prononcé qu'ils doivent être réintégrés dans leurs fonctions ou emplois; si celui qui a déboursé l'argent avait en vue d'éviter les conséquences d'une affaire plus grave, on prononce en suivant la disposition la plus sévère.

一两以下，笞二十。

Au-dessous d'une once, vingt coups de rotin.

一两之上至十两，笞三十。

Au-dessus d'une once jusqu'à dix onces, trente coups de rotin.

二十两，笞四十。

Vingt onces, quarante coups de rotin.

三十两，笞五十。

Trente onces, cinquante coups de rotin.

四十两，杖六十。

Quarante onces, soixante coups de truong.

五十两，杖七十。

Cinquante onces, soixante-dix coups de truong.

六十两，杖八十。

Soixante onces, quatre-vingts coups de truong.

七十两，杖九十。

Soixante-dix onces, quatre-vingt-dix coups de truong.

八十两，杖一百，徒一年。

Quatre-vingts onces, cent coups de truong.

一百两，杖六十，徒一年。

Cent onces, soixante coups de truong et un an de travail pénible.

二百两，杖七十，徒一年半。

Deux cents onces, soixante-dix coups de truong et un an et demi de travail pénible.

三百两，杖八十，徒二年。

Trois cents onces, quatre-vingts coups de truong et deux ans de travail pénible.

四百两，杖九十，徒二年半。

Quatre cents onces, quatre-vingt-dix coups de truong et deux ans et demi de travail pénible.

五百两，罪止杖一百，徒三年。［以坐赃非实赃，故至五百两，罪止徒三年。］

Cinq cents onces, la peine s'arrête à cent coups de truong et trois ans de travail pénible (parce que dans ces cas d'incrimination au sujet d'un produit d'action illicite, il ne s'agit pas d'un produit réel; c'est pour cela que lorsque la somme atteint le chiffre de cinq cents onces, la peine s'arrête à trois ans de travail pénible.)

三百四十六、事后受财
Art. CCCXLVI. Accepter des valeurs après une affaire

［原在事后，故别于受财律。］

(C'est essentiellement après que l'affaire a eu lieu, aussi est-ce différent de l'objet de la loi sans acceptation de valeurs.)

凡［官吏］有［承行之］事先不许财，事过之后而受财，事若枉断者，准枉法论；事不枉断者，准不枉法论。

Quiconque (fonctionnaire ou employé), sans promesse de valeurs antérieure à une affaire (dont il est chargé), aura accepté des valeurs après l'affaire terminée, sera puni comme suit: si la décision prise au sujet de l'affaire est irrégulière, on prononcera conformément aux dispositions relatives au cas de violation de règles; si la décision prise au sujet de l'affaire n'est pas entachée d'irrégularité, on prononcera conformément aux dispositions relatives au cas de non-violation de règles.

［无禄人各减有禄人一等，风宪官吏仍加二等。若所枉重者，仍从重论。官吏俱照例为民，但不追夺诰敕。律不言出钱过钱人之罪，问不应从重可也。］

（La peine des personnes qui ne reçoivent pas de solde de l'État, sera, dans chaque cas, celle des personnes qui reçoivent une solde, diminué d'un degré. Si le fait de violation de règles constitue un fait plus grave, on prononcera d'ailleurs en suivant la loi la plus sévère. Les fonctionnaires et les employés seront, selon les règlements, remis à la condition du peuple, mais ils ne seront pas contraints à restituer le brevet impérial qu'ils ont reçu. La loi ne parle pas de la personne qui aura déboursé, ni de celle qui aura porté l'argent ; on peut leur appliquer la loi sur ce qui ne doit pas être fait, en prononçant selon la disposition la plus sévère ［art. 386］ ）.

三百四十七、官吏听许财物

Art. CCCXLVII. Des fonctionnaires et des employés qui écoutent des promesses de dons de valeurs ou d'objets quelconques

［原未接受，故别于事后受财律。］

（Il s'agit essentiellement du cas où rien n'a encore été reçu, c'est pourquoi les dispositions sont différentes de celles de la loi relative à ceux qui acceptent des valeurs après une affaire）

凡官吏听许财物虽未接受，事若枉者，准枉法论；

Tout fonctionnaire ou tout employé qui aura agréé des promesses de dons de valeurs ou d'objets quelconques, bien qu'il n'ait encore rien reçu et s'il y a quelque irrégularité dans l'affaire, sera jugé conformément aux dispositions relatives au cas de violation de règles ；

事不枉者，准不枉法论；各减［受财］一等。所枉重者，各从重论。

Si aucune irrégularité n'a été commise dans l'affaire, il sera jugé conformément aux dispositions relatives au cas de non-violation de règles, avec diminution d'un degré de la peine （du fait d'acceptation de valeurs ［art. 344］ ） dans chaque cas. Si l'irrégularité entraîne une peine plus grave, dans chaque cas on suivra la loi la plus sévère.

［必自其有显迹；有数目者，方坐。］

（Il faut nécessairement qu'il y ait des indices positifs et qu'un chiffre ait été fixé ; alors seulement ces dispositions sont applicables. ）

［凡律称准者，至死减一等，虽满数，亦罪止杖一百，流三千里。］

(Toutes les fois que la loi emploie «conformément à», si la peine est la mort, elle est diminuée d'un degré ; bien que la quantité maximum soit atteinte, la peine s'arrête à cent coups de truong et l'exil à trois mille lis) ;

［此条既称准枉法论，又称减一等，假如听许准枉法赃满数，至死减一等，杖一百，流三千里；又减一等，杖一百，徒三年，方合律。此正所谓犯罪得累减也。］

(Dans cet article, après qu'il a été dit qu'on prononcera conformément aux dispositions relatives au cas où il y a violation de règles, il est encore dit que la peine sera diminuée d'un degré ; par exemple, si le coupable a agréé une promesse, en prononçant conformément aux dispositions relatives à la violation de règles, si le produit de l'acte illicite atteint le maximum fixé la peine est la mort et, diminuée d'un degré, elle est de cent coups de truong et de l'exil à trois mille lis ; on la diminue encore d'un degré et elle devient cent coups de truong et trois ans de travail pénible ; alors seulement la peine est prononcée selon les règles de la présente loi : c'est précisément ce qu'on appelle bénéficier de diminutions successives［art. 11］) ;

［此明言官吏，则其余虽在官之人不用此律。］

(Cette loi dit formellement : «fonctionnaire ou employé» ; donc, pour toute autre personne, bien qu'elle soit d'ailleurs attachée à un service public, on n'emploie pas la présente loi.)

三百四十八、有事以财请求

Art. CCCXVIII. De ceux qui, concernés dans une affaire, sollicitent au moyen d'offres de valeurs

凡诸人有事，以财行求，［官吏欲］得枉法者，计所与财，坐赃论。

Toute espèce de personne concernée dans une affaire qui, au moyen de valeurs, aura sollicité (des fonctionnaires ou des employés, agissant ainsi) pour obtenir quelque violation de règles sera jugée en tenant compte des valeurs qu'elle aura données et par incrimination au sujet d'un produit d'action illicite ;

若有避难就易，所枉［法之罪］重［于与财］者，从重论。［其赃入官。］

S'il y a eu dessein de se soustraire à quelque chose plus pénible pour obtenir un allégement et si (la peine de) l'irrégularité (commise en violant les règles) entraîne une peine plus grave (que celle déduite des valeurs données) on prononcera en suivant la loi la plus sévère (le produit de l'action illicite sera confisqué à l'État).

其官吏刁蹬，用强生事，逼抑取受者，出钱人不坐。["避难就易"，谓避难当之重罪，就易受之轻罪也。若他律避难，则指难解钱粮，难捕盗贼皆是。]

Si des fonctionnaires ou des employés traînent une affaire en longueur, emploient la violence, font naître des prétextes et commettent des actes d'oppression pour obtenir des valeurs, les personnes qui auront déboursé l'argent ne seront pas incriminées (se soustraire à quelque chose plus pénible pour obtenir un allégement, c'est-à-dire éviter la peine plus sévère encourue, pour ne subir qu'une peine plus légère ; c'est aussi, comme il en est question dans diverses lois, éviter quelque chose pénible, par exemple, un transport de fonds ou de grains ; ou la mission de poursuivre des voleurs ou des brigands).

三百四十九、在官求索借贷人财物

Art. CCCXLIX. Des personnes investies d'une autorité publique qui extorquent par sollicitation ou se font prêter des valeurs ou objets par quelqu'un

1、凡监临官吏挟势及豪强之人，求索、借贷所部内财物，并计 [索借之] 赃，准不枉法论；

Tout fonctionnaire ou employé chargé d'un service de surveillance ou de direction et s'appuyant sur son autorité, ainsi que toute personne influente et puissante, qui auront extorqué par sollicitation ou qui se seront fait prêter des valeurs ou objets dans le ressort de leur autorité, seront également jugés conformément aux dispositions relatives au cas de non-violation de règles [art. 344], en tenant compte du produit de l'acte illicite (soutiré ou emprunté) ;

强者，准枉法论，财物给主。[无禄人，各减有禄人一等。]

Ceux qui auront employé la force ou la violence seront jugés conformément aux dispositions relatives au cas de violation de règles ; les valeurs ou objets seront restitués à leurs propriétaires (les personnes qui ne reçoivent pas de solde de l'Etat seront punies de la peine de celles qui reçoivent une solde de l'État, diminuée d'un degré).

2、若将自己物货散于部民，及低价买物多取价利者，并计余利，准不枉法论；

Ceux qui auront écoulé leurs propres choses ou marchandises parmi les personnes du people placées dans le ressort de leur autorité, ainsi que ceux qui auront acheté en abaissant les prix pour prélever un bénéfice trop élevé sur les prix, seront également jugés en tenant compte de l'excédant de bénéfice réalisé et conformément aux dispositions relatives au cas de non-violation de règles；

强者，准枉法论；物货价钱并入官给主。［卖物则物入官，而原得价钱给主。］

S'ils ont employé la force ou la violence on prononcera conformément aux dispositions relatives au cas de violation de règles；les objets ou marchandises et le prix en argent seront également confisqués à l'État ou restitués aux propriétaires (s'il s'agit de vente d'objets, alors ces objets seront confisqués à l'État et le prix qui en aura été primitivement obtenu sera restitué à son propriétaire；

［买物则物给主，而所用之价入官。此下四条盖指监临官吏，而豪强亦包其中。］

S'ils s'agit d'achat d'objets, alors les objets seront restitués à leur propriétaire et le prix qui en aura été donné sera confisqué à l'État. Les quatre dispositions suivantes désignent les fonctionnaires et employés chargés d'un service de surveillance ou de direction, et les personnes influentes et puissantes sont, de même, comprises parmi ceux-là).

3、若于所部内买物。不即支价，及借衣服、器玩之属，各经一月不还者，并坐赃论。［仍追物还主。］

Si, dans le ressort de leur autorité, ils achètent des objets et n'en paient pas de suite le prix, ou bien s'ils empruntent des vêtements, des objets, ustensiles ou instruments quelconques et que, dans chaque cas, le paiement ou la restitution n'ait pas eu lieu après le délai d'un mois, on prononcera également pour incrimination au sujet d'un produit d'action illicite (et d'ailleurs, ils seront contraints à restituer ces objets à leur propriétaire).

4、若私借用所部内马、牛及车船、店舍之类〔1〕，各验日计雇赁钱，亦坐赃论，追钱给主。〔计其犯时雇工赁直，虽多不得过其本价。〕

S'ils empruntent pour leur usage privé, et dans le ressort ou s'exerce leur autorité, des chevaux ou bétes à cornes ou bien des voitures, barques, boutiques, maisons ou autres choses analogues, dans chaque cas on vérifiera le nombre de jours, on comptera le prix de loyer et on prononcera encore pour incrimination au sujet d'un produit d'action illicite; ils seront contraints à la restitution du prix envers le propriétaire (on comptera le temps qu'aura duré l'action coupable et le prix de location; quelque considérable que soit ce temps, le prix de loyer ne peut dépasser le prix des objets eux-mêmes [art. 126, 149]).

若接受所部内馈送土宜礼物，受者，笞四十；与者，减一等。

S'ils acceptent et reçoivent, dans le ressort où s'exerce leur autorité, des cadeaux consistant en aliments et produits de la contrée, ceux qui auront accepté seront punis de quarante coups de rotin et ceux qui auront donné seront punis d'une peine moindre d'un degré;

若因事〔在官〕而受者，计赃，以不枉法论；其经过去处，供馈饮食，及亲故馈送者，不在此限。

Si c'est au sujet d'une affaire (s'ils sont attachés à une fonction publique), et s'ils acceptent on tiendra compte du produit de l'acte illicite et on prononcera d'après les dispositions relatives au cas de non-violation de règles. Les présents de provisions à boire ou à manger, offerts dans les lieux où ils se trouvent de passage, ainsi que les cadeaux offerts par des parents ou des amis ne sont pas compris dans la portée de cette disposition.

5、其出使人于所差去处，求索借贷，卖买多取价利，及受馈送者，并与监临官吏罪同。

Les personnes envoyées en mission qui, dans les endroits où elles sont momentanément envoyées, extorqueront par sollicitation ou emprunteront, prêteront, achèteront

---

〔1〕　此处在《大清律例》中是"马、牛、驼、骡、驴及车船、碾磨、店舍之类"，《皇越律例》作了部分删减。

ou vendront en exigeant un bénéfice trop élevé sur le prix, ainsi que celles qui auront accepté des cadeaux seront, également, punies pour la même faute que les fonctionnaires et employés investis d'une autorité de surveillance ou de direction.

6、若去官而受旧部内财物，及求索借贷之属，各减在官时三等。

Ceux qui, ayant quitté leurs fonctions publiques, auront accepté des valeurs ou objets dans l'ancien ressort où s'exerçait leur autorité, ou bien qui auront commis des actes tels que des extorsions par sollicitation, des emprunts ou des prêts, seront, dans chaque cas, punis de la peine qu'ils auraient encourue pendant qu'ils étaient en fonctions, diminuée de trois degrés.

三百五十、家人求索

Art. CCCL. Des personnes de la famille qui sollicitent pour se faire donner

凡监临官吏家人，［兄、弟、子、侄、奴仆皆是。］于所部内取受［所］求索借贷财物，［依不枉法。］

Toute personne de la famille d'un fonctionnaire ou d'un employé chargés d'un service de surveillance ou de direction (les frères aînés et cadets, les enfants, les neveux, les esclaves sont tous compris dans cette désignation), qui, dans l'étendue du ressort de l'autorité de ces fonctionnaires et employés, aura pris et reçu des valeurs ou objets qu'elle aura extorqués par sollicitation ou qu'elle se sera fait prêter (selon le cas où il n'y a pas de violation de règles),

及役使部民，若买卖多取价利之类，各减本官［吏］罪二等；

Ou bien qui aura employé à son service des personnes du peuple vivant dans ce même ressort, comme aussi si elle a acheté ou vendu en prélevant un bénéfice exagéré ou commis toute autre action analogue, sera, dans chaque cas, punie de la peine qu'aurait encourue le fonctionnaire (ou l'employé) lui-même diminuée de deux degrés;

［分有禄、无禄，须确系求索借贷之项，方可依律减等。若因事受财，仍照官吏受财律定罪，不准减等。］

(On distinguera entre les personnes qui reçoivent une solde de l'État et celles qui ne reçoivent pas de solde de l'Etat ; pour qu'on puisse prononcer et diminuer selon cette loi, il faut absolument qu'il y ait eu sollicitation pour se faire donner ou prêter ; s'il s'agit d'acceptation de valeurs au sujet d'une affaire, on prononcera d'ailleurs la peine selon la loi relative aux fonctionnaires et employés qui acceptent des valeurs, sans qu'il soit permis de diminuer cette peine).

若本官［吏］知情，与同罪。不知者，不坐。

Si ledit fonctionnaire (ou employé) a connaissance de la nature des faits, il sera puni de la même peine que le coupable ; s'il n'en a pas connaissance, il ne sera pas incriminé.

三百五十一、风宪官吏犯赃

Art. CCCLI. Exactions des grands officiers et de leurs commis [1]

凡风宪官吏受财，及于所按治去处求索借贷人财物，若卖买多取价利，及受馈送之类，各加其余官、吏［受财以下各款］罪二等。［加罪不得加至于死。如枉法赃须至八十两，方坐绞。不枉法赃须至一百二十两之上，方坐绞。风宪吏无禄者，亦就无禄枉法、不枉法本律断。其家人如确系求索借贷，得减本官所加之罪二等。若因事受财，不准减等。本官知情，与同罪。不知者，不坐。］

Les grands officiers (censeurs, vice-rois, gouverneurs, trésoriers et juges provinciaux, intendants,) qui recevront de l'argent, des présents et des vivres de la part de leurs administrés, leur demanderont ou emprunteront de l'argent, et feront avec eux un commerce injuste, seront condamnés à 2 degrés de plus de peine que les mandarins ordinaires dans les mêmes cas.

三百五十二、因公科敛

Art. CCCLII. Imposer des contributions ou collectes au sujet d'un service public

1、凡有司官吏人等，非奉上司明文，因公擅自科敛所属财物，

Tout fonctionnaire, tout employé chargés d'un gouvernement territorial, ou toute

---

〔1〕　该律文选自鲍来思译本，第666页。

personne dans une condition analogue qui, sans en avoir reçu l'ordre formel et écrit de l'autorité supérieure, auront, de leur propre autorité et au sujet d'un service public, imposé des contributions en valeurs ou objets quelconques à ceux qui sont placés sous leur autorité,

及管军官吏科敛军人钱粮赏赐者，[虽不入己，] 杖六十。

ainsi que tout fonctionnaire ou employé chargés d'un commandement militaire qui auront fait des collectes de monnaie ou de grains en faisant contribuer les militaires placés sous leurs ordres, dans le but de donner des récompenses ou d'offrir un cadeau, seront punis, (bien qu'ils n'aient pas appliqué le produit de ces collectes à un profit personnel), de soixante coups de truong.

赃重者，坐赃论；入己者，并计赃，以枉法论。[无禄人减有禄人之罪一等，至一百二十两，绞监候。]

Si la peine déduite de la valeur du produit de l'acte illicite est plus forte, on prononcera pour incrimination au sujet d'un produit d'action illicite；s'il y a eu attribution du produit de ces collectes à un bénéfice personnel on comptera également la valeur du produit de l'acte illicite et on prononcera d'après les dispositions relatives au cas de violation de règles (la peine des personnes qui ne reçoivent pas de solde de l'État, sera la peine de celles qui reçoivent une solde de l'État, diminuée d'un degré；quand la somme atteindra le chiffre de cent vingt onces d'argent la peine sera la strangulation avec sursis).

2、其非因公务科敛人财物入己者，计赃以不枉法论。[无禄人罪止杖一百，流三千里。] 若馈送人者，虽不入己，罪亦如之。

Ceux qui, sans que ce soit au sujet d'un service public, auront fait des collectes ou imposé des contributions en valeurs ou objets quelconques et qui en auront attribué le produit à un bénéfice personnel seront jugés en tenant compte du produit de l'acte illicite et d'après les dispositions relatives au cas de non-violation de règles (pour les personnes qui ne reçoivent pas de solde de l'État, la peine s'arrêtera à cent coups de truong et l'exil à trois mille lis)；si c'est pour offrir un cadeau à quelqu'un, bien que le produit n'ait pas été attribué à un bénéfice personnel, la faute sera encore la même.

三百五十三、克留盗赃

Art. CCCLIII. Diminuer ou laisser un produit illicite provenant d'un vol

凡巡捕官已获盗贼，克留赃物不解官者，笞四十。

Tout fonctionnaire chargé de surveiller ou d'arrêter les coupables qui ayant déjà trouvé le produit d'un vol l'aura diminué ou aura laissé et abandonné quelque objet faisant partie de ce produit, sans le transporter devant les magistrats, sera puni de quarante coups de rotin.

入己者，计赃，以不枉法论，仍将其［所克之］赃并［解过赃通］论盗罪。

S'il en a personnellement bénéficié, on tiendra compte du produit de cet acte illicite et on prononcera d'après les dispositions relatives au cas de non-violation de règles. D'ailleurs, le produit de l'acte illicite (retranché) sera compté (avec celui qui aura été livré aux magistrats) pour déterminer la peine du vol.

若军人弓兵有犯者，计赃虽多，罪止杖八十。［仍并赃以论盗罪。］

Si des personnes de condition militaire commettent ce fait, bien que la valeur du produit de l'acte illicite puisse être considérable, la peine s'arrêtera à quatre-vingts coups de truong (et d'ailleurs on comptera le produit total pour déterminer la peine des voleurs).

三百五十四、私受公侯财物

Art. CCCLIV. Mandarins militaires recevant des présents de la part des duc et des marquis [1]

凡内外武官不得于私下或明白接受公、侯、伯所与金银、段匹、衣服、粮米、钱物。

Il est interdit à tout mandarin militaire de la capitale ou des provinces de recevoir clandestinement ou ouvertement les présents d'or, d'argent, de soieries, de vêtements, de riz, offerts par des ducs, marquis ou comtes.

---

〔1〕 该律文选自鲍来思译本，第 668 页。

若受者，杖一百，罢职，发边远充军。再犯，处死。

Celui qui contreviendra à cette défense recevra, la 1ère fois, 100 coups de bâton, sera cassé de son grade et envoyé en exil militaire sur une frontière éloigneée ; la 2e fois, il sera condamné à mort.

公、侯与者，初犯、再犯免罪，三犯奏请区处。若奉命征讨，与者，受者，不在此限。[或绞，或斩，律无明文。但初犯充军即流罪也。再犯加至监候绞。以其干系公、侯、伯，应请自上裁。]

Les ducs et marquis qui auront fait ces présents, seront, pour la 1ère et la 2e fois, exemptés de toute peine ; pour la 3e fois, on adressera un rapport à l'empereur demandant la punition des coupables. S'il ont cependant reçu mission de l'empereur de diriger quelque guerre, ces présents pourront être donnés ou acceptés sans qu'il y ait aucun délit.

诈 伪
Des faux

三百五十五、诈为制书
Art. CCCLV. Contrefaire un ordre écrit du Souverain

[诈为，以造作之人为首、从坐罪，转相誊写之人非是。]

(Dans la fabrication d'un faux, ce sont les personnes qui ont fait le faux qui sont considérées comme principal coupable et co-auteurs ; celles qui l'ont recopié et transmis ne sont pas coupables du fait prévu.)

1、凡诈为 [原无] 制书及增减 [原有] 者，[已施行，不分首、从。] 皆斩 [监候]。

Ceux qui auront contrefait un ordre écrit du Souverain (lorsque cet ordre n'existe essentiellement pas), ou bien qui auront augmenté ou retranché quelque chose dans un ordre écrit (existant préalablement), du Souverain (et lorsque le faux aura été employé), seront tous (sans distinction de principal coupable et co-auteurs), punis de la décapitation (avec sursis) ;

未施行者，［为首］绞［监候］。［为从者，减一等。］传写失错者，［为首］杖一百。［为从者，减一等。］

Si le faux n'a pas encore été mis en usage, la peine (du principal coupable) sera la strangulation (avec sursis, et celle des co‑auteurs sera diminuée d'un degré). Ceux qui, en copiant l'écrit pour le transmettre, auront commis des erreurs ［art. 71, 29, 64］, seront punis (le principal coupable), de cent coups de truong (la peine des co-auteurs sera diminuée d'un degré).

2、诈为六部、都察院、将军、督抚、提镇、守御紧要隘口衙门文书，套画押字，盗用印信，及将空纸用印者，［必盗用印方坐。］皆绞［监候］。［不分首、从。未施行者，为首减一等；为从又减一等。］

Ceux qui auront contrefait des pièces écrites des six mintères, du tribunal des censeurs, des commandants en chef des forces militaires, des gouverneurs généraux et particuliers des provinces, des commandants militaires des districts et postes militaires des passages très importants, calquant les caractères apposés à la main comme visa, employant illicitement les sceaux, ou se servant de blancs seings (il faut que l'usage du sceau soit illicite pour que la disposition soit applicable), seront tous punis de la strangulation (avec sursis; sans distinction entre le principal coupable et les co-auteurs. Si la pièce contrefaite n'a pas encore été mise en usage, le principal coupable sera puni d'une peine moindre d'un degré et la peine des co‑auteurs sera encore diminuée d'un degré).

3、［诈为］府、州、县衙门〔1〕［印信文书］者，［为首］杖一百、流三千里；

S'il s'agit (de la contrefaçon d'une pièce écrite et revêtue d'un sceau) d'un tribunal, d'un district de *phu*, *châu* ou *huyén*, la peine (du principal coupable) sera de cent coups de truong et de l'exil à trois mille lis;

［诈为］其余衙门［印信文书］者，［为首］杖一百，徒三年；［为从者，减一等。］

S'il s'agit (de la contrefaçon d'une pièce écrite et revêtue d'un sceau) de tout

---

〔1〕　此处在《大清律例》中是"察院、布政司、按察司、府、州、县衙门"，《皇越律例》作了部分删减。

autre tribunal, la peine (du principal coupable) sera de cent coups de truong et de trois ans de travail pénible (celle des co-auteurs sera diminuée d'un degré) ;

未施行者，各［分首、从，］减一等。若有规避事重［于前事］者，从重论。［如诈为出脱人命，以规避抵偿，当从本律科断之类。］

Si la pièce fausse n'a pas encore été mise en usage, dans chaque cas (en distinguant entre le principal coupable et les co-auteurs), la peine sera diminuée d'un degré. Si le faux a été commis pour éviter les conséquences d'un autre fait plus grave (que les faits précédemment énoncés), on prononcera en suivant la loi la plus sévère (ainsi, si le faux a été commis pour se soustraire aux suites d'un homicide et éviter la peine encourue par le coupable, on doit graduer la peine de ce coupable suivant la loi spéciale qui lui est applicable, et ainsi de même dans les autres cas).

4、其［诈为制书、文书已施行，及制书、文书所至之处。］当该官司知而听行，各与同罪。［至死减等。］不知者，不坐。

Si les fonctionnaires des tribunaux concernés (des lieux où des ordres du Souverain, contrefaits, ou des pièces écrites, contrefaites, ont été mis en usage, ou bien des lieux où ces pieces fausses parviennent), en ont connaissance et en tolèrent l'usage, ils seront, dans chaque cas, punis de la même peine (si cette peine est la mort, la leur sera diminuée) ; s'ils n'en ont pas connaissance ils ne seront pas incriminés.

［将印信空纸捏写他人文书，投递官司害人者，依投匿名文书告言人罪者律。盗用钦给关防与印信同有例。］

(Quiconque aura pris un blanc seing et y aura faussement écrit une dépêche au nom d'une autre personne, puis qui l'aura fait parvenir à un tribunal pour nuire à autrui, sera puni selon la loi relative à ceux qui transmettent des écrits anonymes accusant quelqu'un d'une faute). ［art. 332］

三百五十六、诈传诏旨

Art. CCCLVI. Transmettre faussement l'expression
de la volonté du Souverain

［诈传，以传出之人为首、从坐罪，转相传说之人，非是。］

（Dans le fait de fausse transmission, ce sont les personnes qui ont transmis les paroles au dehors qui sont principal coupable et co-auteurs et passibles des peines édictées. Celles qui ont répété entre elles les paroles transmises ne sont pas coupables du fait prévu）.

1、凡诈传诏旨［自内而出］者，［为首］斩［监候］；［为从者，杖一百，流三千里。］［诈传］皇后懿旨、皇太子令旨者，［为首］绞［监候］；［为从者，杖一百，流三千里。］

Ceux qui auront transmis faussement l'expression de la volonté du Souverain（de l'intérieur du palais au dehors），seront（le principal coupable）punis de la décapitation（avec sursis, et les co-auteurs, de cent coups de truong et de l'exil à trois mille lis）；s'il s'agit（de fausse transmission）d'un ordre de la Souveraine ou du fils, héritier présomptif, la peine（du principal coupable）sera la strangulation（avec sursis, et celle des co-auteurs sera de cent coups de truong et de l'exil à trois mille lis）.

2、若诈传一品、二品衙门官言语，于各［属］衙门分付公事，［自］有所规避者，［为首］杖一百，徒三年；

Ceux qui auront transmis faussement les paroles des fonctionnaires des tribunaux ou services du premier et du second rang en prescrivant quoique mesure au sujet d'une affaire publique aux divers tribunaux ou services（qui relèvent d'eux），et en ayant（eux-mêmes）en vue de se soustraire aux conséquences de quelque autre acte, seront punis（le principal coupable）de cent coups de truong et de trois ans de travail pénible.

三品、四品衙门官言语［有所规避］者，［为首］杖一百；五品以下衙门官言语者，杖八十；为从者，各减一等。

S'il s'agit de paroles des fonctionnaires des tribunaux ou services du troisième ou du quatrième rang（et dans le but d'éviter les conséquences de quelque autre action），la peine（du principal coupable）sera de cent coups de truong；s'il s'agit des paroles de fonctionnaires des tribunaux ou services du cinquième rang et au-dessous, la peine sera de quatre-vingts coups de truong；dans chaque cas la peine des co-auteurs sera diminuée d'un degré.

若得财［而诈传，无碍于法］者，计赃以不枉法；

Si les coupables ont obtenu quelque valeur (sans que la fausse transmission ait causé aucune violation de règles), on tiendra compte du produit de l'acte illicite et on déduira la peine d'après les dispositions relatives au cas de non-violation de règles;

因［得财诈传］而［变］动事［情枉,］曲法［度］者，以枉法，各［以枉法、不枉法赃罪，与诈传规避本罪权之。］从重论。

S'il en est résulté (de la fausse transmission avec obtention de valeurs), que (le désordre a été porté) dans quelque affaire (par des actes illicites, et que) les règles (et lois) ont été faussées, on évaluera la peine d'après les dispositions relatives au cas de violation de règles et, dans chaque cas (on comparera la sévérité des peines déduites de la valeur du produit de l'acte illicite, d'après les dispositions relatives au cas de violation ou de non-violation de règles, avec celle de la peine fondamentale du fait de fausse transmission dans le but d'éviter les conséquences d'un autre acte et), on prononcera en suivant la loi la plus sévère.

3、其［诈传诏旨、品官言语所至之处,］当该官司知而听行，各与同罪；［至死减一等。］不知者，不坐。

Les fonctionnaires des tribunaux concernés (des lieux où auront été faussement transmis les ordres du Souverain ou les paroles des fonctionnaires des divers rangs), qui auront connaissance du fait et laisseront agir, seront, dans chaque cas punis de la même peine (si cette peine est la mort, la leur sera diminuée d'un degré). S'ils n'en ont pas connaissance, ils ne seront pas incriminés.

4、若［内外］各衙门追究钱粮，鞫问刑名公事，当该官吏将奏准合行［免追、免问。］事理，妄称奉旨追问者，［是亦诈传之罪。］斩［监候］。

Si dans les divers tribunaux (des districts relevant directement du gouvernement central et des provinces extérieures), saisis de quelque affaire publique, poursuivant la rentrée d'impôts, ou informant une affaire criminelle, les fonctionnaires ou employés concernés prennent l'approbation conforme du Souverain sur un rapport qui lui a été adressé (et prescrivant de faire remise des poursuites judiciaires ou de la contrainte pour le paiement), pour régler cette affaire et déclarent mensongèrement qu'ils ont reçu du Souverain l'ordre de poursuivre et de contraindre ou d'informer (ce qui est encore un fait de fausse transmission), ils seront punis de la décapitation （avec sursis）.

三百五十七、对制上书诈不以实
Art. CCCLVII. Faire une réponse fausse à une
communication du Souverain

1、凡对制［敷陈］及奏事［有职业该行而启奏者，与］上书，［不系本职而条陈时务者。］诈［妄］不以实者，杖一百，徒三年。

Celui qui, en répondant à une communication écrite du Souverain (pour lui exposer quelque chose), ou celui qui informant le Souverain de quelque fait (informant le Souverain d'une chose qui rentre dans les attributions de l'auteur du rapport) ou lui adressant un mémoire (au sujet d'une actualité et sans que le fait rentre dans les attributions de l'auteur du mémoire) le fera avec fausseté (mensonge) et sans se conformera la réalité sera puni de cent coups de truong et de trois ans de travail pénible.

［其对奏上书］非密。［谓非谋反、大逆等项。］而妄言有密者，加一等。

Celui qui (répondant, adressant un rapport ou présentant un mémoire), sans qu'une affaire soit secrète (cela indique qu'il n'est pas question d'un complot de rébellion, de grande rébellion ni d'autres faits de cette importance), aura mensongèrement déclaré qu'il s'agit d'une affaire secrète sera puni de cette peine augmentée d'un degré.

2、若奉制推按问事，［转］报上不以实者，杖八十，徒二年。［若徇私曲法，而所报不实之］事重，［于杖八十，徒二年］者，以出入人罪论。

Celui qui ayant reçu du Souverain l'ordre d'examiner une affaire ou de procéder à une enquête lui adressera (transmettra) une réponse sans se baser sur la réalité sera puni de quatre-vingts coups de truong et de deux ans de travail pénible (si par intérêt privé il fausse l'application des règles et que le compte qui en est rendu ne soit pas l'expression de la réalité, et) si le fait lui-même entraîne une peine plus grave (que quatre-vingts coups de truong et deux ans de travail pénible), on prononcera d'après la loi relative au fait d'innocenter ou d'incriminer quelqu'un. [Art. 409.]

三百五十八、伪造印信时宪书等

Art. CCCXXIV. De la contrefaçon des sceaux, des calendriers et autres pieces

［此伪造以雕刻之人为首，须令当官雕验。］

(Dans le cas de ces contrefaçons, c'est la personne qui a gravé qui est considérée comme principal coupable; le fonctionnaire saisi de l'affaire doit vérifier la gravure.)

凡伪造诸衙门印信及时宪书、［起船、起马］符验、税课〔1〕引者，［为首雕刻，］斩［监候］；［为从者，减一等，杖一百，流三千里。］

Celui qui aura contrefait les sceaux appelés *an tin*〔2〕 d'un des divers tribunaux ou services quelconques, ou bien un calendrier officiel, des ordres de délivrance (pour livrer des barques ou des chevaux), des sauf-conduits ou acquits de droits et connaissements de marchandises, sera, (le principal coupable, celui qui a gravé), puni de la décapitation (avec sursis; la peine des co-auteurs sera diminuée d'un degré et sera de cent coups de truong et l'exil à trois mille lis).

有能告捕者，官给赏银五十两。伪造关防印记者，［为首］杖一百，徒三年；告捕者，官给赏银三十两；为从及知情行用者，各减一等。［"各"字承上二项而言。］

Ceux qui pourront le dénoncer et l'arrêter recevront de l'État une récompense de cinquante onces d'argent. Celui qui aura contrefait les sceaux appelés *quan phông*〔3〕 sera (le principal coupable) puni de cent coups de truong et de trois ans de travail pénible; ceux qui pourront le dénoncer et l'arrêter recevront de l'État une récompense de trente onces d'argent; les co-auteurs, ainsi que ceux qui connaissant la nature du fait de contrefaçon auront mis les sceaux contrefaits en usage, seront, dans chaque cas, punis d'une peine moindre d'un degré; (le mot chaque se rapporte

---

〔1〕 此处《大清律例》中是"茶盐"，《皇越律例》中是"税课"。

〔2〕 此处该越南语对应汉语"印信"。

〔3〕 此处该越南语对应汉语"关防"。

aux deux catégories de faits de contrefaçon cités ci-dessus).

若造而未成者，［首从］各又减一等。其当该官司知而听行，与同罪。不知者，不坐。

Si la contrefaçon a été préparée mais n'est pas encore achevée, la peine (du principal coupable et des co-auteurs) sera, dans chaque cas, encore diminuée d'un degré ; les fonctionnaires des tribunaux concernés, qui auront connaissance des faits et laisseront faire, seront punis comme les co-auteurs ; s'ils n'en ont pas connaissance, ils ne seront pas incriminés.

［印所重者文，若有篆文，虽非铜铸，亦可以假诈行事，故形质相肖而篆文俱全者，谓之伪造。惟有其质而文不全者，方谓之造而未成。至于全无形质而惟描之于纸者，乃谓之描摸也。］

(Ce qui est important dans un sceau, c'est la légende ; si la légende est gravée dans la forme voulue, bien que le sceau ne soit pas fondu et coulé en cuivre, il peut cependant servir à commettre des faux ; c'est pourquoi, si la forme et la ressemblance sont exactes et si la légende en caractères de la forme adoptée pour les sceaux est complète, on dit que le sceau est contrefait si le sceau a seulement la forme requise, mais si la légende n'est pas complète, on dit alors qu'il est fabriqué ou préparé et pas achevé. Enfin, s'il n'a pas encore reçu la forme à imiter et s'il a seulement été décalqué sur du papier, on dit qu'il est seulement copié en dessin.)

三百五十九、私铸铜钱

Art. CCCLIX. Fondre et couler privément de la monnaie de cuivre

1、凡私铸铜钱者，绞［监候］。匠人罪同；为从及知情买使者，各减一等。

Ceux qui auront fondu et coulé privément de la monnaie de cuivre seront punis de la strangulation (avec sursis) ; la faute des ouvriers sera la même ; les co-auteurs, ainsi que ceux qui connaissant la nature du fait auront acheté cette monnaie pour la mettre en circulation, seront, chacun, punis de cette peine diminuée d'un degré.

告捕者，官给赏银五十两。里长知而不首者，杖一百。不知者，不坐。

Ceux qui auront dénoncé les coupables et qui les auront arrêtés recevront de l'État une récompense de cinquante onces d'argent. Le chef de village qui aura connaissance du fait et ne le dénoncera pas sera puni de cent coups de truong, celui qui n'en aura pas connaissance ne sera pas incriminé.

2、若将时用铜钱剪错薄小，取铜以求利者，杖一百。

Ceux qui auront pris les monnaies de cuivre en circulation et qui les auront rognées ou amincies pour prendre du cuivre et réaliser ainsi un bénéfice seront punis de cent coups de truong.

3、若［以铜、铁、水银］伪造金银者，杖一百，徒三年；为从及知情买使者，各减一等。［金、银成色不足，非系假造，不用此律。］

Ceux qui (avec du cuivre, du fer ou du vif-argent) auront contrefait de l'or ou de l'argent seront punis de cent coups de truong et de trois ans de travail pénible; les co-auteurs, ainsi que ceux qui connaissant la nature des faits auront acheté ces matières fausses pour les mettre en circulation, seront, dans chaque cas, punis d'une peine moindre d'un degré. (L'or et l'argent dont le titre n'est pas complet ne sont pas des matières contrefaites et cette loi ne peut être appliquée dans ce cas.)

三百六十、诈假官

Art. CCCLX. Usurper frauduleusement un titre de fonctionnaire

1、凡［伪造凭札］诈［为］假官，［及为伪札，或将有故官员文凭而］假与人官者，斩［监候］。

Ceux qui (qui contrefaisant un brevet d'une autorité de l'État) se feront faussement passer pour (être) des fonctionnaires, ou qui (en fabriquant de faux brevets de l'autorité Souveraine, ou au moyen du brevet d'un fonctionnaire décédé) donneront un faux titre de fonctionnaire à quelqu'un, seront punis de la decapitation (avec sursis).

其知情受假官者，杖一百，流三千里；［须有札付文凭方坐，但凭札皆系与者所造，故减等。］不知者，不坐。

Ceux qui connaissant la nature du fait auront accepté cette fausse nomination à un titre de fonctionnaire seront punis de cent coups de truong et de l'exil à trois mille lis. (Pour que ces peines soient applicables il faut absolument qu'il y ait un faux brevet, soit de l'autorité Souveraine, soit d'une autre autorité ; mais, quels qu'ils soient, ces brevets sont toujours l'oeuvre de celui qui les a donnés, c'est pour cela que la peine est diminuée de degré). Ceux qui n'auront pas connu la nature des faits ne seront pas incriminés.

2、若无官而［不曾假造凭札，但］诈称有官有所求为，或诈称官司差遣而捕人，及诈冒［见任］官员姓名［有所求为］者，杖一百，徒三年。［以上三项，总重有所求为。］

Ceux qui, n'étant pas fonctionnaires (et n'ayant encore fabriqué aucun faux brevet) se seront (uniquement) faussement déclarés fonctionnaires dans un but de sollicitation, pour obtenir ou se faire donner quelque chose, ou qui se seront faussement déclarés envoyés par un tribunal ou service quelconque et auront fait des arrestations, ou bien ceux qui auront usurpé les noms de famille et personnels d'un fonctionnaire (actuellementen exercice) et se seront faussement fait passer pour lui (dans un but de sollicitation et pour se procurer quelque avantage), seront punis de cent coups de truong et de trois ans de travail pénible. (Dans les trois cas ci-dessus, la gravité du fait consiste toujours en ce que le coupable a sollicité pour obtenir.)

若诈称见任官子孙、弟侄、家人、总领，于按临部内有所求为者，杖一百；为从者，各减一等。

Ceux qui se feront faussement passer pour les fils, petits-fils, frères cadets, neveux ou personnes de la famille d'un fonctionnaire en exercice, et cela dans l'étendue du ressort de l'autorité ou de la juridiction de ce fonctionnaire et dans le but de se procurer quelque avantage, seront punis de cent coups de truong ; les co-auteurs seront, dans chaque cas, punis d'une peine moindre d'un degré.

若得财者，并计赃，［各主者，以一主为重。］准窃盗［免刺］从重论。［赃轻以诈科罪。］

Si les coupables ont obtenu des valeurs, on tiendra également compte du produit de l'acte illicite (si les valeurs proviennent de divers propriétaires, on ne considérera que la somme la plus forte provenant d'un seul et même propriétaire), conformément aux dispositions relatives au volfurtif ［art. 269］ (sans la marque), et on prononcera en suivant la loi la plus sévère. （Si la peine déduite du produit de l'acte illicite est plus légère, la peine sera graduée d'après le fait d'usurpation de titre de fonctionnaire.）

3、其当官司知而听行，与同罪。不知者，不坐。

Les fonctionnaires des tribunaux concernés, qui connaîtront ces faits et laisseront agir, seront punis de la même peine; ceux qui n'en auront pas connaissance ne seront pas incriminés.

三百六十一、诈称内使等官

Art. CCCLXI. De ceux qui se font faussement passer pour fonctionnaires attachés au service des annales historiques ou pour attachés à d'autres fonctions de même importance

［官与事俱诈。］

（Le titre et la fonction étant également faux.）

1、凡［凭空］诈称内使、［近臣］、内阁、六科、六部、都察院、监察御史、按察司官，在外体察事务，欺诈官府，煽惑人民者，［虽无伪造札付。］斩［监候］。

Ceux qui （sans brevet） se prétendront faussement fonctionnaires （attachés à la personne du Souverain） du service des annales historiques, du conseil privé, du service des six censeurs des ministères, des six ministères, du tribunal des censeurs, à la cour des censeurs provinciaux ou à celle des juges criminels[1] et qui, dans les provinces extérieures, s'arrogeront le droit de s'immiscer dans les affaires, en trompant les magistrats des districts appelés *phu* et en troublant l'esprit de la population, seront （bien qu'ils n'aient pas contrefait de brevets de nomination） punis de la décapitation （avec sursis）;

知情随行者，减一等。［杖一百，流三千里。］其当该官司知而听行，与同罪。［罪止杖一百，流三千里。］不知者，不坐。

Ceux qui connaissant la nature du fait se seront mis à leur suite et auront agi de

---

〔1〕 在明朝，按察或刑事法官起初是住在京城的。晚些时候，他们才成为省级法官。——原注。

concert avec eux seront punis d'une peine moindre d'un degré（cent coups de truong et l'exil à trois mille lis）；les fonctionnaires des tribunaux concernés qui connaîtront ces faits et laisseront agir, seront punis de la même peine que les coupables（et leur peine s'arrêtera à cent coups de truong et l'exil à trois mille lis）；s'ils ne les connaissent pas, ils ne seront pas incriminés.

2、若［本无符验，］诈称使臣乘驿者，杖一百，流三千里；为从者，减一等。

Ceux qui（sans ordre de délivrance）se feront faussement passer pour fonctionnaires en mission et se feront délivrer, pour les monter, des chevaux des relais de poste seront punis de cent coups de truong et de l'exil à trois mille lis；les co-auteurs seront punis d'une peine moindre d'un degré.

驿官知而应付者，与同罪；不知情，失盘诘者，笞五十；

Les fonctionnaires des relais de poste qui, sachant la vérité, auront cependant fourni les chevaux, seront punis de la même peine；s'ils ne connaissent pas la vérité et manquent de soin dans l'examen de la réquisition qui leur est faite, ils seront punis de cinquante coups de rotin；

其有符验而应付者，不坐。［符验系伪造，有伪造符验律；系盗者，依盗符验律。］

S'il leur est présenté un ordre de délivrance, ils ne seront pas incriminés（si les ordres de délivrance sont contrefaits le cas tombe sous le coup de la loi relative à la contrefaçon des ordres de délivrance［art. 358］；s'ils ont été volés il tombe sous le coup de la loi relative au vol des ordres de délivrance［art. 258］.

三百六十二、近侍诈称私行

Art. CCCLXII. Des personnes attachées au service personnel du Souverain qui se prétendent faussement chargées d'une mission privée

［官实而事诈。］

（Le titre du fonctionnaire étant réel mais la mission étant fausse.）

凡近侍之人，在外诈称私行体察事务，煽惑人民者，斩［监候。此诈称，系本官自诈称，非他人。］

Toute personne attachée au service personnel du Souverain qui, à l'extérieur, se prétendra faussement chargée d'une mission privée et qui s'immiscera dans les affaires et troublera la population, sera punie de la décapitation (avec sursis; celui qui se donne faussement cette mission est essentiellement un fonctionnaire; il ne s'agit pas de se faire passer pour une autre personne).

三百六十三、诈为瑞应
Art. CCCLXIIII. Des faux pronostics

1、凡诈为瑞应者，杖六十，徒一年。

Ceux qui auront inventé de faux pronostics seront punis de soixante cours de truong et d'un an de travail pénible.

2、若有灾祥之类而钦天监官不以实对者，加二等。

S'il se présente des calamités ou des événements heureux et autres particularités analogues et que les fonctionnaires astronomes, du service de l'astronomie, ne répondent pas avec sincérité ils seront punis de cette peine, augmentée de deux degrés.

三百六十四、诈病死伤避事
Art. CCCLXIV. Se faire faussement passer pour malade, mort ou blessé, afin d'éviter quelque affaire

1、凡官吏人等，诈称疾病，临时避难［如难解之钱粮，难捕之盗贼之类。］者，笞四十；［如所避之］事重者，杖八十。

Tout fonctionnaire, employé, ou autre personne dans une position analogue qui se sera faussement fait passer pour malade afin d'éviter les difficultés d'une affaire qui se présente (par exemple la difficulté d'un transport de fonds ou de grains; la difficulté d'arrêter des voleurs ou des brigands et autres du même genre), sera puni de quarante coups de rotin; si l'affaire (qu'il a en vue d'éviter) est grave, la peine sera de quatre-vingts coups de truong［art. 386］.

2、若犯罪待对，故自伤残者，杖一百；诈死者，杖一百，徒三年；［伤残，以求免拷讯，诈死，以求免出官。]

Ceux qui, ayant commis une faute et devant être jugés contradictoirement, se blesseront eux-mêmes ou se mutileront avec intention, seront punis de cent coups de truong. Ceux qui se feront faussement passer pour morts seront punis de cent coups de truong et de trois ans de travail pénible（les blessures et mutilations sont faites dans le but d'être dispensé de la question ; se faire passer pour mort est une action dont le but est d'éviter de comparaître devant les magistrats）；

所避事重 [于杖一百，及徒三年。] 者，各从重论。[如侵盗钱粮，仍从侵盗重者论。]

Si l'affaire qu'ils ont voulu éviter est plus grave（et entraîne une peine plus sévère que cent coups de truong et trois ans de travail pénible）, dans chaque cas on prononcera suivant la loi la plus sévère（par exemple, s'ils ont commis des détournements de fonds et de grains, on prononcera d'ailleurs suivant les dispositions relatives aux détournements de fonds et de grains, si la peine est plus sévère）.

若无避 [罪之情，但以恐吓诈赖人。] 故自伤残者，杖八十；

Ceux qui, sans avoir pour but d'éviter quelque affaire（une peine par exemple, et qui uniquement dans un but d'escroquerie par intimidation, ou pour charger quelqu'un d'une faute）se seront blessés et mutilés volontairement eux-mêmes seront punis de quatre-vingts coups de truong.

其受雇情为人伤残者，与犯人同罪；因而致死者，减斗杀罪一等。

Ceux qui, moyennant un salaire, se seront chargés de blesser ou de mutiler quelqu'un seront punis de la même peine que les coupables ; si la mort en est résultée, ils seront punis de la peine du meurtre commis dans une rixe, diminuée d'un degré.

3、若当该官司知而听行，[谓知其诈病，而准改差；知其自残避罪而准作残疾；知其诈死而准住提。] 与同罪。不知者，不坐。

Si les fonctionnaires des tribunaux concernés connaissent ces faits et laissent agir（c'est-à-dire s'ils connaissent la fausseté des allégations de maladie et consentent à changer le service commandé et à envoyer une autre personne ; ou s'ils savent que quelqu'un s'est estropié lui-même pour éviter une peine et consentent à considérer cette personne comme infirme ; ou s'ils savent que le coupable se fait faussement passer pour mort, et coupent court à l'instruction) ils seront punis de la même peine; s'ils ne les connaissent pas ils ne seront pas incriminés.

三百六十五、诈教诱人犯法

Art. CCCLXV. Séduire artificieusement quelqu'un et l'engager à transgresser les règles

凡诸人，设计用言教诱人犯法，及和同［共事故诱］令人犯法，却［自］行捕告，或令人捕告，欲求赏给，或欲陷害人得罪者，皆与犯法之人同罪。

Toute personne qui, par ses ruses et ses paroles, aura séduit quelqu'un et l'aura engagé à transgresser les règles, ou bien qui, d'accord avec quelqu'un (pour commettre le fait ensemble, le séduira et) le poussera à transgresser les règles, puis qui (elle-même), l'arrêtera et le dénoncera ou le fera arrêter et dénoncer, soit pour obtenir une récompense, soit dans le but de nuire à autrui en le faisant tomber sous le coup d'une peine, sera toujours punie de la même peine que celles qui auront commis la transgression de règles.

［罪止杖、流。和同令人犯法，看"令"字，还是教诱人，而又和同犯法也。若止和同犯法，则宜用自首律。］

(La peine s'arrêtera à cent coups de truong et l'exil à trois mille lis; dans la disposition relative à ceux qui, d'accord avec quelqu'un, le poussent à transgresser les règles, on doit remarquer que le mot «pousser» indique qu'il y a séduction et incitation et que, de plus, le séducteur transgresse la règle en même temps que celui qu'il pousse et avec lui. S'il s'agissait uniquement d'accord entre deux ou plusieurs personnes pour commettre une faute ensemble et qu'une d'elles accusât ensuite les autres, on devrait suivre la loi relative à ceux qui se livrent eux-mêmes à la justice. ［art. 25］

犯 奸
De la fornication

三百六十六、犯奸
Art. CCCLXVI. De la fornication

1、凡和奸，杖八十；有夫者，杖九十。刁奸者，［无夫、有夫］杖一百。

Les coupables de fornication avec accord seront punis de quatre-vingts coups de truong ; si la femme a un époux, la peine sera de quatre-vingts dix coups de truong ; les coupables de fornication avec entraînement seront punis (que la femme ait ou n'ait pas d'époux), de cent coups de truong.

2、强奸者，绞［监候］。未成者，杖一百，流三千里。［凡问强奸，须有强暴之状。妇人不能挣脱之情，亦须有人知闻，及损伤肤体，毁裂衣服之属，方坐绞罪。］

Les coupables de fornication commise de force seront punis de la strangulation (avec sursis) ; si l'acte n'est pas consommé, la peine sera de cent coups de truong et de l'exil à trois mille lis (dans tout jugement relatif à un viol, pour que le coupable puisse être passible de la strangulation, il faut absolument qu'il y ait des circonstances d'emploi de la force et de la violence auxquelles la femme ait été dans l'impossibilité de se soustraire ou de résister ; il faut, de même, que quelqu'un connaisse le fait ou ait entendu crier, ou bien qu'il y ait quelque indice comme des meurtrissures ou des blessures sur le corps ou sur la peau, ou des déchirures aux habits).

［若以强合，以和成，犹非强也。如一人强捉，一人奸之；行奸人问绞，强捉问未成，流罪。］

(Si le coupable a débuté par l'emploi de la violence, mais que l'acte ait été accompli du consentement de la femme, il n'y a encore pas viol. Si un homme enlève de force une personne et qu'un autre homme commette l'acte de fornication sur la personne enlevée, le fornicateur sera puni de la strangulation et le ravisseur sera puni de la peine de l'exil édictée dans le cas où le viol n'est pas accompli).

［又如见妇人与人通奸，见者因而用强奸之，已系犯奸之妇，难以强论，依刁奸律。］

Enfin, si quelqu'un, voyant une femme entretenir des relations de fornication avec un homme, emploie la violence et la force pour commettre sur elle un acte de fornication, comme il s'agit d'une femme déjà coupable de fornication, il est impossible de prononcer la peine du viol et on prononce selon la loi relative à la fornication avec entraînement).

3、奸幼女十二岁以下者，虽和，同强论。

Celui qui aura commis un acte de fornication sur une petite-fille de douze ans et au-dessous sera, bien qu'il y ait eu accord entre eux, considéré comme coupable de viol.

4、其和奸，刁奸者，男女同罪。奸生男女，责付奸夫收养。奸妇从夫嫁卖，其夫愿留者，听。

Dans les cas de fornication avec accord et de fornication avec entraînement, le garçon et la fille sont punis de la même peine; les enfants de l'un ou de l'autre sexe nés de la fornication seront à la charge de l'amant, qui devra les recueillir et les élever. La femme adultère sera, suivant la volonté de l'époux, mariée ou vendue; si l'époux consent à la conserver il y sera autorisé.

若嫁卖与奸夫者，奸夫、本夫各杖八十；妇人离异归宗，财物入官。

S'il la marie et la vend à l'amant, l'amant et l'époux primitif seront, chacun, punis de quatre-vingts coups de truong; le mariage sera cassé et la femme retournera à sa propre souche; les valeurs et objets seront confisqués à l'État.

5、强奸者，妇女不坐。

Dans les cas de viol la femme ou la fille ne sera pas incriminée.

6、若媒合容止［人在家］通奸者，各减犯人［和、刁］罪一等。

Celui qui servira d'entremetteur, et qui accueillera momentanément (dans sa maison) les coupables de relations de fornication, sera puni de la peine des coupables (du fait de fornication avec accord ou entraînement), diminuée d'un degré.

7、［如人犯奸已露，而代］私和奸事者，各减［和、刁、强］二等。

(Si un homme est coupable d'un fait de fornication déjà découvert), celui qui (à sa place et pour lui), aura privément fait un accord au sujet d'un acte de fornication sera, dans chaque cas, puni de la peine du coupable (de fornication avec accord, avec entraînement, ou du viol), diminuée de deux degrés.

8、其非奸所捕获及指奸者，勿论。若奸妇有孕，[奸妇虽有据，而奸夫则无凭。] 罪坐本妇。

Si les coupables n'ont pas été saisis sur le lieu où l'acte de fornication a été commis, ou bien s'ils ont seulement été désignés, il ne seront pas punis; si la femme adultère est enceinte (bien que la faute de la femme adultère soit prouvée, aucune preuve n'établit qui est l'amant), la peine sera seulement applicable à la dite femme.

三百六十七、纵容妻妾犯奸
Art. CCCLXVII. Faciliter et tolérer l'adultère
de l'épouse et des concubines

1、凡纵容妻妾与人通奸，本夫、奸夫、奸妇，各杖九十。

Lorsque l'époux aura facilité et toléré les rélations adultères de l'épouse ou des concubines avec un autre homme, l'époux, l'amant et la femme adultère seront, dans chaque cas, punis de quatre-vingt-dix coups de truong.

抑勒妻妾及乞养女与人通奸者，本夫、义父各杖一百；奸夫杖八十；妇女不坐，并离异归宗。

Lorsqu'ils auront contraint l'épouse ou les concubines, ou bien une fille adoptive, à avoir des relations adultères avec un homme, l'époux ou le père adoptif seront, dans chaque cas, punis de cent coups de truong; l'amant sera puni de quatre-vingt coups de truong; les femmes et la fille ne seront pas incriminées; le mariage sera également cassé et elles retourneront à leur propre souche.

2、若纵容抑勒亲女及子孙之妇、妾与人通奸者，罪亦如之。

Ceux qui auront facilité et toléré les relations adultères de leurs propres filles ou des épouses et concubines de leurs fils et petits-fils avec un homme, ou bien qui les auront contraintes à entretenir ces relations, seront encore coupables de la même faute. [art. 102].

3、若用财买休、卖休 [因而] 和 [同] 娶人妻者，本夫、本妇及买休人各杖一百；

Si quelqu'un emploie des valeurs pour acheter ou vendre le divorce et（par suite），épouse, d'un commun accord, l'épouse d'autrui, l'époux, la femme, ainsi que l'homme qui aura acheté le divorce de l'époux seront, chacun, punis de cent coups de truong；

妇人离异归宗，财礼入官。若买休人与妇人用计逼勒本夫休弃，其夫别无卖休之情者，不坐；买休人及本妇各杖六十，徒一年；

Le mariage sera cassé et la femme retournera à sa propre souche；les valeurs données en cadeau de cérémonie seront confisqués à l'État. Si celui qui a acheté le divorce de l'époux et la femme ont employé la ruse pour contraindre l'époux à divorcer et si, en outre, l'époux n'a d'ailleurs commis aucun acte de la nature de la vente du divorce, il ne sera pas incriminé et celui qui achète le divorce ainsi que la femme seront, chacun, punis de soixante coups de truong et d'un an de travail pénible.

妇人余罪收赎，给付本夫，从其嫁卖。妾减一等。

On recevra le prix du rachat du surplus de la peine de la femme et celle-ci sera restituée à l'époux, qui pourra la vendre et la marier à son gré. S'il s'agit d'une concubine, la peine sera diminuée d'un degré；

媒合人，各减犯人［买休及逼勒卖休］罪一等。［其因奸不陈告，而嫁卖与奸夫者，本夫杖一百，奸夫、奸妇各尽本法。］

L'entremetteur sera, dans chaque cas, puni de la peine des coupables（du fait d'avoir acheté le divorce ou du fait d'avoir obligé le mari à vendre le divorce），diminuée d'un degré；（s'il résulte de l'adultère que l'époux ne porte pas plainte et qu'il vend et marie la femme à l'amant, ledit époux sera puni de cent coups de truong, et pour l'amant et la femme adultère on appliquera à chacun toutes les prescriptions de la règle qui les concernera）.

三百六十八、亲属相奸

Art. CCCLXVIII. De la fornication entre parents

1、凡奸同宗无服之亲，及无服亲之妻者，各杖一百。［强者，奸夫斩监候。］

Ceux qui se seront rendus coupables de fornication avec des parentes de leur propre souche à un degré auquel il n'existe pas de vêtement de deuil, ou bien avec l'épouse d'un parent à un degré auquel il n'existe pas de vêtement de deuil seront, dans chaque cas, punis de cent coups de truong (s'il y a viol, l'amant sera puni de la décapitation avec sursis).

2、奸［内外］缌麻以上亲，及缌麻以上亲之妻，若妻前夫之女、同母异父姐妹者，各杖一百，徒三年；强者，［奸夫］斩［监候］。

La fornication avec des parentes (de la souche ou en ligne extérieure) du cinquième degré et au-dessus, ou avec l'épouse d'un parent du cinquième degré et au-dessus, comme aussi avec la fille d'un première époux de l'épouse ou avec une soeur aînée ou cadette de même mère et de père différent sera, dans chaque cas, punie de cent coups de truong et de trois ans de travail pénible; s'il y a viol la peine (de l'amant) sera la décapitation (avec sursis).

若奸从祖祖母、［祖］姑、从祖伯叔母、［从祖伯叔］姑、从父姐妹、母之姐妹及兄弟妻、兄弟子妻者，［奸夫、奸妇］各［决］绞；［惟出嫁祖姑、从祖伯叔姑，监候绞。］强者，［奸夫决］斩。

La fornication avec l'épouse d'un oncle-aïeul, une tante-aïeule, l'épouse d'un oncle descendant du même aïeul ou une tante descendant du même aïeul, avec une soeur aînée ou cadette issue d'un même père, une soeur aînée ou cadette de la mère, ou bien avec l'épouse d'un frère aîné ou cadet, ou l'épouse d'un fils d'un frère aîné ou cadet sera punie, pour chacun (l'amant et la femme coupable de fornication), de la strangulation (avec exécution; il n'y a que dans les cas où il s'agit d'une tante-aïeule ou d'une tante descendant du même aïeul sorties de la famille par mariage que la peine est la strangulation avec sursis); s'il y a eu viol, la peine (de l'amant) sera la décapitation (avec execution);

［惟强奸小功再从姐妹、堂侄女、侄孙女、出嫁降服者，监候斩。］

(Il n'y a que dans les cas de viol d'une parente appelée soeur aînée ou cadette éloignée, d'une nièce de degré, d'une petit-fille-nièce de degré du quatrième degré de parenté et sortie de la famille par mariage et pour laquelle le vêtement de deuil est «diminué» que la peine est la décapitation avec sursis).

［若奸妻之亲生母者，以缌麻亲论之太轻，还比依母之姐妹论。］

（Dans le cas de fornication avec la vraie mère de l'épouse, prononcer d'après les dispositions relatives aux cas de parentes du cinquième degré serait considérer trop légèrement le fait; on doit assimiler le cas à celui où il s'agit d'une soeur aînée ou cadette de la mère et prononcer selon la disposition relative à ce cas).

3、若奸父祖妾、伯叔母、姑、姐妹、子孙之妇、兄弟之女者，［奸夫、奸妇］各［决］斩。［强者，奸夫决斩。］

La fornication avec une concubine du père ou de l'aïeul, l'épouse d'un oncle frère aîné ou cadet du père, une tante soeur du père, une soeur aînée ou cadette, une femme d'un fils ou d'un petit-fils, une fille d'un frère aîné ou cadet sera, pour chacun (l'amant et la femme coupable de fornication), punie de la décapitation (avec exécution; s'il y a viol, l'amant est puni de la décapitation avec exécution).

4、［凡奸前项亲属］妾，各减［妻］一等；强者，绞［监候］。［其妇女同坐、不同坐，及未成奸、媒合、纵容等件，各详载犯奸律，惟同宗奸生男女不得混入宗谱，听随便安插。］

S'il s'agit d'une concubine (d'un parent, dans l'un des divers cas de fornication précédemment énoncés), dans chaque cas la peine (édictée lorsqu'il s'agit d'une épouse) sera diminuée d'un degré; s'il y a viol la peine sera la strangulation (avec sursis. Les cas où la femme ou la fille doit être incriminée avec l'amant, ceux où elle ne doit pas être incriminée, ainsi que les diverses distinctions à établir selon que le fait est consommé ou non, les dispositions relatives à l'entremetteur, à ceux qui tolèrent et facilitent la faute, se déduisent des dispositions contenues dans l'article relatif à la fornication. ［art. 366］).

三百六十九、诬执翁奸

CCCLXIX. Saisir calomnieusement le père de l'époux sous prétexte de fornication

凡男妇诬执亲翁，及弟妇诬执夫兄欺奸者，斩［监候］。

La femme du fils qui aura saisi son propre beau-père en l'accusant calomnieusement de fornication, ainsi que la femme du frère cadet qui aura saisi le frère aîné de son époux et l'accusera calomnieusement de fornication abusive seront punies de la décapitation（avec sursis）.

［强奸子妇未成，而妇自尽，照亲属强奸未成例科断。］

Le coupable de viol sur la personne de la femme de son fils, lorsque le viol n'aura pas été consommé et que la femme se sera suicidée, sera puni selon le décret relatif au viol non consommé sur une parente）.

［义子诬执义父欺奸，依雇工人诬家长。］

（L'enfant adoptif qui aura calomnieusement saisi le père adoptif en l'accusant faussement de fornication sera puni selon les dispositions relatives aux personnes louées à gages pour leur travail qui accusent calomnieusement le chef de la famille, ［art. 336, 337, 370］）.

［嫂诬执夫弟及缌麻以上亲诬执者，俱依诬告。］

（L'épouse du frère aîné qui aura saisi calomnieusement le frère cadet de l'époux, ainsi que les parentes du cinquième degré et au-dessus qui saisiront calomnieusement leur parent, seront toujours punis selon les dispositions relatives aux accusations calomnieuses ［art. 336, 337］）.

三百七十、奴及雇工人奸家长妻

Art. CCCLXX. Des esclaves et personnes louées pour leur travail, coupables de fornication avec l'épouse du chef de la famille

1、凡奴及雇工人奸家长妻、女者，各斩［决］。

Tout esclave ou toute personne louée pour son travail, coupable de fornication avec l'épouse ou la fille du chef de la famille sera, dans chaque cas, puni de la décapitation（avec exécution）.

2、若奸家长之期亲，若期亲之妻者，绞；［监候。］妇女减一等。

S'il s'agit de fornication avec une parente du second degré, ou avec l'épouse d'un parent du second degré du chef de la famille, la peine sera la strangulation（avec sursis）; la peine de la femme sera diminuée d'un degré.

若奸家长之缌麻以上亲，及缌麻以上之妻者，各杖一百，流二千里；强者，斩［监候］。

S'il s'agit de fornication avec une parente du cinquième degré et au-dessus, ou avec l'épouse d'un parent du cinquième degré et au-dessus du chef de la famille, dans chaque cas la peine sera de cent coups de truong et de l'exil à deux mille lis. S'il y a viol la peine sera la décapitation (avec sursis).

3、妾各减一等；强者，亦斩［监候。军伴、弓兵、门皂、在官役使之人，俱作雇工人。］

S'il s'agit d'une concubine, dans chaque cas la peine sera diminuée d'un degré; s'il y a viol, la peine sera encore la décapitation (avec sursis; les agents et soldats employés comme gardes auprès de la personne des fonctionnaires et des personnes à leur service sont toujours considérées comme personnes louées pour un travail.)

三百七十一、奸部民妻女

Art. CCCLXXI. De la fornication avec une femme ou une fille de la population dans le ressort de la juridiction du coupable

1、凡军民［本管］官吏奸所部妻、女者，加凡奸罪二等，各罢职役不叙；妇女以凡奸论。

Tout fonctionnaire ou employé chargé de la direction (et du commandement) de la population militaire ou civile, qui se sera rendu coupable de fornication avec l'épouse ou la fille d'une personne de la population dans le ressort de sa juridiction ou de son autorité, sera puni de la peine du même fait de fornication entre personnes quelconques, augmentée de deux degrés; dans chaque cas il sera dégradé ou cassé de son emploi sans pouvoir être reintégré; la femme ou la fille sera considérée comme coupable de fornication avec une personne quelconque.

2、若奸囚妇者，杖一百，徒三年；囚妇止坐原犯罪名。［若保管在外，仍以奸所部坐之，强者，俱绞。］

S'il s'agit de fornication avec des femmes détenues, la peine sera de cent coups de truong et trois ans de travail pénible; la femme détenue ne sera passible que de la peine qu'elle avait primitivement encourue (si la femme est placée sous caution à l'extérieur, le coupable sera puni d'après la disposition relative au cas de fornication avec une femme ou une fille de la population dans le ressort de la juridiction; s'il y a viol, la peine sera toujours la strangulation).

三百七十二、居丧及僧道犯奸

CCCLXXII. Des personnes en deuil et des religieux Bouddhistes
ou de la secte de Dao, coupables de fornication

凡居父母及夫丧，若僧、尼、道士、女冠犯奸者，各加凡奸罪二等。相奸之人以凡奸论。［强者，奸夫绞监候；妇女不坐。］

Les personnes en deuil de leur père, de leur mère ou de leur époux, ainsi que les religieux et religieuses Bouddhistes ou de la secte de Dao, qui auront commis un acte de fornication seront, dans chaque cas, punis de la peine édictée contre les personnes quelconques coupables de fornication, augmentée de deux degrés; la personne coupable de fornication avec eux sera punie d'après les dispositions relatives aux personnes quelconques coupables de fornication, ［art. 366］; (s'il y a viol, l'amant sera puni de la strangulation avec sursis et la femme ne sera pas incriminée).

三百七十三、良贱相奸

Art. CCCLXXIII. De la fornication entre personnes de
condition honorable et personnes de condition vile

凡奴奸良人妇女者，加凡奸罪一等。［和、刁，有夫、无夫俱同。如强者，斩。］

Tout esclave coupable de fornication avec la femme ou la fille d'une personne de condition honorable sera puni de la peine des personnes quelconques coupables de fornication, augmentée d'un degré; (il en est toujours de même qu'il s'agisse de fornication avec accord, de fornication avec entraînement, de fornication lorsque la femme a un époux; s'il y a eu viol, la peine est la décapitation).

良人奸他人婢者，［男、妇各］减凡奸一等。［如强者，仍照凡论，拟绞监候。其强奸未成者，俱杖一百，流三千里。］奴婢相奸者，以凡奸论。

Lorsqu'un homme de condition honorable sera coupable de fornication avec l'esclave d'autrui, ils (l'homme et la femme et dans chaque cas), seront punis de la peine des personnes quelconques coupables de fornication, diminuée d'un degré;

(d'ailleurs, s'il y a eu viol, on prononcera, selon les dispositions relatives aux personnes quelconques, la peine de la strangulation avec sursis; si le viol n'a pas été consommé, la peine sera toujours de cent coups de truong et de l'exil à trois mille lis). Les esclaves coupables de fornication entre eux seront jugés d'après les dispositions relatives aux personnes quelconques coupables de fornication.

三百七十四、官吏宿娼

Art. CCCLXXIV. Des fonctionnaires et employés qui entretiennent chez eux des chanteuses publiques

1、凡［文武］官吏宿娼者，杖六十。［挟妓饮酒，亦坐此律。］媒合人，减一等。

Tout fonctionnaire ou employé (civil ou militaire), qui entretient chez lui des chanteuses publiques, sera puni de soixante coups de truong (ceux qui appelèrent des prostituées pour boire du vin en leur compagnie seront encore punis des peines édictées par la présente loi); l'entremetteur sera puni d'une peine moindre d'un degré.

2、若官员子孙［应袭荫］宿娼者，罪亦如之。

Si les fils ou petit-fils de fonctionnaires (qui doivent être revêtus d'une dignité transmissible), entretiennent chez eux des chanteuses publiques, leur faute sera encore la même.

三百七十五、买良为娼

Art. CCCLXXV. Achat de filles libres pour en faire des chanteuses [1]

凡娼、优、乐人买良人子女为娼、优，及娶为妻、妾，或乞养为子女者，杖一百。

Les comédiens, chanteurs et musiciens, qui achèteront les fils ou les filles d'un homme libre pour en faire des comédiens et des chanteuses, qui épouseront l'une de ces filles en qualité de femme principale ou secondaire, ou adopteront bienveillam-

---

〔1〕 该律文选自鲍来思译本，第 695 页。

ment quelque enfant, seront punis de 100 coups de bâton.

知情嫁卖者，同罪。媒合人，减一等。财礼入官，子女归宗。

Même peine sera infligée à celui qui, en connaissance de cause, vendra ou mariera ses enfants à ces comédiens. Les entremetteurs seront passibles d'un degré de moins, 90 coups. L'argent sera confisqué par l'État, et les enfants retourneront dans leur famille.

杂　犯
Délits divers

三百七十六、拆毁申明亭
Art. CCCLXXVI. De la destruction du portique de la publicité

凡拆毁申明亭房屋，及毁［亭中］板榜者，杖一百，流三千里。［仍各令修立。］

Ceux qui auront détruit ou détérioré les constructions appelées portiques de publicité, ou qui auront détruit les planches qui y sont suspendues (sons le portique), seront punis de cent coups de truong et de l'exil à trois mille lis (et d'ailleurs, dans chaque cas, obligés à la réparation ou à la reconstruction).

三百七十七、夫匠军士病给医药
Art. CCCLXXVII. Des soins médicaux et des médicaments
à fournir aux ouvriers et aux soldats malades

凡军士在镇守之处，丁夫、杂匠在工役之所，而有疾病，当该［镇守、监督。］官司不为［行移所司，］请给医药救疗者，笞四十；

Lorsque des soldats, dans les garnisons des provinces, ou des ouvriers, dans le lieu où ils sont occupés, sont malades par suite d'épidémies, les fonctionnaires concernés (commandant les divers postes ou surveillant et dirigeant les travaux), qui ne les assisteront pas (en envoyant des dépèches aux services compétents), en demandant qu'il soit délivré des médicaments et fourni des médecins pour leur porter secours et les traiter, seront punis de quarante coups de rotin;

因而致死者，杖八十。若已行移所司，而不差拨良医及不给对症药饵医治者，罪同。

S'il en résulte des décès, la peine sera de quatre-vingt coups de truong. Si ces fonctionnaires ont envoyé des dépêches aux services compétents, pour ceux qui n'auront pas envoyé de bons médecins et qui n'auront pas fourni les médicaments propres à combattre efficacement l'affection, la faute sera la même.

三百七十八、赌博
Art. CCCLXXVIII. Du jeu

1、凡赌博财物者，皆杖八十，［所］摊［在］场［之］财物入官。

Ceux qui auront joué des valeurs ou des objets quelconques seront tous punis de quatre-vingts coups de truong; les valeurs ou objets (placés) en enjeu (et trouvés) sur le tapis seront confisqués à l'État.

其开张赌坊之人，［虽不与赌列，亦］同罪。［坊亦入官。］止据见发为坐，职官加一等。

La personne qui aura ouvert et établi une maison de jeu (bien qu'elle ne se trouve pas avec les joueurs, cependant) sera punie de la même peine; (la maison de jeu sera, de même, confisquée à l'État); ne seront incriminés que ceux qui auront été pris sur le fait; la peine des fonctionnaires coupables sera augmentée d'un degré.

2、若赌饮食者，勿论。

S'il s'agit de jouer des boissons ou comestibles, le fait ne sera pas puni.

三百七十九、阉割火者
Art. CCCLXXIX. De la castration

凡官民之家，不得乞养他人之子阉割火者，［惟王家用之。］

Aucune famille de fonctionnaires ou de gens du peuple ne pourra demander à élever les enfants d'autrui pour les châtrer (les familles des rois seules peuvent en employer）；

违者，杖一百，流三千里；其子给亲。［罪其僭分私割也。］

Ceux qui auront contrevenu à cette disposition seront punis de cent coups de truong et de l'exil à trois mille lis ; les enfants seront rendus à leurs parents (la loi punit ceux qui, excédant les droits de leur condition, font châtrer privément）.

三百八十、嘱托公事
Art. CCCLXXX. Des incitations au sujet d'affaires publiques

1、凡官吏诸色人等，［或为人，或为己］曲法嘱托公事者，笞五十。但嘱即坐。［不分从、不从。］

Tout fonctionnaire, tout employé ou toute autre personne quelconque qui, (soit pour autrui, soit pour soi-même）, aura fait des incitations tendant à faire fausser les règles au sujet d'une affaire publique sera puni de cinquante coups de rotin ; du moment où il y aura incitations, par cela seul la loi sera applicable (sans distinguer si les incitations ont, ou n'ont pas, été suivies）.

当该官听从［而曲法］者，与同罪；不从者，不坐。若［曲法］事已施行［者］，杖一百，［其出入］所枉［之］罪重［于杖一百］者，官吏以故出入人罪论。

Si les fonctionnaires ou employés concernés ont écouté ces incitations (et faussé les règles）, ils seront punis de la même peine ; s'ils ne les ont pas écoutées, ils ne seront pas incriminés. Si le fait (de violation des règles）a été mis à exécution, la peine sera de cent coups de truong ; si la peine de la violation de règles (faite en innocentant ou en incriminant）est plus grave (que cent coups de truong）, ces fonctionnaires et employés seront jugés d'après les dispositions relatives au fait d'innocenter ou d'incriminer quelqu'un. ［art. 409］.

若为他人及亲属嘱托，［以致所枉之事重于笞五十］者，减官吏罪三等；自嘱托己事者，加［所应坐］本罪一等。

Ceux qui auront fait des incitations pour le compte d'autrui ou pour leurs parents (lorsqu'il en sera résulté que la peine du fait de violation des règles sera plus grave que celle de cinquante coups de rotin）, seront punis de la peine des fonctionnaires et des employés, diminuée de trois degrés; celui qui aura fait des incitations au sujet de ses propres affaires sera puni de la peine de sa faute primitive, (pour laquelle il devrait être puni), augmentée d'un degré.

2、若监临、势要［曲法］为人嘱托者，杖一百。所枉重［于杖一百］者，与官吏同［故出入人］罪；至死者，减一等。

Si des personnes investies d'une autorité de surveillance ou de direction et puissantes ou influentes font des incitations pour quelqu'un (dans le but de faire fausser les règles), elles seront punies de cent coups de truong; si la peine du fait de violation de règles est plus grave (que celle de cent coups de truong), elle seront punies de la même peine que les fonctionnaires et les employés (pour le fait d'innocenter ou d'incriminer quelqu'un); si cette peine est la mort la leur sera diminuée d'un degré.

3、若［曲法］受赃者，并计赃［通算全科］以枉法论。［通上官吏人等嘱托者，及当该官吏，并监临势要言之。］

Ceux qui (pour fausser les règles), auront accepté des valeurs seront également punis en tenant compte du produit de l'acte illicite (en faisant la somme totale et en graduant pour la totalité de cette somme), d'après les dépositions relatives au cas de violation de règles ［art. 344］. (Cela s'applique d'une façon générale à toutes les personnes ci-dessus mentionnée: fonctionnaires, employés, personnes quelconques qui incitent, ou bien fonctionnaires et employés incités et, également, personnes investies d'une autorité de surveillance et de direction, ou personnes influentes et puissantes);

［若不曲法而受赃者，祇以不枉法赃论；不曲法又不受赃，则俱不坐。］

(Ceux qui, sans fausser les règles, auraient reçu et accepté des valeurs seraient seulement jugés d'après les dispositions relatives au cas de non-violation des règles; ceux qui n'ont pas faussé les règles et qui de plus, n'ont reçu aucun produit illicite ne sont jamais incriminés.)

4、若官吏不避监临、势要，将嘱托公事实迹，赴上司首告者，升一等。［吏候受官之日，亦升一等。］

Si des fonctionnaires et des employés ne craignent pas d'entraver les projets des personnes investies d'une autorité de surveillance ou de direction, ou les personnes influentes et puissantes, et produisent devant l'autorité supérieure des preuves irrécusables d'incitations au sujet d'affaires publiques en révélant le fait et en portant accusation, ils recevront un avancement d'un degré ; (pour les employés on attendra le jour où ils seront promus à un rang de fonctionnaire et ils recevront également un avancement d'un degré).

三百八十一、私和公事

CCCLXXXI. — De l'accord privé au sujet d'affaires publiques
(Déjà révélées et portées devant les magistrats)

凡私和公事，［各随所犯事情轻重］减犯人罪二等，罪止笞五十。［若私和人命、奸情，各依本律，不在此止笞五十例。］

Ceux qui auront conclu un accord privé au sujet d'une affaire publique seront (dans chaqus cas, selon la gravité ou la légèreté du fait commis), punis de la peine du coupable diminuée de deux degrés ; la peine s'arrêtera à cinquante coups de rotin. (S'il s'agit d'un accord privé conclu au sujet d'un homicide quelconque ou d'un fait de fornication, dans chaque cas on prononcera selon la loi relative à ces faits ［art. 269. ］, et le cas n'est plus compris dans la portée de cette disposition qui prononce seulement la peine de cinquante coups de rotin.)

三百八十二、失火

Art. CCCLXXXII. De l'incendie accidentel

1、凡失火烧自己房屋者，笞四十；延烧官民房屋者，笞五十；

Celui qui par accident aura incendié sa propre maison ou son logement sera puni de quarante coups de rotin ; si le feu s'est propagé et a incendié des maisons ou habitations et constructions appartenant à l'État ou à des particuliers, la peine sera de cinquante coups de rotin ;

因而致伤人命者，［不分亲属、凡人］杖一百。［但伤人者，不坐致伤罪，其］罪［止］坐［所由］失火之人。若延烧宗庙及宫阙者，绞［监候］。

S'il en est résulté des décès (sans distinguer entre les parents et les personnes quelconques), la peine sera de cent coups de truong (s'il n'y a eu que des blessures, il ne sera pas passible de la peine édictée pour ces blessures et) la peine sera (seulement) applicable à la personne qui (par son fait), aura causé l'incendie accidentel; si le feu, en se propageant, a incendié un temple dédié aux ancêtres du Souverain, ou bien une résidence du Souverain, la peine sera la strangulation (avec sursis).

2、社，减一等。［皆以在外延烧言。］

S'il s'agit d'un temple dédié aux esprits protecteurs de l'État la peine sera diminuée d'un degré (il s'agit toujours du cas où l'incendie s'est propagé de l'extérieur).

3、若于山陵兆域内失火者，［虽不延烧，］杖八十、徒二年；［仍］延烧［山陵兆域内］林木者，杖一百，流二千里。

Celui qui, par accident, aura mis le feu dans l'enceinte des tombes des Souverains sera (bien que le feu ne soit pas communiqué en se propageant), puni de quatre-vingts coups de truong et de deux ans de travail pénible (d'ailleurs); si le feu s'est propagé aux arbres et plantations (dans les enceintes des sépultures des Souverains), la peine sera de cent coups de truong et de l'exil à deux mille lis.

若于官府公廨及仓库内失火者，亦杖八十，徒二年。

Celui qui, par accident, aura incendié des bureaux d'une administration publique, ou bien des greniers ou des magasins, sera encore puni de quatre-vingts coups de truong et de deux ans de travail pénible;

主守［仓库］之人，因而侵欺财物者，计赃，以监守自盗论。［不分首、从。］

Si des personnes telles que des gardiens (des greniers et des magasins) commettent, à ce sujet, des détournements de valeurs ou d'objets on tiendra compte de la valeur du produit de l'acte illicite et on prononcera d'après les dispositions relatives aux surveillants et gardiens qui volent eux-mêmes (sans distinguer entre le principal coupable et les co-auteurs).

其在外失火而延烧者，各减三等。［若主守人因而侵欺财物，不在减等之限。］

Si le feu provient d'un incendie accidentel à l'extérieur, et s'il s'est communiqué en se propageant, dans chaque cas la peine sera diminuée de trois degrés (si des personnes telles que les gardiens commettent, à cette occasion, des détournements de valeurs ou d'objets, ils ne sont pas compris dans la portée de la disposition qui diminue la peine）；

［若常人因火而盗取，以常人盗论。如仓库内失火者，杖八十，徒二年，比仓库被窃盗，库子尽其财产，均追赔偿之例。］

（Si des personnes ordinaires commettent des vols à cette occasion, on prononcera d'après les dispositions relatives aux personnes ordinaires coupables de vol, ［art. 265.］; si le feu a été mis par accident dans l'intérieur des greniers, ou magasins, la peine est de quatre-vingts coups de truong et deux ans de travail pénible; ce cas est assimilé à celui où un vol furtif a été commis dans les greniers ou magasins, cas dans lequel les garçons de magasins et préposés doivent rembourser complétement les valeurs et y sont contraints jusqu'à concurrence de leurs propres biens et valeurs.）［art. 131.］

4、若于库藏及仓廒内燃火者，［虽不失火。］杖八十。

Ceux qui auront allumé du feu dans des magasins ou des greniers（bien qu'ils n'aient pas causé d'incendie），seront punis de quatre-vingts coups de truong.

5、其守卫宫殿及仓库，若掌囚者，但见［内外］火起，皆不得离所守。违者，杖一百。［若点放火花、爆仗，问违制。］

Les gardes d'un palais du Souverain, ceux des greniers et des magasins, ainsi que ceux qui sont chargés de veiller sur des détenus, qui verront un incendie éclater（à l'intérieur ou à l'extérieur），ne pourront jamais s'écarter du lieu à la garde duquel ils sont préposés, ceux qui auront contrevenu à cette disposition seront punis de cent coups de truong（ceux qui auront brûlé des pièces d'artifices ou des fusées à baguettes seront punis pour contravention à un ordre du Souverain，［art. 62.］）.

三百八十三、放火故烧人房屋
Art. CCCLXXXIII. De l'incendie volontaire des habitations d'autrui

1、凡放火故烧自己房屋者，杖一百。若延烧官民房屋及积聚之物者，杖一百，徒三年。

Celui qui aura volontairement incendié sa propre maison ou habitation sera puni de cent coups de truong; si, en se propageant, l'incendie a brûlé des maisons ou constructions appartenant à l'État ou à des particuliers, ou bien des choses réunies et rassemblées, la peine sera de cent coups de truong et de trois ans de travail pénible;

因而盗取财物者，斩［监候］。杀伤人者，以故杀伤论。

S'il a volé quelque chose à cette occasion, le coupable sera puni de la décapitation (avec sursis); si quelqu'un a été tué ou blessé, on prononcera d'après les dispositions relatives au meurtre volontaire et aux blessures.

2、若放火故烧官民房屋及公廨、仓库、系官积聚之物者，［不分首、从］皆斩。［监候。须于放火处捕获，有显迹证验明白者，乃坐。］

Ceux qui auront mis le feu pour incendier volontairement des habitations ou des constructions appartenant à l'État ou à des personnes du peuple, ou pour incendier des bureaux d'une administration ou d'un service public, des greniers ou des magasins, ou des choses appartenant à l'État et réunies ou rassemblées seront tous (sans distinction entre le principal coupable et les co-auteurs), punis de la décapitation (avec sursis; il faut que les coupables aient été surpris et arrêtés sur le lieu où ils ont mis le feu et qu'il y ait contre eux des preuves certaines et évidentes et alors seulement ils sont passibles des peines portées par cette loi.)

其故烧人空闲房屋，及田场积聚之物者，各减一等。

Ceux qui auront volontairement incendié des maisons ou habitations appartenant à autrui, vides et non habitées, ou bien des choses réunies et rassemblées dans les champs ou espaces ouverts, seront, dans chaque cas, punis d'une peine moindre d'un degré.

3、并计所烧之物减价，尽犯人财产折剉赔偿，还官、给主。

On comptera également la valeur de ce qui aura été détruit par l'incendie et on prendra sur le produit de la vente des biens et valeurs du coupable pour indemniser l'Etat ou les particuliers;

［除烧残见在外，其已烧物，令犯人家产折为银数。系一主者，全偿；系众主者，计所故烧几处，将家产剉为几分而赔偿之，即官民亦品搭均偿。］

(En dehors de ce qui subsistera, et pour ce qui aura réellement été brûlé, on convertira en argent les biens et valeurs du coupable; si le mal n'a atteint qu'un seul propriétaire, il sera complétement indemnisé; si le mal a atteint plusieurs propriétaires on comptera ce qui aura été brûlé dans chaque endroit et on fera des biens du coupable autant de parts qu'il y aura de propriétaires lésés et ces parts seront données à titre d'indemnité pour le dommage subi. Qu'il s'agisse de l'État ou de personnes du peuple, la répartition se fera également à parts égales.)

［若家产罄尽者，免追；赤贫者，止科其罪。若奴婢、雇工人犯者，以凡人论之。］

(Si les biens du coupable sont complètement épuisés, il sera dispensé de la contrainte, et s'il est absolument dénué de ressources, il ne sera passible que de la peine de la faute seulement. Si des esclaves ou des personnes louées pour leur travail ont commis cette faute ils seront considérés comme personnes quelconques).

三百八十四、搬做杂剧
Art. CCCLXXXIV. Des représentations théâtrales

凡乐人搬做杂剧戏文，不许装扮历代帝王、后妃，及先圣、先贤、忠臣、烈士神像。违者，杖一百。

Les musiciens qui jouent des pièces de comédie ne doivent pas se déguiser et se grimer pour représenter les rois et Souverains des anciennes dynasties, les reines et les princesses, les anciens saints et les anciens sages, les ministres fidèles, les écrivains illustres et les esprits ; ceux qui auront contrevenu à ces dispositions et à cette défense seront punis de cent coups de truong ;

官民之家，容令装扮者，与同罪。其神仙道扮及义夫、节妇、孝子、顺孙劝人为善者，不在禁限。

Les familles de fonctionnaires ou de gens du peuple qui auront toléré et ordonné ces représentations seront punis de la même peine. La représentation, sur la scène, des génies ou bien des hommes célèbres par l'accomplissement de leurs devoirs, des femmes fidèles, des fils pieux et des petits enfants obéissants, dans des scènes dont le but est d'encourager les hommes à la vertu, n'est pas comprise dans la portée de cette défense.

三百八十五、违令

Art. CCCLXXXV. De la contravention à une ordonnance Souveraine

凡违令者，笞五十。〔谓令有禁制，而律无罪名者，如故违诏旨，坐违制；故违奏准事例，坐违令。〕

Celui qui aura contrevenu à une ordonnance Souveraine sera puni de cinquante coups de rotin (cela désigne une ordonnance du Souverain qui porte une défense et une prescription, lorsque les lois n'édictent aucune peine contre ce fait; par exemple, celui qui contrevient volontairement à une décision du Souverain, manifestée par un ordre écrit, est passible de la peine portée par la loi relative à ceux qui contreviennent à un ordre écrit du Souverain [art. 62.]. Ceux qui contreviennent volontairement à une décision rendue par le Souverain sur un rapport qui lui a été présenté et auquel il a donné son approbation sont passibles de la peine édictée par le présent article, pour la contravention à une ordonnance Souveraine).

三百八十六、不应为

Art. CCCLXXXVI. De ce qui ne doit pas être

凡不应得为而为之者，笞四十；事理重者，杖八十。〔律无罪名，所犯事有轻重，各量情而坐之。〕

Celui qui aura fait ce qui ne doit pas être fait sera puni de quarante coups de rotin; si l'importance du fait est grave, la peine sera de quatre-vingts coups de truong (lorsque la loi n'édicte pas de peine, et selon que le fait commis est plus ou moins grave, dans chaque cas on apprécie la gravité des circonstances et on prononce une de ces peines).

捕　亡
Des arrestations

三百八十七、应捕人追捕罪人
Art. CCCLXXXVII. De la poursuite des coupables
par ceux qui doivent les arrêter

凡［在官］应捕人承［官］差追捕罪人而推故不行，若知罪人所在而不［即］捕者，减罪人［所犯］罪一等。

Toutes les fois que des personnes attachées à des fonctionnaires et chargées de la poursuite et de l'arrestation des coupables auront reçu (de l'autorité) mission de poursuivre et d'arrêter quelqu'un et qu'elles auront invoqué des prétextes pour ne pas accomplir cette mission, ou bien que, connaissant le lieu où se trouvent les coupables elles ne s'y seront pas rendues (de suite) pour les poursuivre et les arrêter, elles seront punies de la peine (de la faute) des coupables, diminuée d'un degré;

［以最重之罪人为主，减科之。仍戴罪。］

(Ce sera la faute du plus gravement coupable qui servira de base pour la diminution et la graduation de la peine; d'ailleurs l'exécution de la condamnation restera suspendue.)

限三十日内，能自捕得一半以上，虽不及一半，但所获者最重，［功足赎罪。］皆免其罪；

Si dans le délai de trente jours elles peuvent s'emparer de la moitié au moins des coupables, ou si, bien que s'étant emparées de moins de la moitié de ces coupables, ceux qui ont été arrêtés sont, à quelque titre que ce soit, les plus gravement coupables (leur mérite sera suffisant pour racheter leur faute et) toutes seront dispensées de leur peine;

虽一人捕得，余人亦同。若［于限内虽未及捕获，而］罪人已死，及自首各尽者，亦免罪。

Bien qu'une seule de ces personnes ait pu opérer les arrestations, les autres seront encore dans le même cas. Si (bien que les arrestations n'aient pas été faites dans le délai fixé), les coupables sont, dans chaque cas, tous morts ou se sont tous livrés eux-mêmes à la justice, elles seront encore dispensées de la peine;

[其罪人或死，或首犯有] 不尽者，止以不尽之人 [犯罪减等] 为坐。

S'il ne s'agit que d'une partie des coupables (qui sont morts ou se sont livrés eux-mêmes à la justice et qu'il y en ait encore à poursuivre), elles seront passibles (de la peine de la faute commise avec diminution de degré et) relativement aux coupables qui feront encore défaut.

其非 [专充] 应捕人临时差遣者，[或推故不行，或知而不捕。] 各减应捕人罪一等。

Les personnes qui ne sont pas (spécialement) chargées de la poursuite des coupables et des arrestations qui, dans un cas particulier et en vue d'une nécessité du moment, auront reçu cette mission (soit qu'elles aient invoqué des prétextes pour ne pas agir, soit que connaissant le lieu, elles n'aient pas opéré les arrestations), seront, dans chaque cas, punies de la peine des personnes chargées des arrestations, diminuée d'un degré;

[仍责限获免。其应捕人及非应捕人，有] 受财故纵者，不给捕限，各与囚 [之最重者] 同罪；

(D'ailleurs il leur sera assigné un délai et, si elles peuvent s'emparer des coupables pendant la durée de ce délai, elles seront dispensées de la peine qu'elles ont encourue. Parmi les personnes dont c'est, ou non, la charge de faire les arrestations), celles qui auront accepté des valeurs et favorisé volontairement les coupables ne jouiront d'aucun délai pour opérer les arrestations et elles seront, dans chaque cas, punies de la même peine que les (plus gravement coupables parmi les) condamnés.

[亦须犯有定案，可与同科。所受之] 赃重 [于囚罪] 者，计赃 [全科。] 以 [无禄人] 枉法从重论。

(Il faut de même que le jugement des coupables ait été rendu pourqu'on puisse graduer en prononçant la même peine); si la peine déduite de la valeur du produit de l'acte illicite (la somme perçue), est plus grave (que la peine des condamnés), on tiendra compte (de la valeur totale) du produit de l'acte illicite d'après les dispositions relatives au cas (de personnes qui ne reçoivent pas de solde de l'État coup-ables) de non-violation de règles et on prononcera en suivant la loi la plus sévère.

三百八十八、罪人拒捕

Art. CCCLXXXVIII. Des coupables qui résistent à ceux qui les poursuivent pour les arrêter

1、凡犯罪［事发而］逃走，［及犯罪虽不逃走，官司差人追捕，有抗］拒［不服追］捕者，各于本罪上加二等，罪止杖一百，流三千里；

Ceux qui ayant commis une faute (le fait étant déjà révélé), auront pris la fuite (ainsi que ceux qui ayant commis une faute, bien qu'ils n'aient pas pris la fuite, lorsque les magistrats auront envoyé quelqu'un pour les arrêter), et qui auront résisté (sans se soumettre) à ceux qui les poursuivent pour les arrêter seront, dans chaque cas, punis de la peine qu'ils avaient primitivement encourue augmentée de deux degrés; leur peine s'arrêtera à cent coups de truong et l'exil à trois mille lis;

［本应死者无所加。］殴［所捕］人至折伤以上者，绞［监候］。

(S'ils ont primitivement encouru la peine de mort, il n'y a pas d'augmentation possible); ceux qui auront frappé quelqu'un (qui les poursuivait pour les arrêter), jusqu'à lui faire des blessures dites fractures et au-dessus, seront punis de la stran-gulation (avec sursis);

杀［所捕］人者，斩［监候］。为从者，各减一等。

Ceux qui auront tué quelqu'un (de ceux qui les poursuivaient), seront punis de la décapitation (avec sursis); la peine des co-auteurs sera, dans chaque cas, diminuée d'un degré.

2、若罪人持仗拒捕，其捕者格杀之，及［在禁或押解已问结之］囚逃走，捕者逐而杀之，若囚［因追逐］窘迫而自杀者，［不分囚罪应死、不应死］皆勿论。

Si les coupables sont armés et résistent à ceux qui les poursuivent et que ceux-ci les tuent en luttant contre eux, ou bien, si des condamnés (détenus dans une prison ou transférés sous escorte et dont le jugement est définitivement prononcé) s'évadent et prennent la fuite et que ceux qui les poursuivent pour les arrêter les acculent et les tuent, comme enfin si les condamnés, se voyant acculés et sans moyen d'échapper (à ceux qui les poursuivent et qui les chargent), se tuent eux-mêmes, dans tous les cas (sans distinguer si ces condamnés avaient mérité la mort ou non), ceux qui les poursuivent ne seront jamais punis.

3、若［囚虽逃走］已就拘执，及［罪人虽逃走］不拒捕而［追捕之人恶其逃走，擅］杀之，或折伤者，［此皆囚之不应死者。］各以斗杀、伤论。

S'ils (les condamnés, et bien qu'ils aient déjà pris la fuite), sont déjà saisis et contenus, ou bien, s'ils (les coupables, et bien qu'en fuite), ne résistent pas à ceux qui les poursuivent pour les arrêter, s'ils sont tués (d'autorité privée par ceux qui les poursuivent pour les arrêter, et cela à cause de la fureur qu'inspire leur fuite), ou s'ils ont reçu des blessures dites fractures (ici il s'agit toujours de détenus qui ne méritent pas la mort et) dans chaque cas, on prononcera d'après les dispositions relatives au meurtre commis et aux blessures faites dans une rixe.

［若］罪人本犯应死［之罪］而擅杀者，杖一百。［以捕亡一时忿激言，若有私谋另议。］

Si les coupables avaient primitivement commis un fait (une faute), puni de mort et si ceux qui les poursuivent pour les arrêter les ont tués d'autorité privée, ceux-ci seront punis de cent coups de truong; (ceci se rapporte au cas où le meurtre est le résultat d'un moment d'emportement subit de la part de ceux qui poursuivent les fuyards; si le meurtre est le résultat d'un calcul privé, on doit prononcer autrement).

三百八十九、狱囚脱监及反狱在逃

Art. CCCLXXXIX. Des condamnés détenus qui s'évadent de prison, ainsi que de ceux qui se révoltent et prennent la fuite

1、凡犯罪被囚禁而脱监，及解脱自带锁杻越狱在逃者，［如犯笞、杖、徒、流。］各于本罪上加二等。

Ceux qui ayant encouru une peine et étant incarcérés et détenus se seront évadés de la prison, ainsi que ceux qui se seront débarrassés de leurs chaînes ou entraves et qui auront pris la fuite par escalade ou effraction seront (s'ils avaient encouru l'une des peines du rotin, du truong, du travail pénible ou de l'exil), dans chaque cas, punis d'une augmentation de deux degrés de la peine qu'ils avaient primitivement encourue;

［如］因［自行脱越］而窃放［同禁］他囚罪重者，与［他］囚［罪重者］同罪，并罪止杖一百，流三千里；本犯应死者，依常律。

Si dans cette occasion un détenu (effectuant son évasion, ou prenant la fuite par escalade ou effraction), a furtivement donné la liberté à d'autres détenus (incarcérés avec lui), dont la faute est plus grave que la sienne, il sera puni de la même peine (de la faute plus grave), que ces (autres) détenus; la peine s'arrêtera également à cent coups de truong et à l'exil à trois mille lis; si la peine de la faute primitivement commise est la mort, on prononcera selon la loi ordinaire.

2、若罪囚反狱在逃者，［无论犯人原罪重轻，但谋助力者。］皆斩。［监候］。同牢囚人不知［反］情者，不坐。

Si des coupables détenus se révoltent dans la prison et prennent la fuite (on ne distinguera pas si la faute primitivement commise est plus ou moins grave, et, du moment où de quelque façon que ce soit ils auront pris part au complot et prêté leur concours), ils seront tous punis de la décapitation (arec sursis); les détenus renfermés dans la même prison qui n'auront pas eu connaissance du complot (de révolte) ne seront pas incriminés.

三百九十、徒流人逃

Art. CCCXC. Des exilés et des condamnés au travail pénible qui prennent la fuite

1、凡徒、流、迁徙、充军囚人［已到配所，于所］役限内而逃者，一日笞五十，每三日加一等，罪止杖一百，仍发配所。

Tout condamné au travail pénible, à l'exil ou à la servitude militaire (déjà rendu au lieu où il doit subir sa peine), qui aura pris la fuite pendant la durée de sa servitude sera puni, pour un jour, de cinquante coups de rotin, cette peine augmentera d'un degré pour chaque fois trois jours en sus et elle s'arrêter à cent coups de truong; d'ailleurs, il sera renvoyé au lieu où il doit subir sa peine.

其徒囚照依原犯［该］徒年［分］，从新拘役，役过月日，并不准理。

Celui qui sera condamné au travail pénible devra recommencer la durée totale de la peine du travail pénible à laquelle il aura été primitivement condamné sans qu'il puisse lui être tenu compte du nombre et de mois de jours de servitude qu'il a déjà subis.

2、若［官司］起发已经断决徒、流、迁徙、充军囚徒，未到配所，中途在逃者，［其计日论］罪，亦如［配所限内而逃者论］之。

Si des individus déjà condamnés aux peines du travail pénible, de l'exil, ou de la servitude militaire et expédiés (par les tribunaux compétents) pour mettre leur condamnation à exécution prennent la fuite en route, avant d'être parvenus au lieu où ils doivent subir leur peine, leur faute (punie en tenant compte du nombre de jours), sera encore la même (que lorsque l'évasion a lieu pendant la durée de la servitude et au lieu où la peine est subie).

3、［配所］主守及［途中］押解人不觉失囚者，一名杖六十，每一名加一等，罪止杖一百，皆听一百日内追捕。

Les gardiens (du lieu où les condamnés subissent leur peine), ainsi que les personnes de l'escorte pendant le transfert (en route), qui, sans s'en apercevoir, auront perdu des condamnés seront punis de soixante coups de truong pour un condamné évadé; la peine augmentera d'un degré pour chaque condamné en plus et s'arrêtera à cent coups de truong; il sera accordé à tous un délai de cent jours pour poursuivre et arrêter les fugitifs.

［配所］提调官及［途中］长押官，减主守及押解人罪三等。

Le fonctionnaire chargé de la direction générale (du lieu où les condamnés subissent leur peine), ainsi que le fonctionnaire commandant l'escorte (pendant la route) seront punis de la peine des gardiens et des hommes d'escorte chargés du transfert, diminuée de trois degrés;

限内能自捕得，或他人捕得，若囚已死及自首，皆免罪。

S'ils peuvent eux-mêmes, dans les limites du délai, arrêter les fugitifs, ou si d'autres personnes peuvent les arrêter, ou si ces condamnés sont morts ou se sont livrés eux-mêmes à la justice, tous seront dispensés de la peine encourue;

故纵者，［不分官、役］，各与囚［之徒、流、迁徙、充军］同罪;

Ceux qui auront volontairement favorisé les évasions (sans distinguer entre les fonctionnaires et les agents), seront, dans chaque cas, punis de la même peine (du travail pénible, de l'exil, ou de la servitude militaire), que les condamnés évadés;

受财者，计［所受］赃，以枉法从重论。［赃罪重，以枉法科之，纵罪重，仍以故纵科之。］

Ceux qui auront accepté des valeurs seront punis en tenant compte de la valeur du produit de l'action illicite, (accepté), d'après les dispositions relatives au cas de violation de règles et en suivant la loi la plus sévère; (si la peine déduite du produit de l'action illicite est plus sévère, leur peine sera graduée d'après les dispositions relatives au cas de violation de règles; si la peine du fait de favoriser les coupables est plus grave, leur peine sera graduée d'après la disposition relative à ceux qui favorisent volontairement les coupables).

三百九十一、稽留囚徒

Art. CCCXCI. Des retards apportés au transfert des condamnés

1、凡应徒、流、迁徙、充军囚徒，断决后，当该［原问］官司限一十日内，如［原定］法［式］锁杻，差人管押，牢固关防，发遣所拟地方交割。

Après que le jugement des individus détenus qui doivent être condamnés au travail pénible, à l'exil, ou à la servitude militaire a été prononcé, le tribunal concerné (qui a primitivement procédé au jugement), doit, dans le délai de dix jours, les faire enchaîner ou charger d'entraves en bois selon les règles (et indications primitivement fixées) et envoyer des personnes pour les conduire et les escorter avec la plus stricte surveillance afin de les déporter au lieu désigné et de les remettre à destination.

若限外无故稽留不送者，三日，答二十，每三日加一等，［以吏为首科断。］罪止杖六十。

Si, passé ce délai, ledit tribunal apporte sans motifs des retards à ce transfert et garde ces condamnés sans les expédier, pour un retard de trois jours, la peine sera de vingt coups de rotin; pour chaque fois trois jours en sus, la peine augmentera d'un degré (dans la graduation de la peine, l'employé sera considéré comme principal coupable), et elle s'arrêtera à soixante coups de truong.

囚［稽留］而在逃者，就将［当该］提调官［住俸，勒限严捕。］吏抵［在逃］犯人本罪发遣，候捕获犯人到官替役，［以囚］至［配所之］日疏放。

S'il en résulte (de ces retards) des évasions, on reportera la condamnation sur les fonctionnaires (dont le traitement sera suspendu et auxquels il sera assigné un délai pendant lequel ils devront faire des recherches minutieuses pour arriver à s'emparer des fugitifs), et sur les employés chargés de la direction générale du service (concerné), qui la subiront à la place des coupables (en fuite) et seront déportés en attendant qu'on ait pu s'emparer des condamnés évadés et que ceux-ci aient pu être amenés à la disposition de la justice ; ils seront relaxés dès le jour où ils auront été remplacés dans leur servitude (par les condamnés arrivés au lieu où ils doivent subir leur peine).

2、若邻境官司［遇有］囚［递］到稽留不即递送者，罪亦如之。［稽留者，验日坐罪。致逃者，抵罪发遣。］

Si les fonctionnaires des tribunaux des territoires voisins apportent des retards au transfert et ne réexpédient pas immédiatement les condamnés (lorsque le cas s'en présente), qui leur sont amenés (et transmis) la faute sera encore la même (s'il y a des retards apportés au transfert, ils seront passibles des peines qui résultent du décompte du nombre de jours de retard ; s'il en est résulté des évasions, ils seront déportés et subiront la condamnation à la place des fugitifs).

3、若发遣之时，提调官吏不行如法锁枙，以致囚徒中途解脱，自带锁枙在逃者，与押解［失囚之］人同罪。［分别官、吏，罪止杖一百，责限擒捕。］

Si, au moment où les condamnés sont expédiés pour être déportés, les fonctionnaires et employés chargés de la direction générale du service ne les font pas enchaîner ou entraver selon les règles prescrites et s'il en résulte que, pendant le trajet, les condamnés se débarrassent de leurs chaînes ou entraves et prennent la fuite, ces fonctionnaires et employés seront punis de la même peine que les personnes chargées d'escorter et de transférer lesdits condamnés (qui en auront laissé échapper), (en distinguant entre ces fonctionnaires et employés ; la peine s'arrêtera à cent coups de truong et il sera fixé un délai pour poursuivre et arrêter les condamnés).

4、并罪坐所由［疏失之人］受财者，计赃，以枉法从重论。　［统承上言。］

Dans tous les cas la peine sera également imputable à ceux de qui proviendra le fait (de retard ou d'évasion); ceux qui auront accepté des valeurs seront punis en suivant la loi la plus sévère et en tenant compte de la valeur du produit de l'acte illicite d'après les dispositions relatives à la violation de règles. (Ceci se rapporte d'une façon générale à tout ce qui précède.)

三百九十二、主守不觉失囚

Art. CCCXCII. Des gardiens qui laissent échapper
des détenus par inadvertance

1、凡狱卒不觉失囚者，减囚［原犯之］罪二等。［以囚罪之最重者为坐。］

Tout agent des prisons qui, par inadvertance, aura laissé échapper des détenus sera puni de la peine (de la faute primitive) des détenus, diminuée de deux degrés (il sera passible de la peine la plus sévère encourue par les détenus);

若囚自内反狱在逃，又减［不觉罪］二等。听给限一百日［戴罪］追捕，限内能自捕得，及他人捕得，若囚已死及自首，［狱卒］皆免罪。

Si les détenus se sont révoltés dans la prison et ont pris la fuite, la peine (fixée dans le cas où l'évasion a eu lieu par inadvertance) sera encore diminuée de deux degrés; il sera accordé aux agents un délai de cent jours (pendant lequel l'exécution de leur condamnation demeurera suspendue), pour poursuivre et reprendre les évadés; si dans les limites de ce délai ils ont pu s'en emparer eux-mêmes, ou si quelqu'autre personne a pu s'en emparer ou si les détenus sont morts ou se sont livrés eux-mêmes à la justice, tous (les agents) seront dispensés de leur peine.

司狱官、典减狱卒罪三等。其提牢官曾经躬亲逐一点视罪囚，锁杻俱已如法，取责狱官、狱卒牢固收禁文状者，不坐。

Les fonctionnaires et employés chargés de la direction de la prison seront punis de la peine des agents, diminuée de trois degrés; le fonctionnaire chargé de la surin-tendance des prisons qui aura déjà personnellement inspecté en détail et vérifié que les chaînes et les entraves des condamnés étaient toutes également installées selon les règles, qui aura donné des instructions écrites et précises au fonctionnaire chargé de la prison et aux agents pour leur prescrire de garder les détenus avec soin, prudence et fermeté ne sera pas incriminé;

若［提牢官于该日］不曾点视，以致失囚［反逃］者，与狱官同罪。

S'il (le fonctionnaire chargé de la surintendance des prisons) n'avait pas (ce jour-là) vérifié et inspecté, et s'il en est résulté des évasions de détenus (par rébellion et fuite), il sera puni de la même peine que le fonctionnaire chargé de la direction de la prison.

［若提牢官、狱卒、官、典］故纵者，不给捕限，［官、役］各与囚同罪，［至死减等，罪虽坐定，若］未断之间能自捕得，及他人捕得，若囚已死及自首，各减［囚罪］一等。

A ceux (fonctionnaires chargés de la surintendance des prisons, fonctionnaires, employés et agents des prisons), qui auront volontairement favorisé les évasions, il ne sera pas accordé de délai pour poursuivre et saisir les évadés et ils seront, chacun (fonctionnaire et agents), punis de la même peine que les détenus (si la peine est la mort elle sera diminuée d'un degré. Bien que la peine fixée leur soit imputable), si dans l'intervalle qui précède leur condamnation ils peuvent eux-mêmes s'emparer des évadés, ou si d'autres personnes peuvent s'en emparer, ou si ces détenus évadés sont morts où se sont livrés eux-mêmes à la justice, dans chaque cas, leur peine (celle des détenus évadés), sera diminuée d'un degré.

受财［故纵］者，计赃以枉法从重论。

Ceux qui auront accepté des valeurs (pour favoriser volontairement les évasions) seront punis en suivant la loi la plus sévère et en tenant compte de la va-leur du produit de l'acte illicite d'après les dispositions relatives au cas de violation de règles.

2、若贼自外入［狱］劫囚，力不能敌者，［官、役各］免罪。

Si des brigands venant du dehors entrent (dans la prison) et enlèvent par vio-lence les détenus, sans qu'ils aient les forces nécessaires pour s'y opposer, ils (les fonctionnaires et agents), seront (chacun) dispensés de la peine.

3、若押解［在狱］罪囚，中途不觉失囚者，罪亦如之。［如狱卒，减二等，仍责限捕获免罪。如有故纵及受财者，并与囚同罪。系劫者，免科。］

Ceux qui, chargés d'escorter des coupables ou des condamnés pour les transférer (dans une prison), auront, en route, laissé échapper des détenus par inadvertance seront encore coupables de la même faute (s'il s'agit d'agents des prisons, ils auront droit à une diminution de deux degrés et, d'ailleurs, si pendant la durée du délai assigné ils peuvent reprendre les évadés, ils seront dispensés de leur peine ; s'il y a eu protection volontaire, ou bien acceptation de valeurs, ils seront, également, punis de la même peine que les détenus ; s'il s'agit d'un enlèvement de détenus commis avec violence, ils ne seront pas punis.)

三百九十三、知情藏匿罪人

Art. CCCXCIII. Cacher des coupables avec connaissance de la nature des faits

［以非亲属及罪人未到官者言。］

(Il s'agit de ceux qui ne sont pas des parents des coupables et du cas où les coupables n'ont pas encore été amenés devant la justice.)

1、凡知［他］人犯罪事发，官司差人追唤而［将犯罪之人］藏匿在家，不行捕告，

Quiconque sachant qu'une autre personne a commis une faute, lorsque le fait est révélé et qu'un tribunal a envoyé quelqu'un pour la poursuivre et la faire comparaître, l'aura recélée et cachée (ladite personne coupable), dans sa maison, sans s'en emparer et sans la dénoncer,

及指引［所逃］道路，资给［所逃］衣粮，送令隐匿［他所］者，各减罪人［所犯］罪一等。［各字指藏匿、指引、资给说。如犯数罪，藏匿人止知一罪，以所知罪减等罪之。］

ou bien qui lui aura indiqué une route (pour fuir) et l'aura conduite, lui aura fourni des vêtements et des aliments (pour fuir) et lui aura indiqué les moyens de se cacher (dans un autre lieu) sera, dans chaque cas, puni de la peine (de la faute) du coupable, diminuée d'un degré (le mot chaque indique les actions de recéler et de cacher, d'indiquer la route et de conduire, et enfin, de fournir et d'approvisionner.)

[若亲属纠合外人藏匿，亲属虽免罪减等，外人仍科藏匿之罪。]

(Si le coupable a commis plusieurs fautes, et si celui qui le cache et le recèle ne connaît qu'une seule de ces fautes, il ne sera puni que de la faute qu'il connaît, diminuée d'un degré. Si des parents se sont réunis à des étrangers pour cacher et recéler un coupable, bien que lesdits parents soient exempts de la peine réduite de degré, les étrangers sont cependant punis de la peine édictée contre le fait d'avoir caché et recélé le coupable.)

[其事未发，非官司捕唤而藏匿，止问不应。]

(Si le fait n'est pas encore révélé et si les magistrats n'avaient pas encore fait poursuivre le coupable pour le faire comparaître, celui qui cache et recèle ce coupable sera seulement passible des peines de la loi relative à ce qui ne doit pas être fait) [art. 386].

其 [已逃他所，有] 辗转相送，而隐藏罪人，知情 [转送、隐藏] 者，皆坐。[减罪人一等。] 不知者，勿论。

Si le coupable (déjà en fuite dans un lieu quelconque) est successivement caché et recélé par plusieurs personnes qui se le confient l'une à l'autre, celles qui auront eu connaissance de la nature des faits (parmi celles qui auront successivement caché et recélé le coupable) seront toutes passibles (de la peine de l'individu recélé diminuée d'un degré); celles qui n'en auront pas eu connaissance ne seront pas incriminées.

2、若知官司追捕罪人，而漏泄其事，致令罪人得以逃避者，减罪人 [所犯] 罪一等。[亦不给捕限。]

Ceux qui, sachant qu'un magistrat poursuit un coupable pour le faire arrêter, auront divulgué ces poursuites, de façon que le coupable puisse fuir et les éviter, seront punis de la peine (de la faute) du coupable, diminuée d'un degré (et il ne leur sera pas accordé de délai pour s'emparer du coupable);

未断之间，能自捕得者，免 [漏泄之] 罪。

Si dans l'intervalle qui précède leur condamnation ils peuvent eux-mêmes s'emparer du coupable, ils seront dispensés de cette peine (du fait de divulgation);

若他人捕得，及罪人已死，若自首，又各减一等。［各字指他人捕得，及囚死、自首说。］

Si quelqu'autre personne peut s'emparer du coupable, ou bien si celui-ci meurt ou se livre de lui-même à la justice, dans chaque cas la peine sera encore diminuée d'un degré (le mot chaque désigne le cas où c'est une autre personne qui s'est emparée de coupable et ceux où le coupable est mort ou s'est livré lui-même).

三百九十四、盗贼捕限
Art. CCCXCIV. Des délais pour poursuivre et arrêter les voleurs et les brigands

1、凡捕强、窃盗贼，以事发［于官之］日为始。［限一月内捕获。］当该捕役、兵弁一月不获强盗者，笞二十；两月，笞三十；三月，笞四十。

Lorsqu'il s'agira de poursuivre et d'arrêter des voleurs furtifs ou à force ouverte (l'arrestation devra avoir lieu dans le délai d'un mois), à dater du jour où le fait aura été révélé (à l'autorité), si les soldats ou agents chargés de la poursuite et de l'arrestation n'ont pas saisi les coupables dans le délai d'un mois, s'il s'agit de l'arrestation de coupables de vol à force ouverte, ils seront punis de vingt coups de rotin; s'il s'est écoulé deux mois la peine sera de trente coups de rotin et s'il s'est écoulé trois mois la peine sera de quarante coups de rotin.

捕盗官罚俸两个月。捕役、兵弁一月不获窃盗者，笞一十；两月，笞二十；三月，笞三十。捕盗官罚俸一个月。限内获贼及半者，免罪。

Le fonctionnaire chargé des poursuites et des arrestations des voleurs sera puni d'une retenue de deux mois de traitement. Si dans le délai d'un mois les agents chargés des arrestations n'ont pas saisi des voleurs furtifs, ils seront punis de dix coups de rotin; s'il s'est écoulé deux mois, la peine sera de vingt coups de rotin; (s'il s'est écoulé trois mois, la peine sera de trente coups de rotin; le fonctionnaire chargé des poursuites et des arrestations des voleurs sera puni d'une retenue d'un mois de son traitement. Si dans le délai fixé ils ont pu s'emparer des coupables ou de la moitié de ceux-là, ils seront dispensés de toute peine.

2、若［被盗之人］经隔二十日以上告官者，［去事发日已远。］不拘捕

限，［缉获］捕杀人贼，与捕强盗限同。［凡官罚俸，必三月不获，然后行罚。］

Si l'accusation (de celui qui a été volé) n'a été portée devant le magistrat qu'après vingt jours écoulés ou plus (le jour de la perte des objets volés est déjà éloigné), on ne s'en tiendra pas au délai fixé pour les arrestations (pour poursuivre et arrêter les coupables) ; les délais pour arrêter les meurtriers et les brigands seront les mêmes que ceux qui sont fixés pour arrêter les voleurs à force ouverte (pour toutes les retenues de traitement exercées contre les fonctionnaires, il faut qu'il y ait trois mois écoulés sans que l'arrestation ait été faite et après cela seulement ces retenues peuvent être exercées).

断　狱
Des prisonniers en jugement

三百九十五、囚应禁而不禁
Art. CCCXCV. Des détenus qui doivent être
incarcérés et qui ne le sont pas

1、凡［鞫狱官于］狱囚应禁而不［收］禁，［徒犯以上，妇人犯奸，收禁；官犯公私罪，军民轻罪，老幼废疾，散禁。］应锁、杻而不用锁、杻，及［囚本有锁、杻，而为］脱去者，［各随囚重、轻论之。］

Toutes les fois que (par le fait du magistrat chargé de l'instruction d'un jugement) des détenus en jugement qui doivent être incarcérés ne seront pas (renfermés et) incarcérés (ceux qui sont passibles de la peine du travail pénible et des peines plus graves et les femmes coupables de fornication doivent être renfermés et incarcérés ; les fonctionnaires coupables de fautes publiques ou privées, les militaires et les gens du peuple passibles des peines légères, les veillards, les jeunes gens et les infirmes doivent être détenus sans être incarcérés), que, pour ceux qui doivent être enchaînés ou retenus par des entraves en bois, les chaînes ou les entraves en bois n'auront pas été employées, ou bien (ces prisonniers ayant primitivement été enchaînés ou entravés, lorsque ensuite les chaînes et entraves) auront été enlevées (dans chaque cas la peine sera déterminée suivant la gravité ou la légèreté de la peine encourue par les prisonniers).

　　若囚该杖罪，［当该官司］笞三十；徒罪，笞四十；流罪，笞五十；死罪，杖六十。若应杻而锁，应锁而杻者，各减［不锁、杻罪］一等。

Si ces détenus ont encouru la peine du truong, la peine (du fonctionnaire du tribunal saisi du jugement) sera de trente coups de rotin; s'ils ont encouru la peine du travail pénible, la peine sera de quarante coups de rotin; s'ils ont encouru la peine de l'exil la peine sera de cinquante coups de rotin; enfin, s'ils ont encouru la peine de mort, la peine sera de soixante coups de truong. Si des détenus doivent porter des entraves en bois et sont mis à la chaîne, ou s'ils doivent être enchaînés et portent des entraves en bois, dans chaque cas la peine (édictée, lorsqu'ils ne portent ni chaînes ni entraves), sera diminuée d'un degré.

　　2、若囚自脱去［锁、杻］，及司狱官、典、狱卒，私与囚脱去锁、杻者，罪亦如［鞫狱官脱去］之［罪］。

Si les détenus les enlèvent eux-mêmes (les chaînes ou les entraves en bois), ou bien si les fonctionnaires, les employés et les agents ou geôliers chargés de la direction du service dans la prison permettent privément d'enlever les chaînes et entraves des détenus, la faute sera encore la même (que celle du fonctionnaire chargé de l'instruction qui les fait enlever).

　　提牢官知［自脱与脱之情］而不举者，与［官、典、狱卒］同罪。不知者，不坐。

Le fonctionnaire chargé de la surintendance des prisons qui, ayant connaissance de ces faits (de détenus qui enlèvent eux-mêmes leurs chaînes ou leurs entraves ou auxquels il est permis de les enlever), n'en aura pas rendu compte sera puni de la même peine (que les fonctionnaires, employés et agents ou geôliers); s'il n'en a pas connaissance, il ne sera pas incriminé.

　　3、其［鞫狱官于囚之］不应禁而禁，及不应锁、杻而锁杻者，［倚法虐民］各杖六十。

Si (par le fait du magistrat chargé de l'instruction), des détenus qui ne doivent pas être incarcérés sont cependant incarcérés, ou bien si ceux qui ne doivent pas être enchaînés ou chargés d'entraves en bois sont enchaînés ou entravés (ce qui constitue le fait de s'appuyer sur les règles pour infliger des souffrances au peuple), dans chaque cas la peine sera de soixante coups de truong.

4、若［鞫狱、司狱、提牢官、典、狱卒］受财［而故为操纵轻重］者，并计赃，以枉法从重论。［有禄人八十两，律绞。］

Si (de la part du magistrat chargé de l'instruction ou du fonctionnaire chargé de la surintendance des prisons, ou du fonctionnaire et des employés chargés de la direction de la prison, ou des agents et geôliers de la prison), il y a eu acceptation de valeur (pour augmenter ou diminuer la sévérité du traitement), on tiendra également compte de la valeur du produit de l'action illicite d'après les dispositions relatives au cas de violation de règles et en suivant la loi la plus sévère (pour les personnes qui reçoivent une solde de l'état et pour une valeur de quatre-vingt onces d'argent, la loi prononce la strangulation).

三百九十六、故禁故勘平人

Art. CCCXCVI. Incarcérer volontairement et mettre volontairement en cause des personnes paisibles

1、凡官吏怀挟私仇，故禁平人者，杖八十。［平人，系平空无事，与公事毫不相干，亦无名字在官者，与下文公事干连之平人不同。］

Tout fonctionnaire ou employé qui, animé par un sentiment d'inimitié personnelle, aura volontairement incarcéré des personnes paisibles et innocentes, sera puni de quatre-vingts coups de truong (les personnes paisibles sont celles qui sont absolument en dehors de toute affaire, qui ne sont à aucun titre impliquées dans une affaire publique, et qui, de plus, ne sont pas nommées et citées dans les pièces présentées aux magistrats; il ne s'agit plus de la même catégorie de personnes paisibles indirectement impliquées dans une affaire publique dont il sera question plus bas);

因而致死者，绞［监候］。提牢官及司狱官、典、狱卒，知而不举首者，与同罪；至死者，减一等；不知者，不坐。

Si la mort en est résultée, la peine sera la strangulation (avec sursis). Le fonctionnaire chargé de la surintendance des prisons, ainsi que le fonctionnaire et les employés chargés de la direction de la prison et les geôliers et autres agents de la prison qui auront eu connaissance de ces faits et n'en auront pas rendu compte seront punis de la même peine que les coupables et si cette peine est la mort, la leur sera diminuée d'un degré; ceux qui n'en auront pas eu connaissance ne seront pas incriminés.

若因［该问］公事，干连平人在官［本］无招，［罪而不行保管。］误禁致死者，杖八十；［如所干连事方讯鞫。］有文案应禁者，［虽致死，］勿论。

Si à cause (de l'instruction) d'une affaire publique, des personnes paisibles et innocentes indirectement impliquées dans les conséquences de cette affaire n'ont (essentiellement) fait devant les magistrats aucun aveu (d'une faute; si elles ne sont pas renvoyées sous caution) et si elles sont incarcérées par erreur et en meurent, la peine sera de quatre-vingts coups de truong (si le fait incriminé comme conséquence de l'affaire en jugement entraîne la recherche de la vérité par l'emploi de la question et) s'il y a des pièces écrites et que ces personnes doivent légalement être incarcérées (bien que la mort vienne à en résulter), le fait ne sera pas puni.

2、若［官吏怀挟私仇。］故勘平人者，［虽无伤，］杖八十；折伤以上，依凡斗伤论；因而致死者，斩［监候］。

S'ils (les fonctionnaires et employés animés par un sentiment d'inimitié) mettent volontairement à la question des personnes paisibles (bien qu'il n'en soit pas résulté de blessures), la peine sera de quatre-vingts coups de truong; si ces personnes interrogées ont reçu des blessures dites fractures et au-dessus, on prononcera selon les dispositions relatives aux blessures faites dans une rixe entre personnes quelconques; si la mort en est résultée, la peine sera la décapitation (avec sursis).

同僚官及狱卒，知情［而与之］共勘者，与同罪；至死者，减一等；不知情［而共勘］，及［虽共勘而但］依法拷讯者，［虽致死、伤。］不坐。

Les fonctionnaires attachés au même service que les coupables, ainsi que les geôliers et agents des prisons qui, connaissant la nature du fait, auront concouru (avec les coupables) à ces interrogatoires, seront punis de la même peine et si cette peine est la mort, la leur sera diminuée d'un degré; ceux qui n'en auront pas eu connaissance（et qui auront concouru aux interrogatoires）, ainsi que ceux qui（bien qu'ils aient concouru aux interrogatoires）auront（uniquement）frappé et donné la question selon les règles（quand même il en serait résulté des cas de mort ou de blessures）, ne seront pas incriminés.

若因公事，干连平人在官，事须鞫问，及［正犯］罪人赃仗证佐明白，［而干连之人，独为之相助匿非。］不服招承，明立文案，依法拷讯，邂逅致死者，勿论。

Si des personnes paisibles sont indirectement impliquées dans les conséquences d'une affaire publique et, qu'étant devant les magistrats, il y ait lieu de les interroger et de les soumettre à la question, ou bien, si tous les témoignages étant précis et clairs relativement aux（personnes directement）coupables et au produit de l'action illicite, elles（les personnes paisibles indirectement impliquées dans l'affaire, seules, veulent aider ces coupables et cacher la faute）, ne veulent pas faire d'aveux et si le magistrat chargé d'éclaircir l'affaire a rendu une ordonnance écrite selon laquelle elles sont soumises à la question conformément aux règles, si leur mort survient fortuitement, personne ne sera incriminé.

三百九十七、淹禁

Art. CCCXCVII. De la prolongation de l'incarcération

凡狱囚情犯已完，［在内经］法司，［在外经］督抚审录无冤，别无追勘［未尽］事理，［其所犯笞、杖、徒、流、死罪。］应断决者，限三日内断决；

Lorsque les circonstance et la nature de la culpabilité d'un détenu incarcéré seront clairement connues, lorsque（dans les districts qui relèvent directement du gouvernement central）le tribunal des règles ou（dans les provinces extérieures）les gouverneurs généraux et particuliers auront vérifié qu'aucune injustice n'a été commise, qu'il n'existera aucune autre raison（pas encore complètement éclaircie）, de contrainte ou d'examen judiciaire et qu'il y aura lieu de mettre à exécution（la peine encourue par le coupable, que ce soit celle du rotin, du truong, du travail pénible, de l'exil, ou la peine de mort）, le jugement devra être exécuté dans le délai de trois jours;

　　［系徒、流］应起发者，限一十日内起发。若限外不断决、不起发者，当
该官吏过三日，笞二十；每三日，加一等，罪止杖六十。

　　Si le coupable (a encouru la peine du travail pénible ou celle de l'exil et) doit
être mis en route et déporté, la déportation devra avoir lieu dans le délai de dix
jours. Si, ces délais écoulés et dépassés, le jugement n'a pas été mis à exécution, et
le condamné n'a pas été mis en route pour être déporté, après trois jours de retard le
fonctionnaire et les employés seront punis de vingt coups de rotin ; la peine augmentera d'un degré pour chaque fois trois jours en plus et s'arrêtera à soixante coups de
truong.

　　因［过限不断决、不起发，］而淹禁致死者，若囚该死罪，杖六十；流
罪，杖八十；徒罪，杖一百；杖罪以下，杖六十，徒一年。［惟重囚照例
监候。］

　　Si à cause de (ces retards écoulés sans que le jugement soit prononcé ou sans
que le condamné soit déporté et constituant) cette prolongation d'incarcération le
coupable est mort, s'il avait encouru la peine de mort, la peine sera de soixante
coups de truong ; s'il avait encouru la peine de l'exil, la peine sera de quatre vingts
coups de truong ; s'il avait encouru la peine du travail pénible la peine sera de cent
coups de truong ; s'il avait encouru la peine du truong ou une peine inférieure, la
peine sera de soixante coups de truong et un an de travail pénible (les détenus pour
crimes graves sont seuls conservés en prison par sursis).

三百九十八、凌虐罪囚

Art. CCCXCVIII. Des cruautés et des mauvais traitements
exercés sur des coupables détenus

　　凡狱卒［纵肆］非理在禁，凌虐、殴伤罪囚者，依凡斗伤论。［验伤轻重
定罪。］

　　Tout geôlier ou agent subalterne des prisons qui (arbitrairement et) sans raison
aura, dans la prison, commis des cruautés sur des coupables détenus, leur aura fait
subir des mauvais traitements, les aura frappés et blessés, sera puni selon les dispositions relatives aux blessures faites dans une rixe entre personnes quelconques (en

examinant et en vérifiant le plus ou le moins de gravité des blessures pour déterminer la peine).

克减［官给罪囚之］衣粮者，计［克减之物为］赃，以监守自盗论。

Ceux qui auront faits des prélèvements ou des retenues sur les vêtements ou les rations en grain (fournies aux coupables détenus par l'État), seront jugés d'après les dispositions relatives aux surveillants et gardiens qui volent eux-mêmes, en tenant compte de la valeur (des objets prélevés ou retenus considérés comme valeur) du produit de l'action illicite.

因［殴伤、克减］而致死者，［不论囚罪应死、不应死。并］绞［监候］。

Si la mort des détenus (frappés, blessés ou privés de ce à quoi ils avaient droit), en est résultée (et cela sans distinguer si la faute des détenus devait ou ne devait pas être punie de mort), la peine sera la strangulation (avec sursis).

司狱官、典及提牢官，知而不举者，与同罪；至死者，减一等。［有不知，坐以不应。］

Les fonctionnaires et employés chargés de la direction et de l'administration de la prison, ainsi que le fonctionnaire chargé de la surintendance des prisons, qui auront eu connaissance de ces faits et ne les auront pas signalés seront punis de la même peine; mais si cette peine est la mort, la leur sera diminuée d'un degré (s'il arrive qu'ils n'en aient pas eu connaissance, ils seront punis d'après la loi relative à ce qui ne doit pas être fait) [art. 386].

三百九十九、与囚金刃解脱

Art. CCCXCIX. Donner aux détenus des instruments aigus en métal pour faciliter leur évasion

1、凡狱卒以金刃及他物，［如毒药之类，凡］可以［使人］自杀，及解脱锁杻之具而与囚者，杖一百；

Tout geôlier ou autre agent subalterne des prisons qui aura fourni aux détenus des instruments aigus en métal ou bien d'autres objets ou choses quelconques (telles que des poisons et autres drogues analogues) pouvant servir à (mettre quelqu'un à

même de) se tuer soi-même ou à se débarrasser de chaînes ou d'entraves en bois,
sera puni de cent coups de truong;

因而致囚在逃，及［于狱中］自伤，或伤人者，并杖六十，徒一年。

S'il en est résulté que des détenus se sont enfuis, ou bien se sont blessés ou ont
blessé quelqu'un (dans la prison), il sera également puni de soixante coups de
truong et d'un an de travail pénible;

若［致］囚［狱中］自杀者，杖八十，徒二年。致囚反狱［而逃，］及
［在狱］杀人者，绞［监候］。

Si (il en est résulté que) les détenus se sont suicidés (dans la prison), la
peine sera de quatre-vingts coups de truong et de deux ans de travail pénible; s'il en
est résulté que les détenus se sont révoltés dans la prison (et ont pris la fuite), ou
bien qu'ils ont tué quelqu'un (dans la prison), la peine sera la strangulation (avec
sursis);

其囚［脱越、反狱］在逃，［狱卒于］未断［罪］之间能自捕得，及他
人捕得，若囚已死及自首者，各减一等。

Si pendant que les détenus (évadés ou qui ont pris la fuite à la suite d'une
révolte dans la prison) sont en fuite et pendant l'intervalle qui s'écoule avant sa condamnation (à ces peines), il (le geôlier ou agent subalterne de la prison) peut parvenir à les reprendre, ou si d'autres personnes peuvent s'en emparer, comme aussi si
ces détenus viennent à mourir ou se livrent eux-mêmes à la justice, dans chaque cas
la peine sera diminuée d'un degré.

2、若常人［非狱卒］以可解脱之物与囚人，及子孙与［在狱之］祖父
母、父母，奴婢、雇工人与［在狱之］家长者，各减［狱卒］一等。

Si des personnes ordinaires (autres que des agents des prisons) procurent à
des gens détenus des objets pouvant leur servir à se débarrasser de leurs entraves et
à s'évader, ou bien si des enfants ou petits-enfants en fournissent à leur aïeul, leur
aïeule, leur père ou leur mère (dans la prison), et si des esclaves ou serviteurs
loués à gages en fournissent au chef de la famille (emprisonné), dans chaque cas la
peine sera (celle des agents) diminuée d'un degré.

3、若司狱官、典及提牢官，知而不举者，与同罪；至死者，减一等。

Si le fonctionnaire et les employés chargés de la direction de la prison, ainsi que le fonctionnaire chargé de la surintendance des prisons connaissent ces faits et ne les révèlent pas, ils seront punis de la même peine et si cette peine est la mort, la leur sera diminuée d'un degré.

4、若［狱卒、常人及提牢、司狱官、典］受财者，计赃以枉法从重论。［赃重论赃，赃轻论本罪。］

S'il y a eu acceptation de valeurs (par les geôliers et agents subalternes des prisons, des personnes ordinaires, le fonctionnaire chargé de la surintendance des prisons ou le fonctionnaire et les employés chargés de la direction de la prison), on tiendra compte de la valeur du produit de l'action illicite d'après les dispositions relatives au cas de violation de règles et on prononcera en suivant la loi la plus sévère (si la peine déduite de la valeur du produit de l'action illicite est plus grave, on prononcera cette peine; si elle est plus légère, on prononcera la peine édictée contre le fait lui-même).

5、若狱卒失于检点［防范］，致囚自尽［原非纵与可杀之具］者，狱卒杖六十；司狱官、典，各笞五十；提牢官，笞四十。

S'il y a eu manquement dans la surveillance et le dénombrement (la garde et les mesures de précaution pour la surveillance) des détenus et s'il en est résulté que quelque détenu s'est suicidé (sans qu'il y ait eu primitivement l'action de fournir des instruments ou choses propres à donner la mort), les agents de la prison ou geôliers seront punis de soixante coups de truong; le fonctionnaire et les employés chargés de la direction de la prison seront, chacun, punis de cinquante coups de rotin et le fonctionnaire chargé de la surveillance de la prison sera puni de quarante coups de rotin.

四百、主守教囚反异

Art. CCCC. Des gardiens qui donnent des instructions aux détenus pour revenir sur leurs aveux et faire des déclarations contraires

［反，训翻。］

(Revenir sur leurs aveux et suivre des indications contraires.)

1、凡司狱官、典、狱卒，教令罪囚反异［成案］，变乱［已经勘定之］

事情，

Les fonctionnaires et employés chargés de la direction et de l'administration des prisons et les agents subalternes des prisons qui auront donné des instructions ou des ordres à des coupables détenus pour les faire revenir sur leurs aveux，leur faire faire des déclarations contraires（au jugement rendu ou aux procès-verbaux arrêtés）et altérer la nature des faits（déjà établis et déterminés par les instructions et les interrogatoires），

及与通传言语［于外人，以致罪人扶同］有所增［入他人］减［去自己之］罪者，以故出入人罪论。

ou bien qui leur auront donné des facilités de communication（avec des personnes du dehors afin que ces coupables prêtent leur assistance）pour arriver à des augmentations（en impliquant d'autres personnes）ou à des diminutions de（leur propre）peine，seront jugés d'après les dispositions relatives au fait d'innocenter ou d'incriminer volontairement quelqu'un.

外人犯［教令、通传、有所增减］者，减［主守］一等。

Si des personnes du dehors commettent ces fautes（donner des instructions ou des ordres，servir d'intermédiaire et transmettre des communications，fournir des motifs pour augmenter ou diminuer des peines），elles seront punies d'une peine moindre d'un degré（que la peine des gardiens）.

2、若［狱官、典、卒］容纵外人入狱，及［与囚传通言语］走泄事情，于囚罪无增减者，答五十。

S'ils（les fonctionnaires，employés et agents des prisons）tolèrent ou facilitent l'introduction de personnes du dehors dans la prison，ou bien（s'ils accordent aux coupables des moyens de communication pour arriver à）la divulgation au dehors de la nature du fait，sans qu'il s'agisse d'augmentation ou de diminution de la peine des détenus，ils seront punis de cinquante coups de rotin.

3、若［狱官、典、卒、外人］受财者，并计［入己］赃，以枉法从重论。

S'il y a eu acceptation de valeurs（par les directeurs，employés ou agents subalternes des prisons），on tiendra également compte de la valeur du produit de l'action illicite（dont chacun aura personnellement bénéficié），d'après les dispositions relatives au cas de violation de règles et on prononcera en suivant la loi la plus sévère.

四百零一、狱囚衣粮

Art. CCCCI. De la nourriture et des vêtements des détenus

1、凡狱囚［无家属者］，应请给衣粮、［有疾病者，应请给］医药，而不请给；患病［重者，除死罪不开锁杻外，其余］应脱去锁杻，而不［请］脱去；

Toutes les fois que pour des détenus（sans famille ni relations）il y aura lieu de demander la concession de vêtements et de rations de grains（ou, s'ils sont malades, lorsqu'il y aura lieu de demander la fourniture）de médicaments ou de soins médicaux et que cette demande ne sera pas faite, ou bien, lorsque des détenus seront tombés malades（gravement; sauf ceux qui seront passibles de la peine de mort, qui ne seront pas délivrés de leurs chaînes ou entraves, et pour tous les autres, lors）qu'il y aura lieu de les délivrer de leurs chaînes ou entraves et qu'ils n'en seront pas délivrés（après en avoir demandé l'autorisation），

［犯笞罪者］，应保管出外，而不［请］保管；［及疾至危笃者］，应听家人入视，而不［请］听，［以上虽非司狱官、典、狱卒所主，是不申请上司。］司狱官、典、狱卒，笞五十。

ou si des détenus（passibles de la peine du rotin），doivent être mis en liberté sous caution et ne sont pas mis en liberté sous caution（après en avoir demandé l'autorisation; ainsi que dans les cas où le mal présentera le danger de dégénérer en impotence et），s'il y a lieu d'admettre des personnes de leur famille à entrer pour les visiter et que ces personnes ne soient pas admises（après en avoir demandé l'autorisation; dans tous les cas ci-dessus, bien que les fonctionnaires et employés chargés de la direction de la prison où les agents de la prison n'aient pas l'autorité nécessaire pour décider sur ces questions, et par cela seul qu'ils n'auront pas adressé de rapport et avisé l'autorité supérieure pour demander les autorisations nécessaires），le fonctionnaire et les employés chargés de la direction et de l'administration de la prison et les agents subalternes de la prison seront punis de cinquante coups de rotin;

因而致死者，若囚该死罪，杖六十；流罪，杖八十；徒罪，杖一百；杖罪以下，杖六十，徒一年。

Si des causes énoncées ci-dessus il est résulté la mort de quelque détenu, si ces détenus avaient encouru la peine de mort, la peine sera de soixante coups de truong; s'ils avaient encouru la peine de l'exil, elle sera de quatre-vingts coups de truong; s'ils avaient encouru la peine du travail pénible, elle sera de cent coups de truong; s'ils avaient encouru la peine du truong ou une peine inférieure, la peine sera de soixante coups de truong et un an de travail pénible.

提牢官知而不举者，与［狱官、典、卒］同罪。

Les fonctionnaires chargés de la surintendance des prisons qui auront connaissance de ces faits et qui ne les révéleront pas seront punis de la même peine (que les fonctionnaires, employés et agents des prisons).

2、若［司狱官］已申禀上司，［而上司官吏］不即施行者，一日，笞一十，每一日加一等，罪止笞四十。

S'il a déjà été rendu compte à l'autorité supérieure (par le fonctionnaire chargé de la direction de la prison), et qu'il n'ait pas été donné suite immédiate à ces demandes (par les fonctionnaires et employés du tribunal investi de l'autorité supérieure), pour un jour de retard, la peine sera de dix coups de rotin; elle augmentera d'un degré pour chaque jour et s'arrêtera à quarante coups de rotin;

因而致死者，若囚该死罪，杖六十；流罪，杖八十；徒罪，杖一百；杖罪以下，杖六十，徒一年。

S'il en est résulté la mort de quelque détenu, si ce détenu avait encouru la peine de mort, la peine du fait sera de soixante coups de truong; s'il avait encouru la peine de l'exil, elle sera de quatre-vingts coups de truong; s'il avait encouru la peine du travail pénible, elle sera de cent coups de truong; s'il avait encouru la peine du truong ou une peine inférieure, la peine du fait sera de soixante coups de truong et un an de travail pénible.

四百零二、功臣应禁亲人入视

Art. CCCCII. Lorsque les fonctionnaires méritants doivent être détenus, leurs parents peuvent entrer pour les visiter

凡功臣及五品以上［文武］官犯罪应禁者，许令［服属］亲人入视，［犯］徒、流［应发配］者，并听亲人随行。

Lorsque des fonctionnaires méritants, ou bien des fonctionnaires (civils ou militaires) du cinquième rang et au-dessus auront encouru une peine et devront être incarcérés, il sera permis à leurs parents (à des degrés pour lesquels il existe un vêtement de deuil) d'entrer pour les visiter; s'ils ont encouru (pour leurs fautes) les peines du travail pénible ou de l'exil (et s'ils doivent être déportés pour subir leur peine), il sera également accordé à leurs parents de les suivre et de les accompagner.

若在禁及［徒、流已］至配所，或中途病死者，在京原问官，在外随处官司，开具［在禁、在配、在途］致死缘由，

Si, étant dans la prison ou (condamnés au travail pénible ou à l'exil et déjà parvenus) au lieu où leur peine doit être subie, ou, enfin, en route, ils viennent à mourir de maladie, le juge qui aura rendu le jugement à la capitale ou le fonctionnaire concerné, selon le lieu, dans les provinces, adressera un rapport circonstancié indiquant les causes du décès (survenu dans la prison, dans le lieu de déportation ou en route);

差人引领［其入视随行之］亲人诣阙，奉请发放。违者，杖六十。

Il enverra quelqu'un conduire leurs parents (ceux qui sont entrés dans la prison pour les visiter ou ceux qui les accompagnaient), à la disposition du Souverain, en demandant à les faire mettre en liberté; ceux qui auront contrevenu à ces dispositions seront punis de soixante coups de truong.

四百零三、死囚令人自杀

Art. CCCCIII. Des détenus condamnés à mort qui ordonnent à quelqu'un de les faire mourir

1、凡死罪囚已招服罪，而囚［畏惧刑戮］使令亲戚、故旧自杀，

Toutes les fois que des détenus pour un crime entraînant la peine de mort auront déjà avoué leur faute et se seront soumis à leur peine, qu'ils seront détenus et que (craignant les angoisses de l'exécution et les souffrances du châtiment), ils auront ordonné à quelqu'un de leurs parents ou de leurs alliés ou à des personnes auxquelles ils sont attachés depuis longtemps de leur ôter la vie,

或令［亲故］雇倩［他］人杀之者，亲故及［雇倩］下手之人，各依［亲属、凡人斗殴］本杀罪减二等。

ou bien encore qu'ils auront ordonné (à ces parents ou à ces anciens amis) de louer quelque (autre) personne pour leur ôter la vie, ces parents et anciens amis, ainsi que les personnes (louées) qui auront prêté leurs mains à l'accomplissement de ce suicide seront, chacun, punis de la peine du meurtre qu'ils auront commis (selon les dispositions relatives aux parents ou aux personnes quelconques, et au meurtre commis dans une rixe), diminuée de deux degrés.

若囚虽已招服罪，不曾令亲故自杀，及虽曾令［亲故］自杀，而未招服罪，［其亲故］辄［自］杀讫，

Bien que ces détenus coupables aient déjà avoué leur faute et reconnu la justice de la peine qu'ils ont encourue, s'ils n'avaient pas encore ordonné à leurs parents ou à leurs anciens amis de les mettre à mort, ou bien, si quoiqu'ils aient déjà ordonné (à leurs parents ou à leurs anciens amis) de les mettre à mort ils n'avaient pas encore avoué leur faute et reconnu la justice de leur châtiment, et si ces personnes (parents ou anciens amis), de leur propre mouvement, les ont (eux-mêmes) mis à mort,

或雇倩人杀之者，［不令自杀，已有幸生之心，未招服罪，或无可杀之罪。］亲故及下手之人，各以［亲属、凡人］斗杀伤论。［不减等。］

ou ont loué quelqu'un pour les tuer (si ces détenus n'ont pas ordonné qu'on les mette à mort, c'est qu'ils avaient encore l'espérance et le désir d'échapper à la mort;

s'ils n'ont pas encore fait l'aveu de leur faute et reconnu la justice de leur peine, peut-être que leur faute était telle qu'elle n'aurait pas entraîné la peine de mort), ces parents et anciens amis ainsi que les personnes qui auront commis le meurtre de leurs propres mains seront jugés, chacun, d'après (leur qualité de parents ou de personnes quelconques et) les dispositions relatives au meurtre commis et aux blessures faites dans une rixe (sans diminution de degrés).

2、若［死囚］虽已招服罪，而囚之子孙为祖父母、父母及奴婢、雇工人为家长［听饮自下手，或令雇倩他人杀之］者，皆斩［监候］［雇倩之人，仍依本杀罪减二等］。

Si, bien que les coupables détenus (passibles de la peine de mort) aient déjà avoué leur faute et se soient soumis à leur peine, il arrive que les enfants ou petits-enfants aient rendu ce service à leur aïeul, leur aïeule, leur père ou leur mère, ou bien que les esclaves ou serviteurs loués aient rendu ce service au chef de la famille (en écoutant leurs ordres et en les tuant de leurs mains, ou en louant quelqu'autre personne pour les tuer à leur place), tous seront punis de la décapitation (avec sursis ; les personnes louées seront d'ailleurs punies de la peine du meurtre qu'elles auront commis, diminuée de deux degrés.)

四百零四、老幼不拷讯

Art. CCCCIV. Les vieillards et les enfants ne sont pas soumis à la question

凡应八议之人，［礼所当优］及年七十以上，［老所当恤］十五以下，［幼所当慈］若废疾［疾所当矜］者，［如有犯罪，官司］并不合［用刑］拷讯，皆据众证定罪。

Les personnes des huit classes qui ont droit à une délibération ［art. 3］, (pour lesquelles les règles morales prescrivent l'indulgence), ainsi que celles qui sont âgées de soixante-dix ans et au-dessus (dont la vieillesse réclame la commisération), ou de quinze ans et au-dessous (dont l'enfance a droit à la bienveillance), de même que les infirmes (l'infirmité a droit à la pitié), seront également (lorsqu'elles auront commis quelque faute) dispensées d'être soumises à (l'emploi des supplices de) la question（devant les tribunaux）; pour toutes, on se basera sur tous les témoignages afin de déterminer la peine;

违者，以故失入人罪论。［故入抵全罪，失入减三等］。

Ceux qui contreviendront à ces dispositions seront jugés d'après les dispositions relatives au fait d'innocenter ou d'incriminer volontairement ou par erreur quelqu'un（si l'incrimination est volontaire, on applique en retour au coupable la peine totale qu'il a injustement infligée; si l'incrimination a été faite par erreur, cette peine est diminuée de trois degrés）.

其于律得相容隐之人，［以其情亲有所讳］及年八十以上，十岁以下，若笃疾，［以其免罪有所恃］皆不得令其为证。违者，笞五十。［皆以吏为首，递减科罪。］

Les personnes qui, de par la loi, peuvent réciproquement cacher leurs fautes（parce que le sentiment de la parenté porte à les cacher［art. 32］）, ainsi que les vieillards âgés de quatre vingts ans et au-dessus et les enfants âgés de dix ans et au-dessous, de même que les impotents（parce que ceux-ci pourraient se fier à l'impunité à laquelle ils ont droit）［art. 22］ne peuvent, tous, pas être appelés en témoignage; ceux qui contreviendront à ces dispositions seront punis de cinquante coups de rotin（ce sera toujours l'employé qui sera considéré comme principal coupable et la peine sera graduée en diminuant proportionnellement［art. 28］）.

四百零五、鞫狱停囚待对

Art. CCCCV. De la suspension de la procédure criminelle contre des détenus, en attendant une confrontation

1、凡鞫狱官推问［当处］罪囚，有［同］起内［犯罪］人伴见在他处官司，［当处］停囚专待［其人］对［问］者，［虽彼此］职分不相统摄，皆听直行［文书］勾取。

Toutes les fois qu'un fonctionnaire chargé de l'instruction criminelle et de questionner les prévenus aura fait comparaître et aura interrogé des coupables détenus（qui doivent être jugés）et qu'il arrivera que dans cette（même）affaire les complices（des coupables）se trouvent actuellement dans un autre lieu, le fonctionnaire（qui doit juger) maintiendra les détenus en prévention et devra absolument attendre (les personnes en question pour faire) la confrontation (et les interroger). Bien que les fonctionnaires (de l'une et de l'autre juridiction) ne soient liés par aucun lien hiérarchique ou administratif, tous sont autorisés à s'adresser directement entre-eux (par dépêche), des réquisitions pour faire opérer les arrestations;

[他处官司于] 文书到后限三日内, [即将所勾待问人犯] 发遣。

Dans le délai de trois jours après la réception de la dépêche (le fonctionnaire de l'autre lieu saisira immédiatement les personnes ou les coupables attendus pour être interrogés et) ces personnes devront être expédiées et envoyées;

违限不发者, 一日, 笞二十; 每一日加一等; 罪止杖六十。[当处鞫狱者, 无以其不发而中止。]

Si le délai est dépassé sans que les dites personnes aient été expédiées, pour un retard d'un jour, la peine sera de vingt coups de rotin; pour chaque jour en sus, la peine augmentera d'un degré, sans quelle puisse dépasser le maximum de soixante coups de truong (le fonctionnaire chargé de diriger l'instruction criminelle et de questionner ne peut pas s'en tenir là parce que les complices poursuivis ne lui sont pas envoyés),

仍行移 [他处] 本管上司, 问 [违限之] 罪, 督 [令将所取犯人解] 发。

d'ailleurs, une dépêche sera adressée à l'autorité supérieure de la juridiction concernée (de l'autre lieu), pour que la faute commise (en laissant dépasser les délais), soit jugée et que cette autorité supérieure prescrive (par des ordres stricts et précis l'arrestation des coupables, leur transfert et) leur envoi.

2、若起内应合对问, 同伴罪囚已在他处州、县事发见问者, [是彼此具属应鞫], 听轻囚 [移] 就重囚; [若囚罪相等者, 听] 少囚从多囚; 若囚数相等者, 以后发之因, 送先发官司并问;

Si dans la même affaire il y a lieu de confronter et d'interroger des complices des coupables détenus et que ceux-là soient déjà poursuivis et mis en jugement dans quelque autre *châu* ou *huyên* où le fait a été révélé (c'est-à-dire que les uns et les autres doivent tous être jugés et questionnés), les détenus plus légèrement coupables seront (transférés et) envoyés avec les détenus plus gravement coupables (si la culpabilité de tous les détenus est du même degré), les détenus les moins nombreux seront envoyés pour rejoindre les détenus les plus nombreux et, si les détenus sont en nombre égal dans les deux lieux, les détenus dont la culpabilité a été révélée en dernier lieu seront livrés au tribunal dont relèvent les détenus dont la culpabilité a été d'abord révélée, afin qu'il les juge tous ensemble.

若两县相去三百里之外者，［往返移就，恐致疏虞。］各从事发处归断。［移文知会。］［如］违［轻不就重，少不从多，后不送先，远不各断］者，笞五十。

Si les deux *huyên* sont distants de plus de trois cent lis (comme il serait à craindre que le transfert, soit à l'allée, soit au retour, ne présentât des retards ou des dangers), chacun des coupables sera jugé au lieu où sa faute aura été révélée (et les deux tribunaux s'adresseront des dépêches pour se renseigner); ceux qui contreviendront à ces dispositions (en ne remettant pas les coupables du fait le plus léger au juge des coupables du fait le plus grave, ou en ne livrant pas les coupables les moins nombreux au juge saisi du jugement du plus grand nombre des coupables, en ne livrant pas les coupables dont la faute a été révélée en dernier lieu au juge saisi du procès des coupables accusés d'abord, ou enfin, si les deux lieux sont éloignés, en ne jugeant pas les coupables dans chacun des lieux où le fait a été révélé), seront punis de cinquante coups de rotin.

若违法［反］将重囚移就轻囚，多囚移就少囚者，当处官司，随即收问；［不得互相推避］。仍申达［彼处］所管上司，究问所属违法移囚［笞五十］之罪。

Si, contrairement à la règle (et au contraire de ses prescriptions), les détenus gravement coupables sont livrés à la juridiction des détenus plus légèrement coupables, ou si les détenus les plus nombreux sont livrés à la juridiction des détenus les moins nombreux, les magistrats concernés devront immédiatement les recevoir et procéder au jugement (sans qu'ils puissent se renvoyer l'affaire de l'un à l'autre), d'ailleurs ils rendront compte à l'autorité supérieure concernée (dont relève le magistrat de l'autre lieu), qui fera une enquête, jugera son subordonné et le punira de la peine du fait de transfert des détenus contrairement à la règle (cinquante coups de rotin).

若［当处官司］囚到不受者，一日，笞二十；每一日加一等，罪止杖六十。

Si à l'arrivée des détenus transférés, ceux-ci ne sont pas reçus, pour un jour de retard, la peine (du fonctionnaire chargé du jugement) sera de vingt coups de rotin, elle augmentera d'un degré pour chaque jour en plus et s'arrêtera au maximum de soixante coups de truong.

四百零六、依告状鞫狱

Art. CCCCVI. L'instruction criminelle [1] doit porter sur les faite énoncés dans l'accusation

1、凡鞫狱，须依［原告人］所告本状推问。若于［本］状外别求他事，擒拾［被告］人罪者，以故入人罪论。［或以全罪科，或以增轻作重科。］同僚不署文案者，不坐。

Dans toute instruction criminelle, et en interrogeant les prévenus, on doit absolument diriger l'information selon les allégations portées dans l'accusation (de la personne qui porte l'accusation); si on questionne sur d'autres sujets que les faits contenus dans l'accusation, cherchant ainsi à découvrir d'autres motifs de culpabilité contre le prévenu (accusé), ce fait sera considéré et jugé d'après les dispositions relatives au fait d'incriminer volontairement quelqu'un (et puni soit de la peine totale, soit de la peine relative à l'aggravation du fait plus léger rendu plus grave) [art. 409]. Les personnes attachées ensemble au même service, mais qui n'auront pas été appelées à donner leur signature dans les pièces ou le jugement, ne seront pas incriminées.

2、若因其［所］告［本］状［事情］，或［法］应掩捕搜检，因［掩捕］而检得［被犯］别罪，事合推理者，［非状外擒拾者比］不在此［故入同论之］限。

Si tout en se conformant à (la nature des faits de) l'accusation (primitivement

---

［1］ 在这里，这一术语并不意味着法国刑法中的相同术语；字面意思是："在刑事判决中运用拷问"。然而，虽然该词最初用意是用拷讯，但其词义后来更加宽泛，通常是指任何审讯，无论是否用了拷问。——原注。

portée）, ou parce qu'il y a eu lieu，(selon les règles）, de faire des fouilles, des re-cherches et des arrestations， il en est résulté (de ces fouilles ou de ces arrestations）, la découverte d'autres faits (de l'accusé）, dont on doit tenir compte dans le jugement，(le cas n'est plus comparable à celui où il s'agit de rechercher d'autres motifs de culpabilité en dehors des faits portés dans l'accusation）, ce cas n'est plus compris dans la portée de cette disposition，(qui ordonne de prononcer pour fait d'incrimination volontaire）.

四百零七、原告人事毕不放回

Art. CCCCVII. Du cas où les plaignants ne sont pas renvoyés après que l'affaire est terminée

凡告词讼，对问得实，被告已招服罪，原告人别无待对事理，［鞫狱官司当］随即放回。若无［待对事］故稽留三日不放者，笞二十；每三日加一等，罪止笞四十。

Dans toute plainte, accusation ou procès, aussitôt que les interrogatoires contra-dictoires ont été faits et que la réalité des faits a été reconnue, que l'accusé a avoué sa faute et s'est soumis à la peine qu'il a encourue, et qu'il n'existe d'ailleurs aucune autre raison de retenir l'accusateur en attendant une autre confrontation, ce dernier devra aussitôt être remis en liberté (par le fonctionnaire du tribunal chargé de l'instruction et des interrogatoires）; si sans cause (nécessitant une nouvelle confron-tation）, il est retenu trois jours sans être remis en liberté, la peine sera de vingt coups de rotin; elle augmentera d'un degré pour chaque fois trois jours en sus et s'arrêtera à quarante coups de rotin.

四百零八、狱囚诬指平人

Art. CCCCVIII. Des détenus en jugement qui désignent calomnieusement des personnes paisibles

1、凡因在禁诬指平人者，以诬告人［加三等］论；其本犯罪重［于加诬之罪］者，从［原］重［者］论。

Tout détenu incarcéré qui aura désigné calomnieusement des personnes paisibles sera jugé d'après les dispositions relatives aux accusations calomnieuses (avec augmentation de trois degrés); si la peine primitivement encourue par le coupable est plus grave (que la peine aggravée du fait de calomnie), on prononcera suivant la faute (primitive) la plus grave.

2、若［本囚无诬指平人之意，］官吏鞫问狱囚，非法拷讯，故行教令诬指平人者，以故入人［全］罪论。

Si (ledit détenu n'ayant pas l'intention de désigner calomnieusement des personnes paisibles), les fonctionnaires et employés qui interrogent le détenu en jugement lui font appliquer la question et le font frapper contrairement aux règles et lui donnent volontairement des instructions ou des ordres pour désigner calomnieusement des personnes paisibles, ils seront jugés d'après les dispositions relatives au fait d'incriminer volontairement quelqu'un et punis de la peine (entière) de cette faute.

3、若［官司］追征［逋欠］钱粮，逼令［欠户］诬指平人代纳者，计所枉征财物，坐赃论。［罪止杖一百，徒三年，以赃不入己也。］其物给［代纳本］主。

Si (les magistrats concernés) poursuivant la rentrée de fonds ou de grains (dus et cachés, demeurés impayés et non-restitués), ils contraignent (les familles qui doivent ces valeurs) à désigner calomnieusement des personnes paisibles comme devant payer à la place des débiteurs, on tiendra compte de la totalité des valeurs ou objets illicitement perçus et on prononcera pour incrimination au sujet d'un produit d'action illicite (la peine s'arrêtera à cent coups de truong et trois ans de travail pénible, parce que le produit de l'action illicite n'a pas été appliqué par les coupables à un bénéfice personnel); les objets perçus seront restitués à leurs propriétaires (ceux qui ont versé pour les véritables débiteurs.)

4、其被［囚］诬［指］之［平］人，无故稽留三日不放［回］者，笞二十；每三日加一等，罪止杖六十。

Si les personnes (paisibles) calomniées (et désignées par les détenus), sont retenues pendant trois jours sans motifs et sans être relaxées (et renvoyées), la peine sera de vingt coups de rotin; elle augmentera d'un degré pour chaque fois trois jours en plus et s'arrêtera à soixante coups de truong.

5、若［官司］鞫囚，而证佐之人［有所偏徇］不言实情，故行诬证，及化外人有罪，通事传译番语［有所偏私］，不以实对，致［断］罪有出入者，证佐人减罪人罪二等。

Si les détenus sont interrogés（par les fonctionnaires conservés）et si des témoins（animés de partialité）ne disent pas la vérité et font volontairement des faux témoignages, ou bien si des étrangers ont commis une faute et si les interprètes ne traduisent pas exactement les mots de la langue étrangère（par un motif de partialité ou d'intérêt privé）, ne répondent pas en se conformant à la réalité, et qu'il en résulte que la peine（prononcée）ne corresponde pas exactement à la faute, les témoins seront punis de la peine des coupables, diminuée de deux degrés.

［证佐不说实情，出脱犯人全罪者，减犯人全罪二等；若增减其罪者，亦减犯人所得增减之罪二等之类。］

（Si les témoins ne disent pas la vérité et disculpent complètement les coupables, ils seront punis de la peine totale méritée par les coupables, diminuée de deux degrés；s'ils augmentent ou diminuent la faute réellement commise, ils seront encore punis de l'augmentation ou de la diminution de peine des coupables, diminuée de deux degrés）；

通事与同罪。［谓化外人本有罪，通事扶同传说，出脱全罪者，通事与犯人同得全罪。若将化外人罪名增减传说者，以所增减之罪坐通事。］

Les interprètes seront punis de la même peine que les coupables（cela veut dire que si les étrangers sont effectivement coupables et si les interprètes les ont aidés en traduisant pour leur faire éviter complètement la peine qu'ils ont méritée, ces interprètes seront punis de la même peine que les coupables sans diminution, et que, s'ils ont augmenté ou diminué la culpabilité de ces étrangers, ils seront punis de la peine qui correspond à cette augmentation ou à cette diminution de culpabilité.）

［谓如化外人本招承杖六十，通事传译增作杖一百，即坐通事杖四十；又如化外人本招承杖一百，通事传译减作笞五十，即坐通事笞五十之类。］

（Par exemple, si un étranger se reconnaît coupable d'une faute qui entraîne la peine de soixante coups de truong et si un interprète en traduisant augmente la faute jusqu'à entraîner la peine de cent coups de truong, cet interprète sera, par cela seul, passible de quarante coups de truong, ou bien encore, si l'étranger avoue une faute qui est punie de cent coups de truong et si l'interprète en traduisant diminue la culpabilité de manière à ne faire condamner l'étranger qu'à cinquante coups de rotin, cet interprète est lui-même passible de cinquante coups de rotin, et ainsi de même dans tous les autres cas).

四百零九、官司出入人罪
Art. CCCCIX. Des tribunaux qui innocentent ou incriminent quelqu'un au sujet d'une faute

1、凡官司故出入人罪，全出全入者，［徒不折杖，流不折徒。］，以全罪论。［谓官吏因受人财，及法外用刑，而故加以罪、故出脱之者，并坐官吏以全罪。］

Toutes les fois que les fonctionnaires d'un tribunal auront volontairement innocenté ou incriminé quelqu'un au sujet d'une faute en acquittant complètement un coupable ou en condamnant une personne totalement innocente (la peine du travail pénible ne sera pas convertie en peine du truong, la peine de l'exil ne sera pas convertie en peine du travail pénible, et), ils seront punis de la totalité de la peine (cela veut dire que, parce que ces fonctionnaires et employés ont reçu des valeurs de quelqu'un, et en employant des supplices en dehors de la règle, ils ont volontairement infligé une peine ou volontairement soustrait quelqu'un à un châtiment; les fonctionnaires et les employés sont également passibles de toute la peine en question.)

2、若［于罪不至全入，但］增轻作重，［于罪不至全出，但］减重作轻，以所增减论；至死者，坐以死罪。

S'ils ont (non pas incriminé une personne totalement innocente mais seulement) augmenté la gravité d'une faute plus légère pour rendre le coupable passible d'une peine plus sévère, ou (non pas complètement innocenté une personne coupable, mais seulement) diminué l'importance d'une faute plus grave, pour rendre le coupable passible d'une peine moins sévère, ils seront punis de cette augmentation ou de cette diminution de peine; s'il s'agit de la peine de mort, ils seront passibles de la peine de mort.

［若增轻作重，入至徒罪者，每徒一等，折杖二十；入至流罪者，每流一等，折徒半年；入至死罪已决者，坐以死罪。若减重作轻者，罪亦如之。］

（S'il y a eu aggravation d'une faute plus légère considérée comme plus grave et si cette aggravation a entraîné l'application de la peine du travail pénible, chaque degré de la peine du travail pénible se convertira en vingt coups de truong; si l'aggravation a entraîné l'application de la peine de l'exil, chaque degré de la peine de l'exil se convertira en une demi－année de travail pénible; si l'aggravation a entraîné l'application de la peine de mort, l'exécution ayant eu lieu, les coupables seront passibles de la peine de mort. S'il s'agit de diminuer la gravité d'une faute et de la considérer comme plus légère qu'elle n'est réellement, la faute est encore la même que lorsqu'il s'agit d'une aggravation）.

3、若断罪失于入者，各减三等；失于出者，各减五等；

Si en prononçant une peine il y a eu incrimination par erreur, dans chaque cas la peine sera diminuée de trois degrés; s'il s'agit du fait d'innocenter par erreur, dans chaque cas la peine sera diminuée de cinq degrés.

并以吏典为首，首领官减吏、典一等；佐贰官减首领官一等；长官减佐贰官一等科罪。［坐以所减三等、五等。］

Ce sera également l'employé qui sera considéré comme principal coupable; le fonctionnaire chargé du contrôle des détails du service sera puni de la peine de l'employé diminuée d'un degré; le fonctionnaire adjoint en second sera puni de la peine du fonctionnaire chargé du contrôle des détails diminuée d'un degré; le fonctionnaire chef du service sera puni de la peine du fonctionnaire adjoint en second diminuée d'un degré（le tout gradué sur la peine déjà diminuée de trois ou de cinq degrés）.

4、若囚未决放，及放而还获，若囚自死，［故出入，失出入。］各听减一等。

Si les détenus n'ont pas encore subi leur condamnation ou n'ont pas encore été mis en liberté, ou bien s'ils ont déjà été mis en liberté mais ont ensuite été repris, comme aussi si ces détenus sont morts naturellement ou accidentellement（qu'il s'agisse du fait d'innocenter ou d'incriminer volontairement ou du fait d'innocenter ou d'incriminer par erreur）, dans chaque cas les coupables bénéficieront d'une diminution d'un degré.

[其减一等，与上减三等、五等，并先减而后算，折其剩罪以坐；不然则其失增、失减、剩杖、剩徒之罪，反有重于全出、全入者矣。]

(Cette diminution d'un degré, comme les diminutions précédentes de trois ou de cinq degrés, doivent également être faites d'abord, et c'est ensuite qu'on fait la conversion pour calculer l'excédant de la peine pour prononcer; s'il n'en était pas ainsi, dans le cas d'aggravation par erreur ou de diminution par erreur, l'excédant de la diminution en truong, ou l'excédant de la diminution en travail pénible, serait une peine qui, contrairement à la logique, serait plus forte que dans le cas du fait d'innocenter ou d'incriminer volontairement.)

四百一十、辩明冤枉

Art. CCCCX. De la révision des injustices et des illégalités

1、凡内外问刑衙门辩明冤枉，须要开具［本囚］所枉事迹，实封奏闻。

Tout tribunal criminel, des districts qui relèvent directement du gouvernement central, ou des provinces, qui poursuivra la révision d'injustices ou d'illégalités, devra absolument exposer complètement les indices de l'illégalité (subie par le condamné) et en informer le Souverain par une dépêche close.

委官追问［其冤情］得实，被诬之人，依律改正，［所枉之］罪坐原告、［诬告］原问官吏。［以故失入罪论。］

Si le magistrat délégué pour renouveler l'enquête (sur les griefs qui oppriment le condamné) les reconnaît fondés, le jugement du calomnié sera rectifié selon les lois, et la peine (de l'injustice commise) sera applicable à l'accusateur primitif, (pour l'accusation calomnieuse), et aux fonctionnaires et employés qui auront rendu le jugement primitif, (qui seront jugés d'après les dispositions relatives aux faits d'incriminer quelqu'un volontairement ou par erreur).

2、若［罪囚］事［本］无冤枉，朦胧辩明者，杖一百，徒三年，［既曰朦胧，则原告、原问官为其诬矣。］

S'il n'y a (effectivement) aucune injustice ou illégalité dans l'affaire (du coupable ou du détenu condamné), celui qui aura demandé la révision en jetant la confusion dans l'affaire sera puni de cent coups de truong et de trois ans de travail pénible; (du moment où le texte dit: en jetant la confusion, c'est que l'accusateur primitif et les premiers juges ont été calomniés);

若所诬罪重［于杖一百，徒三年］者，以故出入人罪论。

Si la peine de la calomnie est plus grave (que cent coups de truong et trois ans de travail pénible), on prononcera d'après les dispositions relatives au fait d'innocenter ou d'incriminer volontairement.

所辩之［罪］人知情，与［矇辩］同罪；［如原犯重，止从重论。］不知者，不坐。

Si la personne (coupable) dont il s'agit de réviser le jugement a connaissance de la nature du fait, elle sera punie de la même peine (que celui qui demande la révision en troublant la réalité des faits; si la faute primitive qu'elle a commise entraîne une peine plus grave, on prononcera seulement contre elle la peine la plus sévère); si elle n'en a pas connaissance, elle ne sera pas incriminée.

四百一十一、有司决囚等第

Art. CCCCXI. Des degrés de compétence des tribunaux pour l'exécution des condamnations

1、凡［有司于］狱囚［始而］鞫问明白，［继而］追勘完备；军流徒罪，各从府、州、县决配；

Tout (tribunal jugeant un) coupable condamné (devra d'abord procéder aux interrogatoires), les interrogatoires étant clairs et précis (il procédera ensuite aux enquêtes et poursuites en restitutions), les poursuites pour restitutions et enquêtes ayant été complétées, si la peine prononcée est la servitude militaire, l'exil, ou le travail pénible (le coupable), sera dans chaque cas envoyé au lieu où il doit subir sa peine par le tribunal du *phu*, du *châu* ou du *huyên*;

至死罪者，在内司定议，在外听督抚审录无冤，依律议拟，［斩绞］，［情罪］法司覆勘定议，奏闻［候有］回报，［应占决者，］委官处决，故延不决者，杖六十。

Si la peine prononcée est la mort, pour les districts qui relèvent directement du gouvernement central, le tribunal des règles prononcera définitivement; pour les provinces extérieures, les gouverneurs généraux ou particuliers examineront si aucune injustice n'a été commise et prononceront selon les lois (la peine de la décapitation ou celle de la strangulation), le tribunal des règles révisera le jugement, prononcera définitivement et rendra compte au Souverain; (on attendra ensuite, et) la réponse reçue (si l'exécution doit avoir lieu), un fonctionnaire sera délégué pour faire procéder à l'exécution. Celui qui aura volontairement différé l'exécution, sera puni de soixante coups de truong.

2、[其公同审录之际,] 若犯人 [自行] 反异 [原招], [或] 家属 [代诉] 称冤, [审录官] 即便 [再与] 推鞫;

Si (pendant que l'assemblée examine le jugement), un coupable fait (de lui-même) des déclarations contraires (à ses premiers aveux), ou si des personnes de sa famille (portent plainte et demandent justice à sa place, et) déclarent qu'il y a eu injustice et oppression, on (le magistrat qui juge) devra immédiatement procéder (de nouveau) aux interrogatoires.

事果违枉, [即公] 同将原问、原审官吏通问改正。[同将原问、原审之官吏通行提问, 改正其罪。]

Si quelque chose constitue réellement une dérogation aux règles ou une illégalité (aussitôt) on (l'assemblée) fera comparaître ensemble les fonctionnaires et les employés du tribunal qui a rendu le premier jugement et du tribunal qui a revu le jugement; ils seront interrogés et le jugement sera rectifié (faire comparaître ensemble les fonctionnaires et employés du tribunal qui a rendu le premier jugement et du tribunal qui a révisé ce premier jugement, les interroger simultanément, les juger et rectifier la peine prononcée).

3、若 [囚犯] 明称冤抑, [审录官] 不为申理 [改正] 者, 以入人罪故 [或受赃挟私。] 失 [或一时不及参究。] 论。

S'il (le coupable condamné) se déclare avec raison victime d'une oppression et si on (le magistrat qui reçoit le jugement) ne lui fait pas justice (en réformant le jugement), ce fait sera jugé d'après les dispositions relatives au fait d'incriminer volontairement (s'il a eu lieu par corruption et acceptation de valeurs, par inimitié, ou sentiment d'intérêt privé), ou par erreur (s'il est la conséquence d'une enquête faite avec précipitation.）

四百一十二、检验尸伤不以实

Art. CCCCXII. De la constatation inexacte des blessures du cadavre

1、凡［官司初］检验尸伤，若［承委］牒到，托故［迁延］不即检验，致令尸变；

Toutes les fois qu'il s'agit des（premières）constatations des blessures d'un cadavre（par les magistrats d'un tribunal），si l'ordre（qui délègue cette mission）étant parvenu, celui qui est chargé de ce service invoque quelque prétexte（et ajourne l'exécution de ce devoir），ne procède pas de suite aux constatations médico-légales et laisse le cadavre se décomposer,

及［虽即检验。］不亲临［尸所］监视，转委吏卒；［凭臆增减伤痕。］若初［检与］复检官吏相见，扶同尸状，

ou bien si（quoique les constatations soient faites immédiatement）il ne procède pas personnellement（en se rendant auprès du cadavre）à cet examen et transmet la mission à un employé ou à un agent qu'il délègue（en se basant sur des renseignements vagues et en augmentant ou en diminuant l'importance des traces des blessures），comme aussi lorsque les fonctionnaires et employés chargés des premières constatations et de la contre-visite, se seront entendus ensemble pour faire concorder leurs appréciations sur l'état du cadavre,

及［虽亲临监视］，不为用心检验，移易［如移脑作头之类。］轻重［如本轻报重，本重报轻之类。］增减［如少增作多。如有减作无之类。］尸伤不实；定执［要害］致死根因不明者，

ou bien encore ceux qui（bien qu'ayant procédé personnellement aux examens, vérifications et constatations）n'y auront pas apporté toute leur attention et qui auront dénaturé（par exemple indiqué le pourtour du crâne au lieu du point central de l'occiput），allégé ou aggravé（par exemple, en représentant comme grave ce qui est essentiellement léger ou en représentant comme léger ce qui est essentiellement grave），augmenté ou diminué（par exemple, en indiquant une grande quantité ou de grandes dimensions quand les quantités ou les dimensions sont petites, ou en indiquant qu'il n'y a rien quand il y a quelque chose) l'état des blessures du cadavre sans s'en tenir à la réalité et qui n'auront pas établi et déterminé clairement les causes (du mal) qui ont amené la mort, seront punis comme suit:

正官杖六十，[同检] 首领官杖七十，吏典杖八十。

Le principal magistrat, de soixante coups de truong; le magistrat chargé du contrôle des détails du service (s'il a assisté aux constatations), de soixante-dix coups de truong; l'employé ou greffier, de quatre-vingts coups de truong.

仵作行人，检验不实，扶同尸状者，罪亦如 [吏典，以杖八十坐] 之。

Les ensevelisseurs chargés des opérations de la constatation médico-légale qui n'auront pas procédé avec soin et exactement, ou qui se seront entendus pour s'accorder dans leur rapport sur l'état du cadavre, seront encore coupables de la même faute (que les employés, et punis de quatre-vingts coups de truong).

[其官吏仵作，] 因 [检验不实] 而罪有增减者，以失出入人罪论。[失出，减五等。失入，减三等。]

Si (les fonctionnaires, employés ou ensevelisseurs n'ayant pas fait de constatations exactes) il en est résulté que la peine a été augmentée ou diminuée, on prononcera d'après les dispositions relatives au fait d'innocenter ou d'incriminer par erreur (innocenter par erreur, cinq degrés de diminution; incriminer par erreur, trois degrés de diminution [art. 409]).

2、若 [官吏仵作] 受财，故检验不以实 [致罪有增减] 者，以故出入人罪论。

Ceux qui (fonctionnaires, employés ou ensevelisseurs) auront accepté des valeurs et qui auront fait volontairement des constatations inexactes (la peine prononcée en ayant été augmentée ou diminuée), seront jugés d'après les dispositions relatives au fait d'innocenter ou d'incriminer volontairement quelqu'un;

赃重 [于故出、故入之罪] 者，计赃，以枉法各从重论。[止坐受财检验不实之人，其余不知情者，仍以失出入人罪论。]

Si la peine déduite de la valeur du produit de l'acte illicite est plus grave (que la peine du fait d'innocenter ou d'incriminer volontairement), on tiendra compte du produit de l'action illicite d'après les dispositions relatives à la violation de règles et dans chaque cas on prononcera en suivant la loi la plus sévère (les personnes qui auront accepté des valeurs pour faire des constatations inexactes seront seules passibles de ces peines ; les autres, qui n'auront pas eu connaissance de la nature des faits, seront d'ailleurs jugées d'après les dispositions relatives au fait d'innocenter ou d'incriminer par erreur).

四百一十三、决罚不如法

Art. CCCCXIII. De l'exécution des peines non conforme aux règles

1、凡官司决人不如法，［如应笞而用杖］者，笞四十；因而致死者，杖一百，［当该官吏］均征埋葬银一十两。［给付死者之家。］

Tout magistrat d'un tribunal qui aura fait subir un châtiment à quelqu'un sans se conformer aux règles (par exemple en employant le truong lorsqu'on doit employer le rotin), sera puni de quarante coups de rotin ; si la mort en est résultée, la peine sera de cent coups de truong et les coupables (magistrat et employés concernés) contribueront à part égale au paiement de dix onces d'argent, pour frais de sépulture (qui seront donnés à la famille de la personne décédée).

行杖之人，各减一等。［不追银］。其行杖之人，若决不及肤者，依验所决［不及肤］之数抵罪。［或由主使，或由行杖。］并罪坐所由。

Les exécuteurs seront dans chaque cas punis d'une peine moindre d'un degré (et ne seront contraints à aucun paiement en argent). Si les exécuteurs n'atteignent pas la peau, ils seront à leur tour et inversement punis du nombre de coups (qui n'auront pas atteint la peau), tel qu'il résultera de l'examen qui en sera fait ; la peine sera également applicable à ceux du fait de qui la faute proviendra (soit à ceux qui auront donné l'ordre ; soit à ceux qui auront procédé à l'exécution) ;

若受财［而决不如法，决不及肤］者，计赃，以枉法从重论。

S'il y a eu acceptation de valeurs (pour faire exécuter une peine sans se conformer à la règle, ou pour exécuter sans atteindre la peau), on tiendra compte de la valeur du produit de l'action illicite d'après les dispositions relatives au cas de violation de règles et on prononcera en suivant la loi la plus sévère.

2、若监临［有司管军］之官，因公事［主令下手者］，于人虚怯去处非法殴打，

Si des fonctionnaires investis d'une autorité de surveillance ou de direction, [art. 39] (d'un tribunal ou d'un commandement militaire) font, au sujet d'une affaire publique (et en ordonnant à quelqu'un de porter les coups), frapper et battre irrégulièrement quelqu'un sur une partie quelconque du corps autre que celles qui sont déterminées par les règles,

及亲自以大杖或金刃、手足殴人，至折伤以上者，减凡斗伤罪二等；致死者，杖一百，徒三年，追埋葬银一十两；

ou bien, s'ils frappent eux-mêmes quelqu'un soit avec un gros bâton, soit avec un instrument aigu en métal, soit avec la main ou le pied, et qu'il en résulte des blessures dites fractures et au-dessus, ils seront punis de la peine correspondant aux mêmes blessures faites dans une rixe entre personnes quelconques, diminuée de deux degrés; si la mort en est résultée, ils seront punis de cent coups de truong et de trois ans de travail pénible et devront payer dix onces d'argent pour frais de sépulture.

其听使下手之人，各减一等，并罪坐所由。［如由监临，坐监临。由下手，坐下手。若非公事，以故勘平人论。］

Ceux qui auront écouté leurs ordres et porté les coups de leurs propres mains seront dans chaque cas, punis d'une peine moindre d'un degré. La peine sera également imputable à ceux du fait de qui proviendra la faute (si la faute provient du fait des surveillants et directeurs, ce seront les surveillants et directeurs qui seront passibles de la peine, si elle provient du fait de ceux qui ont porté les coups, ceux-ci seront passibles de la peine; si les coups n'ont pas été donnés au sujet d'une affaire publique, les coupables seront jugés d'après les dispositions relatives à ceux qui font volontairement subir la question à des personnes paisibles [art. 396]).

若［官司决罚人，监临责打人。］于人臀腿受刑去处，依法决打，邂逅致死，及［决打之后］，自尽者，各勿论。

Si (les magistrats d'un tribunal, faisant exécuter un châtiment ou des surveillants et des directeurs, faisant punir quelqu'un), une personne a subi le châtiment et a été frappé selon les règles, sur les muscles des fesses, place où le supplice doit être souffert, et si elle meurt par hasard sans que sa mort puisse être prévue, où bien si elle se suicide (après avoir subi le châtiment), dans chaque cas personne ne sera réputé coupable.

四百一十四、长官使人有犯

Art. CCCCXIV. Des cas où le chef de service ou un
envoyé en mission sont coupables

凡在外各衙门长官，及［在内奉制］出使人员，于所在去处，有犯［一应公私等罪］者，所部属官等，［流罪以下］不得［越分］辄便推问，皆须［开具所犯事由］申覆［本管］上司区处。

Toutes les fois qu'un fonctionnaire chef de service dans une province extérieure, ou qu'une personne quelconque envoyée en mission（de la capitale, par un ordre du Souverain）, se rendra coupable dans l'étendue du ressort de sa juridiction ou dans un lieu qu'elle traverse（et qu'il s'agisse de n'importe quelle espèce de faute publique ou privée）, les divers fonctionnaires en sous ordre qui relèvent du coupable（s'il s'agit de fautes entraînant la peine de l'exil ou une peine inférieure）, ne pourront pas（outrepasser les prérogatives de leur propre condition et）le mettre en jugement de leur autorité privée ; tous devront absolument（exposer complétement le fait et les causes de la culpabilité）, rendre compte à l'autorité supérieure（dont relève leur service）pour qu'elle avise.

若犯死罪，［先行］收管，听候［上司］回报；所掌［本衙门］印信［及仓库牢狱］锁钥，发付次官收掌。

Si le coupable a encouru la peine de mort（avant tout）ils s'assureront de sa personne et ils attendront une réponse（de l'autorité supérieure）; le sceau de la charge（du service ou du tribunal）et les clefs（des magasins, greniers et prisons）seront remis au fonctionnaire immédiatement subordonné au coupable et il en assumera la charge.

若无长官，次官掌印［有犯］者，亦同长官，违者［部属官吏］笞四十。

Si la place du fonctionnaire chef du service est vacante et s'il s'agit du fonctionnaire en second chargé provisoirement du sceau,（s'il est coupable）, il en sera à son égard comme pour le magistrat chef du service ; ceux qui contreviendront à ces dispositions（les fonctionnaires et employés en sous ordre）, seront punis de quarante coups de rotin.

四百一十五、断罪引律令

Art. CCCCXV. De la citation des lois et ordonnances dans les jugements

1、凡［官司］断罪，皆须具引律例，违者，［如不具引］笞三十；

Toutes les fois qu'une peine sera prononcée（par les magistrats d'un tribunal），on devra toujours citer explicitement la loi ou le décret；ceux qui contreviendront à cette disposition，（par exemple en ne citant pas exactement），seront punis de trente coups de rotin.

若［律有］数事共一条，［官司］止引所犯［本］罪者，听。［所犯之罪，止合一事，听其摘引一事以断之。］

Si（dans la loi）plusieurs faits sont réunis dans un（seul）article, il sera permis（aux magistrats des tribunaux）de ne citer que ce qui a rapport à la peine de la faute（en question）；（si la peine de la faute commise n'est relative qu'à un seul fait, on pourra ne citer la disposition qu'en extrait, pour motiver le jugement.）

2、其特旨断罪，临时处治，不为定律者，不得引比为律。若辄引［比］致断罪有出入者，以故失论。

Les arrêts impériaux prononçant des peines, spécialement rendus dans des cas particuliers et qui n'ont pas encore été érigés en lois, ne peuvent être cités et considérés comme lois；ceux qui, de leur autorité privée, les auront cités（en assimilant un nouveau cas au cas prévu）et qui, par là, auront innocenté ou incriminé ［art. 409］, dans le jugement（prononcé），seront jugés d'après les dispositions relatives à ce fait et selon qu'ils auront agi volontairement ou par erreur；

［故行引比者，以故出入人全罪及所增减坐之，失于引比者，以失出入人罪减等坐之。］

（Ceux qui auront volontairement cité et assimilé seront punis de toute la peine prononcée ou de la quantité totale dont la peine aura été augmentée ou diminuée, d'après les dispositions relatives au fait d'innocenter ou d'incriminer volontairement quelqu'un；ceux qui auront cité et assimilé par erreur seront punis avec diminution de degrés d'après les dispositions de lois relatives au fait d'innocenter ou d'incriminer par erreur）.

四百一十六、狱囚取服辩

Art. CCCCXVI. En prononçant une peine contre un coupable, on doit recueillir sa déclaration qu'il se soumet au jugement ou qu'il en demande la révision

［服者，心服；辩者，辩理。不当则辩，当则服。或服，或辩，故曰"服辩"。］

(Soumission, veut dire résignation de la volonté; réviser, c'est rejuger et redresser. Celui qui n'a pas mérité la peine prononcée demande la révision; celui qui l'a méritée se soumet. Le condamné se soumet ou demande la révision, c'est pour cela que le texte dit: Déclarer se soumettre, ou déclarer demander la révision.)

1、凡狱囚［有犯］徒流死罪，［鞫狱官司］，各唤［本］囚及其家属［到官］，俱告所断罪名，仍［责］取囚服辩文状。［以服其心。］

En condamnant un détenu (qui a commis un faute), aux peines du travail pénible, de l'exil ou de mort, on (les magistrats du tribunal qui ont instruit et jugé), doit dans chaque cas appeler le (dit) détenu ainsi que les personnes de sa famille (et les faire comparaître devant les magistrats), leur donner connaissance complète de la peine prononcée et (exiger et) recevoir la déclaration écrite que le condamné se soumet au jugement ou en demande la révision (pour le mettre à même d'agir selon sa volonté);

若不服者，听其［文状中］自［行辩］理，更为详审。违者，徒流罪，笞四十；死罪，杖六十。

S'il ne se soumet pas, il lui sera permis d'exposer lui-même (dans sa déclaration écrite) ses raisons (pour demander la révision) et elles seront examinées de nouveau. Ceux qui auront contrevenu à ces dispositions dans le cas de jugements prononçant les peines du travail pénible ou de l'exil seront punis de quarante coups de rotin et, dans le cas de jugements prononçant la peine de mort, de soixante coups de truong.

2、其囚家属［远］在三百里之外，［不及唤告者］止取［本］囚服辩文状，不在俱告家属罪名之限。

Lorsque les personnes de la famille du détenu seront éloignées à plus de trois

cents lis de distance, (on ne les appellera pas pour les avertir et) on recevra seulement la déclaration écrite du condamné lui-même; le cas ne sera plus compris dans
la portée de la disposition qui ordonne d'informer complètement la famille de la condamnation prononcée.

四百一十七、赦前断罪不当

Art. CCCCXVII. Des peines prononcées avant une amnistie et qui ne sont pas ce qu'elles devraient être

凡［官司遇赦，但经］赦前处断刑名，罪有不当；

Toutes les fois que (il surviendra une amnistie et que), une condamnation aura
été déjà prononcée avant une amnistie (par les magistrats d'un tribunal) et que, par
quelque point, elle ne sera pas ce qu'elle aurait dû être;

若处轻为重［其情本系赦所必原］者，当［依律］改正从轻；［以就恩
宥。若］处重为轻，其［情本系］常赦所不免者，［当］依律贴断。［以杜
幸免。］

Si le jugement a prononcé une peine plus grave au lieu d'une peine plus légère
(la nature du fait étant d'ailleurs telle qu'il peut être pardonné par une amnistie ordinaire), on devra (selon les lois) le rectifier et suivre la loi moins sévère (et par là
faire profiter de la grâce accordée); si le jugement a prononcé une peine plus légère
au lieu d'une peine plus grave et si le fait (par sa nature), est tel qu'il ne puisse
être pardonné par une amnistie ordinaire, on devra (absolument) compléter la peine
selon la loi (pour faire cesser la faveur imméritée d'une diminution de la peine).

若［处轻为重，处重为轻，系］官吏［于赦前］故出入［而非失出入］
者，虽会赦并不原宥。［其故出入之罪。若系失出入者，仍从赦宥之。］

Si (les jugements qui aggravent un fait plus léger ou qui allègent un fait plus
grave ont été rendus par) les magistrats et employés (qui avant l'amnistie), ont volontairement innocenté ou incriminé (et si ces faits ne sont pas le résultat d'une erreur), bien qu'il survienne un amnistie ils n'en profiteront également pas (et ne seront pas dispensés de la peine du fait d'innocenter ou d'incriminer volontairement; si
le fait d'innocenter ou d'incriminer a eu lieu par erreur, on suivra l'amnistie et leur

peine sera remise）.

四百一十八、闻有恩赦而故犯

Art. CCCCXVIII. De ceux qui, sachant qu'un décret d'amnistie va être rendu, se rendent volontairement coupables

1、凡闻知将有恩赦而故犯罪［以觊幸免］者，加常犯一等；［其故犯至死者，仍依常律。］虽会赦，并不原宥。

Ceux qui ayant appris et sachant qu'une amnistie va être proclamée（en profitent et）commettent volontairement une faute（parce qu'ils espèrent jouir de l'impunité），seront punis de la peine édictée contre les coupables ordinaires, augmentée d'un degré（ceux qui auront volontairement commis une faute punie de mort seront d'ailleurs punis selon la loi ordinaire）；bien qu'il survienne une amnistie, ils n'en profiteront jamais.

2、若官司闻知［将］有恩赦，而故论决囚罪者，以故入人罪论。［若常赦所不原而论决者，不坐。］

Si les magistrats d'un tribunal ayant appris et sachant qu'une amnistie va être proclamée（saisissent cette occasion et）font volontairement mettre à exécution les jugements des condamnés, ils seront jugés d'après les dispositions relatives au fait d'incriminer volontairement quelqu'un［art. 409］（s'il s'agit d'une peine qui ne pouvait pas être remise par une amnistie ordinaire et s'ils ont fait mettre le jugement à exécution, les magistrats ne seront pas réputés coupables）.

四百一十九、徒囚不应役

Art. CCCCXIX. Des condamnés à la peine du travail pénible qui ne sont pas assujettis aux charges qui doivent leur être imposées

1、凡盐场、铁冶拘役徒囚，应入役而不入役，及徒囚因病给假，病已痊可，不令计日贴［补假］役者，［其徒囚与监守者，各］过三日，笞二十；每三日加一等，罪止杖一百。

Lorsque les condamnés à la peine du travail pénible attachés aux salines et aux fonderies de fer doivent être assujettis à entrer en servitude et qu'il n'y sont pas assujettis, ou bien, lorsque les condamnés au travail pénible ont été dispensés du travail à cause de maladie et qu'après leur guérison on ne tient pas compte du nombre de jours de dispense de servitude pour leur faire compléter leur temps de servitude (et remplacer leur temps de repos) , au-delà de trois jours la peine (pour chacun des condamnés au travail pénible et pour les surveillants et gardiens, [art. 40]) , sera de vingt coups de rotin et, pour chaque fois trois jours en plus, elle augmentera d'un degré sans dépasser le maximum de cent coups de truong.

2、若徒因年限未满，监守之人故纵逃回，及容令雇人代替者，照依囚人应役［未满］月日，抵数徒役，［其监守虽多］并罪坐所由。

Si la durée de la peine d'un condamné au travail pénible n'étant pas encore complètement expirée, quelque personne telle qu'un surveillant ou un gardien facilite volontairement son absence et son retour à son lieu d'origine, ou bien tolère qu'il loue quelqu'un pour se faire remplacer, cette personne sera punie du même nombre de mois et de jours de travail pénible que le condamné au travail pénible aurait dû encore être tenu en servitude (pour compléter la durée de sa peine ; quelque soit le nombre des surveillants et gardiens) la peine sera également encourue par ceux du fait de qui proviendra la faute (c'est-à-dire par celui qui aura facilité et toléré le fait) .

［纵容之人］受财者，计赃，以枉法从重论。仍拘徒囚［之逃回雇替者］，依律论罪［计日论其逃雇之罪。］贴役。［贴补其逃雇之役。］

S'il y a eu acceptation de valeurs on tiendra compte de la valeur du produit de l'acte illicite d'après les dispositions relatives au cas de violation de règles, et on prononcera en suivant la loi la plus sévère ; d'ailleurs, les condamnés au travail pénible (qui auront fui ou qui se seront fait remplacer) , seront punis selon les lois [art. 390] , (en tenant compte du nombre de jours pour déterminer la peine, soit du fait de fuite, soit du fait de location d'un remplaçant) , et ils devront compléter la durée de leur temps de servitude (pour remplacer le temps qu'a duré leur absence causée par leur fuite ou parce qu'ils se sont faits remplacer) .

四百二十、妇人犯罪

Art. CCCCXX. Des femmes coupables

1、凡妇人犯罪，除犯奸及死罪收禁外，其余杂犯责付本夫收管。

A l'exception des cas où elles seront coupables de fornication ou d'un crime entraînant la peine de mort, cas dans lesquels elles seront incarcérées, lorsque les femmes seront coupables de toute autre faute, elles seront remises à la garde de leur propre époux;

如无夫者，责付有服亲属、邻里保管，随衙听候，不许一概监禁，违者，笞四十。

Celles qui n'auront pas d'époux seront remises à la garde et sous la caution de leurs parents à un degré pour lequel il existe un vêtement de deuil et des notables de leur voisinage; elles seront tenues à la disposition du tribunal lorsqu'il les appellera; il n'est jamais permis de les emprisonner et de les incarcérer. Ceux qui contreviendront à ces dispositions seront punis de quarante coups de rotin.

2、若妇人怀孕，犯罪应拷决者，依上保管，皆待产后一百日拷决。

Si une femme enceinte a commis une faute et doit être mise à la question ou subir une peine corporelle, elle sera remise sous caution, comme ci-dessus, et on attendra dans tous les cas cent jours après son accouchement, pour la soumettre à la question et lui faire subir sa peine.

若未产而拷决，因而堕胎者，官吏减凡斗伤罪三等;

Si une femme est soumise à la question ou exécutée sans attendre son accouchement, et qu'il en résulte son avortement, les fonctionnaires et employés seront punis de la peine édictée en cas de rixe entre personnes quelconques, diminuée de trois degrés. [art. 302];

致死者，杖一百，徒三年，产限未满，而拷决 [致死] 者，减一等。

Si la mort en est résultée, leur peine sera de cent coups de truong et trois ans de travail pénible. Si les femmes sont soumises à la question ou exécutées avant que le délai des suites de l'accouchement ne soit complètement écoulé (et si la mort en est résultée), la peine sera diminuée d'un degré.

3、若［孕妇］犯死罪，听令稳婆入禁看视，亦听产后百日乃行刑。

Si elle (la femme enceinte), est coupable d'une faute qui entraîne la peine de mort, on laissera entrer ou on enverra dans la prison des accoucheuses pour la visiter et la traiter; on attendra encore cent jours après sa délivrance et elle subira ensuite son supplice.

未产而决者，杖八十；产讫限未满而决者，杖七十；其过限不决者，杖六十。

Ceux qui auront fait exécuter une femme avant son accouchement seront punis de quatre-vingts coups de truong; ceux qui auront fait procéder à l'exécution après l'accouchement, mais avant que le délai ne soit complètement écoulé, seront punis de soixante-dix coups de truong. Si le délai étant écoulé et dépassé l'exécution n'a pas eu lieu, la peine sera de soixante coups de truong.

4、失者，［失于详审而犯者。］各减三等。

Si ces fautes ont été commises par erreur, (en négligeant d'examiner le cas et en enfreignant la loi), dans chaque cas la peine sera diminuée de trois degrés;

［兼上文诸款而言，如不应禁而禁，笞一十。怀孕不应拷决而拷决。］

(Ceci se rapporte indifféremment à tous les cas prévus ci-dessus. Ainsi, si des femmes qui ne doivent pas être incarcérées ont été incarcérées, la peine sera de dix coups de rotin; une femme enceinte ne doit pas être soumise à la question ou subir de supplices, si elle a été soumise à la question ou si elle a subi un supplice et si elle a avorté, la peine sera de soixante-dix coups de truong;)

［堕胎，杖七十。致死者，杖七十，徒一年半。］

(Si la mort en est résultée, la peine sera de soixante-dix coups de truong et un an et demi de travail pénible. Si la femme est soumise à la question ou si elle subit un supplice avant l'expiration du délai qui suit l'accouchement et si la mort en résulte, la peine sera de soixante coups de truong et d'un an de travail pénible;)

［产限未满而拷决，致死者，杖六十，徒一年。及犯死罪不应刑而刑，未产而决者，笞五十。未满限而决者，笞四十。过限不决者，笞三十。］

(Si une femme est condamnée à mort, ne doit pas être exécutée, et si elle est exécutée avant son accouchement, la peine sera de cinquante coups de rotin; si l'exécution a lieu avant que le délai soit complètement écoulé, la peine sera de quarante coups de rotin; si après le délai fixé, l'exécution n'a pas eu lieu, la peine sera de trente coups de rotin).

四百二十一、死囚覆奏待报

Art. CCCCXXI. Attendre la réponse aux rapports adressés au Souverain relativement aux condamnations à mort

1、凡死罪囚，不待覆奏回报而辄处决者，杖八十；

Ceux qui de leur autorité privée auront fait exécuter un coupable condamné à mort sans attendre la réponse au rapport adressé au Souverain seront punis de quatre –vingts coups de truong.

若已覆奏回报应决者，听三日乃行刑；若限未满而刑，及过［三日之］限，不行刑者，各杖六十。

Si la réponse est arrivée et ordonne l'exécution, on attendra trois jours et on fera exécuter la sentence; ceux qui auront fait procéder à l'exécution avant l'expiration de ce délai, ou qui, passé ce délai (de trois jours), ne feront pas procéder à l'exécution seront, dans chaque cas, punis de soixante coups de truong.

2、其犯十恶之罪应死，及强盗者，虽决不待时；若于禁刑日而决者，笞四十。

Pour les coupables d'un des crimes atroces et qui doivent être punis de mort, ainsi que pour les coupables de vol à force ouverte, bien que leur exécution doive être faite sans attendre les époques fixées, si cependant elle a lieu l'un des jours pendant lesquels les exécutions capitales sont prohibées, la peine sera de quarante coups de rotin.

四百二十二、断罪不当

Art. CCCCXXII. Des sentences non conformes à la loi

1、凡断罪，应决配而收赎，应收赎而决配，各依出入人罪，减故失一等。

Lorsqu'en prononçant une condamnation il y a lieu d'en ordonner l'exécution et qu'on reçoit le prix de rachat de la peine, ou bien lorsqu'il y a lieu de recevoir le prix de rachat de la peine et que le jugement ordonne l'exécution effective de la sentence, dans chaque cas, on prononcera selon les dispositions relatives au fait d'innocenter ou d'incriminer quelqu'un et en diminuant la peine d'un degré, que le fait ait été commis volontairement ou par erreur.

2、若应绞而斩，应斩而绞者，杖六十；［此指故者言也，若系］失者，减三等。

Lorsqu'il y aura lieu de prononcer la peine de la strangulation et que la peine de la décapitation sera prononcée, ou bien lorsqu'il y aura lieu de prononcer la peine de la décapitation et que la peine de la strangulation sera prononcée, l'irrégularité sera punie de soixante coups de truong (ceci se rapporte au cas où le fait aura été volontairement commis, mais) si elle a eu lieu par erreur, la peine sera diminuée de trois degrés.

其已处决讫，别加残毁死尸者，笞五十。［仇人砍毁其尸，依别加残毁。］

Ceux qui, après que l'exécution aura eu lieu, commettront des mutilations sur le cadavre du supplicié seront punis de cinquante coups de rotin (les ennemis du supplicié qui auront détruit ou lacéré le cadavre seront dans le même cas).

3、若反逆缘坐人口，应入官而放免，及非应入官而入官者，各以出入人流罪故失论。

Si les personnes de la famille d'un coupable de rébellion ou de trahison, qui sont incriminées par responsabilité et qui doivent être confisquées à l'État, sont laissées en liberté et dispensées de cette peine, ou bien si celles qui ne doivent pas être confisquées à l'État sont confisquées, dans chaque cas, les auteurs de ces irrégularités seront punis d'après les dispositions relatives au fait d'innocenter ou d'incriminer quelqu'un de la peine de l'exil, volontairement ou par erreur.

［若系有故，则以故出入流罪论。无故而失于详审者，以失出入流罪论。］

(Si le fait a été commis volontairement on prononcera d'après les dispositions relatives au fait d'innocenter ou d'incriminer volontairement quelqu'un de la peine de l'exil; s'il n'y a pas eu intention et si le fait a eu lieu par manque de soin dans l'examen des circonstances relatives au jugement, on prononcera d'après les dispositions relatives au fait d'innocenter ou d'incriminer quelqu'un par erreur).

四百二十三、吏典代写招草

Art. CCCCXXIII. Des greffiers ou employés qui écrivent les déclarations à la place des déclarants

凡诸衙门鞫问刑名等项，［必据犯者招草以定其罪。］若吏典人等为人改写及代写招草，增减［其正实］情节，致［官司断］罪有出入者，以故出入人罪论。

Dans tous les tribunaux et pour tous les jugements relatifs à des faits qui entraînent une peine quelconque (On doit se baser sur les relations des coupables pour établir la nature de la faute et la peine), si quelque personne telle qu'un greffier ou employé écrit et corrige à la place du déclarant et pour ce dernier, ou bien écrit une déclaration à la place du déclarant et augmente ou diminue (les véritables actions), les circonstances et la nature du fait, et qu'il en résulte que la peine est aggravée ou diminuée (par les magistrats qui prononcent la condamnation), cette personne sera jugée d'après les dispositions relatives au fait d'innocenter ou d'incriminer volontairement quelqu'un.

若犯人果不识字，许令［在官］干碍之人［依其亲具招情］代写。［若吏典代写，即罪无出入，亦以违制论。］

Si réellement les coupables et autres personnes ne savent pas écrire, il sera permis ou ordonné à une personne (qui n'appartient pas à l'administration), qui ne sera pas mêlée à l'affaire, d'écrire (en se conformant à leurs déclarations verbales et) à leur place, (si un greffier ou un employé écrit une déclaration à la place du déclarant et qu'il n'en résulte aucune aggravation ou diminution de la peine, il sera cependant jugé d'après les dispositions relatives à ceux qui transgressent un ordre du Souverain).

工 律

营 造
Des constructions

四百二十四、擅造作
Art. CCCCXXIV. Construire sans autorisation

1、凡军民官司有所营造，应申上，而不申上，应待报，而不待报，而擅起差人工者，[即不科敛财物。] 各计所役人雇工钱，[每日八分五厘五毫。以] 坐赃 [致罪] 论。

Toutes les fois que des fonctionnaires chargés du gouvernement de la population militaire ou civile auront à faire des constructions, pour lesquelles ils devront aviser l'autorité supérieure, et qu'ils n'auront pas avisé cette autorité supérieure, ou bien qu'ils devront attendre une réponse ou une décision et qu'ils ne l'auront pas attendue et que de leur propre autorité ils auront envoyé des ouvriers et commencé les travaux (mais sans faire de collectes, ni recueillir de contributions), dans chaque cas on comptera le prix des salaires des personnes affectées à ce travail (le prix de chaque journée estimée à 0,0855 d'once d'argent), et on prononcera (pour la fixation de la peine), pour (d'après une) incrimination au sujet d'un produit d'action illicite.

2、若非法 [所当为而辄行] 营造，及非时 [所可为而辄行] 起差人工营造者，[虽已申请得报，其计役坐赃之。] 罪亦如 [不申上待报者坐] 之。

S'ils ont construit contrairement aux règles (ce qui devait être construit, mais en agissant de leur propre autorité), ou bien s'ils ont envoyé les ouvriers et commencé les travaux à contretemps (lorsqu'ils devaient être faits, mais en agissant de leur propre autorité, bien qu'ils aient déjà averti, demandé l'autorisation et reçu la réponse), la faute (ou la peine déduite du compte du travail fait, et prononcée pour incrimination au sujet d'un produit d'action illicite), sera encore la même (que celle de ne pas avertir l'autorité supérieure ou de ne pas attendre la réponse).

3、其［军民官司如遇］城垣坍倒，仓库、公廨损坏，［事势所不容缓。］一时起差丁夫、军人修理者，［虽不申上待报，不为擅专。］不在此［坐赃论罪之］限。

Si (il arrive que les fonctionnaires chargés du gouvernement de la population militaire ou civile voient que) les murs et remparts d'une place sont renversés et écroulés, ou que des greniers ou magasins, ou des résidences publiques sont abîmés et détériorés (toutes choses qui par leur nature ne peuvent souffrir de retard), ceux qui auront pris sur eux de lever des ouvriers ou des soldats pour faire faire les réparations (bien qu'il n'aient pas avisé l'autorité supérieure ou attendu de réponse, ce n'est plus un fait tel que d'agir d'autorité privée et ils) ne seront plus compris dans la portée de cette disposition (qui prononce une peine pour incrimination au sujet d'un produit d'action illicite).

4、若营造计料申请［合用］财物，及人工多少［之数于上，而］不实者，笞五十。

Ceux qui en faisant le devis d'une construction, et dans le compte des matériaux, auront avisé et demandé (comme nécessaires des quantités ou) des valeurs, objets ou journées d'ouvriers en trop ou en moins (à l'autorité supérieure), et sans suivre la réalité seront punis de cinquante coups de rotin.

若［因申请不实，以少计多，而于合用本数之外，或］已损财物，或已费人工，各并计所损物价，及所费雇工钱，［罪有］重［于笞五十］者，［以］坐赃［致罪］论。

Si (de ce qu'ils ont avisé et demandé sans se conformer à la réalité, de ce qu'ils ont compté beaucoup au lieu de peu, il est résulté, par exemple, qu'en dehors des quantités nécessaires) il y a eu des valeurs ou des objets détériorés, ou du travail dépensé sans utilité, dans chaque cas également on comptera le prix des choses détériorées ainsi que le prix des salaires du travail dépensé et, si (la peine de) ce fait est plus grave (que cinquante coups de rotin), on prononcera pour (d'après) l'incrimination au sujet d'un produit d'une action illicite.

[罪止杖一百，徒三年，赃不入己，故不还官。]

(Pour la fixation de la peine qui s'arrêtera à cent coup de truong et trois ans de travail pénible; le produit de l'action illicite n'est pas appliqué à un bénéfice personnel, c'est pourquoi il n'y a pas de remboursement envers l'état).

四百二十五、虚费工力采取不堪用

Art. CCCCXXV. Dépenser inutilement du travail et des forces pour quelque chose qui ne peut être employé

凡［官司］役使人工，采取木、石材料及烧造砖瓦之类，虚费工力，而不堪用者，［其役使之官司及工匠人役，并］计所费雇工钱坐赃论。［罪止杖一百，徒三年。］

Toutes les fois que des hommes ou des ouvriers auront été employés (par les fonctionnaires compétents), pour choisir, recueillir et procurer du bois, de la pierre ou d'autres matériaux ou bien pour faire et pour cuire des briques et des toiles ou employés à d'autres occupations analogues, si le travail a été inutilement employé et dépensé et si ces matériaux ne sont pas de nature à être employés, on comptera (également, pour les fonctionnaires qui ont ordonné le travail, ainsi que pour les ouvriers et gens de corvée employés) le prix des salaires dépensés et on prononcera pour incrimination au sujet d'un produit d'action illicite (la peine s'arrêtera à cent coups de truong et trois ans de travail pénible).

若有所造作，及有所毁坏，［如拆屋坏墙之类。］备虑不谨，而误杀人者，［官司人役并］以过失杀人论。

S'il y a quelque chose à construire ou bien à détruire, (comme une maison en ruine ou un mur écroulé), ceux qui n'auront pas attentivement prévu toutes les chances d'accident et qui auront causé par erreur la mort de quelqu'un (les fonctionnaires dirigeants et les personnes employées ou agents, également) seront jugés d'après les dispositions relatives au meurtre commis par mégarde ou accident

［art. 261］；

［采取不堪，造毁不备］工匠、提调官，各以所由［经手管掌之人］为罪。［不得滥及也。若误伤，不坐。］

（Qu'il s'agisse d'avoir recueilli des matériaux impropres à servir ou de n'avoir pas pourvu à toutes les éventualités d'un travail ou d'une démolition）. Les travailleurs, artisans, ou fonctionnaires chargés de la direction générale du service（personnes qui ont travaillé de leurs propres mains ou qui ont personnellement dirigé les travaux）seront, chacun, punis pour ce qui résultera de leur propre fait（on ne doit pas étendre mal à propos l'incrimination. S'il s'agit de blessures causées par erreur, le fait n'est pas puni）.

四百二十六、造作不如法

Art. CCCCXXVI. Faire ou construire sans se conformer aux règles

凡［官司］造作，［官房器用之类。］不如法者，笞四十。

Toutes les fois qu'on（le fonctionnaire chargé du service compétent）fera ou construira（des habitations ou des objets quelconques pour l'État）sans se conformer aux règles, la peine sera de quarante coups de rotin；

若成造军器不如法者〔1〕，［物尚堪用。］各笞五十。

Ceux qui auront confectionné des armes ou objets d'équipement militaire sans se conformer aux règles（lesdits objets pouvant encore être utilisés）seront, dans chaque cas, punis de cinquante coups de rotin；

若［造作不如法〔2〕，甚至全］不堪用，及［稍不堪用］应［再］改造［而后堪用］者，各并计所拌财物，

S'ils sont（extrêmement contraires aux règles et absolument）impropres à servir, ou bien s'ils（ne sont pas tout à fait impropres à servir, mais）doivent（de nouveau）être refaits（et qu'ils puissent servir ensuite）, dans chaque cas on compt-

---

〔1〕　此处在《大清律例》中是"若成造军器不如法，及织造缎疋粗糙纰薄者"，《皇越律例》作部分删减。删减的部分的译文在此援引鲍来思译本，第 730 页：Cette dernière peine sera encore infligée aux ouvriers des manufactures de l'Etat qui fabriqueront des soieries trop ou pas assez épaisses。

〔2〕　此处在《大清律例》中是"造作、织造各不如法"，《皇越律例》作部分删减。

era ensemble le prix des valeurs et matières abîmées,

及所费雇工钱，[罪] 重 [于笞四十、五十] 者，坐赃论。[罪止杖一百，徒三年。]

ainsi que le prix dépensé en salaires et s'il entraîne des conséquences (des peines) plus graves (que quarante ou cinquante coups de rotin), on prononcera pour incrimination au sujet d'un produit d'action illicite (la peine s'arrêtera à cent coups de truong et trois ans de travail pénible).

其应供奉御用之物，加 [坐赃罪] 二等。[罪止流二千五百里。]

S'il s'agit de choses qui doivent être affectées à l'usage du Souverain, on augmentera (la peine de l'incrimination au sujet d'un produit d'action illicite) de deux degrés (la peine s'arrêtera à l'exil deux mille cinq cents lis).

工匠，各以所由 [造作之人〔1〕] 为罪；局官，减工匠一等；

Les ouvriers et artisans seront dans chaque cas, punis pour ce qui proviendra de leur fait (des personnes qui auront fabriqué); le fonctionnaire chargé de diriger l'atelier ou la fabrique sera puni de la peine des ouvriers diminuée d'un degré;

提调官吏，又减局官一等；[以上造作不如法〔2〕，不堪用等项] 并 [著工匠、局官提调官吏] 均偿物价工钱还官。

Les fonctionnaires et employés chargés de la direction générale du service seront punis de la peine du fonctionnaire chargé de l'atelier encore diminuée d'un degré. (Dans tous les cas ci-dessus de fabrication non conforme aux règles et lorsque les objets ne peuvent pas servir), ils seront également (les ouvriers et artisans, fonctionnaires chargés de l'atelier, fonctionnaires et employés chargés de la direction générale du service), tenus de rembourser intégralement à l'État, le prix des matériaux et da la main d'oeuvre.

---

〔1〕 此处在《大清律例》中是"造作、织造之人"，《皇越律例》作部分删减。

〔2〕 此处在《大清律例》中是"以上造作、织造不如法"，《皇越律例》作部分删减。

四百二十七、冒破物料

Art. CCCCXXVII. — Consommation frauduleuse des matériaux et objets

1、凡造作局院头目工匠，［有于合用数外，虚冒］多破物料［而侵欺］入己者，计［入己］赃，以监守自盗论。［不分首、从，并赃论罪，至四十两斩］，追物还官。［若未入己，只坐以计料不实之罪。］

Les chefs subalternes et ouvriers des ateliers, manufactures et chantiers de construction et de fabrication qui (en dehors des quantités qu'il est nécessaire d'employer, fictivement et frauduleusement), auront consommé trop de matériaux ou de choses quelconques (qui auront commis des détournements) et qui en auront fait un profit personnel, seront jugés en tenant compte du produit de l'action illicite (qu'ils se seront attribué), d'après les dispositions relatives aux surveillants et gardiens qui volent eux-mêmes (sans distingner entre principal coupable et co-auteurs et en prononçant pour le même produit d'action illicite; si cette valeur atteint quarante onces d'argent, la peine est la décapitation); ils seront contraints au remboursement envers l'État (s'ils n'ont pas fait de profit personnel, ils seront seulement passibles de la peine du fait de calcul de devis inexact) [art. 424].

2、局官并［承委］覆实官吏，知情扶同［捏报不举］者，与［冒破］同罪。［至死减一等。］失觉察者，减三等，罪止杖一百。

Le fonctionnaire chargé de la direction de l'atelier ou de la manufacture et, également, les fonctionnaires et employés (délégués) chargés du contrôle et des vérifications, qui, connaissant la nature des faits, auront protégé les coupables (en faisant un faux rapport et en ne révélant pas), seront punis de la même peine (que ceux qui auront frauleusement consommé; si cette peine est la mort, la leur sera diminuée d'un degré); ceux qui auront manqué de surveillance et qui ne s'en seront pas aperçus seront punis d'une peine moindre de trois degrés et qui s'arrêtera à cent coups de truong.

四百二十八、带造缎匹

Art. CCCCXXVIII. Du mauvais emploie des métiers publics de tisserands [1]

凡监临主守官吏，将自己物料辄于官局带造段疋者，杖六十，段匹入官。

Si un officier ou autre employé du Gouvernement, qui aura autorisé sur une manufacture de l'État, abuse de cette autorité, en y envoyant des matière brutes à lui appartenantes, afin d'être converties en étoffes sur les métiers publics, pour son usage particulier, il sera puni de 60 coups, et les étoffes faites, confisquées au profit du Gouvernement.

工匠，笞五十。局官知而不举者，与 [监守官吏] 同罪。[亦杖六十。] 失觉察者，减三等。[则笞三十。若局官违禁带造，监守官吏亦坐不举失察之罪。]

L'ouvrier, qui les aura fabriquées, recevra 50 coups, et l'officier surveillant la manufacture, s'il a connu la convention, et qu'il n'en ait point donné information, subira la même peine que l'officier du Gouvernement, coupable principal du délit ; mais si ledit surveillant ne peut être accusé que de négligence, n'ayant pas eu connaissance de la convention, sa punition aura trois degrés de moins.

四百二十九、织造违禁龙凤文缎匹

Art. CCCCXXIX. Confection de soieries représentant le dragon et le phénix [2]

1、凡民间织造违禁龙凤文纻丝、纱罗货卖者，杖一百，段匹入官。[若买而僭用者，杖一百，徒三年；未用者，笞三十。]

Tout simple particulier qui confectionnera et vendra des étoffes de soie, de satin, de gaze, représentant le dragon et le phénix (insignes de l'empereur et de l'impératrice), sera puni de 100 coups de bâton, et lesdites étoffes seront confisquées par l'Etat. (Celui qui les achètera et osera les employer subira 100 coups et 3 ans

---

〔1〕 该律文选自勒努阿尔译本，第 2 卷，第 339 页，因鲍来思译本中缺失此条律文。

〔2〕 该律文选自鲍来思译本，第 731 页。

d'exil. S'il ne s'en est pas encore servi, il sera passible de 30 coups.)

2、机户及挑花挽花工匠，同罪。[亦杖一百。]

L'ouvrier, qui aura tissu ces étoffes et celui qui les aura brodées, seront condamnés à la même punition que le maître de la manufacture, par l'ordre auquel ils ont été employés, comme ayant participé à son délit. [1]

四百三十、造作过限

Art. CCCCXXX. De l'irrégularité commise dans les fournitures de matières brutes, et dans la sortie des objets manufacturés [2]

1、凡各处［每年］额造常课段匹、军器，［工匠］过限不纳齐足者，以［所造之数］十分为率，一分，工匠笞二十。每一分加一等，罪止笞五十。

Une qualité déterminée d'étoffes de soie et d'armes militaires, sera manufacturée annuellement pour le service de l'État, dans chaque subdivision du département des travaux publics, et si les ouvriers, qui y seront employés manquent à fournir leurs tâches dans le temps prescrit, ils encourront au moins, la punition de 20 coups, et elle accroîtra jusqu'à 50, à raison d'un degré, pour chaque dixième qu'il y aura de moins dans leursdites tâches.

局官，减工匠一等。提调官吏，又减局官一等。

La punition de l'officier surveillant le travail, aura un degré de moins, et celle de l'officier qui aura délivré des matières brutes, deux degrés de moins que celle des ouvriers.

2、若［官司］不依期计拨［额造之］物料［于工匠］者，局官，笞四十；提调官吏，减一等。[工匠不坐。]

D'autre part, si les matières brutes ne sont pas livrées aux ouvriers dans les quantités suffisantes et aux temps marqués, l'officier surveillant la manufacture, subira la punition de 40 coups, et l'officier qui les aura délivrées, celle de 30 : les ouvriers n'en subiront aucune.

---

〔1〕 该段译文选自勒努阿尔译本，第 2 卷，第 340 页，因鲍来思译本中删去了该段内容。

〔2〕 该律文选自勒努阿尔译本，第 2 卷，第 340~341 页，因鲍来思译本中缺失此条律文。

四百三十一、修理仓库

Art. CCCCXXXI. De la réparation et de l'entretien des greniers et des magasins

凡［内外］各处公廨仓库局院，［一应］系官房舍，［非文卷所关，则钱粮所及。］但有损坏，当该官吏随即移文［所在］有司［计料］修理，违者，笞四十。

Dans quelque lieu que ce soit (relevant directement du gouvernement central, ou des provinces), si, de quelque façon que ce soit, les tribunaux et résidences officielles, les greniers ou les magasins, les ateliers ou entrepôts et les maisons ou édifices (quelconques), appartenant à l'État sont délabrés ou en mauvais état (si le danger ne menace pas des archives publiques, alors il menace des fonds ou des grains), les fonctionnaires et employés concernés devront aussitôt envoyer une dépêche à l'autorité compétente (du lieu), qui fera (la devis des matériaux et) les réparations; ceux qui contreviendront à cette disposition seront punis de quarante coups de rotin.

若因［不请修］而损坏官物者，依律科［以笞四十之］罪，赔偿所损之物。［还官］。

S'il en est résulté (de n'avoir pas demandé ou fait les réparations), des pertes ou dommages pour des objets appartenant à l'État, on graduera la peine (de quarante coups de rotin), selon la loi et on fera rembourser la valeur des objets abîmés ou détruits (à l'État).

若［当该官吏］已移文有司，而失误［施行不即修理］者，罪坐有司。［亦笞四十，损坏官物，亦追赔偿，当该官吏不坐。］

Si la dépêche ayant été envoyée (par les fonctionnaires et employés concernés), à l'autorité compétente, celle-ci a commis des négligences ou des erreurs (en ne pourvoyant pas de suite aux réparations), la peine sera imputable aux dépositaires de cette autorité (elle sera encore de quarante coups de rotin et on poursuivra de même le remboursement des choses de l'État perdues ou détériorées; les fonctionnaires et employés concernés par les dégradations ne seront pas incriminés).

四百三十二、有司官吏不住公廨

Art. CCCCXXXII. Des fonctionnaires et employés chargés d'un service, qui ne demeurent pas dans leur résidence officielle

1、凡各府、州、县有司官吏，不住公廨内官房，而住街市民房者，杖八十。

Les fonctionnaires et employés chargés du gouvernement dans les divers *phu*, *châu* et *hûyen*, qui n'habiteront pas dans les logements réservés pour les fonctionnaires dans les résidences officielles, et qui habiteront dans des maisons particulières dans les rues et marchés, seront punis de quatre-vingts coups de truong.

2、若埋没公用器物［有毁失而不还官。］者，以毁失官物论。

Ceux qui auront fait disparaître des objets ou meubles destinés au service public (qui les auront détruits et ne les auront pas remplacés), seront jugés d'après les dispositions relatives à ceux qui détruisent ou perdent les objets de l'État [art. 98]

［毁者，计赃准窃盗加二等，免刺。失者，依减毁官物三等，追赔。］

(Si les objets ont été détruits on comptera la valeur du produit de l'acte illicite et on prononcera conformément à la loi sur le vol furtif avec augmentation de deux degrés, mais sans la marque ; s'ils ont été perdus on appliquera la disposition qui ordonne de réduire de trois degrés la peine édictée en cas de destruction des objets de l'État et les coupables seront contraints à la restitution.)

河　防

Les digues

四百三十三、盗决河防

Art. CCCCXXXIII. Couper clandestinement les digues des fleuves

凡盗决［官］河防者，杖一百。盗决［民间之］圩岸陂塘者，杖八十。

Ceux qui, clandestinement, auront coupé les digues des fleuves (établies par l'État), seront punis de cent coups de truong ; ceux qui, clandestinement, auront coupé des digues ou levées d'étangs（appartenant à des particuliers）, seront punis de quatre-vingts coups de truong.

若［因盗决而致水势涨漫。］毁害人家，及漂失财物，淹没田禾，计物价重［于杖］者，坐赃论。［罪止杖一百，徒三年。］

Si（par suite d'ouvertures clandestinement faites dans les digues, il est résulté que les eaux ont envahi et inondé et si）des maisons ont été détruites ou endommagées, ou bien si des valeurs ou choses ont été entraînées par l'eau et perdues, si des récoltes ont été submergées et détruites et que l'évaluation du prix de ces choses entraîne une peine plus forte（que celle du truong）, on prononcera pour incrimination au sujet d'un produit d'action illicite（la peine s'arrêtera à cent coups de truong et trois ans de travail pénible）.

因而杀伤人者，各减斗杀伤罪一等。［"各"字承"河防圩岸陂塘"说。］若［或取利，或挟。］故决河防者，杖一百，徒三年。

S'il en est résulté que quelqu'un a été tué ou blessé, dans chaque cas on prononcera la peine du fait de meurtre ou de blessure commis dans une rixe, diminuée d'un degré（le mot chaque, se rapporte aux digues des fleuves et aux barrages ou levées）. Ceux qui（soit pour faire un bénéfice, soit pour satisfaire un désir de vengeance）, auront volontairement coupé les digues des fleuves, seront punis de cent coups de truong et de trois ans de travail pénible.

故决圩岸陂塘，减二等；漂失［计所失物价为］赃，重［于徒］者，准窃盗论。［罪止杖一百，流三千里。］免刺。因而杀伤人者，以故杀伤论。

Ceux qui auront volontairement coupé les digues et barrages particuliers formant des étangs seront punis de cette peine diminuée de deux degrés. Si les pertes causées par l'eau（en comptant le prix des objets perdus comme）représentant le produit de l'action illicite, entraînent une peine plus grave（que celle du travail pénible）, on prononcera conformément aux dispositions sur le vol furtif（la peine s'arrêtera à cent coups de truong et l'exil à trois mille lis）, les coupables ne seront pas marqués. S'il en est résulté que quelqu'un a été tué ou blessé, on prononcera d'après les dispositions relatives au meurtre et aux blessures volontaires.

四百三十四、失时不修堤防

Art. CCCXXXVI. Manquer le temps opportun et ne pas réparer les digues

1、凡不［先事］修［筑］河防，及［虽］修而失时者，提调官吏各笞五十；

Toutes les fois que les digues des fleuves ne seront pas（établies et）réparées（avant qu'il ne survienne des accidents），ou bien que（bien que réparées），elles auront été réparées dans un temps inopportun，les fonctionnaires et employés chargés de la direction générale du service seront punis de cinquante coups de rotin.

若毁害人家漂失财物者，杖六十；因而致伤人命者，杖八十。

Si des maisons ont été endommagées ou détruites，si des valeurs ou objets ont été entraînés par le courant et perdus，la peine sera de soixante coups de truong；s'il en est résulté des cas de mort ou de blessures，elle sera de quatre-vingts coups de truong.

2、若不［先事］修［筑］圩岸，及［虽］修而失时者，笞三十；因而淹没田禾者，笞五十。

Ceux qui n'auront pas（avant tout accident），réparé（établi），des talus ou petites digues ordinaires ou bien qui（bien que les ayant réparés），les auront réparés en temps inopportun，seront punis de trente coups de rotin；s'il en est résulté que des récoltes ont été submergées ou perdues，la peine sera de cinquante coups de rotin.

3、其暴水连雨，损坏堤防，非人力所致者，勿论。

Si la violence du courant ou si des pluies continues abîment ou détruisent des digues，sans que la force humaine puisse y remédier，le fait ne sera pas puni.

四百三十五、侵占街道

Art. CCCCXXXV. Empiétements et usurpations sur les rues et les routes

凡侵占街巷通路，而起盖房屋，及为园圃者，杖六十，各令［拆毁修筑］复旧。

Ceux qui auront empiété et envahi sur les rues, ruelles, routes et chemins et qui auront élevé des constructions, telles que maisons et habitations, ou bien qui y auront fait des jardins, seront punis de soixante coups de truong; dans chaque cas il leur sera ordonné (de détruire ce qu'ils auront fait, et de refaire et de réparer les routes et) de remettre les lieux en leur état primitif.

其［所居自己房屋］穿墙而出秽污之物于街巷者，笞四十。［穿墙］出水者，勿论。

Ceux qui auront percé les murs (de la maison où ils habitent) pour faire écouler des ordures et des immondices dans les rues et ruelles seront punis de quarante coups de rotin; si c'est pour l'écoulement des eaux (qu'ils ont percé les murs), ils ne seront pas punis.

四百三十六、修理桥梁道路
Art. CCCCXXXVI. De la réparation des ponts et des routes

1、凡桥梁道路，府、州、县佐贰官［职专］提调于农隙之时，常加点视修理，［桥梁］务要坚完，［道路务要］平坦。

Les ponts, routes et chemins sont sous la direction générale (et particulière) des fonctionnaires adjoints en second des *phu*, *châu* et *huyén*; dans les moments où les travaux de l'agriculture ont cessé, ils doivent les inspecter les uns après les autres et continuellement pour les réparer et les entretenir. Les travaux (des ponts) doivent absolument être très solides et (ceux des routes) bien aplanis et égalisés.

若损坏失于修理，阻碍经行者，提调官吏笞三十。［此原有桥梁而未修理者。］

S'il y a des dégradations ou des destructions, et qu'ils négligent de les réparer et que la circulation soit gênée ou interrompue, les fonctionnaires et employés chargés de la direction générale seront punis de trente coups de rotin (il s'agit essentiellement ici du cas où les ponts existaient et n'ont pas été réparés et entretenus).

2、若津渡之处，应造桥梁而不造，应置渡船而不置者，笞四十。［此原未有桥梁而应造置者。］

　　S'il y a lieu d'établir des ponts dans des endroits de passage d'une rivière et s'ils ne les établissent pas, s'il y a lieu d'établir des bacs et qu'ils n'en établissent pas, ils seront punis de quarante coups de rotin (ceci s'applique au cas où il n'existe primitivement pas de ponts et où il devrait en être établi).

附　录

附录一、《皇越律例》与《大清律例》律文出入表

《皇越律例》删减了《大清律例》的律条共计40条，如下：

表 1. 《皇越律例》删减《大清律例》律文一览表

篇目	删减律文名
名例律	犯罪免发遣
吏律	交结近侍官员
户律	脱漏户口、隐蔽差役、禁革主保里长、点差狱卒、收养孤老、荒芜田地、娶乐人为妻妾、钱法、盐法、监临势要中盐、阻坏盐法、私茶、私矾、人户亏兑课程、私充牙行埠头、市司评物价、器用布绢不如法
礼律	见任官辄自立碑
兵律	私卖战马、递送逃军妻女出城、私役弓兵、牧养畜产不如法、孳生马匹、验畜产不以实、养疗瘦病畜产不如法、乘官畜脊破领穿、公使人等索借马匹、驿使稽程、多乘驿马、乘驿马赍私物、私借驿马
刑律	诬告充军及迁徙、风宪官吏犯赃、私受公侯财务、买良为娼
工律	带造缎匹、织造违禁龙凤文缎匹、造作过限

增加律文共计 2 条，如下：

表 2. 《皇越律例》增加《大清律例》中没有的律文一览表

篇目	增加律文名
户律	隐漏丁口
礼律	阻人家事

表 3. 《皇越律例》与《大清律例》律文条目对比表

		《皇越律例》	《大清律例》	删、增、修律文情况
名例律		45	46	删"犯罪免发遣"；修改"徒流迁徙地方"为"徒流地方"
吏律	职制	13	14	删"交结近侍官员"
	公式	14	14	
户律	户役	11	15	删"脱漏户口""隐蔽差役""禁革主保里长""点差狱卒""收养孤老"；增"隐涌丁口"
	田宅	10	11	删"荒芜田地"
	婚姻	16	17	删"娶乐人为妻妾"
	仓库	22	23	删"钱法"
	课程	2	8	删"盐法""监临势要中盐""阻坏盐法""私茶""私矾""人户亏兑课程"
	市廛	2	5	删"私充牙行埠头""市司评物价""器用布绢不如法"
礼律	祭祀	6	6	无变化
	仪制	20	20	删"见任官辄自立碑"；增"阻人家事"
兵律	宫卫	16	15	增"门禁锁钥"
	军政	20	21	删"私卖战马"
	关津	5	7	删"递送逃军妻女出城""私役弓兵"
	厩牧	5	11	删"牧养畜产不如法""孳生马匹""验畜产不以实""养疗瘦病畜产不如法""乘官畜脊破领穿""公使人等索借马匹"
	邮驿	12	16	删"驿使稽程""多乘驿马""乘驿马赍私物""私借驿马"

		《皇越律例》	《大清律例》	删、增、修律文情况
刑律	贼盗	28	28	修改"诈欺官私取财"为"诈欺官司取财"
	人命	20	20	无变化
	斗殴	22	22	修改"宗室觉罗以上亲被殴"为"宗室亲被殴"
	骂詈	8	8	无变化
	诉讼	11	12	删"诬告充军及迁徒"
	受脏	9	11	删"风宪官吏犯脏""私受公侯财物"
	诈伪	11	11	无变化
	犯奸	9	10	删"买良为娼";修改"纵容妻妾犯奸"为"容纵妻妾犯奸"
	杂犯	11	11	无变化
	捕亡	8	8	无变化
	断狱	29	29	修改"陵虐罪囚"为"凌虐罪囚",修改"原告人事毕不放回"为"原告人事悉不放回"
工律	营造	6	9	删"带造段匹""织造违禁龙凤文段匹""造作过限"
	河防	4	4	无变化
合计		398	436	

附录二、《皇越律例》自纂律文

以下 2 条是阮朝立法者自纂律文,《大清律例》中并无此 2 条律文。现摘录对照如下,以供参阅:

隐漏丁口

Tenir cachées des personnes non inscrites

凡社长隐漏丁口系有家业田产者,一丁,杖六十,每一丁加一等 [五丁满杖];

Tout chef de commune qui aura caché et laissé des personnes non inscrites sera puni comme suit : s'il s'agit de personnes ayant une famille, des moyens d'existence, ou des biens fonciers tels que des rizières, pour une personne cachée et non inscrite, la peine sera de soixante coups de truong ; pour chaque fois une personne en plus, la peine augmentera d'un degré (pour cinq personnes elle sera le maximun de la peine du truong) ;

六丁，杖六十，徒一年，每三丁加一等［如七丁、八丁亦止，科以杖六十、徒一年之罪，至九丁，乃加一等，杖七十，徒一年半，余仿此。十八丁满徒。］

Pour six personnes elle sera de soixante coups de truong et d'un an de travail pénible et pour chaque fois trois personnes en plus elle augmentera d'un degré ; (ainsi pour sept personnes ou huit personnes la peine prononcée s'arrêtera encore à soixante coups de truong et un an de travail pénible ; si le nombre des personnes est de neuf, alors cette peine augmentera d'un degré et sera de soixante-dix coups de truong et d'un an et demi de travail pénible ; dans les autres cas, on suivra cet exemple). (Pour dix-huit personnes la peine atteindra le maximum du travail pénible)

二十一丁，以流论；每五丁加一等，罪止满流。

À partir de vingt et une personnes, la peine prononcée sera celle de l'exil ; pour chaque fois cinq personnes en plus elle augmentera d'un degré, et elle s'arrêtera au maximum de l'exil.

无家业田产者，一、二丁，免论；三丁，杖六十；每无家产，三丁，视有家产一丁，每三丁加一等。［十五丁满杖。］

S'il s'agit de personnes sans moyens d'existence : pour une ou deux personnes, on ne prononcera aucune peine ; pour trois personnes, la peine sera de soixante coups de truong ; trois personnes sans moyens d'existence seront considérées comme équivalant à une personne pourvue de moyens d'existence. Pour chaque fois trois personnes en plus la peine augmentera d'un degré (pour quinze personnes la peine sera le maximum du truong).

十八丁，杖六十，徒一年，每九丁加一等［如有十九丁至二十六丁亦止，科以杖六十，徒一年之罪。二十七丁，乃加一等，杖七十，徒一年半，余仿此。五十四丁满徒。］

Pour dix-huit personnes la peine sera de soixante coups de truong et d'un an de travail pénible, et pour chaque fois neuf personnes en plus elle augmentera d'un degré (ainsi de dix-neuf jusqu'à vingt-six personnes la peine sera encore de soixante coups de truong et d'un an de travail pénible; pour vingt-sept personnes elle sera augmentée d'un degré et sera de soixante et dix coups de truong et d'un an et demi de travail pénible; dans tous les autres cas on suivra cet exemple). (Pour cinquante-quatre personnes la peine sera le maximum du travail pénible).

六十三丁，以流论。每十五丁加一等，罪止满流。[假如隐漏有家产五丁、无家产三丁，有家产五丁满杖，无家产三丁准作有家产一丁，科以杖六十，徒一年之罪，余仿此]。

Pour soixante-trois personnes, la peine prononcée sera celle de l'exil, et pour chaque fois quinze personnes en plus elle augmentera d'un degré sans dépasser le maximum de l'exil (par exemple, si le coupable cache et laisse non inscrites cinq personnes ayant des moyens d'existence et trois personnes sans moyens d'existence, pour les cinq personnes ayant des moyens d'existence la peine est le maximum du truong; pour les trois personnes sans moyens d'existence, on les compte comme une personne ayant des moyens d'existence et la peine est de soixante coups de truong et d'un an de travail pénible; dans tous les autres cas on suit cet exemple).

陈告者十分得实，系有家业丁口，每丁赏钱十贯；无家业及未出灶 [与父、母、伯、叔同居，未有妻者。] 丁口，每丁赏钱三贯；

Celui qui aura porté le fait à la connaissance de l'autorité, si la déclaration est complètement vraie et qu'il s'agisse de personnes ayant des moyens d'existence, recevra, comme récompense, dix ligatures pour chaque personne; s'il s'agit de personnes sans moyens d'existence, ou bien de personnes qui n'ont pas encore quitté le foyer de leur famille (qui demeurent ensemble avec leur père et leur mère ou leurs oncles frères aînés et cadets du père et qui ne sont pas encore pourvus d'une épouse), il recevra, comme récompense, trois ligatures pour chaque personne dénoncée comme non inscrite.

七、八分得实者，赏钱折半；五、六分得实者，赏三分之一；三、四分以下，停赏；全不实者，反坐。

Si les sept dixièmes de la déclaration seulement sont vrais, la récompense sera réduite de moitié ; si les cinq dixièmes ou les six dixièmes seulement sont vrais, le dénonciateur ne recevra que le tiers de la récompense : si trois ou quatre dixièmes seulement sont vrais, ou moins encore, il ne recevra aucune récompense. Si la déclaration est totalement fausse, le dénonciateur sera passible de la peine encourue par les accusés pour le fait de la dénonciation [art. 305].

其钱一半收在社长，一半收在漏丁。充赏告者，其漏丁系有家业者，杖八十；无家业者，笞五十，补著入簿当差。

La somme donnée en récompense sera payée moitié par le chef de la commune, moitié par les personnes laissées non inscrites. Si les personnes non inscrites sont pourvues de moyens d'existence, elles seront punies de quatre-vingts coups de truong ; si elles sont sans moyens d'existence, la peine ne sera que de cinquante coups de rotin ; toutes, d'ailleurs, seront inscrites et soumises aux charges légales.

社长业已隐漏能自首者，免罪；若自首不尽，致被首漏丁反告者，仍以不尽之数科罪；

Le chef de commune qui, ayant caché des personnes non inscrites, révélera de lui-même la vérité, sera dispensé de la peine ; s'il se livre de lui-même à la justice sans déclarer toute la vérité et qu'il en résulte qu'il soit à son tour accusé par les personnes non inscrites, qu'il aura dénoncées, il sera, d'ailleurs, puni pour le nombre de personnes non inscrites qu'il n'aura pas dénoncées.

若社长收财隐漏者，计赃［重于本罪者］，以枉法从重论，追赃入官。

Si le chef de la commune a reçu et accepté des valeurs pour cacher des personnes et les laisser non inscrites, on comptera la valeur du produit de l'acte illicite (si la peine déduite de cette valeur est plus forte que la peine portée par la présente loi), d'après les dispositions relatives à la violation des règles et on prononcera en suivant la loi la plus sévère. On poursuivra la restitution du produit de l'action illicite qui sera confisqué à l'État.

村长同情容隐者，减二等；如有乡豪武断过止社长不得自由者，即以社长隐漏之罪罪之，社长止科同情容隐之罪。

Si les chefs de village sont d'accord avec les coupables et cachent ces faits illicites, ils seront punis d'une peine moindre de deux degrés. Si des personnes notables et influentes de la commune agissent d'autorité et s'arrogent le pouvoir en entravant l'action du chef de la commune qui ne peut plus agir de sa propre volonté, elles seront punies de la peine encourue par le chef de la commune pour avoir caché et laissé des personnes non inscrites, et le chef de la commune ne sera puni que de la peine de ceux qui sont d'accord avec les coupables et cachent les faits illicites [art. 358].

阻人家事
Empêcher les affaires de famille de quelqu'un

凡葬祭之事，随家丰俭，乡邻所当互相帮助，不得援以乡例要索牛猪酒食，阻人孝事。违者，杖八十。

Dans toutes les choses relatives aux funérailles et aux sacrifices, il dépend absolument de la famille d'agir avec libéralité ou avec économie ; les voisins, dans une même commune, doivent s'entraider mutuellement sans qu'on puisse invoquer des règlements particuliers à la commune pour exiger un repas, de la viande de boeuf ou de porc, du vin, ou empêcher ainsi quelqu'un d'accomplir un acte de piété. Ceux qui contreviendront à cette disposition seront punis de quatre-vingts coups de truong.

凡人家嫁娶聘礼，厚薄随宜，勿使写契、执田。

Pour toutes les cérémonies des demandes en mariage, chacun doit agir selon sa convenance et agir avec éclat ou avec économie, à son propre gré. On ne pourra obliger le gendre pauvre à écrire un titre, une reconnaissance de dette, ou à remettre des rizières au beau-père riche.

其拦街例钱，如同乡人纳在本乡。富者，一贯二陌；次者，六陌；贫者，三陌。

Pour le règlement relatif à l'argent de circulation aux barrières et rues, s'il s'agit d'une personne de la même commune qui paie à sa propre commune, les riches payeront une ligature deux *tiên* [1] ; les gens à leur aise six *tiên*, et les pauvres trois *tiên*.

如别社人，富者，二贯四陌；次者，一贯二陌；贫者，六陌，不得过索。

---

〔1〕 越南语 tiên 对应汉字"钱"，"陌"是古代钱的单位。

再如，婿家娶在别乡，既行聘礼后，本妇乡不得递年要索歌唱例钱。

S'il s'agit de personnes d'un autre village, les riches payeront deux ligatures quatre *tiên*; les gens à l'aise une ligature deux *tiên*; les pauvres six *tiên*; on ne pourra rien exiger en plus. Enfin, si la famille du gendre prend une femme dans une autre commune, après qu'elle aura fait la cérémonie de la demande, la commune de la famille de la femme ne pourra pas chaque année, exiger la monnaie payée à titre de «frais de chanson», d'après la coutume.

若违者，许事主陈告，社长笞五十。

S'il est contrevenu à ces dispositions, il sera permis à la personne concernée de porter plainte, et le chef de la commune sera puni de cinquante coups de rotin.

附录三、霍道生译本的体例结构一览表

中文版	法文版
卷一	Tome I
律目	Table des lois
诸图	Tableaux divers
服制	Règles sur les vêtements de deuil
例分八字之义	Régles pour distinguer le sens des huit caractères
律眼释义	Explication du sens du quelques termes de loi
卷二	Tome II
名例律上	Lois sur les règles de définitions, 1er partie
卷三	Tome III
名例律下	Lois sur les règles de définitions, 2e partie
卷四	Tome IV
吏律职制	Lois administratives: Titre Ier, règles sur les titres
卷五	Tome V
吏律公式	Lois administratives: Titre II, règles d'administration publiques
卷六	Tome VI

续表

中文版	法文版
户律户役	Lois civiles：Titre Ier, des charges civiles
户律田宅	Lois civiles：Titre II, rizières et habitations
卷七	Tome VII
户律婚姻	Lois civiles：Titre III, du mariage
卷八	Tome VIII
户律仓库	Lois civiles：Titre IV, des greniers et magasins
户律课程	Lois civiles：Titre V, des droits
户律钱债	Lois civiles：Titre VI, des prêts d'argent
户律市廛	Lois civiles：Titre VII, des marchés et boutiques
卷九	Tome IX
礼律祭祀	Lois rituelles：Titre Ier, des sacrifices
礼律仪制	Lois rituelles：Titre II, règles d'étiquettes
卷十	Tome X
兵律宫卫	Lois militaires：Titre Ier, de la garde de la demeure du Souverain
兵律军政	Lois militaires：Titre II, des institutions militaires
卷十一	Tome XI
兵律关津	Lois militaires：Titre III, des postes de surveillance sur les routes de terre et d'eau
兵律厩牧	Lois militaires：Titre IV, écuries et troupeaux
兵律邮驿	Lois militaires：Titre V, des courriers à pied et à cheval
卷十二	Tome XII
刑律贼盗上	Lois criminelles：Titre Ier, rébellion et vols, 1re partie
刑律贼盗中	Lois criminelles：Titre Ier, rébellion et vols, 2e partie
卷十三	Tome XIII
刑律贼盗下	Lois criminelles：Titre Ier, rébellion et vols, 3e partie
卷十四	Tome XIV

中文版	法文版
刑律人命	Lois criminelles：Titre II, de l'homicide
卷十五	Tome XV
刑律斗殴上	Lois criminelles：Titre III, rixes et coupos, 1re partie
刑律斗殴下	Lois criminelles：Titre III, rixes et coupos, 2e partie
卷十六	Tome XVI
刑律骂詈	Lois criminelles：Titre IV, outrages et insultes
刑律诉讼	Lois criminelles：Titre V, plaintes et procès
卷十七	Tome XVII
刑律受赃	Lois criminelles：Titre VI, acceptation de produits d'actes illicites
刑律诈伪	Lois criminelles：Titre VII, des faux
卷十八	Tome XVIII
刑律犯奸	Lois criminelles：Titre VIII, de la fornication
刑律杂犯	Lois criminelles：Titre IX, délits divers
刑律捕亡	Lois criminelles：Titre X, des arrestations
卷十九	Tome XIX
刑律断狱上	Lois criminelles：Titre XI, des prisonniers en jugement, 1re partie
卷二十	Tome XX
刑律断狱下	Lois criminelles：Titre XI, des prisonniers en jugement, 2e partie
卷二十一	Tome XXI
工律营造	Lois sur les travaux：Titre 1er, des constructions
工律河防	Lois sur les travaux：Titre II, des digues
卷二十二	Tome XXII
比引律条	Faits assimilés et comparés aux cas prévus par les lois

后 记

　　我于 2019 年作为访问学者在华东政法大学研修法律史相关课程。有次，我的合作导师屈文生教授在研讨课上讲述了中国古代封建法典《大清律例》的外译史。《大清律例》作为中国封建社会的最后一部法典，自 19 世纪起就受到了欧洲人的关注。其中，最为人熟知的当属英国人乔治·托马斯·斯当东爵士（Sir George Thomas Staunton）于 1810 年出版的《大清律例——中国刑法典的基本法及若干补充条例》（*Ta Tsing Leu Lee: being the fundamental laws, and a selection from the supplementary statutes, of the Penal code of China*）。该英译本甫出，便立刻受到西方世界普遍关注，斯当东也因翻译了《大清律例》而一跃成为西方最负盛名的汉学家。长期以来，斯当东的译本是唯一的英文译本，直到 1994 年，美国学者威廉·琼斯（William C. Jones），又名钟威廉，将《大清律例》重新翻译并定名为 *The Great Qing Code*，英语世界才有了这部法典的第二个译本。

　　我立刻对《大清律例》的翻译史产生了浓厚的兴趣。在查阅相关文献后——如德克·卜德（Derk Bodde）与克拉伦斯·莫里斯（Clarence Morris）的合著《中华帝国的法律》（*Law in Imperial China*）（1967 年）、塞勒斯·皮克（Cyrus Peake）的论文"中国法律研究近况"（Recent studies on Chinese law）（1934）及屈文生、万立的论文"中国封建法典的英译与英译动机研究"（2019 年）——我了解到自斯当东的英译本之后的 19 世纪见证了 4 部法译本的诞生。然而，目前国内法律史及翻译学界对《大清律例》的外译本研究几乎都围绕斯当东的英译本，尚无任何论文或专著探讨法译本及法译者群体。就算偶有学者提及，大多是闻其名而晦其事的。

　　法语是我本科期间的辅修专业，亦是除英语之外，我 20 年来一直钟爱并勤学细研的一门外语。于是，我便产生了编译一本中法对照的《大清律例》的愿望。一方面，是希望借此向国内学界译介 4 部法译本及法译者群体；另一方面，是希望在律文文本方面作基础性的史料整理工作。在此，我要感谢长江师范学院外国语学院冉诗洋副院长赠予我由他主编的《中英对照大清律例》（2016 年）一书，该书的排版和双语对照校对模式给了我不少可供参考借鉴之处。经过近两年的文本收集、整理、双语对照与校对，以及翻译部分文献史料，这愿望终于结成了眼前这本汇编，呈现给有兴趣的读者，于我来讲是一件十分欣慰之事。

　　同时，我想起了晚清著名教育学家马相伯先生。15 岁的马相伯开始学习法语。1857 年，他的法语已经十分纯熟。当时的法国领事馆欲聘请他为秘书，马相伯却一口回绝道："我学法语是为中国用的！"今年是中国共产党成立 100 年之际，中国已全面建成小康社会，第一个百年梦想终于实现。习近平总书记近年来一再强调："要系统梳理传统文化资源，让收藏在禁宫里的文物、陈列在广阔大地上的遗产、书写在古籍里的文字都活起来。"中华民族伟大复兴需要以中华文化发展繁荣为条件。整理《大清律例》的法译本能够让中国传统法律文化在当今世界（尤其是法语世界）传播得更广，也顺应国家"文化走出去"战略的深入推进。想到这点，我不禁感慨，自己从 18 岁开始就一直热爱的法语如今能在我整理中国古代法律典籍的研究中助我一臂之力，并有助于推广《大清律例》在国内法语读者群体中的知晓度，让中国传统法律文化的结晶成为促进世界不同文明交流互鉴的载体，于我来讲是一件十分荣幸之事。

　　汇编这本集子的关键是找全相应译本。于是，我便开始了文献搜集工作。有的译本得来不费吹灰之力，有的译本则颇煞费苦心。功夫不负有心人，最终我把 19 世纪 4 位法国人笔下的 4 部《大清律例》译本尽收囊中。我从国家图书馆复印获取了圣克鲁瓦侯爵菲利克斯·勒努阿尔（Félix Renouard, marquis de Sainte-Croix）于 1812 年出版的《大清律例——中国刑法典的基本法及若干补充条例》（*TA-TSING-LEU-LÉE ou Les Lois Fondamentales du Code Pénal de la Chine, avec le Choix des Statuts Supplémentaires*）；从美国威斯康星大学图书馆网络数据库获取了奥巴里（G. Aubaret）于 1865 年出版的《安南法典——安南王朝的法律与条例》（*Code Annamite: Lois et règlements du royaume d'Annam*）；从美国哈佛大学法学院图书馆网络数据库获取了菲拉斯特（P-L-F. Philastre）又名霍道生于 1876 年出版的《安南法典——皇越帝国的律文与条例》(*Le Code Annamite*：*Lois et décrets de l'empire de Hoang Viêt*)；从当今法国汉学界中研究中国法律历史的领军人物巩涛（Jérôme Bourgon）教授所主持的法国国家研究中心大型国际学术项目"中国法制史研究资料库"(Legalizing Space in China) 网站上获取了鲍来思神父（G. Boulais, s. j.）于 1891 年完成的《大清律例遍览》(*Manuel du code chinois*)。有关这 4 部法译本与《大清律例》的渊源，读者可参阅开篇我撰写的编译者前言。

　　在本书的编辑过程中，承蒙诸位师友的帮助，借此一并致以真挚的谢意。首先，衷心感谢华东政法大学校党委委员、研究生院院长屈文生教授给予本书的支持与关心。屈老师是我的法学启蒙导师，他把我领入中国古代法律典籍翻译史这一重要研究领域。本书的顺利问世，是我向屈老师呈交的阶段性学术汇报。华东政法大学法律学院的李秀清教授多次忙中抽闲与我促膝长谈，给予我不少有关清律方面的指导。李教授在浏览本书初稿后给我提出了宝贵的修改意见，并就本书的学术价值给予极大的肯定，这使我倍感欣慰、深受鼓舞。上海政法学院法律学院的白阳博士专攻清朝法律史，在《大清律例》律文的解读和清朝法律文化制度方面给予了我巨大的帮助。华东政法大学外语学院的法文老师赵智勇博士、上海政法学院助理研究员谢垚琪博士以及华东政法学院外语学院的研究生孙雅文，在我翻译法文译者序言时遇到的语言方面的疑惑均给予了热情的解答。华东政法大学经济法专业的方舟获同学帮忙校对了部分文言原文及译文润色工作。华东政法大学的朱向杰同学娴熟高超的文献检索技能帮助我解决了不少资料检索上遇到的困难。上海政法学院越南留学生杨氏英书 (Dương Thị Anh Thư) 同学一直给予我有关越南历史及越南语对照汉字方面的语言帮助。对外经济贸易大学的邓苏宁博士为我从国家图书馆复印了整套勒氏译本并邮寄于我，省去了我跋涉北京之劳。此外，上海政法学院语言文化学院的洪令凯老师和张萍副教授对本书编辑提出了有益的批评或修改意见。

　　本书的编译工作基本上是我一个人在两年的工作之余完成的。回想起那无数个深夜伏案整理、翻译法语文献的时刻，虽然辛苦，但乐在其中。由于本书中的法文和中文文本数量巨大，我虽多次全文仔细校对，但难免疏漏。至于书中尚存的任何不足和问题，则祈望读者的批评和指正。

王春荣

2021 年 7 月于上海广富林